中国近代
思想家文库

◎

余子侠 编

陶行知卷

中国人民大学出版社
·北京·

《中国近代思想家文库》编纂委员会名单

总　序

对于近代的理解，虽不见得所有人都是一致的，但总的说来，对于近代这个词所涵的基本意义，人们还是有共识的。一个国家、一个民族走入近代，就意味着以工业化为主导的经济取代了以地主经济、领主经济或自然经济为主导的中世纪的经济形态，也还意味着，它不再是孤立的或是封闭与半封闭的，而是以某种形式加入到世界总的发展进程。尤其重要的是，它以某种形式的民主制度取代君主专制或其他不同形式的专制制度。中国是个幅员广大、人口众多、历史悠久的多民族国家，由于长期历史发展是自成一体的，与外界的交往比较有限，其生产方式的代谢迟缓了一些。如果说，世界的近代是从 17 世纪开始的，那么中国的近代则是从 19 世纪中期才开始的。现在国内学界比较一致的认识，是把 1840 年到 1949 年视为中国的近代。

中国的近代起始的标志是 1840 年的鸦片战争。原来相对封闭的国门被拥有近代种种优势的英帝国以军舰、大炮再加上种种卑鄙的欺诈打开了。从此，中国不情愿地加入到世界秩序中，沦为半殖民地。原来独立的大一统的中央集权的君主专制国家，如今独立已经极大地被限制，大一统也逐渐残缺不全，中央集权因列强的侵夺也不完全名实相符了。后来因太平天国运动，地方军政势力崛起，形成内轻外重的形势，也使中央集权被弱化。经历第二次鸦片战争、中法战争、甲午战争、八国联军入侵的战争以及辛亥革命后的多次内外战争，直至日本全面侵略中国的战争，致使中国的经济、政治、教育、文化，都无法顺利走上近代发展的轨道。古今之间，新旧之间，中外之间，混杂、矛盾、冲突。总之，鸦片战争后的中国，既未能成为近代国家，更不能维持原有的统治秩序。而外患内忧咄咄逼人，人们都有某种程度"国将不国"的忧虑。

"天下兴亡，匹夫有责"，读书明理的士大夫，或今所谓知识分子，尤为敏感，在空前的危机与挑战面前，皆思有所献替。于是发生种种救亡图存的思想与主张。有的从所能见及的西方国家发展的经验中借鉴某些东西，形成自己的改革方案；有的从历史回忆中拾取某些智慧，形成某种民族复兴的设想；有的则力图把西方的和中国所固有的一些东西加以调和或结合，形成某种救亡图强的主张。这些方案、设想、主张，从世界上"最先进的"，到"最落后的"，几乎样样都有。就提出这些方案、设想、主张者的初衷而言，绝大多数都含着几分救国的意愿。其先进与落后，是否可行，能否成功，尽可充分讨论，但可不必过为诛心之论。显而易见，既然救国的问题最为紧迫，人们所心营目注者自然是种种与救国的方案直接相关的思想学说，而作为产生这些学说的更基础性的理论，及其他各种知识、思想，则关注者少。

围绕着救国、强国的大议题，知识精英们参考世界上种种思想学说，加以研究、选择，认为其中比较适用的思想学说，拿来向国人宣传，并赢得一部分人的认可。于是互相推引，互相激励，更加发挥，演而成潮。在近代中国，曾经得到比较广泛的传播的思想学说，或者够得上思潮的，主要有以下几种：

（一）进化论。近代西方思想较早被引介到中国，而又发生绝大影响的，要属进化论。中国人逐渐相信，进化是宇宙之铁则，不进化就必遭淘汰。以此思想警醒国人，颇曾有助于振作民族精神。但随后不久，社会达尔文主义伴随而来，不免发生一些负面的影响。人们对进化的了解，也存在某些片面性，有时把进化理解为一条简单的直线。辩证法思想帮助人们形成内容更丰富和更加符合实际的发展观念，减少或避免片面性的进化观念的某些负面影响。

（二）民族主义。中国古代的民族主义思想，其核心是"非我族类，其心必异"，所以最重"华夷之辨"。鸦片战争前后一段时期，中国人的民族思想，大体仍是如此。后来渐渐认识到"今之夷狄，非古之夷狄"，"西人治国有法度，不得以古旧之夷狄视之"。但当时中国正遭受西方列强的侵略和掠夺，追求民族独立是民族主义之第一义。20世纪初，中国知识精英开始有了"中华民族"的概念。于是，渐渐形成以建立近代民族国家为核心的近代民族主义。结束清朝君主专制，创立中华民国，是这一思想的初步实现。第一次世界大战爆发，中国加入"协约国"，第一次以主动的姿态参与世界事务，接着俄国十月革命爆发，这两件事对近代中国的发展历程造成绝大影响。同时也将中国人的民族主义提升到一个新的层次，即与国际主义（或世界主义）发生紧密联系。也可以说，中国人更加自觉地用世界的眼光来观察中国的问题。新生的中国共产党和改组后的国民党都是如此。民族主义成为中国的知识精英用来应对近代中国所面临的种种危机和种种挑战的一个重要的思想武器。

（三）社会主义。社会主义作为一种模糊的理想是早在古代就有的，而且不论东方和西方都曾有过。但作为近代思潮，它是于19世纪在批判近代资本主义的基础上产生的。起初仍带有空想的性质，直到马克思和恩格斯才创立起科学社会主义。20世纪初期，社会主义开始传入中国。当时的传播者不太了解科学社会主义与以往的社会主义学说的本质区别。有一部分人，明显地受到无政府主义的强烈影响，更远离科学社会主义。直到五四新文化运动兴起之后，中国人始较严格地引介、宣传科学社会主义。但有一段时间，无政府主义仍是一股很大的思想潮流。中国共产党的成立，从思想上说，是战胜无政府主义的结果。中国共产党把在中国实现社会主义乃至共产主义作为自己的奋斗目标。此后，社会主义者，多次同各种非科学社会主义思想的信仰者进行论争并不断克服种种非科学社会主义思想的影响。

（四）自由主义。自由主义也是从清末就被介绍到中国来，只是信从者一直寥寥。直到五四新文化运动兴起，具有欧美教育背景的知识精英的数量渐渐多起来，自由主义始渐渐形成一股思想潮流。自由主义强调个性解放、意志自由和自己承担责任，在政治上反对一切专制主义。在中国的社会条件下，自由主义缺乏社会基础。在政治激烈动荡的时候，自由主义者很难凝聚成一股有组织的力量；在稍稍平和的时候，他们往往更多沉浸在自己的专业中。所以，在中国近代史上，自由主义不曾有，也不可能有大的作为。

（五）激进主义与保守主义。处于转型期的社会，旧的东西尚未完全退出舞台，新的东西也还未能巩固地树立起来，新旧冲突往往要持续很长的时间，有时甚至达到很激烈的程度。凡助推新东西成长的，人们便视为进步的；凡帮助旧东西排斥新东西的，人们便视为保守的。其实，与保守主义对应的，应是进步主义；与顽固主义相对的则应是激进主义。不过在通常话语环境中人们不太严格加以区分。中国历史悠久，特别是君主专制制度持续两千余年，旧东西积累异常丰富，社会转型极其不易。而世界的发展却进步甚速。中国的一部分精英分子往往特别急切地想改造中国社会，总想找出最厉害的手段，选一条最捷近的路，以最快的速度实现全盘改造。这类思想、主张及其采取的行动，皆属激进主义。在中共党史上，它表现为"左"倾或极左的机会主义。从极端的激进主义到极端的顽固主义，中间有着各种程度的进步与保守的流派。社会的稳定，或社会和平改革的成功，都依赖有一个实力雄厚的中间力量。但因种种原因，中国社会的中间力量一直未能成长到足够的程度。进步主义与保守主义，以及激进主义与顽固主义，不断进行斗争，而实际所获进步不大。

（六）革命与和平改革。中国近代史上，革命运动与和平改革运动交替进行，有时又是平行发展。两者的宗旨都是为改变原有的君主专制制度而代之以某种形式的近代民主制度。有很长一个时期，有两种错误的观念，一是把革命理解为仅仅是指以暴力取得政权的行动，二是与此相关联，把暴力革命与和平改革对立起来，认为革命是推动历史进步的，而改革是维护旧有统治秩序的。这两种论调既无理论根据，也不合历史实际。凡是有助于改变君主专制制度的探索，无论暴力的或和平的改革都是应予肯定的。

中国近代揭幕之时，西方列强正在疯狂地侵略与掠夺殖民地和半殖民地，中国是它们互相争夺的最后一块、也是最大的资源地。而这时的中国，沿袭了两千年的君主专制制度已到了奄奄一息的末日，统治当局腐朽无能，对外不足以御侮，对内不足以言治，其统治的合法性和统治的能力均招致怀疑。革命运动与改革的呼声，以及自发的民变接连不断。国家、民族的命运真的到了千钧一发之际，危机极端紧迫。先觉分子救国之心切，每遇稍具新意义的思想学说便急不可待地学习引介。于是西方思想学说纷纷涌进中国，各阶层、各领域，凡能读书读报者，受其影响，各依其家庭、职业、教育之不同背景而选择自以为不错的一种，接受之，信仰之，传播之。于是西方几百年里相继风行的思想学说，在短时期内纷纷涌进中国。在清末最后的十几年里是这样，五四时期在较高的水准上重复出现这种情况。

这种情况直接造成两个重要的历史现象：一个是中国社会的实际代谢过程（亦即社会转型过程）相对迟缓，而思想的代谢过程却来得格外神速。另一个是在西方原是差不多三百年的历史中渐次出现的各种思想学说，集中在几年或十几年的时间里狂泻而来，人们不及深入研究、审慎抉择，便匆忙引介、传播，引介者、传播者、听闻者，都难免有些消化不良。其实，这种情况在清末，在五四时期，都已有人觉察。我们现在指出这些问题并非苛求前人，而是要引为教训。

同时我们也看到，中国近代思想无比的多样性与复杂性呈现出绚丽多彩的姿态，各种思想持续不断地展开论争，这又构成中国近代思想史的一个突出特点。有些论争为我们留下了非常丰富的思想资料。如兴洋务与反洋务之争，变法与反变法之争，革命与改良之争，共和与立宪之争，东西文化之争，文言与白话之争，新旧伦理之争，科学与人生观之争，中国社会性质的论争，社会史的论争，人权与约法之争，全盘西化与本位文化之争，民主与独裁之争，等等。这些争论都不同程度地关联着一直影响甚至困扰着中国人的几个核心问题，即所谓中西问题、古今问题与心物关系问题。

中国近代思想的光谱虽比较齐全，但各种思想的存在状态及其影响力是很不平衡的。有些思想信从者多，言论著作亦多，且略成系统；有些可能只有很少的人做过介绍或略加研究；有的还可能因种种原因，只存在私人载记中，当时未及面世。然这些思想，其中有很多并不因时间久远而失去其价值。因为就总的情况说，我们还没有完成社会的近代转型，所以先贤们对某些问题的思考，在今天对我们仍有参考借鉴的价值。我们编辑这套《中国近代思想家文库》，希望尽可能全面地、系统地整理出近代中国思想家的思想成果，一则借以保存这份珍贵遗产，再则为研究思想史提供方便，三则为有心于中国思想文化建设者提供参考借鉴的便利。

考虑到中国近代思想的上述诸特点，我们编辑本《文库》时，对于思想家不取太严格的界定，凡在某一学科、某一领域，有其独立思考、提出特别见解和主张者，都尽量收入。虽然其中有些主张与表述有时代和个人的局限，但为反映近代思想发展的轨迹，以供今人参考，我们亦保留其原貌。所以本《文库》实为"中国近代思想集成"。

本《文库》入选的思想家，主要是活跃在 1840 年至 1949 年之间的思想人物。但中共领袖人物，因有较为丰富的研究著述，本《文库》则未收入。

编辑如此规模的《文库》，对象范围的确定，材料的搜集，版本的比勘，体例的斟酌，在在皆非易事。限于我们的水平，容有瑕隙，敬请方家指正。

《中国近代思想家文库》编纂委员会

目　　录

导　言

陶行知（1891—1946），安徽歙县（今属黄山市）人，20 世纪前半期中国一位"伟大的人民教育家"（毛泽东评语）。他以"爱满天下"的博爱精神，"捧着一颗心来，不带半根草去"的奉献精神，"敢探未发明的新理"的创造精神和"敢入未开化的边疆"的开拓精神，为中华民族的独立解放和中国教育的变革发展，付出了平生的精力和心血，从而为中国历史文化宝库留藏下一笔富有价值的教育思想遗产。

少年时代的陶行知，以"文濬"的学名就读于乡间的传统塾学中，后在县城一所教会学校完成自己的中学学业。在同为教会开办的南京金陵大学求学期间，因受王阳明学说的影响而改名"知行"。大学毕业后，怀着以教育来改造共和国民和创建共和国家的心志，他远渡重洋留学美国，先后就读于伊利诺伊大学和哥伦比亚大学师范学院，其间深受杜威等人的实验主义教育哲学的影响。1917 年归国后，他即走上中国的教育革新舞台，欲借变革和发展教育事业来造就自己追求的实行"真正的民主制度"的国家。自是而后，为着中国教育沿着"人民教育"的路径发展，整整奋斗了平生最宝贵的 30 年。

依循陶行知的人生事业轨迹和思想发展路向，我们可以将其平生教育理论和实践的贡献大致划分为若干时期：提倡试验教育时期，其时立足高校，借助教育实验来推进新教育运动；其间在南京高师试验"教学法"，试行高校男女同校，借办暑期学校和安徽公学等，来进行教育实验活动。推动教育改进时期，其时借力团体，从实验平民教育学校到参加组建中华平民教育促进总会，在全国范围内积极推动平民教育运动蓬勃开展；与教育对象向平民社会推移的同时，其时的教育改进，还包括教学方法、学校制度、教育精神等教育变革主张的提出及实验，并且将国人教育改进的目光导向国际的教育舞台。开展乡村教育时期，由平民教育的路向直接推进到乡村教育的改造，从而开拓出新的教育发展领地，并且在这种乡村教育运动中形成自己的"生活教育"理论。试验乡村教育改造受到来自政治方面的阻挠后，陶行知转而进入发动普及教育运动时期。此期在教育实践上用心开展"科学下嫁"和创办普及教育行之有效的实践方式"工学团"；长期的教育革新实验，使其思想认识也有了一定程度的跨越，后人常见的"行知"大名由是取替了早期的"知行"。然而国难当头，拯救民族的危亡的重任不容这位教育改革家继续自己的教育实验，于是借助推行国难教育来实现教育对时代主题的担负。这种国难教育的大课堂及其课程讲授，不仅在于呼唤全民族团结救亡，而且还在于呼唤全世界爱好和平人们的觉醒，为宣传中国抗战而周游 28 个国家及地区。归国后，他的事业随之转为提倡和推行战时教育，以在香港创办中华业余补习学校为始，以在重庆开办育才学校为终，他又将自己的教育定位于全面教育。所谓全面教育，是对为全面抗战服务的全面性的战争环境下的教育，是对为适应全面民族战争之需要、为夺取全面民族战争之胜利的战时教育的深广发展。抗战胜利前后，为了实现真正的民主社会和建设真正的民主国家，陶行知的教育理念及其实践又进入了实行民主教育时期，并依照自己认定的民主教育的要求创办起社会大学，其民主教育理论就成了他人生教育理想的最后一个音符！

概观陶行知的整个教育理想体系，"生活教育"是该体系建构的总体称谓和精神支柱，而今日人们常言的幼稚教育、初等教育、中等教育、高等教育、终身教育、师范教育、职业教育、社会教育、女子教育、教师教育、道德教育、创造（新）教育、乡村教育、民主教育等教育概念及范畴，均为这种生活教育所涵盖，为他的生活教育在不同的教育层面、教育区域、教育阶段的说明和表现。然而就其思想理论而言，陶行知在教育理论上的建树经历了一个逐步推进和提升的过程，并且随着近代中国社会的变化和教育的发展而呈现出不同的时代色彩。

一、教育思想理论的初创：试验主义教育观念的阐释

一个真正的教育家，不仅应有自己的事业实践，而且更应有自己的思想理论。有如产品生产，陶模样品可以给人实物示范，但真正能让人掌握制作之方，则更在于原理的说明。因此，一种教育理论的建构，往往比某种单一的教育活动能产生出更为深远的实际效应。为了使中国的

教育事业得到更深层次的翻新改造，留美归国从教后，陶行知在推进新教育运动的实践进程中，更为注意"敢探未发明的新理"，不断地修正和扬弃由西学得来的教育观点和主张，逐渐构架自己的教育思想理论体系。这种教育思想理论体系的形成初步，就是试验主义教育思想的产生。

试验主义教育又称实验主义教育①，它主要是从方法论上强调教育的实验作用。它的出现和发展，乃是针对传统教育的纯思辨而发矢，即明确反对旧教育把逻辑推理的抽象思辨作为建立教育理论的主要依据的做法，认为教育理论的建设必须奠基于教育实践，只能通过实验来寻找教育的途径和方法，并由实践结果来验证。其起源可追溯至夸美纽斯所进行的"泛智学校"的试验。但这种教育理论的勃兴乃至成型，则得力于实验心理学的发展。通过西方心理学家和教育家冯特、霍尔、梅伊曼、拉伊、比纳一直到桑戴克等几代人的努力，至 20 世纪初，作为一种新的教育思潮开始产生重大的世界性影响。② 五四时期，由于中国文化思想正届临一种历史的断层，通俗地讲，即"旧的"该去而"新的"待生，"中国宗法社会因受国际资本主义的侵蚀而动摇，要求一种新的宇宙观、新的人生观，才能适应中国所处的新环境"，于是以"否定一切理论的确定价值"为其"特性"的"实验主义的哲学"，"刚刚能用他的积极方面来满足这种需要"，而在中国社会成了"时代的人生观变易之际的产物"③。在教育领域，为了反封建传统的时代需要，那些提倡新教育的学人们，纷纷借用和引进实验主义教育学说作为一种批判旧教育的武器，尤其深受欧美进步教育思潮影响的教育人物，更以实验主义教育理论为圭臬。正如当时蔡元培先生所指出，"实验教育学者，欧美最新之科学，自实验心理学出，而尤与实验儿童心理学相关"，"故治新教育者，必以实验教育学为根柢"④。由于实验主义教育注重的是科学

---

① 在陶自己留世的文字中，也常将"试验"与"实验"互替使用，如在《介绍杜威先生的教育学说》中，在列示杜氏的重要著作时，称言《试验的论理学》，而在解释与教育最有关系者，又称为《实验的论理学》（《陶行知全集》，第 1 卷，103 页，长沙，湖南教育出版社，1984）。

② 参见马荣根：《实验教育学派》，见《外国教育家评传》，第 2 卷，上海，上海教育出版社，1992。

③ 瞿秋白：《实验主义与革命哲学》，见《瞿秋白文集》（政治理论编），第 2 卷，619～620 页，北京，人民出版社，1988。

④ 《蔡元培全集》，第 3 卷，174 页，北京，中华书局，1984。

方法的研究和应用，故此在时代的"科学"大潮影响下，"实验主义"教育思想很快即在中华教育界形成一种思潮。深受美国进步主义教育运动影响和以杜威为首的美国实验主义教育理论熏陶的陶行知，自然很自觉地成为这种教育思潮中一位主要的理论建设者，结合自身对中国教育事业的初步实践探索，开始了试验主义教育理论的观念阐释和方法验证。

在陶行知看来，"试验者，发明之利器也"。善于"试验"者，设统系，立方法，举凡欲格之物，尽纳之于轨范之中：远者近之，微者大之，繁者简之，杂者纯之，合者析之，分者通之，多方以试之，屡试以验之，更较其异同，审其消长，观其动静，察其变化，然后因果可明而理可穷。所以，"试验虽不必皆有发明，然发明必资乎试验"。正因有此，举凡学术的进步、知识的更新、理论的发衍，无不需要贯彻试验精神、采用试验方法："试验之法，造端于物理、生物、生理诸科学，浸假而侵入人群之诸学，今则哲学亦且受其影响矣。"[①] 对于教育来说，若求其中进步，亦无不从"试验"二字而来。这是因为教育之真理无穷，能发明者则常新，不能发明者则常旧，有发明之力者虽旧必新，无发明之力者虽新必旧。可见新、旧教育之分，关键在于有无发明之能力以及发明能力之如何。"是故试验之消长，教育之盛衰系之"[②]。一言而揭之，欲求教育进步，必赖发明；欲有发明，必资乎试验。这就是陶行知倡言试验主义教育的认识思路和理论前提。

为了在中国"建设试验的教育"，自 1918 年春到 1919 年春，仅一年左右的时间，陶行知连续著文阐释了《试验主义之教育方法》、《试验主义与新教育》以及《试验教育的实施》。对于"怎样将这实验的教育实行出去"，他认为约有"四种主要办法"。一是应该注意试验的心理学。心理学是一切教学方法的根据，要想在教学上求进步，必须在心理学上注重试验。然而现时中国各级师范学校所教的心理学，缺乏相当的科学试验的仪器设备，或则偏重书本知识，或则偏重主观研究，所得教育后果，既不明了所教所学，更无任何发明创造。所以，现在第一件要事，就须提倡试验的心理学，使那依据心理的教育不致蹈空。二是应该设立试验的学校。现在中国所有的学校，都是按着一定的格式办的，很

---

① 《陶行知全集》，第 1 卷，60～62 页，长沙，湖南教育出版社，1984（以下若无特殊说明，则均引自此版各卷）。

② 同上书，92 页。

少有变通的余地，故此新理无从发现。就连师范学校的附属学校也仅为实习而设。至于全国实行的课程、管理、教学、设备究竟是否适当，则无人过问。故而为今之计，凡师范学校及研究教育的机关，都应当注重"为试验教育原理"而设立附属学校。三是应当注意应用统计法。教育的原理原则，不是定于一人之私见，亦非定于一事之偶然，必须按照一个目的，将千万事实征集起来，并予以分类和表列，再发现它们的真相，然后作出判断。这就是统计法。试验教育是个很繁杂的事体，有了统计法即可以简御繁。所以统计法既是辅助试验的利器，亦是建设新教育的利器，要想研究教育，发明新理，就必须掌握好这个"操纵事实的利器"。四是应该注重试验的教学法。试验的教学法的最要之点，就是如何养成学生独立思想的能力。传统的赫尔巴特"五段教育法"——预备、提示、联想、总括、应用，过于偏重形式，因此要实施试验教育，必须用杜威的思想分析即"实践—探索"方法取而代之。有了这种方法，再加些应有的设备，必能养成学生一种试验的精神。总而言之，上述四种办法，前三者是改造教育家应有的手续，使之得了一种精神方法能够发明教育的原理；后一种是改造国民应有的手续，使之得了一种精神方法能够随时随地随事去做发明的工夫。可见，试验教育于今日中国尤为重要，"会试验的教育家和会试验的国民"均由其所"养成"①。

陶行知对试验主义教育的提倡，是沿承自身大学时代对教育社会作用的认识路径而发轫。

自对教育产生思想认识之日起，陶行知就视教育为建设共和最重要之手续。针对民国成立以来，内忧外患迭起，共和险象横生的现状，依据教育"富民""智民"的思想认识，他即指出"舍教育则共和之险不可避，共和之国不可建，即建亦必终归于劣败"②。留学归国后，受西方遗传学和心理学的影响，更以中国古代教育思想的"人性论"思想理论为基础，从"教育改性"的角度，他重新论证了教育的社会作用，进而推出试验主义的教育理论。

陶行知认为，人之性情来源有二，一为天然之禀赋，一为外界之陶冶。禀赋于天然者谓之遗传性情，或称之为天性；陶冶于外界者谓之习染性情，或称之为习惯。前者与生俱有，后者随遇推移。"教育之功，

---

① 《陶行知全集》，第1卷，110~112页。
② 同上书，51页。

则在设备种种适当习染之机会，使遗传性情之正者，得以发荣滋长。其不正者，得以湮没于无形"①。换句话说，教育的作用乃能改良个人之性情，而人之性情有善有恶，教育能使恶者变善，善者益善。因此，所谓"教育改性"，有如开矿取金，开矿者取泥内之金，去金内之泥，然后成为贵品。"教育亦若是矣"，"乃取恶性中之善分子，去善性中之恶分子"，以此养成共和之要素，即"正当领袖"和"认识正当领袖之国民"②。有了这两者，则一个理想的民主国家——一个富而强的共和国，即可造成。所以"国之盛衰，视乎教育"，"而教育之新旧，视乎研究"③。

继提出教育之"新""旧"概念之后，陶行知进而阐释了何谓教育之"新"。所谓教育之"新"，首先，必须是"自新"。尽管中国新式学堂兴办已有数十年光景，人们一概呼之为"新式教育"，以此区别于传统的旧式教育，但陶行知认为这种"新"只是"慕于新奇而专事仪型"，"不得为根本的新"："我们中国的教育，倘若忽而学日本，忽而学德国，忽而学法国、美国，那是终究是无所适从。所以新字的第一意义要'自新'。"其次，新教育之"新"，还必须是"常新"。任何事物都有发生、发展由新而旧的变化过程，今日为新之事之物，明日未必还新，明日为新之事之物，到了后日亦未必新。检讨近代中国的教育也有过不少变化和进步，但大多朝令夕改，偶尔尝试，其结果则是"新未出已中途废矣"，因此要实现教育之新的真义，就必须做到"日日新"即"常新"。再次，新教育之"新"，最重要的是精神而不是徒具形式。远且不论，仅自清末"新政"时期新型学制颁行以来，吾国办学十余年，形式上虽不无可观，而教育进化之根本方法，则无人过问。所以民国成立多年，国人迄今无所贡献，只能瞠乎人后，可见教育之"新"，"不单是属于形式的方面，还要有精神上的新。这样才算是内外一致，不偏不倚"。这种意义上的"新"即是"全新"④。

如何才算教育之"新"，如何做到教育的"自新"、"常新"和"全新"，其关键即在于能否有所发明："夫教育之真理无穷，能发明之则常

① 《陶行知全集》，第8卷，10～11页。
② 《陶行知全集》，第1卷，36页。
③ 同上书，74页。
④ 同上书，123页。

新，不能发明之则常旧。"① 既然新旧教育之分在于能否有所发明，而发明又皆因试验而来：能试验，则能自树立；能自树立，则能发古人所未发，明今人所未明。"故欲教育之刷新，非实行试验方法不为功！"于是他进而指出："今之议者，每曰：教育救国。教育岂尽能救国乎？吾敢断言曰：非试验的教育方法，不足以达救国之目的也。"②

陶行知对试验主义教育的提倡，还得之于对中西文化学术的比较。

显然与其求学经历及对西方文化学术的发展有过系统的了解有关，陶行知归国跻身教育舞台后，在比较中西文化教育之优劣同异时，迅即发现两者之间最大的区别在于有无试验的方法和精神。在他看来，近世欧美各国日新月异，骎骎驾乎东方文明而称雄世界，其关键之处即在其"采用试验方法也"："盖自培根（Bacon）用以格客观之物，笛卡尔（Descartes）用以致主观之知，试验精神遂举形而上、形而下学而贯彻之。究其结果，则思想日精，发明日盛，欧美之世界几变其形。征之欧美之进步，试验方法既如此，其不可废也。则其应用之于教育学者明矣……近二百年来，教育界之进步，皆由试验而来。是以配斯泰来齐（Pestalozzi）试验幼子，而官觉之要以明；赫耳巴忒（Herbart）设研究科，而统觉之理以阐；福禄倍（Froebel）创幼稚园，而游戏之效以著；杜威（J. Dewey）之集成教育哲学，也以试验；桑戴克（Thorndike）之集成教育心理也，亦以试验。他若全部发育也，先质后文也，自动也，兴味也，感应结也，习惯法也，无一不根源于试验。举凡今日教育界所视为金科玉律者，皆昔贤试验累积之成功。"③

为了提倡试验主义于教育，陶行知历数自马克思称之为"整个现代实验科学的真正始祖"培根以降的西方"试验主义"大师之名，其学术成就几括生理、心理、物理、数理以至事理几乎所有近代科学领域的进步。其中尤其提到在学科上归属事理的教育，这种介乎形而上学、形而下学之间的"群学"之一种，尽管其采用试验方法较迟于物理、生物诸学，然近二百年来，教育界之进步，无非由试验而来。对此，他还特地举示近代教育进步甚大的德、美两国的教育事业为例，用以说明"试验之消长，教育之盛衰系之"。其中德国于中世纪以前，"狉狉榛榛，等于化外之民"，然自提倡试验主义以来，"相演相成，用著大效，此后言教

---

① 《陶行知全集》，第 1 卷，91 页。
② 同上书，62 页。
③ 同上书，92 页。

育者，多宗德人。故十九世纪以前，德人师天下；十九世纪以后，天下师德人。试验主义实与有力焉！"再如教育本为后起之邦的美国，"三十年前之教育，亦几无事不模仿大陆。自乾姆（James）创设心理试验科，而学者趋向一变"，及至今日，试验精神充塞整个美国的教育领域，故而英、德有识之士，"皆承认美国近今小学校法为全球冠，试验之功也"①。

返观中国，"吾国维新二十载，形式上虽不无可观，而智识进化之根本方法，则无人过问"②。究其原因，陶行知认为其根源显然在中国的传统治学方法上。拿试验主义教育方法的精神主旨烛照中国的教育传统，陶行知指出先秦唯物主义教育家荀况即有此等思想认识。荀子在其《天论篇》中有言："大天而思之，孰与物畜而制之；从天而颂之，孰与制天命而用之；望时而待之，孰与应时而使之；用物而多之，孰与聘能而化之；思物而物之，孰与理物而勿失之也。"③ 此数语，可谓"中试验精神之窍要矣"④。然而自是而后，中国数千年来相传不绝之方法，唯有"致知在格物"一语。于是他开始了对提倡"格物致知"的宋明理学代表人物——朱熹和王守仁进行了批判性的清理，剖析了这种影响中国教育凡几百年的治学路径或教学方法论的缺憾所在，指出在"格物致知"问题上，朱、王二氏皆有所失：朱熹虽然明白了"即物"而"穷理"的道理，但即物穷理又当用何法，他并无法自解，是故"物仍不可格，知仍不可致"；王阳明虽说比朱氏进了一步，尝使用即物穷理者，但未得其法，"格物不成，归而格心"，仍然失之交臂。至于朱、王而下，以至近代，中国教育界，或则拘泥于古法徒仍"旧贯"，或则慕于新奇专事仪型，否则思而不学悬空构想，一知半解武断从事，即不然，则朝令夕改偶尔尝试，所以近世发明史中，中国人迄今无所贡献。这也是中国教育之"不振"的主要原因。

通过这种中外比较，陶行知断言揭示："欧美之所以进步敏捷者，以有试验方法故；中国之所以瞠乎人后者，以无试验方法故"，是故"征之世界进步"，"试验方法""不可废也"⑤。

---

① 《陶行知全集》，第1卷，92～93页。

② 同上书，60页。

③ 荀况：《天论篇》，见《四部精华》"子部·《荀子》精华"，11页，上海，世界书局，1934。

④ 《陶行知全集》，第1卷，70页。

⑤ 同上书，60页。

陶行知对试验主义教育的提倡，亦表现为对中国教育改革新潮流的接应。

传统的中国教育，一向对教学方法有所偏颇，尤其童蒙教育，"导之不以其道，抚之不以其术"，遂使学子"视黉舍如豚笠之苦，对师长若狱吏之尊"①。故自新式教育兴起之后，随着教学内容和教育目标的更新变异，人们对教学方法逐渐加以注意。清末兴学以后，新式学堂对西法教学多有采用，将传统的个别教学制替之以班级教学制，并对西方国家学校班级授课的有关制度，诸如考试、升留级、授课方法等一并引入，且从法令上禁止课堂教学中的体罚。以学生自学为主，教师适当指导的"自学读书法"，在清末民初也为时髦一时的赫尔巴特"五段教学法"所取代。但不久，由于教师的主导作用压抑了学生的自主自动精神，班级授课制和五段教学法等过于机械呆板的弊端迅即凸显出来，于是引起了中国教育界的普遍不满。所以民国成立后的教育改革，最为重要的内容之一，就是各种教学法的引入和改进。

民初以来的教育改革，因其提倡者的观念和认识的差异，而推促着教育变化向两种完全背离的方向发展。一是离异过程中的回归。这就是主张对传统的自学辅导法的恢复。当人们采用西式"新法"进行教学而遭遇种种滞碍后，不少人又在念旧、复旧的情绪下，提倡"书院旧制"，或"合吾国书院与西洋研究所之长而活用之"②。显示出对自清末引进的种种洋八股表示不满。一是求新过程中的尝试。这就是继续对新法的引进和试行。作为对赫尔巴特五段教学法的否定，续之而起的是"自学辅导法"、"自动教学法"、"分团教学法"、"设计教学法"、"蒙台梭利教育法"等欧美教学法或教学组织形式，纷纷被引入中华教育界。由于人们对一时间"旁流杂出"的西学方法或样式的基本精神缺乏真正的理解和消化，往往只热衷于形式的模仿，故而同前此种种"改革"一样，大多因处于"尝试"程度而绩效有限。

针对中国教育界的如此情状，陶行知同样深怀忧患意识，并将中国教育界存在的种种弊端归划为"五旧"。所谓五旧：一曰依赖天工，此等者"困即无自新之力"，只能"役于物而制于天"；二曰沿袭陈法，此等者"徒执古人之成规"，然于今日问题之解决，"则圆枘方凿，不能相

---

① 梁启超：《变法通议·论幼学》。

② 蔡元培：《湖南自修大学的介绍与说明》，见《蔡元培教育论集》，362页，长沙，湖南教育出版社，1987。

容"；三曰率任己意，此等者或"凭空构想"，或"武断从事"，或"不了了之"，全无求新之法和自新之路；四曰仪型他国，此等者盲目从洋，"辄以仪型外国制度为能事"，"以误传误，为害非浅"；五曰偶尔尝试，此等者计画不确，方法无定，朝令夕改，浅尝辄止，"故新猷未出，已中途而废"。有此"五旧"，中国教育焉得有所发展创新？有鉴于此，陶行知奋力疾呼："欲求常新之道，必先有去旧之方。试验者，去旧之方也。盖尝论之，教育之所以旧者五，革而新之，其惟试验。"[①] 为了亡羊补牢，推动中国教育改革朝向正确的方向发展，使中国的教育迅即赶上世界教育的发展潮流，陶行知进而号召人们要争做"第一流的教育家"："在教育界任事的人，如果想自立，想进步，就须胆量放大，将试验精神，向那未发明的新理贯射过去；不怕辛苦，不怕疲倦，不怕障碍，不怕失败，一心要把那教育的奥妙新理，一个个的发现出来。"[②]

最后需要指出的是，陶行知对试验主义教育的提倡，还得益于对来华的美国教育家们思想精髓的接承。

先是，杜威利用休年假之机于 1919 年 1 月前往日本游历并应邀讲学。当陶行知听到这一消息后，"又惊又喜"，认为自己早就打算"要做的事体"[③] ——借重杜威推进中国新教育建设事业并借以弘扬杜氏的教育学说，现在正是时机。是时中国方面以北京大学、南京高师、江苏省教育会等机关联手，努力促成了杜威由日本转道来华之行。1919 年 4 月 30 日午后，杜威偕同夫人和小女儿抵达上海，陶行知同胡适、蒋梦麟三人分别代表南京高师、北京大学和江苏省教育会前往码头接迎。自是直至 1921 年 7 月 11 日上午 10 时由北京离开中国，杜氏一家在华讲学和游历计达两年又 12 天，足迹遍及中国的京、沪、江、浙等 14 省市，大小讲演 200 余场。在两年多时间内，陶行知与杜威接触甚多，举凡杜威往来南京及苏沪地方进行讲演和游历活动，大多由陶负责安排有关事宜，并为杜威讲演担任部分翻译工作。

紧继杜威之后，孟禄又受实际教育调查社之邀，来华进行为期四个月的教育调查活动。[④] 当 1921 年 9 月 5 日孟禄抵达上海时，此次前往迎接者又是陶行知及黄炎培、郭秉文等人。四个月后，即 1922 年 1 月 7

---

① 《陶行知全集》，第 1 卷，93 页。
② 同上书，113 页。
③ 《陶行知全集》，第 5 卷，2、4 页。
④ 参见《欢迎孟禄博士会及发表意见》，载《申报》1922 年（民国十一年）1 月 6 日。

日，孟禄又由上海乘船归国，复由陶、黄、郭等人到埠送行。除此之外，孟氏在华期间，陶行知几乎全程陪同其调查和讲学活动。追踪孟禄来华后的行动，"北方有奉天、天津、保定、开封、山西等地；南方有南京、上海、无锡、苏州、通州（南通）、杭州、厦门、广州、佛山等处"，举凡足迹所至，孟氏都"选了几校考察一下"①。这种实地考察工作，无疑使陪同者陶行知对中国教育的现状又有了一次更为广泛、更加深入的了解。加之师生同行，使他有机会事事领教、时时得益，正如他自己所说：此次"偕同孟禄博士调查各处学校，增加许多经验……关于种种实际困难问题，得以随时质疑问难，得益不浅"②。

对于杜威、孟禄等人来华活动如何推动和促进了中国新教育事业的进步，人们早有诸多评价和研究文字问世。即以当时的一些组织者而言，亦以自己的切身体验发表过不少肯定的言论。如对杜威来华之行，胡适即评价说，"自从中国与西洋文化接触以来，没有一个外国学者在中国思想界的影响有杜威先生这样大的"③。而对孟禄在华所为，陶行知即认为"此次博士来华，以科学的目光调查教育，以谋教育之改进，实为我国教育开一新纪元"④。这些均是就整个中国的教育界、文化界和思想领域而言，至于杜、孟二氏来华对那些组织者而言，自然后者所获所得更为重大。以更长的时间先后受到杜威和孟禄的指点诲导的陶行知，其时所获教益自然深重有加。其中重要的一点，就是对二氏的实验主义教育思想的接承。这仅就陶行知本人当时的感受即可得见：当杜威来华一事确定之后，陶行知就开始著文《介绍杜威先生的教育学说》，指出"杜威先生素来所主张的，是要拿平民主义做教育目的，试验主义做教学方法"。"他的著作当中，和教育最有关系的，一是《平民主义的教育》，二是《将来的学校》，三是《思维术》，四是《实验的论理学》。这四部书，是教育界人人都应当购备的。我教育界同志，对于杜威先生的教育学说，有想研究的么？如有，就须先读这四本书"⑤。对于孟禄的教育思想，陶行知则在中国教育界同人为孟禄举行的饯别会上发表了如是讲话："此次（孟禄）博士来华，以科学的目光调查教育，以谋教

---

① 《陶行知全集》，第 8 卷，100 页。
② 《陶行知全集》，第 1 卷，173 页。
③ 胡适：《杜威先生与中国》，载《晨报》1921 年 7 月 11 日。
④ 《陶行知全集》，第 1 卷，173 页。
⑤ 同上书，102、104 页。

育之改进，实为我国教育开一新纪元。我们当这新纪元开始的时候，要参与教育革新的运动，须具两种精神：一是开辟的精神，二是试验的精神……有试验的精神，然后对于教育问题，才有彻底的解决；对于教育原理，才有充量的发现……我们若想教育日新日进，就须继续不已的去开辟，继续不已的去试验。深望大家奋起继续开辟继续试验的精神，来做这新纪元的帅领。"① 由上可见，尽管陶行知在杜、孟二氏来华之际受领的教益各有诸多种种，但有一点共通之处，这就是实验主义教育的方法和精神。从陶于杜威即将来华之时和于孟禄即将离华之际所发表的议论和所显现的体会，不难看出陶行知的试验主义教育思想正是形成于对世界教育革新运动的传应，诚如他本人所言，"试验者，发明之利器也"。依循试验主义教育思想认识，正投身于新教育运动的改革潮流之中的陶行知，自然会"发明"出种种用心改造中国教育的"利器"来。这就是"生活教育"理论的出新和构建。

二、教育思想理论的成型：生活教育理论体系的建构

在《生活教育》一文中，陶行知对"生活教育"下了一个确切的定义："生活教育是生活所原有、生活所自营、生活所必需的教育（Life Education means an education of life，by life and for life）。教育的根本意义是生活之变化。生活无时不变即生活无时不含有教育的意义。"②

这种生活教育思想的理论体系，根据陶行知本人所述，其构架大致可以勾勒如次：一是教育场所"从学校到社会"。主张"社会即学校"，则"整个的社会范围，即是整个教育范围"。这样，教育的材料及意义就十分丰富、取用不竭。二是教育内容"从书本到生活"。这就是一改"读死书、死读书、读书死"的传统教育，而为从整个生活出发，过整个的生活，受整个的教育。三是教学方法实行"从教到做"的"教学做合一"，以此替代传统教育中"先生教，学生学"的教与学相分离状态。四是教育形式"从平面三角到立体几何"。即是将以往"口耳相传、口诵目识的平面三角的教育"（口、耳、眼之间相距各约四寸，为一平面三角），改造为手脑联盟，运用全身智、力来干的"立体几何"式的教

---

① 《陶行知全集》，第 1 卷，173 页。
② 《陶行知全集》，第 3 卷，633 页。

育。五是教学双方地位、态度要"从被动到主动","从轻视儿童到信仰儿童"。这种自动的、以儿童为主体的教育，就能使受教育者一个个成为"思想的天使、创造的天使、建设的天使"。六是教育对象"从士大夫到大众"。这就要求彻底改变"属于少数人的"传统"士大夫教育"，把教育普及于人民大众，从此"把散沙的民族性凝合起来，团结成为伟大的中华民族力量！"①这种理论体系的主体内容和思想基础，即所谓生活教育的"三大基石"："生活即教育"、"社会即学校"、"教学做合一"。

（一）"生活即教育"——教育本质的诠解

当其生活教育思想处于萌芽状态时，陶行知的"生活即教育"的理论即开始产生。在直接揭橥"生活即教育"之前，在生活与教育关系的认识上，他认为，"教育以适于群生为目的，故其方法亦以合于生存之真相为标准"②。所以，求学就是生存，学生所学的就是人生之道。而人生之道有高尚与卑下、全部与片面、永久与一时、精神与形式等等之分，"我们所求的学，要他天天加增的，是高尚的生活，完全的生活，精神上的生活，永久继续的生活"③。这不仅揭示了从一定角度讲"生活即教育"，而且说明这种"即教育"的"生活"是一种进步向上、积极有为、高尚持续的生活。

及至生活教育理论形成，因这种理论之总称与"生活即教育"这一范畴，两者之间在概念的外延上并无根本的差异，故有关对生活教育理论的注解同样可看作是对"生活即教育"的阐释。不过，作为一种理论体系可以"生活教育"言之，而"生活即教育"只能看作是对教育本质的一种诠解。对于"生活即教育"，陶行知的表述不下十余种。缕析他的种种表述，可以看出"生活即教育"包含多层含义。

一是，有生活即有教育——生活含有教育的意义："教育的根本意义是生活之变化。生活无时不变即生活无时不含有教育的意义。因此，可以说：'生活即教育'。"④ 由此认识出发，陶行知提出了"终身教育"的观念：因为有"生"即"有生活"，而有生活即有教育，故此"生活教育与生俱来，与生同去。出世便是破蒙，进棺材才算毕业"⑤。可见，

---

① 《陶行知全集》，第8卷，627～629页。

② 同上书，63页。

③ 《陶行知全集》，第1卷，126页。

④ 《陶行知全集》，第2卷，633页。

⑤ 同上书，634页。

要真正实现"生活即教育",最重要的就在于使众人养成一种持续不断地共同求进的决心,"我们要对众人养成的态度是:活到老;做到老;学到老"①。

二是,教育就得作用于生活——"教育就是生活的改造"。这种改造是通过人来实现的。教育是教人化人,化人者也为人所化,教育总是互相感化,"互相感化,便是互相改造",所以"我们一提及教育便含了改造的意义"②。由此意义伸延,陶行知又通过"生活工具主义之教育"的论述,形成自己的创造教育观:"生活教育教人发明生活工具,制造生活工具,运用生活工具。空谈生活教育是没有用的。真正的生活教育必以生活工具为出发点。没有工具则精神不能发挥,生活无由表现。"这种生活工具的发明、制造和运用,就是创造,故此他继而指出:"教育有无创造力,也只须看他能否发明人生新工具或新人生工具。"③

三是,生活为教育的中心——"生活决定教育"。"生活教育是给生活以教育,用生活来教育,为生活向前向上的需要而教育。从生活与教育的关系上说,是生活决定教育。从效力上说,教育更通过生活才能发出力量而成为真正的教育。"④ 根据"生活决定教育"这一基本观点,陶行知进一步指出有什么样的生活就有什么样的教育。对此他在《晓庄三岁敬告同志书》中讲得十分透彻,并且强调,自己主张的"生活教育"是"运用生活的力量来改造生活","运用有目的有计划的生活来改造无目的无计划的生活"⑤。于此含义中,伏下了后来提倡"国难教育"、"战时教育"乃至"民主教育"的契机。即如民主教育而言,陶行知即依"生活决定教育"的理论阐述"民主教育应该是整个生活的教育":"在民主的生活中学习民主,在争取民主的生活中学习争取民主,在创造民主的新中国的生活中学习创造民主的新中国。"⑥

(二)"社会即学校"——教育组织的论见

根据陶行知思想演进的途径和理论形成的思想,可知在"三大基石"中"社会即学校"观念形成在最后。在其去世前不久,他在与上海日文《改造日报》记者小野三郎的谈话中,即对自己"生活教育"理论

① 《陶行知全集》,第2卷,804页。
② 同上书,128页。
③ 同上书,77页。
④ 《陶行知全集》,第5卷,477页。
⑤ 《陶行知全集》,第2卷,210页。
⑥ 《陶行知全集》,第3卷,570页。

的形成有过明确的忆叙："根据我们的道路可以这样说：由（一）生活即是教育发展到，（二）教学做合一，然后更发展到，（三）社会即学校。"① 追寻生活教育思想处萌芽状态时他对社会与学校关系的认识，亦可证明这一点。其时陶行知认为，教育乃为改良社会而设，为教育社会人才而设，其根本目的，乃在于造就人才和改良人才，"能使社会因之而发达"。"既为社会而设，若与社会不相往来，何以知社会之需要？"② 因此他主张学校应把社会上一切的事，拣选主要的，一件一件地举行起来，使学校"成为具体而微的社会"。显然这与杜威所论述的"学校"，即"成为一个小型的社会，一个雏型的社会"③，基本上相一致。但同时他更主张过去只在学校做学生，"现在都做社会的学生"，这样"从根本上讲，来得着实，不至空虚"④。可见这种社会与学校关系上的见解，虽然尚未摆脱杜威"学校即社会"思想的笼罩，但又显示出走出杜威那种"学校"的倾向，初露"社会即学校"的朦胧意念。

　　这种朦胧意念在"生活即教育"理论明朗化后，中经"学校生活为社会生活一部分"的思想认识阶段，进而形成"社会即学校"的理论。⑤ 自是以后，"社会即学校"的理论，依据"联带关系"，随着"生活即教育"理论的确立而形成："生活即教育"，表明"到处是生活，即到处是教育；整个的社会是生活场所，亦即教育之场所。因此，我们又可以说：'社会即学校'"⑥。可见"社会即学校"与"生活即教育"两者相辅相依：从教育本质论上认识，"生活教育"理论可直解为"生活即教育"；从教育组织形式所强调的精神上看，"生活教育"理论可外化为"社会即学校"。根据陶行知的论见，在教育组织形式上实现"社会

---

① 《陶行知全集》，第3卷，624页。

② 《陶行知全集》，第8卷，40页。

③ 赵祥麟、王承绪编译：《杜威教育论著选》，21页，上海，华东师范大学出版社，1981。

④ 《陶行知全集》，第1卷，127页。

⑤ 这种"中间认识阶段"，从《我之学校观》一文中可得清晰之见（此文撰于1926年9月）。在文中，陶行知认为，学校有死的有活的，那以学生全人、全校、全天的生活为中心的才算是活学校。学校以生活为中心，则"莫非生活即莫非教育之所在"。由这种"生活"与"教育"之关系，他进而阐释了两点十分关键的见解：一是"学校生活是社会生活的一部分"，因此"必须与社会生活息息相通，要有化社会的能力，先要情愿社会化"；二是"学校生活是社会生活的起点"，所以"改造社会环境"，既从远处着眼，更从近处着手，"要从改造学校环境做起"（《陶行知全集》，第8卷，194～195页）。

⑥ 《陶行知全集》，第2卷，633～634页。

即学校",至少包括三重意义。

一是从教育精神看,实现"社会即学校",可使"死"的教育变为"活"的教育。早在生活教育理论处于萌芽状态时,陶行知就对现时仅仅在意"读书"的学校表示怀疑和不满,指责这种"除书之外,便没有别的事教"的学校所施行的教育,是一种"死的教育"或"不死不活的教育",他主张要用"活的人"拿"活的东西"来教"活的学生"养成"活的人材"。及至生活教育理论形成,陶行知更进而指出,"没有生活做中心的教育是死教育,没有生活做中心的学校是死学校,没有生活做中心的书本是死书本。在死教育、死学校、死书本里鬼混的人是死人——先生是先死,学生是学死!先死与学死所造成的国是死国,所造成的世界是死世界"①。要使这种以"死书本"来施行"死教育"的"死学校"得到根本的改造,就必须"开笼放雀",让学校与社会打成一片。这就需要彻底地拆除学校与社会之间的那道高墙——"各人心中的心墙"②。对此,他对那种主张"学校社会化"的改良做法也进行了批判,认为那种把社会里的东西拣选几样缩小一下搬进学校里去的做法,形式上使一只小鸟笼扩大为一只大鸟笼,"但它总归是一只鸟笼,不是鸟世界"。"生活教育者主张把墙拆去","承认社会即学校","这种学校是以青天为顶,大地为底,二十八宿为围墙,人人都是先生都是学生,都是同学"③。这样一来,"凡是生活的场所,都是我们教育自己的场所,那么,我们所失掉的是鸟笼,而所得的倒是伟大无比的森林了"④。

二是从教育内容看,实现"社会即学校",可使"读书"的教育变为"行动"的教育。在"生活即教育"和"教学做合一"理论形成过程中,陶行知联系这两个方面认识,阐述了"社会即学校"的必要:一方面,"生活即教育"的理论揭明,教育的任务在于"教人化人"并由此而"改造社会",但"寻常人"误认读书为教育,只要提到教育,便联想到读书识字。他们以为一切教育都从读书认字出发。他们只管劝人家识字读书,不顾到别的生活需要。这样"对于改造社会的影响,便是很有限了"⑤。另一方面,"教学做合一"理论判明,因为教学做分家的缘

① 《陶行知全集》,第 2 卷,289 页。
② 同上书,617 页。
③ 同上书,711 页。
④ 《陶行知全集》,第 3 卷,27 页。
⑤ 《陶行知全集》,第 2 卷,129～130 页。

故，所以用一般学校的形式训练人才，决不会发生很大的效力，也决不能彻底地采用教学做合一的办法。即是说，"一面要实现教学做合一，一面又要顾到一般学校的形式，实属绝对不可能"①。根据上述两方面认识，故此"在这样意义的教育运动的实践中，感到学校教育的狭隘性是当然的。因此遂发现了第三个道理，就是为要真正地教育，必须做到'社会即学校'这一点"②。由此可见，实现"社会即学校"，也就实现了对传统的仅以读书为教育的学校教育的彻底改造。这样"整个的社会活动，就是我们的教育范围，不消谈什么联络，而他的血脉是自然相通的"③。这就是：讲"学校"，则必定运用社会的力量使学校进步；讲"社会"，则可以动员学校的力量帮助社会进步。这种学校、社会的共同进步就是行动——"自然而然的去运用社会的力量，以济社会的需求"④。所以生活教育与传统教育的不同之处，即在于"老教育坐而听，不能起而行，新教育却是有行动的"⑤。

三是从教育对象看，实现"社会即学校"，可使"小众"的教育变成"大众"的教育。在陶行知看来，现时一般意义的学校，只是那些少爷、小姐、政客、书呆子的特殊学校，这种学校教育只是那些有钱、有闲、有面子的人才能接受的教育。这种让特殊阶级接受特殊教育的特殊学校，既不许生活进去，也收不下广大的劳苦大众，所以这种"为读书而读书"的学校教育，只是"小众教育"。对于人民大众来说，"只好承认社会是我们的惟一的学校了"："从大众的立场上看，社会是大众惟一的学校，生活是大众惟一的教育。大众必须正式承认他，并且运用他来增加自己的智识，增加自己的力量，增加自己的信仰。"⑥换句话说，实现了"社会即学校"，把整个社会当做学校，以提高整个社会的教养水准为目标，"这么一扩大，学校自然也很广大了，教师也多，功课也繁，至于学生的范围也就更多了。因而教育的效果也就更实在了"⑦。

（三）"教学做合一"——教学方法的阐释

"教学做合一"乃由"教学合一"发展而来。或者可以说，在生活教

① 《陶行知全集》，第2卷，60页。

② 《陶行知全集》，第3卷，623~624页。

③ 《陶行知全集》，第2卷，182页。

④ 同上书，711~712页。

⑤ 《陶行知全集》，第3卷，139页。

⑥ 《陶行知全集》，第2卷，634页。

⑦ 《陶行知全集》，第3卷，624页。

育思想理论体系中，就教学方法论而讲，"教学合一"为其萌芽状态或雏形，而"教学做合一"则为其形成状态或成型。在其雏形阶段，在教与学及教、学关系的认识上，陶行知认为"世界上新理无穷"，一名教师既不能也无能把这些"新理"全部灌输给自己的学生，因此他的教学，除了传授已有的知识外，更重要的是"教"学生如何自己去"找出"即发明那些无穷的新知新理。由此一来，传统的教学观念必须发生方向性更改：一是教师不只拿已有的知识来教学生，而是"教学生学"；二是教师不能不顾学生的才能、兴趣而只管照自己的意思去教，更重要的是"必须根据学的法子"来决定自己的"教的法子"；三是教师不能仅靠贩卖自己头脑里一点现在的"知识"过日子，而必须"一面教一面学"。这三个方面的说明概而言之，就是"把教和学联络起来"：先生的教应该和学生的学联络，同时先生的教应该和先生的学联络。"有了这样的联络，然后先生学生都能自得自动，都有机会、方法找那无价的新理了"①。应该说，这种"教学合一"的方法论，既是对现行学校教育的一种变革，也是对传统教育固有的"教学相长"思想的一种挖掘和发展。因此，可应用于一般的学校改革之中。于生活教育理论来说，根据生活教育的特质，则必须加添更富有建设性的环节或成分，这就是"做"的观念的运用。

按照陶行知自己所说，"教学做合一的理论"于1922年"已经成立了"，但"教学做合一之名尚未出现"。直到1925年在南开大学演讲时，仍沿用"教学合一"的说法，在张伯苓先生建议改为"学做合一"的点拨下，"于是豁然贯通，直称为教学做合一"②。至1926年撰《中国师范教育建设论》时，即对教学做合一的原理作出系统的叙述："教的法子要根据学的法子。学的法子要根据做的法子。教法、学法、做法是应当合一的。"③ 生活教育理论体系形成后，陶行知对"教学做合一"原理进一步表述为："教的法子根据学的法子；学的法子根据做的法子。事怎样做便怎样学，怎样学便怎样教。教与学都以做为中心。在做上教的是先生，在做上学的是学生。"④ 比较前人的教育理论来说，"教学做合一"理论不仅提出自古以来未曾有过的"做"的概念，而且还强调"教"、"学"、"做"三者以"做"为中心而"合一"，因此在生活教育理

---

① 《陶行知全集》，第1卷，89~90页。
② 《陶行知全集》，第2卷，42页。
③ 《陶行知全集》，第1卷，638页。
④ 《陶行知全集》，第2卷，289页。

论体系中，陶行知对其阐释最多最详，而且这种教学方法论所涵括的内容也最为丰富。

一是"教的法子根据学的法子，学的法子根据做的法子"——教学法的界定。在一次教学做讨论会上，陶行知指出"教学做合一"有两种含义，其中"在方法方面，它主张教的法子根据学的法子；学的法子根据做的法子。不然，便要学非所用，用非所学了"①。因为"教学做合一的理论最初是应用在培养师资方面的"，所以为了与传统的先生只管教、学生只管学的教学方法实行决裂，使教者所教能为学者所用，那么教者必须考虑到学者如何去做，自己首先得掌握这种做的法子，然后再拿这种法子去教自己要教的人。从知识传授与接受的走向看，"教者"通过"做"来使"学者"明白"做"；但从教学方法的实施来看，"教者"先学好"学者"所要"做"的，再用自己所学的东西来教"学者"去做。概括地说，就是"教人者先教己"，"己明者后明人"，只是无论在先"教己"在后"教人"，还是"己明"再去"明人"，都必须通过"做"来实现。由此，他创造了"艺友制"教育："凡以朋友之道教人艺术或手艺者，谓之艺友制教育。"这种教育是"彻底的教学做合一"："事如何做便如何学，如何学便如何教。教法根据学法，学法根据做法。先行先知者在做上教，后行后知者在做上学。共教、共学、共做方为真正之艺友制，亦惟艺友制始能彻底实现教学做合一之原则。"②

二是"在做上教的是先生，在做上学的是学生"——生活法的说明。在指出"教学做合一"的方法论含义时，陶行知还指出，"教学做合一是生活现象之说明，即是教育现象之说明。在生活里，对事说是做，对己之长进说是学，对人之影响说是教。教学做只是一种生活之三方面，而不是三个各不相谋的过程"③。由此论述又可见这种"生活法的说明"包含两层意思。一层是由生活教育特质所规定，"一个活动对事说是做，对己说是学，对人说是教"，这就说明生活中所有之"事"，只要一经"做"，则"做"者本人即为学，而对他人因使之学会如何"做"故为教，于是"有生活即有教育"了。另一层是就这种教育的师生即先生与学生的角色关系而言，强调了"在做上教的是先生，在做上学的是学生"，则谁掌握了"做"谁就是先生："从先生对学生的关系

①　《陶行知全集》，第2卷，161页。
②　同上书，234页。
③　同上书，289页。

说，做便是教；从学生对先生的关系说，做便是学。先生拿做来教，乃是真教；学生拿做来学，乃是实学。不在做上用工夫，教不成教，学也不成学。"① 所以，在陶行知的理论中，先生与学生并没有严格的界限："师生本无一定的高下，教学也无十分的界限；人只知教师教授，学生学习；不晓得有的时候，教师倒从学生那里得到好的教训。"② 这种师生角色关系，倒应了古人所谓"能者为师"之说。由此认识出发，他进而创造了"即知即传"的"传递先生制"。

三是"做是学的中心，也就是教的中心"——"真知识"的泉源。在陶行知看来，世间的知识有真、伪之分。所谓"真知识"，是从经验里发芽抽条、开花结果的真知灼见，"由思想与行为结合而产生的知识"，它的"根"是"要在经验里的"；所谓"伪知识"，往往是拿着"读书"两个字作护身符，"不是从经验里发生出来的知识"③。在此，他作了一个补充说明，即从整个人类知识体系来看，所说的主要强调的是它的"根"必须安在经验里，并非说样样知识都要从自己的经验上得来，对于别人经验里所发生的知识，可以用"接树"一样的方法去"接知"，为我所用，成为自己的真知识。这种"别人经验里所发生的知识"就是文字知识，所以知识的一部分是藏在文字里。循此思想认识，他进而以譬喻来说明书本上的文字知识的真、伪之分，指出那些从经验中产生而形成文字的知识是真的文字知识，有如银行有了准备金而发出的钞票："经验比如准备金，文字比如钞票。钞票是准备金的代表，好一比文字是经验的代表。"④ 否则，没有经验这种"准备金"而发出的文字就是伪知识。银行要想正经生意，就必须根据准备金去发行钞票，钞票是不可滥发的；学者不愿自欺欺人，也必须根据经验去发表文字，文字也是不可滥写的。没有根据经验而滥写文字的伪知识，比那种没有准备金而滥发的钞票还要害人。然而，"二十世纪以后的世界，属于努力探获真知识的民族。凡是崇拜伪知识的民族，都要渐就衰弱以至于灭亡"，因此，为今之计，必须痛下决心"去探真知识的泉源"，这就需要"凡事手到心到——在劳力上劳心"⑤。

---

① 《陶行知全集》，第 2 卷，162 页。
② 《陶行知全集》，第 1 卷，139 页。
③ 《陶行知全集》，第 2 卷，86～87 页。
④ 同上书，88 页。
⑤ 同上书，95～96 页。

在劳力上劳心即手到心到，也就是教学做中"真正的做"。陶行知对"做"所下的定义是："'做'是在劳力上劳心。因此，'做'含有下列三种特征：（一）行动；（二）思想；（三）新价值的产生。一面行，一面想，必然产生新价值。"① 这种"一面行，一面想""产生新价值"，从知识的形成或摄取的角度讲，毫无疑义即指"由思想与行为结合而产生的知识"——"真知识"："真正之做只是在劳力上劳心，用心以制力。这样做的人要用心思去指挥力量，能使轻重得宜，以明对象变化的道理。这种人能以人力胜天工，世界上一切发明都是从他那里来的。"② 由此可见，只有强调以"做"为中心的教学做，才能开掘真知识的泉源，获得"事物之真理"。

综而言之，强调"做"为教学做的中心，即强调"在劳力上劳心"，不仅"真知识"的泉源由此探出，而且所谓"手脑并用"、"手脑双挥"等教学原则，"行是知之始"的教育哲学认识论等，都有了生发的思想基础。

三、教育思想理论的升华：民主教育思想体系的设计

民主或民主社会，可说是陶行知这一代知识分子终身向往且孜孜追求的社会理想和人生目标；民主教育或教育民主化，可说是陶行知这一类知识分子平生奋斗且不懈努力的教育理想和事业终极。为了中国教育民主化的事业，他一直踏着时代的步伐，在教育实践中对民主观念不断地改造添新，并结合自己的教育实践，开始形成自己系统性的民主教育观念。为了自己终身追求的民主教育事业目标能早日实现，尤其抗战结束后，他借助文字、歌咏、讲演和平常的交谈，不遗余力地为教育民主化摇旗呐喊，并以留世的十余篇有关"民主教育"的文字，将自己教育思想理论体系作了最后一次提升。

（一）民主教育的性质——教育属于人民、教育依靠人民、教育为了人民的幸福

所谓民主，通俗来说，乃"大家有份"、"全民作主"。所谓民主教育，就是这种教育是老百姓自己所需要的东西，它的权利属于人民大众。首先，这种教育的教育权利为人民所享有。实现这种教育，就是人

---

① 《陶行知全集》，第 2 卷，289 页。
② 同上书，45 页。

民大众都有获得教育的机会和享受教育的权利，而非像专制时代那样只是对教育尽一个纳税人的义务，以供养少数人对文化知识的享有。其次，这种教育的教育内容为人民所必需。实现这种教育，就是要通过教育把知识化作新鲜空气，普及于人民大众，人人可以自由呼吸，以此增加自己新的生命活力，养成其为国家主人翁的资格，联合起来做自己的主人、做国家的主人、做世界的主人。

民主教育是一种依靠大众的力量来实现并造成大众的"力"的教育。从其根本上看，它一方面教人争取民主，一方面教人发展民主：在反民主或民主不够的时代，它的任务是教人争取民主；在政治走上民主之路的时代，它的任务是教人依循民主原则，发挥整个社会的创造力以为全民造幸福。但无论是争取或是发展民主，都要靠广大人民的群策群力才会成功。尤其经济落后、人口众多的国情，更决定了这种教育的实现，只能本着"大众出力大众干"、"大众自己教自己"的办法，依靠人民大众组织起来的联合力量，解决诸如从师资培养到机构建设等方面的难题。这种教育的实施，既要教人民大众行动，教他们根据集体意识而行动，又要靠人民大众行动，靠他们凭借集体力量而行动。

民主教育的根本方向是服务于人民、造福于人民，使教育成为使人民增进幸福、减少痛苦的工具，而不再是少数人用来统治、麻醉、欺骗和压迫人民的工具。通俗地说，它是为老百姓的需要而办的，并非封建时代统治者为了使老百姓能看布告、便于管理，而让老百姓来认识几个字。这种教育是引人向前、向上生活的力量，主旨在于人民获得最高利益，并非服务于个人利益，也非为一党一派及任何小集团谋福利。所谓"大学之道，在明明德。在亲民，在止于人民的幸福"——"一切的学问，都要努力向着人民的幸福瞄准"①。

（二）民主教育的目的——教育为公，即教育机会均等，以此求得天下为公

在教育上实行民主，是建立民主社会的一条重要途径，"大道之行，天下为公"。这种教育为公的目的，如果从民主教育实施的主体对象上看，就是人人享受教育的机会均等，人人应当接受免费的教育，所以它又是一种全民教育或完整意义上的国民教育。在此机会均等的国民教育基础上，再根据受教育者各自才能的特殊性，采用因材施教的原则，施

---

① 《陶行知全集》，第 3 卷，587 页。

以特殊的教育，即人才教育，使其才能得到充分的发挥，为人民的事业和利益作出更多的贡献，就能更好地实现文化为公这一崇高理想。

实现教育为公这一目的，首先要做到在教育机会上男女平等。其中最重要的是无论哪一级、哪一类教育中，女子都应享有与男子一样的权利与机会。其次要做到在教育机会上老少平等。这就要破除人们一向认为"读书"乃年少所专有的传统观念，力主并力行终身教育。在民主教育中，一般意义上的供青少年求学的学校教育，始终是人生教育整个链条中的一环，"好像是整个房子当中的客厅"。三是要做到在教育机会上贫富平等。贫富平等也包括出身平等。因此民主教育必是彻底改变那种只供少数富有者或有资格者入学的现象，只要是在中国土地上生活，属于中华民族一分子，即可得到这种教育的资格。四是要做到在教育机会上民族平等。这就要求无论内地边疆，回满蒙藏，只要是中华国民都有分享这种教育的权利。总之，民主教育的实施，它的现实政治意义，就在于反对把国家的公器变为一党一派的统治工具，反对那种"党有党办党享"的教育，以教育为公来求得"天下为公"①。

提倡教育为公，强调机会均等，并不排除对人的特殊才能的培养和发挥。任何时代、任何社会，作为社会主体中的单个分子来说，都有自己的个性爱好和独到才能，因此民主教育必须根据因材施教的原则，来造就社会需要的各种专门人才。这种人才，既要有天下为公的民主精神，又要有改造社会的过硬本领。有了前者，才能使自己更好地将学到的东西贡献给大众民主事业；有了后者，才能有利于社会的进步和民主。因此，这种因各种特殊才能加以特殊教育的"人才教育"，并非改变了"教育为公"、"文化为公"的主旨，相反，更有效地体现了这种教育为公的真实含义。

（三）民主教育的方法——要多种多样，不限一种，因材施教，启发学生自觉，培养学生自动

在中国，民主教育是"使绝大多数之劳苦大众及其小孩得以享受教育"，所以首先要坚持穷学穷办的"穷办法"。尽管从人类历史发展进程来看，中国正从农业文明过渡到工业文明，但从社会现实来看，现在还是一个农业国，大家靠双手吃饭，生产力十分低下，尤其因近百年来的帝国主义侵略和长期的战争破坏，社会经济极端贫弱，人民生活非常困

---

① 《陶行知全集》，第 3 卷，569 页。

苦，因此要教一切穷人都得到教育，就"必须发现穷办法，看重穷办法，运用穷办法，以办成丰富的教育"，这种以穷办法来教一切穷人都得到教育的事业，才算是"真正的民主教育"①。所谓穷办法，一方面在物质上，在客观条件上，"我们必须以最低廉的价格，给民众提供有益的文化粮食"，利用一切可资教育的物质条件来给人民大众以文化知识的教育；另一方面在人力上，在主观条件上，"动员社会上现有的一切可以动员的力量、学校及个人尽力为民众服务"②，这就是利用全体国民中已有的知识养分，即已受过一定教育的人们，依据文化为公的精神，采用即知即传的形式，使全国老百姓都能得到一定的知识养分。

民主教育又必须是"整个生活的教育"，所以要实现这种教育，还要贯彻"生活与教育联系起来"的办法。生活决定教育，教育又反作用于生活，因此，凡有生活的地方即可施行教育，到处可以生活即到处可以办教育，但生活有积极的也有消极的生活，有进步的也有反动的生活，民主教育是一种大众教育，故只能从大众生活的斗争中钻出真理来，让大众的生活与生活相摩擦，从而产生出生活的火花，发出教育的作用。此外，完整意义上的生活，是随着社会的进步和时代的改变而不断的变化，因此教育必须紧贴着时代的脉搏。当大众没有解放之前，生活斗争是大众唯一的教育，大众要联合起来才有生活可过，也只有联合起来才有教育可受。当大众联合起来追求民主和实现民主时，大众又必须以造成民主的作风作为生活的主要内容，在这种全新的生活方式中，生活与教育联系起来的主要表现，就是"在民主的生活中学习民主，在争取民主的生活中学习争取民主，在创造民主的新中国的生活中学习创造民主的新中国"③。

民主教育的一个最重要的特征，就是全国人民都享有教育的权利和得到教育的机会，真正实现教育普及，所以要实现这种教育，又必须做到"来者不拒"，"不能来者送上门去"。来者不拒乃由民主教育性质所决定，民主教育是全民的教育，学校大门自然朝整个社会敞开。但仅仅做到这一点还不够，还必须做到"不能来者"也得到教育熏陶。这又绝非一般意义的"强迫教育"或"拉伕教育"，而是一心一意、真心真意地给老百姓实实在在的教育。这种办法的实施，取决于中国的风俗民

---

① 《陶行知全集》，第 3 卷，570 页。

② 同上书，555 页。

③ 同上书，570 页。

情。它是一种办法，也是一种策略。在现时的中国社会，要真正做到教育普及，尤其农民教育和女子教育这两道难关最难攻破。前者乃因为经济上生活困苦，生产上农活繁忙，后者除了经济上的原因外，还有传统封建习俗的影响。所有这些都向民主教育提出了挑战，给它带来了困难，这就决定实施民主教育就在"招进来"的同时还必须"送上去"。最充分地利用现有的条件和设备，将这种教育的知识、人员及物质，输送到中国最边远的角落、最落后的乡村、最守旧的人群中，以利整个中华民族尽早做到民族的全体都获得教育、实现民主。

民主教育的另一个最重要的特征就是培养创造力，通过培养创造力，"以实施创造的民主和民主的创造"①，而创造力的培养关键在于自动，所以实现这种教育，运用"手脑并用、劳力上劳心"的方法尤为重要。如何做到"手脑并用"、"劳力上劳心"？陶行知指出，在现时社会条件下，尤须把学习的基本自由还给学生，进行"六大解放"。一是要解放头脑，撕掉精神上的"裹头布"，使头脑从固有的迷信、成见、曲解、幻想中解放出来，从法西斯细菌中解放出来，使其能想并想得通。二是要解放双手，甩掉无形手套，脱离传统束缚，能够很好地执行头脑的命令，动手向前开辟，使其能干并干得好。三是要解放眼睛，敲掉封建的有色眼镜，让大家能看清事实、认准真理，使其能看且看得清。四是要解放嘴巴，使其享受言论自由，做到有事能问、有话直说，且心甘情愿的高兴问、高兴说，谈天、谈心、谈真理。五是要解放空间，要把人民大众和小孩从文化鸟笼中解放出来，把大自然、大社会作为他的生活和求知的世界，让他们各学所需、各教所知、各尽所能，以发挥各人内在的创造力。六是要解放时间，把教育的对象从劳碌中解脱出来。那种把课程排满了全天、考试连续不断的教育，养成人们无意创造的倾向和习性。解放时间就是要给学生一些空闲来消化所知所学，并且学一些自己渴望学习的东西，想想问题，谈谈国事，干一点自己高兴干且于老百姓有益的事，并且有闲消遣，品尝做人的味道。有了六大解放，即可做到"手脑并用"、"劳力上劳心"，贯彻民主精神，增加民族的创造力。"只有民主才能解放最大多数人的创造力，并且使最大多数人之创造力发挥到最高峰"②。

---

① 《陶行知全集》，第 3 卷，569 页。
② 同上书，529 页。

（四）民主教育的管理——不是专家治校、教授治校，而是实现人民教育人民办的方针，发动学生自己管理自己

民主教育的管理，首先是实现"人民办学"。这种教育最重要的一条就是"人民办的教育"，故此实施教育者是老百姓，接受教育者也是老百姓，"校董是老百姓，校长也是老百姓"。只有人民自己办的学校，才反映人民的愿望，符合人民的要求，赢得人民的爱护，实现为民服务的目的。"人民办学"是陶行知一贯的思想和传统，他所主办的教育事业，都和周围社会百姓建立了极其密切的联系，依靠了人民群众的力量。

民主教育的管理，还应该实现"学生自治"。从学生这方面来看，学生自治就是学生结起团体来，大家学习自己管理自己的手续。从学校这方面来说，学生自治就是"为学生预备种种机会"，使学生能够大家组织起来，养成他们自己管理自己的能力。因为从人的成长规律来看，今日学校学生即是明日国家主人，要想实现民主社会、建设民主国家，必须有受过民主熏陶的公民，这就首先要有能够共同自治的学生；从学校自身办理来看，学生根据自己的切身生活经验，自立规矩，自订法律，既体现了民主精神和自由意志，也有利于纪律约束和集体领导。当然，这种自治不是自由行动，而是共同治理；不是打消规划，而是大家立法守法；不是放任自流，而是练习自治的道理，受到民主的熏陶。

民主教育的管理，还必须肃清官僚习气。针对现时教育当局的官僚主义作风，陶行知认为这种摆架子、表资格的恶习必须清除，尤其那些所谓视察监督的视学和督学人员，更不应给学校带来恐怖。与之相反的是，为了搞好民主教育管理，这些视学和督学人员应该发挥正当的角色作用：一要鼓励老百姓办学，要做感化工夫，向老百姓表明教育的真相，证明教育的能力，使人民自觉管理教育，视教育为人生日常所必需，从而积极投身于民主教育事业的兴创；二要考察学校是否合乎民主道理，从办学方针、办学方向和教学内容上，检验它是否合乎民主要求，促进民主精神的贯彻落实；三要积极指导学校如何办得好，不是抱着查案的心理去吹毛求疵，而应该用积极的态度给校长和教师们以鼓励，帮助他们使学校成为民主的温床。

民主教育的管理，还要明确校长的责任。陶行知一向认为"校长是一个学校的灵魂"。所以，要想评论一个学校，先要评论它的校长；要想办好一个学校，先要选好它的校长。作为民主教育的校长人选，这一

角色必须具有民主精神，在自己的管理工作中，要承担和完成种种有助于民主教育进步的任务。他有责任使教师进步，这就是对各处来到一起工作的教师进行民主精神的培养，再通过教师的进步来使学生进步，并且是丰富的进步。他有责任为着民主教育的发展，在学校中提拔乐意为老百姓服务的人才，使学校在民主教育运动中起着"发电厂"的作用，通过这些人才不断地把光、热和力输送给人民大众，使学校与社会连为一体。作为一个民主的校长，他还应当有社会即学校的观点，把整个社会看作学校，而自身的学校不过是一间课堂，从而打开学校的大门，使教育面向整个社会，一方面运用社会的力量来促使学校进步，一方面又动员学校的力量来帮助社会进步，这样才能使学校对于大的社会作出民主的贡献，使学校在整个民主事业中，真正成为培养和造就民主人才幼苗的温床，借此尽其做校长的最大责任。

（五）民主教育的学制——学制的制订要适合国情、个性和事业学问需求，实现单轨出发、多轨同归和换轨便利

学制的制订应考虑到三个方面的内容：一是"社会之需要与能力"，二是"个人之需要与能力"，三是"生活事业本体之需要"。根据这种考虑，陶行知认为民主教育的学制首先是立足服务大众的"单轨出发"。这种思想符合了民主教育主要目的，即"教育为公"的需要，其立足之处就是教育为劳苦大众服务，教育是人民自己的事业，它为全体人民享有。由单轨出发后，再依各人的才能分成多轨，"各人所走路线虽不同，但都将力量贡献给抗战，贡献给国家，这叫多轨同归"①。单轨出发，主要指教育的初级阶段对全体人民的教育普及，通过这种普及，然后在中等以上教育阶段，根据各人才能的不同和社会需要的各异，分成多轨，实现民主办学的多样性。前者主要解决各种生活事业必不可少之基础准备，也就是各种社会、学生和生活事业对于学问上之需要的共同的东西，后者则为了适应那些社会、个人、生活事业各自对于学问上之需要的不同的东西。但是这种学制上的"多轨"，办学的多样性，并非各奔前程，而是为了一个目的，即同归于创造民主和民主创造。除此之外，为了促进人才成长还应做到"换轨便利"。这就要求给予发展中的学生，在他们才能或才干改变时有调换"轨道"的便利，以利更好、更快地造就人才。这种换轨，既有学科之内的调整也有学科之间的转换，

---

① 《陶行知全集》，第 3 卷，544 页。

它有利于改变那种择科不慎、学不能专的弊端，也有利于对那些有特殊才干者的培养，从而完整地实现民主教育的目的。

在提出上述三项原则的同时，陶行知还特地提到婴幼教育、成人教育及留学教育。对于婴幼教育，他提出要广泛地设立托儿所，目的在于让妇女从家庭中解放出来。对于成人教育，他提出要增设补习大学和夜大学，目的在于提高社会劳动力的技术素质。对于留学教育，他主张凡在国内可以学到的东西就不应出国，只有当设备不能在国内设置的学科，才能派大学毕业有研究能力的研究生出外留学。一般地讲，这些教育不包括在普通的学制之内，但考虑到民主教育的全民性和全面性，故而陶行知对此等特加论及。

（六）民主教育的课程——安排和组织什么样的课程、编写和选用什么样的教材，也就是为民主教育组织什么样的原材料

人才是教育的产品，课程内容是教育的原材料。民主教育既要机会均等，又要注重人才教育。要适应这一目的，使民主教育在理论体系上做到手段与目标相一致，在课程组织上，就必须做到"普及与提高并重，使老百姓都能受教育，并且有特殊才干也能发挥"①。这种普及与提高并重，包含着两层含义。一是就受教育者个体来说，在接受民主教育时，在普及的基础上提高，在掌握一般文化知识的基础上，去掌握专业知识技能，这是一个成材"过程"问题。一是就受教育者整体来说，在教育一般的情况下注重教育特殊，即根据受教育者的智能才干的不同，在施行普通教育的同时，要注意特殊教育或人才教育的培养，这是一个成材"分类"问题。由此可见，民主教育的课程组织，既要顾及到全体人民接受民主教育，又要留心有特殊才能的分子应得到特别的训练和培养。但这种普及与提高、一般与特殊，并非指截然分开的两种教育，而是"在一般基础教育与特殊教育中予以统一"②。这种课程组织方法，能够及早防止一般基础学习及专科基础学习之裂痕，及早培养儿童对于世界和人生一元的看法。既可保证教育的普及，使全体人民都得到教育，也可保障教育的提高，使特殊人才得到造就。

在注意课程组织的同时，民主教育还必须注意教材的编选。陶行知一贯反对以零碎的文字做中心的"教科书"，认为它没有生命的力量，

---

① 《陶行知全集》，第 3 卷，543～544 页。

② 同上书，367 页。

是创造、建设、生活的最大的障碍物。"它叫中国站在那儿望着农业文明破产，而跳不到工业文明的对岸去"①，因此，这种教材根本不能为民主教育所采用。民主教育的教材必须能给受教育者以创造力来适应民主生活，因此，必须根据生活教育的原理，以生活为中心来编选有益于民主进步的教材："民主教育的教材应从丰富中求精华，教科书以外求课外的东西，并且要从学校以外到大自然、大社会中求得活的教材。"②即是说，作为民主教育的教材不可仅仅局限于一般意义的教科书的范围之内，它还必须而且更重要的是以生活为中心的从丰富中求精华的活教材。由于民主教育的大目标在于民主国家的建立和民主社会的实现，原则上讲，这种教育的课程内容要合乎世界潮流。20 世纪的世界潮流是人类社会已进入一个科学昌明的时代，在这个时代中应有一个科学的中国，所以在民主教育的教材编选上"最重要的知识"是注意科学。

（七）民主教育的教师——教育是生活的改造，是社会的改造，而教师就是这种改造的领导者，因此他手中操着幼年人的命运，操着民族和人类的命运

基此，陶行知对民主教育的师资提出了严格的要求。

一是民主教师要肃清专制流毒，树立民主作风。二千余年流传下来的专制余毒，十余年来的法西斯训政的熏染，使中国的教师队伍中存在种种不民主和反民主的习惯和态度。其中，孤高的先生架子，必然使自己在事业上匹马单枪难有所作为；自满的学问态度，必然使自己故步自封不求上进；严格的师生界限，必然使自己难以做到与学生"精神交通"……诸如此类非民主的习惯，"做官的态度"，都不能为民主教育所容纳，都在肃清之列。一个民主教师，应该具有"人民第一、一切为人民"，"天下为公、文化为公"，"虚心学习、集思广益"，"平等待人、共同长进"等良好的民主作风。而这些作风的养成，就要求民主教师天天学习，天天进行再教育，"自己在民主作风上精进不已，才能以身作则，宏收教化流行之效"③。

二是民主教师要虚心，既要"跟民众学习"，又要"跟小孩子学习"。唯有学而不厌的教师，才能教出学而不厌的学生。社会在不断地进步，世界上新理无穷，教师在学问上没有虚心好学精进不已的精神，

---

① 《陶行知全集》，第 2 卷，294～295 页。

② 《陶行知全集》，第 3 卷，543 页。

③ 同上书，605 页。

绝不能带领学生去追求真理和创造民主。作为民主教师最重要的一条，就是活到老、学到老，做到"己立而后立人，己达而后达人"。就学习的对象而言，站在民主教师面前有两位最伟大的导师，这就是老百姓和小孩子。陶行知认为，做教师的人最要紧的是跟老百姓学习。这就是一方面要学习人民的语言、情感和美德；另一方面要理解人民，钻进人民队伍中与他们共患难，彻底知道他们所要除的是什么痛苦，所要造的是什么幸福，让他们教导自己这些做教师的人怎样为他们服务才算满意。概括地讲，向人民学习，就是要做到"民之所好好之，民之所恶恶之，教人民进步者，拜人民为老师"①。做教师的人还要跟自己所教的小孩子们学习。从知识上讲，并非说教师要完全跟小孩子学，而是说只有跟小孩子学，才能完成做民主教师的资格，免除做专制教师的危险。如果做教师者不了解学生的问题、困难和愿望，不懂得他们的爱好、心理和脾气，就不知道他们的力量所在，不能使他们很好地发挥自己的创造力。因此，"我们要跟小孩子学习，不愿向小孩子学习的人，不配做小孩子的先生"②。

三是民主教师要"宽容"，与学生共甘苦，做人民的公仆。只有宽容才能最好地实现民主。讲求宽容，首先就得坚持平等的师生关系，在学习上互教互学教学相长的同时，还要做到在生活上师生同甘苦、共欢娱。真正做好一名民主教师，一方面自己要说话也得让别人说话，自己要做事也得让别人做事，自己要长进也得让别人长进；另一方面，要学生做的事自己要躬身共做，要学生学的知识自己要躬亲共学，要学生守的规矩自己要躬亲共守，做到与学生共学、共事、共修养。只有这样才能消除专制作风，打通师生隔阂，做好思想交流，使民主教育得到真正的实现。民主教师的"宽容"，还应该从事业出发对社会进行"宽容"。作为一名民主教师，必须有一种"教师专业精神"，在利益和地位上不计较个人的得失，认识到自己肩上的担子，是永久有益于世的大有可为的事业，因此，要能任劳任怨，受得住世俗社会的"白眼"，真心诚意地做人民的"公仆"，"我自为牛为马，任人呼虎呼龙"。

（八）民主教育的学生——从施教对象看，民主教育是为人民大众服务的教育，有人民的地方，就是民主教育到的地方；从施教过程看，

---

① 《陶行知全集》，第3卷，605～606页。

② 同上书，606页。

民主教育无所谓毕业亦无所谓"毕年"，是一种相伴人生的终身教育；从施教内容看，民主教育是一种"整个生活的教育"，即在生活中学习民主、争取民主和创造民主。所以与传统教育比较，民主教育的学生自有其独到之处

　　一是民主教育的学生要能"过民主生活以学民主"。早在五四时期，陶行知即阐明"今日之学生，就是将来的公民，将来所需要的公民，即今日应当养成的学生"①。所以，对未来国民的期待如何，就应以此期待来塑造今日的学生。在专制时代，统治者所需要的"良民"是要他们养成被治的习惯，所以传统教育所需要和能够造就的只能是驯服的奴隶和奴才。到民主时代，它所需要的"公民"是要他们有共同自治的能力，所以民主教育所能够和所急需培养的应该是"能够共同自治的学生"。这就要求教育坚持"民主第一"的原则，让学生"过民主生活以学习民主"②。由于民主是一个过程，是一个由争取到创造的过程，所以在民主的生活中学习民主，包括两个发展阶段或两层的含义：在争取民主社会的历史阶段，就应该在"争取民主的生活中学习争取民主"；在创造或建设民主社会的历史阶段，就应该在"创造民主的新中国的生活中学习创造民主的新中国"③。至于在整个教育过程的"客厅"——一般意义的学校中如何过上民主生活和学习民主，则主要是学生的民主精神的培养和民主习惯的养成。这就是要在思想意识上形成民主观念，德行品性上循守民主原则，行为举止上养成民主经验，日常生活中体现民主作风。

　　二是民主教育的学生必须"具有科学的精神"。自五四以来，陶行知一直极力主张输入"科学的方法"和"科学的工具"，以救治现有教育缺乏科学精神的弊端。并且认为如果中国教育事业，每人都存有科学方法办教育的决心，每人都去研究或解决一个小的问题，则不出 30 年，中国教育准有好成效。随之他又提出学生求学，第一步就要有科学的精神。有了科学精神才能用活书、活用书、用书活。正是站在这一认识的角度，他在《实施民主教育的提纲》中把"要科学"列为民主教育方法的原则之一，并且在当时的实践中始终关注对学生进行科学精神的培养。所以在育才学校后期，学生无不将"科学的精神"作为自己探究人

---

① 《陶行知全集》，第 1 卷，133 页。
② 《陶行知全集》，第 3 卷，554～556 页。
③ 同上书，570 页。

类社会和宇宙自然的奥秘的利器。

三是民主教育的学生所学的是"人生之道"。随着民主教育思想逐步明晰,陶行知将早年"利用自然界的能力"和"讲求共和主义"的思想,丰富改造为创造力的培养和对社会进行民主的创造,并且就两者的关系予以辩证的说明。指出对于民主教育的接受者来说,一方面,创造力的培养是以实现民主创造和创造的民主为目的;另一方面,民主是创造力得到充分发挥的客观因素和必要条件。培养创造力和争取民主社会,是同一事物的两个方面。培养创造力是为了更好地争取和创造民主;讲求民主才能真正实现"六大解放",有了"六大解放"创造力才可以尽量发挥出来,所有这些也即是民主教育的学生所学的"人生之道"。这种人生之道的追求和实现的最高标准,就是"千学万学学做真人"。民主社会是一个真的世界,民主的追求就是一个学做真人的过程,"这教人求真和学做真人的教学自由,也只有真正的民主实现了才有可能"①。

四是民主教育的师生"并没有严格的分别"。传统教育中先生与学生的法则,在陶行知那里彻底改变,"人人都是先生都是学生",这就是民主教育的师生关系。除了前述教师者要拜小学生为先生的理论缘由外,还因为民主教育是一种终身教育和全民教育。作为终身教育来说,人生在动,教育也在动,知识在不断地发展和变化,民主也在不断地发展和变化,因此人们在追求和创造民主的过程中,永远有学习的必要,即使身为教师者,也永远脱离不掉民主教育学生的身份。作为全民教育来说,根据"文化为公"的原则,每个拥有知识的人,都有对他人传递真理的义务和权利,都应该以自己的一技一艺甚至学会和掌握的一个字自动地帮助他人长进。而且根据中国现有的经济条件和人民的文化水准,也只能以这种先生者又是学生、学生者又当先生的教学合一、师生相长的办法,才能使整个中华民族之全体好学上进、互相传染,成为"一个教人、好学的民族",才有可能让民主教育做到"全面普及"和"立体的普及"②。

除了上述种种,陶行知对于民主教育还有诸多论述,比如"民主的民众教育"、"民主教育的文字"等。但不管怎样,人们都不难看出,虽

---

① 《陶行知全集》,第 3 卷,608 页。
② 同上书,573 页。

说这种教育理论的完整体系是在他的最后生命时期才进行建构，但其中部分因素和具体观点，早自五四时期以来就不断地有所发现、有所发挥和有所发展，并且在后来的教育实践中得到逐步的实现、逐步的改进和逐步的完善。正如他所说民主是一个过程一样，他的民主教育思想的形成也是一个过程。这个过程尤其表现在对于实现教育"民主"的认识上面，存在着一个从旧到新的转化。尽管他早年对民主的见解和教育的民主因素的认识也有失诸科学之处，但从其总体发展方向来看，这些不足或缺陷在后来的理论完善过程中都作过或正在作出不同程度的修正。他对民主教育从精神到原则乃至整个体系的建构，体现了一个真正的人民教育家的开拓和创造精神，而这种教育理论也正是他所提出的并致力创造的"值得自己崇拜之创造理论"。对照他平生的教育实践和教育论见，上述民主教育理论中不少思想观点，完全是一种"夫子自道"的演板。

四、教育思想理论的解读：陶行知教育观的历史透视

陶行知教育观或教育思想及理念，是一种实践性极强的、流转创新的、多层多维的理论体系。说它实践性极强，是因为它的理论既来源于实践，在实践中积累和发展，是其自身教育实践的经验总结和升华，又用来指导自己的实践，规定着自己所从事的事业方向和进程。说它流转创新，是因为它并非静止不变、故步守成，而是依据自己对教育的作用、教育的对象以及实施教育的国情的逐步探真，而不断地提出新的观点，增进新的内容，开拓新的领地。说它多层多维，是因为这种教育思想体系，并非一种单一的平面结构，而是一种通过不断地积淀和添构而形成的适合其时中国国情、具有多种社会功能的教育理论。编者浅识，以为对陶行知教育思想理论的了解应从以下三个方面去把握和探研。

其一，陶行知教育思想观的产生和形成，经历了一个不断积淀、不断创新又不断完善的过程。因其积淀，所以他早年对教育的某些认识，一直在他的教育思想中成为活性分子而发生实践反映；因其创新，故而他的教育思想始终处于一种易型动态之中；又因其处于一种自我完善的过程，这就决定了他的教育思想演化成一种独特体系的教育理论。

依据现有资料，陶行知对于教育比较明晰而成型的思想认识，最早见于他的大学毕业论文——《共和精义》。在其中，他论述了教育的社会功能和作用。在他看来，现代国家之立国大计的决定因素是社会主体

素质的优劣，而主体素质的优化，有赖于"相当之教育"的培养，所以，"教育实建设共和最要之手续"，其苟良与否，关系到国家建设的成败。与此同时，他还认识到，在现代社会中，教育对社会主体具有"智民"和"富民"的双重性社会功能："智民"者，培育国民的国家主体精神，使其主人翁资格得以养成；"富民"者，提高国民的社会生活技能，使人民生计渐臻满意。虽说这些观点只是作为一名青年学子对教育认识的初步，但这正是他的教育观形成的萌端处。征之他人生的后来行程，尤其是他立定"要使全中国人都受到教育"的志愿和对教育事业作出终身的献身，于此已在思想精神上奠下了理性认识的基石。不过，在早期的思想认识中，陶行知所论述的教育主要是指一般意义上的学校教育。也正因如此，他从事教育事业的实践第一步，是厕身于当时中国为数不多的高等学府之一，彼时主要的实践经历，付之于现行学校教育教学内容与教学方法不合理成分的革新与改进。

通过一段时间学校教育的切身实践，尤其是通过对中国教育现状和社会现状以及两者之间关系的具体考察，他对教育逐渐产生了新的认识。这就是从教育对社会主体的改造作用的角度出发，对教育的内涵作了初步的分野，将其区分为造就"正当之国民领袖"的"人才教育"和培养"健全之公民"的"普通教育"。"造就前者，楷则蒸黎，轨范缉熙，在于主事；培养后者，取鉴先觉，尽职社会，在于成事"①。诚然，这种就教育对象的社会角色作用的划分，多少带有一种二元论的双轨制教育思想因素，但也正是通过这种划分，他的注意力转注到那种培养"健全之公民"的"普通教育"上面了。他认为，不论"人才教育"造就的"领袖"，还是"普通教育"造就的"公民"，都是实现国家共和的长城。要完成这种长城的建造，必须使国人十有其九受到教育，但考鉴现实之中国则不然，国人接受教育者十不足一，教育远未普及，尤其是农工劳动大众多数不识文字，更谈不上职业、智能等方面的教育造化。为此，他对教育事业的精力投向，则以"普通教育"——以国民全体为施教对象的教育——为其根本。这种视国民全体之教育为己任的思想认识，无论在理论上还是在实践中，均有明确的反映：如在教育对象的性别上，他透彻地分析了几占人口半数的女子社会之教育现状，指出这种教育不发展的原因以及实现这种教育的重大意义，从而形成了自己的女

---

① 《陶行知全集》，第1卷，65页。

子教育理论，并自是以此理论为指导，终身不辍地致力于女子之教育权利和机会的平等，其目的在于求得这一半素无社会地位的国民得到现代知识的濡化，以此使民族独立和昌盛的国力增添一倍；在教育对象的阶层上，他对占国民绝大多数的平民社会的教育进行了颇为全面的论述，并在一个相当的时间内，依据这些理论不遗余力地推行平民教育，其目的在于培植这一广大社会层面成为真正国民的能力，以利其国民精神的养成。

随着教育实践经验增长和国情探真逐步明晰，陶行知还根据社会环境所提供条件的差异和社会职业对知识需求的不同，作出了市乡教育的界说。在他看来，在现代社会中，办理教育必须认真求得一个"适"字，教育往往要随着地方情形为转移，中国地方很大，各地教育万不能强同，尤其城市与乡村有别，因此，要想在中国实现教育普及，必须根据市、乡的人口密度、经济能力、环境性质诸方面的不同，来分别施行"都市教育"和"乡村教育"，使市、乡两种不同社会环境的教育，无论在课程编制上、教学方法上乃至行政组织上，都表现出不同的内容和形式。对于中国教育事业的发展来说，依据国情对教育"分治就两受其利，合治就两受其弊"[①]。在这种市、乡教育分畛上，他进而指出，由于中国以农立国，国民的绝大多数生活在农村，要想达到以教育来改造国民建设国家的目的，就必须以"农村学校为建国之大本"[②]，密切关注乡村社会的教育。然而，中国教育的现状，却是在人口上占全国总数百分之八十五的乡村，在学校上则仅有百分之十。更令人心忧的是，从事教育事业的人们，本身就有严重的重城轻乡思想，居城者不肯下乡自不必说，居乡入城者亦不愿回到农村致力于乡村教育的发展。因此，他在实践行程中决然作出了致力于乡村教育的去向选择。正如他自己所言："经过一番觉悟，我就象黄河决了堤，向那中国的平民的路上奔流回来了。"[③] 虽说"平民"的含义以及平民教育在他那里有一个发展过程，但其基本点和最终落脚处还是乡村教育的发展，这就是他多次明确论述的，"平民教育是到民间去的运动，也就是到乡间去的运动"[④]。由是，他以一种崭新的战斗姿态和精神面貌，深入贫穷而广大的乡民社

---

① 《陶行知全集》，第 1 卷，160 页。
② 《陶行知全集》，第 5 卷，160 页。
③ 同上书，55 页。
④ 同上书，50 页。

会，投身于并推动着旷古未有的乡村教育运动。伴随着这一运动的深入发展，他的乡村教育理论得到了发展和完型。

与上述种种教育界说相应，陶行知依据教育内容是否以生活为中心，还作出了"活学校"教育与"死学校"教育的划分。他从生活教育的基本原理出发，指出中国现在既有的教育，是一种在围墙之内的"有师资"、"有设备"的有形学校教育。这种教育机构通过课堂教学向人们灌输书本知识，但因其远离生活中心，故是一种"专在书本上做工夫"的"死学校"。而中国现在所急需的，应是一种与社会生活息息相通的，"以学生全人全校全天的生活为中心"的"活学校"。这种教育机构不为砖墙或篱笆所限定，而是冲破既有学校的围墙以整个社会为教育的场所，其主要目的也并非仅仅在于教人识字读书，而是将文字知识的教育扩大为超文字的行动的教育，使受教育者在行动中解决自身及其所属社会的困难，识字读书仅为这种解决困难的重要手段而已。伴随这种思想认识而来的，是他在教育实践中创设那种"无所谓毕业，更无所谓毕年"的"活学校"。在其中，过去学校里误人子弟的观念皆被打碎。这种教育机构的一个显著的特点，就是与社会相通而非与社会隔离，一方面它能够运用社会的力量以谋自身的进步，另一方面又让社会能够从它那儿吸收力量以图民族的改造，达到双方互济得益的目的，从而成为造就新人、改造社会的重要场所。他的晓庄师范及整个晓庄时期的教育实验，正是此种教育思想在行动上的结晶。

作为思想认识的最高环节，他依据现实社会对教育事业的人才需求和社会现实为教育事业的提供条件，确定了"建立在活的事实上"的"和谐的系统"。这种"系统"也是其教育思想演进的最后层次。这种系统的建立，是他"一方面镇压自己的成见，一方面排除别人的断语"①之结果。"镇压自己的成见"，正体现出他的教育思想演进发展过程中的质的积淀；"排除别人的断语"，则表明了他的教育理论的创新精神。这种系统的教育机构，就是他一再提倡的读活人的书、做活人的事、过活人的生活，培养"真人"的"生活教育"的有形外化。按照生活教育的基本观点，凡有人群的地方，即有生活，也即有教育，"整个社会是生活的场所，亦即教育的场所"。但社会气象万千，生活千变万化，只有进步的生活才是有意义的生活，而过这种生活就要受创造的教育。这种

---

① 《陶行知全集》，第 2 卷，246 页。

教育的目的，就是培养人的创造精神和创造能力，真正实现双手与大脑相长并用，劳力同劳心合而为一，学校和社会打成一片。因此，这种教育的有形外化，就其形式看，既非学校教育又非社会教育；就其内容看，既是学校教育又是社会教育。说它是学校教育，是因为这种教育思想指导下的教育实践，与一般学校教育一样，有教师，有学生，有教材，甚至还有一般学校的管理，同样分班教学，为社会造就各门学科人才。所有这些又使它有异于一般意义上的社会教育。说它非学校教育，是因为这种教育没有严格限定的学习年限和毕业考成，甚至有时没有固定的学习场所。更谈不上围墙里面的完备设施，尤其是教学内容及其方法，概以人生的社会生活为其中心。这些又让它类同一般意义上的社会教育。在他看来，只有施行这种教育，才能实现整个社会的教育普及，实现整个民族的文化进步。概观这种教育的特点，它既可弥缝社会教育之不逮，又能补正学校教育之不足，是一种积淀学校教育认识和社会教育认识、采收学校教育长处和社会教育长处的双重结晶体。其核心内质体现出以生活为中心的活性教育，其应用形式具有极大程度的灵活性和随机性。这种教育机制的生发和认定，正是陶行知长期探究中国教育出路的结果，是一种具有独到个性和时代特色的教育体系。所有这些表征和特色，在其教育的具体实践活动中，诸如 30 年代的工学团、40 年代的育才学校与社会大学等，无不得到真实的反映。

质而言之，对陶行知教育思想认识或教育观的上述演进和发展来说，教育事业的时代任务和兴办教育的国情条件，是其理论形成的主要社会依据，而个人自身为提高民族主体素质的献身精神，则是使这种思想不断演进并映现于行动实践的根本推进动能。

其二，从外在形式上看，陶行知教育思想始终处于变化发展过程之中，变易更新是其突出的表征，正因如此，才有不断地创新，不断地见效于社会实际。但是它变中有常、动而守恒，正是这些恒常因素的维系，使其方向唯一、志逮鹄的，始终沿着一根主线演进前移。认识这些恒常因素，才可明晰他的教育理论的基本特色。

爱国思想不变。爱国思想始终是陶行知教育观的指针。早在学生时代，其报国之心就令世人洞见如剖，在《〈金陵光〉出版之宣言》中就声言其志在于"使中华放大光明于世界"。及至留洋学成归国，他正是怀着以教育作为改造国民、增强国力、昌盛国家的重要手段或途径，而毅然献身于中国教育事业的发展和改造，一往直前，终身无憾。论及陶行知教育观中的爱国思想，概而观之，主要表现在两个方面：一是发展和改造教育的最高目的，是为了民族的自强和国家的兴旺；一是从事教育事业的种种实践，最忌"仪型他国"，力行教育的中国特色。对于前者，他认为教育的目的是改造国家，"我们要想建设一个真正的五族共和"，"实行四通八达的教育"是"最要紧的方法"之一，"拿教育精神方法来创造一个五族一心的中华民国，是我们五族教育界同志的责任"①。正是这种民族责任感，使他不论何时从事何类教育，都是从"教育是立国的根本"这一视野高度来认识和推进自己认定的事业的。如在30年代初推行科学教育时，他就觉得，要拯救中华民族，必须使民族具备科学的本领，成为科学的民族，才能适应现代生活，而生存于现代世界，"我们今后教育方针，准备瞄准向着这条路线上前进，为中华民族去找新生命"②。对于后者，陶行知认为，要使教育承担民族进步的责任，仅仅反对那种行一事措一词必求先例的守成泥古的教育作风不够，还必须做到不依古的同时不依外，反对旧的同时反崇洋，坚决抵制那种辄以仪型外国制度为能事的所谓新型办学方法。他多次告诫国人，"拉洋车"的做法固然让人舒逸，但拉洋车的结果是后患不尽，那些从外国搬来的教育制度，不论它们在本国多么富有成效，但对其照样画葫芦而无视自家的国情民情，必然结不出任何成功之果，因此，要真正使教育发挥拯救民族改造国家的积极作用，一个确定不移的观点就是，"深信一个国家的教育，无论在制度上、内容上、方法上不应常靠着稗贩和因袭，而应该照准那国家的需要和精神，去谋适合、谋创造"③。简论之，办理中国的教育，借石攻玉固然必要，但切不可仪型抄袭，最终只能依据中国的国情所提供的条件和所需要的内容来开拓创新。这种教育的爱国精神和原则，早自他归国跨步学校讲台时起，就有了真切的体现和贯彻，并且随着时间的推移和实践的演进而愈见纯真。正如时人所论，在同时代教育家中他是"最中国的"——最具民族倾向和中国特色。

救时思想不变。自进入近代社会以降，如何实现民族自救始终是中国人民为之奋斗的时代主题。举凡放眼世界追求民族自立的先进中国人物，无一不把救时作为催发自身献身事业的精神动力。陶行知自投身于

① 《陶行知全集》，第1卷，440～441页。
② 《陶行知全集》，第5卷，247页。
③ 《陶行知全集》，第1卷，568页。

教育事业以来，一直以凭借教育的社会功能造就适应世界潮流的国民作为己任。在他看来，如果是现代的国家，是现代世界中的民族，那么它的教育，便不能不顺应着时代和世界的教育趋势，而相与伴随竞进。对于中国来说，"现在所需要的是一种新的国民教育，拿来引导他们，造就他们，使他们晓得怎样才能做成一个共和的国民，适合于现在的世界"①。在这种注重教育适应时代的总体思想认识的基础上，他还十分注意教育适应时代的历史阶段性。即是说，他在以教育改造国民、拯救民族的救时总原则下，依据各个历史时期社会发展的需要，推行着形式有别、内容更新且适合国情近期需要的不同类型的教育。如在 20 年代之初，"中国现在危亡之祸逼在眼前，万万等不及国民小学的学生长大以后，再出来为国家担当责任。我们必定要努力把年富力强的人民赶紧的培植起来，使他们个个读书明理，并愿为国鞠躬尽瘁"②。基于这一当时教育最急需解决的国情任务，他发起并创立了中华平民教育促进会，推行平民教育。但是，一旦时代对教育提出新的课题和要求，他也就依照新的国情任务而对教育作出相应的改变。再如后来在抗战时期，为了让教育负起民族所赋予它的任务，发挥教育对抗战的积极作用，以此推动民族解放战争的进行，使"教育不仅要适合抗战需要，跟着抗战跑，还须用教育的力量来推动抗战向胜利的方向前进，用教育的力量来动员人力物力以保证抗战的最后胜利"③，他又先后发起和推动国难教育和战时教育。所有这些，让人们从又一个侧面看到了他的教育观不断演进的成因，也使人们更易于理解到他的教育实践富有创造精神和时代精神的基本特征。

　　大众思想不变。早自立志献身教育事业之日起，陶行知就规定自己教育事业的奋斗目标，是"要使全中国人都受到教育"，大众也即人民思想就在他的头脑中扎下了根。归国以后，面对中国社会的教育现状，这种志愿更加坚定，其大众思想也更加明确、更为具体。这种大众思想，就其教育实体来说即是广大的人民群众，就其教育精神来说即是教育的民主观念。它的真实含义主要表现在三个方面，即人民大众既是教育的对象，又是教育的动力，还是教育的终极目的。所谓大众为教育的对象，是因为现实中国的问题，必得大众起来共同担负国家的责任才能

① 《陶行知全集》，第 1 卷，122 页。
② 《陶行知全集》，第 5 卷，40～41 页。
③ 同上书，665～666 页。

解决，而大众的社会责任心和民族责任感又必须依教育来唤起，用教育来动员他们"自动"而非"他动"去推进民族独立富强的伟大事业。所谓大众为教育的动力，是因为中国地旷民穷，"先生少，学生多"，仅仅依靠少数教育家去实现教育的国民改造任务，则如古道瘦马，路遥无期，必得大众联合起来动员教育，识字者教文盲者，前进者促落后者，才能推动和实现国民教育的普及。所谓大众为教育的终极目的，是指通过教育来造就新的国民，并以其来创造一个独立自主、平等富强的国家。国强则家富，国有则民足，实现了教育的最终目的，也就实现了人民大众的最高利益。概言之，"大众教育是大众自己的教育，是大众自己办的教育，是为大众谋福利除痛苦的教育"①。这种教育的最高使命，便是把现代文明的钥匙从少数人的手里拿出来交给广大的人民群众。正是以这种大众思想为原则，从在南京高师致力女性国民在教育权利上的平等，直到逝世之前重庆社会大学的创办，终其一生所从事的事业，为大众办教育的思想是处可见，无时不在。正如他早在 1934 年就说过："我有时提倡平民教育，有时提倡乡村教育，有时提倡劳苦大众的教育，不知道的人以为我见异思迁，欢喜翻新花样；其实我心中只有一个中心问题，这问题便是如何使教育普及，如何使没有机会受教育的人可以得到他们所需要的教育。"② 他所提倡和推行的种种教育事业，人民大众始终是被立作事业的主体，并且这种教育事业的社会泽被面犹如大江奔海而日见广阔。

上述陶行知教育观的三种不变因素，彼此存在着一种互为照应、互相联络的内在关系：首先，爱国思想决定着他在教育事业上的进步和成就。这种进步主要表现为围绕着时代主题而不断地更新教育的内容，这又是其救时思想在教育实践上的映现；这些成就尤其表现为教育领地的开拓和教育对象的平民化，即以教育民主的精神来推进教育及于社会全体，这又是其大众思想在教育收益上的折射。其次，救时思想使得他把自己的道路目标一步步地深入劳苦大众之中，而大众思想又决定他的教育责任是整个民族的共同利益，所有这些，又正是爱国思想的具体而真实的体现。对于这三者之关系，他有过如此的表述："总之，我们今后的努力，一方面要竭力将教育建筑在大众的基础上面，而另一方面要竭

---

① 《陶行知全集》，第 3 卷，61 页。
② 《陶行知全集》，第 2 卷，718 页。

力建树一种正确的合于现实需要的教育理论，以为教育行动的指导"，在这民族危机已经压在头顶上的今日，依此"来尽一部分民族解放运动的责任"①。

其三，探讨陶行知教育观，了解其演进形成，可以认识它的发展脉络，了解其基本特点，可以把握其主体精神。但是，要对其作出全方位的透视，作为一种教育思想体系，还有必要从建构联系上，对一般意义的学校及学校教育在其中的地位和作用进行认识和分析。

虽说陶行知始终认定办学和改造社会是一件事，并且早在 1919 年发表的《新教育》一文中就提出，"学校是小的社会，社会是大的学校"，但在他初期教育思想中，他在教育意义上所说的学校，是一种围墙里面"有师资"、"有设备"的教育机构，学校自学校，社会自社会，两者的关系是学校乃培养社会需要的知识人才的场所。其时所说的"学校是小的社会"，主要是针对现时中国的学校与社会隔绝，与国运关系薄弱，学生对学校事务无所参与，对社会事务更无所认识，在教育成效上有负于社会等方面的弊端，并要求付诸此类现象以彻底改造而言的。这种改造，就是要求学校面向社会，培养和练习受教育者的共和国民的根基。这就是说，"学校成为一个小共和国，须把社会上一切的事，拣选他主要的，一件一件的举行起来，不要使学生在校内是一个人，在校外又是一个人"。因此，这一时期的教育改造，主要是立足于现时学校内部的革新。

往后，随着国情认识的深入和教育实践的发展，特别是平民教育运动的推行，对于现时学校这种正常教育机构的社会功能和作用，陶行知日益感到怀疑和不满。"我们现在所有的学校，大概都是按着一定的格式办的，目的有规定，方法有规定。变通的余地既然很少，新理安能发现？"② 为此，他强调指出，"如何办理教育，使它与国家命运息息相关，是我们教育界的根本问题"③，要求对那种无补于国家之大局的学校教育，作出一番痛彻的反省。在这种反省的基础上，他认识到了既有的学校教育的狭隘性，认识到了单靠学校来推动教育普及实为难能之事，因此，为要真正地实现"使全中国人都受到教育"这一宏大目标，必须做到"社会即是学校"。由于教育的观念、教学范围的观念得到了

---

① 《陶行知全集》，第 8 卷，413～414 页。

② 《陶行知全集》，第 1 卷，110 页。

③ 同上书，366 页。

扩大，"学校"也就自然扩而大之地为整个社会了，因而教育的社会成效也就更为突出和宽泛。这种"社会即是学校"的教育，在其内容上，要求社会教育与学校教育打成一片，在其主旨上，是以提高整个社会的教养水准为目标，于是，从教育的时代任务和社会任务上，学校和社会已被完全有机地统一起来。反是观之，一切学校都应该为社会而设立，学校若没有改造社会的能力，简直可以关门。在这种"社会即学校"的教育体系中，一般意义的学校的位置，是被作为整个人生教育的一个环节，"在整个教育过程中的学校，好象是整个房子当中的客厅"①。这种思想认识正是他终身教育理论的根源与依据之所在。

作为教育场所和认定教育目的，陶行知认为"社会即学校"。应该说，他之所以重视传统意义的学校以外的组织形式的教育，是因为他认识到，前者即现有的学校教育不乏教育家的关照和努力，而就中国的国情来看，后者对于民族自强和社会进步来说，更有理由受到重视和得到发展，"国家有一块未开化的土地，有一个未受教育的人民，都是由于我们没尽到责任"②。可是中国广大的下层社会的教育如何开办，确实少人问津，故此，他以佛入地狱的精神，致力于这种教育上的"未开化的土地"的耕耘播种。而要做好这一开化工作，发动和实现广大下层社会的教育普及，必须打破旧的观念对人们思想的桎梏。他指出，现时的一般人只要一提到教育便联想到学校，一提到普及教育便联想到普设学校，好像觉得学校是唯一的教育场所，如果要想普及教育便非普设学校不可，这种观念是一种守旧的迷信，"我们若不跳出学校的圈套，则普及现代教育在中国是不可能"③。因此，在学校之外，必须创造一种下层文化组织，适合大多数人的生活，便利大多数人继续不断长进，这样才算教育事业有了永久的基础。但这样做，并非说学校没有用，并非说明他弃学校教育而不顾，或视学校教育于不屑。概观他在教育事业上的种种翻新，始终只是求取现实教育的改进，而非力行对既有学校的弃置。学校教育在社会进程中的功能和作用，他认识得清清楚楚，并没有因其种种的不足而在泼洗澡水时连同婴儿一起泼掉。他对学校教育之种种意见，主要在于现有学校教育必须从加强与国运的联系上而予以改造革新，经过革新之后的学校教育，在中国不仅有继续存在之可能，而且

---

① 《陶行知全集》，第 3 卷，624 页。
② 《陶行知全集》，第 2 卷，114 页。
③ 同上书，828 页。

有急需发展之必要，"正式学校教育为国家之公器"，因此，有必要"鼓励专家研究试验符合本国国情、适应生活需要之各种学校教育，以作学校化学校之根据"①。总之，在他看来，从普及教育意义上重视学校之外的形式的教育之发展，并非就以此来取消或替代学校教育，此中真意，在与友人就"艺友制"一事的通信中，他就说得极为透底明彻："过去我们之所以提出艺友制，不是用来代替普通学校，而是用来补职业教育或人才教育之不足。不是用来代替师范教育，而是用来补师范教育之不足。现在师范学校虽有缺点，我们的任务是改造不是取消。说得更正确点的话，我们应该就学校这种特殊机构予过去的师范教育以改造"，对于社会上有些人"说我们是在企图取消学校教育了（这是带着一种挑拨性的话），而这绝非我们的本意"②。可见，在他的心目中，学校始终是一种必要的教育机构，在整个"社会即学校"的教育体系中，是一个必不可少且甚为重要的环节。

综合前述可见，陶行知对于教育认识的视野和从事教育实践的领域，之所以不为一般意义上的学校教育所限，是因为他既了解到学校教育对于人才的培养来说存在的弊端，又认识到学校教育对于社会的需要来说自有的局限，由是，指出这些弊端和局限，并响应时代和社会的要求而提出的种种改造措施与方案，则又形成了他论述各级学校教育的主要观点。

附注：此卷的选编，对陶著原文发表时的一些讹误作了校改。其中，"□"为难以辨识断定字，"〔　〕"内为编者改字，"〈　〉"内为编者补字。

蕲阳　余子侠
于甲午年（2014 年）冬至日

---

① 《陶行知全集》，第 1 卷，555～557 页。
② 《陶行知全集》，第 5 卷，619 页。

因循篇
（1913 年 4 月）

披阅英儒培根①所著之《因循论》（*Essay on Delays*），兴起无穷感触。盖以生乎今之世，列强既具有进取之特性，其学术工商复高出吾人之上，以强佐强，进步一日千里。吾人欲与并驾齐驱，其进取当有列强十百倍之猛勇。即欲在世界求一生存，犹当夙兴夜寐，不容稍事蹉跎。苟仍委靡不振，习于因循，则保守已无余地，大局何堪设想？爰引申培氏之说，撰着因循之篇，究因循之原因，揭因循之结果，俾国人晓然于因循之害，不独妨一己之发展，实足以障人群之进化焉！

（一）释名

趑趄其行，应前不前，是为因循。因循之人，除退化无收效，除敷衍无方法。对于事言，是为放弛责任；对于己言，是为自暴自弃。阳膺职守，其实滥竽也。

（二）辟因循者之图说

因循者，每自饰其说曰："'欲速则不达'，'其进锐者其退速'。与其不达何如迟？与其退速何如藏其锋？"曰：孔孟之为此言，盖以警夫世之暴躁者，深恐有如宋人之揠苗，非徒无益，而又害之。然揠苗诚过矣，而圃人迁就其培植，延迟其灌溉，以致禾苗日即于枯槁，则又何说耶？不及犹过也！因循与欲速，皆背中庸之正道。则彼因循者之图说欺人，适以彰其偏耳！

（三）因循之原因

（甲）原于畏　处此物竞之世界，与器间有竞争，与物诱有竞争，

---

① 培根　即英国哲学家弗兰西斯·培根（Francis Bacon，1561—1626）。马克思称其为"英国唯物主义和整个现代实验科学的真正始祖"。

即下至饮食起居之细，亦莫不含有竞争之义。于是筹备竞争也，宜任劳；实行竞争也，宜耐苦。竞争而不能胜，则难生矣！竞争而败北，则痛生矣！彼畏怯者，心既懦弱，气安能壮？于是见劳而畏焉，见苦而畏焉，见难而畏焉，见痛而畏焉。畏则虽知其应进而不敢进，虽知其应行而不敢行。不敢进，不敢行，而因循之念萌矣。

（乙）原于惰　存诸念者，谓之惰；惰之见于事实者，谓之因循。"今日不学，曰有明日；今年不学，曰有明年。"因循自误，实惰为之原动力也。

（丙）原于自满　自满则目空一切。凡事举不足介其意，以为即稍自暇逸，先鞭亦莫我着。于是朝夕因循，放心不求。推求其故，则皆自满一念有以致之耳！（泰西寓言有所谓龟兔竞走者。一日，兔与龟订竞走之约。兔见龟行笨滞，以为莫能为，偷息中途，卒以延时太久，龟得先登。斯兔之所以失败，由于因循；而所以致兔之因循者，则自满耳！此言虽小，可以喻大。）

（丁）原于自私　人自私之念太过，则所为莫非扩张一己之利益。有益于我则求之，惟恐不力；利益少杀，则泄沓从之。甚或今日慕其利，明日见利之更大于此者，复移其爱慕之心于彼。既得所欲，而向昔之职守，或碍于势而未能遽卸；或尚有利益可渔，则其结果必为因循敷衍无疑。今日官僚界、社会界中，以一人而兼数差者，不可更仆数①，而所事皆鲜有成效可睹。问其何以致此？曰：惟因循故。问其何以因循？曰：惟自私而不量力故。

（戊）原于宴安　管子②曰："宴安酖毒，不可怀也。"吕东莱③又从而说明之，谓为隳心丧志之所由来。盖形为物役，形已不克自主；心志又为形役，而复由形而役于物，则心安得不丧？志安得不隳？心丧志隳，而能不因循者几何哉？是故国事虽艰，先之以妻妾之奉，耳目之乐。宴安既不可须臾离，则敷衍国事，以循情欲，势所必然也。

以上五者，乃因循之大原。间有因大事牵连，势不得不迁延小事者，其情可原，故不列论。

---

① 不可更仆数　即更仆难数，语出《礼记》。后用以形容事物繁多，数不胜数。
② 管子　即春秋初期政治家管仲（？—前645），名夷吾，字仲。
③ 吕东莱　即南宋哲学家、文学家吕祖谦（1137—1181），字伯恭，学者咸称"东莱先生"。

（四）因循之结果

因循之原既明，则吾人所急当研究者，即因循于个人果具何等之结果，于社会果有何等之影响。

（甲）失机宜　培根氏对于此点，论之最详。其言曰："机会之去，如射弹空中，霎时即没。"培氏又以为，机会既难得而易失，则乘迎必期敏捷，断不容稍事徘徊。故其章末曰："吾人处事，当察之以阿耳嘎斯（Argus）①之百目，行之以白流辽斯（Briareus）②之百臂。"若舍此不务，专事狐疑，则由狐疑而观望，由观望而因循，忍此大好机会，偷逝于无声无臭之间。迨至四十五十，始嗟一事无成，悔之无及矣，岂不悲哉！

（乙）长惰　人能习于勤，亦能习于惰。人之有惰念，不难芟除之。所可惧者，既由惰而因循，复由因循而长惰。习与性成，斯惰之根牢不可拔矣。

（丙）伤名誉　因循者，鲜不陨职。迨至事无成，或成而不良，人必訾议之曰："此某责任之不尽也，此某因循之贻误也。"人相诽，家相谤，名誉隳落矣。吾雅不欲以名誉勉人为善，然此实因循必然之结果，无可讳者也。

（丁）妨他人之进步　人非皆鲁滨孙③，谁能处世而可离其群者哉？不能离群，则我与群有相互之关系。故名誉不独我伤，全体受其玷辱；机宜不独我失，全群滞其进步。我既因循，群亦难于有为，理势然也。懦弱如余，宁随勇为者之疾趋，虽力竭声嘶，犹觉愉快；一与因循者遇，则如逢〔篷〕逆风，如拉千钧。吾心焦，吾首疾，吾额蹙，吾不可以一朝居，吾无可如何。况彼忧时如焚之士，吾知其与因循者同群，其苦楚当有更甚于余者矣。

（戊）引他人之因循　因循之人，不独妨他人之进步，且足以引他人之因循。盖勇行之士，固可努力前进，曾不因人之因循，而稍存退步。而懦弱之徒，其始亦未尝不以因循为非是，然浸假而灰心矣，浸假而效尤矣，浸假而随浪浮沉矣。观乎吾国在野各会之委蛇不进，参议院、政府之敷衍溺职，何一非由于一二人之因循，而牵及全局之因循者哉？

---

①　阿耳嘎斯（Argus）　希腊神话故事中的百眼巨人。

②　白流辽斯（Briareus）　希腊神话故事中的百手巨人。

③　鲁滨孙　英国小说家笛福（Daniel Defoe）所著《鲁滨孙漂流记》中的主人公。

（五）结论

由上论观之，则因循之害，既足以自误，复足以误人，更足以误国。吾人果自爱，则不当因循；吾人果爱人爱国，尤不当因循。然世人之因循，相习既久，脑印已深，一旦除之，自非易事。于此则吾人所当垂择者，有二事焉：（一）不问他人因循与否，吾惟努力前进，勇行其是；（二）因循既由畏、惰、自满、自私、宴安诸念所致，则欲远离因循，自非排去畏、惰、自满、自私、宴安五念不可。自警警人，务期易怯为勇，易惰为勤，易自满为不足，易自私为利人，易宴安为忧劳，使国人共跻于勇为之士，则吾辈所不可放释之责任也。由（一）说，则己不致陷于因循；由（二）说，则可勉人力行。果能如是，则吾国虽弱且贫，其前途必有光荣之希望。不然，社会因循而民气不张，政府因循而国魂不振。吾国行将由贫弱而渐臻于沦丧，岂不甚可畏乎？勉哉国人！

《金陵光》第 4 卷第 3 期（1913 年 4 月）

为考试事敬告全国学子
（1913 年 5 月）

口诵心维，日就月将。一学期之韶光，行且风驰电掣过去矣！今者暑假伊迩，吾人对于此将至未至之考期，其观念果何如乎？大概勤生多主乐观，惰生多主悲观。彼勤生兢兢业业，一日读一日之书，一时学一时之业。平日不虚度分阴，至考则不待楮墨①，已有左券之操。更逆计前列之荣，师友之鉴赏，父母之宠幸，怡然意满，安得不乐乎？惰者则异是，平日惟宴安是娱，逸豫是耽。光阴宜宝贵也，而等于闲度；学业宜精思也，而苟于涉猎。至考则有落第之虞，更逆知点额之辱，师友之藐视，父母之责备，溯往自伤，而往者不可追，嗒然若失，又安得不悲乎？

然此二者，不足以尽将考时学子之态度也。夫畏辱思荣，荣益求荣，人之情也。彼惰者之自悲，吾无间焉。所惧者，彼既以惰而荒业，复不愿自居下风，谓美名可以幸邀，令誉可以幸取。因畏辱心而生侥幸心，复因侥幸心而生谲诈心者，比比然也。彼勤者之有荣，吾之悦也。所惧者，溺于虚名，不自满足，自量才智不如人，犹殚思竭虑，求有以达其冠军之目的。始于一念之贪，终于欺诈之行，此又学子考试时通常之态度也。

噫！两军对垒而阴谋用，五洲互市而狡计生，考试之时有试探焉！试探维何？夹带也，枪替也。稍敛形迹者，则剽窃焉，耳语焉。其为名虽繁，其为欺则一。而所以陷溺之者，则不出畏、贪之二念。试言其害：

（一）欺亲师

事亲莫大于孝，事师莫大于敬。不孝不敬，莫大于欺。考以舞弊而

---

① 楮墨　楮，即构树，皮可制纸，故用作纸的代称；楮墨，即纸和墨。

前列，终非庐山真面目。师不及察，给以优分，是师见欺矣。考卷寄家，亲不及辨，以为是真吾儿之英隽，是亲见欺矣。欺师不敬，欺亲不孝，不孝不敬，是为败德。败德之人，不得志害身家，得志害天下。自来滔天罪恶，盖有始于此者矣。

（二）自欺

彼舞弊者，果得售其术耶？吾以为能欺父母，能欺师傅，而不能欺同学。彼不肖之流，固相与朋比为奸，而自洁之士，必贱其行，必耻与伍。常见弄术者，考试未完，人言已藉藉而不堪入耳。彼固欲假此以邀前列，不知及因此而遭同学之鄙弃，召同学之藐视。将以求荣，适以受辱；将以欺人，适以欺己：其愚亦已甚矣。

（三）违校章

行欺禁令，载在章程。学校之章程，学校之法律也。违背学校章程而行欺，是藐视学校之法律也，是违背学校之法律也，是以学生而为犯人也。学生将以正人者也，己不自正而欲正人，可乎？学生将以治人者也，己不自治而欲治人，可乎？学生将以引人服从法律者也，己不服从而令人服从，可乎？学生之位置，最高贵之位置也；学生之前程，最远大之前程也。以尊荣之学生，而行同偷窃，甘以身试法，不独行为不轨，亦且太自轻其身分矣。

（四）辱国体

其在专门大学中，教员有外人，学生有外人。吾华生之一举一止，一言一行，莫不为彼邦人士所注意。倘不慎而所安、所由、所以，皆未能出于诚，则彼外人行将以一斑而概全豹，慢［谩］谓吾"中华之大病在于不诚"。则诸君有何面目对于此大好山川乎？吾之为此言，非欲诸君之媚外也。吾辈既忝为共和之国民，则不可不有共和之精神。共和之精神维何？自由而已！西谚曰："惟真诚为能令国民自由。"言行真诚，以保守扩张此铁血换来之自由，使外人对于中华民国皆存爱敬心，不起轻慢心，则吾人所当龟勉者矣！不此之务，而惟欺诈是尚，则不徒召外人之藐视，亦且失其共和国民之精神矣。

（五）害子孙

舞弊者，岂仅一己行欺而已哉？其影响且及于子孙矣。生人之一举一动，皆印于神经系内。浅者霎时即没，深者历世不移，遗传而成本能。故父母惯于行欺，其恶根性之于子女，与生俱传。及长，子女可以不学而能欺。且孩童最易受影响人者也，父母之言行举动，子女多于不知不觉中被其激触，效而尤之。今日之学子，即他年之父母也。为学子而行欺，是不啻引将来子女之行欺矣。可不惧哉？

曰欺亲师，曰自欺，曰违校章，曰辱国，曰害子孙：考试舞弊之五恶德也。文文山①曰："读圣贤书，所学何事？"学欺亲师耶？学自欺耶？学违校章耶？学辱国耶？学害子孙耶？毋亦不大背圣贤之道，而违其莘莘求学之初心也。闻之"道德为本，智勇为用"。欲载岳岳千仞之气概，必先具谡谡松风之德操；欲运落落雪鹤之精神，必先养皑皑冰雪之心志。德也者，所以使吾人身体揆于中道，智识不致偏倚者也。身体揆于正道，而后乃能行其学识，以造人我之幸福；学识不致偏倚，而后乃能指挥身体，以负天降之大任。道德不立，智勇乃乖。故有勇无德，楚项羽所以有垓下之围；有才无道，盆成括所以有杀身之祸；智勇兼备而无德，拿破仑所以有拘囚之恨。世顾有无德而能善其终者乎？吾辈学子可以深长思矣！

且吾人今日，盖莫不以爱国爱人自任矣。对于吞赃纳贿，则重斥之；对于任用私人，则訾议之；对于运动位置，则鄙弃之。吾嘉其志，吾佩其言，然爱国者必遵守法律。今日不服从学校之法律，安望其他日服从国家之法律乎？爱人者，必推亲及疏。今日师傅之昵而欺之，父母之亲而欺之，己身之切而又欺之，安望其他日之能爱人乎？孔子曰："君子素其位而行。"（Perform your duty where you are.）今日之责不尽，安望其将来之尽责乎？况彼贪官污吏，其成也非一朝一夕之故。始于天性遗传之不良，继之以家庭教育之不良，继之以塾师教育之不良，终而入世，又复浮沉于不良之政府、社会中，习与性成，斯一举手而蠹国殃民。甚矣，始之不可不慎也！为学生而可求人枪替，为官亦可以金钱运动位置；为学生而为人枪替，为官亦可任用私人；为学生而夹带，而剽窃，而耳语，为官亦可吞赃纳贿。何则？履霜坚冰，其所由来也渐耳。故欲他日爱国爱人，必自今日不欺始。欺人欺己而自谓爱国爱人者，假爱也。亲且不爱，遑论乎疏？己且不自爱，遑论乎推己而爱人？

观彼行欺者流，鼠窃狗偷，畏首畏尾。未考之先，藏之惟恐不密；当考之时，袭之惟恐不速；既考之后，虑之惟恐不远。其用心殆可谓劳矣，而其结果乃如是之恶，则人亦何乐而为此？无如世道凌夷，俗尚欺诈，各校规则复未能严紧，加之教员多以得学生欢心，为保全位置计，

---

① 文文山　即南宋名臣、文学家文天祥（1236—1283），字履善，又字宋瑞，号文山。

见若不见，闻若不闻，弗敢穷究。驯致中人以下皆未免逐浪浮沉，习以为常，恬不为怪。不思其行为之鄙陋，反矜其运技之神速。噫！斯风不振，教育之前途何堪设想？敢以孔圣之言进告吾所敬爱之学子："过则勿惮改。"失之于前，改之于后，不失为颜回①，不失为周处②。若其徘徊歧路，不改前愆，则正邪不两立，清浊不同流。吾所敬爱之学子中，不乏洁身自好之士。所望毋惮权势，毋循私情，择善而行，见义而为。大声疾呼而忠告之，耳提面命而规谏之；忠告规谏之不从，割席与绝之；割席之不悛，鸣鼓而攻之：必达肃清之目的而后已。诸君，诸君！今日不能止同学之欺行，安望他日除国家之秕政，革社会之恶俗乎？挽狂澜而息颓风，是所望于诸君之力行。

《金陵光》第 4 卷第 4 期（1913 年 5 月）

---

① 颜回　即孔子学生颜渊（前 521—前 490），名回，字子渊。

② 周处（240—299）　字子隐，西晋义兴（今江苏宜兴）人。相传少时横行乡里，父老将其与蛟、虎合称为"三害"。后发愤改过，斩蛟射虎，终成有用之人。

伪君子篇
（1913 年 11 月）

　　伪君子之居乡而假愿者，即孔子所谓之乡愿。人之为伪，不必居乡，凡率土之滨皆可居；人之行诈，不仅假愿，凡君子之德皆可假。然必假君子之德以行诈，始谓之伪，故总名之曰"伪君子"，从广义也。

　　伪君子曷由乎来？曰：非圣贤皆求名，惟其求名，故避毁邀誉。人之有誉，而己不能行、不敢行或不愿行，又欲邀其誉，则不得不假之。人之所毁而明由之，必损于名，又欲邀毁中之名，而避名中之毁，则不得不掩之。中人以下，莫不趋利，惟其趋利，故避祸邀福。由其道而可得福，而己不能行，不敢行或不愿行，又欲邀其福，则亦不得不假之。明由其道而祸从之，又欲趋祸中之利，避利中之祸，则亦不得不掩之。假人之所誉，掩人之所毁，与夫假其可得福，而掩其可得祸，皆伪也。为伪所以求名趋利也。天下之名，莫美于君子，而非分之利，则舍小人之道莫由趋。世人慕真君子，而真君子之墙数仞，不得其门而入。真小人则亡国败家，身死为天下笑，复凛然可惧。为真君子难，为真小人不易。舍难就易，于是相率而为似君子非君子、似小人非小人之伪君子。是故伪君子非趋利即求名，而趋利求名者，必是伪君子。伪君子之由来，名利为之也。

　　世衰道微，人欲横流。遇一名正言顺之词说，必群相假之以饰人之耳目，防人之攻击，而逞其心思之所欲。于是伪君子乃杂然应时而兴，随地而起。位高者为伪大，位卑者为伪小；时急则伪烈，时安则伪微。就总纲论之，有言是心非者，有行是心非者。其尤者，则心有杀人之心，行有杀人之行，而惟以语言文字为之涂饰。其险者，则造其近因，而收其远果，沫以小惠而攫以大利。就细目分之，争权则曰平等，遂志则曰自由，好事则曰热心，有求则曰力行，"任情则曰率性"[丙]，"矫饰则曰尽伦，拘迫则曰存心，粘缀则曰改过，比拟则曰取善"[乙]，"虚见则曰超悟"[丙]；"持位保禄则曰老成持重，躲闲避事则曰收敛定静，柔媚谐俗则曰谦和逊顺"[丁]，"意气用事则曰独立不惧"[戊]，漫然苟出则曰如苍生何，逐物意移则曰随事省察，心志不定则曰讼悔迁改，苟贱无耻则饰以忍耐，"随俗袭非则饰以中庸"[戊]，"不悖时情则饰以忠厚，不分黑白则饰以混融"[己]。"阳为孔颜无上乐，阴则不事检点"[丙]；"名为圣人无死地，实则临难苟安"[戊]。"以破戒为不好名者有之"[丙]，以冥顽为不动心者有之。放心不求，姑以恬淡无为为搪塞；枉寻直尺，直以舍身济世为解释。"有利于己，而欲嘱托公事，则称引万物一体之说；有害于己，而欲远怨避嫌，则称引明哲保身之说"[己]。假警惕以说滞，借自然以释荡。直而讦，辩而佞，恭而劳，慎而葸。"自谓宽裕温柔，焉知非优游忽怠？自谓发强刚毅，焉知非躁妄激作"[甲]？外似斋庄，中实忿戾；表似密察，里实琐细；貌似正而志在矫，容似和而神在流。仲尼①其面，阳货②其心；虞舜③其瞳，项羽④其行。睚眦必报，则藉口于奋勇；鸡鸣狗盗，则借辞于用智；两毛不擒，则图说于施仁；狡兔三窟，则托称于示惠；逢亲之恶，所以显吾之孝；遂兄之过，所以着吾之悌；成国之暴，所以彰吾之忠；践诺之误，所以明吾之信；嫂溺不援，自谓执礼；率土食人，自称义师；避兄离母，自号操廉；矜己傲物，自谓知耻。众矣哉！伪君子之类。杂矣哉！伪君子之途。

伪君子虽百出而莫穷，然自外言之，其所以为诱者则一。一者何？名利而已。伪君子与世浮沉，随祸福毁誉而变其本色，以博名利，故其出处、去就、进退、取与，不定于义理，而定于毁誉祸福，而义理亡。夫人之出处、去就、进退、取与，贵当其义理耳。出处、去就、进退、取与，而违乎义理，则非人之出处、去就，进退，取与矣。自内言之，人之所以受名利之诱，而演出千百之伪状者亦一。一者何？心伪而已。

---

① 仲尼　即思想家、政治家、教育家孔丘（前551—前479），字仲尼。
② 阳货　春秋鲁人，名虎，字货，季孙氏家臣。
③ 虞舜　传说中父系社会后期部落联盟领袖有虞氏，姚姓，名重华，史称舜。
④ 项羽（前232—前202）　秦末农民起义军领袖，自立为"西楚霸王"。后与刘邦争雄，兵败自杀。

张甑山曰："为人须为真人，毋为假人。"朱子①曰："是真虎必有风。"真人必有四端之心："心不在焉，视而不见，听而不闻，食而不知其味。"故人而心伪，则耳目口舌俨然人也，而实假人矣。孔子曰"恶乎成名"，谓其无以成真人之名也。

　　天下非真小人之为患，伪君子之为患耳！真小人，人得而知之，人得而避之，并得而去之。伪君子服尧之服，诵尧之言，而处心积虑，设阱伏机，则桀纣也。桀纣，汤武得而诛之也。桀纣而尧，则虽善实恶，虽恶而难以罪之也；虽是实非，虽非而难以攻之也；真中藏假，虽假而难以察之也。博尧之名，而无尧之艰；享桀纣之利，而无桀纣之祸。无人非，无物议，伪君子以此自鸣，世人以此相隐慕。一家行之而家声伪，一国行之而国风伪，行之既久而世俗伪。嗟夫！真小人之为患，深之不过数世，浅则殃及其身而已；伪君子则直酿成伪家声、伪国风、伪世俗，灾及万世而不可穷。故曰："乡愿，德之贼也！"孔子恶似而非，恶乎此也。综天下而论，伪君子惟吾国为最多；统古今而论，伪君子惟今世为最盛。吾国之贫，贫于此也；吾国之弱，弱于此也；吾国多外患，患于此也；吾国多内乱，乱于此也。读者疑吾言之骇乎？他姑不论，使吾总统之神武大略，国会之济济多才，苟于公诚一端，稍加之意，同心同德，以戮力国事，则中国不其大有为乎？不以公诚使其才与势，此其宵旰忧劳，所以鲜补于国计民生也。诗云："君子如怒，乱庶遄已。"孟子曰："文王一怒而安天下之民。"吾政府对于年来内乱，亦既赫赫斯怒，然而平乱而乱不平，安民而民不安，毋亦能怒而不能真文王、真君子之怒乎？呜呼！真人不出，如苍生何？

　　著者曰：吾十八以前，只知恶人之为伪，不知恶己之有时亦为伪，且每以得行其伪为得计。呜呼，误矣！自入本校，渐知自加检点。然初一二年中，致力于文科之学，未暇在受用学问上加功。虽时有道学演说，心不在焉，故诚心终不伪心胜。入大学后，暇时辄取《新约》② 展阅之，冀得半言片语以益于身心而涤其伪习。读至耶稣责法利赛人徒守旧俗假冒为善一节，恍然自失曰："吾从前所为得毋为法利赛人乎？"触想孔圣亦有"恶似而非"及"乡愿，德之贼也"之言，又痛自深恨曰："吾从前所为，得毋为贼乎？"自后乃痛恶己之为伪，视为伪之我如贼，

----

① 朱子　即南宋哲学家、教育家朱熹（1130—1200）。

② 《新约》　《圣经·新约全书》的简称。

如法利赛人。自呼为真我，呼为伪之我曰伪我，或曰贼，或曰法利赛人。吾圆颅不啻为真我与伪我之战场，真我驱伪我不遗余力。伪我虽有时退却，然我之大病根，在喜誉恶毁。名之所在，心即怦然动，伪言行即不时因之而起。事后辄痛悔不安，因思不立定宗旨，徒恃克治，终少进步。龙溪①先生曰："自信而是，断然必行，虽遁世不见，是而无闷；自信而非，断然必不行，虽行一不义而得天下，不为。"小子不敏，窃愿持此以为方针。历不破除名利之见，决无不为伪之理。率此行后，纵未能一时肃清伪魔，然较前颇有进步。孟子自言四十不动心，王子②自言南都以前尚有些乡愿意思。二贤岂欺我哉？阅历则然耳！夫二贤，一则善养浩然之气，一则善致良知。其立真去伪，尚且若是其难，何况吾辈小子！然其工夫虽困难万状，二贤终有成功之日。吾于是乎且喜将来真我之必胜，而伪我之必败。其胜其败，是在及早努力，百折不回，在心中建立真主宰，以防闲伪魔。行出一真是一真，谢绝一伪是一伪。譬如淘金，期在沙尽金现，顾可因其难而忽之哉？暑假中，存养省察有得，辑之成篇，意在自勉而兼以勉人也。

【原注】③

［甲］　欧阳南野

［乙］　罗念庵

［丙］　王南塘

［丁］　邹南皋

［戊］　顾泾阳

［己］　顾泾凡

《金陵光》第 4 卷第 6 期（1913 年 11 月）、第 7 期（1913 年 12 月）

---

① 龙溪　即明代学者王畿（1498—1583），字汝中，别号龙溪，受业于王守仁并传其学四十余年。

② 王子　即明代哲学家、教育家王守仁（1472—1528），字伯安，世称"阳明先生"。

③ 此处陶氏自注六人，均为明代学者。

医　德
（1914 年 3 月）

　　人无智愚贵贱，谁能越出道德范围，而不伤人害己者乎？惟其事弥大，其责弥重，斯其德亦弥要。人生至贵，惟兹寿命。岐黄①操生杀之权，同于官吏，则医之德，视他人为尤要矣。故在《周官》有医师，掌医之政令，岁终稽其医事。泰西业刀圭者，必经过考试，乃得悬壶②。盖医以救人为旨，不设专官，则场成逐利。医以精术为贵，不严甄别，则拙或滥竽。贪医不救人，庸医欲救人而不能，则医何益于人？人亦何资乎医？非然者，专官设，则贪医有所忌惮；甄别严，则庸医不能倖进。祸源既塞，流弊自消。故审其结果，察其艺能，即所以振其医德，使无旷生死骨肉之天职也，其政善矣！然自巫、医并称，医道既见贱于世，医德亦视同弁髦，而无人过问。业是术者，或纯盗虚声，或无稽臆说。探宝止于一藏，尝鼎足于一脔。粗谙药谱，浅步方书，即辄尔出而问世。平时既俭腹，则临事势不得不敷衍。是故，切脉要事也，而备为索案；问症重务也，而专在口给。流弊不还，是以进不能救人，退不能救己，误尽苍生，害尽医德。犹复分门别户，簧鼓是肆。为师则以讹传讹，纵有一二宝贵心得，亦持“绣得鸳鸯从君看，不把金针度与人”之主义。至若阴险之流，则富者唆其利，贫者忽其苦。他人恫瘝，视同秦越，而利禄熏心，未克须臾离。故有利则立邀回春，无利则药毒于病。王良③诡遇，赵阉④指鹿，医界中岂鲜其人哉？而世间阴谋奸计，多假手于医生。医德不彰，盖贪之一念阶之厉也。间有一二慎术仁施之辈，

---

　① 岐黄　岐，指传说中的古代医家岐伯；黄指黄帝。“岐黄之术”为中医学的代称。
　② 悬壶　行医的别称。
　③ 王良　春秋时善御者，事见《孟子·滕文公下》。
　④ 赵阉　即秦宦官赵高，为秦二世之相时，有“指鹿为马”之事传世。

然杯水车薪，欲其挽回颓风，势有不能者矣。世人见其然也，不曰"学医人费"，则斥为"小道不足以昌大门闾"。故子弟不至愚庸，不可造就，父母不令学医道也；士流不至贫极，无可聊生，不寄身医界也。谚云："秀士学医，如菜作葅。"又曰："儒家作医家，医家医家贫。"呜呼！医道为贪庸之逋逃薮也久矣，特生死骨肉之术，岂愚庸所得而厕身乎？魏敬中曰："医道精微，非浅人所可意窥，非躁心所可尝试。又自度聪明才力，皆有所不给。"诚重之也，诚难之也。夫天下事业多，子孙愚，劳力之役皆可服也，何必劳心而日拙。况著述之家，书不尽言，言不尽意。子舆①氏云："大匠诲人，能与人规矩，不能使人巧。"见几察隐，阐奥探源，全恃学者自悟，此可望诸愚庸乎？且古今医书浩瀚，真伪杂参，议论不一，疾病亦不一。以不一之议论，治不一之疾病，而不能运神骋智，折衷善择其间，则诚有如堪舆②家所言，错认半字罗经，便入蛇神牛鬼之域。此言虽近巫，可以喻真。盖绳墨贵乎变通，成法不可拘滞。治病当活泼泼地如珠之走盘，苟刻其舟而胶于柱，则官礼且或误苍生，矧技术之书哉？赵括不可恃以治兵，庸愚安可赖以治疾？迄乎医不对症，妄投汤药，则一医瘦人肤，再医腐人脏，三医戕人命。罪孽莫大于伤生，伤生莫众于庸医矣。故以他业言，则有德欠智，尚称忠厚。以医言，则智以德贵，德更由智立。盖脑力不灵，则病源不达，药性不悉，医理不明。婴病者不死于病，而死于药；不死于药，而死于医。是知技精，非医德之大全；然必精于技，而后可以言医德。不然，妄医伤人，罪戾已大，尚何德之可言？故子弟愚庸，父兄令其学医，是陷其子弟于不仁不义矣。自视愚庸，而犹昧然厕身医界，是自陷于不仁不义矣。至人生斯世，何莫不衣食？然用衣食以处生，非为衣食以害生也。士非为贫，而有时乎为贫。为贫则农工商贾、抱关击柝、委吏乘田，何莫非衣食之途？奚必滥竽医界，衣人皮而食人肉哉？盖既庸且贪，其结果必归暴戾残忍。欲求方药不变作杀人之介，岐黄不演成荼毒之媒，不可得之数也。彼其疾病罹身，命悬旦夕，势不得不赍百年之重器，持至贵之寿命，付诸孤注之一掷。而其所仰望再造之医生，操术不能精，怀抱不能正，错认病源，误下刀圭而不恤。至轻病变重，重病致死，则家人狃于运气之数，委之天之亡我，非医之罪。医更何惮，藉以

----

① 子舆　即战国时的思想家、政治家、教育家孟轲（约前327—前289），字子舆。

② 堪舆　堪，为高处；舆，为下处。即"风水"，迷信术数之一种，指相宅相墓之法。

自解曰："吾固医病不医命。"故曰：医愈众，药愈多，夭折死亡亦愈繁，殆非虚语也。嗟呼！哀我蒸民，何生不辰，既罹恶疾，复逢虐医。有医如此，何若无医之为愈也。故郝耳母氏（O. W. Holmes）演说于哈弗德医科大学曰："苟举医药而尽投之海底，则人食其利，鱼受其害。"痛哉言乎！《救世物理论》曰："医者非仁爱不可托，非聪明理达不可任，非廉洁淳良不可信。"程氏国彭曰："医者之道，其操术不可不工，其处心不可不慈，其读书明理，不至于豁然大悟不可止。"故医之大德三：一曰操术精，二曰宅心仁，三曰持行廉。惟艺精乃可与言仁，惟心仁乃〈可〉与言廉，亦惟艺精、心仁、行廉乃可与言医。然吾犹有进者，吾国素灵①，虽云虚理，亦有奥旨之存。银丸纵称幻术，奚无绝技之藏？泰西医学，自科学萌芽进化以来，已脱虚理幻术之习，而彼邦人士之业此道者，又皆兢兢业业，日有发明。其著作宏富，诚为活命仙法，济人宝筏。互市以来，译者亦未尝不众。然通于医者未必通于文，工于西者未必工于中。象胥②既昧信达雅之旨，而对于中医数千年来之经验，复鲜能贯通而融会之。中医固远逊于欧美，然亦有其不朽。学者旁搜密采，取要删繁，含中西医药于一炉而冶之，以造诣于精微之域，亦未始非活人活国之大德业也。故艺精操廉，仰体天帝好生之德，实行民胞物与之念，复能译书着说，启迪后觉。俾医道日宏，医术日精，闾阎昌炽，比户安和，渐杜夭折之伤，早登仁寿之域，则良医之功，与良相等。范文正③公曰："不为良相，则为良医。"医之尊荣若此，则置身斯道者，宜如何奋发其德以副名实乎？苟其驽骀滥竽，素餐尸位，则在官为民蟊，在医为民蠹矣！为蠹医欤？为良医欤？择善而从，是所望于刀圭家。

---

① 素灵　素，指《素问》；灵，指《灵枢》。此两部中医学文献合称《内经》。
② 象胥　古代担任翻译的官员。
③ 范文正　即北宋政治家、文学家范仲淹（989—1052），字希文，谥文正。

共和精义 *
（1914 年 6 月）

　　共和譬之金，国家譬之金矿。专制横威，民气雌状。共和之道不昌明，犹金在矿，瓦石蔽之，榛莽障之。天府虽富，不可得而见也。及民智日开，意志无由宣泄，则必思所以解脱其捆缚，犹之财用不足，则思辟地利，以足生计也。故当民穷力敝之秋，有人告以某处有金矿，则闻之者莫不争先恐后以趋之。亦犹苦于虐政之民，一闻共和之三大信条，即视为全智全能之神，狂冲纷驰，不惜杀身流血以殉之。然而金矿深埋，或丈而见焉，或十丈而见焉，或百丈而见焉。即得金矣，或参以土，或参以石。为矿工者，或死于毒气，或死于塌泻，或死于过劳。恒人见丈，而金未见也；见金未得，而损失已大也，则莫不嗒然丧胆，悼然懊悔。昔日之讴歌金矿者，今日乃反唇相讥矣。共和为进化之结果，有必经之阶级，必施之培植，必运之心力。时机未到，共和不得成熟也。吾国民主告成，以迄于今，生民之涂炭，产业之凋敝，干戈之连结，经济之衰颓，外患之频临，不特无术防御，抑且视昔加甚。共和既不能作人民水深火热之救主，则其转讴歌而为吐弃，易希望而为失望者，亦物极必反之恒情耳！然金固犹是金也，共和固犹是共和也。金未获而捐弃者，非金之咎，而矿工之愚昧惰怯耳！共和未建而灰心者，非共和之罪，而人民之愚昧惰怯耳！民为邦本，本固邦宁。国本曷以固？曰：惟共则固，共而能和则固。故共和也者，国民全体同心同德，戮力以襄国事，以固国本，以宁国情，使进化于无穷之主义也？国本不固，国情不宁，有退化而无进化，患在共猜、共忌、共争而不能共和耳！共和岂有弊哉？今执途之人而问曰："子愿夫妻子女之与共乎？"吾知非抱

* 本篇系作者 1914 年在金陵大学的毕业论文，署名"陶文濬"。

极端来世主义者，必皆愿。又问之曰："子愿夫妻子女之能和乎？"吾知人非至丧心病狂，必皆愿。家如是，国何独不然？世安有对于恃以治内防外之国，而不愿其共且和乎？吾于以知今之厌恶共和、吐弃共和者，必非对于国体之本心，不过如受创之矿工，征于一时之劫难，遂并其理想之财源而亦弃之耳！吾恐其中道灰心，徒碍进步，故本革丁、百吞二氏①之旨，揭示共和之真相，以与国人共商榷也。

共和之三大信条

自由、平等、民胞，共和之三大信条也。共和之精神在是，共和之根本在是。谬解自由、平等、民胞三大信条，即为谬解共和之真相。不徒精神射入歧途，抑且动摇共和所与立之根本。危乎险哉！非正名何以挽狂澜于既倒？

（一）自由

法律之内有自由，道德之内有自由。逾越法律，侵犯道德，此自由之贼，而罗兰夫人②所以有"自由，自由，古今几多罪恶假汝之名以行"之言也。自由有正负，曰"不自由毋宁死"，曰"不有代议士，不出租税"，曰"非依法律，不得侵及人民之生命财产"。此负面之自由也。此种自由，人民久已不惜蹈汤赴火以争之，其成绩已大有可观。然人民脱离强暴之羁绊，未必即能自由也。盖天下之至不可超脱者，有自奴焉！故真自由贵自克。天下之至不可侵越者，有他人焉！故真自由贵自制。天下之至不可忽略者，有公福焉！故真自由贵个人鞠躬尽瘁，以谋社会之进化。

（二）平等

天之生人，智愚、贤不肖不齐，实为无可趋之事实。平等主义亦不截长补短，以强其齐。在政治上、生计上、教育上，立平等之机会，俾各人得以自然发展其能力而为群用，平等主义所主张者此耳。况人虽万有不齐，然亦有其同焉！试问谁不欲衣食住之满意乎？谁不欲父母、夫妻、子女之安适乎？谁不欲发展其机能乎？谁在患难不欲人之拯救乎？

---

① 革丁、百吞二氏　革丁，通译戈登；百吞，通译博登。

② 罗兰夫人（Jeanne-Manon Philipon, Madame Roland, 1754—1793）法国资产阶级革命时期吉伦特派核心人物之一，共和政府内政部长罗兰之妻。曾参与制订吉伦特派各项重大政策。雅各宾专政时期被处死。

谁逢恐怖而不欲人之解脱之乎？平等主义欲人一举一止，当思他人思安之心，固不减于我也。自由平等，不过达目的之手续，非可以目的视之也。人民争自由平等，冀得各尽其能以为社会耳！为自由平等而争自由平等，则大谬也。自由平等所在即责任所在，天下无无责任之自由平等也。人欲求自由平等之乐，而不肯受责任之苦，多见其愈求愈远耳。

（三）民胞

胡越相处，尔猜我虞，行动能自由而机会能平等乎？故平等自由虽美名，必畛域铲除，博爱心生，国人以兄弟相视，始能得其实际。故自由、平等虽为共和三大信条之二，然共和之大本则在民胞焉！民胞之义昌，而后有共同目的、共同责任、共同义务；而后贵贱可除，平等可现；而后苛暴可蠲，自由可出。苟无民胞主义以植共和之基，则希望共和，犹之水中捞月耳！

共和主义对于个人之观念

（一）共和主义重视个人之价值

众人意志结合，以成社会邦国。共和主义曰个人者，社会邦国之主人翁也。主人翁可不自重乎？阳明子①人皆可以为圣贤之义，实隐符近世共和对于个人之希望。夫人皆可以为圣贤，则人安可不勉为圣贤乎？天生蒸民，有智愚强弱之不同，其见诸事也，复有成败利钝之不同；共和主义亦不能否认之。然分金，金也；两金，金也；即至亿金、万金，亦金也。轻重不同，其为金则一。人虽贵贱贫富不同，其柔能强，愚能明之，价值则一。共和主义则重视个人此种可能之主义也。西谚曰："蹄钉失，马鞋废；骅骝蹶，骑将亡。"夫蹄钉与骑将，其贵贱何啻霄壤别？然以失钉故，将亦不能保其首领。则以各自有其价值，而不可相蒙也。贾子②曰："一夫不耕，或受其饥；一女不织，或受其寒。"此个人在经济界各具之价值，共和主义则充其类耳！

（二）共和主义唤醒个人之责任

顾子③曰："天下兴亡，匹夫有责。"共和主义即以此责任付之各分

---

① 阳明子　即明代哲学家、教育家王守仁（1472—1528）。
② 贾子　即西汉政论家、文学家贾谊（前200—前168）。
③ 顾子　即明清之际思想家、学者顾炎武（1613—1682）。

子。盖个人之有价值，以其对于社会有天职之当尽耳。其在帝制之下，仅君主与诸臣负之。共和主义则责之全体国民，群策群力，群运群智，群负群责，以求群之进化福利，此共和之旨也。且各人因担负此责之故，渐知成德以福人群。奉天命为归宿，而不敢止于独善。况工欲善其事，必先利其器。人民身负重担，自不得不修德养力以为之备。故共和主义之大利，即藉责任以养成完善之国民。

（三）共和主义予个人以平等之机会

共和主义既承认个人有尽天职之价值，复责个人担负进化之大任矣。然或阂于阶级，或压于强暴，不克尽其天职，负其责任。共和主义于此则削其阶级，铲其强暴，无贫富贵贱，俱予以自由发展智仁勇之机会，俾得各尽其能，为全群谋福利进化，机会愈平衡，能力愈发展，斯进化愈沛然莫之能御。拿破仑尝以"登庸众才"自诩，此英主之言，实惟共和能实行之也。

共和主义对于社会之观念

共和主义，视人民为社会之主权。群之良窳，惟民是视。民苟愚劣，社会绝对不能兴盛。社会欲求兴盛，必负改良个人之责。故在共和主义之下，社会之大任即为济弱扶倾，而教其愚不肖，社会一而已矣。强忽弱，则强者亦弱；强扶弱，则强者愈强。因社会集众人而成，多一分病子，即病一分。其健者苟不思所以治之，则蔓延之祸，可立而待，强者亦不能高枕卧矣！故共和主义以博爱为社会组织之大本，而以兄弟视其分子。既昆弟矣，斯平等。富贵者不特不许以财势骄人，且当用以扶其贫贱之兄弟。故灾害相恤，疾病相扶持，爱敬相交待，以日趋于进化，系社会惟一之天职，绝不容稍有放弃。个人为社会而生，社会为个人而立，实共和主义之两元也。

共和主义对于政治之观念

政府者，人民之政府。人民自治以谋人民之福利，此林肯氏之概念，实共和政治之圭臬焉。

（一）共和政治图谋国民全体之福利

共和政治，观察施行舆论之政治也。舆论代表各界意志需求。共和政治予人民以言论、著述、集会之自由，俾各界意志需求，得以发为舆论，民隐得以上达，政府乃从而折衷之，开导之，择良而要者施行之。于是各界意志需求，多得圆满之效果。即各界对于政治俱有迫切之希望，浓厚之趣味。欲人民之不爱国，不可得已。

（二）共和政治重视共和目的、共同责任

有理想而无实习理想之机会，则理想不得达。一国之中，不乏法家拂士①，然在专制政体之下，贤智者对于社会改良，虽有伟谋硕画，苦不得施之矣；而负责人少，鲜能达其目的。然在共和国，苟有良策，人民共持其目的，共负其责任。朝发理想，夕生事实，阻碍既少，功效自富，稗政易除，善政易兴。国人见其然也，则其伟谋硕望之心亦愈切。故共和政治不特有透达既往目的之能力，且有发生将来目的为进步之母。故苟采取共和政治，则进化无穷期。

（三）共和政治能得最良之领袖

治国不能无首领，治共和国更不能无首领。共和主义承认人民为主权，非主张无首领，乃主张良首领也。君主嗣统，只问血胤，鲜问才德。共和首领由民举，必其人能亲民、新民、恤民，然后民乃推戴之。即有大奸巨滑，以媚民手段占窃神器，然朝违民意，夕可弹劾也。

共和之险象

（一）国民程度不足

共和国政府既由人民治理，则人民能力之厚薄，其政府之良窳，即于焉定之。然国民程度之高下，不徒在识字读书已也。有读万卷书，卒业大学校，而不能为一圆满之国民者。故有政治智识、社会阅历，足当国民之名而无愧者，其为数盖少。况此少数良国民，或阻于人事之纷扰，或夺于来生之修证，或视官司为藏污之所而引身自洁，或惮案牍为劳神之魔而躲闲避事。有此诸因，于是良国民愈如凤毛麟角而不可多见。噫！贤能不出，则共同责任何人担负，共同目的何人筹划乎？

（二）伪领袖

法家拂士不出，国事竟无人问乎？动物不能无脑腑，即人群不能无

---

① 法家拂士　"拂"（bì）通"弼"，拂士即辅弼的贤士，语见《孟子·告子下》："入则无法家拂士，出则无敌国外患者，国恒亡。"

领袖。君子不出，小人斯出矣！人民之性，能导于正，亦能导于邪。尧舜率天下以仁，而民从之；桀纣率天下以暴，而民从之。欲小人之不暴其民，舍"乱亦进治亦进"之君子出，其道末由。《诗》曰："彼其之子，不称其服。"君子不出，则非其人而有居其位者矣。《诗》曰："彼君子兮，不素食兮。"君子不出，则有居其位而不忠其职者矣。《诗》曰："受爵不让，至于已斯亡。"君子不出，则有贪禄不止者矣。《诗》曰："谁秉国成，不自为政，卒劳百姓。"君子不出，则有惮责重而不肯负荷者矣。《诗》曰："彼月而微，此日而微，今此下民，亦孔之哀。"君子不出，则有居高明之位而有以流俗自况者矣。为政重领袖，为共和政尤重领袖。故谓共和政治为愚民政治者，大谬也。人民不以其愚治国，而以其所付托之领袖治国。领袖愚劣，斯政治愚劣；领袖仁智，斯政治仁智。此革丁氏所以谓共和国之成败利钝，在于领袖之智愚、仁暴也。共和政治之伪领袖有二：一为媚民政客。此辈不问国情，不顾进化，只施其和顺温柔之手段，取媚选举机关，以窃权势。二为选举理事。此辈乘国民无暇问政之隙，运其机械，约束选举，与媚民政客暗结，左右政局，以图安富。共和国有此二种伪领袖，则秕政难除，善政难兴，公共福利不能谋，公共进化不可期。虽然，此亦程度不足，贤能独善，阶之厉也。

（三）党祸

国民对于政治有自觉心，则必发生政治问题。而各人对于此种问题之决判，有主急进者，有主保守者，议论纷纷，其同者必各合于一。故政党之为物，实共和国必然之现象。且国大民众，共同之意志易于发表而力于施行，欲维持公安，必恃此强有力之政党。故在共和政体之下，政党实为必要之团体。然弊缘利生，政党之为祸于共和政体，盖亦未可忽也。

（甲）政党仅国家之一部分，而非其全体。党人往往以一党自画，而忘全体之福利。

（乙）缘此党见，实生偏忠。忠于一党，遂谓忠于全国，愈忠愈不忠。然急烈派热忱，本无限制，安能望其明此。

（丙）既具党见，复尽偏忠，则妒嫉倾轧之事，必然发现。一党当权，则反对党必尽其能以障碍其政策之施行，使失民心，而为将来夺权之地步。

（丁）党之意志，视同神圣，党人有违无赦，斯个人失自主之精神。

（四）多数之横暴

自服从多数之说行，而少数人失良心志愿之自由。多数之横暴，有视君主为加甚；多数之主张，可以定个人之命运。然多数人之主张，非可以尽合天理也。文底裴利比曰："国家对于强且众之部分，而不能护翼其至寡且弱之部分，是不啻为大盗之群。"盖人数之多寡，不能定理由之曲直，多数既占优胜，其大责任即为谋全体之福利。少数为全体之一部分，多数人苟不能均润其福利于少数，则多数政治已耳。共和云乎哉？多数横暴之最凶险者，是为乌合之众。伪领袖攘臂一呼，和者万人，其结合以脑感而不本于公理。征之历史，则法国恐怖时代，杀人如麻，流血成川，其彰明较著者也。

共和与教育

吾于共和之险象，既已详言之矣。然戒险防险，思所以避之，则可；因畏险而灰心，则大不可也。避之之道唯何？曰：人民贫，非教育莫与富之；人民愚，非教育莫与智之；党见，非教育不除；精忠，非教育不出。教育良，则伪领袖不期消而消，真领袖不期出而出。而多数之横暴，亦消于无形。况自由平等，恃民胞而立，恃正名而明。同心同德，必养成于教育；真义微言，必昌大于教育。爱尔吴①曰："共和之要素有二：一曰教育，二曰生计。"然教育苟良，则人民生计必能渐臻满意。可见教育实建设共和最要之手续，舍教育则共和之险不可避，共和之国不可建，即建亦必终归于劣败。罗比尔曰："吾英人第一责任，即教育为国家主人翁之众庶是已。"故今日当局者第一要务，即视众庶程度，实有不足。但其为可教，施以相当之教育，而养成其为国家主人翁之资格焉。

共和与交通

吾国国大民众，种庞族杂，方言不一，习惯不齐，情势睽隔，博爱难生。欲沟通声气，养成共和大本，非便利交通，则肤功不克奏也。

---

① 爱尔吴（Charles A. Ellwood）　又译作爱尔乌德，通译为爱尔威，美国教育社会学者。

共和与人文之进化

共和者，人文进化必然之产物也。使宇宙万物无进化，则共和可以无现；使进化论放诸邦国社会而不准，则共和犹可以无现，无如进化非人力所能御也。进化非人力所能御，即共和非人力所能避。

（一）民智日进，自觉心生。于是觉苦思甘，觉劳思逸，觉捆缚思解脱。人不能甘之，逸之，解脱之，则亦惟思所以自助自为而已。不自由无宁死，实感情必至之现象。人而至于不惜杀身以赴其目的，则何事不可成？况此种现象最易癢染，一夫作难，和者万人。不徒理想，诚事实也。强有力者，亦未尝不欲施愚民政策，以塞人之自觉、自治之源。无如万国交通，必群策群力，群运群智，然后方可以制胜。若恃一二人之智力，则鲜不受天然之淘汰。故不教育其群者，必受外侮，而臻于亡。况世多慈善之家，苟有不教育人民之国，则又安能阻受教人民之发生自觉心也？自觉心不可逃避，即共和不可逃避。

（二）人民相处日久，互爱心生。他人痛痒，视同切肤。民胞主义，渐以昌明。宗教家、伦理家复从而提倡之，躬行之，以为民表。耶教"天父以下皆兄弟"，孔教"四海之内皆兄弟"之义，不独深印人心，凡奉其教义者，抑且不惜披发缨冠，以趋人之急难也。故民胞主义愈膨胀，则专制茶毒愈衰微，共和主义益不能不应时而遍布于全球矣。此共和为人文进化不可逃避之结果者二。知共和之不可避，则吾人亦无容施其抵抗共和之拙计，以生建设共和之阻力，而耗国家之元气也。

共和与秩序

专制人民，不能一跃而至共和。其间有一定之顺序，不可强求，不可速长。否则，妄解自由，谬倡平等，秩序紊，伦常乱，公理昧，权利争，祸患所中，烈于洪水猛兽。吾国共和初建，人民莫不以为成功之速，超越全球。不及三载，福利未享，而纲纪瓦裂殆尽，民生日趋艰窘。非共和之不足救国，发动太过之咎耳！此太过之发动力，至今已成陈迹，而无讨论之价值。然因发动太过，故有今日之反动力。此反动力虽为必然之现象，然不谨之又谨，亦易太过，而起反动之反动。故吾国当发动太过之后，不能不利用开明专制，只可当作航海之舵。易言之，则开明专制，为当今护持纲纪之要具。然只可当作透达共和之一种手续，断不可视为政体之目的。盖恐其过度而邀成反动之反动也。痴虬氏①曰："为政不难，为政于共和之时难。"为政于共和之时，而不得不厉行专制为尤难。厉行专制，而实欲养成共和，则难之尤难。民知其难，而遵循法纪，乃可以为民；官知其难，而视民如伤，乃可以为官。能如是，则秩序能维，进化可期。非然者，民思革官命，官思革民命，官民多一度消长，则国步多一度艰难，即民主多一度憔悴，其结果不过产出一个贫与弱。多见其共争而沦胥以亡也。共和云乎哉？国人其审诸！

《金陵光》第 6 卷第 5 期（1914 年 10 月）、第 6 期（1914 年 11 月）

---

① 痴虬（Zenon Eleates，约前 490—约前 436） 通译芝诺。古希腊哲学家，埃利亚学派的主要代表之一。

生利主义之职业教育*
（1918 年 1 月）

　　自本社①标解决生计问题为进行之方针，一般学者，往往以文害辞，以辞害意，误会提倡者之本旨。推其原因，多由于不明生计二字之界说所致。惟其不明乎此，故或广之而训作生活，或狭之而训作衣食；驯至彼一是非，此一是非，议论纷纭，莫衷一是。不徒反对者得所借口，即办学者亦无所适从。其隐为职业教育前途之障碍，良非浅鲜。孔子曰："名不正，则言不顺；言不顺，则事不成。"故欲职业教育之卓著成效，必自确定一正当之主义始。

　　夫职业教育之成效既有赖于正当之主义，则问何谓正当之主义，生活乎？衣食乎？抑生活、衣食之外别有正当之主义乎？

　　生活主义包含万状，凡人生一切所需皆属之。其范围之广，实与教育等。有关于职业之生活，即有关于职业之教育；有关于消闲之生活，即有关于消闲之教育；有关于社交之生活，即有关于社交之教育；有关于天然界之生活，即有关于天然界之教育。人之生活四，职业其一；人之教育四，职业教育其一。故生活为全体，职业为部分；教育为全体，职业教育为部分。以教育全体之生活目的视为职业教育之特别目的，则职业教育之目的何以示别于教育全体之目的，又何以示别于他种教育之目的乎？故生活之不能为职业教育独专之主义者，以其泛也。

---

　　* 本篇发表时，《教育与职业》编者按语："作者所谓'生利'，当作'生产'。再进一步讲，'生产'云者，增加物力之谓。而'生利'当作增加物力之有益于群生者。"

　　又，编者识："留美硕士陶知行君，为意利诺大学硕士，毕业后入加仑比亚大学教育学院，得都市总监学位，回国后任南京国立高等师范教育学教授。本社同人以陶君研究职业教育有素，请其言论。陶君概允担任义务撰述员，同人感之，并志数语，以为介绍。"

　　① 本社　指我国职业教育团体中华职业教育社，1917 年成立于上海。《教育与职业》及《生活》（周刊）等系该团体所创刊物。

生活主义固不适于职业教育之采用矣。衣食主义则何如？大凡衣食之来源有四：职业、祖遗、乞丐、盗窃是也。职业教育若以衣食为主义，彼之习赖子、乞丐、盗窃者，不亦同具一主义乎？而彼养成赖子、乞丐、盗窃者，亦得自命为职业教育家乎？此衣食主义之不适于职业教育者一也。不宁惟是，职业教育苟以衣食为主义，则衣食充足者不必他求，可以不受职业教育矣。此衣食主义之不适于职业教育者二也。且以衣食主义为职业教育之正的，则一切计划将趋于温饱之一途。此犹施舍也。夫邑号朝歌，墨翟回车①；里名胜母，曾子不入②。学校以施舍为主旨，则束身自好者行将见而却步矣。此衣食主义之不适于职业教育者三也。凡主义之作用，所以指导进行之方法。若标一主义不能作方法之指针，则奚以贵？故衣食之可否为职业教育之主义，亦视其有无补助于职业方法之规定耳。夫学校必有师资，吾辈选择职业教员，能以衣食为其资格乎？学校必有设备，吾人布置职业教具，能以衣食为其标准乎？又试问，职业学校收录学生，可否以衣食为去取？支配课程，可否以衣食为根据？衣食主义之于职业教育方法，实无丝毫之指导性质。有之，则吾不知也。衣食既不能为职业教育方法施行之指导，则其不宜为职业教育之主义，又明矣。此衣食主义之不适于职业教育者四也。不特此也，吾人作事之目的，有内外之分。衣食者，事外之目的也；乐业者，事内之目的也。足衣足食而不乐于业，则事外虽无冻馁之虞，事内不免劳碌之患。彼持衣食以为职业教育主义者，是忽乐业之道也。此衣食主义之不适于职业教育者五也。且职业教育苟以衣食主义相号召，则教师为衣食教，学生为衣食学，无声无臭之中隐然养成一副自私之精神。美国人士视职业教育与学赚钱（Learning to earn）为一途，有识者如杜威（Dewey）先生辈，咸以其近于自私，尝为词以辟之。吾国当兹民生穷蹙之际，国人已以衣食为口头禅，兴学者又从而助长其焰，吾深惧国人自私之念，将一发难厌矣。此衣食主义之不适于职业教育者六也。是故衣食主义为众弊之渊薮，欲职业教育之有利无弊，非革除衣食主义不为功。

衣食主义既多弊窦，生活主义又太宽泛，二者皆不适用于职业教

---

① 邑号朝歌，墨翟回车　朝歌为商朝都城，商纣王歌舞作乐之地；墨翟即墨家创始人墨子，主张"非乐"，故见朝歌即回车返程。

② 里名胜母，曾子不入　胜母为鲁国一地名，曾子即孔子学生曾参，以孝著称，故闻鲁国胜母里，即止足而不入。

育，然则果应以何者为正当之主义乎？曰，职业作用之所在，即职业教育主义之所在。职业以生利为作用，故职业教育应以生利为主义。生利有二种：一曰生有利之物，如农产谷，工制器是；二曰生有利之事，如商通有无，医生治病是。前者以物利群，后者以事利群。生产虽有事物之不同，然其有利于群则一。故凡生利之人，皆谓之职业界中人；不能生利之人，皆不得谓之职业界中人。凡养成生利人物之教育，皆得谓之职业教育，凡不能养成生利人物之教育，皆不得谓之职业教育。生利主义既限于职业之作用，自是职业教育之特别目的，非复如生活主义之宽泛矣，此其一。以生利主义比较衣食主义尤无弊窦之可指，故以生利主义为准绳，则不能生利之赖子、乞丐、盗窃与养成之者，皆摈于职业教育之外矣，此其二。学校既以生利为主义，则足于衣食而不能生利者无所施其遁避，此其三。父母莫不欲其子女之能生利，职业教育苟以生利为主义，自能免于施舍之性质，自好者方将督促子女入学之不暇，又何暇反加阻力乎？此其四。职业既以生利为作用，吾人果采用生利主义以办职业教育，则生利之方法，即可为职业教育方法之指针，其此五。职业教育既以养成生利人物为主义，则其注重之点在生利时之各种手续，势必使人人于生利之时能安乐其业，故无劳碌之弊，此其六。生利主义侧重发舒内力以应群需，所呈现象正与衣食主义相反。生产一事一物时，必自审曰："吾能生产乎？吾所生产之事物于群有利乎？"教师学生于不知不觉中自具一种利群之精神，此其七。不特此也，能生利之人即能得生活上一部分之幸福；而一衣一食亦自能措置裕如。不能生利之人，则虽有安富尊荣亦难长守。故惟患不能生利，不患不得生活之幸福与温饱。然则生利主义既无生活主义之宽泛，复无衣食主义之丛弊，又几兼二者之益而有之，岂非职业教育之正当主义乎？

生利主义之职业师资

职业教育既以养成生利人物为其主要之目的，则其直接教授职业之师资，自必以能生利之人为限。盖己立而后能立人，己达而后能达人。天下未有无生利经验之人而能教育人生利者。昔樊迟请学稼，子曰："吾不如老农。"请学为圃，曰："吾不如老圃。"孔子岂故为拒绝哉？亦以业有专精，事有专习，孔子之不知农圃，亦犹老农老圃之不知六艺耳。由是以推，无治病之经验者，不可以教医；无贸易之经验者，不可以教商。凡百职业，莫不皆然。故职业教师之第一要事，即在生利之经验。无生利之经验，则以书生教书生，虽冒职业教师之名，非吾之所谓职业教师也。

然职业教师不徒负养成生利人物之责，且负有改良所产事物之责。欲求事物之改良，则非于经验之外别具生利之学识不可。无学识以为经验之指导，则势必故步自封，不求进取。吾国农业数千年来所以少改良者，亦以徒有经验而无学识以操纵之耳。故职业教师之第二要事，是为生利之学识。

兼有生利之经验、学识，尚不足以尽职业教师之能事。盖教授生利之法，随业而异。有宜先理想而后实习者，有宜先实习而后理想者，有宜理想、实习同时并进者。为职业教师者自宜熟悉学者之心理，教材之性质，使所教所学皆能浃洽生利之方法，而奏事半功倍之效。故职业教师之第三要事，为生利之教授法。

准如前说，则健全之职业教师，自必以经验、学术、教法、三者皆具为标准。三者不可得兼，则宁舍教法学术而取经验。盖无学术教法而有经验，则教师尚不失为生利之人物，纵无进取良法，然学生自能仪型教师所为，以生产事物。既能生产事物，即不失职业教育之本旨。如无经验，则教授法无由精密，纵学术高尚，断不能教学生之生利。既不能生利，则失职业教育之本旨矣。是故经验学术教法三者皆为职业教师所必具之要事，然三者之中，经验尤为根本焉。

职业教师既以生利经验为根本之资格，则养成职业师资自当取材于职业界之杰出者。彼自职业中来，既富有经验，又安于其事，再加以学术教法，当可蔚为良材，概之收录普通学子，为事当较易，收效亦当较良且速也。

职业教师既以生利之经验、学术、教法三者为资格，则如何养成此种教师之方法，亦在吾人必须研究之列。大概养成职业师资之法有三：（一）收录普通学子教以经验、学术与教法；（二）收录职业界之杰出人物教以学术与教法；（三）延聘专门学问家与职业中之有经验者同室试教，使其互相砥砺补益，蔚为职业教师。夫经验所需之多少，随职业而异；其需经验较少之职业，利用第一法。如普通师范学校之教师有二三年之经验者，即可作教授之基础。故收录普通学子而养成之，为事甚易。其次则商业学校教员，似亦可以利用此法。但农工等职业之教师，性质迥异，非富有经验，不足以教生利。舍难就易，似不如采用第二法，精选职业界之杰出者养成之。彼既从职业中来，自必有相当之经验，再教以实用之学术教法，为事自顺。然此法效力之大小，常视国中教育普及之程度为差。其在欧美教育普及之邦，职业中人，大半受过八年之公共教育，既有普通知能以植其基，则于学术、教法自易领悟。中国则不然，教育未普及，农工多数不识文字；既不识文字，则欲授以学术、教法，自有种种困难。然而职业界之杰出者，终不乏粗识文字之人。当事者苟能精选而罗致之，则有用之职业师资，或能济济而出也。此外则有延聘学问家与经验家同室试教一法。当今职业师资缺乏，为其备选者，或有学术而无经验，或有经验而无学术，速成之计，莫如合学问家与经验家于一炉而共冶之；既可使之共同试教，又可使之互相补益，则今日之偏材，经数年磨练之后，或能蔚成相当之师资，岂非一举两得哉？然一班二师，所费实巨，况学术经验贵能合一，若分附二人之身，终难免于隔膜。故此计虽有优点，不过为过渡时代权宜之策耳。总之，职业教师最重生利之经验，则养成之法，自宜提其要领，因已有之经验而增长之，方能事半功倍也。

生利主义之职业设备

孔子曰："工欲善其事，必先利其器。"无利器而能善其事者，吾未之前闻。职业教育又何独不然？必先有种种设备，以应所攻各业之需求，然后师生乃能从事于生利；否则虽有良师贤弟子，奈巧妇不能为无米之炊何！故无农器不可以教农，无工器不可以教工。医家之教必赖刀圭，画家之教必赖丹青。易言之，有生利之设备，方可以教职业；无生利之设备，则不可以教职业。然职业学校之生利设备可分二种：一、自有之设备；二、利用职业界之设备。但无论设备之为己有，为利用，学生教师莫不可因以生利。故设备虽有己有、利用之分，而同为学生教师生利之资则一。余尝游美之麻撒朱赛州（Massachusetts），视其乡村中学校附设之农业科，多利用学生家中之田园设备，使各生在家实习，命之曰家课（Home projects）。教员则自御汽车，循环视察，当场施教。农隙则令学生来校习通用之学术。故校中自有之设备，除课堂点缀以外，实属寥寥无几；校外则凡学生足迹所至，皆其所利用之设备。论其成效则不特设备之经费可省，而各家之农业皆藉学生而间接改良之。此盖利用他人生利设备以施职业教育之彰明较著者也。

生利主义之职业课程

职业学校之课程，应以一事之始终为一课。例如种豆，则种豆始终一切应行之手续为一课。每课有学理，有实习，二者联络无间，然后完一课即成一事。成一事再学一事，是谓升课。自易至难，从简入繁。所定诸课，皆以次学毕，是谓毕课。定课程者必使每课为一生利单位，俾学生毕一课，即生一利；毕百课则生百利，然后方无愧于职业之课程。职业课程既以生利为主，则不得不按事施教，欲按事施教，则不得不采用小班制。故欧美之职业实习班至多不满十五人，凡以便生利课程之教授也。不特每课为然，即各课之联络，亦莫不以充分生利为枢机。客有学蚕桑者，学成执蚕桑业，终岁生利之期两三月而已，余则闲居坐食，不数年而家计渐困，卒改他业。此能生利而不能充分生利之过也。故职业课程之配置，须以充分生利为标准，事之可附者附教之，事之可兼者兼教之。正业之外，苟能兼附相当之业，则年无废月，月无废日，日无废时矣。此之谓充分之生利。根据此旨以联络各课，是为充分生利之课程。

生利主义之职业学生

有生利之师资、设备、课程，遂足以尽职业教育之能事乎？曰，未也。学生择事不慎，则在校之时，学不能专；出校之后，行非所学。其弊也：学农者不归农，学商者不归商。吾国实业教育之所以鲜成效，固由于师资、设备、课程之不宜于生利，然其学生择业之法之不当，亦其一因也。大凡选择职业科目之标准，不在适与不适，而在最适与非最适。所谓最适者有二：一曰才能；二曰兴味。吾人对于一业，才能、兴味皆最高，则此业为最适；因其最适而选之，则才能足以成事。兴味足以乐业，将见学当其性，用当其学，群与我皆食无穷之益矣。故能选最适之业而学者，生大利不难，岂仅生利已哉！择业不当，则虽居学习生利之名，而究其将来之生利与否，仍未可必。故欲求学业者归业，必先有精选职业之方法。方法维何？曰，职业试习科是也。职业试习科包含农工商及其他业之要事于一课程，凡学生皆使躬亲历试之。试习时期可随遇伸缩，多至半载，少至数星期皆可。但试习之种种情形，必与真职业无异，始可试验学生之真才能真兴味。一参假面具则试验科之本旨失矣。试习之后，诸生于各业之大概既已备尝，再择其最有才能最有兴味之一科专习之。彼其选择既根本于才能兴味，则学而安焉，行而乐焉，其生利之器量，安有不大者哉？

结论

职业学校有生利之师资、设备、课程，则教之事备；学生有最适之生利才能兴味，则学之事备。前者足以教生利，后者足以学生利；教与学咸得其宜，则国家造就一生利人物，即得一生利人物之用，将见国无游民，民无废才，群需可济，个性可舒。然后辅以相当分利之法，则富可均而民自足矣。故职业教育之主义在是，职业教育之责任在是，余之希望于教育家之采择试行者，亦莫不在是。谨贡一得，聊献刍荛，幸垂教焉。

《教育与职业》第 1 卷第 3 期（1918 年 11 月 3 日）

试验主义之教育方法
（1918 年 4 月）

　　荀子[①]曰："大天而思之，孰与物畜而制之！从天而颂之，孰与制天命而用之！望时而待之，孰与应时而使之！因物而多之，孰与骋能而化之！思物而物之，孰与理物而勿失之也！"此数语，可谓中试验精神之窍要矣。盖凡天下之物，莫不有赖于其所处之境况。境况不同，象征自异。故欲致知穷理，必先约束其境况，而号召其象征，然后效用乃能发现。若其待天垂象，俟物示征，则以有限之时间，逐必不可得之因果，是役于物，而制于天也，安得不为所困哉？即得矣，或出于偶然；有常矣，或所示者吝。吾又安能穷其极处，无不到哉？

　　昔王阳明格竹七日而病，及在夷中，乃恍然以为："天下之物，本无可格。其格物之功，只在身心上。"呜呼！此皆不能约束其境况，号召其象征，有以致之也。彼善致知者，役物而不为物所役，制天而不为天所制。设统系，立方法，举凡欲格之物，尽纳之于轨范之中。远者近之，微者大之，繁者简之，杂者纯之，合者析之，分者通之，多方以试之，屡试以验之。更较其异同，审其消长，观其动静，察其变化，然后因果可明，而理可穷也。故试验者，发明之利器也。试验虽不必皆有发明，然发明必资乎试验。人禽之分，在试验之有无；文野之别，在试验之深浅。试验之法，造端于物理、生物、生理，浸假而侵入人群之诸学，今则哲理亦且受其影响矣。盖自培根（Bacon）用以格客观之物，笛卡儿（Descartes）[②] 用以致主观之知，试验精神，遂举形而上学、形而下学而贯彻之。究其结果，则思想日精，发明日盛。欧美之世界，几

---

①　荀子　即战国时期思想家、教育家荀况（约前 313—前 238），又称荀卿、孙卿。

②　笛卡儿（Rene Descartes，1596—1650）　法国哲学家、数学家和物理学家。

变其形。

吾国数千年来，相传不绝之方法，惟有"致知在格物"①一语。然格物之法何在？晦翁②与阳明各持一说。晦翁以即物穷理释之，近矣。然而即物穷理，又当用何法乎？无法以即物穷理，则物仍不可格，知仍不可致。阳明固尝即物而穷理者也，然未得其法，格物不成，归而格心。使阳明更进一步，不责物之无可格，只责格之不得法，兢兢然以改良方法自任，则近世发明史中，吾国人何至迄今无所贡献？故欧美之所以进步敏捷者，以有试验方法故；中国之所以瞠乎人后者，以无试验方法故。征之世界进步，试验方法既如此，不可废也，则其应用于教育界者，又何若哉？

教育为群学③之一种，介乎形而上学、形而下学之间。故其采用试验方法也，较迟于物理、生物诸学。然近二百年来，教育界之进步，何莫非由试验而来？是以泼斯泰来齐（Pestalozzi）④试验幼子，而官觉之用以明；赫耳巴尔忒（Herbart）⑤设研究科，而统觉之理以阐；福禄伯（Froebel）⑥创幼稚园，而游戏之效以著；杜威（J. Dewey）⑦之集成教育哲学也，以试验；忒耳诺泰刻（Thorndike）⑧之集成教育心理也，亦以试验。他若全部发育也，先质后文也，自动也，兴味也，感应结也，习惯法也，无不根源于试验。举凡今日教育界所视为金科玉律者，何莫非昔贤屡试不爽之所遗留哉？是故试验之消长，教育之盛衰系之。

柏林大学保尔生（Paulsen）⑨曰：德国中世纪以前，狉狉榛榛，等

① 致知在格物　中国古代儒家认识论的命题，谓穷究事物的原理而获得知识。语出《礼记·大学》："致知在格物，物格而后知至。"
② 晦翁　即南宋哲学家、教育家朱熹（1130—1200）。因其字符晦，又字仲晦，号晦庵，后人有此尊称。
③ 群学　即社会学。因1903年严复译英国斯宾塞《社会学原理》取名《群学肄言》而有此名。
④ 泼斯泰来齐　通译裴斯泰洛齐（Johann Heinrich Pestalozzi，1746—1827），瑞士教育家。
⑤ 赫尔巴尔忒　通译赫尔巴特（Johann Friedrich Herbart，1776—1841），德国哲学家、心理学家、教育家。
⑥ 福禄伯　通译福禄培尔（Friedrich Wilhelm August Froebel，1782—1852），德国学前教育家。1837年在勃兰根堡（Blankenburg）开办学前教育机关，1840年命其为"幼稚园"。
⑦ 杜威（John Dewey，1859—1952）　美国实用主义的教育学家、哲学家。
⑧ 忒耳诺泰刻　通译桑戴克（Edward Lee Thorndike，1874—1949），美国心理学家。
⑨ 保尔生　通译包尔生（Fr. Paulsen），德国客观唯心主义哲学家。在《教学合一》一文中，作者又将该氏译作包尔孙。

于化外之民。及拉丁文输自罗马，民情一变。既而文艺北渐，蕴成宗教变革，而民德又一进，是德人再得力于拉丁民族也。当十七世纪，法国礼乐艺术最盛，德人见异思迁，其贵族咸以能说法语为荣。及十八世纪，大风烈铁骑帝（Friedrich the Great）① 又定法文为学校必修科，并聘法人为高级教师。其学于法人也，可谓勤矣！此外，于英吉利及希腊之文化，皆无所不吸收。此德人师天下之期也。迨至十八世纪之初，哈里大学（Halle University）② 与郭听斯堡大学（Göttinsburg University）③ 相继而兴，皆以宣扬试验精神为务。其后赫尔巴耳忒与福禄伯诸贤，先后辈出，凡所建树，皆根本于试验。虽执政者屡加干预，而其教之流行，速于置邮传命，不数十年，而弟子几遍国中。至十八世纪末叶，复与国家主义④会合，以国家主义定目的，试验主义定方法，相演相成，用著大效。此后言教育者多宗德人。故十九世纪以前，德人师天下；十九世纪以后，天下师德人。试验主义实与有力焉！

美国三十年前之教育，亦几无事不模仿旧大陆。自乾姆（James）⑤创设心理试验科，而学者趋向一变。至于今日，凡著名大学，莫不设教育科，其同时试验教育心理者以百计。其试验机关与从事实地试验教育之人，几无处无之；其试验精神之充塞，可谓盛矣。观其效果，虽未必人人皆有贡献，然英德识者，金谓美国近今小学教法冠天下。其收效之速，有如此者，夫岂偶然哉？

吾国办学十余年，形式上虽不无可观，而教育进化之根本方法，则无人过问。故拘于古法，而徒仍旧贯者有之；慕于新奇，而专事仪型者有之。否则思而不学，凭空构想，一知半解，武断从事。即不然，则朝令夕罢，偶尔尝试。提学使⑥弗善也，一变而为教育司，教育司弗善也，再变而为教育科；教育科弗善也，三变而为教育厅。不满十年，而

① 大风烈铁骑帝（Friedrich the Great） 即普鲁士国王弗里德里希二世（Friedrich Ⅱ，1712—1786），一译腓特烈二世，又称腓特烈大帝。

② 哈里大学（Halle University） 1694 年创设于普鲁士萨克森（Saxony），通译哈勒大学。

③ 郭听斯堡大学（Göttinsburg University） 1737 年创设于德意志北部汉诺威（Hannover），通译格（哥）廷根大学。

④ 国家主义 一种以抽象的国家概念欺骗人民服从资产阶级利益的反动思想。对内强调"国家至上"，对外宣传"民族优越论"，并以"保卫祖国"的名义叫嚣侵略战争。

⑤ 乾姆 通译詹姆斯（William James，1842—1910），美国哲学家、心理学家，实用主义创始人。

⑥ 提学使 清末学官名，1906 年设置于各省，民国成立后废置。

变更者三，岂其善于试验哉？毋亦尝试而已。孔子曰："温故而知新，可以为师矣。"仍旧贯，只是温故；仪型他国，则吾人以为新，他人以为旧矣。空想无新可见，武断绝自新之路，尝试则新未出而已中途废矣。何怪乎吾国教育之不振也！故欲教育之刷新，非实行试验方法不为功。盖能试验，则能自树立；能自树立，则能发古人所未发，明今人所未明。人将师我，岂惟进步已哉？若徒因人成事，逐世浮沉，则人进一尺，我进一寸；人退一寸，我退一尺。亦太可怜矣！

今之议者，每曰：教育救国。教育岂尽能救国乎？吾敢断言曰：非试验的教育方法，不足以达救国之目的也。虽然，试验岂易言哉？知其要而无其才，不足以言试验；有其才而无百折不回之气概，犹不足以言试验也！故试验者，当内省其才，外度其势；视阻力为当然，失败为难免；复贯以再接再厉之精神，然后功可成也。吾教育界有急起直追以试验自矢者乎？吾将拭目以待之。

《金陵光》第 9 卷第 4 期（1918 年 4 月）

江苏县视学讲习会经过状况 *
（1918 年 5 月）

　　（此次县视学讲习会）讲员共请十七人，皆尽义务，热心可感。听讲员，各县视学员到会者有五十四县，合旁听员计，最多时达二百五十九人。共讲四十二课，每课听讲者平均得一百二十二人。虽时期甚短，而听讲者能始终不懈，虚心研究，至可钦佩。课程中本定有参观沪上英法美日等国所设学校，俟教育行政会议后，由江苏省教育会介绍导引。此次虽名讲习会，实则讲多习少，不过习之时无限，习之地无穷，种子在讲，收成在习，愿诸君子毋虚此行。

《申报》1918 年 5 月 26 日

---

　　* 本篇系载自 1918 年 5 月 26 日《申报》的有关报道《江苏县视学讲习会之结束》。该篇报道云：江苏县视学讲习　演讲二星期，于二十三日下午行闭会式。开会奏乐后，由主任陶知行先生告本会经过状况云：（后接上文）。

师范生应有之观念 *
（1918 年 5 月）

鄙人承贵两校之嘱，来与诸君畅谈，不胜快乐。鄙人最喜同学生谈话，因十余年来，无日不做学生；即现在当教员，亦未尝不是做学生，盖不学则不能教。既为学生，则与诸君均为同志，同志相谈，自必非常快乐。诸君均为师范生，所研究者为教育，而鄙人所研究者，亦为教育，尤为同志中之同志，所以更为快乐。诸君平日在校，已受良好之教训，固无庸鄙人多谈。惟是同志相聚，亦不可不有所研究，尚希诸同志加以指正为荷。今日所讲之题，即《师范生应有之观念》。

一、教育乃最有效力之事业

教育能改良个人之天性。人之性情有善有恶，教育能使恶者变善，善者益善。即个人性情中，亦有善分子与恶分子，且善分子中亦含有恶。如爱，乃性情中之善分子也；而爱极生妒，变善为恶矣。恶分子中亦含有善。如怒，乃性情中之恶分子也，然文王一怒而安天下，用恶为善矣。教育乃取恶性中之善分子，去善性中之恶分子。如开矿然，泥内含金，金内亦杂有泥。开矿者取泥内之金，去金内之泥，然后成为贵品。教育亦若是矣。

教育能养成共和之要素。共和国有两大要素：一须有正当领袖，一须有认识正当领袖之国民。盖领袖有正当者，亦有不正当者。正当领

---

* 本篇系陶行知 1918 年 5 月向安徽省立第一师范学校和第一女子师范学校师生所讲。记录者：陈世勋、谢荣冠、陈硕果、吕璜、郑上元、王式禹。演讲记录经陶行知审阅后铅印成文，但未曾公诸报刊。解放初，安庆市图书馆名誉馆长蒋元卿从收购的旧书刊中发现这篇演讲记录的铅印原件，后提供给皖版学术刊物《行知研究》刊发。

演讲记录铅印原件上，刊有编者按语："歙县陶知行先生，留学美国有年，回国后任南京高等师范教育科主任。民国七年五月，本省开教育行政会议，附设讲演会，敦请名人讲演教育。先生惠临讲演，开陈出新，发所未发，语语探源，丝丝入扣，闻者无不兴起。……"

袖，能引导国民行正当之事业；不正当领袖，能诱致国民行不正当之事业。故又必须养成能认识正当领袖之国民，领袖正当则从之，领袖不正当则去之。由是，正当领袖之势力日张，而不正当领袖之势力日蹙。所以教育能巩固共和之基础也。

教育能传播非遗传的文化。人之言语非生而知之者，必由渐习而后能。然亦只能说一国之语，如中国人只能说中国语，而不能言德、美、俄、日等国之语。如欲能言德、美、俄、日等国之语，必由专习而后能。推而言之，世界文化无虑千万，皆父母所不能遗传者，而教育能一一灌输之。鄙人谓教育能造文化，则能造人；能造人，则能造国。今人皆云教育能救国，但救国一语，似觉国家已经破坏，从而补救，不如改为造国。造一件得一件，造十件得十件，以至千百万件，莫不皆然。贫者可以造福〔富〕，弱者可以造强。若云救国，则如补西扯东，医疮剜肉，暂虽得策，终非至计。若云教育造国，则精神中自有趣味生焉，盖教育为乐观的而非悲观的也。

教育为最有可为之事。古今名人莫不由研究教育而出。如达尔文、杜威、威尔诺刻①等，皆由研究教育而出者也。但须有决心，有坚志，则成事何难？惟此尚是第二事。我等第一要知：人是人，我是我。天既生我，则必与我以一种为人所乐能为之能力。不然，既有他何必有我！天既生孔子，万事皆孔子所能为，则又何必生我而为古人之附属物？由此观之，则我等当自立，当自强，为我之所能为，不随人学步，庶不负天生我之意。教育既然如此，则我师范生当作何种之观念？以鄙人看来，男师范生与女师范生之观念，当有不同。欧战发生后，德法发生一莫大之问题。因其平时男教师比女教师为多，一旦战事发生，国内乏男子担任教育事业，影响于儿童者甚大。中国亦如此。但美国、加拿大则不然，其小学教师皆以女子充当，其男子皆任兵役以卫国家，所以战事发生后，教育依然不受影响。再，女子与儿童有天然亲爱之感情，非若男子之爱护儿童出于勉强也。但高等小学则有不同，因此须养成其进取勇敢之精神，激发其军国民之志气，故须利用男教师。此男女教师不同之点也。然其共同之点，则在以教育为专门职业。地理、历史、哲学、医学、生理学等，虽皆为教育家所利用，而教儿童则非修专门之教育的

---

① 威尔诺刻　疑为美国心理学家桑戴克（Edward Lee Thorndike，1874—1949）的音译。在《试验主义之教育方法》一文中，陶行知曾将此名译为"忒耳诺泰刻"。

科学不可。今世界上有四种教育家：一、政客教育家，藉教育以图政治上之活动；二、空想教育家，有空想而未能实行；三、经验教育家，以经验自居，不肯研究理论；四、科学教育家，则实用科学以办教育者。中国现在教育家只有政客、空想、经验三种，但教育以科学教育为最重要，故男女师范生当专心致志，抱定主义，以教育为专门职业，则何人不可几［及］，何事不可为耶？

二、教育乃一种快乐之事业

《论语》曰："有朋自远方来，不亦乐乎！"非当日孔子言教育之快乐耶？孔子一生诲人不倦，至于发愤忘食，乐以忘忧，不知老之将至。现任教育者，无不视当教员为苦途，以其无名无利也。殊不知其在经济上固甚苦，而实有无限之乐含在其中。愚蒙者，我得而智慧之；幼小者，我得而长大之；目视后进骎骎日上，皆我所造就者。其乐为何如耶！故办教育者之快乐，当在手续上，而不在其结果之代价。换言之，即视教育为游戏的作业、作业的游戏也。至于劳碌动作，以求结果之代价者，则宜摈弃于教育界外。

三、各种教育之职业皆须视为平等

现在教员一般心理，每以大、中学校之等级高，高小、国民学校之等级低，于是以教大、中学校为荣，而以教高小、国民学校为贱。不知大学要紧，中学要紧，而高等小学、国民小学、幼稚园尤要紧。以鄙人主张，凡大学、中学、小学等教员，国家须有同等之酬劳，社会须有同等之待遇。然常人心理，多不明小学之紧要，师范生亦有不明此理者。由是，他人固不以平等看待，即自视亦觉小学教员不如大学、中学教员之价值。甚至去而不为，放弃其应做之职业。故欲救此弊，先须视各种教育之职业皆为平等，此师范生所当注意者也。

四、教育为给儿童需要之事业

教育者，乃为教养学生而设，全以学生为中心，故开办学校、聘请教师，无一非为学生也。若无学生，焉有学校？既无学校，焉有教师？然则教师与学生，焉可无同情耶？同情谓何？即以学生之乐为乐，以学生之忧为忧；学生之休戚即我之休戚，学生之苦恼即我之苦恼是也。鄙人曾参观一校，终日仅一见教师之笑，不可谓不威严矣！吾人若设身处地为其学生，必也视之为判官、为阎罗，如芒刺之在背矣。此教师不能与学生同情之故也。现中国教师之大弊，即在于此。此又我师范生所当注意者也。

五、教育为制造社会需要之事业

教育为改良社会而设，为教育社会人才而设。故学校非寺院岩穴也，教员非孤僧隐士也。夫既为社会而设，若与社会不相往来，何以知社会之需要？中国前此之弊，即在于此，亦我师范生所宜注意者也。

六、教育为师范生终身之事业

现在为教师者，男则因赋闲无事，遂暂为之；女则因尚未适人，而暂为之。事既得，家既成，则远翔而不顾。视办教育如用雨伞，雨则取以遮盖，晴则置之高阁；视居学校如寓客栈，今日寓此，明日便去，虽有蚊蚤之为害，不过今宿，又何必大事驱除！教育中亦有害虫，教师之责，所宜驱除，岂可以暂为，遂视同秦越而不作整顿之计耶？昔英女皇依里萨伯①终身不嫁，人问之故，辄以英吉利即吾之夫一语以对。意相加富尔②终身不娶，人问之故，辄以意大利即吾之妻一语以对。故鄙人今亦有二语告于诸君，即男师范生应以教育为之妻，女师范生应以教育为之夫，有此定力，则赴汤蹈火，在所不辞，鞠躬尽瘁，死而后已。吾身不成，吾子绍之；吾子不成，吾孙绍之；子子孙孙，世世代代，相续无间，海可枯而吾之志不可枯，石可烂而吾之志不可烂。西藏，极西边极穷苦之地也，有须吾办教育者，吾即往西藏而不辞。蒙古，极北边极穷苦之地也，有须吾办教育者，吾即往蒙古而不辞。不要名，不要利，只要教育好；不怕难，不怕死，只怕教育不好。师范生乃负此志者，故与别种学生不同。读书要当作教书读，求学要当作教学求。蚕食桑叶，消化而吐出能为锦绣之丝；师范生求学，亦当融会贯通而吐出有益于人之事业也。

以上所说，皆属泛论。尚有一问题，与诸君商酌，庶上说皆可解决而变为切实。曾子③曰："吾日三省吾身。"诸君亦当自省为何不入他校而入师范学校？岂为师范学校豁免学膳费而来乎？抑为求学之故，无他校可入，不得不入师范学校乎？或迫于父母之命，不得已而入师范学校乎？将负大才能、抱大兴味而后入师范学校乎？假如因免学膳费，因无他校可入，及因父母所迫而入，姑且无论。若因负大才能抱大兴味，其

---

① 依里萨伯　通译伊丽莎白（Elizabeth），英国女王。

② 加富尔（Cavour，1810—1861）　意大利自由贵族和资产阶级君主立宪派领袖，曾先后为撒丁王国和意大利王国首相。

③ 曾子　即孔子学生曾参（前505—前436），字子舆，以孝著称，所提"吾日三省吾身"修养方法，语见《论语·学而》。省，反省。

将何以自待? 吾见今日师范毕业者, 有一部分人不办教育, 或办教育而不尽心力者, 皆由初未能自省也。然则, 以上所说均成空谈矣。鄙人此番之话, 方为负大才能抱大兴味而入师范学校者言之, 望诸君皆注意焉。如有误谬之处, 不妨指出纠正, 实甚欣幸。

《行知研究》1987 年第 1 期

戏剧与教育
（1918 年 6 月）

戏当演乎？戏当观乎？欲知戏剧与教育之间关系，必先明戏剧于演者及观者有若何之影响。

甲、关于演者之影响

一、教育贵宜适性

人之游戏倾向与生俱来，戏剧特高，称之游戏耳。非拘束成习者，莫不乐为之。于其乐为之中，寓人生之要道，则演者必尽全副之精神，以乐其道。

二、教育贵发舒

人之为学，固籍正当之外感，尤恃充分之反应。发舒足者，所获益亦多。故演戏者，无思想情操则已，有之，必能见面盎背，施于四体，尽其发舒之能事焉。

三、教育贵中节

自动之宜提倡，尚矣；然自动而不中准绳，则妄动矣。妄动，非教育所宜有也。演戏者之声音、容貌、举止，皆不得不调和中节，故习礼娴乐，莫善于戏。

四、教育贵群效

教育以适群为目的，故必求所以培养协力之道。协力厚者，其教必良。一剧之中，人各按其所长，司其职务，工分而力合。情景声色，如百川发皇，腾越向海，奔流沛然，莫之能御。合群之方，庸有良于此者乎？

乙、关于观者之影响

一、教育贵备正当之消遣

劳思逸，疲思安，人之情也。安逸而不得其道，适伤其生。故教育之目的不徒教人作业，抑且教人消闲。有正当之作业，有正当之消闲，庶乎无大过矣。美国驻德公使威特先生谓德国有三宝，其一即公共戏园，盖人民有此消闲之所，无虑失德矣。故能乐而不淫，哀而不伤，则戏剧诚人人必需之游息也。于此时而寓教焉，则社会教育事半功倍矣。

二、教育贵养正当之情操

事有知之未必行，行之未必力者，多由于感情未动耳。故化知为行为，变思想为事实，必自培养情操始。培养情操，重在直觉，盖不遇可歌可泣之事，安知歌之泣之？不知歌泣其事，又安能力行之哉？戏剧能传人成败忧乐，引人入胜，是不特能兴人之情操，亦且能锻炼之也。

三、教育贵探有生之方法

教育以适于群生为目的，故其方法，亦以合于生存之真相为标准。戏剧与人生之相去，其间不能以寸，莎士披耳①曰："大千世界都是舞台，匹夫匹妇莫非优孟。"盖世人无处不演戏，无处不看戏。所异者，舞台之大小耳。故自广义言之，戏剧即人生，人生即戏剧。夫以有生之人演人生之事，岂不诚教人为生之美术哉！

戏剧于观者之影响既如此，于演者又如彼，然则戏剧有利无弊乎？曰：唯唯否否。益生者，戏能演之，能教之；害生者，戏亦能演之，能教之。戏之能力则大矣！善用，则社会可以改良；不者，用之风化足以败坏。是不可以不慎也。然不善用戏剧，遂咎其为不可用者，又戏剧之罪人也。

《南京高等师范学校教育研究会会刊》1918 年第 3 期

---

① 莎士披耳（Shakespear（e），1564—1616） 通译莎士比亚，英国著名剧作家、诗人。

教育研究法 *
（1918 年 6 月）

　　今日系本会诞生之辰，亦即鄙人与诸君观摩之始。总干事云："指导员为本会学识之产婆。"鄙人内省颛蒙，短绠深汲，覆𫗧堪虞。兹姑勉竭棉薄，以占可否耳！

　　本会既定名教育研究会，则国家何以必有教育？教育何以必须研究？研究何必待集会？诸君顾名思义，不可不知也。鄙意共和国有要素二：一、正当之领袖也。盖先知先觉，楷则蒸黎，导斯民于轨范之中，进社会于熙壤之域，悉其责焉。然英才俊质，虽恃先天之禀赋，亦赖经验之陶冶。故必有完美之人才教育，始能产正当之国民领袖。非然者，不胎求子，庸有济乎？二、健全之公民也。盖社会日进，庶业萃繁，国事良瘝，断非少数之国民领袖所克左右。苟无多数健全之公民，利害洞彻，时势明了，取鉴先觉，各尽其职，则有倡无和，事卒不举。故人才教育以外，又当以普通教育为根本，以造成健全之公民。然则领袖也，公民也，实共和之长城也。而产此长城者何乎？舍教育吾奚属哉！

　　故方今教育家之天职，在考察吾国共和之长城造乎未造，所造者完乎不完；何者应改弦更张，何者应补苴修正。如欧美之职业教育，吾国曩未之行，此则急宜酌采者也。国人受教育者，百分应有九十，而今仅居其一，此则急宜完足者也。实业学校办法弗良，学生应用其所学者，十仅一二，改营他业者，十且八九，致演成农不农、工不工、商不商之险状，此则急宜改革者也。醉心西化，动辄效颦，而不知宜于彼者，未必皆宜于我；宜于中学者，未必宜于小学。如代数一科，中学校莫不肄习。以鄙人所见，未必皆受益，此则急宜修正者也。教育家之在今日，

---

　　* 本篇系陶行知在南京高等师范学校教育研究会上讲演。记录者：刘著良、吴昆。

殆所谓仔肩重任者乎！

夫教育之关系既如彼，教育家之天职又如此，则吾人之不能昧于斯道也，明矣。盖教育之举措，悉当根据于学理。学理幽深，研究始明。教育学术，吾人所宜研究，庶南辕无北辙之虞，奏刀有理解之效也。

虽然，独学寡闻，千虑一失，集会琢磨，厥利有三：一、可以交换知识也。盖集众人之才力经验，共研所学，则切磋观摩，互资考鉴，学理因辨难而大明，知识以互易而愈广矣。二、彼此可以鼓励也。学理深邃，则玄眇难明；事业恢宏，则困阻恒多。畏难者见而步却，虑失者当之心灰。苟集会攻研，则彼此激励，中阻无碍矣。三、可以互益兴趣也。盖治学以兴趣为主。兴趣愈多，则从事弥力；从事弥力，则成效愈著。然离群独立，索然寡欢，困难偶及，兴阻中途。苟集会研究，则彼此激励，兴味时增，无此弊矣。

然则研究之道，果何在乎？今仅就管见所及，约略言之，以资考证。一、疑难须发乎中，标题须择其要。发于中，则蕴蓄有素，心得恒多；择其要，则真实不虚，言皆切中。譬一人焉，始则多数问题，蕴蓄于中，继乃举其无关教育、涉及专门、繁杂难理、鲜趣乏资料者，依次汰除，则所存者，莫非普通应用、平易切实、兴味饶足、研资丰厚者已。二、问题既拟，则必征求知识以解决之。征求知识之法，就主观言之，约有三端：一曰虚心，虚心则成见消除，不为物蔽，休休相容，惟真理之是求；二曰留心，留心则社会环象，随在考察，不仅恃载籍以资考证；三曰专心，专心则精敛神萃，致力一途，不扰于物，易底于成。若就客观言之，则亦有三：一曰明辨，盖资料杂陈于前，苟不明辨剖析，以别其用途，则取舍不当，必有留瓦遗珠之憾；二曰比校，比校则古今中外之异同，因果是非之轨迹，同时并观，了如指掌；三曰统列，统列则纪录之数据，进化之事实，群分类聚，条理井然矣。

且征求知识之方法，亦随知识之性质而异。知识有新有旧，有已有者，有本无者。征求已有之旧知识，有二法：一曰交谈问答，盖交谈学理，彼此之意见融通，问答辨难，事物之真理阐发，其助学识，诚非浅鲜；二曰读书，读书多则积理富，积理富则随时应用，绰有余裕矣。但专事征求旧知识，则世界无进化；欲求世界进化，非探觅新知识不为功。探觅新知识之法亦有二：一曰观察，观察愈力，则物感愈众，天文等学之发明，俱赖于是；二曰试验，试验者，自设景况，产生结果，以为学理之左证也，一须统束各种情况，使之纯一不杂；二宜活动其一，使为主因。非然者,主因之外又杂他因,则结果难确矣。故教育家欲比较两教授法之优劣,则必课堂之设备同,课本之教材同,时间教师同,其他教法同,以及学生之年龄、男女、程度、家境同,然后施各异之教法,而后可知其结果之究孰优孰劣也。然则欲教育之进步,须先有正当之试验家,施行精密之试验术也,明矣。此外,复将一事之结果、内容,条分缕析,开会逐一讨论,决不可模糊影响,混合而言。盖拓都①为么匿②之结体,么匿明,则拓都易知矣。讨论时最忌者有数事:一曰闲谈,盖泛滥无节,难中肯綮,隔靴搔痒,徒作捕光掠影之谈,最足以眩惑是非也;二曰盲从,胸无定见,人云亦云,实不足以言讨论;三曰成见,盲从固陋,拘执亦非,盖有成见在胸,则自是其是,不能容纳真理;四曰武断,不先论事理之果何如,而遽下判断,非特抑他人之思想,亦且失研究之真诠。忘己忘人,俱为要道。忘己则大公无我,真理是徇;忘人则独抒己见,不畏诽谤。讨论既毕,则其结果非特牢记于心,又宜举行试办,然后将其良者竭力推广,导人效则。现三十二法身,掉广长圣舌③,实分内事也。再鄙人不才,忝居本会指导员之职,间尝思教员二字,殊属不妥。盖人师之责,不在教学生,而在教学生学。故本会之精神,亦当在学而不在教。尝观世界大教育家,如白斯达罗齐④、福禄伯等之伟功盛业,无不在试验,无不在发明。故鄙人深愿本会为试验之先河,为发明之鼻祖。吾尤愿诸君为白斯达罗齐,为福禄伯,为条魏,为曹朗达。大家努力,共建此共和之长城。

《金陵光》第9卷第5期(1918年6月)

---

① 拓都 英文 total 音译,即"全体"或"整个"。

② 么匿 英文 unit 音译,即"单个"或"个体"。

③ 现三十二法身,掉广长圣舌 佛教语。《楞严经》卷六:"我身成三十二应,入诸国土。"说观音为拯救苦难众生,能现三十二种应化身形。广长舌相为三十二大人相中的二十七相。《大智度论》卷八:"舌相广长,语必真实"。

④ 白斯达罗齐 通译裴斯泰洛齐。

教学合一
（1919 年 2 月）

　　现在的人叫在学校里做先生的为教员，叫他所做的事体为教书，叫他所用的法子为教授法，好象先生是专门教学生些书本知识的人。他似乎除了教以外，便没有别的本领；除书之外，便没有别的事教。而在这种学校里的学生除了受教之外，也没有别的功课。先生只管教，学生只管受教，好象是学的事体，都被教的事体打消掉了。论起名字来，居然是学校；讲起实在来，却又象教校。这都是因为重教太过，所以不知不觉的就将他和学分离了。然而教学两者，实在是不能分离的，实在是应当合一的。依我看来，教学要合一，有三个理由。

　　第一，先生的责任不在教，而在教学，而在教学生学。大凡世界上的先生可分三种：第一种只会教书，只会拿一本书要儿童来读它，记它，把那活泼的小孩子做个书架子、字纸篓。先生好象是书架子、字纸篓之制造家，学校好象是书架子、字纸篓的制造厂。第二种的先生不是教书，乃是教学生；他所注意的中心点，从书本上移在学生身上来了。不象从前拿学生来配书本，现在他拿书本来配学生了。他不但是要拿书本来配学生，凡是学生需要的，他都拿来给他们。这种办法，固然比第一种好得多，然而学生还是在被动的地位，因为先生不能一生一世跟着学生。热心的先生，固想将他所有的传给学生，然而世界上新理无穷，先生安能尽把天地间的奥妙为学生一齐发明？既然不能与学生一齐发明，那他所能给学生的，也是有限的，其余还是要学生自己去找出来的。况且事事要先生传授，既有先生，何必又要学生呢？所以专拿现成的材料来教学生，总归还是不妥当的。那么，先生究竟应该怎样子才好？我以为好的先生不是教书，不是教学生，乃是教学生学。教学生学有什么意思呢？就是把教和学联络起来：一方面要先生负指导的责任，一方面要学生负学习的责任。对于一个问题，不是要先生拿现成的解决方法来传授学生，乃是要把这个解决方法如何找来的手续程序，安排停当，指导他，使他以最短的时间，经过相类的经验，发生相类的理想，自己将这个方法找出来，并且能够利用这种经验理想来找别的方法，解决别的问题。得了这种经验理想，然后学生才能探知识的本源，求知识的归宿，对于世间一切真理，不难取之无尽，用之无穷了。这就是孟子所说的"自得"，也就是现今教育家所主张的"自动"。所以要想学生自得自动，必先有教学生学的先生。这是教学应该合一的第一个理由。

第二，教的法子必须根据于学的法子。从前的先生，只管照自己的意思去教学生；凡是学生的才能兴味，一概不顾，专门勉强拿学生来凑他的教法，配他的教材。一来先生收效很少，二来学生苦恼太多，这都是教学不合一的流弊。如果让教的法子自然根据学的法子，那时先生就费力少而成功多，学生一方面也就能够乐学了。所以怎样学就须怎样教；学得多教得多，学得少教得少；学得快教得快，学得慢教得慢。这是教学应该合一的第二个理由。

第三，先生不但要拿他教的法子和学生学的法子联络，并须和他自己的学问联络起来。做先生的，应该一面教一面学，并不是贩卖些知识来，就可以终身卖不尽的。现在教育界的通病，就是各人拿从前所学的抄袭过来，传给学生。看他书房里书架上所摆设的，无非是从前读过的几本旧教科书；就是这几本书，也还未必去温习的，何况乎研究新的学问，求新的进步呢？先生既没有进步，学生也就难有进步了。这也是教学分离的流弊。那好的先生就不是这样，他必定是一方面指导学生，一方面研究学问。如同柏林大学包尔孙先生（Fr. Paulsen）说："德国大学的教员就是科学家。科学家就是教员。"德国学术发达，大半靠着这教学相长的精神。因为时常研究学问，就能时常找到新理。这不但是教诲丰富，学生能多得些益处，而且时常有新的材料发表，也是做先生的一件畅快的事体。因为教育界无限枯寂的生活，都是因为当事的人，封于故步，不能自新所致。孔子说："学而不厌，诲人不倦。"真是过来人阅历之谈。因为必定要学而不厌，然后才能诲人不倦；否则年年照样画葫芦，我却觉得有十分的枯燥。所以要想得教育英才的快乐，首先要把教学合而为一。这是教学应该合一的第三个理由。

总之：一，先生的责任在教学生学；二，先生教的法子必须根据学的法子；三，先生须一面教一面学。这是教学合一的三种理由。第一种和第二种理由是说先生的教应该和学生的学联络，第三种理由是说先生的教应该和先生的学联络。有了这样的联络，然后先生、学生都能自得自动，都有机会方法找那无价的新理了。

《时报·教育周刊·世界教育新思潮》第 1 号（1919 年 2 月 24 日）

试验主义与新教育（节选）
（1919 年 2 月）

《说文》："新，取木也。"木有取去复萌之力，故新有层出不已之义。新教育与旧教育之分，其在兹乎？夫教育之真理无穷，能发明之则常新，不能发明之则常旧。有发明之力者虽旧必新，无发明之力者虽新必旧。故新教育之所以新，旧教育之所以旧，亦视其发明能力之如何耳。发明之道奈何？曰，凡天下之物，莫不有赖于其所处之境况。境况不同，则征象有异。故欲致知穷理，必先约束其境况，而号召其征象，然后效用乃见。此试验之精神，近世一切发明所由来也。彼善试验者立假设，择方法，举凡欲格之物，尽纳之于轨范之中：远者近之，微者大之，繁者简之，杂者纯之，合者析之，分者通之，多方以试之，屡试以验之，更较其异同，审其消长，观其动静，察其变化，然后因果可明而理可穷也。例如试验甲乙二教授法之优劣，则必将试验时之一切情形，归为一致。盖必先一其教师，一其教材，一其设备，一其时间，一其地方，而所教之学生又须年龄等，男女等，家境等，程度等，然后施以各异之教法，乃可知结果之攸归；屡试而验，然后二法之优劣，乃可得而发明焉。

故试验者，发明之利器也。试验虽未必皆有发明，然发明必资乎试验。试验之法，造端于物理、生物、生理诸科学，浸假而侵入人群诸学，今则哲学亦且受其影响矣。盖自培根（Bacon）用以格客观之物，笛卡儿（Descartes）用以致主观之知。试验精神遂举形而上、形而下学而贯彻之。究其结果，则思想日精，发明日盛，欧美之世界几变其形。征之欧美之进步，试验方法既如此，其不可废也，则其应用之于教育学者明矣。（中略）[1] 故

---

[1] 此处所删一段文字，与《试验主义之教育方法》"教育为群学之一种"至"美国近今小学教法冠天下"一段文字内容基本相同。

欲求常新之道，必先有去旧之方。试验者，去旧之方也。盖尝论之，教育之所以旧者五，革而新之，其惟试验。所谓五旧者何？

一曰依赖天工

彼依赖天工者，待天垂象，俟物示征，成败利钝，皆委于气数。究其利弊，则以有限之时间，逐不可必得之因果，是役于物而制于天也，安得不为所困哉？困即无自新之力矣。苟或有之，或出于偶然。即有常矣，或所示者吝，吾又安能穷其极而启其新耶？荀子曰："大天而思之，孰与物畜而制之？从天而颂之，孰与制天命而用之？因物而多之，孰与聘能而化之？思物而物之，孰与理物而勿失之也？"此数语，可谓中试验精神之窍要矣。盖善试验者，役物而不为物所役，制天而不为天所制。惟其以人力胜天工，故能探其奥蕴，常保其新焉。

二曰沿袭陈法

彼泥古之人，以仍旧贯为能事。行一事，措一词，必求先例。有例可援，虽害不问；无例可援，虽善不行。然今昔时势不同，问题亦异。问题既异，方法当殊。故适于昔者未必适于今。徒执古人之成规，以解决今之问题，则圆枘方凿，不能相容，何能求其进步也？故欲求教育刷新进步，必先有试验，以养成其自得之能力。能自得，始能发明；能发明，则陈法自去，教育自新矣。

三曰率任己意

教育为一种专门事业，必学焉而后成。然从事教育之人，偏欲凭一己一时之意，以定进行之趋向。故思而不学，凭空构想者有之；一知半解，武断从事者有之；甚至昧于解决，以不了了之者亦有之。空想则无新可见；武断则绝自新之路；不了了之，则直无新之希望矣。欲救斯弊，必使所思者皆有所凭，所断者皆有所据。困难之来，必设法求所以解决之，约束之，利用之；凡此皆试验之道也。

四曰仪型他国

今之号称新人物者，辄以仪型外国制度为能事；而一般人士，见有能仪型外人者，亦辄谓新人物。虽然，彼岂真能新哉？夫一物之发明，先多守秘密。自秘密以迄于公布，须历几何时？自公布以迄于外传，又须历几何时？况吾所仪型者，或出于误会，以误传误，为害非浅。即得其真相，而辗转传述，多需时日。恐吾人之所谓新者，他人已以为旧矣。不特此也，中外情形有同者，有不同者。同者借镜，他山之石，固可攻玉。不同者而效焉，则适于外者未必适于中。试一观今日国中之教育，应有而无，应无而有者，在在皆是。此非仪型外国之过欤？若能实行试验，则特别发明，足以自用；公共原理，足以教人。教育之进步，可操左券矣。

五曰偶尔尝试

当一主义发生之时，必有人焉慕其美名而失其真意。其弊也，愈近似而愈乱真。乃时人不察，误认试验为尝试。计画［划］不确，方法无定，朝令暮改，偶而尝试。惟其尝试，故新猷未出，已中途而废矣。彼真试验者，则不然。必也有计画［划］，有方法，视阻力为当然，失败为难免，具百折不回之气概，再接再厉之精神。其成败虽未可必，然世界实由此而进步，教育亦由此而进步。此岂持尝试之见者所可能哉！

既能塞陈旧之源，复能开常新之道，试验之用，岂不大哉！推类至尽，发古人所未发，明今人所未明，皆试验之力量也。吾国数千年来相传不绝之方法，惟有"致知在格物"一语。然格物之法何在，晦庵与阳明①各持一说。晦翁以"即物穷理"释之，近矣。然而即物穷理，又当用何法乎？无法以即物穷理，则物仍不可格，知仍不可致。阳明固尝使用即物穷理者也，其言曰："初年与钱友同论做圣贤，要格天下之物……因指亭前竹子令去格看。钱子早夜去穷格竹子的道理，竭其心思，至于三日，便致劳神成疾。当初说他这时精力不足，某因自去穷格，早夜不得其理，到七日亦以劳思致疾……及在夷中三年，颇见得此意思，乃知天下之物本无可格者；其格物之功，只在身心上做。"类此者，皆坐格物不得其法之弊。假使阳明更进一步，不责物之无可格，只责格之不得法，兢兢然以改良方法自任，则近世发明史中，吾国人何至迄今无所贡献？然亡羊补牢，未为晚也。全国学者，苟能尽刷其依赖天工，沿袭旧法，仪型外国，率任己意，偶尔尝试之旧习，一致以试验为主，则施之教育而教育新，施之万事而万事新，未始非新国新民之大计也。不然，若以应时为尽新之能事，则彼所谓旧教育者，当时亦尝为新教育也。而今之新教育，又安知其他日之不或旧耶？

---

① 晦庵与阳明 晦庵，即朱熹；阳明，即王守仁。

试验教育的实施
（1919 年 4 月）

试验主义与新教育的关系，在第一期《新教育》月刊上已经论过。现有所要继续研究的问题，就是怎样将这实验的教育实行出去。照我看来，建设试验的教育，约有四种主要办法。

（一）应该注意试验的心理学

心理学是一切教学方法的根据，要想在教学上求进步，必须在心理学上注重试验。现在中国各级师范学校所教的心理学，不是偏重书本的知识，就是偏重主观的研究。推其结果，不独没有发明，就是所教所学的，也是难于明了。所以现在第一件要事，就须提倡试验的心理学。大学校的教育科和高等师范学校，都应当设备相当的心理学仪器。至于初级师范学校，也应当拣那必不可少的设备起来，使教员、学生都有试验的机会。心理学有了试验，然后那依据心理的教育也就不致蹈空了。

（二）应该设立试验的学校

我们现在所有的学校，大概都是按着一定的格式办的，目的有规定，方法有规定。变通的余地既然很少，新理安能发现？就以师范学校的附属学校而论，有为实地教授设的，也有为模范设的，但为试验教育原理设的，简直可以说没有。所以全国实行的课程、管理、教学、设备究竟是否适当，无人过问，也无从问起。为今之计，凡是师范学校及研究教育的机关，都应当注重试验的附属学校；地方上也应当按着特别情形，选择几个学校，做试验的中心点。不过试验的时候，第一要得人，第二要有缜密的计划。随便什么学校，如果合乎这两个条件，就须撤销一切障碍，使它得以自由试验。如不得其人，又无缜密的计划，那仍是轻于尝试，不是真正的试验了。

（三）应当注意应用统计法

教育的原则，不是定于一人的私见，也不是定于一事的偶然。发明教育原理的，必须按着一个目的，将千万的事实征集起来，分类起来，表列起来，再把它们的真相关系一齐发现起来，然后乃能下他的判断。这种方法，就叫做统计法。试验教育是个很繁杂的事体，有了这种方法，才能以简御繁，所以统计法是辅助试验的一种利器，也是建设新教育的一种利器。研究教育的人，果能把这个法子学在脑里，带在身边，必定是受用无穷的。所以研究教育的机关，就须按着程度的高下，加入相当分量的统计法，列为正课，使那从事研究的人，能得一个操纵事实的利器。

（四）应该注重试验的教学法

试验的教学法，有一个最要之点，这要点就是如何养成学生独立思想的能力。现在通用的方法，只是赫尔巴的五段教授①，总嫌他过于偏重形式。最好是把杜威的思想分析拿来运用。按照杜威先生的意思：第一，要使学生对于一个问题处在疑难的地位；第二，要使他审查所遇见的究竟是什么疑难；第三，要使他想办法解决，使他想出种种可以解决这疑难的方法；第四，要使他推测各种解决方法的效果；第五，要使他将那最有成效的方法试用出去；第六，要使他审查试用的效果，究竟能否解决这个疑难；第七，要使他印证，使他看这试用的法子，是否屡试屡验的。这几种方法，只是一套手续。有了这个方法，再加些应有的设备，必能养成学生一种试验的精神。

上面所举的四种方法当中，前三种是改造教育家应有的手续。他们的目的在使担任教育事业的人，得了一种精神方法，能够发明教育的原理。第四种是改造国民应有的手续，他的目的在使普通国民得了一种精神方法，能够随时、随地、随事去做发明的工夫。总而言之，会试验的教育家和会试验的国民都是试验教育所要养成的。

《时报·教育周刊·世界教育新潮》第 8 号（1919 年 4 月 14 日）

---

① 赫尔巴的五段教授　赫尔巴，通译赫尔巴特（Herbart）；五段教授，是赫尔巴特学派主张的关于课堂教学阶段的理论，通称"五段教学法"：预备，提示，联想，总括，应用。

第一流的教育家*
（1919 年 4 月）

我们常见的教育家有三种：一种是政客的教育家，他只会运动，把持，说官话；一种是书生的教育家，他只会读书，教书，做文章；一种是经验的教育家，他只会盲行，盲动，闷起头来，办……办……办。第一种不必说了，第二、第三两种也都不是最高尚的。依我看来，今日的教育家，必定要在下列两种要素当中得了一种，方才可以算为第一流的人物。

（一）敢探未发明的新理

我们在教育界做事的人，胆量太小，对于一切新理，小惊大怪。如同小孩子见生人，怕和他接近。又如同小孩子遇了黑房，怕走进去。究其结果，他的一举一动，不是乞灵古人，就是仿效外国。也如同一个小孩子吃饭、穿衣，都要母亲帮助，走几步路，也要人扶着，真是可怜。我们在教育界任事的人，如果想自立，想进步，就须胆量放大，将试验精神，向那未发明的新理贯射过去；不怕辛苦，不怕疲倦，不怕障碍，不怕失败，一心要把那教育的奥妙新理，一个个的发现出来。这是何等的魄力，教育界有这种魄力的人，不愧受我们崇拜！

（二）敢入未开化的边疆

从前的秀才以为"不出门能知天下事"，久而久之，"不出门"就变做"不敢出门"了。我们现在的学子，还没有解脱这种风气。试将各学校的《同学录》拿来一看，毕业生多半是在本地服务，那在外省服务的，已经不可多得，边疆更不必说了。一般有志办学的人，也专门在有

---

*　本篇最初在《时报·教育周刊·世界教育新思潮》第 9 号上发表时，专栏主笔蒋梦麟写有如下按语："陶先生，你讲的一席话，我读了便觉精神提起来。这种话我久不听见了，可算是教育界福音。"

学校的地方凑热闹，把那边疆和内地的教育，都置在度外。推其原故，只有一个病根，这病根就是怕。怕难，怕苦，怕孤，怕死，就好好的埋没了一生。我们还要进一步看，在这些地方①，究竟是谁的山河？究竟是谁的同胞？教育保国究竟是谁的责任？我们要晓得国家有一块未开化的土地，有一个未受教育的人民，都是由于我们没尽到责任。责任明白了，就放大胆量，单身匹马，大刀阔斧，做个边疆教育的先锋，把那边疆的门户，一扇一扇的都给它打开。这又是何等的魄力！有这种魄力的人，也不愧受我们崇拜。

敢探未发明的新理，即是创造精神；敢入未开化的边疆，即是开辟精神。创造时，目光要深；开辟时，目光要远。总起来说，创造、开辟都要有胆量。在教育界，有胆量创造的人，即是创造的教育家；有胆量开辟的人，即是开辟的教育家，都是第一流的人物。大丈夫不能舍身试验室，亦当埋骨边疆尘，岂宜随便过去！但是这种人才，究竟要到什么时候才能出现？究竟要由什么学校造就？究竟要用什么方法养成？可算是我们现在最关心的问题。

《时报·教育周刊·世界教育新思潮》第 9 号（1919 年 4 月 21 日）

---

① "在这些地方"之后，1928 年作者在自选教育论文集《中国教育改造》中，改为"在这些地方的教育究竟是谁的责任？我们要晓得"。

新教育[*]
（1919 年 7 月）

今天得有机会，诸同志共聚一堂，研究教育，心中愉快得很。现在把关于新教育上各项要点，略些谈谈。

（一）新教育的需要

我们现在处于二十世纪新世界之中，应该造成一个新国家，这新国家就是富而强的共和国。怎样能够造成这新国家呢？固然要有好的领袖去引导平民，使他们富，使他们强，使他们和衷共济；但是虽有好的领袖，而一般平民不晓得哪个领袖是好的，哪个领袖是不好的，也是枉然。所以现在所需要的，是一种新的国民教育，拿来引导他们，造就他们，使他们晓得怎样才能做成一个共和的国民，适合于现在的世界。举例来说，有一个后母给她的儿子洗澡，所用的水，时而太冷咧，时而太热咧，这就是不能合着他儿子的需要。我们所研究的新教育，不应该犯这个毛病，一定要合于现在所需要的。

（二）新教育的释义

先说"新"字是什么意思？某处人家因为要请客，一切设备家伙，都去向别家借用，用过之后，就去还了。这是客来则新，客去便旧了，不得为根本的新。我们中国的教育，倘若忽而学日本，忽而学德国，忽而学法国、美国，那是终究是无所适从。所以新字的第一个意义要"自新"。今日新的事，到了明日未必新；明日新的事，到了后日又未必新。即如洗澡，一定要天天洗，才能天天干净。这就是日日新的道理。所以新字的第二个意义要"常新"。又我们所讲的新，不单是属于形式的方面，还要有精神上的新。这样才算是内外一致，不偏不倚。所以新字的

---

[*] 本篇系陶行知于 1919 年 7 月 22 日在浙江第一师范学校毕业生讲习会上的讲演。记录者：李宗武、洪鋆。

第三个意义要"全新"。

次说"教育"是什么东西？照杜威先生说，教育是继续经验的改造（Continuous reconstruction of experience）。我们个人受了周围的影响，常常有变化，或是变好，或是变坏。教育的作用，是使人天天改造，天天进步，天天往好的路上走；就是要用新的学理，新的方法，来改造学生的经验。

（三）新教育的目的

这目的可分两项来说明：第一对于天然界，要使学生有利用他的能力。例如，我们要使光线入室不须空气［风］的时候，就要用玻璃窗。照这样把所有一切光、电、水、空气等，都要被我们操纵指挥。现在中国和外国物质文明的高下，都从这利用天然界能力的强弱上分别出来的。然而其中也有危险的地方，如造出许多杀人的物扰乱世界，是万万不可的。所以第二项目的，是对于群界要讲求共和主义，使人人都能自由守着自己的本分去做各种事业。一方面利用天然界，一方面谋共同幸福。可说一句，新教育的目的，就是要养成这种能力，再概括说起来，就是要养成"自主"、"自立"和"自动"的共和国民。自主的就是要做天然界之主，又要做群界之主。即如选举卖票一事，卖和不卖，到底由自己的主张。果能自主的人，富贵不淫，贫贱不移，威武不屈，人家有什么法子对付他呢？至于自立的人，在天然界群界之中，能够自衣自食，不求靠别人。但是单讲自立，不讲自动，还是没有进步，还是不配做共和国民的资格。要晓得专制国讲服从，共和国也讲服从，不过一是被动的，一是自动的，这就是他们的分别了。

（四）新教育的方法

此番我从南京到上海，再从上海到嘉兴，一直到杭州来，有种种的方法，或是走，或是坐船，或是坐火车，或是坐飞艇。在这几种方法之中，哪几种是较好，哪一种是最好，而且哪一种是最快，这便是方法的考究。要考究这个方法，下列的几条，应该注意的：

（甲）符合目的　杀鸡用鸡刀，杀牛用牛刀，这就是适合的道理；教育也要对着目的设法。现在学校里有兵操一门，是为了养成国民有保护国家的能力而设的。但是照这样"立正"、"开步"的练习，经过几年之后，能否达到应战之目的，却须要研究的。

（乙）依据经验　怎样做的事，应当怎样教。譬如游水的事，应当到池沼里去学习，不应当在课堂上教授。倘若只管课堂的教授，不去实习，即使学了好几年，恐怕一到池里，仍不免要沉下去的。各种知识有可以从书上求的，不妨从书上去得来；有不可以从书上求的，那应该从别处去得他了。

（丙）共同生活　在学校中不能共同做事，一到社会也是不能的。所以要国民有共和的精神，先要学生有共和的精神；要学生有共和的精神，先要使他们有共同的生活，有互助的力量。

（丁）积极设施　教人勿赌博，勿饮酒，这都是消极的禁止。至于积极的办法，要使他们时常去做好的事情，没有机会去做那坏的事情。在学校之中，常常有正当的游戏运动，兴味很好，自然没有工夫去做别的坏事了。

（戊）注重启发　在学校里并非一面教人，一面受教，就算了事。要使学生的精神意志和能力，渐渐的发育成长。孔子说"不愤不启，不悱不发"，我更要进一步说，使他不得不愤，使他不得不悱。杜威先生也说，教学生的法子，先要使他发生疑问；查出他疑难的地方，使他想种种方法，去解决这个问题；从这些方法之中，选出顶有成效的法子，去试试看对不对。如其不对，就换法子；如其对了，再去研究一下。照这方法来解释同类的问题和一切的问题。所以现在的时候，那海尔巴脱①的五段教授法等，觉着不大适用了。

（己）鼓励自治　这便是教学生对于学问方面或道德方面，都要使他能够自治自修。

（庚）全部发育　身体和精神要全体顾到，不可偏于一面。譬如在体育上，耳目口鼻手足统要使他健全；在智育上，既要使他自知，又要使他能够利用天然界的事物；在德育上，公德和私德，都不可欠缺的。

（辛）唤起兴味　学生有了兴味，就肯用全副精神去做事体，所以"学"和"乐"是不可分离的。学校里面先生都有笑容，学生也有笑容。有些学校，先生板了脸孔，学生都畏惧他，那是难免有逃学的事了。所以设法引起学生的兴味，是很要紧的。

（壬）责成效率　凡做一事，要用最简便、最省力、最省钱、最省时的法子，去收最大的效果。做这件事，用这个方法，在一小时所收的效果是这样，用别个方法止须十分钟或五分钟，就有这样的效果，那后法就比前法为胜了。照此把时间、精力、金钱和效果的比较选择，可以

---

① 海尔巴脱　通译赫尔巴特。

得出一个最好的法子。

以上所讲，都是新教育上普通的说明。至于新教育对于学校课程等的设施和教员学生应当怎样的情形，休息几分钟再讲。

新学校 学校是小的社会，社会是大的学校。所以要使学校成为一个小共和国，须把社会上一切的事，拣选他主要的，一件一件的举行起来。不要使学生在校内是一个人，在校外又是一个人。要使他造成共和国民的根基，须在此练习。对于身体方面、道德方面、政治方面，凡国民所不可不晓得的，都要使他晓得，那学校便成为具体而微的社会了。我国学校的弊病，不但在与社会相隔绝，而且学校里面，全以教员做主，并不使学生参与。要晓得一社会里的事务，该使大家知道的，就该大家参与；该使少数领袖管理的，就该少数领袖参与。这样不靠一人，也不靠少数人，使每个学生、每个教员晓得这个学校是我的学校，肯与学校同甘苦，那才是共和国社会里的真学校。

新学生 "学"字的意义，是要自己去学，不是坐而受教。先生说什么，学生也说什么，那便如学戏，又如同留声机器一般了。"生"字的意义，是生活或是生存。学生所学的是人生之道。人生之道，有高尚的，有卑下的；有片面的，有全部的；有永久的，有一时的；有精神的，有形式的。我们所求的学，要他天天加增的，是高尚的生活，完全的生活，精神上的生活，永久继续的生活。进一步说，不可学是学，生是生，要学就是生，生就是学。求学的事，是为预备后来的生存呢？还是现在的生存，就是全体生活的一部分呢？既然晓得教育是继续经验的改造，那么对于天然界和群界，自然受他的影响；天天变动，就是天天受教育，差不多从出世到老，与人生为始终的样子。你哪一天生存不是学？你哪一天学不是生存呢？孔子到了七十岁，方才从心所欲不逾矩，他是一步一步上进的。凡改变我们的，都是先生；就是我们自己都是学生。以前只有在学校里的是学生，一到家里就不是学生；现在都做社会的学生，是从根本上讲，来得着实，不至空虚。虽出校门，仍为学生，就是不出于教育的范围。所以每天的一举一动，都要引他到最高尚、最完备、最能永久、最有精神的地位，那方才是好学生。

新教员 新教员不重在教，重在引导学生怎么样去学。对于教育，第一，要有信仰心。认定教育是大有可为的事，而且不是一时的，是永久有益于世的。不但大学校、高等学校如此，即使小学校也是大有可为的。夫勒培尔①研究小学教育，得称为大教育家。做小学教师的，人人有夫氏的地位，也有他的能力；止须承认，去干就能成功。又如，伯斯塔罗齐、蒙铁梭利都从研究小学教育得名，即如杜威先生，也是研究小学教育的。这都是实在的事，并非虚为赞扬。我从前看见一个土地庙面前对联上，有一句叫"庙小乾坤大"，很可以来比。况我们学校虽小，里头却是包罗万有。做小学教员的，万勿失此机会，正当做一番事业。而且这里头还有一种快乐——照我们自己想想，小学校里学生小，房子小，薪水少，功课多，辛苦得很，哪有快乐？其实看小学生天天生长大来，从没有知识，变为有知识，如同一颗种子的由萌芽而生枝叶，而看他开花，看他成熟，这里有极大的快乐。照以上两层——做大事业得大快乐——是为一己的，而况乎要造新国家、新国民、新社会，更非此不行嘛！那不信仰这事的，可以不必在这儿做小学教员。一国之中，并非个个人要做这事的，有的做兵，有的做工，有的做官吏……各人依了他的信仰，去做他的事。一定要看教育是大事业，有大快乐，那无论做小学教员，做中学教员，或做大学教员，都是一样的。第二，要有责任心。不但是自己家中的小孩和课堂中的小孩，我应当负责任；无论这里那里的小孩，要是国中有一个人不受教育，他就不能算为共和国民。在美国一百个人之中，有九十几个受教育。中国一百个人之中，只有一个人受教育。而且二十四个学生中，只有一个女学生。我们要从这少数的人，成为多数的人，要用多少年的工夫？非得终身从事不行。况且我们除了二十岁以前、六十岁以后，正当有为之时没有多少，即使我们自己一生不成，应当代代做去。切不可当教育事业是住旅馆的样子，住了一夜或几夜之后，不管怎么样，就听他去了。那教育事业，还有发达的希望吗？第三，做新教员的要有共和精神。就是不可摆出做官的态度，事事要和学生同甘苦，要和学生表同情，参与到学生里面去，指导他们。第四，要有开辟精神。时候到了现在，不可专在有教育的地方办教育。要有膨胀的力量，跑到外边去，到乡下地方，或是到蒙古、新疆这些边界的地方，要使中国无地无学生。一定要有单骑匹马勇往无前的气概，有如外国人传教的精神，无论什么都不怕，只怕道理不传出去。要晓得现在中国，门户边界的危险，使那个地方的人，晓得共和国的样子，用文化去灌输他，使他耳目熟习，改换他从来的方向，是很要紧的。第

---

① 夫勒培尔　通译福禄培尔。

五，要有试验的精神。有些人肯求进步，有些人只晓得自划的，除了几本教科书外，没有别的书籍。——诸君已经毕业之后，还在这儿讨论教育，那是最好的。——他人叫我怎样办，我便怎样办，专听上头的命令。要晓得上头的命令，只不过举其大端，其中详细的情形，必定要我们去试验。用了种种方法，有了结果，再去批评他的好坏，照此屡试屡验，分析综合，方才可下断语。倘使专靠外国，或专靠心中所有，那么，或是以不了了之，或是但凭空想，或是依照古老的法子，或是照外国的法子，统是危险的。从前人说"温故而知新"，但是新的法子从外国传到中国，又传到杭州，我们以为新的时候，他们已经旧了。所以望大家注意，不可不由自己试验得出真理，方不至于落人之后哩！

新课程　这要从社会和个性两方面讲。从社会这面讲来，要问这课程是否合乎世界潮流，是否合乎共和精神。学了这课程之后，能否在中国的浙江，或是浙江的杭州，做一个有力的国民。更从个性的一面讲来，谁的事教谁，小孩子的事教小孩子，农人的事去教农人，方才能够适合。我且拿学代数来做个例，看这课程是否为学生所需要。我有一次对学生发问道："有几多人应用过代数？"那一百人中止有七八个人举手。又问："不曾用过代数的人举手！"就有九十几个。后再查考那七八个人所用的东西，止须一星期，至多不过一月，就可教了。照这样看来，我们应该有变通的办法。是否为了七八个人去牺牲那九十几个人。那七八个人，或为天文家，或习工业，或学医生，所用代数，不过百分之一罢了。我们不可以为了一个人，去牺牲九十九个人；也不可以为了九十九个人，去牺牲那一个人。总要从社会全体着想，有否其他有用的东西未列在课程里？或是有用不着的东西，还列在课程里呢？照这样去取舍才行。

新教材　就教科书一端而论，编书的人，有的做过教员，有的竟没有做过教员。就拿他自己的眼光来做标准，不知道各地方的情形怎么样。用了这种书去教授，哪里能适合呢？所以教科书止可作为参考，否则硬依了他还是没有的好。又有一种讲义，当看作账簿一般。社会上各种文化风俗，都写在这账簿上。这账簿有没有用处，或是正确不正确，须要仔细查考。譬如富翁，虽然将他所有的财产写在账簿上，拿来传给他的儿子，若是不去实地指点他，哪几处房子或是田地，是我所有，和这账簿对照一下，他的儿子仍然不晓得底细。也许有几处田地房产，已经卖出；也许有几处买进的，还没有登记上去，总要使他儿子完全明了，那账簿方才有效。要拿教科书上的情形引导把学生看，或是已经变迁的情形，指点他明白。几年前的朝鲜和现在不同，俄国已经分做十几国①，更不可以拿从前的来讲。总要明白实际的事情，因为账簿是死的，人是活的，要拿账簿来为我所用，不要将活泼泼的人为死书所用。要晓得账簿之外，还有许多文化在那里，要靠教科书是有害的。

新教育的考成 我到店里去要一件东西，他拿了别的东西给我，我就不答应了，怎么我要这件，你偏与我那件呢？教育的事，也是这样。要按照目的去考成，方才不会枉费了精神和财力。譬如从农业、工业或商业学校里毕业出来的学生，有几多人在那里做他应当做的事。若是不问他的结果，一味的办去，正如做母亲的人把他的女儿出嫁，不将他长女出外的情形，来加以参考，以致于第二、第三个女儿吃着同样的苦头，这是因为不考成的缘故。

再有几层，我在别处已经讲过，暂且不说。总之，大家觉得要教育普及，先要认定目的。做若干事，须得若干的代价，决不是天然能成功的。即就小孩子而论，美国一人需费四元四角五分，中国每人止有六分。试问没有代价的事，能办得好办不好？但这事人人负有责任。我们做教员的，不但教学生，又要想法子使得社会上的人对于教育认为必要。譬如有钱的人，可以教自己的孩子，同时他邻舍的小孩子，因为没得钱受教育，和这小孩子一块儿玩，就把他带坏了。所以单教自己的儿子，还是不中用的。把这种情形使他们觉悟，人非木石，断没有一定不信的。虽然有些困难的地方，我们总可以用自己的力量去战胜他的。

---

① 十几国 指苏联的十几个加盟共和国。

学生自治问题之研究
（1919 年 10 月）

　　近世所倡的自动主义①有三部分：一、智育注重自学；二、体育注重自强；三、德育注重自治。所以，学生自治这个问题，是自动主义贯彻德育的结果，是我们数千年来保育主义、干涉主义、严格主义的反应，是现在教育界一个极重要的问题。这个问题，包含甚广。我们要问学生应否有自治的机会？如果应该自治，我们又要问学生自治究竟应有几多大的范围？学生应该自治的事体，究竟有哪几种？规定学生自治的范围，又应有何种标准？施行学生自治，又应用何种方法？这几个问题，都是我们所要研究的。总起来说，就是学生自治问题。

　　学生自治是什么　凡是讨论一种问题，必先要明白问题的性质和它的意义。性质和意义不明了，就不免起人误会。这篇所讨论的学生自治，有三个要点：第一，学生指全校的同学，有团体的意思；第二，自治指自己管理自己，有自己立法、执法、司法的意思；第三，学生自治与别的自治稍有不同，因为学生还在求学时代，就有一种练习自治的意思。把这三点合起来，我们可以下一个定义："学生自治是学生结起团体来，大家学习自己管理自己的手续。"从学校这方面说，就是"为学生预备种种机会，使学生能够大家组织起来，养成他们自己管理自己的能力"。

　　依这个定义说来，学生自治，不是自由行动，乃是共同治理；不是打消规则，乃是大家立法守法；不是放任，不是和学校宣布独立，乃是练习自治的道理。

---

　　①　自动主义　20 世纪初盛行于中国的一种教育新思潮。它强调学生自学、自强、自治，以学生自动为主，教师对之加以指导。

学生自治的需要　今日的学生，就是将来的公民；将来所需要的公民，即今日所应当养成的学生。专制国所需的公民，是要他们有被治的习惯；共和国所需的公民，是要他们有共同自治的能力。中国既号称共和国，当然要有能够共同自治的公民。想有能够共同自治的公民，必先有能够共同自治的学生。所以从我们国体上看起来，我们学校一定要养成学生共同自治的能力，否则不应算为共和国的学校。这是第一点。

当今平民主义的潮流，来势至为猛烈，受过他的影响的人，都想将一切的束缚尽行解脱。这固然有他的好处，不过也有他的危险。好处在哪里？大家从此可以充分发挥个人的精神，促进人群的进化。危险在哪里？束缚既然解脱，未必人人能够约束自己的欲望，操纵自己的举止，一旦精神能力向那坏处发泄，天下事就不可为了。一国当中，人民情愿被治，尚可以苟安；人民能够自治，就可以太平；那最危险的国家，就是人民既不愿被治，又不能自治。所以当这渴望自由的时候，最需要的是给他们种种机会得些自治的能力，使他们自由的欲望可以自己约束。所以时势所趋，非学校中提倡自治，不足以除自乱的病源。这是第二点。

我们既要能自治的公民，又要能自治的学生，就不得不问问究竟如何可以养成这般公民学生。从学习的原则看起来，事怎样做，就须怎样学。譬如游泳，要在水里游；学游泳，就须在水里学。若不下水，只管在岸上读游泳的书籍，做游泳的动作，纵然学了一世，到了下水的时候，还是要沉下去的。所以专制国要有服从的顺民，必须使做百姓的时常练习服从的道理；久而久之，习惯成自然，大家就不知不觉的只会服从了。共和国要有能自治的国民，也须使做国民的时常练习自治的道理；久而久之，习惯成自然，他们也就能够自治了。所以，养成服从的人民，必须用专制的方法；养成共和的人民，必须用自治的方法。如果用专制的方法，可以养成自治的学生公民，那吗，学生自治问题，还可以缓一步说；无奈自治的学生公民，只可拿自治的方法将他们陶熔出来。所以从方法这方面着想，愈觉得学生自治的需要了。这是第三点。

学生自治如果办得妥当有这几种好处

第一，学生自治可为修身伦理的实验　现今学行并重，不独讲究知识，而且要求所以实验知识的方法。所以学校教课当中，物理有实验，化学有实验，博物有实验，别门功课无实验的或有实习，如作文、图画、体操等等，都于学识之外，加以实地练习的机会。他的目的，无非要由实验实习以求理想与实际的联络，使所做的学问，可以深造。修身伦理一类的学问，最应注意的，在乎实行；但是现今学校中所通行的修身伦理，很少实行的机会；即或有之，亦不过练习仪式而已。所以嘴里讲道德，耳朵听道德，而所行所为却不能合乎道德的标准，无形无影当中，把道德与行为分而为二。若想除去这种弊端，非给学生种种机会，练习道德的行为不可。共和国民最需要的操练，就是自治。在自治上，他们可以养成几种主要习惯：一是对于公共幸福，可以养成主动的兴味；〈二是〉对于公共事业，可以养成担负的能力；〈三是〉对于公共是非，可以养成明了的判断。简单些说：自治可以养成我们对于公共事情上的愿力、智力、才力。照这样看来，学生自治若办得妥当，可算是实验的修身，实验的伦理，全校就是修身伦理的实验室。照这样办，才算是真正的修身伦理。

第二，学生自治能适应学生之需要　我们办学的人所定的规则，所办的事体，不免有与学生隔膜的。有的时候，我们为学生做的事体越多，越是害学生。因为为人，随便怎样精细周到，总不如人之自为。我们与学生经验不同，环境不同，所以合乎我们意的，未必合乎学生的意。勉强定下来，那适应学生需要的，或者遗漏掉；那不适应学生需要的，反而包括进去。等到颁布之后，学生不能遵守，教职员又不得不执行，却是左右为难。甚至于学生陷于违法，规则失了效力，教职员失了信用。若是开放出去，划出一部分事体出来，让学生自己治理；大家既然都有切肤的关系，所定的办法，容或更能合乎实在情形了。这就是说，有的时候学生自己共同所立的法，比学校里所立的更加近情，更加易行，而这种法律的力量，也更加深入人心。大凡专制国家的人民，平日不晓得法律是什么，只到了犯法之后，才明白有所谓法律。那么，法律的力量，大都发现于犯法之后，这是很有限的。至于自己共同所立之法就不然，从始到终，心目中都有他在；平日一举一动，都为大家自立的法律所影响。所以自己所立之法的力量，大于他人所立的法；大家共同所立之法的力量，大于一人独断的法。

第三，学生自治能辅助风纪之进步　我们的行为，究竟应该对谁负责？对于少数职教员负责呢？还是要对于全校负责呢？按着旧的方法，学生有过失，都责成少数职员监察纠正。其弊病有两种：第一种是少数职员在的时候，就规规矩矩，不在的时候，就肆行无忌；第二种是大家学生以为既有职员负责，我们何必多事，纵然看见同学为非，也只好严守中立。这是大多数的学生所抱持的态度。所以一人司法,大家避法。我们要想大家守法,就须使各人的行为,对于大家负责。换句话说,就是共同自治。

第四,学生自治能促进学生经验之发展 我们培植儿童的时候,若拘束太过,则儿童形容枯槁;如果让他跑,让他跳,让他玩耍,他就能长得活泼有精神。身体如此,道德上的经验又何尝不然。我们德育上的发展,全靠着遇了困难问题的时候,有自己解决的机会。所以遇了一个问题,自己能够想法解决他,就长进了一层判断的经验。问题自决得越多,则经验越发丰富。若是别人代我解决问题,纵然暂时结束,经验却也被旁人拿去了。所以在保育主义之下,只能产生缺乏经验的学生;若想经验丰富,必须自负解决问题的责任。

学生自治如果办得不妥当就要发生这几种弊端

第一,把学生自治当作争权的器具 大凡团体都有一种特别的势力,这种势力比个人的大得多。用得正当,就能为公众尽义务;用不得当,就能驱公众争权利。学生自治是一种团体的组织,所以用得不妥当的时候,也有这种危险。

第二,把学生自治误作治人看 这个危险随着第一个顺路下来的。有的时候,这也是个自然的趋势。因为有了团体,一不谨慎,就有驾驭别人的趋势。刘伯明[①]先生说:"人当为人中人,不可仅为人上人。"这句话,是我们共和国民的指南针。

第三,学生自治与学校立在对峙地位 学生自治会与学校当有一种协助精神,不可立在对峙的地位,但是办得不妥当,这种对峙的情形,也是免不掉的。不过这是一种很不幸的现象,不是师生之间所宜有的。

第四,闹意气 学生有自治的机会,就不得不多发言论,多立主张,多办交涉,一不小心,大家即刻闹出意气;再由闹意气而彼此分门别户,树立党帜,于是政客的手段,就不得不传到学校里来了。

以上所举的,不过是几种重要的弊端;至于小的弊端,一时难以尽举。总之,学生自治如果办理不善,则凡共和国所发现的危险,都能在学校中发现出来。但是我们要注意,这许多弊端都是办理不妥当的过处,并非学生自治本体上的过处。如果厉行自治的时候,大家不愿争

---

① 刘伯明 留美哲学博士,时任南京高等师范学校行政委员会副主任,文、史、地部主任。

权，而愿服务；不愿凌人，而愿治己；不愿对抗，而愿协助；不愿负气，而愿说理；那末，自治之弊可去，自治之益可享了。这种利害关头，凡做共和国民的都要练习。我们在学校的时候，有同学的切磋，有教师的辅助，纵因一时不慎，小有失败，究竟容易改良纠正。若在学校里不注意练习，将来到了社会当中，切磋无人，辅导无人，有了错处，只管向那错路上走，小而害己，大而害国。这都是因为做学生的时候，没有练习自治所致的。所以学生自治如果举行，可以收现在之益；纵小有失败，正所以免将来更大的失败。

规定学生自治范围的标准　学生自治的利弊，既如上所说，现在就要问学生自治有什么范围？规定学生自治的范围，应有若何标准？

一、学生自治应以学生应该负责的事体为限。学生愿意负责，又能够负责的事体，均可列入自治范围；那不应该由学生负责的事体，就不应列入自治范围。因自治与责任有联带关系，别人号令而要我负责，就叫做被治；别人负责而由我号令，就叫做治人，都失了自治的本意。所以学生自治，应以学生负责的事为限。

二、事体之愈要观察周到的，愈宜学生共同负责，愈宜学生共同自治。

三、事体参与的人愈宜普及的，愈宜学生共同负责，愈宜学生共同自治。

四、依据上列三种标准而订学生自治的范围时，还须参考学生的年龄、程度、经验。

学生自治与学校的关系　学生自治会是学校里面一种团体，自然与学校有密切的关系。这种关系，可以分为两类：一、关于权限的，二、关于学问的。

一、**权限上的关系**　学生自治会正式成立之后，学校里面的事体，就可分为二部分：一部分仍旧是学校主持，一部分由学生主持。平常的时候，权限固可以分明；不过既在一个机关里面，总有些事体划不清楚的。既然划不清楚，就不能不有一种接洽的机关，使两方面的意思，都可以互相发表沟通，而收圆满的效果。此外还有临时发生而有关全校的事体，学校与学生都宜与闻，更不得不有一种接洽的机关。人数少的学校，可由校长直接担任；人数多的学校，可由校长指定职教员数人担任。学生自治会职员有事时，即可与他们接洽；而学校有事时，也由这几位和学生接洽。有这种接洽的组织，然后学校与学生的声气可通，就没有隔膜的弊病了。

二、学问上的关系　天下不学而能的事情很少。共同自治是共和国立国的根本，非是刻苦研究，断断不能深造。我们举行学生自治的时候，也要把他当作一个学问研究。既要当作一个学问研究，那就有两点要注意：一、同学的切磋，二、教员的指导。有人说，现在中国的职教员对于学生自治问题，素未研究，恐怕未必能指导。这句话诚然，但是还有些意思要注意：一、学校里所有功课，都有教员指导，独于立国根本的学生自治一门，却没有指导，似乎把他太看轻了。二、若校内没有相当的人，办学的就应当赶紧物色那富于共和思想自治精神的教员，来担任此事。三、师生本无一定的高下，教学也无十分的界限；人只知教师教授，学生学习；不晓得有的时候，教师倒从学生那里得好多的教训。所以万一找不到相当的人才，就请职教员和学生共同研究也好。总而言之，学生自治这个问题，不但要行，而且还要研究。研究的时候，学校不能不负指导参与的责任。

学生自治与学校既有这两种密切的关系，我们就须打破一切障碍，使师生的感情，可以化为一体，使大家用的力量，都有相成的效果。大家一举一动都接洽，有话好商量，有贡献彼此参考。在这共和的学校当中，无论何人都不应该取那武断的、强迫的、命令的、独行的态度。我们叫人做事的时候，不但要和他说"你做这件事，你应该这样做"，并且要使得他明白"为何做这件事，为何这样做"。彼此明白事之当然，和事之所以然，才能同心同德，透达那共同的目的。

施行学生自治应注意之要点　现在各学校对于学生自治，多愿次第举行。我悉心观察，觉得有几件最要紧的事件，必先预为注意，方能发生美满的效果。

第一，学生自治是学校中一件大事，全体学生都要以大事看待他，认真去做；学校里也须以大事看待他，认真赞助，若以为他是寻常小事，不加注意，没有不失败的。

第二，学生自治如同地方自治。地方自治之权，出于中央；学生自治之权，出自学校。所以学生自治，虽然可以由学生发动，但是学校认可一层，似乎也是应有的手续。

第三，学生自治之有无效力，要看本校对于这个问题是否有相当了解和兴味。如果大家都明白他的真意，都觉得他的需要，那末，行出来必能得大家的赞助。所以未举行学生自治之前，必须利用演讲、辩论、谈话、作文等等养成充分的舆论。

第四，法是为人立的：含糊误事，故宜清楚；繁琐害事，故宜简单。

第五，推测一校学生自治的成败，一看他的领袖就知道。所以要提高学生自治的价值，就须使最好的领袖不得不出来服务。如果好的领袖洁身自好，或有好的领袖而大众不愿推举，都不是自治的好现象。

第六，学校与学生始终宜抱持一种协助贡献的精神。

第七，学校与学生对于学生自治问题，须采取一种试验态度。章程不必详尽，组织不必细密；一面试行，一面改良；虽然中途难免挫折，但到底必有胜利。

结论 总之，学生自治是共和国学校里一件重要的事情。我们若想得美满的效果，须把他当件大事做，当个学问研究，当个美术去欣赏。当件大事做，方才可以成功；当个学问研究，方才可以进步。这两种还不够。因为自治是一种人生的美术，凡美术都有使人欣赏爱慕的能力；那不能使人欣赏的、爱慕的，便不是真美术，也就不是真的学生自治。所以学生自治，必须办到一个地位，使凡参与和旁观的人，都觉得他宝贵，都不得不欣赏他，爱慕他。办到这个地位，才算是高尚的人生美术，才算是真正的学生自治。

《新教育》第 2 卷第 2 期（1919 年 10 月）

地方教育行政为一种专门事业
（1921 年 3 月）

市乡教育的界说 地方包含都市和乡村，故地方教育行政有都市和乡村教育行政两种。依克伯利先生所主张：上五千人的地方都可算为都市；不到五千人的都算为乡村。凡都市皆令脱离县教育行政范围而直隶于省；凡乡村皆令统属于县；县复就地方之大小酌量分区办理乡之教育。因市乡人民密度不同，经济能力不同，环境性质不同，凡此种种影响于课程编制、教学方法、行政组织的又都不同。分治就两受其利，合治就两受其弊。详细情形，当另著文说明。现在只下这一定义：上五千人聚居在一处的叫做市，不足五千人聚居在一处的叫做乡。市教育以一市为行政单位，乡教育以全县为行政单位。我所讨论的就是说：这种市教育行政和这种县教育行政要当他为一种专门事业看待，要以专门的目光研究他，要以专门的学术办理他。

地方教育事业之重要与责任 上说之定义，很是概括的。再进一步，就须将都市和乡村教育的事业责任来讨论一遍。

请先说都市。中国有五十万人口以上的都市十三处，十万人口以上的都市四十七处。十万以下的都市，现在尚无确实消息；但据邮政局九年度一二三等邮局所在地估算，相差不致太远，约在一千六百八十处左右。现设的七千七百六十八处邮寄代办所当中，还不免有好多都市，但确数难定了。有这种情形，所以中数①不易求得。我们姑且拿一个五万人口的都市来讨论。都市学龄儿童与人口之百分比，较乡村要低好多。依六三制行义务教育，每百人中应有学龄儿童十六人。故五万人口的都

---

① 中数 亦称中位数，这是教育统计学的一个专用名词。即将许多有关的量数由小而大或由大而小顺序排列，然后取其中间的一项来作代表。

市，约有学童八千，教员二百余。协同二百余教员，培养八千学生，这是何等大的事业，何等大的责任。那百万左右的都市，如北京、上海、广州、汉口、西安等处教育事业的浩繁，责任的重大，更不必说了。

再说乡村教育。乡村教育以县为行政单位。中国二十二行省，四特别区域，共有一千八百四十三县，平均每县一千三百二十七方哩。最小的有千余人，最大的有二百二十七万人，平均每县有二十万人。将县内一二三等都市人口除开，平均每县乡民当有十七万之谱。乡村学龄儿童与人口之百分比，较都市多些。依六三制约计，乡村中每百人应有学龄儿童二十一人。十七万乡民之县，当有学龄儿童三万五千七百人，教员千余人。协同千余教员，培养三万五千七百学生，这事业又何等的大，责任又何等的重！

地方教育所含之专门性质　看上面所说，地方教育的重大，固已有具体的事实可作立论根据，但还不免概括。究竟地方教育非专门家不能解决有几个什么问题？

（一）计划问题

世界潮流，国家大势，以及地方人口增减，财力消长，职业变迁，影响于地方教育者最大。办学的人宜如何默察趋势，熟筹利弊，预拟一逐年进行的计划，使理想依据事实渐次实现，世界、国家、地方面面顾到。预拟这种计划，是否需要专门的学识？

（二）师资问题

学生学业的进退，多半看教员的良否为转移。五万市民之市，须教员二百；十七万乡民之县，须教员千人。这许多教员未来之先，办学的人宜如何酌量需要，分别设法培养选聘；既来之后，宜如何设法辅助指导，使有最良之精神，并如何筹备种种机会，使教员的学问能得相当的研究进步。办理上说种种，是否需要专门的学识？

（三）课程问题

课程为社会需要与个人能力调剂的工具。编制课程的人，必须明了动的社会的种种需要，将他们分析起来，设为目标，再依据儿童个人心理之时期，能力之高下，分别编成最能活用之课程，使社会需要不致偏废，儿童能力不致虚耗。这是一种最精细的手续，是否需要专门的学识？

（四）经费问题

地方财力有限，教育事业无穷。以有限的财力办无限的事业，支配经济的人，必须分别缓急，酌量进行。这"分别缓急"四字，包含教育事业各方面的关系。必须将这些关系彻底了解后，才谈得到分别缓急。但是这种了解，是否需要专门的学识？

（五）设备问题

物质环境在教育上之影响，尽人皆知。要有良好的教育，必须有相当的物质环境。校舍、设备、图书、仪器和校外之种种环境，都与教育有密切的关系。空谈自动、自治、自学、自强，是没多用处。有相当之设备，才能发相当之精神。即以校舍论，宜如何构造，才能使他合乎卫生、美术、经济、教育的原理。简括问一句，宜如何选择、支配、联络环境的势力，使教育得收良好的结果，是否需要专门的学识？

（六）考成问题

我们受人民的付托，办理地方的教育，费了这多钱，用了这多人，开了这多学校，教了这多学生，究竟结果如何，应否平心问一问？怎样问法，怎样度量各种教育的历程、结果，和度量之后怎样据以切实改进，都是要从专门研究中产出来的。

（七）劝学问题

假使地方人民对于教育，尚无有相当的了解信仰，就不得不做一番感化的工夫。我们宜如何表示教育的真相，证明教育的能力，使人民自觉教育为人生日常所必需，并发共同负担独力兴创的宏愿？这种教育真相的表示与教育能力的证明，是否需要专门的学识？

主持地方教育行政人员应有之学业　地方教育既有上述几种问题，非专门人才不能圆满解决，那吗办理地方教育人员所应具之资格，可以推想而知。品性方面，暂且不论。现在只举学业一门，拣其最要的讨论一回。

（一）普通学问方面，至少须学哲学、文学、近世文化史、科学精神与方法、社会问题、经济学、美术等课。这种学问，一来能使目光远大，二来能使同情普遍。因教育是一种永久事业，非目光远大不足以立百年之基；教育又是一种社会事业，非同情普遍，不足以收共济之效。

（二）工具学问方面，须于国文之外，至少学习外国语一门。一可使地方所办学务得与世界潮流接触，二可使自己所得学识与国外同志印证。再，统计法亦为一种重要的工具。得此就可明了别人研究的结果，也可使人明了自己所办事业的真相，并且还有许多问题要借助统计才有相当解决的。至于办事最重效率，所以科学管理一门功课，也是应当学的。

（三）专门学问方面，至少须学教育哲学、教育概论、教学法、教育心理学、中等学校之组织及行政、初等学校之组织及行政、地方教育行政问题、学务调查及报告法、学校建筑与卫生。这许多功课，是纯粹关于教育的。各门的宗旨合起来，是使办学的人能拿教育的方法去达教育的目的。

简单些说，我们理想中的地方办学人员，学业方面，至少须有大学毕业同等程度，加些关于教育行政之专门学识。

结论 现在中国之一千六百八十市和一千八百四十三县，以主持教育的人而论，已需三千五百人。若将协理人员共同计算起来，至少需万余人。中国若想推行义务教育，非将地方办学人员与教员同时分别培养不可。现在培养师资与普及教育的关系，大家已经了解。惟独对于地方办学人员之培养，大家还没有相当的注意。山西、江苏的义务教育计划书中，都没有这回事。最好的省份，不过为他们举行一二次讲习会补救补救。反对的还以为地方教育人人能办，何必讲习。岂晓得这种学习，已非短期讲习所能了事。故中国不想推行义务教育则已，若想推行义务教育，必从培养改良地方办学人员入手。

《教育汇刊》第 2 卷第 1 集（1921 年 3 月）

活的教育[*]
（1921 年 7 月）

教育可分为三部：

A. 死的教育；

B. 不死不活的教育；

C. 活的教育。

死的教育，我们就索性把它埋下去，没有指望了！不死不活的教育，我们希望它渐渐地趋于活。活的教育，我们希望它更活！

我今天且讲这活的教育。什么叫做活的教育？活的教育是什么？这个问题本来是很大的，我不容易下定义，我也不能定概观。不过我总觉得"活"的一字，比一切什么字都要好。活的教育，更是教育中最不可少的现象。比譬：鱼在岸上，你若把它陡然放下水去，它的尾和鳍，都能得其所在，行动不已。鸟关在笼里，你若把它放到树林里去，它一定会尽其所能，前进不已。活的教育，正象鱼到水里鸟到树林里一样。再比譬：花草到了春天受了春光、太阳光的同化和雨露的滋养，于是生长日速。活的教育，好象在春光之下，受了滋养料似的，也就能一天进步似一天。换言之，就是一天新似一天。

我现在把这活的教育，再分做三段讲：我们教育儿童，第一步就要承认儿童是活的，要按照儿童的心理进行。比方：儿童性爱合群，有时他一个人住在那地方，觉得有点寂寞的样子，在那儿发闷！我们就要找个别的小孩子同他在一块儿玩玩。普通儿童之特性，大多都富于好奇心。当他还不知道说话和走路的时候，他时常手舞足蹈的，跃跃欲有所试的样儿，忙个不歇。这可就是他的好奇心了。假若我们要弄些什么东

---

* 此篇系陶行知于 1921 年夏间在金陵大学暑期学校的讲演。记录者：汪忠一、冯延乾。

西给他玩，他一定玩那好看的，不玩坏的。他起初间或也还可以拉杂的玩一路，后来知道好，他就只专玩好的了。在这里拿一点，在那里拿一点，只要与他合意，他一定非要不可。有时我们要是给他一个表，他必定将它翻来覆去的仔细观看，他并且还要探知里面的秘密，就打破沙锅问到底。我们同小孩子玩的时候，假以木筷搭个架子，小孩子看着，必定以为很好玩。后来我们忽然把它推倒，那小孩子就更以为好玩了，欢喜了。假若我们再进一步，以这架子，不由我们推倒，让小孩子自己去推，那么，这时小孩子的欢喜，我敢断定更比从前要欢喜得多了。诸如此例，我不能细举。还有一件最紧要的，就是：我们如果承认教育是活的，我们教育儿童，就要根据儿童的需要的力量为转移。有的儿童天资很高，他的需要力就大些；有的儿童天资很钝，他的需要力就小些。我们教育儿童，就要按他们的需要的力量若何，不能拉得一样。比方：吃饭，有的人饭量大些，他要吃五碗或六碗；有的饭量小些，他只能吃一两碗。我们对于他，就只能听其所需，不能定下死规。要是我们若规定了，比如吃两碗的定要逼他吃五碗才及格，那么，这一定就要使人生病了！学校里教育儿童，也像这样，不能下死规，强迫一律。不但学校是要如此，就是社会上的工作亦莫不要像这样。我们人的需要力，有大有小，我们只求其能够满足他的需要就是了。所以教育儿童和承认儿童是活的，首先就要能揣摩儿童的心理。

儿童不但有需要，并且还有能力。他对于种种事体的需要有大小，他的能力亦有各种不同。男女遗传下来的生理不能一样，他们的能力亦不能一样。我并不是说女子比男子差些，我是说男女各有各的优点。就是男子与男子两相比较，亦有许多相异的能力，有因年龄不同的，有因环境不同的，有因天性不同的。由这许多的不同，所以其结果的能力，就大有差别。我们教育儿童，就要顺导其能力去做去。比如：赛跑，这就是一件凭能力的事。我们认定几个人同时同地立在一块，听指挥者发号令，就一齐出发，让他们各凭充分的能力自由前进，不加限制，然后谁远谁近，自可显见。而他们的能力的大小，也就由此可以证明了。设使我们要是下个定规，规定三人赛跑，跑一百二十码或二百四十码，快慢都要一样，不许谁先谁后，那么，那个能力充足能跑二百四十码，他自然是很舒畅，不甚为难；而那只能跑得六十码或一百二十码的，他一定是很苦的了，甚至还要受伤呢！这是从运动方面着想的。至于教授方面，亦多类此。设有许多儿童，同在一堂，当教授的人，就要按照各个儿童的能力去教授。要是规定了今天讲一课，明天讲一课，每课虽是都一字一句的分析解释，在那天资聪颖的小孩子咧，他固然能够领受到他的脑袋里去，并且还有闲空；若在那秉性鲁笨的小孩子，那就等于对牛弹琴了，一些儿也不懂得。这种教育，正像规定三人赛跑一般，还能算得是活的教育吗？我们现在既是想讲活的教育，就要知道儿童的能力是不相同的，我们要设法去辅助他，使他能力发展，有如我们看见某处一个学校园，那里内的花卉长得非常整齐好看，我们心下羡慕他，我们也就可以仿照他，将我们自家的学校园也培植得像那一样。这是培植花园的方法，办教育也是如此。我们大家设若不相信，恐怕做不到，我们可再看。譬如有一块草地，那地上所生长的草，都是参差不齐的，我们若任它自然去生长，那就越长越不齐了，假若我们要用机器把它逐次地推铲，那么，这一定要不了多少功夫，就会使他平坦了。我们办教育，也就象推草一样，也要用方法去使之平，这是对于草是这样——对于普通的儿童是这样；若对于树木，——对于天资特敏的小孩子，那就不行了。树木的生长力强些，他的性子也猛些，我们对于他，也要按其能力去支配他，使其生长适度。若任其自然生殖，则其枝干必日渐伸张，后来越长越高，甚至把屋棚都要捣破了！学校里起风潮，就象大树捣毁屋棚，是一样的，都是由于办教育的人，平日对于这教育的趋向没有注意，对于那天资高尚的儿童，没有按得其能力去教育。这就是我们没有承认儿童有活的能力。

活的小孩子与死的小孩子有不同的特点。小孩子他所吃下去的滋养料不同，他们所受的利益也就不能一致。活的小孩子，他秉性活泼些，他对于一切的事实上，也就进步得快些。死的小孩子，他的脑筋滞钝些。并不是说小孩子他的确是死的，是言其能力不能有多大的发展，虽活也等于死的一般。我们办教育的人，总要把小孩子当作活的，莫要当作死的。地球看起来，好象是个不动的东西，其实他每天每时都在旋转不已。小孩子也像这样。表面上看起来，也好像是很平常的，没有什么进益，其实他的能力知识，没有一天不在进行中求活。我们就要顺着他这种天然的特性，加以极相当的辅助和引导，使他一天进步似一天，万不能从中有所阻碍或滞停，不使前进，把他束缚了起来。束了若干时，然后又陡然把他解放掉，这一定要受危险的。这好像人家有个小孩子，他把他在今年做了一件衣服，等到五年后，他还拿给这小孩子穿，那小孩子体干长大了，衣服小了，以这小的衣服去给大的孩子穿，那衣是一定要破裂的。纵或可以勉强穿得上，而小孩子的身体，也就束缚得紧紧的了，血脉也就不能调和，就要生病了！由此可知小孩子的衣服，是年年要换的；小孩子的知识学问，也是年年天天要换的。现在设有一个人，忽然妙想天开，他说："我有个小孩子，我不要他年年换衣，当他还只有五岁的时候，我就把他做件十六岁时候的衣服，周身都把他绉起来，年年穿，年年放，一直放到十六岁的时候，都还可以穿。"这个法子，勉强一看，觉得也还不大坏，并且又很经济的。但是仔细看来，那就觉得不像了，就是精神上也有点不好看。古时的衣服，不能适合于现在；现在的衣服，未必又能适合于将来！时势的变迁，是有进无已的。办教育的，就要按着时势而进行，依合着儿童的本能去支配。有许多教科书，在从前要算是很新很适用的，在现在却变成了腐败不堪了。我们讲活的教育，就要本着这世界潮流的趋向，朝着最新最活的方面做去。中国教育最大的毛病，就是不能普及。从前俄国的西伯利亚也是这样，但比较中国要好些。中国社会上失学的人，也不知有多少，就以普通人民计算，总有三分之一不识字的。我们现在要想将这些人重新给以教育，那除非要从国民〈小学〉一年级教起。但是他们都是壮年的居多，要是都放在国民〈小学〉一年级教，那又好象十六岁的孩子穿五岁时候的衣服了。这种教育，可算得是死的教育。活的教育就不能这样了。活的小孩子，他生长快，他的进步也快。他一时有一时的需要，一时有一时的能力。当教育家的，就要设法子去满足他的需要，就要搜罗相当的材料去培植他。这就是我们所讲的活的教育第二件。

我现在再讲活的教育要些什么材料。这材料也可以分做三段说。

一、"要用活的人去教活的人。"我们要想草木长得茂盛，就要我们天天去培植他，灌溉他；我们要想交结个很活泼的朋友，就要我们自己也是活泼的。我的影响，要使能感到他的身上；他的影响，也要在我身上，这才可以的。比如：我俩人起先是不相识的，后来遇到了好几回，在一块儿谈了一次，于是两下的脑筋里都受了很深的影响，两下的交情，也就日渐浓厚了。当教员的对于学生也要这样，也要两下都是活的，总要两下都能发生的密切的关系。教员的一切，要影响到学生身上去；学生的一切，要影响到教员身上去。一个会场有的人好谈话，有的人好笑，我们看了心下一定也会生了一种影响。比如：我一人在台上讲演，大家都坐在下面听，我的脑筋中已经印象了许多听讲演的人；想大家的脑袋中，也会印象到了我〈这个〉讲演的人，这也就是一种活的表现。活的教员与活的学生，好象汽车一样，学生比譬是车，教员比譬是车上司机器的。机器不开，车自然不动。教员对学生，若不以活的教材去教他，他自然也就不能进步。现在的教员，不像从前了。他象把汽车上机子开了，车子在跑了。但是还有些教员，他的性子未免太急，他把车上的机器开猛了一点，车子行得太快，刚刚要想收机，忽然前面碰到了石头或其他的人，这时就要发生很大的危险了。活的教员，正同司汽车的一般，要把眼睛向前看准了。若闭着眼睛乱开机，那就要危险极了！学生向前进，教员也要向前进，都要一同并进。若徒以学生前进，而教员不动，或者学生要进而教员反加以阻碍，这可谓之死的人教活的人，不能谓之活的人教活的人！

二、"拿活的东西去教活的学生。"我们就比如拿一件花草来教授儿童，将这花草把他解剖开，研究其中的奥妙，看他是如何构造的。小孩子对于这事，觉得是很有趣味的。我们能以这种种东西去教他，不但能引起他活泼的精神，并且还可以引起他的快乐。我们还可以拿活的环境去教他，比方沙漠本是干燥的，我们可以设法使他出水；大海有时候变成陆地；太平洋里航船到美洲，本不大便利，于是就有人开了巴拿马运河；火车行山路不便，就会把山打个洞。这就是拿活的环境去作教育上材料的。文化进步，是没有止境的；世界环境和物质的变化，也是没有一定的。活的教育，就是要与时俱进。我们讲活的教育，就要随时随地的拿些活的东西去教那活的学生，养成活的人材。

三、"要拿活的书籍去教小孩子。"书籍也有死的有活的。怎样是活的书籍？我觉得书籍所记载的，无非是人的思想和经验。那个人的思想、经验要是很高尚的，与人生很有关系的，那就可算是活的书籍。若是那著书的人思想、经验都没有什么价值，与人生没有关系，那就是死的书籍。我们教授小孩子，对于书籍的死活，就不能不慎重；所教授的书籍，要有统系的，前后都能连贯得起来，不是杂乱无章的，这才是活的教育。若只知道闭着眼睛教死书，也不顾那书适用不适用，这样我敢说就是死的教育。我们教授儿童的书籍，好象人家传财产一样，普通有两个常法子：（甲）是传财的法子。比譬一家，他的家主不愿管事（或临死时）了，要把家事完全推及小家主，将所有存蓄的银钱，都要对小家主说个明白，叫他慎重。（乙）是传产的法子。就是有本账簿子，说我所有的产业，都登在这账上面。哪天那家主把他的后人带到各田庄上去看，说是某田是租给某人的，某庄子是某人承租的，哪块山场是由某人保承的，某处房屋是谁租着做什么事的。这样一件一件地指示给他看了，又与他那账簿子再对照一下，那么，这个财产的根本，他那小家主已经明白了。这笔家私，就没有人能够会糊倒他占得去了。我们办教育的传文化的人，也是这样，也要把书籍象传财产一样，要把所教授的东西，都能使他领会得到，能连贯得起来，使小孩子的脑筋有个统系，不致混乱，这种教育才配说是活的。从前有许多讲教育的，没有统系。所以使一般学生听了，只是囫囵吞枣，一点不能受益。这也就是死的教育，不是活的。活的教育要拿活的书籍去教。现在还有许多教员先生们，他对书籍还不十分注意。当他初当教员的时候，也还肯买一两本书看看，到了后来，他不但不买，连从前所有的几本书，都借给人去了。这样教员，教育界中也不知道有多少。他既不能多买书看，对于一切新知识，他自然是不知道的。他既不能有新的知识，那一定没有新的教材能供给学生，只是年年爬起来卖旧货！这种教育中的败类，真不知害了多少青年。我们现要希望教育成活的，当教员的就要多看书——多看些活的书，好去供给学生的需要，养成新而且活的学生。这就是我讲的Education of life。

现在要讲到活的教育的方法，我可提出两个最时髦的法子就是：

（1）设计教授法。活的教育，最好而且最时髦、最紧要的，就是总要有个目的。这我在上面也曾说到了一点。我们教授儿童，先要设定一个计划，然后一步一步地向着所计划的路上去做。若是没有个计划，那就等于一只船放到了江中没有舵，进退左右，都没有把握！倘不幸遇了一阵大风，那一定逃不了危险的！办教育的人，要能会设计，预知学生将有风潮，就先要设一方法，使那风潮却从无形中消灭，不致使他发泄。知道学生程度不齐，就要设一种计策，使之能齐，总期各方面都无损，且能获益。这种设计，各学校的情形，各有各的不同，各地方亦有各地不同，这可听大家因时制宜，我不能断定。

（2）依计划去找实现法。这个方法大致是根据上面来的。我们订了一个计划，不能就算了事的，必定还要依照这计划去实行去。我现在可拿个浅近的事作个比譬：就如农人种豆子，他先也要订个计划，以几亩田能要几多种子，要多少肥料，又要多少人工去做，要经多少时期才能完工；什么地方种绿豆适宜些，什么地方种黄豆适宜些，还有甚地不适于种豆子，适于种山芋。这样计划了一番，然后兴工动作，按这所计划的进行，这必定是有条有理，不致乱忙；而所收的结果，也一定是很丰厚了。由此类推，办教育亦莫不是这样。一个学校，也先要订个计划，然后去依计划实行。例如哪级学生，今年应当注意什么功课，某级学生今年应当添什么功课和减什么功课，某教授教授法不好应当怎样。能这么一样一样的计划好了，然后又按照这个进行，那个学校没有办不好的道理。推之修桥修路和其他种种建设，都能依着这样进行，求到所希望的目的，那么，天下事绝没有不可能的。现在我看有许多地方，他一开个什么会，他预先没有计划。到了临时开会了，不是招待员左右乱跑，就是会场上布置得不周全，往往令来宾有兴而来，败兴而归，这都是由于预先没有一定的计划。俗语所谓："平时不烧香，急时抱佛脚。"这事决不会办得好的。我们谈教育的，就是在这上面注意注意。无论是办大学也好，中学也好，国民小学也好，总要预先有个计划，然后依着计划去找实现。有时计划定得不好应随时变更。比如：我们讲化学，今天就要计划明天化学堂上要些什么东西试验。我们预先就要预备好着，省得临时仓皇失措。诸如此类我也不必多举，我总觉得设计教授法是活的教育上最不可少的，依计划去找实现法，那更是一件要紧的事了。这就是我所讲的 Education by life。

我现在又要讲我们为什么要讲活的教育。因为活的教育，能使我们有种种活的能力。我们人生有高尚的，有低微的；有暂时的，有永久的；有完全的，有片面的。我们要使暂时的生活，能够叫他永久；片面的生活，要使他能完全；低微的要使他高尚。怎样叫做完全？我们在国家是公民，在社会上有朋友亲戚，在家庭里有父母兄弟姊妹，在学校里有同学，有师长。我们一身，对于自己，对于各方面都要顾到。如果〈有〉一方面不能顾到，这还是片面的。怎么叫做高尚的？我觉得人们的身体和精神是两样的，各有各的生活。身体上的生活固然要紧，精神上的生活也是要紧的。设使两者要去其一，那就是我们最不幸的一件。我们总要使得我们的身体、精神，都是很健全的、愉快的。这可就算是高尚的生活，反之就是低微的生活，都是有关系于教育上的。再，怎样谓之永久和暂时的生活？我们人的寿命有长短不一，有二三十岁就死的，有七八十岁才死的，有十几岁就死的，也有八九十多岁才死的。说者多谓生死有定，但这可不能为凭。我想人的生命的长短，大致是关系于人的操作和卫生上的。从来人的死，多是由病的。考病之由来，不外两种：（一）是由人的操动过度致伤身体而殒命；（二）是由人的卫生上没有讲求，以致生出了许多毛病，终至因而送命。决没有无病无灾而好好就会死的。纵有，也是很少很少的，但亦必定有其他原因。要说人的生死有定，何以人不好好的就死，而偏要生病才死咧？这种无稽之谈，我是不盲目崇拜的。我觉得人的生活，所以有暂时和永久的，都是根据于卫生和操作的关系。我们现在讲活的教育，就要明白这种关系，然后好去预防他，保护他，谋永久的生活。我在上海、南通参观各工厂，有许多六七岁的小孩子，都跟在他的母亲父亲身边下做工，我看他们那些小孩子，都是很瘦的，精神也很衰败的。这都是那些贫民没有钱给儿童受教育，国家亦没有钱能办这种义务教育。有些资本家倒是很有钱的，但他只知道营业获利，不肯拿钱来办这可怜的教育，所以那些小孩子就没有机会受教育，只得附随其阿父阿母作工以度日。五六岁的小孩子，尚有许多生理器官还没有长完全，现在竟居然要他工作，这种不适宜的使用，一定会使那小孩子身体不得强健，甚至还要早死的。譬如树上的果子，还没有成熟，你就把他摘下去吃，那是一定吃不得的。小孩子还没有成人，就要使用他，他的前途一定是很有限的，将来一定要发生危险的。像这样只顾眼前不顾后来，就可谓之暂时生活，不是永久的生活。现在讲活的教育，就不能不注意这一层。

活的教育，有属于抽象的，叫做精神上活的教育。比方一个人死了，他的机能死了，他的躯干倒了，他的精神是没有死，还存在空中，能使我们还受到他的影响。这也似乎是种渺茫之谈，我本不敢怎么样的贡献于大家，因为各个人的观念不同。但是，有时我觉得大家也可以公认这话有点的确。例如：孔子是死了，他的精神还没有死，其影响存在我们大家身上。我们大家的脑袋中都还印象了有个孔子。历来许多大英雄、大豪杰，他的身子虽已腐化了，但他的勇气、毅气，还是贯传着，在我们大家的脑海中。这也就是精神上还没有死。他的精神可以一代一代的向下传，可以传许多人，不只传一人。一个活泼学生的精神，可以传应到许多学生。比如：我的精神传应着在大家身上，也可以传应到社会上去。这种传应，并是很快的。我们讲活的教育，对于这精神上的传应，也要注意，也要求活的精神。精神也有死有活的，活的精神，就是能使人感受了他，可以得到许多的教训。社会一日不死，各方面的精神传应，也是不死的。我觉得社会上受了这种精神的教育，也不知道有多少。这精神上的教育，最易感动人的，能连络一切。我从前有许多朋友住在一块，后来别了好多年，没有见过面，形式上要算疏忽了，但是精神上还是没有分离。这就是一种活的精神的表现。我希望讲活的教育，也要把这活的精神当作活的教育里一件材料。这就是我讲的 Education for life。

《时事新报》副刊《学灯》(1922 年 1 月 18—19 日)

【附录】

致《学灯》记者

《学灯》记者先生：

今天我看见《学灯》上登了一篇《活的教育》，记得是在金陵大学暑期学校讲演的话。现在汪、马二君发表出来，我很感谢。他们记得很详细，有好几处确能传达我的精神。但因各地言语不同，所以记得也不十分正确。如"我们办教育也就像推草一样"因为前后遗了几句，就和我原来的意见正相反了；"传财"与"传产"当是"单传账簿"与"对着账簿点明产业交待后人"之误，Education of life 应在教材之前，等等，都是要更正的。报章重在传达真相，知行提议以后对于投来的演讲稿，如能办到，最好先寄与演讲人看过再登，当可减少错误。出版虽要晚几天，但看报的人因此所得的益处确要大些。先生以为何如？请先生将这信登在报上，作为更正。

陶知行

十一、一、十九

《时事新报》副刊《学灯》(1922 年 1 月 23 日)

教育者的机会与责任 *
（1921 年 7 月）

今天我讲题是《教育者之机会与责任》，但是今天到会的，除教育者外，又有受教育的学生，提倡教育的办学者。我这题目，和上面种种人有什么关系呢？我想，学生对于教育发生的影响，自己首当其冲，自然要去看看教育者是否已经利用他的机会，尽了他的责任。办学者是督察教育者的人，更有急需了解教育者的机会与责任的必要。所以我这演讲，实在是以上三种人都应当注意的。

先从机会方面讲。教育者应当知道教育是无名无利且没有尊荣的事。教育者所得的机会，纯系服务的机会，贡献的机会，而无丝毫名利尊荣之可言。他的机会，可分四种：

（一）有可教之人；

（二）可教者而未能完全教；

（三）可教者而未能平均教；

（四）已受教而未能教好。

以上四种，都是予教育者以实施教育的机会。且先就第一种讲。

第一种是因为社会上有许多可教之人，所以教育者才能实行他的教育，倘若无人可教，则教育者就失其机会而无用武之地了。孔子曰："生而知之者，上也。"美国某哲学家，对于他这句话很有怀疑，他反驳孔子说："生而知之者，下也。"可是他的话确乎也有根据，譬如最下等的动物——细胞，彼从母体脱离后，凡彼母亲会做的事，彼都会做。再推到小牛，彼虽然不似细胞那样快，但是不用隔多时，举凡彼母亲的事，彼也会做了。小猴子却又不同，彼有几个月要在彼母亲的怀里，因

---

* 本篇系陶行知于 1921 年夏在安庆暑期演讲会上的演讲。记录人：程湜昌。

为彼又是较高于小牛的动物。人又不然了，人在小孩子的时期，最早要候二三年后，始能行动，后来又慢慢由幼稚园至于大学，去学他的技能，以做他父亲［母］会做的事。总之，幼稚时间长，所以可教；教育者的机会，也是因为有可教的小孩子啊！

第二种是说可教的人没有完全受教。如中国有四万万之众，照现在统计表计算，只有五百四十万个学生。换言之，只有一百分之一·五是学生：一百人之中，能受教育的只有一个半人。这一百分之九十八·五的不能受教育者，都打着我们教育者的门，并且告诉我们说；"现在是你们的机会到了，有一个人不入学校，就是你们还没有实行你们的机会。"

第三种是就受教的人说的。中国现在受教育有三桩不平均的地方：（一）女子教育；（二）乡村教育；（三）老人教育。

第一桩，女子教育在中国最不注重。中国全国，有一千三百余县没有女子高等小学，又有五百余县没有一个女学生。若照百分法计算起来，男学生占学生中百分之九十五，女子却只占百分之五；以家庭论，一百个家庭，只有五个是男女同受教育——好家庭了。所以为家庭幸福计，男女都应受同等的教育。女子教育的重要有三。

甲、女子同为人类，自应有知识技能，去谋独立生活。譬如四万万根柱子擎着大厦，设若有二万万根是腐朽不能用的木材，则此大厦必将倾倒，这是很明显的例子。所以女子必须受教育，去共同担负社会的责任。

乙、女子富于感化性，能将坏的男子变好，并且可以溶化男子的性情与人格。诸位不信，请看看你们的亲友，定可得着个很显著的证明。所以欲使男子不致堕落，非从女子教育着手不可。

丙、女子受教育，必定十分顾及他子女的教育，不似男子的敷衍疏忽。所以普及女子教育，不但可以收到家庭教育的好果，并且可以巩固子孙的教育啦！

第二桩，不平均是城乡学校的相差，城里学校林立，乡下一个学校都没有。以赋税论，乡下人出钱，比城里人多些；他们的代价，至少也应当和城里平均，才是公允的办法。故乡村教育，应为教育者所注意。

第三桩，是小孩子可以受教育，而老年人则无受教育之机会。一班教育者，也只顾及小孩子的教育，对于老年人很少加以注意，这也是件不平均的事。中国现在内外交萦，社会多故，如若候着那班小孩子去改造，非待二三十年后不能奏效。所以欲免除目前的危险，必须兼顾着老幼的教育。

许多女子、乡村人、老年人都打着我们教育者的门，如求雨一般的哀求我们放他们进来。这也是我们的机会到了！

第四种机会，是因为小孩子虽然受教，但是没有教好。如已教好，我们教育者又无机会了。没有教好者，可分四层讲。

甲、人为物质环境中的人，好教育必定可以给学生以能力，使他为物质环境中的主宰，去号召环境。如玻璃窗就是我们对于物质环境发展的使命之一。我们要想拒绝风，欢迎日光，所以就造一个玻璃窗子去施行我们拒风迎光的使命，教讨厌的风出去，可爱的日光进来。又如我们喜欢日光和风，但是想拒绝蚊蝇，所以又造了一种纱窗去行我们的使命。这种使命，并非空谈，因为我们有能力确可使这些自然的环境，听我们调度。故学校应给学生使命环境的能力，去作环境的主宰。以上不过是表明人对付环境的两个例子。

水也是自然环境之一，但是人不能对付彼，常常为彼所戕杀。如去年门罗①博士到苏州参观教育，同行有四位女学士。过桥的时候，女学士的车子忽然翻落桥底，当时船家和兵士都束手无策，等到想法捞起，已经死了一个。我们从这件事，得着一个教训，就是"学生、船夫、兵士都不会下水"，以致人为自然环境的"水"所杀。

人在青年时发育最快。身体的发育，犹如商人获利一样，可是商人获利是最危险的事，偶一不慎，当悖出如其所入。我们青年生长时，亦有危险，学校讲求体育，应问此种体育是否增加学生的体健，使他们不致有种种不测之事发生？

这种学生的父兄，也带了他瘦且弱的子弟，打我们教育者的门，厉声问我们教的是什么教育？

乙、人不但是物质环境中之一人，也是人中之一人。人有团体，有个人，在这团体和个人中，便发生相对的关系。此种关系，应互相联络，以发展人性之美感。在此阶级制度破产时，我们绝不承认社会上还有什么"人上人"、"人下人"，但是"人中人"我们是逃不掉的。我们既然都是人中之一人，那么，人与人自然会有相互的关系了。这种关系

---

① 门罗（Paul Monroe，1869—1947） 通译孟禄，美国教育家，哥伦比亚大学师范学院院长、教授。1921年应邀来华进行教育调查。曾任中华教育改进社名誉董事，中华教育文化基金会董事。

能否高尚优美，尚属疑问。且就现在的选举说吧，被选人手里执着些洋钱，选举人手里执着一张票，他们所发生的关系，是洋钱的关系，选举的关系罢了！这种关系，能合乎高尚的条件吗？

再看留学生的选举如何？记得从前中央学会选举时，自称为博士、硕士的留学生，不也是一样的舞弊吗？其他如大学毕业生、中学毕业生以及未毕业的中学生，他们又是怎样？他们为什么拿着清高的人格去结交金钱？去结交政客？作金钱的奴隶？作政客的走狗？这样的学生对得起国家社会吗？对得起父母吗？对得起自己的人格吗？

国家、社会、父母，都带着他的子孙，打我们教育者的门，骂我们为何太不认真，以致教出这种子弟！

丙、好教育应当给学生一种技能，使他可以贡献社会。换言之，好教育是养成学生技能的教育，使学生可以独立生活。譬如社会上的农夫、裁缝、商人、工人、教员……他们都有贡献社会的技能，他们各人贡献他们所做的事，可以使社会得着许多便利。倘若有一个人没有能力，则此人必分大家的利，而造成社会的恐慌了！所以教育的成绩，就是"技能"，教育就是"技能教育"，且拿现在的师范生做个譬喻，现在师范毕业学生只有十分之八可以服务，十分之一可以升学，其余的十分之一，却做了高等游民了。再看中学毕业生，也只有三分之一可以服务，三分之一可以升学，其余三分之一，也就做了游民了！但是他们虽然不能服务，倒不惯受着清闲的日子，反做出许多不正当的事业，实在危险啊！

这种游民式学生的父兄，也打着我们教育者的门，问我们何以教出这种不会做正当事的子弟？并且教我们重新改过课程，使毕业的学生皆可独立。

丁、人不能没有休息，但休息是人最险之时。人无论怎样忙，都没有损害，倘若休息，则魔鬼立至。我们可以看出社会上许多恶事，都是在休息时候做的。所以学校里有音乐，便是给学生以正当的娱乐，使学生不致在休息时间做出恶事。可是学生回到家里，既无教员同学和他盘桓，又没有经济设置音乐去助他的娱乐，难免不发生其他的事来。所以学校应当使学生在休息时有正当的愉快。

这又是我们教育者的机会了！

总之，以上皆是我们教育者的机会。平常人对于机会怎样对待呢？大约可以看出四种情形来。

（A）候机会　有一班教育者天天骂机会不来，好象穷妇人想发财一样，但是机会不是观望的，所以等着机会是极愚拙的事，可以料定永远不会收着成效的。

（B）失机会　又有一班教育者，他明明看见机会来了，等到用手去捉彼，彼又跑掉了。如此一次，二次，三次……仍旧不能得着机会。因为机会生在转得极快的圆盘子上，倘如没有极敏捷的手去捉彼，总会失败的。

（C）看不见机会　机会是极微细的东西，有时且要用显微镜和望远镜去找彼。一班近视眼的教育者，若不利用那两种镜子，是很难看见机会的。

（D）空想机会　还有些教育者，机会没有来，到处自炫，就象得着机会一样。犹如两个近视眼比看匾，在匾没挂起来的时候，都去用手摸了匾。后来共请一位公证人去批评，他们各人述了自己的心得，公证人忍不住笑了，因为这匾还没有挂上，他们都是"未见空言"咧！

这类"未见空言"的教育者，他们一味的空想，结果总没有机会去枉顾他一次。

现在再谈谈好的教育者。我以为好教育者，应当具有灵敏的手去抓机会，并且要带千里镜去找机会，机会找着了，就用手去抓住彼，不断地抓住彼，还要尽力地发展彼。

再说一说教育者的责任。简单一句话，教育者的责任就是"不辜负机会，利用机会，能用千里镜去找机会，会拿灵敏的手去抓机会"。

办学者和学生都应当看看教育者是否利用他的机会，如果没有利用他的机会，便是他没有尽责。尽责的教育者，可以使学生发生"快乐"与"不快乐"两种感想；但是不尽责的教育者，也可以得着这两种情形，这是什么缘故？

因为教育者尽责，可以使学生在物质环境中做好人，教他学习一种技能去主宰环境。这种教育者，学生对于他有合意的，有不合意的。合意者不生问题，不合意的学生只请他认定教育者是否教我们做一个好人。如是，那我们就应当忍耐着成全这教育者的机会。设若教育者不负责，辜负了机会，不使学生求学，我们这时候，应当知道学生有好有坏，教育者也有尽责与不尽责，不尽责的教育者常为坏学生所欢迎，同时也被好学生唾弃。做好学生、好教育者，更应当对于坏教育者、坏学生，加以严厉的驱逐，使这学校成为好的学校。

这桩事，无论是教育者、学生、办学者，皆当注意。我们不能辜负这机会与责任，自然要奋斗。攻击坏教育者、坏学生，是我们不可不奋斗的事，尤其是安徽不可不奋斗的事！

《民国日报·觉悟》（1922 年 7 月 7 日）

师范教育之新趋势[*]
（1921 年 10 月）

　　教育是立国的根本。不过因为国体的不同，教育的趋势也就不一。共和国立国的要素，在国民有共同的目的，共同的了解，谋共同的利益。但是人们幼时的动机，常偏于自私自利一方面，吾们当怎样利用他，养成互助、团结、同情等好习惯和共同了解的机会，那就全靠教育。有人说："吾国无国民。"这话未免太过。但细想，实际上有国民的资格的确是不多，所以教育在中华民国里更加重要。师范学校负培养改造国民的大责任，国家前途的盛衰，都在他手掌之中。既有这种责任，哪得不观察教育的新趋势，谋进步的教育！

　　要造成适当的国民，须有适当的教员。譬如裁缝制衣，一定要估量身材的长短肥瘦，还要知道人们的心理，然后配以适当的颜色。所以不但和身体有关，和精神亦很有关系。相传明朝有个御史，请裁缝做衣①，裁缝问："你是第一年的御史，是第二年的御史，还是第三年的御史？"他为什么要这样问？因为第一年趾高气扬，衣服必定要前长后短，方始合度；第二年稍知事故人情，要前后等长；第三年更进步了，格外虚心静气，背也曲了，所以要后长前短。办师范教育，也当作如是观。换言之，就是要合社会的应用。不过从"用"上面，就有两个问题发生：甲、够用不够用，是讲他的数量；乙、合用不合用，是讲他的性质。

　　甲、够用不够用的问题　　就是议论师范学校究竟要造就多少人才方才够用。这可分两层讲：

　　（1）假定我国人口是四百兆，有八十兆是学龄儿童，就当有二百万

---

　　* 本篇系陶行知的一次演讲。记录人：江源岷、张锡昌。

　　① 此则笑话故事，出自清人赵吉士《寄园寄所寄》。

教员（每人教四十个学生）。现在只有十八万五千，不过占十三分之一。缺少的数目很大，就应该怎样去增加呢？

（2）人口依几何级数增加，教员也当增加。还有因病而死的，因他种关系而改业的。如女子出嫁，教员便做不来。这样的变换，教员的数目，也就要减少。据日本人调查，十七个教员中须有一人补他的缺，要达"够"的目的，真是不容易呵！但这不是师范学校单独的责任，社会、国家和教育机关都应负责的。

乙、合用不合用的问题　师范教育的趋势，在能改进不合用的变成合用的；改进合用的，变成更合用的，这种向着合用走的几个趋势，就是新趋势。现在分条来说明。

（1）乡村教育和城市教育

乡村教育不发达，可说已达极点。我国人民，乡村占百分之八十五，城市占百分之十五。就是有六千万人居城，三万万四千万人居乡。然而乡村的学校只有百分之十。这种城乡不平均的现象，各国都不能免，但是我国的乡村，未免太吃亏了。恐怕也非城市人的福哩！至于教材方面，乡村和城市也大不同。例如电灯、东洋车等，在城市是常见的，但在乡村的学校里要教起这许多材料来，就很困难了。还有放假一层，乡村和城市也不同。什么蚕假、稻假咧，哪里能够把部定章程来束缚他！现在的师范学校都设在城市，连教授方面，也是重城轻乡。此后亟当想法，怎样才可以使乡村的儿童受同等的知识，享同等的待遇，这就是师范教育的一个新趋势。

（2）研究小学教材

现在的师范学校，大都是中学校的变形，不过稍加些教育学、教授法罢了。毕业以后，就拿这些教材去教学生，恐怕还是门外汉呢！所以师范生在观察要用怎样的小学教材，就怎样去学。一方面要学"学"，一方面要学"教"。这又是一个新趋势。

（3）培养特长的人才

现在的人以为师范生要件件都能。这却不对。高等科和国民科不同，普通科和特殊科又不同。师范教育，当发展各人的特长，以适合社会上的需要。例如江苏省立第三师范学校的分科研究制，是很好的师范教育。

（4）扩充师范学校

现在师范学校，平均每校二百人左右。教育部规定至多不得过四百人。但是在欧美诸国，大都每校在千人以上。可见"大师范学校"，是吾国很需要的。

（5）添加新功课

社会上有新的需要，就当添加新的功课去适合他，指导他。现在社会问题很纷乱，社会学应当增加了。又因为科学的发达，各种学问，注重分析。所以虚泛的、理论的心理学不够用，儿童心理学和心理测验一定要增加了。仅讲些教育史、教育哲学也不够了，教授法、管理法……一类的实际学问，也须重新研究了。总之，社会的新需要没一定，增加的新功课也当随之而异。

（6）师范和附属小学宜格外密接

附属小学不但是实习的地方，简直是试验教育原理的机关。教育原理不是一成不变的，天天去研究，就天天有进步，天天有革变。所以附属小学是"教育学的实验室"，和别的实验室一样的。

（7）师范学校有继续培养的责任

内地有许多师范学校，对于毕业生毫不关心。这是最不好的现象。当知毕业是局部的、暂时的。学生固不可从此不学，教员也不当从此不教。所以学校对于毕业生有继续培养的责任。例如调查、讲演会、巡回指导等事情，更当注意。

（8）培养校长和学务委员等专门人才

一学校的好坏，和校长最有关系。一地方的好坏，和学务委员最有关系。但是现在却不注意到这两层。例如南京有人口四十万，当有学龄儿童七万，教员二千人。对于学务委员，一些人没有相当的重视。物质上的酬报，每年多至四百元！吾们固不当做金钱的奴隶，但事务和代价，当然要求个相值。广州大于南京二倍余，而教育局长的薪水，每月在四百元以上，所以教育也有进步了。象广州这样优待，固然不必效法，但是今后教育界应有一种觉悟。对于一般学务委员当有相当的重视，而师范学校里，也不得不培养特长的专门的人才。这种趋势，在欧美早已现诸事实上了，我们中国的教育岂可忽视了么？

以上几种趋势，决不是一二年内所能办到的，但是现在不可不向那一方面进行。

《时事新报》副刊《学灯》（1921 年 10 月 22 日）

评学制草案标准
（1922 年 1 月）

　　我们当改造一种制度之时，常受一种或数种原理信念的支配指导。这次学制草案①所采用之六种标准，也就是这种原理和信念的表现。论到所表现的是否合宜，我们必须先看学制的功用，才能加以判断。学制的功用何在？

　　学制是一种普遍的教育的组织。他的功用是要按着各种生活事业之需要，划分各种学问的途径，规定各种学问的分量，使社会与个人都能依据他们的能力，在各种学问上适应他们的需要。照这样看来，学制所应当包含的有三种要素：

　　（一）社会之需要与能力

　　各种社会对于学问上之需要，有同的，有不同的；他们设学的能力，有大有小。

　　（二）个人之需要与能力

　　各种学生对于学问上之需要有同的，有不同的；他们求学的能力，有大有小。

　　（三）生活事业本体之需要

　　各种生活事业在学问上所需之基础有同的，有不同的；他们所需的准备的最低限度，有大有小。这种基础与准备之伸缩可能，也有大小之不同。

　　我们且依据这三种要素来观察这次学制草案之标准。第一条标准——根据共和国体，发挥平民教育精神——和第二条标准——适应社

_____

　　①　学制草案　指全国教育会联合会 1921 年在广州议决通过的学制草案，亦称新学制草案。

会进化的需要，都属于社会共同的需要方面。第五条标准——多留地方伸缩余地，并且顾到各地不同的需要。若第五条与第四条——注意国民经济能力，第六条——使教育易于普及——合起来看，我们可以说各地设学的能力的大小也顾到了。第三条——发展青年个性使得选择自由，对于个人的需要已有相当的重视。就这条与第四条合起来看，似乎学生求学能力大小之不同，亦已隐隐的含在里面。再看说明（四）与（五），可以晓得学制草案对于学生求学的能力，是很注意的。

故此次所拟的标准，对于社会之需要能力和个人之需要能力两种要素已经顾得周到，但对于生活事业本体上之需要，却无显明之表示。虽有几处——如中等教育段，很能体贴这种意思，但因为未曾明白表示，所以顾此失彼，不能彻底的应用出去。

生活与事业本体之需要是规定学制很重要之标准，我们分段落定分量时，应当受他的制裁和指导。例如社会需要医生，也有力开办医学，某生需要学医也有力学医，但是社会应办几年之医科大学，某生应学几年之基本学问方可学医，应学几年之医道方可行医，这都是要由医道本体的要求定的。医学之分量基础宜如此定，准备别种生活事业之分量与基础亦宜如此定。故先依各种生活事业之需要，规定各种学问之分量，再就社会个人的能力所及，酌量变通，以应社会与个人的需要，或是建设学制可以参考之一法。

我们对于新学制草案应持之态度
（1922 年 1 月）

第七届全国省教育会联合会①，拟订学制草案，征求全国意见，以为将来修正实施之准备，立意甚好。"壬子学制"②，经十年之试验，弱点发见甚多。近一二年来，教育思潮猛进，该学制几有不可终日之势。故此次所提草案，确是适应时势之需求而来的。我们对于这应时而兴的制度，究竟要存何种态度？我以为建设教育，譬如造房屋；学制，譬如房屋之图案。想有适用的房屋，必先有适用的图样。这图样如何能画得适用？我以为画这图的人，第一必须精于工程。第二假使所造的是图书馆，他必定要请教图书馆专家；科学馆，必定要请教科学专家；纱厂，必定要请教明白纱厂管理的人；舞台，必定要请教明白管理舞台的人。有这两种人参议，才能斟酌损益，画出最适用之图样。制定学制，也可以应用这理。不过学制包括的范围更广，所应询问的方面更多了。此次全国省教育会联合会，征集各省教育界的意见，就是为了要顾到各方面的情形。所以我觉得凡对于学制有疑问、有反对、有主张的，都应提出充分讨论、研究、实验，使将来修正之后，各方面之教育，都有充分发展之机会。换句话说，虚心讨论、研究、实验，以构成面面顾到之学制，是我们对于学制草案应有之第一个态度。

建筑最忌抄袭：拿别人的图案来造房屋，断难满意。或与经费不

---

① 全国省教育会联合会 即全国教育会联合会，由各省省教育会及特别行政区教育会组成于 1915 年 5 月。1921 年 10 月 26 日至 11 月 7 日，在广州召开了第七届会议，研究讨论新学制问题，通过了新学制系统草案。

② "壬子学制" 1912 年（壬子年）9 月，教育部公布了《学校系统方案》，称为"壬子学制"。其后，教育部还陆续颁布了各种学校法令。次年（即癸丑年），综合上述两方面内容，发布了"壬子、癸丑学制"，亦通称"壬子学制"。

符，或与风景不合，或竟不适用。以后虽悔，损失已多。[①] 我国兴学以来，最初仿效泰西，继而学日本，民国四年取法德国，近年特生美国热，都非健全的趋向。学来学去，总是三不象。这次学制草案，颇有独到之处。但是不适国情之抄袭，是否完全没有？要请大家注意。诸先进国，办学久的，几百年；短的，亦数十年。他们的经验，可以给我们参考的，却是不少；而不能采取得益的，亦复得多。今当改革之时，我们对于国外学制的经验，应该明辨择善，决不可舍己从人，轻于吸收。这是我们对于研究新学制草案应有的第二个态度。

为造新房绘图易，为改旧房绘图难。因为改旧房时，须利用旧房，以适合改造之需要。然旧房有可利用的，有断不可利用的，有将来要拆而改造时不得不暂行存留的。这都是绘图的人应加考虑的事。我们的旧学制，多半应当改革；但因国中特别情形，或亦有宜斟酌保存之处。大凡改制之时，非旧制遭过分之厌恶，即新制得过分之欢迎。这两种趋势，都能使旧制中之优点，处于不利之地位。所以我们欢迎新学制出现的时候，也得回过头来看看掉了东西没有。这是我们对于新学制草案应有的第三个态度。

图案是重要的，但只是建筑房屋的初步。学制是重要的，亦只是建设教育的初步。徒有学制，不能使人乐学；也如徒有图案，不能使人安居。如何使纸面上的图案，变成可以安居之房屋；与如何使纸面上之学制，变成最优良最有效率之教育，是一相仿的事业。不知要费几许金钱、脑力、时间去经营，才能成就我们所想成就的。我们切不可存学制一定即了事的观念。我们更要承认，学制以后之事业问题是无穷尽的。无穷尽的事业，要我们继续不已的去办理他。无穷尽的问题，要我们继续不已的去解决他。所以学制虽是个重要问题，但只是前程万里的第一步。他原来是如此，就应如此看待他。这是我们对于新学制草案应有的第四个态度。

总之，当这学制将改未改之时，我们应当用科学的方法、态度，考察社会个人之需要能力，和各种生活事业必不可少之基础准备，修正出一个适用之学制。至于外国的经验，如有适用的，采取他；如有

---

① 本篇于 1928 年收入作者自选集《中国教育改造》一书时，将此句改为："日后懊悔，损失必多。"

不适用的，就回避他。本国以前的经验，如有适用的，就保存他；如不适用，就除掉他。去与取，只问适不适，不问新和旧。能如此，才能制成独创的学制——适合国情，适合个性，适合事业、学问需求的学制。

《新教育》第 4 卷第 2 期（1922 年 1 月）

对于参与国际教育运动的意见 [*]
（1922 年 3 月）

今年五月比京要开第五次家庭教育大会①，吾国已被请出席报告"吾国农业情形"和"农家社会现状"；明年要在美国举行万国教育会议②；万国成人教育会也要在日诺瓦③聚集。这三种会议，是我们已经晓得要举行的。以后诸如此类陆续发见的会议，必不在少数。

这种会议，如果办理得好，从小的方面看，可使到会各国交换知识；从大的方面看，或可解决些国际教育的问题，以谋世界文化的改造。我们若不想在世界文化上占一地位也就罢了，如果是想占地位的，那对于这种会议也免不了要参与的。

去年八月十一日檀香山开"联太平洋教育会议"，吾国也派代表与会，但因准备不足，虽有好的代表，不能得满意的效果。今年二月四日斐利滨④开远东教育会，政府直到一月二十日才开始找人代表，终因政府毫无准备，不能成行。我们以后若再懒惰，不早些从事准备，那世界真

---

* 本篇文字，在 1923 年 3 月《中华教育界》第 12 卷第 8 期上亦有发表，题为《为万国教育会议事敬告全国教育界同人》。有所不同的是，在本篇文字之前，加有下段文字："万国教育会议由美国全国教育会发起，订于本年六月二十八日至七月六日在旧金山俄克兰地方举行。各国都被邀请派遣代表赴会。中国政府和具有全国性质的各种教育团体都为被请之列。这是世界上教育界第一次的大结合，以后这种会议，怕是免不了要陆续发见的。"

① 家庭教育大会　即万国家庭教育大会（International Congress on Home Education），以提倡家庭教育，利于儿童成长为宗旨。第一次大会于 1905 年在比京（比利时首都布鲁塞尔）举行，时有 24 个国家代表参加。

② 万国教育会议　指世界教育联合会（The World Educational Conference）的成立大会。美国教育联合会为其发起者，1923 年 6 月底至 7 月初，大会在美国旧金山召开。中国代表郭秉文被选举为该会副会长。

③ 日诺瓦　今译日内瓦（Genève）。

④ 斐利滨　今译菲律宾（Philippines）。

要以为中国没有教育了。世界以为中国没有教育犹事小，若中国真无教育可说，那就更可惭愧了。所以准备一层，决不可以单在对外或"广告"上做工夫。那最重要的准备，就是平日的成绩和随时的势力。发表固然要紧，但必先有成绩，然后才说得到发表。所以教育外交的根本的根本，是要全国从事教育的人，分工合作，好好的办教育，把教育好好的办。

近几年来，中国教育确有些不可埋没的地方；那可以告诉人而无愧的，也不在少数。可惜同如孟禄先生所说，这种种优点，都散在各处，没有人将他们会通起来，所以不但外人不得而知，即国内的人也是不相闻问的。所以我觉得一方面要有人办教育，一方面还要有人分门别类的观察、调查、研究各种教育之消长和真相，报告国人，使彼此有所参考。一旦有国际的联络发生，荷包里拿出来就是，岂不便当！

自己不办教育和办而没有成绩，当然对于国际教育运动无参与之必要，更无参与之资格。但办教育虽有成绩，而自己不明白，又不能使人明白，那就是参与，也等于不参与。前面说到国际教育的运动，有交换知识、解决问题两种重要目的。若想达到这两种目的，都非自己先有准备不可。

即以交换知识论，必先双方有东西可以换来换去，才可算为交换。自己必先有好的东西，才能和人换到好的东西。因为"给的能力"常和"取的能力"大略相等。能给多少，即能取多少。吾国近几十年来从东西洋得来的文化，多属肤浅，大半是因为我们所出产的，够不上第一流的交易。我敢断定要想在国际的教育上得到第一流位置，我们必须在教育上有第一流的贡献。这种贡献是继续不已的研究，苦心孤诣的实行产出来的。他们要靠着平日的努力，不是凭着一时的铺张。

至于解决国际教育的问题，谈何容易，是必先把所要解决的问题，彻底的明了，然后才能谈到解决。若想彻底的明了，第一要自己晓得自己，第二要自己晓得别人，第三要别人晓得自己。自明，明他，他明，是解决二人以上的问题的根本方法，也是解决二国以上的问题的根本方法。若想解决国际的教育问题，也怕跑不出这个范围。

总起来说，国际的教育运动，是一天多似一天的；我们是一定要参与的；我们以前参与这种运动是无准备的；以后的准备，一是要靠着自有的成绩，二是要靠彻底的自明。自己有成绩，才能和人交换，自己明白自己，更是和人共同解决问题的初步。

《新教育》第 4 卷第 3 期（1922 年 3 月）

中华教育改进社第一届年会社务报告*
（1922 年 7 月）

　　本社社务，可分四项报告：（一）调查的事业；（二）研究的事业；（三）编译的事业；（四）推广的事业。

　　办教育如医病然，一方面应该知道病人的体力，一方面尤应该知道疾病的来源。知道了这两层，然后可以下药。我们办教育，对于教育之宜改进，是早经知道的了，但我们不知道他的弱点究在何处。我们应该用显微镜察看中国教育不振兴的微生虫在什么地方，也应该用千里镜察看中国教育不发达的远因在什么地方，所以第一种手续就是调查。调查的手续，第一是调查一个地方的教育状况。此种调查之略已举行者，有江苏的无锡，即此地（济南）亦已有行之者。但此种调查事业，必须由本地方自动，然后我们可以介绍专门人才。若本地尚未觉得调查之需要，甚且讳病，则调查该地教育之时机决未成熟。第二是调查一个问题的事实。凡关于一个问题之事实，必充分调查后可得相当解决。调查后，将结果报告出来，还要进一步为谋方有用。因病有万千，药亦万千，什么药治什么病，必须研究，然后可以有解决。研究是我们第二种事业。本会中对于教育深有研究者有十几位，不足则益之以外国之学者。前已有孟禄博士，今则有科学家推士①先生，行将于明天到济，可以与诸君见面。我们的教育害病最厉害的是中学，中学中尤以科学教育为最不良，所以中学教育造成的人才，都不能控制环境，号令环境，管理环境。将来推士先生对于中国中学中之科学教育，必有许多贡献。这是我们研究事业之一例。第三是编译事业。调查与研究所得，决不能秘

---

　　* 本篇系陶行知于 1922 年 7 月在中华教育改进社第一届年会期间的报告，载于该年会《开幕典礼纪事》。后发表于同年 10 月《新教育》第 5 卷第 3 期。

　　① 推士　美国科学家。1922 年下半年经孟禄博士介绍，来华讲学。

而不宣，必须布告于国人，于是乎编译事业尚已。譬如普通小病，不必经专门医生之手术者，只消将病原病状及药宣布出来，病人看了自己就可以医治。本社之编辑物，有《新教育》① 杂志，一年出十册，暑假停刊，以研究调查，无论为本国的或外国的，报告于国人。有时亦宣布之于外国人。外国人只知中国穷、弱、无能为，而不知道中国人亦有文化；只以为中国人都是洗衣服的，开饭馆的，吃老鼠的，不知中国人之文化，其可以告人者，亦不在少数。即有坏处，亦宜告诉他人，使他人可以指导我们，供我们的参考。第四是推广事业。调查了，研究了，宣布了，还须实行，同心协力的，不问党派的，抛弃地方主义去实行。

本社的四部分事业报告完了。简括一句话，本社是想做积极的、联络的、互助的事业，虽然能力不足，但有这个志愿。将来还请各界指教。这一回年会，在此地开会，对于济南的同志是非常感谢。而对于赴会诸君，在此炎热天令，不远数千里而来，本社办事人亦当致相当感谢。现在到会者共有二百十二人，尚有后到未注册的，大约共有三百人之谱。此三百人代表十四省，二特别区，凡有交通事业之处，无不到者，即此又可以见交通事业与教育事业之关系。我们在此开会，尚有一事可以为我们法，在我们眼前所挂的是武训②的遗像。这像是社员郑锦先生画的。世人以为无钱可以不办学，但武训不是这样想。他说就是穷到讨饭也要办教育。他是已经照这话实行的。武训死了，他的办学精神是永不死的。

《新教育》第 5 卷第 3 期（1922 年 10 月）

---

① 《新教育》 教育月刊。1919 年 2 月新教育共进社创办，1921 年改归中华教育改进社主办。1925 年 10 月停刊。共出版 11 卷，计 53 期。首任主干（主编）蒋梦麟。自第 4 卷第 1 期起改由陶行知任主干。

② 武训（1838—1896） 原名武七，山东堂邑（今聊城）人。平生通过乞讨等办法筹款兴办"义学"，得到清政府的嘉奖。

办公原则[*]
（1922 年 9 月）

今日所讲者，谓之为原则可，谓之为目标亦可。以下八点，乃中华教育改进社之所欲实验，亦即今日之所欲言者。所谓八点，即：1. 唯事的，2. 科学的，3. 效率的，4. 教育的，5. 美术的，6. 卫生的，7. 兴趣的，8. 互助的，是已。请分别言之。

1. 唯事的

中国人办公，素为唯人主义。一机关所用之人，彼此各有关系，常因一人之迁更，而影响其他各人者。故推荐者与被推者，同其去就；而所推荐者，又皆因人之关系，胜任与否，所不计也。今则当以事为主。办公者，非一人为另一人做事，乃人人为一事或数种事尽力，系"非人治的"（Impersonal）。事宜分工者则分，宜合作者则合，一切以事为中心。常见旧时幕府中，每一文出，他人不能更一字，恐伤情也。夫文件乃代表一机关之精神内容者，觇乎一机关所发表之文件，该机关之优劣荣辱系焉。故每一文出，有关系之人皆有参加意见之必要。以人情所关，遂听一人之专断，牵强出之，损名败事，莫此为甚。且一机关之内，又每因人与人之意见而损及公事。主持之人待我厚则尽力，待我薄则不尽力。尽力之多少，机关之利害关之，事果何辜而因一厚一薄以增减其效力耶！事治则不然，善治其事者留，不善治其事者去，善事为尚，人情次之，既无素餐尸位之职，亦无人存事举、人亡事息之弊。人之去就不足损事，事之兴废不复因人，而事举矣。

2. 科学的

此盖重科学之方法与态度。昔之办公者，埋首不求改进，墨守陈

※ 本篇系陶行知 1922 年在中华教育改进社总事务所作的演讲。记录者：章松龄。

规，自封故步，使学问与事业判若鸿沟，一若无相联之必要者。若以科学精神注于事业上，则事业成为学问，日求改良以利公务，利用科学方法，比较、实验以求结果之善。科学方法，无处不可应用，上自机关之组织，下至文具购置（本社用信纸、信封甚多，近以万计，若每昂一二文，则所失不赀，乃调查各店中关于信纸、信封各种不同之货价，及各机关所买信纸、信封之价而比较之，则知改进社所置之信纸、信封较贵，于是改良之），无不适用之。人不能无过，过贵能知，知而不改，斯为过矣。作事亦然，人不能无失，既失败矣，则必究其致败之因，而求有以改良之。能如是，而后能无第二次之失败。失败不足过，若听其长此终古，不思有以矫正之，则一日之失，即毕生之失。日计不足，月计有余。故有科学之态度，则于所作事能怀疑、反省、试验、分析、实证，而不囿于陈法，有科学之方法，则于所作事有改良余地矣。

3. 效率的

效率视所费时间、精力、财力与结果价值之比而定。所费多而成功少，则效率小，反之则大。欲效率之大，有二事须注意：一、事当其时；二、人当其才。不当时之事，不当才之人，皆有损于效率。种稻于冬日，用文人于耕耘，未有不败事者。以上二事总合之，即：

（1）须先有计划　计划包时间、精力、经济等而言。临时用人，必难当才；临事买物，其价必贵。一日有一日之计划，一年有一年之计划；日以实现年，而有年之计划，日之计划始有所依。有年之计划而无日之计划，则所谓计划者，必等诸空名，不能实现；有日之计划而无年之计划，则所谓计划者，必如不系之舟，盲动而无所成功。是以必先有计划。

（2）工具须利　善事必利器，器不利而求效能之增者，未之有也。各机关最要者为文件，旧机关中，检查文件乃极难之事，盖编置无法，保存无方也。改进社制成庋藏文件夹数种，各文件无论其为何年何月者，一分钟内，皆可寻出。夹凡三种：（a）编号庋藏夹。又分二类：（甲）收入，（乙）发出。各夹皆编有号目及年月日，文件依来去之先后，编号依次入夹。（b）名称检查夹。（c）事由检查夹。（b）（c）二种，内皆有表，载人名、事由、摘要、来去、号数等。各类以下图明之（图略）。

如郭秉文[①]先生，来函言东南大学预算已由国务院通过，则此函有四种分法：（一）郭秉文，（二）国务院，（三）东南大学预算，（四）预算—东南大学。（一）、（二）、（三）可入名称检查夹内，（四）可入事由检查夹内（其实分法不必有若是之精细，视信之重要及情形而定）。故欲检查此信，有四处可寻，能忆事者于事由检查夹内寻之，能忆名称者于各种名称检查夹内寻之。此二种检查夹内，各有一表，内载事由、名称及号数。如下图（图略）。

检查夹不分来去，惟于表内载之。来去下记各信之号数。欲检一信，既已得之于事由或名称夹内矣，则记其号数，而向编号庋藏夹内寻之，无有或爽者。但各信之来往必须记入各表中，平时固觉烦琐，然检查利矣。再，信件来往不多者，可入事由夹，往来甚频者，入名称夹。盖名称夹每人一夹，事由夹则多至十数人，年不过一二封信者，占一名称夹，未免不经济。

报销之事，亦昔日所视最困难者，常专任一人任之。其实不复杂之机关，其账目不必先入"流水"，后再誊清分类，尽可采用分类账簿，一页中将门类分行账目属于何项，即在何项下记其数目及其收条号数、年月日、事由等。如是，则每页终了作一结束，即可完事，不必苦向"流水"中寻类别，致头绪繁多，而手慌脚乱也。

工具固宜改良，然亦不宜常改。变更过勤，于所作事之进行，颇有妨碍。改良之事最好于结束时行之，庶几进行无伤，而方法日善。

4. 教育的

办公者，因所办之事，日日无所变更，遂渐成习惯，而流为机械。治一事，固望事之进步，然亦望人有进步。若成为机械，则何长进之有？故为一机关之领袖者，不可不留意于此。人有向上之理智，故其作一事，决不愿终其身于此而无进步之望。为领袖者，则当利其向上之心理，使作事有进步者，得依进步渐升较优之职，则人皆努力于所作之事，而求以改进之，昔之所谓机械者，今则活动矣。同时于一机关各部职务所需乃所参考之书籍，宜为之代置（如会计处置会计学、经济理财学等书是），则公务之暇，可得学问，因学问之进益，遂有升职之望，且间接于该机关之事，亦必多有所补益。尤有进者，

---

① 郭秉文（1880—1969）　字鸿声，江苏江浦人，早年毕业于上海清心书院，1908年赴美留学，先后获伍斯特学院理学士、哥伦比亚大学师范科硕士和博士，曾任南京高等师范学校和东南大学校长，中华教育改进社董事，世界教育联合会副会长。

即除各项专门知识之书籍外，人生普通必要之知识，亦当有以灌输之。盖公事房中之人，同时亦为世界之人，凡世界之大势，思想之潮流，皆宜知之。不然，日坐公事房中，兴趣索然，毫无人生乐趣，则又何优于监狱耶？

5. 美术的

中国办公处，最不讲美观。猪槛马厩，望而生厌。是以办公处不能不稍事讲究，以求适于美的观念。吾人在办公室八小时，占全时约三分之一，若物质环境太劣，实至痛苦。所谓美者，固不应流于奢侈，金璧辉煌，玑珠满架，美则美矣，然失之奢。苟能布置适宜，错落有致，清雅幽静，几净窗明，亦能使人心怡目悦，恋恋而不肯去。次之，所办之事，亦宜有美术。表格，最贵整洁；信件，亦宜雅致。第三，办公室不仅为物质环境，同时仍有人的环境，若办公者囚首垢面，衣履乖张，虽玉堂椒房，亦使人不乐。第四，美术尚条理，重秩序，当作不作，不当作而作，皆不美。

6. 卫生的

办事有美术的意味，则精神上得无限安慰；若再能合卫生原则，则心身并受其益矣。中国办公者，多在湫隘卑湿之小屋中，既无日光，亦无空气，又复椅桌之高低，不合人体，办公者更则随地吐痰，随时吸烟，于是办公室内之空气污浊而不堪问。故近视者有之，驼背者有之，病肺者有之，患脑者有之。疾病时生，人无宁日，而公事遂亦因之而减其效率。是以办公室必合卫生，椅桌之高低，光线之强弱，空气之通塞，墙壁之颜色，皆宜配合适宜，总以能使人舒畅而安为是。又，作事继续一二小时，休息数分钟以恢复疲劳，亦是好事。为办公人员稍置体育设备，亦促进体育之一端。

7. 兴趣的

各人所作之事，皆能合其兴趣，此乃最难之事。大机关中，事多人众，兴趣不合者，尚可调换位置，若小机关中，则难尽如人愿。但极不合兴趣而因经济关系不得不勉强为之者，亦只得权作此事，俟有合兴趣之事，再言迁更，同事者有机会亦当为之介绍一合兴趣之事。兴趣能减少疲劳，增加努力，于工作至有影响。人于不合兴趣之事，不但不愿有以改良之，且每因循敷衍，不利于己，有损于事，不幸莫大焉。

8. 互助的

此项与唯事项相辅助。办公固不当为人，然人与人之互助，不因此而减少。人不能常健康，亦不能无其他意外重大事，于是有离职之一问题。一机关中，苟无人能代其职务者，则当其离职也，此项职务必完全停顿。故一机关中，最好一人于其所办之事，必有第二人能十分明了其职务，则虽有缺席离职之时，而事无停顿阻碍之日。且公事中亦有须合作者，是更赖互助精神以成之。次，则为经济之互助。西国机关办事人员，往往有互助保险之举。再，娱乐之互助亦为不可少者。盖感情之联络，甚有得于此也。

以上八端，乃治事之标准，然须有一共同不悖之基础，即开诚布公是也。无标准不过使人头绪不清，进行迟缓；至无公开之基础，则一事莫举。所谓标准者，必有所附丽，而后始能互相提携，互促改良。不然则当见各标准散漫零乱，格格不相通。科学能改进社会，亦能损人福利。火药可开峻岭，通火车，然亦可为战争侵略之工具。是以论理之方法，仍须有伦理之目的，此开诚布公基础不可少也。改进社庶务，每周有公开之报告，报告物价单位，此有数益：（一）无滥费。各办公人员，明乎物价之轻重，则不滥用（西式信笺，每张价约五分，如不知者每以之起草，迨知其价甚昂，乃惜之惟恐不及）。（二）庶务不能舞弊。盖单位之价格既为同事所共知，势不能妄加增减，以谋中饱。（三）可得更便宜之货物。各办事人员，既知物价单位，则随时可发现较此货物贵贱之物，一遇便宜者，可告庶务购置之。（四）可免感情之伤。不公开之机关中，同事每暗论长短，尤以论庶务者为多。因之感情日恶，嫌隙易生，小则损一时之事，大则败机关之名，不可不慎也。此为开诚布公之一常例，推而行之，其益无穷。

教育行政四要素*
(1922 年 10 月)

　　教育行政有四要素：一人才。办理教育自当以人才为主，但有为之梗者，一即地方主义，为［如］吾安徽之分皖南皖北等派是；一即学校主义，以某学校某学校毕业而分成党派者是。此二者皆急宜破除。二经费。就吾安徽言，教育经费每年一百五十万，亦不为太少，然多用于不正当之途，使经济公开，则经费不加，而用自足。三组织。中国人之组织，多为囫囵的，有四川某君，曾充县视学多年，自谓又须查理化，又须查国文，又须查学校行政，实在不能胜任。此后宜为分析的组织，使用志不分，业有专精，庶可得专门之人才。四计划。计划宜雇［顾］及效果，同此效果，而用人少，用钱少，即为好计划。同此人，同此钱，而效果大，亦为好计划。《大学》云："事有终始。"何以不言始终而言终始？此种偶然的配合，倒有意味，盖吾人未作事之先，即宜虑及其结果，前前后后，都想出来，然后开始实行也。

　　　　　　　《河南教育公报》第 2 年第 1 期（1922 年 11 月 1 日）

　　* 本篇系陶行知于 1922 年 10 月 22 日下午在河南省教育厅举办的茶话会上的发言。据河南省教育厅刊发的《河南教育公报》第 2 年第 1 期（1922 年 11 月 1 日）所载"教育新闻·教育厅之茶话会"知："（十月）二十二日下午三时，凌厅长在厅约集一茶话会……首由厅长报告开会宗旨，继则邓（芝园）先生演说……邓先生演说毕，陶（知行）先生演说，略谓：（见上文）。"现题乃根据演说内容而拟定。又，此篇演说文字于湖南教育出版社、四川教育出版社所出版的《陶行知全集》（即湘版《全集》和川版《全集》）均不见录。

教员之机会与责任*
（1922 年 10 月）

（于未讲之先，由凌厅长介绍）凌厅长①这一番话，兄弟实在觉得惭愧，幸而此刻天气凉爽，不然戴这样高的帽子，恐怕早已发汗了！今天得和诸位教员同室相聚，非常愉快，至于供献，则不敢说；不过如小学生向老师作文章而已，要请大家批正！我们既然都是教员，就以教育上问题来谈。

教育是一桩大有可为的事。当教员的有很大的机会和责任，这样事情，在社会上不容易再找得，请先以机会论之。

假若人都是生而知能，自然而然的社会可以进化，则我们当教员的，势必不能存在，但实际上不是这样，所以我们得有作事和研究之机会。试看变形虫之繁殖，细胞分裂一分为二，二分为四……分裂之后，子即能如其母之动作。再看牛之生殖，小牛生下以后，不数小时，即能行动自如，翻跟头；但还须吃乳，才能慢慢成长，就不象变形虫的生活那样简单。再看猴子的生殖情形，据瓦莱斯（Wallace）②的报告，小猴生下以后，须他的母亲抚养数月，始能自营生活，比牛的生活又复杂了。至于我们人类，从有生到会上学，须父母时常照顾，就更不必说

---

* 本篇系陶行知于 1922 年 10 月 24 日下午在开封河南省第一师范学校为省垣全体教职员所作的讲演。记录者：徐仲鸢、车远道。据河南省教育厅刊发的《河南教育公报》第 2 年第 1 期（1922 年 11 月 1 日）所载"教育新闻·教育名流连翩莅汴"：在河南省教育厅厅长凌冰组织的教育界讲演会上，"（十月）二十一日下午东南大学教育科主任陶知行先生亦到……陶先生于二十四下午四时在第一师范为全城教职员讲演，晚上为第一师范学生之教育研究会演讲（演讲辞俟收集齐备后于下期公报发表）"，可知此场讲演在 1922 年 10 月 24 日下午 4 时举行。另，此篇文字于湘版《全集》和川版《全集》亦均不见录。

① 凌厅长　时任河南省教育厅厅长凌冰。

② 瓦莱斯（Wallace）　通译华莱士。此处应指英国博物学家 Alfred Russel Wallace（1823—1913）。

了。我们看从变形虫渐进而牛，而猴，以至于人，愈进化的动物，其幼稚期亦愈长，童龄愈长则受教育的机会愈多，所以教育在人类社会中是一件大有可为的事情，而我们当教员的，也得着施教的机会。更就中国社会情形看来，教员的机会尤其是多，现在分开来说。

（一）社会上有可教者——我国大约有四万万人口，若其中有十分之一受教育，则全国当有四千万人有普通知识。而据最近调查看来，只有四百八十余万上过学。每百人中只十二人受教育，其余的八十八个，不知在那里干什么呢！但或有同数的儿童受私塾教育，据调查所得，南京城里有五百多私塾，一万一千余的私塾生，广州有一千多私塾，有二万多私塾生，但即全数算来，每百人应受教育的儿童中，还有七十六人未受教育，这不是给我们最大的机会么！

（二）可教之人，未平均教之——男女教育应当平等，据最近的调查，我国学生，每百人中女生仅有五人，是男女教育尚未平等。再看城市教育概比乡村教育办得好，边江商埠地方较内地好，难道他们同是共和国民，受教育不应平等么？惟其如是，所以我们当教员的，得有机会去平均教之，不然，教员之机会，就又少一部分了！

（三）现有教育未完全办好——因此当教员的有很大的改造机会。假若教育已经办得很好，那么我怕我们就无用武之地了。

但教育办得好与不好，以什么标准可以判断呢？我想有四点可以观察出来。

第一，教育如果办好，则人受教之后，必能驾驭，掺［操］纵自然的环境——小学生进了学校，即受各种教训，得许多知识能力，及毕业之后，如能对于自然环境驾驭之，掺［操］纵之，那么这种教育可谓办好。怎样是驾驭天然环境呢！我们不愿让烈光射入屋来，和暴风吹进室内，而房子里边，又不能不透光气，于是用玻璃窗使光来，而风去，这样制驭天然的能力，比什么督军的命令还要严励得多。再看当夏天时候，窗子张着铁纱，既可以使清风徐来，又可以阻止蚊蝇等害虫，此皆驾驭掺［操］纵天然环境的例子，亦可为科学能支配环境之说明。若教育不能收此效果——使人类为环境之主人翁，则这种教育一定是不好。现在我国教育不能养成驾驭天然环境之学生，所以我们当教员的有很大的机会，去设法改良。

第二，教育如果办好，则人受教之后，必能与社会生优美高尚的关系——人不仅是禽兽草木中间一个生物，并且是人中之人。如此刻有教员、学生、夫役各种人物在我旁边，我就是这个团体中一个分子。专制时候，同是人类，而分为许多阶级，人们的关系尚少；如今共和时代，人皆平等，彼此间的关系复杂得很。这个人与那个人，这个团体和那个团体；或者这个人与那个团体，那个人和这个团体，在在都有关系。既然人与人间免不掉彼此的关系，所以教育应注意这种关系，怎样才能成优美高尚的表现——与学生以应付环境的方法、习惯，假若学生受了教育之后，到社会上去，仍然不能适应环境，则此等教育，当然不好。我们看中国学生毕业以后的情形，究竟怎样？请大家仔细考查一下——我的学生能与社会生优美高尚之关系么？如果能之，则自己可以满意。假若不能如此，那么就要想，为什么不能？哪几点不好？然后根据自己考查的结果，努力改良。但这种缺点，并非与我们不幸，实在给我们当教员的一个很大的机会，且看我们能利用不能哩！

第三，教育如果办好，则人受教之后，必能在社会上继续作良好的有益于人的事业——人不但是天然间和社会中一个人，且须看他能做出什么样的事体。此刻职业教育，大家都知道注重，职业教育的精神，就在使学生充分发展其本能，作有益于社会之事业。譬如这两位做笔记，诸位当教员，以至于木匠、泥水匠，都是能为社会增福利的。社会惟其有各种能继续作有益的事情之人，才能存在。再看社会上分工互助的情形，如你会做衣，他会做饭，那么你俩就可交换享受，互相维持生活。人间有争端，就可向法庭起诉，法官即为其排解纷扰。诸如此类，不胜枚举，苟人人都能自食其力，则社会自可和平。那么我们试看现在中国学生毕业之后，能不能都是这样？固然不能说我国教育毫无成就，普通学校的成绩，尚勉强可道，而职业教育实在是没有什么效果。每一班学生毕业，一定有说多在家吃闲饭。这不是教育办得不好么？但假若此刻我国教育已经办得无可复加，那么我们当教员的机会，岂不是没有了么？

第四，教育如果办好，则人受教之后，必有正当的娱乐方法——我们无论做什么事体都不能朝夕忙碌，毫无休息的时候。而当休息的时间，除了熟睡时候，人们的精神，没有一秒钟静止，或者不做正式的事业而另作他事，总之在闲暇的期间，人们常常不知不觉做出许多事情；而这些事情在各人都觉得可以消遣，但此等事体之好坏，是我们必须注意的。一个人最危险是在没有正事做的时候，"逸则淫，淫则忘善……"什么鄙卑恶劣的事情，都可乘隙而入。我国多数人没有受过教育的，他们固然不知什么好歹，即一般学生，曾经从学校毕业的，能于闲暇时间作正当的娱乐么？诸位试平心静气，想想自己学校毕业的学生到社会上，怎样利用暇时？恐怕有许多都以吃烟打牌……一类事情，作消遣品。那么这样教育，不能算得好的。这不是又给我们当教员的一个很大的机会么？

由以上四层看来，现在我国教育，千疮百孔，亟需名医诊治，当教员的机会，随着教育潮流而增加，如汪洋大海，任凭你拿多少茶碗茶壶去汲饮，也享受不尽，而这样不已的机会，足证我们当教员的责任，非常之大。

又当教员者有几种应注意的。

（一）当教员须相信教育是大有可为的事业而终身为之——我们做事，须有自信力，不然，则自己先轻视自己的职业，怎能望其成功呢？但教育大有可为是大有可为，而决非空嘴说空话的；一定要终身从事教育，自己做出"大有可为"的证据来，像福禄倍尔、培斯泰洛奇①的样子，才算不愧在教育界干事。若一面干教员，一面又有其他企图以教育事业为过度〔渡〕之事，则大有可为的事业，将变为最不可为之事，此等人在教育界，好比客人驻旅馆一般。蚊蚤臭虫虽多，他不过暂且将就，哪顾着去清理扫除呢？我国教育不能办好，这实在是个很大的原因，但，也不能厚怨当教员的不负责任，学校行政的罪恶是不可讳言的。兄弟不知道此地情形如何，就我们敝省安徽看来，学校半年要换一次教员。为什么这样办呢？我想第一因为新聘的教员，校长容易制服，第二因为教员如果长久干去，那么，他们对于校务情形，就知道清楚，校长因而不能自己包办，甚至位置动摇，且教员薪水以钟点计算，上几小时课给若干薪水，这不是和有钱的人雇短工一样么？因此教员每每争加钟点，以致互起意见，校长想给某教员薪水多些，那么就多给他凑几点钟，无论他能教不能。我在上海的时候，遇着一位教员，听他说他一星期教二十八小时的功课，这位先生真能够赚钱了。可是他每当上课，不过是浮〔敷〕衍了事，毫没有趣味。由此看来学校制度的组织于教员服务上有莫大关系，使举国都是这样，则教员虽有终身从事之心，恐怕要被此等恶劣制度辜负了！

（二）教员须有研究之态度——终身从事教育之心固为当教员的先

---

① 培斯泰洛奇 通译裴斯泰洛齐。

决之问题，但若埋头教书，不能随时随地研究改进，则埃〔呆〕板固滞，干燥无味，决难不见异思迁。学问没有止境，愈研究问题愈多：问题愈多则趣味亦愈浓厚，欲罢而不能。如爱迪生（EDISON）发明电机，因研究而问题益多，有无限之趣味。当今教育潮流，愈趋愈新，如五花八门，不可端倪，我们若能时常有研究之态度，使教育问题之发现，好像多岛海的样子，那么我们就不限于为福禄倍尔、培斯特洛奇了——所以想在教育上大有作为，非有趣味不可。有人反对孔子，我以为无论如何，总不能驳斥他的"学而不厌，诲人不倦"两句话。此二语分开讲可以说是两桩事情，我们要把他合拢起来，惟学而不厌之人，才能有诲人不倦的精神。如教国文一科，以同样的文字，教了十年毫不改变，则绝不会有愉快之精神而诲人不倦，必每次有新的东西，新的教法，去教学，方可不至厌倦。有人说当教员很乐，有的说很苦，我以为苦乐之道无他，全看当教员能不能有孔子的精神呢！美国某视学员，以教员参考书之多寡，定教员之分数，每当查学时候，他到教员预备功课室内，见教员有一本参考书，则给他一分，有几本，即给几分，零本则给零分。这种方法虽是粗略，也很有道理，盖由是可知教员知识之来源怎样。

（三）当教员的须相信教育事业是均等的——有人说教育是大有可为的事业不过指大学教授而言，中学教员还勉强可以，若小学教员就难以说了。我有个浅近的解释，教员教学生，和匠人造房子一样，有的做房基，有的做中间部分，有的盖房顶，难道盖房顶的匠人比造房基的高贵么？当教员的也是这样，做小学教员不算小，做大学或中学教员不算大，大小乃对学生而言，并非其事业本身上有什么分别。福禄倍尔、培斯泰洛奇和杜威都是由小学教员出身的，事无大小，全在自为之。但社会上每以为大学教授和小学教员，二者有天渊之别，常常低看小学教员，实在误谬，而我们当教员的决不可和彼等计较，要确信自己事业之尊重，而以全力从事之。

总上所言，我们第一要拿定主义，终身从事于教育，第二要常常保持研究的态度，第三要相信教育事业是均等的，那么以全力去利用我们无限的机会，使我国教育由不好而好，由欠缺而圆满，庶不至辜负我们的机会而放弃责任了！此刻我的小文章，业已做成，请诸位老师批评！批评！

《河南教育公报》第 2 年第 3 期（1922 年 12 月 1 日）

大学教育的二大要素 *
（1922 年 10 月）

大学教育的要素约有二端：

一、使学生养成用科学方法解决问题的能力

世界上的问题很多，有的活的东西在那里出问题，有的死的东西也在那里出问题，他们却全要我们的回答。但是我们个人所据的眼光不同，所以我们对于答复问题所持的态度也就不同了。不同的态度大概可分以下数种：

（1）研究的态度。有的一般人他们解决问题专本着研究古人解决问题的方法。可是，古时的问题有古时解决的方法，现在的问题有现在解决的方法；即使问题相同，而时间不同，环境不同，也不能拿古时的方法来解决现在的问题，所以这种〈人〉的态度不能认为可靠。

（2）迷信他国。有的一般人他们解决问题专仿效外国，外国对于这个问题怎么样解决，他们也就怎么解决，如同我国办教育以先仿效日本，以后又仿效美国。但是，日本有日本的问题，他们有他们的解决方法。美国有美国的问题，他们也有他们的解决方法。我国有我国的问题，我们就应当有我们的解决方法。若是完全采取他们的方法，仿效他们的方法，恐怕有的问题就不能解决了。况且各国的科学尚有许多在秘密的时代。如同德国制染料，只有他们自己知道，别人是不得知道的。这样我们要迷信他国，也是不可靠的。

（3）玄想的态度。有的人他们不仿效古人，也不迷信他国，却在那里自己空想。这种态度也不能认为可靠，因为空想是多不能成为事实的。

---

　* 本篇系陶行知于 1922 年 10 月 29 日—11 月 1 日间出席南开大学主办的科学教授法讨论会时，应张伯苓之邀对该校大学生修身班作的演讲。记录者：李丙炎。

（4）放任的态度。还有一般人不仿效古人，不迷信他国，也不空想，他们以为世界的问题这样多，真是解决之不胜，于是他们对于解决问题抱了一种以不了了之的态度。

以上的种种的态度，我们晓得是全不适用的。那么大学的学生，对于解决问题究竟应当采用哪种的方法呢？抱哪种的态度呢？我以为是要用一种科学的方法。什么叫做科学的方法呢？就是用科学的原则设方法来解决问题。

科学的方法大概可分为五步：

（1）觉得问题。例如苹果落地，本来是一桩很平常的事，在平常的人看见，还有什么疑惑呢？牛顿看见了苹果落地，却起了一个怀疑，因为这个怀疑，就引出了一个苹果脱枝为什么不上升而却下落的问题，因为这个问题，就发明了地心吸引力的原则。现在虽然有人反对他这个原则，可是他这种原则施行了数百年之久，已经成了科学上的一段故事。

（2）什么是问题。假如我们看见有个人在那里低着头坐着，我们就要设想到或者他是有了什么困难罢？还是生了什么疾病呢？这种设想就叫做问题。

（3）设法解决问题。例如我们以上假设那个人他生了疟疾，就得设法去疗治他的疟疾，这就叫设法解决。

（4）选择方法。解决问题的方法很多，我们必须选择最有效力的一个来施用他。

（5）印证。试验有效力的方法，必须一再试验之。如果屡试屡效，那始可认为可信。这就叫做 Reflex thought。

科学方法的手续，大概如此。可是我们对于科学，应当据什么样的观念呢？以下三项，即科学根本的观念：

（1）客观。研究科学必得处在一个客观的地位，因为没有客观是不会有科学的。

（2）数量观。有一种质量，必有一种数量，打算晓得数量的多少，是一个很难的问题，要想考查数量，大概可分二步：

（一）量。我们要想知道一桩事的数量，头一步就得要量一量。

（二）量的正确。我们要想量，必得有一个适当的尺度，始可量的正确。

（3）不可过用科学。科学精神也有一种危险。怎么讲呢？我们知道日常的事体很多，要是事事全拿科学的精神来研究他，恐怕就不胜研究了。

话归本题，大学教育是要使学生用科学方法来解决问题。大学学生人人能用科学方法来解决他们个人的问题，那么久而久之，成绩自然是很大。这样看起来，大学学生应当培养的精神，头一样就是用科学方法解决问题的能力了。

大学教育的第一个要素，讨论完了。那么，第二个要素是什么呢？

二、先生与学生应当养成密切的关系

现在我们国里的大学，虽然不敢一概而论，大约十之八九有一种同病。这种同病是什么呢？就是教师与学生的关系太疏远了。怎么讲呢？在教师一方面，他们到学校来先抱了一个维持饭碗的主义。他们的薪金是按着他们所担任教授的钟点多少来定的，所以他们拿书在讲室里讲书，好像是出卖他们的话。在学生方面，以为交了学费来上班，就是花几个钱来买教师的话。这样看来，学校简直成一个卖话买话的大市场，讲室简直是成了卖话买话的铺店。说什么关系，是提不到的。教师、学生既是全抱这样的宗旨，哪里还有什么补助、长进可说呢？所以我以为，大学的教师与学生彼此应当发生一种优美、高尚、联密、有生气的关系，去做他们的学问。这不也是大学教育一桩最要紧的事吗？

总以上所说，大学教育的要素有二；一个是使学生养成用科学方法解决问题的能力；一个是教师与学生应当养成密切的关系。一个是关于思想，一个是关于情操。这两桩事体要是能做的到，那才不辜负说什么大学的教育呢！

《南开周刊》第 54 期（1922 年 12 月 20 日）

教育与科学方法[*]
（1923 年 1 月）

　　今天所要讲的不是教育研究法，是"教育与科学方法"，就是科学方法在教育上的应用。人生到处都遇见困难，到处都充满了问题。有的是天然界给我们出题目，有的是社会上给我们出题目，有的是空气、光线、花草给我们出题目。既然题目有这么多，我们应付这些问题的方法也分好几种。有的人见古人怎样解决，我们也怎样解决，这种解决是不对的，是没进步的。因为古时现象不是与今日现象一样，所以以古就今的办法往往是错的。有的人依外国的方法来解决问题：日本怎样办教育，我们也怎样办教育；德国怎样办，我们也怎样办；美国怎样办，我们也怎样办。这种解决也是不对。因为从人家发明之后，未必公开，或不愿公开。从不愿公开到公开，已经若干时间，再从公开到中国，我们刚以为新，不知人家早已为旧了。还有的人是闭门空想，自以为得意的了不得，其实仅自空想也是没用的。因四面八方的问题，不给他磨练也是不行。此外还有一种人，也不依古，也不依外，是以不了了之。像以上种种方法，都不能解决我们的问题。能解决我们的问题的，惟有科学的方法。

　　什么是科学方法呢？科学方法是有步骤的，是有线索的。第一步要觉得有困难。如牛顿看见苹果落地，别人不知看了几千百次，都没觉得有困难，惟有牛顿觉得有困难，所以他发现地球的吸力。教育方面也是如此。有的人上课看不出有什么问题，学风之坏也不注意，所以就不会有问题。第二步得要晓得困难的所在，就是要找出困难之点来。如一个人坐在那里发脾汗^①是觉着有困难了。用什么方法来解决这个困难，这就跳到第三步，从此想出种种方法来解决。有的画符放在辫子里，有的

---

　　* 本篇系陶行知在北京大学教育研究会上的演讲。记录者：黄继文。
　　① 脾汗　即疟疾。

请巫婆，有的到庙里烧香祷告，有的请医生，有的吃金鸡纳霜①。有了这些法子然后再去选择，这就到了第四步。如：以为老太婆的法子好，就去试一试；不能解决之后，再用其他法子，最后惟有吃金鸡纳霜渐渐的好了。但此刻还不能骤下"金鸡纳霜能治脾汗"的断语，因为焉知不是吃饭时吃了别的东西吃好的呢？所以必须实验一番，这就到第五步了。如在同一情形之下，无论中外、男女、老幼吃了都是灵的，那么，金鸡纳霜能治脾汗就不会错的。

经过这五步工夫，然后才可解决一个问题。这五步方法是科学的方法。无论是化学，是物理，是生物学，都用这个方法以解决困难。但科学方法也有几个要素：

（一）客观的

凡事应用客观的考查，有诸内必形诸外。在教育上的观察，就是看你的学说于学生的反应怎样？教员与学生的关系怎样？要考查一校的行政，应看他的建筑、设备怎样？如以秤称桌子，我虽不知此桌的重量，但我晓得所放的秤码是多少。

（二）数目的观念

凡有性质的东西都有些数量。如光（light）有性质，一般人都如此说，物理学家也说可以量的。又如灵魂是有质量的，将来也须用数量去量——如果不能，则灵魂是没有的。数量中又有两个观念：（a）量的观念。有数量就可去量，如布、米、油等。（b）要量的正确。量不正确也是无用。就是反对量的，他也在那里量，但他们用的法子很粗浅，专用一己的主观。如中国教员看卷子，有时喜怒哀乐都影响到他们定的分数。高下在心，毫不正确，这是中国人的毛病。我想，不但学理化的人对于数目要正确，就是学教育的人也要正确。"差不多"三字是我国人的大毛病。与人约定时间总是迟到（但上火车总是早到）。所以孟禄调查教育时说："中国人对于数目不正确。如要改良中国的教育，非从数目入手不可。"

以上说的是科学步骤与观念，要用这步骤、观念，应用到教育上去。

现在教育问题很多。从前人对于教育问题都是囫囵吞枣，犯了一种浮泛的毛病。各个人都会办教育，各个人都可作教育总长，都是教育专

---

① 金鸡纳霜　治疟疾特效药。

家。究竟教育问题是不是如此简单？还是无人不会呢？我们要知道教育在先进国里是一种专门科学，非专门人才不能去办。中国就不是如此。不过这几年还算进的快就是了。五年前南〈京〉高师①教育和心理都是一人担任。自我到了之后，才将教育与心理分开。一年之后，授教育学者是一人，教育行政者又是一人。这是近五六年来教育的趋势。如各人担任一个活的问题，或一人一个，或数人一个，延长研究下去，这问题总有解决的时候。若真多少年下去还不能解决，那恐非人力所能解决的了。

现时要研究的问题，有教育行政、儿童、工具、课程种种。又如，把科学应用到教育行政上去，课堂上教授是不是好的办法？教员、学生都太劳苦是不是有益的事情？

现在教育有两种：（一）如一个新学生坐在洋车上，叫车夫拉着拼命的跑几十里，结果自然是学生逸，车夫苦。但让学生自己再回来恐怕还是不能。（二）如一去不坐车，不识路就问警察，自然是辛苦一点，但走到回来时，包管还能回来的。兹将教育重要部分略说一说。

（一）组织

此时课堂组织最好的有达尔顿实验室②的方法（Dalton Laboratory Plan）。室中有种种杂志、图画，还有导师，任学生自由翻阅，与导师共同讨论，还要每礼拜聚会一次。这种法子到底好不好，可去试验试验。把各个学生试验了，测量了，假设其情形相同，是不是可得同一的结果？然后就知究为班级制好呢，还是达尔顿的方法好？又如研究习惯究为遗传的力量大呢，还是社会环境的力量大？把一对双生的儿童授以同样教育，看他的差别究竟是哪个大。同时以同胞生的儿童授以不同的教育，再看他们的差异怎样。

（二）教材

以上法子也可应用教材上去。如我们所教的字是不是学生需要的，究竟何者为最需要？何者为次要？何者为不需要？我们应来解决。现在有些需要的未有放到教科书里，有些不需要的反倒放入了。我们可以拿几百万字的书来测验，看哪一个字发现次数最多？其最多者为需要，其次多数发现者乃是次要。将发现多的给学生，而次多的暂不授予。还有

---

① 南高师　全称为南京高等师范学校。
② 达尔顿实验室　通译道尔顿实验室，系美国女教育家柏克赫司特所创的一种教学组织模式。

一点要注意的，就是学生有一年、二年离校的，我们就得将最需要的教他。可是其中有个困难，或者最需要的字比较着难读难写些，但我们可以想法给他避免。有人说中国字难认，所以不识字的人很多，外国人也说将来怕不能与各国的文化竞争。其实不然，试看长沙青年会①所编的《千字课》教授男女学生就知道了。他那里边有男生一千二百人，女生六百人，四个月将一千字授毕，每日仅费一点半钟。学生多半是商家学徒，而学生年龄以十二、三、四、五、六岁的居多。我觉着这一种办法，给我们一个好大的希望，今天拿来不过举个例罢了。

（三）工具

无斧不能砍木，无剪不能裁衣，无刀不能作厨子，无工具不能作教育的事业。教育工具可以从外国运的，可以从中国找的。从外国运来的第一是统计法。有了统计法我们可以比较，可以把偶然的找出个根本原理来，如同望远镜可帮助我们眼睛看的清楚，在材料中可找出一定的线索。所以统计是不可看轻的。第二就是测验。近来教育改进社要作二十四种测验，因为此种工具是不能从外国运的（就是运来也不适用）。测验是看学生先天的聪明智慧怎样，使学校有个好的标准，由此可晓得某级学生有什么成绩，如治病的听肺器一样，可以看出病来。欲知病之所在，非测量不可。测验也是如此，得要细细的看结果怎样。如办学的成绩都可测验的。但没有统计，也测不出来；没有测验，也统计不出来；二者是互相为用。如甲校一个学生花四十九元，乙校学生仅花四元半，我们就可测量他谁是谁不是。如测验得花四元半的能达到平常的标准，那花四十九元就太费了。反转过来，如花四十九元的刚好，那花四元半的未免太省了。这就是统计与测量互相为用的地方。总之，每人都存用科学方法去办教育的决心，每人都去研究或解决一个小的问题，我敢说不出三十年，中国教育准有好的成效。

《民国日报·觉悟》（1923 年 1 月 15 日）

---

① 青年会 基督教青年会的简称，基督教新教社会活动机构之一，1885 年传入中国。此处指中华基督教青年会，该机构在上世纪 20 年代前后在国内推行平民教育。

为反对中学男女同学的进言
（1923 年 1 月）

　　近年因教育机会均等潮流来势甚猛，男女同学问题就应时发生。小学男女同学早已得到社会的许可。现在理论家、实行家和一般人民都是一致选成的。就是反对男女同学最烈的江苏省议员，对于高初小学男女同学也表示退让（参看《江苏省议会汇刊》第四十九号第二张），所以小学男女同学在中国已到不成问题的地步了。大学初办男女同学的时候，很有许多人反对。国立的北京大学、南京高师相约试行男女同学①的时候，一般保守的人直指为洪水猛兽，预言一两年之内必定要闹出大乱子来。但是我们留心观察，三年以来，并未发生什么危险。其实大学男女同学，在中国早已试行。岭南大学②、大同学院③当国立大学未行男女同学之先，早已办过了，结果都很圆满。继北京大学、南京高师而

---

　　① 北京大学、南京高师相约试行男女同学　指 1920 年间两校几乎同时招收女生一事：北京大学，1920 年春季学期招收有 9 名女生作为旁听生；南京高师，1920 年秋季学期招收有 8 名女生为正式本科生。关于南京高师招收女生，时为该校教务主任的陶行知，早在 1919 年 12 月 17 日学校临时校务会议上即提出《规定女子旁听办法案》，要求"本校各科功课有宜于女子旁听者"，应该"通融办理，容其旁听，遂其向学之志愿"；"女子旁听生必具中等学校毕业之程度"；学校应"设女子旁听顾问，由校长于本校女子职教员中推定，司接洽指导事宜"。随后在 1920 年 4 月 21 日，他在南京高师第 11 次校务会议上"报告招收新生问题"时，又提出"下学年招收新生"，"苟能及格，不论男女均可录取"，只是"女生应设法住在校外"。到 1920 年 6 月 2 日南京高师第 14 次校务会议上，他在阐明该校"招收特别生办法"时，又提出"各科各学程有缺额时，得收男女特别生"。

　　② 岭南大学　晚清至民国时期，美国基督教教会在广州办的学校。其前身是 1888 年成立的格致书院，1900 年一度迁设澳门，改称岭南学堂，在迁返广州扩建校园后，于 1904 年改名为岭南大学，1952 年拆并入中山大学等校。该校最初招收女生多数为校内教职员的女儿。1920 年允许女子入正规大学学习，时有女生 23 人。

　　③ 大同学院　1912 年创办于上海，初名大同学院，后易名为大同大学。1915 年首倡男女同学。

起的试验，也很顺利。最可喜的是看见当初反对大学男女同学的父母，现在也渐渐的送他们的女孩儿到这些学校里去上学了。不过绝对反对大学男女同学的人还是有的。教育学者的意见虽是一致的主张大学男女同学，舆论上还没有十分一致。但是反对的势力，是已经很薄弱了。初级学校和高级学校的男女同学虽已经到了这个程度，中学男女同学的阻碍还是不易胜过的。中学男女同学还是我们社会吞不下去的一根鱼刺。教育学者的意见也很不一致。一般的人更不必说了。我们看江苏第一中学试行高三（高级中学三年级）男女同学所受的攻击就晓得了。第一中学对省议会的说明和教育部的批文，都是穿着大学预科同等程度的衣服来与反对派相见。对于中学男女同学并没有直截了当的承认。我并不是主张中学男女同学的人。我对于中学男女同学的疑问上所得到的答复，还不能叫我十分满意。但是在这个时候要反对中学男女同学，我有些不忍。

人饿了要吃饭，没有饭吃的时候，树皮草根都是好的，什么糟糠当然是欢迎的了。看见人家逼于饥荒而我只管储蓄米粮，不加救济，心肠似乎太硬了。精神上对于学问的饥荒是一样的难忍。现在小学女毕业生一天多一天，一部分是一定要升学的。若不许男女同桌吃饭，就须另外为女子开一桌饭。既不为女子另外开饭，又不许男女同桌吃饭，是不是要看他们饿死呢？我以为与其反对中学男女同学，不如积极的去提倡多设女子中学，方为真正负责之人。

就我所观察，做父母的对于这件事有三种态度：一是赞成男女同学；二是不赞成男女同学；三是不赞成男女同校，但因为没有相当的女子中学，不得已送女儿到男女同学的学校去求学。我们如果设立女子中学，可以应济第二、第三两种需要，我觉得这的确是一个推广女子教育机会的办法。我相信中学男女同学是教育界不得已的办法，决不能单靠他来解决女子中等教育问题。但是女子中学没有充分成立之先，我对于这种不得已的办法是表同情的。

一般人对于男女同学不免有过分的害怕。他们不晓得学校是个团体的生活。一个团体有一个团体的道德观念和权威。个人行动时时刻刻不知不觉的要受他的制裁，一出范围，同群的精神刑罚立至。在学校里不但有教职员，并且有同学相互间的制裁，除非是低能儿，谁愿尝试呢？从前南京高等师范学校试行男女同学的时候，有一位实业家的子弟大加反对。我告诉他说："试一看府上所办的纱厂，男女工人的道德程度比我们的学生如何？工头的道德程度比我们的教职员又如何？男女同学之纵有危险，总比男女同工要轻得多。如果男女同学有阻止之必要，请先停止你们纱厂里的男女同工。"我这段话语，没有发表过。现在提出来，为的是要请大家对于中学男女同学不要过于害怕。我深信学校里教职员和同学相互的制裁，可以把诸君所顾虑的一万个危险无形中消灭去九千九百九十九个了；况且学校不是别的地方，男女在求学和合作上能发生之高尚关系何止几十几百，诸君所怕的，未必发见；万一发见，纵使不男女同学也是会发见的。诸君如果对于我所说的还有怀疑，就请赶快的提倡多设女子中学；空空的反对，是难达到目的的。

平民教育实施法
（1923 年 11 月）

我原来说，实施平民教育有两个法子：一个是开饭馆的法子；一个是家常便饭的法子。开饭馆，就是开办平民学校；家常便饭，就是使得各个家庭、店铺、工厂、机关，自己都有一部分人去教其他一部分人。可是无论哪个法子，总离不了一种教人的工具。古人说得有："工欲善其事，必先利其器。"也就是这个意思。现在施行平民教育所离不了的工具，当然是课本。课本的编制，却要按照平民的需要才行。若是只教几个呆子，不但无益，甚至有害；因为平民是民主国的主体，平民智能不发达，民主国的精神也是不能发扬的。所以编制这种课本，一方既要照顾做人的精神，一方又要照顾做国民的精神。这课本的编制人，不外四种：一、政治家；二、科学家；三、教育家；四、实业家。无论哪种编制人，编制课本有共通的方法，可列三大纲：

（一）自立精神。一个国家，好比一间房屋，想求它的坚固，必先把所有柱子都要弄得稳固；一国国民，人人都能自立，那么，一个国家也就强固了。我们编制平民教育的课本，必要注重平民自立的精神。想养成这种精神，又必使得各人有自励心，时时刻刻自己激励自己。小孩子初不知自励，做母亲的也要用种种方法，引起他的自励心，然后自然会养成自立精神。

（二）互助精神。国家由社会组织而成；社会由个人组织而成。所谓"组织"，就是人与人互助，社会与社会能互助；推而至于国与国互助，而组织成一个大结合的世界。又如一间屋子里的柱子，虽然竖立，不能衔接，也是无用，人能互助就像柱子能彼此衔接。国家既有了这种互助性、组织力，国家也就自然趋于强固。所以编制平民教育的课本，又要注重养成平民都有互助精神。

（三）进步精神。人类的过程，是一天进步一天的，站在现今时代，尤其不得不谋进步。从前有人说过"不进则退"。这句话到现在觉得欠当；因为现在的国家，稍一不自进取，将来必要灭亡了；像脚踏车一样，坐上去若停脚不动，不想前进，那必定就要倒了。所以我说："不进则倒。"因此平民教育课本，又要注重进步精神。编制平民教育的课本，把这三大纲要做标准，就可养成平民应有的各种精神；那末，国家也就没有不强的了。

至于平民课本，是根据一千二百个生字编制的。开首的几个生字，就是"读、书、教、学……"等几个笔划很难写的字。因为中国字，有四种：一、难写难认的字；二、易写易认的字；三、难写易认的字；四、易写难认的字。我们教授平民，应先教难写易认的字。譬如"读书"二字，写来笔划虽多，而认来却很容易；既认来容易，写的机会就较多，那末，要写熟它也就不难了。又，教授生字，不用注音字母，好些提倡国语的学者，对此不免怀疑，或者不甚满意。这不用注音字母，却也有个理由，因为我们教授平民，不是要以简便从事吗？若是加授注音字母，一字便要教出二个来，这不但学的人难记，而教的人似乎难找。譬如一万万人识字，这一万万人，就是平民教育的教员，若是加课注音字母，那恐怕只有十万人能当教员罢。且不教注音字母，可就各地情形、风俗、习惯、故事等编成课本，教时易生趣味，易著效果。

实施平民教育，又有大小规模的分别：像北京中华平民教育促进会，是大规模；上海、南京等处都有平民教育促进会，是大规模；南昌组织平民教育促进会，要把这南昌城的好些平民授与教育，这也是大规模。至于小规模：（一）分设平民学校，每校招集一百或五六十人来学。教法：先用挂图指示清楚，到有趣味的时会，便拿出字或课本，再与挂图对照授之，慢慢引人入胜。这样，学者能于不知不觉间，熟识许多文字。（二）凡家庭、店铺、工厂、机关，原来有许多不识字的，内中若有一人在校学习了的，这一人回去，就是许多不识字的人的教员。比如一个家庭，只老爷识字，这老爷就可教太太；太太教小姐；小姐教老妈子；老妈子教丫头。这种教法，又叫做连环教学法。不但家庭可以这样教，就是店铺自经理到徒弟；工厂自工头到艺徒；衙门自科员到夫役……都可用这以先觉觉后觉的连环教学法。

上面所举的两种小规模的平民教育法，前者又即是开饭馆的办法；后者又即是家常便饭的办法。推广这两种办法的平民教育，也有奖励的法子：就是规定时期，或每隔四月举行考试一次，能认识许多字的，给他一张识字国民的文凭；又有能教十个人或几个人的，也可给他一张十人或几人的教员的文凭；能指导教人的，又可给他一张平民教育的指导员的文凭。这种办法，随地都可行，固不必限于时间，囿于地方呢。

1923 年 11 月写

《教育月刊》（歙县）第 1 卷第 5、6 期合刊（1924 年 3、4 月）

师生共生活
——给姚文采弟的信
（1924 年 8 月）

文采吾弟：

　　安徽公学①用最少的钱办到这样好的成绩，可算是近年来中等教育很有精彩的一个试验，可喜之至。但最危险的时期将要到了！秋期招收新生三班，新生数与旧生数相等，训育上要起最困难的问题。一不谨慎，校风要受根本的动摇。

　　按诸天演的原则，世间万事之进化都是逐渐成功的。暴长多暴亡，其机很微，不可不预防之。仲明②弟拟于招考时，亲行口试，观察其言辞举止，以作去取根据之一种，我很赞成。这是一部分的预防，如果鉴别力强可以达到一部分的目的。梁漱溟③先生说，办学校是和青年做朋友。做朋友之前，当然要加一番选择。所以，我很赞成仲明的建议。

　　但最重要的是：教职员和学生共甘苦，共生活，共造校风，共守校规。我认为，这是改进中学教育和一切学校教育的大关键。所以从学生进校之日起，全校教职员要偕同旧生以身作则，拿全副精神来同化新生。如果只招一班学生，这事体就要简便多了。现在是要拿一百多人来同化一百多人，确是一件最困难的事。我们对于这件事要小心翼翼，如临大敌，才有成功的希望。我希望，诸弟现在就要准备开学时一切琐碎的手续，使得时候到了，可以把精神集中在训育方面。凡住校的教职员，一定要和学生共甘苦，共生活，共造校风，共守校规，断不能有一

────────────

　　① 安徽公学　校址在南京，系皖省旅宁人士于 1923 年夏为安徽籍子弟所设立的中学。陶行知兼任校长，姚文采任副校长。1927 年后，改名为安徽中学，现名南京市第六中学。

　　② 仲明　即杨仲明，字月笙，时为安徽公学训育主任。

　　③ 梁漱溟（1893—1988）　原名焕鼎，字寿铭，广西桂林市人。爱国民主人士、哲学家、教育家，曾在北京大学主讲印度哲学，自 1928 年开始在广东、北京、河南、山东等地从事乡村建设等文化教育工作。1949 年后任全国人民政治协商委员会常务委员等职。

个例外。如有例外，一定失败。我希望你住校一个月，以示表率。在这起初一个月当中，千万要聚精会神对付这个问题。安徽公学的前途都要看这一个月的努力而定。我或者可以帮助你们打头一个礼拜的战。开学期定了之后，请即告诉我。

敬祝康乐！

知行

十三年八月十四日

《知行书信》（上海亚东图书馆 1929 年出版）

平民教育概论
（1924 年 10 月）

一、平民教育之效能

中国现在所推行的平民教育，是一个平民读书运动。我们要用最短的时间，最少的银钱，去教一般人民读好书，做好人。我们深信读书的能力是各种教育的基础。会读书的人对于人类和国家应尽之责任，应享之权利，可以多明白些。他们读了书，对于自己生计最有关系的职业，也可以从书籍、报纸上多得些改进的知识和最新的方法。一般无知识的人对于子女的教育漠不关心，若是自己会读书，就明白读书的重要，再也不肯让自己的儿女失学，所以今日之平民教育，就是将来普及教育的先声。至于顺带学些写信、记账的法子，于个人很有莫大的便利，自然是不消说了。

二、平民教育问题的范围

中国没有正确统计，暂且以传说之四万万人估计，觉得平民教育这个问题之大，实可令人惊讶。照中华教育改进社估计，十二岁以上之粗识字义的人数，只有八千万人。再除开十二岁以下的小孩子约计一万万二千万人属于义务教育范围，其余之二万万人都是我们的平民教育应当为他们负责的。这二万万人有一个不会读书看报，就是我们有一份责任未尽。

三、中国平民教育之经过

这个问题二十多年前已经有人注意了。前清的简字运动就想解决这个问题，没有多大成效。注意字母也有一部分人拿来做速成教育的工具，他的命运尚在试验中。"五四"以后，学生由爱国运动进而从事社会服务，教导人民，自动开设的平民学校遍地都是。虽办法不无流弊，却能引起我们对于平民教育改善的兴味。最后，晏阳初①先生用一千字编成课本，在长沙、烟台、嘉兴等处从事试验平民教育，更为省钱省时。在这事之前，有毕来思②先生编的《由浅入深》和唐景安③先生用六百字编的课本，都能引起一部分人的注意。这都是局部的试验。去年六月，熊秉三夫人④参观嘉兴平民学校之后，就偕同晏阳初先生和我们筹备中华平民教育促进会的组织，同时推举朱经农⑤先生和我依据国情及平民需要编辑课本，并推请王伯秋⑥先生在南京主持平民教育之试验。八月，乘中华教育改进社年会在清华学校开会之期，邀集各省区教育厅、教育会代表到会讨论进行方针及计划。中华平民教育促进会总会即于此时成立。十月开始推行，离现在为时不过九个月，已推行到二十省区，读本会《平民千字课》的人民已有五十万人。由此可见，全国对于平民教育有极热烈的欢迎和极浓厚的兴趣。

四、平民教育现行系统

中华平民教育促进会总会是个全国的总机关，有董事部总其成。董

---

① 晏阳初（1890—1990）　四川巴中人，著名平民教育家。早年就读教会学校，后留学美国。第一次世界大战期间，在法国组织华工识字。1920 年归国后任青年会平民教育科科长，推行识字运动。1923 年，与朱其慧、陶行知等创中华平民教育促进会，任总干事。

② 毕来思　曾编过《由浅入深》作为识字读本。

③ 唐景安　曾取日常生活用字 600 个编过平民教育课本。

④ 熊秉三夫人　指曾为中华民国总理熊希龄（1870—1937，字秉三）的夫人熊朱其慧（1887—1931），字淑雅，1923 年与陶行知等发起组织中华平民教育会，任董事长。

⑤ 朱经农（1887—1951）　原名有昈。原籍江苏宝山（今属上海市），生于浙江浦江。早年留学日本，1905 年加入同盟会。1916 年又赴美留学，获硕士学位。1921 年任北京大学教育系教授，1923 年在上海任商务印书馆编辑，与陶行知一道编辑《平民千字课》用作平民教育教材。

⑥ 王伯秋　早年留学美国，曾任南京法政专门学校教务长，东南大学政法经济科主任。时在中华教育改进社研究中学公民教育。

事有两种：一为省区董事，每省区二人；二为执行董事，一共九人，推举在京之会员担任。董事部聘请总干事担任进行事宜。

总会之下，有省、县、市、乡平民教育促进会分会，管理一省、一县、一市、一乡的平民教育事宜。一市中之各街和一乡中之各村，都要设平民教育委员会以担负此街、此村之平民教育。现在省区设分会的已有二十省区。省区之下未有确数。一条街的平民教育正在北京之羊市大街和南京之府东大街试办；一个村乡的平民教育正在休宁之隆阜和西村等处试办。

五、教育组织

教育组织最要符合社会情形和人民生活的习惯。因此我们对于平民教育，主张采用三种形式，以适应各种人民的需要：

（一）平民学校　这个采用班次制度。大班一二百人以上用幻灯教；小班三四十人以上用挂图、挂课教。这和通常的班级教学差不多，无须解释。

（二）平民读书处　但是社会里有许多人因职务或别种关系不能按照钟点来校上课，我们就不得不为他们想个变通的办法。这办法就是平民读书处，以一家、一店、一机关为单位。请家里、店里、机关里识字的人教不识字的人。教的人是内里的，学的人也是里头的。这是内里识字的人同化内里不识字的人的办法。如果主人负责督促，助教每星期受一次训练，并加以定期的指导，平民读书处可以解决一部分的问题。山东第一师范现在以一个学校的同志办一千多人的平民教育，就是采用这个办法。

（三）平民问字处　这是南京平民教育促进会总务董事王伯秋先生发明的。社会上有些人不但不能按时上学，并且家里无人教导，因此平民学校和平民读书处都不能解决。这些人大半属于流动性质，如做小本生意的人或车夫之流。平民问字处就设在有人教字的店铺里、家庭里或机关里。凡承认担任教字的店铺、家庭、机关，随什么人要问《千字课》里的字，都可以向他们问。比如摆摊的人摆在那个平民问字处门口，就可乘空向他们请教；车夫停在那个平民问字处门口，也可乘无人坐车的时候学几个字。这个法子现在南京试验。

六、教材教具

平民教育重要的工具是课本——《千字课》。这部书的一千多字，是根据陈鹤琴先生调查的《字汇》①选择的。编书的大目标有四：（一）是自主的精神；（二）是互助的精神；（三）是涵养的精神；（四）是改进的精神。全书九十六课，用九十六天，每天一个钟点就可以教完。我们的方针是要求其易懂而有趣味，使他们读了第一课就想读第二课，用他们自然的兴味，来维持他们的恒心和努力。现在仍旧照这个方针在这里修改，总希望愈改愈适用。

辅助教具之最重要的有二：一是幻灯，现由青年会在那里力求改良，总要他格外价廉合用；二是挂图，比幻灯便宜些，宜于小班用。

七、考成

平民学校和平民读书处的学生普通四个月毕业。毕业之时，用测验方法考一下。及格的发给识字国民文凭（Certificate for Literate Citizenship）；考不及格可以下次再考，考到及格为止。教师的奖励看及格学生数目而定。凡教了三十人，经考试及格的可得平民良师的证书（Certificate of People's Teacher）。其他对于平民教育出力及捐资的人员，都有相当的奖励，或由本会发给，或请政府发给。各地同志并不为奖励始肯出力，本会之发给奖励只是对于他们有价值的工作，加以相当之承认。

八、经费问题

平民教育的经费现在已经节省到最低限度。我们的《千字课》承商务〈印〉书馆之帮忙，几乎是照本钱出卖。一角洋钱可以买一部，共四本。如果采用读书处的办法，只须两角钱就可教一个人。平民学校贵些，每人也不过四五角钱。加用幻灯，每人至多一元钱也就够了。

---

① 《字汇》 指陈鹤琴（1892—1982）所著《语体文应用字汇》一书的初稿，曾由上海商务印书馆于1928年正式出版。

我们希望省、县的平民教育，都列入正式预算。国家也应将筹定的款，辅助各地勇猛进行。这虽是我们应有的计划，但我们并不等候政府筹定的款才去进行。我们要教育普及，尤其要担负普及。我们现在要试行一种"一元捐"的办法，使社会大多数人民，都为平民教育挑一个小小的担子，并使他们个个都和平民教育发生一点密切的关系。我们深信为公益捐钱，也是一种很有价值的教育。我们要社会学给与，不要他们学受取或看别人给与。我们相信这种"一元捐"推行之后，再加点附加税，就可以够用了。

九、强迫是一种必要手续

社会上有三种人：（一）是自动要读书的；（二）是经劝导后才愿读书的；（三）非强迫不愿读的。我们就经验上观察，十人中怕有三人或四人非强迫不行；此外还有二人或三人，有了强迫的办法就可赶快去读。所以强迫是必要的。强迫有两：一是社会自动的强迫。例如改进社等机关对听差的宣言："从今天起，不愿读书的不能在本社服务。""自民国十四年一月一日起，无识字国民文凭的人不能在本社服务。"协和医院对工役的宣言："在一定时期内，没有读了《千字课》不得加薪。"一类的办法，都是自动的强迫。至于政府的强迫令，也是重要的。芜湖房道尹、察哈尔张都统、河南王教育厅长都曾考虑过强迫平民教育的办法，陆续总有地方可以实现。他们所考虑的办法中有四条很值得实行的：（一）是县知事以下以推行平民教育为考成之一；（二）是预行布告人民某年某月某日以后，十二岁以上之人民出入城门应经警察持《千字课》抽验，会读者放行，不会读者罚铜元一枚；（三）"愚民捐"（Ignorance Tax）。在某年某月某日以后，凡机关里、店铺里、家庭里或任何组织里，如有不会读《千字课》之十二岁以上之人，每月纳"愚民捐"洋一角，到会读为止。"愚民捐"由主人及本人各任半数；（四）凡主人有阻碍属下读书行为，一经发觉，得酌量罚款。

十、下乡运动

中国以农立国，十有八九住在乡下。平民教育是到民间去的运动，就是到乡下去的运动。现在有一个方法很有效力。学校里到夏天和冬天都要放假，大多数的学生都要回到自己的村、乡里去。我们劝他们带《千字课》回家宣传平民教育。入手办法有三种：（一）是把村、乡里识字的人找来，给他们一种短期的训练，教他们如何教自己家里的人。（二）把村里不识字中之聪明的招来，每天教他们四课，同时叫他们每人回家教一课。只须一个月，他们就可读会四本书，并教毕一本。他们一面学，一面教，一个月之后都可以做乡村里的教师了。（三）大一点的乡村里总有私塾，可以劝导私塾先生采用《千字课》，并用空闲时间为乡人开班教《千字课》本。

乡村平民教育当推香山慈幼院对于西山附近乡村的规划为最有系统。他以各小学为一中心点，令附近每家来一人上学，学好后回家教别人。读书之外，还教些实用的职业。我们很希望这个计划能成事实。

十一、女子不识字问题

不识字的最大多数就是女子。平民学校因年龄较大又未经学校训练，不便男女同学，更使这个问题难于解决。我们现在采用的办法是：（一）为女子专办女子平民学校；（二）家庭中多办平民读书处，使自己的人教自己的人；（三）劝女学生寒暑假回乡教乡村里的妇女；（四）极力提倡女子学校教育造就女子领袖，使女子平民教育可以尽量推广。

十二、继续的平民教育

四个月的《千字课》教育，虽然有些实用，但和完备的教育比较起来，真是微乎其微。况且受过这种教育之后，如何去维持，使他们不致忘却并能运用，真是一个最重要的问题。所以我们一面推行，一面就计划继续的办法。（一）我们要和国内最大的日报合作，编辑一个《平民周刊》，一面随报附送，一面单行发卖，使平民毕业学生，可以得到看报的乐趣，又可以得些世事的消息和做人的道理。现请定朱经农先生为总编辑，由《申报》印行，定于六月二十八号出版，每周营销六万份。（二）我们请了专家四十几位分任编辑《平民丛书》数十种，供给平民阅览。对于上列二事，改进社很出力帮忙。为了充分推广起见，我们要在火车上、轮船上甚至于三家村、五家店，都要设法分销，使平民便于购买。又请图书馆专家，规划设立平民阅览室，以便平民可以到适中地点看书看报。中华职业教育社①也在编辑《平民职业小丛书》，也是很有益的。（三）有些学生对于四个月②之后，很想继续受职业的训练，求生计上之改善。这是更加要紧的。我们为分工起见，希望中华职业教育社特别加以注意。（四）平民学生当中已经发现有特别聪明的学生，这些学生应当再受国家或社会充分的培植。我们对于他们特别加以注意，并要扶助他们的升学。

十三、训练相当人才

这是一个大规模的运动，义务繁，责任重，必须训练多数相当的人才分工合作才能按期收效。第一要训练的就是推行干事。各地对于平民教育既有如许热心，总会最大的责任是派遣有干才的人员，说明各地组织，指导他们进行，并给各地办理平民教育的人一种相当的训练。总会对于省区，省区对于各县各市，各县对于各乡，各市对于各街，都应负训练指导之责，才能收一致之效。第二要训练的就是教师。平民学校教师采用讨论会办法，寓训练于讨论之中。平民读书处助教就须用师范班办法，加以有规律之训练。第三，省视学、县视学，是地方提倡平民教育最可收效之人。宜有短期之讲习会，详细讨论推行平民教育之办法，以利进行，这种讲习会不久就要召集。

十四、官民一致合作之效力

自平民教育开办以来，固然免不了一部分人的怀疑和少数人的阻碍。但因平民教育运动宗旨纯正，国人相信从事者始终以人民幸福为前提，绝无政治、宗教或任何主义之色彩，所以到处备受欢迎。各地推行平民教育的时候，军、政、警、绅、工、商、学、宗教各界无不通力合作，这种一团和气的现象真是少见的。学界对于此事之热心是一件预料得到的事。多数的教员、学生本着他们诲人不倦的精神，担任教学、研

---

① 中华职业教育社　职业教育团体，于1917年5月6日正式成立于上海，主要负责人有黄炎培（1887—1965）等。

② 四个月　指学完《平民千字课》所需时间。

究、推广等事，实在可以佩服。商界对于此事也有热心提倡者。都市里提倡平民教育一大半要靠商界。汉口各商团联合会周会长尤其热心，他手创的几个平民学校都很有成绩。听说他还有二十五个学校正在筹备中。汉口商界是可以为全国模范的。工厂主人提倡此事最力的有武昌李紫云先生。我们很希望全国的工厂继起提倡工人的平民教育。南京有五十几位说书人，在说书的时候，把读书的好处，夹在说书当中劝导听者。他们还逢三、六、九的日子，到四城演讲读书的重要。他们还编道情①（Folk Lore or Popular Songs）唱给人民听，劝他们读书。这些说书人最明白平民心理，真是最好的平民教师。我们很希望全国的说书人都起来为平民服务。各地政府对于平民教育表同情的很有很多。江苏首先捐助巨款开办南京平民教育的试验，湖北也极力提倡。江西、察哈尔等处都很出力，近来奉天令军队数万人受平民教育，尤为平民教育前途最可庆贺的一件事。民政长官中最先提倡平民教育的为江苏韩紫石省长。安徽前省长吕调元令省公署卫队、公役受《千字课》教育，可惜中途为马联甲长皖时所停止。湖北省长公署也办了一班，已经毕业，现正在筹备继续。安徽教育厅长江彤侯令全厅公役一律读书，为强迫平民教育之第一幕，中间虽经谢学霖厅长任上之停顿，但新任教育厅长卢绍刘已经恢复，进行顺利。赣、鄂二教育厅也相继举办，为全省树之风气，甚为可喜。芜湖房道尹②、察哈尔张都统③都很提倡。县公署里办平民教育的也有许多处。警察为推行平民教育最要人员之一。在都市中，警察与商界有同等的力量。南京警官亲自教平民学生，警士帮助劝学非常热心。武昌警察总署及分区共办平民读书处二十九处，不识字之警察、公役一律读书，不愿读书的开除。这是何等的有效力！九江的警察也很提倡。监狱里的犯人除做工外没有别事做。我们正可借此机会教他们读好书，做好人。现在新监里教《千字课》有安庆、南昌、南京、武昌、

---

① 道情　中国民间曲艺的一个类别。源自唐代《九真》、《承天》等道曲，以道教故事为题材。自明代以降，流传甚广，题材大为扩大，各地称谓不一，如陕、浙称"道情"，鄂、鲁称"渔鼓"，四川称"竹琴"等。主要表演方式是以唱为主、以说为辅。

② 芜湖房道尹　指时为芜湖道尹房秩五（1877—1966），安徽枞阳人。1903年与陈独秀（仲甫）等创办《安徽俗话报》。1904年留学日本。归国后在芜湖办理速成师范学校等。1921年任芜湖道尹。曾任中华人民共和国安徽省人民政府委员、省政协副主席。

③ 察哈尔张都统　指时为察哈尔都统张之江（1882—1966），字紫珉，号子姜。直隶（今河北）盐山人。1903年加入北洋常备军。1924年时任察哈尔都统。曾任中华人民共和国第二届全国政协委员、民革中央委员。

汉口各处。还有利用识字犯人教不识字的犯人的，真是可喜。

十五、南北对于平民教育一致提倡之好现象

对于平民教育不但各界合作，而且南北也是合作的。广东、云南、湖南、东三省、四川以及其他各省区都协力进行。这真是所谓人同此心，心同此理。中国政治虽不统一，但教育是统一的。我们深信统一的教育可以促成统一的国家。

十六、结语

我们的希望是：处处读书，人人明理。如照现在国人对于此事的合作和热度观察，十年之内当有相当的成效。但我们不能以普及四个月一千字的教育为满足，我们应当随国民经济能力之改进，将他们所应受之教育继长增高到能养成健全的人格时，才能安心。这是我们共同的希望，也是我们今后共同努力的方向。

【附录】

原编者按 平民教育是我国教育上最有希望的一种运动和事业，详情已见于陶先生文中，可不赘说。但我们要认清平民教育的宗旨，不但是要使平民能认一千字，可以看报、记账、写信，而且要使平民略具民主国家必须的知识而可做个中华民国的国民，爱护中华民国。我们现在还未办完备的国民教育，无妨将四个月的平民教育当做一个速成的国民教育。但是这种教育，应绝对不许任何教会拿去做传教的工具，也应绝对不许任何武人拿去做欺人的勾当，更应绝对不许任何政客拿去做盗名的幌子。万一为教徒、武人和流氓政客所利用，不但失了平民教育的主旨，而且妨碍平民教育的进行，无由收得平民教育的实效。某省平民教育运动在当初轰动一时，而近来除几处挂着平民学校或平民读书处几块空招牌外绝无他物。这就是教徒、武人和政客一时利用平民教育出风头，风头出了就不肯切实进行的缘故。因此，我很希望提倡平民教育的先生们不要急切推行，弄真成假，而要切实推行，始终不懈。

《中华教育界》第 14 卷第 4 期（1924 年 10 月）

南京安徽公学创学旨趣 *
（1924 年 12 月）

　　南京在前清为两江之都会，和安徽有密切的历史关系；就地理说，又和安徽十分接近。中国兴学以来，南京即为全国教育中心之一。安徽的学者和学子来此传道受业的，素来很多。前清即有上江公学之设，民国成立后因故停办，殊为憾事。"五四"以后，安徽学潮屡起，学生不能安心肄业，纷纷投到南京求学的，源源不绝。但南京学校格于种种限制，有志有才的学生不免向隅。安徽旅宁同乡会和旅宁同学会，看此景况，深表同情，就联合起来共谋上江公学之恢复，于十二年秋季开学，改名为南京安徽公学。所以，安徽公学的设立，是迫于一种不能自已的同情心。因为安徽旅宁前一辈的人，对于后一辈的少年，发生了一种学问上的同情心，才有安徽公学的产生。

　　有了这种同情的基础，所以我们最注重师生接近，最注重以人教人。教职员和学生愿意共生活，共甘苦。要学生做的事，教职员躬亲共做；要学生学的知识，教职员躬亲共学；要学生守的规矩，教职员躬亲共守。我们深信这种共学、共事、共修养的方法，是真正的教育。师生有了共甘苦的生活，就能渐渐的发生相亲相爱的关系。教师对学生，学生对教师，教师对教师，学生对学生，精神都要融洽，都要知无不言，言无不尽。一校之中，人与人的隔阂完全打通，才算是真正的精神交通，才算是真正的人格教育。

　　在共同生活中，教师必须力求长进。好的学生在学问和修养上，每每欢喜和教师赛跑。后生可畏，正是此意。我们极愿意学生能有一天跑在我们前头，这是我们对于后辈应有之希望。学术的进化在此。但我们

---

　　* 本篇 1928 年收入作者自选教育论文集《中国教育改造》时，更名为《南京安徽公学办学旨趣》。在文字上略有改动。

确〈实〉不能懈怠，不能放松，一定要鞭策自己努力跑在学生前头去引导他们，这是我们应有的责任。师道之可敬在此。所以我们要一面教，一面学。我们要虚心尽量接受选择与本职本科及修养有关系之学术经验来帮助我们研究。要教学生向前进、向上进，非自己努力向前进、向上进不可。

安徽公学是个贫穷的学校。办贫穷的学校如同管贫穷的家事一样。用一文钱，必问："这一文钱该用吗？"费一分光阴，必问："这一分光阴该费吗？"光阴与钱都有限，该用才用，不该用必不用；用必尽其效。爱惜光阴，就是不为无益害有益。将无益的时间腾出，则从事有益的时间〈就〉有余裕了。然后学生可以从容问学，怡然修养，既不匆忙劳碌，那身心自然渐渐的有润泽了。节省经费，不是因陋就简，乃是移无用为有用。我们既不甘于简陋，来源又不易开，要想收相当的效果，自非革除浪费不为功。用最少的经费，办理相当的教育，是我们很想彻底努力的一个小试验。

现今办学的人，每存新旧宽严之见。我们只问是非好坏，不问新旧宽严。是的、好的，虽旧必存；非的、坏的，虽新必除。应宽则宽，应严则严。随时、随地、随人而施教育，初无丝毫之成见。我们承认欲望的力量，我们不应放纵他们，也不应闭塞他们。我们不应让他们陷溺，也不应让他们枯槁。欲望有遂达的必要，也有整理的必要。如何可以使学生的欲望在群己相益的途径上行走，是我们最关心的一个问题。总之，必使学生得学之乐而耐学之苦，才是正轨。若一任学生趋乐避苦，这是哄骗小孩的糖果子，决不是造就人才的教育。

最后，我们要谈谈我们心中所共悬而藉以引导我们进行的目标。

一，我们都是学生，教师的一部分生活也是学生——就要负学问的责任。做学问最忌的是玄想，武断，尽信书；以差不多自足，以一家言自封。我们要极力的锻炼学生，使他们得到观察，知疑，假设，试验，印证，推想，分析，会通①，正确，种种能力和态度，去探求真理的泉源。简单些说，我们研究学问，要有科学的精神。

二，我们是物质环境当中的人。我们对于四周的环境，最忌是苟安，同流合污，听天由命，不了了之。有进取性的人，要求改造。但是驱了乌合之众，叫嚣乱斫算得改造吗？改造应当秉着美术的精神②，去

---

① 《中国教育改造》一书中此句为"试验，实证，推想，会通，分析"。

② 《中国教育改造》一书中此段文字为："有进取性的人，对于环境总想加以改造。但是驱着乌合之众，叫嚣乱斫，何能算得改造呢。我们应当秉着美术的精神……"

运用科学发明的结果，来支配环境，使环境现出和谐的气象。我们要有欣赏性的改造，不要有恐怖性鬼脸式的改造。换句话说，我们改造环境，要有美术的精神。

三，我们不但是物质环境当中的人，并且是人中人。做人中人的道理很多，最要紧的是"富贵不能淫，贫贱不能移，威武不能屈"。这种精神，必须有独立的意志，独立的思想，独立的生计和耐劳的筋骨，耐饿的体肤，耐困乏的身，去做他摇不动的基础。近今国人气节，销磨殆尽，最堪痛心。倘不赶早在本身、后辈身上培植一种不可屈挠的精神，将何以为国呢？至于今日，少数具有刚性的领袖，又因缺少度量，自取失败，并以此丧失国家的元气，至为可惜。那么推己及人的恕道，和大公无我的容量，也是做人中人的最重要的精神。把这几种精神合起来，我找不到一个更好的名词，就称他为大丈夫的精神罢。我们处世应变，要有大丈夫的精神。

科学的精神，美术的精神，大丈夫的精神，都不是凭空所能得来的。我们要在"必有事焉"上下手。我们要以"事"为我们活动的中心。研究学问要以事为中心，改造环境要以事为中心，处世应变也要以事为中心。我们要用科学的精神在事上去求学问，用美术的精神在事上去谋改造，用大丈夫的精神在事上去锻炼应变。我们愿意一同努力朝着这三个目标行走。活一天，走一天；活到老，走到老。

《申报·教育与人生》第 60 期（1924 年 12 月 8 日）

中华教育改进社第四届年会社务报告 *
（1925 年 8 月）

从去年开会到今，为中国政治上最不幸之一年，亦即为教育界最不幸之一年。全国国民简直是在天灾人祸中翻筋斗，本社亦随之东倒西歪的翻筋斗，但因得各地政府及社会之帮助与社员之参与、董事之指导，竟得安然举行第四届年会，不可谓非不幸中之大幸。我看中国教育有两种现象：一是困难，一是努力。国事不定，教育事业动辄受厄，但中国教育界应视为特别努力之机会。

本社宗旨，为调查教育实况，研究教育学术，力谋教育进行。原来教育事业与医道相似，医生治病，须用耳目及利器以求确知病症，然后依症下药方能奏功，教育亦然。欲施行适切的教育，自必以调查为尚；至于研究学术，必用科学精神。因科学精神是公平的，是确切的，但欲实行宗旨，又须大家合作，相互了解。

今年年会到有蒙古及西藏之代表，实为五族共和之好现象。即我们之参与世界教育会议亦是为此。本年要办事业，我可提出两点：（一）为科学教育。科学重训练，使学者有支配天然环境之能力，可以为天然界之主人翁。文明人与野蛮人之区别，即在有无科学训练。（二）为乡村教育。中国人百分之八十五居乡，教育费亦大半取诸乡。但乡村不发达，殊不公平，故本社特将注重乡村教育，希望乡村学校

---

* 本篇系陶行知于 1925 年 8 月 17 日在山西大学召开的中华教育改进社第四届年会开幕大会上的讲话。据 1925 年 8 月 22 日《申报》有关报道《十七日年会开幕大会记》（记者天马、健夫）：此次大会参加者"约共二千人"，"摇铃开会后，由袁希涛主席致开会辞，次陶知行报告一年来社务大概……"关于这份社务报告，湘版《陶行知全集》第 1 卷 549 页、川版《陶行知全集》第 2 卷 246～247 页均有录，均摘自《新教育》第 11 卷第 2 期（1925 年 9 月刊）所载《年会开幕纪事·陶知行报告社务》，但内容较本篇简略。

为改造乡村生活之中心点。至其他详细社务，可参阅印发之《社务报告》单行本①。

《申报》1925 年 8 月 22 日

① 该《社务报告》（单行本）载《新教育》第 11 卷第 2 期（中华教育改进社第四届年会专号）。署名：章洪熙。

中国教育政策之商榷*
（1925 年 8 月）

    国家运用教育以达立国之目的时，在天然与社会环境中，必遇种种助力与障碍。因助力与障碍而发生进行上之种种问题。解决此种种问题，必须预拟种种合乎实际情形之公式，俾能运用助力排除障碍以谋目的之贯彻。此种种公式谓之教育政策。中国教育政策因教育当局而变。教育当局或以无政策进，无政策退；或有政策而偏于主观，将全国之教育供一人之武断，流弊何堪设想！是宜集思广益，审查国情，确定全国公认之教育政策，以达国家建设之目的。今兹所提，实为个人之意见，志在引起教育同志之讨论批评，俾现代教育政策可以符合公意，早观厥成。此本讲所以出于商榷之意也。

    政策一　正式学校教育为国家之公器，应超然于宗教、党纲之上。

    政策二　培养国家观念、爱国实力及大国民之气概。

    政策三　运动科学，征服自然，其道在选择有科学天才之儿童，加以特别训练。对于有科学天才之专家，予以研究机会，并以极尊荣之名誉，鼓励有关国计民生之发明。

    政策四　训练人民，为本身及国家作最有效力及随机应变之组织。

    政策五　灌输经济学识，俾人民明了经济学之基本原理，以应付现代之劳资问题。

    政策六　对于已在职业界服务之人民，教以改良旧职业之学识技能。

    政策七　厉行身教，以谋学风之整顿。

    政策八　发展国民性及各省区人民之优点，以尽其特别贡献。

---

  *　本篇系陶行知于 1925 年 8 月在中华教育改进社第四届年会期间学术会议上的演讲。

政策九　下级行政机关，应有自动进行之自由，并负切实办理之责任。高级行政机关，应建立最低限度之标准，并负督促指导、补助提倡、联络纠正之责。

政策十　用人以贤者在位、能者在职为标准。

政策十一　办理学务，必须有计划预算以为进行之指导。

政策十二　应兴应革事宜，必须根据客观的调查及分析的研究。

政策十三　增进并运用各种力量，以适应及改良各种需要。

政策十四　确定并保护渐进敷用之教育税，以应进化国家之需要。

政策十五　保护教育机会均等。

政策十六　各省区、蒙、藏应逐渐设立大学，至少一所。吸收硕学通才，以为产生文化、整理文化及主张正谊之中心。先着手设立文化院，以植大学之基。

政策十七　培植蒙贤治蒙，藏贤治藏，并培植五族共和之公民资格，以谋国内民族之合作。

政策十八　提倡以乡村学校为改造乡村生活之中心，乡村教员为改造乡村生活之灵魂。其具体办法，应设试验乡村师范学校以实验之。

政策十九　本国大学毕业后，始准留学。留学时至少必须有一年游历各国，以减少未来领袖思想上不必须之冲突。

政策二十　用批评态度，介绍外国文化，整理本国文化。

政策二十一　扶助交通，以利教育之推行。

政策二十二　鼓励专家研究试验符合本国国情，适应生活需要之各种学校教育，以作学校化学校之根据。

《新教育》第 11 卷第 2 期（1925 年 9 月）

学生的精神[*]
（1925 年 12 月）

　　知行此次因全国教育联合会事来湘，今天得与诸君见面，这是很愉快的。知行是世界的学生，诸君是学校的学生，今天是以学生资格，对诸君谈话。有些议论，也许诸君是不愿听的。但是"忠言逆耳利于行"，诸君或者能够原谅。

　　我现在要讲的题目，就是《学生的精神》。在我未说这题目之先，有点意思对诸君说一说：现在中国许多学生及一般教员，有一个很大的通病，就是容易"自满"。不论研究何种学科，只有相当的了解，即扬扬自得、心满意足。尤其是在过教员生活的，觉得自己处在教师地位，不必再去用功研究了。中国四书上有两句话说："学而不厌，诲人不倦。"这真真千古不灭的格言，并且是两句不能分开的话。因为要"学而不厌"，才能够做到"诲人不倦"。例如我们来教一班小学生，倘若自己全不加以研究，只照着别人编的书本，自己抄的老笔记，依样画葫芦的教去，当学生的固然不能受多大的益，当教师的也觉得不胜其烦，没有多大的趣味。如是的粉笔生涯，不能不厌烦了。倘若当教师的，自己天天去研究，有所得的，即随时输之于学生，如此则学生受益较多，即当教师者，也觉得有无穷的乐趣。所以学生求学，固然要"学而不厌"，就是当了教员，还是要继续的"学而不厌"。这可说是我现在要讲的"学生精神"的先决问题。

　　现在开始来讲学生的精神了。学生精神，大约分之为三点：

　　（一）学生求学须具有科学的精神

　　我们不论研究什么学科，总要看一个明白，想一个透彻，多发些疑问，切不可武断盲从。例如别人要我们信仰国家主义，我们必须明了国家主义的内容是否合于现代社会，才定信仰不信仰的方针。其他，社会

---

　　[*] 本篇系陶行知在湖南的一场演讲。记录者：谢文熙。

主义亦然，无政府主义亦然……尤其我们研究科学之时，碰到一个问题来了，"知之则知之，不知则不知"。因为我们自己知道自己不知的地方，那还有能够知道的一日，倘若不知的而认以为知，那末，不知道的，终究没有知道的日子了。这可说是自己斩断自己求学的机能。所以我们学生求学，第一步就要有科学的精神。

（二）要改造社会必具有委婉的精神

我们在任何环境里面做事，不可过于急进。譬如园丁栽花木，倘只执一镰斧，乱砍荆棘，我相信花木，亦必随之而受伤。务须从旁着想，怎样才能使荆棘去掉，那末，非用委婉的功夫不可。改造社会，也是一样，尤其是我们学生，因为是领导民众的中坚分子，倘用乱刀斩麻的手段，必引起一般民众起畏惧之心，怎样还讲得社会改造？所以我们要社会改造，也需要用委婉的精神，走到民众前头，慢慢地领他们向前走，并且还要告示他们向前走的方法。如此才有社会改造的希望。不然，任你如何轰轰烈烈倡社会改造，社会还是不能改造的。

（三）应付环境必具有坚强人格和百折不回的精神

我们处在任何环境里面，必抱有坚强人格，不可自由摇动，尤其到了利害生死关头之时，必富有"富贵不能淫，贫贱不能移，威武不能屈"的气慨〔概〕。这才算得一个真正的大丈夫，真正的国民。现在中国一班学生——其实不仅是学生——在普通情形的时候，各人的性格，好象没有多大的区别。但到危急存亡、利害相冲的关头，就看得清清楚楚，各人露出自己的本来面目。中国民众的不能团结，这就是一个很大的原因。所以我们处在任何的环境里面，坚强不摇的人格及不屈不挠的精神，决不能少的，尤其在我们学生时代。我现在要举一段历史例子给诸君听，就是明朝的方孝孺先生，当燕王棣①篡位之时，使他草《即位诏》，他大书"燕王篡位"四字，因此被夷十族。当燕王篡位之时，势力胜过现在的任何军阀，但不能压迫方先生一笔锥。可见方先生的人格及不怕死的精神，真令人钦佩而尊敬，亦可证明读书人不可忘掉气节。

学生的精神，大概分为上列三点。我觉得在今日的学生中，是亟宜注意的。因时间仓卒，说得不周到处，请诸君原谅！

《民国日报·觉悟》（1925 年 12 月 1 日）

---

① 燕王棣　即后为明成祖的燕王朱棣。

《新教育评论》之使命 *
(1925 年 12 月)

现在国内各界对于教育的关系，教育界对于国家的需要，都缺少充分的了解。不但如此，即教育界本身，也是隔阂很深，并无充分联络的机会。往往大学不知中学，中学不知小学，小学不知蒙养园；倒转来，亦复如是。而在教育界服务的人，办学的不知教学的；教此一科的不知教彼一科的；甚至同在一地，同教一科的人亦复不相闻问。这种闷起头来各干各的情形确有联络之必要。那应当联络中之最应当联络的就是试验学校与一般学校。试验学校是教育上新知识之来源；一般学校是应用此种新知识之场所。如何使这些新知来源和一般学校联串起来，是一种最重要的工作。试拿自来水来做个比方。试验学校好比是泉水；一般学校好比是用户；本刊不敏，愿意做座水塔，谁要水用，还愿为他通根水管。

中国教育在万难中奋斗：有的禁不起过分的压迫，归于破裂；有的禁不起世俗的诱惑，归于萎靡；有的愈败愈战，愈见其卓绝之精神。不知者以腐败两字抹杀中国一切教育，那以耳代目之教育行政者亦跟在后面附和，实在有点冤屈。就我所知道的，各地教育成绩可以互供参证的正自不少，所可惜的就是缺少充分沟通的机会。我们很愿意把这个周刊献给大家。如果大家不嫌他太小，肯到这里来交换经验，沟通思想，我们是欢迎的。我们愿意大家借这个机会把个各干各的教育界渐渐地化为一个通力合作的教育界。倘使本刊出现之后教育界多得一个有机体的联络，使他各部分的生命汇通起来产生一个更圆满、更和谐的新生命，我们也就心满意足了。

---

* 本篇乃为《新教育评论》创刊所撰，原题为《本刊之使命》，现据文意改是名。

　　我们沟通思想、交换经验的时候，因为种种关系，不免发生不同之见解，不得已而出于辩论。理愈辩而愈明，本刊即当作讲理的地方看也可。现在有些人论列世事，往往党同伐异，逞意气之争，以好恶、毁誉、利害与是非混作一谈。甚至是非可以制造，可以颠倒，可以买卖。把一般的阅者都弄得昏头昏脑，无所适从。至于顺带骂人几句，亦为今日言论界的通病。骂人虽可取快一时，但是设身处地一想，叫对方见了气得脸上发青或胀得满脸通红，又有什么趣味呢？我们只愿讲理：是的说是，非的说非；是非未明，决不轻下判断。彼此所见不同，必求其所以不同之故。我与对方同是寻求真理的人，谁寻着真理，双方都应当乐意承受。所以讲理的人应当"毋意，毋必，毋固，毋我"①，而"我"关尤宜打破。谩骂和强辩都是把"我"字看得太重的缘故。所以说理的人，必愿尊重他人的意见，反省自己的主张，同时更有服从真理的勇气。本刊旨在说理，凡和我们说理的，我们都很欢迎；倘寻人吵嘴，我们就要敬谢不敏了。我们愿在说理的时候顺带培养点浑厚的态度，减少些刻薄的风气，谅想这也是大家赞成的。

　　我们少数人的供献是很有限的。但平日研究，或有一得。此一得之见，或者是各方同志所愿闻的。且因每周出版的督促，同人益加奋勉，而不容稍有懈怠；如是即使无益于人，至少有益于己。倘此有益于己的，兼能有益于人，岂不是更好吗？所以本刊的旨趣乃是寓供献于研究之中。他的使命就在为教育界通通血脉，使大家呼吸些清新温润的空气，并给同志们一个努力切磋的机会。

《新教育评论》第 1 卷第 1 期（1925 年 12 月 4 日）

---

　　①　"毋意，毋必，毋固，毋我"　语出《论语·子罕》，意为：不可浮空揣测，不应绝对肯定，不能拘泥固执，不要自以为是。

师范教育下乡运动
（1926 年 1 月）

上月十四、十五两日，江苏省立师范分校联合会在黄渡举行第二届常会，他们的附属小学也组织了一个联合会，于十五日举行成立典礼。这两件事是关心乡村教育的人应得注意的。

中国的师范学校多半设在城里，对于农村儿童的需要苦于不能适应。城居的师范生平日娇养惯了，自然是不愿到乡间去的。就是乡下招来的师范生，经过几年的城市化，也不愿回乡服务了。所以师范学校虽多，乡村学校的教员依然缺乏。做教员的大有城里没人请才到乡下去之势。这种教员安能久于其职，又安能胜乡村领袖之重任呢？江苏义务教育期成会袁观澜、顾述之二先生觉得乡村教师需要之急，而培养之法更不能不改善，所以发起每个师范学校在乡间设立分校，以为造就乡村师资之所；每分校并设附属小学一所，以资乡村师范学生之实习。现在一师、二师、三师、四师、五师都设有分校和分校的附属小学。这个师范分校联合会和分校附小联合会就是这些师范学校的分校和分校附小组织成功的。他们的宗旨在联络研究共谋各该校教育上之改进及乡村教育之发展。我国师范学校以合作及研究精神图谋乡村教育之发展的，实以此为起点。

这次分校联合会共总商议了四十一个案件，内中有好几个案件都是很关重要的。这次会议最出色的一件事就是各种乡村教育问题之分门研究，如公民科、史地科、国语科、数学科、教育科、农业科、理科、音乐科、图画手工科、体育科、童子军，各门的课程大纲及农场作业分配、推广农村教育、学业成绩考查法、训育、健康教育、师范生实习等问题都有委员会负责研究。这种分门的研究总比囫囵的空谈要切实些。

我以为乡村师范学校负有训练乡村教师、改造乡村生活的使命。师范学校在乡村里设分校，在乡村的环境里训练乡村师资，已经是朝着正当的方向进行了。我们的第二步办法就是要充分运用乡村环境来做这种训练的工夫。我们要想每一个乡村师范毕业生将来能负改造一个乡村之责任，就须当他未毕业之前教他运用各种学识去作改造乡村之实习。这个实习的场所，就是眼面前的乡村，师范所在地的乡村。舍去眼面前的事业不干而高谈将来的事业，舍去实际生活不改而单在书本课程上做工夫，怕是没有多大成效的。我们不要以为把师范学校搬下乡去就算变成了乡村师范学校。不能训练学生改造眼面前的乡村生活，决不是真正的乡村师范学校。

江苏师范分校尚属试办性质，他的效果，尚难预测。但他们对于乡村教育那点通力合作、分门研究及实地试验的精神，却是很宝贵而为全国师范学校所应取法的。

《新教育评论》第 1 卷第 6 期（1926 年 1 月 8 日）

整个的校长
（1926 年 2 月）

去年我对南开中学学生演讲《学做一个人》，曾经提出五种"非整个的人"，内中有一种就是分心的人。分心的人是个命分式的人，不是个整个的人。整个的人的中心，只放在一桩主要的事上。他的心分散在几处，就是几分之一的人。这类人包括兼差的官吏，跨党的党人，多妻的丈夫。俗语说"心挂两头"，就是这类人。这类人是命分式的人，不是整个的人。

做一个学校校长，谈何容易！说得小些，他关系千百人的学业前途；说得大些，他关系国家与学术之兴衰。这种事业之责任不值得一个整个的人去担负吗？现在不然。能力大的人，要干几个校长。能力不够或时间不敷分配的，就要找几个人，合起伙来共干一个校长。

我要很诚恳的进一个忠告：一个人干几个校长，或几个人干一个校长，都不是整个的校长，都是命分式的校长。试问，世界上有几个第一流的学校是命分式的校长创造出来的？国家把个整个的学校交给你，要你用整个的心去做个整个的校长。为个人计，要这样才可以发展专业的精神，增进职务的效率。为学校计，与其做大人名流的附属机关，不如做一个学者的专心事业，具体的说，去年教育部所开的总长兼校长和校长兼校长的例不但不应沿袭，并且应当根本铲除。我希望现在以总长兼校长的诸公都自动的辞去总长或校长，以校长兼校长的诸公都自动的以担任一校校长为限。至于某大学设立会办一层，似有几人合做校长之情形；此种新例，亦不可开。总之，为国家教育计，为个人精力计，一个人只可担任一个学校校长。整个的学校应当有整个的校长，不应当有命分式的校长。

我之学校观*
（1926 年 9 月）

学校的势力不小。他能教坏的变好，也能教好的变坏。他能叫人做龙，也能叫人做蛇。他能叫人多活几岁，也能叫人早死几年。

学校以生活为中心。一天之内，从早到晚，莫非生活即莫非教育之所在。一人之身，从心到手，莫非生活即莫非教育之所在。一校之内，从厨房到厕所，莫非生活即莫非教育之所在。学校有死的，有活的。那以学生全人、全校、全天的生活为中心的，才算是活学校。死学校只专在书本上做工夫。间于二者之间的，可算是不死不活的学校。

学校是师生共同生活的处所。他们必须是共甘苦。甘苦共尝才能得到精神的沟通、感情的融洽。国家大事、世界大势，亦必须师生共同关心。学校里师生应当相依为命，不能生隔阂，更不能分阶级。人格要互相感化，习惯要互相锻炼。人只晓得先生感化学生、锻炼学生，而不知学生彼此感化、锻炼和感化、锻炼先生力量之大。先生与青年相处，不知不觉的，精神要年轻几岁，这是先生受学生的感化。学生质疑问难，先生学业片刻不能懈怠，是先生受学生的锻炼。这是不可避免的，也是好现象。总之，师生共同生活到什么程度，学校生气也发扬到什么地步，这是丝毫不可以假借的。李白诗说："黄河之水天上来，奔流到海不复回。"这好比是学生的精神。办学如治水，

---

* 本篇在上海安徽同乡会所主办的月刊《徽音》上发表时，编辑程本海在文后附有按语："陶先生这篇文字，是一个活学校的宣言书。在共和国家里面，无论什么地方，都可适用，尤其是我们徽州的学校，应当特别注意。我希望家乡学校读了这篇文字之后，要自己问问：'我这个学校是死的，还是活的？'如果是死的，就要叫他复活；如果是活的就是叫他更加活，叫他长生不老。我们一致的要求是：徽州从今以后只有活学校，没有死学校。我们还要进一步要求活的学校去共同造一个活的徽州。"

我们必须以导河的办法把学生的精神宣导出去，使他们能在有益人生的事上去活动。倘不能因势利导，反而强事压制，那么决堤泛滥之祸不能幸免了。

康健是生活的出发点，亦就是学校教育的出发点。学问、道德应当有一个活泼稳固的基础，这基础就是康健。俗话说："百病从口入。"同志们务必注意：办学校是要从厨房、饭厅办起的。

生活之发荣滋长须有吸收滋养料的容量。学校教职员必须虚心，学而不厌。我以为，不但教师要学而不厌，就是职员也要学而不厌。因为既以生活为学校的中心，那么各种事务都要含有教育的意义。从校长起一直到厨司、校工，各有各的职务，即各有各的学问要增进。增进之法有二：一是各有应读之书必须读；二是各有应联之专家、同志必须联。一个学校要想有美满的生活，必须和知识的泉源通根水管，使得新知识可以源源而来。

学校生活只是社会生活一部分。学校不是道士观、和尚庙，必须与社会生活息息相通。要有化社会的能力，先要情愿社会化。

学校生活是社会生活的起点。远处着眼，近处着手，改造社会环境要从改造学校环境做起。全校师生应当以美术的精神共同改造学校环境。凡应当改造的，一丝一毫都不肯轻松放过，才能表现真精神。师生不能共同改造学校环境而侈谈社会改造，未免自欺欺人。

高尚的生活精神不用钱买，不靠钱振作，也不能以没有钱推诿。用钱可以买来的东西，没有钱自然买不来；用钱买不来的东西，没有钱也是可以得到的。高尚的精神如同山间明月、江上清风一样，是取之无尽、用之无穷的。没有钱是一事；没有精神又是一事。有钱而无精神和无钱而有精神的学校，我都见识过。精神是不靠钱买的，精神是在我们身上。我们肯放几分精神，就有几分精神。不关有没有钱，只问我肯不肯把精神放出来。

我们要学校生活长得敏捷圆满，就得要把他放在光天化日之下。太阳光底下可以滋长，黑暗里面免不掉微生物。所以我主张学校要给人看。做父母的、管学务的，以及纳教育税的人，都要看学校。要学校改良，做校长的、做教员的，都要欢迎人参观、批评，以补自己之不足。学校放在太阳光里，必能生长，必能继续不断的生长。

我对于学校，悬格并不要高，只希望大家把学校办到一个地步：情愿送亲子弟入校求学就算好了。前清往往有办学的人不令子弟入学，时论以为不恕。现今主持省县教育者，亦颇有以子弟无好学校进为虑，甚至送入外人设立学校肄业。真正令人不解。我要有一句话奉劝办学同志，这句话就是"待学生如亲子弟"。

十五、九、二十

《徽音》月刊第 29、30 期合刊（1926 年 11 月 5 日）

创设乡村幼稚园宣言书
（1926 年 10 月）

　　从福禄伯发明幼稚园以来，世人渐渐的觉得幼稚教育之重要；从蒙梯梭利毕生研究幼稚教育以来，世人渐渐的觉得幼稚园之效力；从小学校注意比较家庭送来与幼稚园升来的学生性质，世人乃渐渐的觉得幼稚教育实为人生之基础，不可不乘〔趁〕早给他建立得稳。儿童学者告诉我们，凡人生所需之重要习惯、倾向、态度，多半可以在六岁以前培养成功。换句话说，六岁以前是人格陶冶最重要的时期。这个时期培养得好，以后只须顺着他继长增高的培养上去，自然成为社会优良的分子；倘使培养得不好，那么，习惯成了不易改，倾向定了不易移，态度决了不易变。这些儿童升到学校里来，教师需费尽九牛二虎之力去纠正他们已成的坏习惯、坏倾向、坏态度。真可算为事倍功半。至于不负责的教师，哪里顾得到这些。他们只一味的放任，偶然亲自看见学生做坏事，也不过给儿童一个消极的处分。于是坏习惯、坏倾向、坏态度蓬蓬勃勃的长，不到自害害人不止。这是必然的趋势。

　　有志儿童幸福的人和有志改良社会的人看此情形，就大呼特呼的提倡广设幼稚园。但提倡的力竭声嘶，而响应的寥若晨星。都市之中尚有几个点缀门面，乡村当中简直找不到他们的踪迹。这也难怪，照现在的情形看来，幼稚园倘不经根本的改革，不但是乡村里推不进去，就是都市里面也容不了多少。

　　依我看来，现在国内的幼稚园害了三种大病：一是外国病。试一参观今日所谓之幼稚园，耳目所接，哪样不是外国货？他们弹的是外国钢琴，唱的是外国歌，讲的是外国故事，玩的是外国玩具，甚至于吃的是外国点心。中国的幼稚园几乎成了外国货的贩卖场，先生做了外国货的贩子，可怜的儿童居然做了外国货的主顾。二是化钱病。国内幼稚园化钱太多，有时超过小学好几倍。这固然难怪，外国货哪有便宜的。既然样样仰给于外国，自然费钱很多；费钱既多，自然不易推广。三是富贵病。幼稚园既是多化钱，就得多弄钱。学费于是不得不高，学费高，只有富贵子弟可以享受他的幸福。所以幼稚园只是富贵人家的专用品，平民是没有份的。

我们现在所要创办的乡村幼稚园，就要改革这三种弊病。我们下了决心，要把外国的幼稚园化成中国的幼稚园；把费钱的幼稚园化成省钱的幼稚园；把富贵的幼稚园化成平民的幼稚园。

一、建设中国的幼稚园　我们在这里要力谋幼稚教育之适合国情，不采取狭义的国家主义。我们要充分运用眼面前的音乐、诗歌、故事、玩具及自然界陶冶儿童，外国材料之具有普遍性、永久性的亦当选粹使用，但必以家园所出的为中心。

二、建设省钱的幼稚园　打破外国偶像是省钱的第一个办法。我们第二个办法就是训练本乡师资教导本乡儿童。一村之中必有一二天资聪敏、同情富厚之妇女。我们就希望他们经过相当训练之后，出来担任乡村幼稚园的教师。他们既可得一新职业之出路，又可使幼稚园之薪金不致超过寻常小学额数。岂不是一举两得？这些妇女中最可有贡献而应最先训练的，无过于乡村校长教员之夫人、姊妹及年长的女学生。他们受过训练之后，只要有人加以提倡，幼稚园就可一举而成。第三个办法就是运用本村小学手工科及本村工匠仿制玩具，如此办来，一个钱可以抵数钱之用。三个办法同时并进，可以实现省钱的幼稚园。

三、建设平民的幼稚园　幼稚园化钱既省，取费自廉，平民的儿童当能享受机会均等。教师取之乡间，与村儿生活气味相投，自易亲近。这两件事都可以叫幼稚园向平民方面行走。但一个制度是否真能平民化，要看他是否应济平民的需要。就我们所观察，乡村幼稚园确是农民普遍的、永久的需求。试一看乡村生活，当农忙之时，主妇更是要忙得天昏地黑。他要多烧茶水，多弄饭菜，多洗衣服，有时还要他在田园里工作，哪里还有空去管小孩子。那做哥哥做姊妹的也是送饭、挑水、看牛、打草鞋，忙个不了，谁也没有工夫陪小弟弟、小妹妹玩。所以农忙之时，村中幼儿不是跟前跟后，就是没人照应，真好象是个大累，倘使乡村幼稚园办的得当，他们就可以送来照料。一方面父母又可以免去拖累，一方面儿童又能快快乐乐的玩耍，岂不是"得其所哉"！小学儿童年龄较大，可以做事，农忙时颇能助父母一臂之力，要他上学，不啻减少农民谋生能力，所以有如登天之难。幼稚园则不然。他所招收的儿童，正是农民要解脱的担负，要他们进来，正是给农民一种便利。倘使办理得当，乡村幼稚园，可以先小学而普及。幼稚园既是应济平民的需要，自有彻底平民化之可能。我们只须扫除当路的障碍，使他早日实现就是了。

建设一个中国的、省钱的、平民的乡村幼稚园不是一说就可以成功的。我们必须用科学方法去试验，必须用科学方法去建设。我们对于幼稚园之种种理论设施都要问他一个究竟，问他一个彻底。我们要幼稚园里样样活动都要站得住。我们要运用科学的方法来建设一个省钱的、平民的、适合国情的乡村幼稚园。将来全国同志起而提倡，使个个乡村都有这样一个幼稚园，使个个幼儿都能享受幼稚园的幸福，那更是我们所朝夕祷祝的了。

《新教育评论》第 2 卷第 22 期（1926 年 10 月 29 日）

南京中等学校训育研究会
（1926 年 11 月）

南京中等学校近来组织了一个训育研究会，于本月九日开成立会，并于二十一日开第一次常会。这个研究会是由国立、省立、私立中等学校担任训育的职员组织而成的，可算是一个地方训育人员第一次对于训育问题之大协作。历来办学的人谈到学生品行问题，就联想到宽严的观念。其实从前学校一味盲目的压制，近年学校一味盲目的放任，都是不应该走的错路。训育问题不是笼统的宽严问题。究竟什么事应当严？什么事应当宽？应当严的如何严法？应当宽的如何宽法？什么叫做严？什么叫做宽？我怕专在笼统的宽严问题上做工夫总寻不出什么条理来，所以希望担任训育的人，第一要打破宽严的观念，要在宽严以外去谋解决。真正的训育是品格修养之指导。我们要在"事"上去指导学生修养他们的品格。事应当怎样做，学生就应当怎样修养，先生就应当怎样指导。各种事有各种做法，指导修养之法也跟了它不同。同是一事，处不同之地，当不同之时，遇不同之人，那做的方法及指导修养的方法也就不能尽同了。怎样可以拿一个笼统的宽严观念来制裁他们呢？

训育上的第二个不幸的事体就是担任训育人员的消极作用。他们惯用种种方法去找学生的错处。学生是犯过的，他们是记过的。他们和学生是两个阶级，在两个世界里活着，他们对于学生的困难问题漠不关心。我们希望今后办训育的人要打破侦探的技术，丢开判官的面具。他们应当与学生共生活、共甘苦，做他们的朋友，帮助学生在积极活动上行走。他们也不应当忘记同学互相感化的影响，最好还要运用同学去感化同学，运用朋友去感化朋友。

训育上还有个最不幸的事体，这事就是教育与训育分家：把教育看作知识范围以内的事，训育看作品行范围以内的事，以为学习知识与修养品行是受不同的原理支配的，甚至于一校之中管教务与训育者不相接洽，或背道而驰。殊不知学习知识与修养品行是受同一学习心理定律之支配的，我们如果强为分家，必至自相矛盾，必至教知识的不管品行，管品行的不学无术。所以我们希望担任训育的人，要打破知识、品行分家的二元论，而在知识品行合一上研究些办法出来。

训育难办，中等学校的训育更难办，当今中国之中等学校训育尤其难办。然而难处即是有兴味处。他所以难，是因为他问题繁多而复杂；他所以有兴味，是因为他给我们研究的机会极丰富而不可限量。品行养成之要素是在一举一动前所下的判断。我们问题中之最大问题是如何引导学生于一举一动前能下最明白的判断。这样一来即刻牵涉到善恶、是非、曲直、公私、义利之分。这样一来即刻牵涉到个人所处的地位、时会及发生关系的人。这样一来，问题可就多了，可就难了，可就真有兴味了。知道这里的难处，欣赏这里的兴味，才可以干训育的事。任训育者不是查房间、管请假、记大过、发奖品就算了事。他的最大责任是引导学生参与现代人生切要的生活，于一举一动前能下最明白的判断。全体教职员都有这个责任，即全体教职员都负有一部分训育上之任务，不过任训育者总其成罢了。

南京训育研究会的成立，就是一件很有价值的事。从此各人可以把实际的具体问题提出交换意见，共谋改进。最好是活动些，大家可以伸缩自如；不可勉强规定一致的办法，以致造成机械的、呆板的训育系统。这种会的贡献就在唤起各人之主动思想，倘使每人提出经验上发生的问题，叫参与讨论的人都不得不慎重考虑，去谋适当的解决，便是很有价值了。像这样的训育研究才值得推广哩。

《新教育评论》第 2 卷第 23 期（1926 年 11 月 5 日）

幼稚园之新大陆
——工厂与农村
（1926 年 11 月）

最需要幼稚园的地方是什么？最欢迎幼稚园的地方是什么？幼稚园应当到而没有到的是什么地方？幼稚园还有什么新大陆可以发现？

（一）女工区域是需要幼稚园的。妇女上工厂做工，小孩子留在家里，无人照应，最感痛苦。若带在身边，那么工厂里的特殊紧张之环境，便要阻碍儿童的发育。倘使工厂附近有相当之幼稚园，必能增进儿童之幸福而减少为母者精神上之痛苦。同时女工既不必心挂两头，手边又无拖累，则做工效率，自然也要增加好多。所以为儿童教育计，为女工精神计，为工业出产效率计，这种工厂附近必须开办幼稚园。这是幼稚园的第一个新大陆，我希望幼稚园同志快来探获。

（二）农村也是需要幼稚园的。农忙的时候，田家妇女们忙个不了，小孩子跟前跟后，真是麻烦。哥哥姊姊也要帮忙操作，无暇陪伴弟妹玩耍，所以农忙一到，乡村小孩子就要缺乏照料。倘使农村里有了幼稚园，就能给这些小孩子一种相当的教育，并能给农民一种最切要的帮助。幼稚园的同志们！诸君可曾想到这个新大陆？我深信如果诸君愿意下乡，采桑娘子必定是诚心诚意的欢迎诸君的。

幼稚园的下乡运动和进厂运动必须开始，实无疑义。但现在的幼稚园必须经过一番根本变化，方能到乡村和工厂里去。它第一要打破外国的面具，第二要把贵族的架子放开，第三要省钱，不当用的不必用。这里要整天整年的幼稚园。半天的幼稚园只能解决一半的困难。幼稚园放假也只能跟着女工、农妇空闲的时候为转移。现在幼稚园还有一件事没有注意到，这事就是儿童的康健。儿童的康健比什么事还要紧。幼稚园教师倘没有受过严谨的卫生训练，则幼稚园恐怕要变成传染疾病的中心。我有一个朋友全家害过猩红热，又一个朋友的小孩儿都染着百日咳，还有好几家朋友的小孩子染着沙眼病和天花，都是因为幼稚园里不注意卫生所致。我希望大家把儿童康健当做幼稚园里面第一重要的事情，幼稚园教师应当做康健之神。工厂和农村是幼稚园可以发现的新大陆。它们只欢迎爱护康健的幼稚园，不欢迎传染疾病之幼稚园。

《新教育评论》第 2 卷第 24 期（1926 年 11 月 12 日）

我们的信条[*]
（1926 年 11 月）

《我们的信条》虽是我用笔写的，但不是我创的。我参观诸位先生在学校里实际的工作，心里不由人起了好多印象，积起来共有十八项，我就依着次序编成这套信条。所以这是诸位先生自己原来的信条。早已接受实行，今日只是大家共同温习一遍，并下定决心，终身奉行，始终如一。

我们从事乡村教育的同志，要把我们整个的心献给我们三万万四千万的农民。我们要向着农民"烧心香"，我们心里要充满那农民的甘苦。我们要常常念着农民的痛苦，常常念着他们所想得的幸福，我们必须有一个"农民甘苦化的心"才配为农民服务，才配担负改造乡村生活的新使命。倘使个个乡村教师的心都经过了"农民甘苦化"，我深信他们必定能够叫中国个个乡村变做天堂，变做乐园，变做中华民国的健全的自治单位。这是我们绝大的机会，也就是我们绝大的责任。

一、我们深信教育是国家万年根本大计。

二、我们深信生活是教育的中心。

三、我们深信健康是生活的出发点，也就是教育的出发点。

四、我们深信教育应当培植生活力，使学生向上长。

五、我们深信教育应当把环境的阻力化为助力。

六、我们深信教法、学法、做法合一。

七、我们深信师生共生活，共甘苦，为最好的教育。

---

* 本篇系陶行知于 1926 年 11 月 21 日在中华教育改进社特约乡村教育研究会上的演讲词。在《新教育评论》上发表时，文后附有一段文字："民国十五年十一月二十一日中华教育改进社特约乡村学校——江宁县教育〈局〉管辖燕子矶小学、尧化门小学、巴斗小学、江苏省立明陵小学——教职员，在明陵小学开第一次联合研究会，由全体会员通过。"

八、我们深信教师应当以身作则。

九、我们深信教师必须学而不厌，才能诲人不倦。

十、我们深信教师应当运用困难，以发展思想及奋斗精神。

十一、我们深信教师应当做人民的朋友。

十二、我们深信乡村学校应当做改造乡村生活的中心。

十三、我们深信乡村教师应当做改造乡村生活的灵魂。

十四、我们深信乡村教师必须有农夫的身手、科学的头脑、改造社会的精神。

十五、我们深信乡村教师应当用科学的方法去征服自然，〈用〉美术的观念去改造社会。

十六、我们深信乡村教师要用最少的经费办理最好的教育。

十七、我们深信最高尚的精神是人生无价之宝，非金钱所能买得来，就不必靠金钱而后振作，尤不可因钱少而推诿。

十八、我们深信如果全国教师对于儿童教育都有"鞠躬尽瘁，死而后已"的决心，必能为我们民族创造一个伟大的新生命。

《新教育评论》第 3 卷第 2 期（1926 年 12 月 10 日）

中国师范教育建设论
（1926 年 12 月）

教什么？怎样教？教谁？谁教？这是师范学校的几个基本问题。要想把师范学校办得好，必须把这些问题先弄明白。

师范学校首先要问的是"教什么"？这是教材问题。施教的人不能无中生有，他必得要运用环境所已有的事物去引起学生之活动。所以遇了"教什么"这个问题，我们暂时可以下一句答语：有什么，学什么；学什么，教什么；教什么，就拿什么来训练教师。但是世界上有的东西，无计其数；所有的未必是所需要的。因此，我们姑且又要加上一句答语：要什么，学什么；学什么，教什么；教什么，就拿什么来训练教师。

所有和所要都知道了，我们立刻发生教法问题。我们要接着问一问"怎样教"？教的法子要根据学的法子，学的法子要根据做的法子。教法、学法、做法是应当合一的。我们对于这个问题所建议的答语是：事怎样做就怎样学；怎样学就怎样教；怎样教就怎样训练教师。

教什么和怎样教，决不是凌空可以规定的。他们都包含"人"的问题。这问题就是"教谁"？人不同，则教的东西、教的方法、教的分量、教的次序都跟着不同了。我们要晓得受教的人在生长历程中之能力需要，然后才晓得要教他什么和怎样教他；晓得了要教他什么和怎样教他，然后才晓得如何去训练那教他的先生。

预备要做先生的是哪种人？他对于教师职业的兴味、才能如何？他充当某种教师是否可以胜任愉快？现在实际在那儿当教师的是谁？师范学校所期望于他所训练的人有多少能做适当的教师？这也是师范学校要考虑的问题。我们的建议是：谁在那儿教，谁欢喜教，谁能教得好，就应当训练谁。

就上面所说的，总起来看，我们知道，师范学校是要运用环境所有所需的事物，归纳于他所要传布的那种学校里面，依据做学教合一原则，实地训练有特殊兴味才干的人，使他们可以按着学生能力需要，指导学生享受环境之所有，并应济环境之所需。这个定义包含三大部分：一是师范学校本身的工作，二是中心学校的工作，三是环境里的幼年人生活。这三大部分应当发生有机体的关系，使得他们的血脉可以流通，精神可以一贯。他们中间不当有丝毫的隔膜。一看这个定义，我们立刻晓得师范学校的出发点就是他所要传布的中心学校，中心学校的出发点，就是环境里的幼年人生活。由此我们也就可以明白建设师范教育之历程。

环境里的幼年人生活既是中心学校的中心，我们首先就要把他弄个明白。我们要晓得幼年人在生长历程中有什么能力，有什么需要。我们虽不能完全知道，但是学者已经研究出来的，我们必须充分明了。幼年人不是孤立的，他是环境当中的一个人。环境对于幼年人的生活有两种大的力量：一是助力。自然界的光线、空气、食物、饮料在常态之下，都是扶助人类生长的东西。社会里的语言文字、真知灼见以及别人的互相提携，也都有扶助我们生长的作用。二是阻力。例如狂风、暴雨、水患、旱灾、虫害种种，都是自然界与人为难的东西。社会方面的贪官、污吏、劣绅、土棍、盗贼以及一切不良的制度风俗，也是我们生长的挡路物。可是阻力倘不太大，可以化为助力。逆境令人奋斗，生长历程中发生了困难才能触动思想，引起进步。人的脑袋就是这样长大的，文明也是这样进化的。我们应当运用自然界和社会界的助力、阻力去培植幼年人的生活力，使他可以做个健全分子去征服自然，改造社会。因此，我们又要问自然界与社会界对于幼年人的生长有什么助力，有什么阻力？他们对于幼年人生长的贡献是什么？他们有什么缺憾要人力补天工之不足？一个环境对于幼年人生长之助力、阻力、贡献、缺憾，要具体的分析开来，才能指导教育的实施。倘使囫囵吞枣，似乎没有多大用处。分析出来的具体事实必定是整千整万，学校自然不能完全采纳进去。所以，进一步的工作就是估量每件事实的价值。价值估量之后再作选择的工夫，把价值最低的除开，需要可缓的除开，学校不必教不能教的除开，留下来的容纳到学校里去，编成教材，制为课程，佐以相当设备，配以相当程序，使教师指导学生脚踏实地的去做去学。这样一来，中心学校就可以办成了。这种学校是有根的。他的根安在环境里，吸收环境的肥料、阳光，化作自己的生命，所以他能长大，抽条，发叶，开花，结果。这种学校是与自然生活、社会生活联为一气的。他能适应环境的生活，也能改造环境的生活。他是本地的土壤里产生出来的，他自能在相类的环境里传播。我们可以祝他说："恭喜你多福，多寿，多儿子，儿子又生孙，孙又生儿子，子子孙孙生到无穷期，个个都象你，个个胜过你。"中心学校有了办法，再办师范学校。师范学校的使命，是要运用中心学校之精神及方法去培养师资。他与中心学校的关系也是有机体的，也是要一贯的。中心学校是他的中心而不是他的附属品。中心学校也不应以附属品看待自己。正名定义，附属学校这个名字要不得。实习学校的名字好得多，但是这个名字包含了"思想与实习分家"的意味，也不是最好的。师范学校的各门功课都有专业的中心目的，大部分都应当与中心学校联串起来。例如教育学、心理学等等功课若是附加的性质，决不能发生很大的效力。这种功课应当与实地教学熔为一炉，大部分应当采取理科实验指南的体裁以谋教学做三者之合一。我们进行时对于师范本身之能力与需要，当然要同时顾到。因为师范生将来出去办学的环境与中心学校的环境必定不能一模一样；要想师范生对于新环境有所贡献，必得要同时给他们一种因地制宜的本领。

师范毕业生得了中心学校的有效办法和因地制宜的本领，就能到别的环境里去办一个学校。这个学校的精神与中心学校是一贯的，但不是刻印板的，不是照样画葫芦的。他要适应他的特殊环境，也要改造他的特殊环境。这个学校对于学生所要培植的也是生活力。他的目的是要造就有生活力的学生，使得个个人的生活力更加润泽、丰富、强健，更能抵御病痛，胜过困难，解决问题，担当责任。学校必须给学生一种生活力，使他们可以单独或共同去征服自然，改造社会。我们这里所建议的步骤是一气呵成的：自然社会里的生活产生活的中心学校，活的中心学校产生活的师范学校，活的师范学校产生活的教师，活的教师产生有生活力的国民。

这个建设历程，从头到尾，都是息息相通的，倘使发现不衔接、不联络、不适应的地方，到处可以互相参考纠正，随改随进。所以中心学校随着自然社会生活继续不断的改进，师范学校随着中心学校继续不断的改进，地方学校随着师范学校继续不断的改进，自然、社会生活又随着地方学校继续不断的改进。

上述师范教育的建设历程，倘用下图表示，更能一目了然：

（图及其说明文字略）······

师范学校既以中心学校为中心，那么，有哪一种的中心学校就有哪一种的师范学校：有幼稚园为中心学校，就可以办幼稚师范；有小学为中心学校，就可以办初级师范；有中学或师范为中心学校，就可以办高等师范或师范大学；有各种职业机关或学校做中心学校，就可以办各种职业师范。

师范学校既以中心学校为中心，就得跟着中心学校跑。凡有好的中心学校的地方，都可以办个师范；凡是没有好的中心学校的地方，都可以取消师范的招牌。否则就应当根本改造中心学校和各方面的关系，使它名实相符。师范学校人数也可不拘，看中心学校的容量而定。他能容几个人就是几个人，不必勉强。一个师范可以有几个中心学校；一个中心学校也可以做几个师范学校的公共中心。例如，一个乡村师范可以有几个单级学校，几个复式学校，几个单式学校做他的中心学校。又例如，一个好的中心小学里可以容纳初级中学、高级中学甚至于大学程度的师范生在这里学习。初级中学程度的人在这里学习之后可以去当初小的教师，高级中学程度的人在这里学习之后可以去当高小的教师，大学程度的学生在这里学习之后可以去办初级师范或县立师范。

中心学校的成立有两种方式都可以行：一是另起炉灶来创设；二是找那虚心研究、热心任事、成绩昭著并富有普遍性之学校特约改造，立为中心学校。这两种方式可以按照情形酌量采择施行。

有了中心学校，就可以在中心学校左近建筑或租借房屋开办师范班或师范学校。收录师范生可有两种办法。一是本校招收新生始终其事，予以完全训练。这种办法规模较大，需用人才、设备、经费也较多。二是招收他校将毕业而有志充当教师之学生或有相当程度之在职之教职员，加以相当时期之训练。照这种办法，师范部只须准备宿舍、图书、讨论室、指导人才及所需之其他设备，就可开办。这是比较轻而易举的。毕业后发给修业证书，俟办成有生活力之学校始发给正式毕业证书。原肄业学校如因本校没有师范训练，亦得依照规定手续保送相当学生来此学习。毕业证书可由两校合发。这种种办法各级师范都可适用。

上面所说的是建设中国师范教育的根本原理与实施概要。中国师范教育因前清办理失策，以致师范学校与附属学校隔阂，附属学校与实际生活隔阂。我们所以有这种隔阂，是因为我们的师范教育或是从主观的头脑里空想出来的，或是间接从外国运输进来的，不是从自己的亲切经验里长上来的。这种师范教育倘不根本改造，直接可以造成不死不活的教师，间接可以造成不死不活的国民。有生活力的国民，是要靠着有生活力的教师培养的；有生活力的教师，又是要靠着有生活力的师范学校训练的。中国今日教育最急切的问题，是旧师范教育之如何改造，新师范教育之如何建设。国家所托命之师范教育，是决不容我们轻松放过的。我们很希望全国同志会精聚神的来对付这个问题。

《新教育评论》第 3 卷第 1 期（1926 年 12 月 3 日）

中国乡村教育之根本改造[*]
（1926 年 12 月）

　　中国乡村教育走错了路！他教人离开乡下向城里跑，他教人吃饭不种稻，穿衣不种棉，做房子不造林；他教人羡慕奢华，看不起务农；他教人分利不生利；他教农夫子弟变成书呆子；他教富的变穷，穷的变得格外穷；他教强的变弱，弱的变得格外弱。前面是万丈悬崖，同志们务须把马勒住，另找生路！

　　生路是甚么？就是建设适合乡村实际生活的活教育。我们要从乡村实际生活产生活的中心学校；从活的中心学校产生活的乡村师范；从活的乡村师范产生活的教师；从活的教师产生活的学生，活的国民。活的乡村教育要有活的乡村教师。活的乡村教师要有农夫的身手，科学的头脑，改造社会的精神。活的乡村教育要有活的方法，活的方法就是教学做合一：教的法子根据学的法子，学的法子根据做的法子；事怎样做，就怎样学；怎样学，就怎样教。活的乡村教育要用活的环境，不用死的书本。他要运用环境里的活势力，去发展学生的活本领——征服自然改造社会的活本领。他其实要叫学生在征服自然改造社会上去运用环境的活势力，以培植他自己的活本领。活的乡村教育，要教人生利。他要叫荒山成林，叫瘠地长五谷。他要教农民自立、自治、自卫。他要叫乡村变为西天乐园，村民都变为快乐的活神仙。以后看学校的标准，不是校舍如何，设备如何，乃是学生生活力丰富不丰富。村中荒地都开垦了吗？荒山都造了林吗？村道已四通八达了吗？村中人人都能自食其力

---

　　[*] 本篇系陶行知于 1926 年 12 月 12 日在上海的徽州旅沪同乡会邀集中华改进社在沪社员举行的乡村教育讨论会上的演讲词。后于 1927 年 1 月 3 日在上海基督教青年会又作了同题的演讲（载《中华教育界》第 16 卷第 10 期，1927 年 4 月），其主体意思与本篇相同，但其中有"我们的信条"十八则。

吗？村政已经成了村民自有、自治、自享的活动吗？这种活的教育，不是教育界或任何团体单位办得成功的。我们要有一个大规模联合，才能希望成功。那应当联合中之最应当联合的，就是教育与农业携手。中国乡村教育之所以没有实效，是因为教育与农业都是各干各的，不相闻问。教育没有农业，便成为空洞的教育，分利的教育，消耗的教育。农业没有教育，就失了促进的媒介。倘有好的乡村学校，深知选种、调肥、预防虫害之种种科学农业，做个中心机关，农业推广就有了根据地、大本营。一切进行，必有一日千里之势。所以第一要教育与农业携手。那最应当携手的虽是教育与农业，但要求其充分有效，教育更须与别的伟大势力携手。教育与银行充分联络，就可推翻重利；教育与科学机关充分联络，就可破除迷信；教育与卫生机关充分联络，就可预防疾病；教育与道路工程机关充分联络，就可改良路政。总之，乡村学校是今日中国改造乡村生活之唯一可能的中心。他对于改造乡村生活的力量大小，要看他对于别方面势力联络的范围多少而定。乡村教育关系三万万六千万人民之幸福！办得好，能叫农民上天堂；办得不好，能叫农民下地狱。我们教育界同志，应当有一个总反省，总忏悔，总自新。我们的新使命，是要征集一百万个同志，创设一百万所学校，改造一百万个乡村。我们以至诚之意，欢迎全国同胞一齐出来，加入这个运动，赞助他发展，督促他进行，一心一德的来为中国一百万个乡村创造一个新生命。叫中国一个个的乡村都有充分的新生命，合起来造成中华民国的伟大的新生命。

《乡教丛讯》第 1 卷第 1 期（1927 年 1 月 1 日）

山穷水尽
——给凌济东先生的信
（1926 年 12 月）

济东吾兄：

接读十二月四日手书，有如蜜糖里夹了黄连，令人吃了又甜又苦，真是别有滋味，感谢之至。

来书说到本社①经济情形，已是山穷水尽，这是事实，谁也不能否认。本社已是山穷水尽，本社同人应当怎样呢？我们应当在山穷水尽的时候，找出一条生路来！本社之所以山穷水尽，是因为中国教育已到山穷水尽了。我们倘不能为中国教育找出生路，决不能为本社找出生路。所以我们要拼命的为中国教育找生路，即所以为本社找生路。前在京中所谈的几件事，倘能用全副精神干去，必是长生之道。不但是本社长生之道，也就是中国教育长生之道，也就是中华民国长生之道。

我和叔愚②兄所担任的乡村教育运动，现正在杀机四伏中努力进行。我们已经看见光明，前途有无穷的希望，我们已经下了决心：要提倡一百万所学校，去改造一百万个乡村，使个个乡村都得着充分的新生命，合起来造成中华民国的伟大的新生命。吾兄所担任的一件，有同样的重要，吾兄的使命是要培养康健的儿童，造成康健的民族。依据杨先生的推算，吾兄还有五十年的寿源去干这件伟大的事业。我主张自筹款，自罗人才，积极进行；与人互助则可，决不可因人成事。如果在这五十年当中，吾兄能把国民的康健立一个稳固的基础，叫个个国民都有血色，有生气，有精神，都能抵抗疾病，扫除障碍，战胜困难，也算不

---

① 本社　指中华教育改进社。

② 叔愚　即赵叔愚（1889—1928），名崇鼎，又名漱玉，以字行，北京人。1921 年在北京与陶行知共事于中华教育改进社，1927 年又参与陶行知创办试验乡村师范学校，任第一院院长。

虚生一世了。人生为一大事来，做一大事去。我们就在改进社旗帜之下各人干他一件，也是人生极快乐的事情。倘使我比您多活几岁，到您升天的时候，我就在您的坟墓上立一石碑，上面写着"康健之神"四个大字，叫一切病魔化做一只大乌龟，背着这块石碑直到万万年。倘使我比您早死几年，我可以托付桃红、小桃、三桃、仙桃①代我为您办这件事。

山穷水尽！好一个山穷水尽！这是天帝给我们另找生路的惟一机会。我们应当欢欢喜喜的接受这个机会，共同为本社找条生路，为中国教育找条生路，为中华民国找条生路。

知行
十五年十二月十四日

《知行书信》（亚东图书馆 1929 年出版）

---

① 桃红、小桃、三桃、仙桃　分别为陶行知对自己四个儿子陶宏、陶晓光、陶刚、陶城的爱称，对陶城又称蜜桃。

试验乡村师范学校答客问
（1926 年 12 月）

乡村师范学校是什么？

乡村师范学校是依据乡村实际生活，造就乡村学校教师、校长、辅导员的地方。

为什么要加上试验两个字？

中国乡村教育走错了路，现在已经到了山穷水尽，不得不另找生路。试验就是用科学的方法去采新的生路。我们在前面已经看着一线光明，不能说是十分有把握，但深愿"试他一试"。

这个学校是谁办的？

这个学校是中华教育改进社结合少数乡村教育同志办的。

中华教育改进社为什么要发这种宏愿？

中华教育改进社三年以来对于乡村教育素所注意，近来更觉得这件事是立国的根本大计。估计起来，中国有一百万个乡村，就须有一百万所学校，最少就须有一百万位教师。个个乡村里都应当有学校，更应当有好学校。要有好的学校，先要有好的教师。好的教师有生成的，有学成的。生成的好教师如同凤毛麟角，不可多得，恐怕一百万位乡村教师当中，九十九万九千九百位是要用特殊的训练把他们培养成功的。这是一件伟大的事业，要全国同志运用心力财力才能办到。本社不忍放弃国家一分子的责任，所以很情愿在万难中设立这个小小的试验乡村师范，为的是要造就好的乡村教师去办理好的乡村学校。

乡村教师要怎样才算好？

好的乡村教师，第一有农夫的身手，第二有科学的头脑，第三有改造社会的精神。他足迹所到的地方，一年能使学校气象生动，二年能使社会信仰教育，三年能使科学农业著效，四年能使村自治告成，五年能使活的教育普及，十年能使荒山成林，废人生利。这种教师就是改造乡村生活的灵魂。

乡村学校要怎样才算好？

有了这样好教师，就算是好的乡村学校；好的乡村学校，就是改造乡村生活的中心。

现在中国有没有这种学校？

现在中国有少数乡村学校确是朝着这条路走。他们的精神确系要令人起敬。如同燕子矶小学、尧化门小学、开原小学，都是著有成绩的乡村学校。最近改造的江宁县立师范学校、明陵小学、笆斗山小学，成绩也有可观。别的地方一定也有这种学校，因为不晓得清楚，不能列举。这几个学校假使再给他们五年或十年的时间，当能使这些乡村得到一种新生命，开创一个新纪元。

这些学校为什么办得这样好？

因为他们的教职员有办理乡村教育的天才，并且有虚心研究学问的精神。

这些学校与试验乡村师范要发生什么关系？

因为地点接近燕子矶小学和尧化门小学，已经特约为试验乡村师范学校的中心小学，其他学校就辅助分工研究关于乡村小学的种种问题。

何谓中心小学？

中心小学以乡村实际生活为中心，同时又为试验乡村师范的中心。平常师范学校的小学叫做附属小学，我们要打破附属品的观念，所以称他为中心小学。中心小学是师范学校的主脑，不是师范学校的附属品。中心小学是师范学校的母亲，不是师范学校的儿子。中心小学是太阳，师范学校是行星。师范学校的使命是要传播中心学校的精神、方法和因地制宜的本领。

试验乡村师范学校依据中心小学办理，已经听得明白，但究竟采用什么方法使他实现呢？

我们的一条鞭①的方法就是教学做合一。

什么是教学做合一？

教学做合一是：教的法子根据学的法子，学的法子根据做的法子。

---

① 一条鞭　明代政治家张居正推行的一项经济政策—改变赋税制度：把各项税役合并为一，按亩征收。这里借用其名，以喻教学做三者合一。

事怎样做就怎样学，怎样学就怎样教。比如种田这件事要在田里做，就要在田里学，也就要在田里教。教学做有一个共同的中心，这个中心就是"事"，就是实际生活；教学做都要在"必有事焉"上用功。

试验乡村师范的课程与平常学校有什么不同的地方？

试验乡村师范的全部课程就是全部生活，我们没有课外的生活也没有生活外的课。约略分起来，共有五门：一，中心小学生活教学做；二，中心小学行政教学做；三，师范学校第一院院务教学做；四，征服天然环境教学做；五，改造社会环境教学做。

什么是第一院？

我们的师范学校将来要分两院：第一院是招收他校末一年半学生及相等程度之在职人员，加以一年半的训练；第二院是完全师范制，一切训练，都由本校始终其事。因为第一种办法较为轻而易举，所以先办第一院。

什么是院务教学做？

我们第一院里面种种事务都是要学生分任去做的，什么文牍、会计、庶务、烧饭、种菜，都是要学生轮流学习的。全校只用一个校工担任挑水一类的事，其余一切操作，都列为正课，由学生躬亲从事。

师范生要学习烧饭种菜，这是什么道理？

乡村里当教师，不会烹饪，就要吃苦。我们晓得师范生初到乡村去充当教师，有的时候，不免饿得肚皮叫，就是因为他们不会炊事。从前科举时代文人因过考需要，大多数都会烹饪。现在讲究洋八股反把这些实用的本领挥之门外，简直比科举还坏。所以我们这里的口号是："不会种菜，不算学生"；"不会烧饭，不得毕业"。

教师处于什么地位？

本校各科教师都称为指导员，不称为教员。他们指导学生教学做，他们与学生共教、共学、共做、共生活。不但如此，高级程度学生对于低级程度学生也要负指导之责。

什么资格的学生可以进来呢？

初级中等学校、高级中等学校、专门大学校末了一年半的学生和在职教职员有同等程度的都可以投考。但是他们必须有农事或土木工经验方才有考取的把握。这是顶重要的资格。这两个条件完全没有的人，不必来考。凡是小名士、书呆子、文凭迷的都最好不来。如果有人想办乡村小学，为预储师资起见，保送合格学生来学，学成就去办学，这是我们最欢迎的。

考些什么功课？

我们所要考的有五样东西：一，农事或土木工操作；二，智慧测验；三，常识测验；四，作国文一篇；五，三分钟演说。

收录多少学生呢？

我们现在暂定为二十名。倘使我们在这两个月当中经费可以多筹些，如果合格学生很多，我们也可以多收几名。倘使合格学生很少，我们就少取几名；只要有一个合格学生，我们都是要开办的。我们教一个学生和教一千个学生一样的起劲，因为如果这个学生是个人才，他对于乡村教育必有相当的贡献。一个人是千万人的出发点。倘使我们这次招生只能得到一个真学生，我们也就心满意足了。

毕业年限怎样？

我们的修业年限暂订为一年半，但不是一定不移的，可以按照实在情形酌量伸缩。不过修业后必须服务半年，经本校派员考查，确有精神表现，才发给各种毕业证书。

费用要多少呢？

本校学费一概不收，〈收〉膳费每月暂以五元为最高额，由师生共同经管。杂费依最节省限度另订。学生种田，照佃户租田公允办法，每年赚钱多少，看自己运用心力的勤惰巧拙，统归本人所用，账目完全公开。

试验乡村师范学校设在何处？

这个学校设在南京神策门外迈皋桥，离燕子矶、尧化门都很近。我们准备了田园二百亩，供师生耕种；荒山数座，供师生造林，最少数经费，供师生自造茅草屋居住。

茅草屋怎样布置？

每个茅草屋住十一个人：十位学生，一位指导员。里面有阅书室，会客室，饭厅和盥洗室，厕所。屋外后面附一个小厨房，厨房之后，有一个小菜园。

茅草屋没有造成住在何处？

住在帐篷里。谁的茅草屋没有造好，谁就要住在帐篷里。十一个人都要受茅草屋指导员的指导，按照图样建造一个优美的、卫生的、坚固的、合用的、省钱的茅草屋。个个人都要参加，都要动手。教师不但是教书，学生不但是读书，他们是到这里来共同创造一个学校。从院长起以及到学生，谁不造成茅草屋，谁就永久住在帐篷里。

宿舍之外还有什么？

本校一切建筑都是茅草屋。除宿舍外，我们要有图书馆、科学馆、教室、娱乐室、操室、温室、陈列所、医院、动物园。指导员家属住宅，都要逐渐使他们成立，但总依据茅草屋的形式建筑。

简括些说起来，试验乡村师范的精神究竟何在？

本校的精神可以拿本校校旗之意义来代表。旗之中心有一个小圆圈，里面有个"活"字代表所要培养之生活力。圈外有个等边三角，代表学教做三者合一。三角上面有一个"心"放在当中，表示关心农民甘苦之意。左边有一支笔，右边有一把锄头。三角之外有一大圆圈放射光芒，好比是太阳光。四面有一百个金色星布满全旗。代表一百万个学校，改造一百万个乡村，使个个乡村都得到光，合起来造成中华民国的伟大的光。

民国十五年十二月二十八日黎明

《乡教丛讯》第 1 卷第 2 期（1927 年 1 月 16 日）

生活工具主义之教育*
（1927 年 1 月）

"教育以生活为中心。"这句话已经成为今日学校里的口头禅。但是细考实际，教育自教育，生活自生活，依然渺不相关。这是因为什么缘故？我们先前以"老八股"不适用，所以废科举，兴学堂；但是新学办了三十年，依然换汤不换药，卖尽气力，不过把"老八股"变成"洋八股"罢了。"老八股"与民众生活无关，"洋八股"依然与民众生活无关。但是新学校何以变成"洋八股"，何以与民众生活无关？这其中必有道理。

人的生活，必须有相当工具，才能表现出来。工具充分，才有充分的表现；工具优美，才有优美的表现；工具伟大，才有伟大的表现。"老八股"与"洋八股"虽有新旧之不同，但都是靠着片面的工具来表现的，这片面的工具就是文字与书本。文字与书本只是人生工具之一种。"老八股"与"洋八股"教育拿他当作人生的唯一工具看待，把整个的生活都从这个小孔里表现出去，岂不要把生活剥削得黄皮骨瘦吗？文字、书本，倘能用的得当，还不失为人生工具之一；但是"老八股"与"洋八股"的学生们却不用他们来学"生"，偏偏要用他们来学"死"。中国教育所以弄到山穷水尽，没得路走，是因为大家专靠文字、书本做唯一无二的工具，并且把文字、书本这个工具用错了。我们要想纠正中国教育，使他适应于中国国民全部生活之需要，第一就须承认文字、书本只是人生工具的一种，此外还有许多工具要运用来透达人生之欲望；第二就须承认我们从前运用文字、书本的方法是错的，以后要把

---

* 本篇在《乡教丛讯》第 1 卷第 12 期发表时，标题为《工具教育》，后收入作者自编论文集《中国教育改造》（上海亚东图书馆 1928 年 4 月出版）时，改为《生活工具主义之教育》。考虑到其生活教育思想及理论的发展历程，编者采用现题。

他们用的更加得当些。

现在有一班人，开口就说：西方的物质文明比东方好，东方的精神文明比西方高。这句话初听似乎有理，我实在是百索不得其解。精神与物质接触必定要靠着工具。工具愈巧则精神愈能向着物质发挥。工具能达到什么地方即精神能达到什么地方。动物以四肢百体为工具，所以他的精神活动亦以四肢百体的力量所能达到的地方为限。人的特别本领就是不专靠自己的身体为工具。人能发明非身体的工具，制造非身体的工具，应用非身体的工具。文明人与野蛮人的最大分别就是文明人能把这些非身体的工具发明得格外多，制造得格外精巧，运用得格外普遍。有了望远镜，人的精神就能到火星里去游览；有了显微镜，人的精神就能认识那叫人生痨病的不是痨病鬼乃是痨病虫。今年五月七日第一次飞渡大西洋的飞行家林白从德国柏林通电话到美国和他的老母谈话，是精神交通破天荒的成功，也是物质文明破天荒的成功。精神文明与物质文明是合而为一的。这合而为一的媒介就是工具。教育是什么？教育是教人发明工具，创造工具，运用工具，生活教育教人发明生活工具，制造生活工具，运用生活工具。空谈生活教育是没有用的。真正的生活教育必以生活工具为出发点。没有工具则精神不能发挥，生活无由表现。观察一个国家或一个学校的教育是否合乎实际生活，只须看他有无生活工具。倘使有了，再进一步看他是否充分运用所有的生活工具。教育有无创造力，也只须看他能否发明人生新工具或新人生工具。中国教育已到绝境，千万不要空谈教育，千万不要空谈生活；只有发明工具、制造工具、运用工具是真教育，是真生活。

《乡教丛讯》第 1 卷第 12 期（1927 年 7 月 1 日）

行是知之始[*]
（1927 年 6 月）

阳明先生说："知是行之始，行是知之成。"我以为不对。应该是："行是知之始，知是行之成。"我们先从小孩子说起，他起初必定是烫了手才知道火是热的，冰了手才知道雪是冷的，吃过糖才知道糖是甜的，碰过石头才知道石头是硬的。太阳地里晒过几回，厨房里烧饭时去过几回，夏天的生活尝过几回，才知道抽象的热。雪菩萨做过几次，霜风吹过几次，冰淇淋吃过几杯，才知道抽象的冷。白糖、红糖、芝麻糖、甘蔗、甘草吃过几回，才知道抽象的甜。碰着铁、碰着铜、碰着木头，经过好几回，才知道抽象的硬。才烫了手又冰了脸，那么，冷与热更能知道明白了。尝过甘草接着吃了黄连，那么，甜与苦更能知道明白了。碰着石头之后就去拍棉花球，那末，硬与软更能知道明白了。凡此种种，我们都看得清楚"行是知之始，知是行之成"。富兰克林①放了风筝，才知道电气可以由一根线从天空引到地下。瓦特②烧水，看见蒸汽推动壶盖，便知道蒸汽也能推动机器。加利里翁③在毕撒④斜塔上将轻重不同的球落下，便知道不同轻重之球是同时落地的。在这些科学发明上，我们又可以看得出"行是知之始，知是行之成"。[1]

《墨辩》⑤提出三种知识：一是亲知，二是闻知，三是说知。亲知

---

　　* 本篇系陶行知于 1927 年 6 月 3 日在晓庄乡村师范学校寅会上的演讲。第一段原载《乡教丛讯》第 2 卷第 1 期（1928 年 1 月 25 日），题为《行是知之始　知是行之终》。开头引王阳明的话原为"知是行之始，行是知之终"。同段结尾的"知是行之成"原为"知是行之终"。

　　① 富兰克林（Benjamin Franklin, 1706—1790）　美国科学家，避雷针的发明者。
　　② 瓦特　即詹姆斯·瓦特（James Watt, 1736—1819），英国发明家，蒸汽机的改进者。
　　③ 加利里　通译伽利略（Galileo Galilei, 1564—1642），意大利物理学家、天文学家。
　　④ 毕撒　通译比萨（Pisa），意大利西部古城，著名的比萨斜塔坐落于此。
　　⑤ 《墨辩》　指墨家著作总汇《墨子》中的《经》上、下和《经说》上、下四篇。

是亲身得来的，就是从"行"中得来的。闻知是从旁人那儿得来的，或由师友口传，或由书本传达，都可以归为这一类。说知是推想出来的知识。现在一般学校里所注重的知识只是闻知，几乎以闻知概括一切知识，亲知是几乎完全被挥于门外。说知也被忽略，最多也不过是些从闻知里推想出来的罢了。我们拿"行是知之始"来说明知识之来源，并不是否认闻知和说知，乃是承认亲知为一切知识之根本。闻知与说知必须安根于亲知里面方能发生效力。

试取演讲"三八主义"①来做个例子。我们对一群毫无机器工厂劳动经验的青年演讲八小时工作的道理，无异耳边风。没有亲知做基础，闻知实在接不上去。假使内中有一位青年曾在上海纱厂做过几天工作或一整天工作，他对于这八小时工作的运动的意义，必有亲切的了解。有人说："为了要明白八小时工作就要这样费力的去求经验，未免小题大做，太不经济。"我以为天下最经济的事，无过这种亲知之取得。近代的政治经济问题，便是集中在这种生活上。从过这种生活上得来的亲知，无异于取得近代政治经济问题的钥匙。

"亲知"为了解"闻知"之必要条件已如上述，现再举一例，证明"说知"也是要安根在"亲知"里面的。

白鼻福尔摩斯②一书里面有一个奇怪的案子。一位放高利贷的老头子被人打死后，他的房里白墙上有一个血手印，大得奇怪，从手腕到中指尖有二尺八寸长。白鼻福尔摩斯一看这个奇怪手印便断定凶手是没有手掌的，并且与手套铺是有关系的。他依据这个推想，果然找出住在一个手套铺楼上的科尔斯人就是这案的凶手，所用的凶器便是挂在门口做招牌的大铁手。他的推想力不能算小，但是假使他没有铁手招牌的亲知，又如何推想得出来呢？

这可见闻知、说知都是要安根在亲知里面，便可见"行是知之始，知是行之成"。

【原注】

[1] 上一段曾在《乡教丛讯》第二卷第一期发表。

《乡教丛讯》第 3 卷第 12 期（1929 年 7 月 30 日）

---

① 三八主义　即"三八制"（每天工作、学习、休息各 8 小时）。1886 年 5 月 1 日，美国芝加哥等地工人举行大罢工，提出要求实行这种工作制度。

② 福尔摩斯　英国作家柯南道尔（1859—1930）所著侦探小说《福尔摩斯探案》中的主要人物。

晓庄试验乡村师范学校创校概况 *
（1927 年 8 月）

我们中国现在正是国民革命的势力高涨之秋。惟既有国民政治上的革命，同时还须有教育上的革命。政治与教育原是不能分离的，二者能同时并进，同时革新，国民革命才有基础和成功的希望。

本校是于本年三月开学，当时宁地战事①风云正急，三路交通，俱已断绝。而各同学冒危险，自上海、镇江、安徽、浙江、江西相继前来，本校遂得于枪林弹雨中如期开学。自开校迄今，屡经战事及其他变故，故现在设备及其他一切，俱觉不很完备。

本校的办法，是主张在劳力上劳心。本校全部生活，是"教""学""做"。教的法子根据学的法子，学的法子根据做的法子。我们的实际生活，就是我们全部的课程；我们的课程，就是我们的实际生活。我们每天早晨五时有一个十分钟至十五分钟的寅会，筹划每天应进行的工作，是取一日之计在于寅的意义。寅会毕，即武术。本校无体操课，即以武术代。上午大部分时间阅书。所阅之书，一为学校规定者；一为随各个人自己性之所好者。下午工作有农事及简单仪器制造、到民间去等。晚上有平民夜校及做笔记、日记等。这是本校全部大概的生活。

现在有一点我们应当注意的，就是以前的教育，都是像拉东洋车一样。自各国回来的留学生，都把他们在外国学来的教育制度拉到中国来，不问适合国情与否，只以为这是文明国里的时髦物品，都装在东洋车里拉过来，再硬灌在天真烂漫的儿童的心坎里，这样儿童们都给他弄

---

* 本篇系陶行知于 1927 年 8 月 14 日在晓庄试验乡村师范学校接见本校参观者时的演讲。记录者：葛尚德。摘自《乡教丛讯》所刊《南京市教育局长及各校长参观本校记》，题目为编者所拟。

① 宁地战事 指当时北伐革命军与盘踞南京的军阀张宗昌、褚玉璞部的战争。

得不死不活了，中国亦就给他做得奄奄一息了！我从前也是把外国教育制度拉到中国来的东洋车夫之一，不过我现在觉到这是害国害民的事，是万万做不得的。我们现在要在中国实际生活上面找问题，在此问题上，一面实行工作，一面极力谋改进和解决。本校全体指导员及同学，都是抱有这样一个目标，所以毅然决然的跑到这个荒僻的乡下来。我们认定必须这样，将来中国的新教育才能产生呢！

以上是报告本校大概情况。敝校创办伊始，有许多不对的地方，现在请各位来宾先生们详细的批评和指导。

《乡教丛讯》第 1 卷第 17 期（1927 年 9 月 1 日）

平等与自由*
（1927 年 9 月）

　　中山先生①解释平等的意义，有很大的贡献。他说，世界上有真平等、假平等、不平等。什么是不平等？帝、王、公、侯、伯、子、男、民的地位是一步一步的高上去。我的脚站在你的头上；你的脚又站在他的头上。这是叫做不平等，现在要打倒这种不平等，那是应当的。但是打倒不平等的人，往往要把大家的头一齐压得一样平，变成平头的平等。殊不知头上虽平，立足点却是不能平了。好象拿可以长五尺长的树，三尺长的树，一丈长的树，一齐压得一样高，一齐压得一样平，岂不是大错吗？这种叫做假平等。真平等是要大家的立脚点平等，你的足站在什么地方，我的足亦站在什么地方。大家在政治上要站得一样平，经济上也要站得一样平。这是大家的立脚点平等，这才是真平等。

　　中山先生之解自由，没有他解释平等那样清楚。但他有一点说得很好。他说："中国人不是不知道自由；中国人的自由，实在是太过了。"所以他不用自由做口号，而用民族、民权、民生做标帜，与梁任公②先生的维新，以自由为口号，是完全不相同的。外国人说："中国人不知自由。"然而外国人哪里知道他们的自由远不如中国呢！

　　按中山先生的意思，说到自由，是要求国家之自由。国民革命成功之后，团体能自由，个人不能自由。中国之所以弄到这个地步，就是因为大家私人的自由太过，不注重国家之自由，团体之自由。私人的自由既然太过，则各人有各人的主张，所以中国人大多数是无政府党。我们

---

　　* 本篇系陶行知在晓庄乡村师范学校的一次演讲。记录者：戴邦杰（戴伯韬）、陈昌嵩（陈志中）。

　　① 中山先生　即孙中山（孙文）。

　　② 梁任公　即梁启超（1873—1929），字卓如，号任公，广东新会人。

中国人骨髓里都含有无政府主义。这种无政府主义的倾向，往往在不知不觉中流露出来。比如蔡元培、吴稚晖①总算是忠实的国民党员，但是在不知不觉的时候，难免要流露无政府主义的色彩。共产党是与无政府党绝以不同的，但他的中国首领陈独秀，在不知不觉中，又何尝不是个无政府主义者。我们想到国家危险时，固然是要自抑私人之自由，但在不知不觉中，难免不爱享过分之自由。我们于不知不觉中，都有无政府主义的倾向。现在我们要救中国，亟当抑制个人之自由，切不能火上加油的提倡一盘散沙的自由了。这是革命未成时所不得不采之政策。

但是，革命成功以后个人可以不要自由这句话，我很怀疑。因此我常想着什么地方要自由，什么地方不要自由。我又想到种山芋时所得的感想。我问邵德馨②先生山芋如何栽法？他告诉我说："底下可以安根，上面可以出头，山芋乃可活。"因此，我忽然悟到人生"出头处要自由"。如树木有长五尺长的，一丈长的，十丈长的；树的出头处是要自由的。如果我们现在只许树可以长五尺，不许他长一丈与十丈，那世界上不是无成材了吗？因此我们要使他尽他的力量自由长上去。我们人类的智、愚、贤、不肖，也如树木有能长十丈长的，也有能长五尺长的，这是天生成的。如果你把五尺长的，拔到一丈，因为他的力量不足，是要死的；如果你把一丈的压到五尺，因为他受了过分的压制，也是要死的。倘若不死，必是他的内力胜过压力，那压力必定是要被撞穿了的。

个人如此，团体、国家之自由解释也是如此。如果国家的力量能够进步到什么程度，就尽她的力量进步到什么程度，谁也不能压迫的。如今中国受列强压迫，不许我国尽量出头。我们不愿被压力压死，就得使劲把压力撞破。个人能否得到出头的自由，是在乎个人之反抗与努力；国家能否得到出头的自由，那就非靠民众之努力与奋斗不可了！

近来我替友人书了一联。联道："在立脚点谋平等；于出头处求自由。"上联是本着中山先生之学说；下联就是本着我的自由解释。在沪时，我把这意思与胡适之③先生也谈论过的。他说："思想、事业，要在困难与不自由的时候，才能奋发振作。"颇与我们的标语"教师应当

---

① 蔡元培、吴稚晖 蔡元培（1868—1940），字鹤卿，号孑民，浙江绍兴人。曾任中华民国教育总长、北京大学校长等职。吴稚晖（1866—1953），曾改名吴敬恒，江苏武进人。当时任国民党中央监察委员。

② 邵德馨 即邵仲香，金陵大学教授，当时兼任晓庄师范农艺指导员。

③ 胡适之 即胡适（1891—1962），字适之，安徽绩溪人。

运用困难以发展思想及奋斗精神"相同。他用烧肉来比，他说："烧肉要把锅盖盖得紧，才能熟。你要出头自由，我要出头不自由。"当时我反驳他说："（一）锅里的肉，是死的，出头不出头没有多大关系。（二）我们愿肉受压力是为肉的幸福呢？还是为我们口腹之欲呢？"凭借困难，培养人才，当然是最好的教育法。但是困难是否要在出头处压下去，是一问题。现在我仍旧坚信出头处要自由，但为使诸位同学明了各方面意见，并将胡适之先生的意思举出来，希望大家加以研究。

《乡教丛讯》第 1 卷第 17 期（1927 年 9 月 1 日）

中国乡村教育运动之一斑[*]
——中国代表致送坎拿大[**]世界教育会议报告之一
（1927 年 9 月）

一、中国乡村教育为什么值得注意？

中国是著名的农业国。据最普通的估计，中国农民占全国人口总数的百分之八十五，这就是说，全国有三万万四千万的人民住在乡村里，所以乡村教育是远东一种伟大之现象。凡关心世界问题的人们，决不至忽略这种的大问题——无论办得好不好，中国的乡村教育关系全世界五分之一的人民。

二、中国现在的乡村学校

中国现在的乡村学校，老实说起来，确实不能适应乡村的需要。他们给儿童唯一的东西是书本知识，他们从来不知道注意到农人的真正的需要。这样教育，使农村社会减少生产量，使农人富的变穷，穷的变得格外穷。这使人最不满意，所以改造农村教育的呼声，到处都可以听得到了，一个新纪元正在放射曙光咧！

三、新运动志在建设与创造

最近几年来，中华教育改进社拟订了改造中国乡村教育的计划，要

---

[*] 本篇系中国代表致加拿大世界教育会议的一篇报告。原稿系英文，由张宗麟译成中文。

[**] 坎拿大　即加拿大，国名。

使乡村教育适应中国乡村生活的需要。办这样教育的人们，都抱着研究的态度、科学的精神，以实际乡村生活，做他们探险的指南针。他们下了决心不再墨守旧法或抄袭舶来货，去重演削足适履的把戏。

现在中国正在产生新生活，占全国最大多数的农民自当得着相当训练去参加这种新生活。从前的旧传统和外国制度已经不适用，非抛弃不可，那新的方法更不期然而然的要产生了。所以中国现时的乡村教育运动是适应新农民生活需要而来的。这种新运动可以很肯定的说，是志在建设与创造的。

四、实现新运动的三个时期

这种新运动要想整个地实现出来，须分三个时期：第一时期——也可以说是最重要时期——是试验期。在这时期里，我们要设立各种试验学校去试验关于乡村教育种种方法和材料。第二时期是训练期。根据试验所得的结果，训练许多合于乡村生活的教师和其他有效的人才。第三时期是布种期。依据受过训练人才的多寡从事推广，使乡村学校可以布满全国。

五、中心小学是什么？

这个新运动的出发点是开办中心小学。我们所以叫它为中心小学的意义有三：第一，以乡村生活为学校生活的中心；第二，以学校为改造社会的中心；第三，在这所学校本身已经办得有成绩了，可作训练师资的中心。现在中华教育改进社有三个中心小学：第一中心小学在燕子矶，是特约的，这所学校有六级，是一所单式编制的完全小学；第二中心小学在尧化门，也是特约的，它是用复式编制的；第三中心小学是自办的，叫作晓庄小学，是单级小学，全校只有一位教师。

以上三个中心小学，虽然因为各地需要的不同，而办法也有许多差异，但是他们确有几个共同之点：

第一，他们对于教育与人生有共同的信仰。他们以乡村生活为学校生活的中心，同时以学校为改造乡村的中心，并为小的村庄与大的世界沟通的中心。

第二，他们对于方法有共同的原则。他们的信条是："在劳力上劳心"，"手到心到"，以实际的工作为教学的中心。

第三，他们深信工具是教育的要素。人生教育须在人生工具上求实现。真的教育是教人发明工具，制造工具，运用工具。明了这点，就可以知道，书籍不过是人生工具的一种，不是人生唯一的工具。

第四，全校的费用是很经济的。他们的经费与邻近小学比起来是差不多的。他们要试验出最经济的标准，使各处的小学都很容易做到。因为在中国的教育经费现状之下，费用少的好小学比费用多的好小学，效力要大得多。

第五，学校既是乡村的中心，教师便是学校和乡村的灵魂。教师的人格影响于学生和乡村人民很大。他们有三个共同的资格：

（一）他们有农人的身手。他们都能够做农人的工作。第一，他们因此可以了解农民的困苦艰难和一切问题，并且容易做他们的朋友，帮助他们；第二，他们有了农人的身手，便可以利用闲暇时间做园艺等工作，像他们这样低额薪俸，种园一事，不无小补；第三，他们有了农人的身手，在乡间便有用武之地，因此便多办学之乐而少办学之苦。

（二）他们有科学的头脑。他们是虚心的，好观察和尝试。他们对于科学农业和科学上其他的新发明，都感到浓厚的兴趣，并且他们很切心希望把这些科学常识介绍给农人。这是乡村教师最应当有的态度。如此，才能控制一般农民社会的守旧性。

（三）他们有改造社会的精神。他们把自己的小学变成发电机，拿电力送到农家去，使家家发出光明来。虽然全校只有一个教师，也不觉得孤单寂寞。因为每个学生都是活的电线，把学校和社会连接起来了。我们深信学校的唯一功效，就是能使全数村民都能安居乐业，爱乡救国。

六、中心小学的活动

要想把中心小学整个的表现出来，最简单的方法是叙述他们一天的活动。乡村儿童真是像早起的小鸟，寻常在六点钟的时候都到学校里来了。他们第一件活动是整理学校。教师和学生同做，抹桌、扫地、擦窗……每个人担任一处地方，大家一齐做起来，不消半小时，把全校都收拾得清洁可爱了。在轻视儿童做实际生活的人们看起来，以为我们的中心小学教学生做下贱的工作。但是，同时也有人说："这种学校因为教育经费不裕，不得不自己操作，倒获得了生活上必需的技能。"

第二是晨会。晨会里的活动有升旗、唱歌、校长或教师谈话，散后学生方才到课堂里去。"清洁检查"是极重要的，教师和年长的学生共同执行，检查学生的脸部、眼睛、牙齿、手指等等。倘若在家里洗得不干净的，就罚他在学校洗干净。

这些活动完毕以后，就开始别种活动。无论读法、算术、写法，都和乡村生活或其他教材联络的，这些学校要乘各种机会运用文字到实际生活需要上去。例如：有一个不识字的乡人，要求学校替他写一封信，教师就请年长的学生来写。经过教师的修正，便选那最好的交给乡人。这样的写作都给相当的分数。

放午学半小时之前，教师或年长的学生，用故事式体裁对学生报告国家大事，或乡民须合作的事情。这种报告必须学生回去说给家里人听，再将家里听了以后的反应报告到学校里来。

我们可以用灭蚊子的方法来做自然科的例子。教师事前指导学生搜集各种蚊子各期变化的标本，装在玻璃瓶里，逐步加以说明。因此儿童知道蚊子的变化和人生的关系。同时教师又指导学生知道吃蚊子的虾蟆等等动物，认它们为友军，从事扑灭蚊子的运动。

园艺是重要活动之一，有两种工作：学校设计与家庭设计。在这里我们必须叙述实行这种工作的困难。第一，农民反对教师率领儿童做学校园艺工作。他们说："我们送孩子来是读书的，不是做工的。"许多乡村教师所以失败，就是这个缘故，我们是预先料到的。事先，我们邀请了许多学生的父母，对他们说："我们想教儿童根据地上的出产，教他们读，教他们写，教他们算，使他们所能种的都会读、会写、会算，所以要种园。地上的出产他们可以带回家去，或是卖给人家。"经过这样解释，父母都赞成学校的举动了，学校的计划也就前进无碍。第二个困难是发生于单级小学里的。单级小学里学生的年龄、能力都参差得很多，在田里当然发生困难了。但是我们用了分工法做去，各个儿童都依着自己的能力忙于自己的工作，困难竟减少了。

手工科包含修理校具、校舍和制造教具、校具。教师带着学生做木工和泥水工，是学校很重要的手工。简单的科学器具，也是自己做的。

卫生科是巡回医生来指导的。学校教师跟着医生做检查砂眼、布种牛痘等简单医术，成效都很好。这几所学校里每人都有单独的手巾、牙刷、茶杯。我们希望不久再添聘巡回看护士。

团体的设计，可以用欢迎会来做例子。学生知道有学问的客人来了，一群学生和一位教师便开一个谈话会，筹备怎样欢迎客人。他们推举一个学生作主席，一个学生作纪录，编拟开会节目，指定各人的工作。他们又推定二个学生写请柬，二个学生送信邀请客人。以上的工作在半小时以内都做完了。过了一刻，客人来了，依着拟定的秩序单——致欢迎词，奏乐，来宾演说，致答词，全体唱歌……一件一件的实行下去。临了，学生还替全体摄了一张影。

校舍是公开的，给全体村民公用。信用合作社、农产物展览会、村民武术会、村民结婚的礼堂和赛会的会场，都可以借用学校的校舍场地。到了夜里还开办村民夜校，夜校也是教师来主持的。

中心小学的教师实在太忙了，到了夜里当然要想休息，所以另外想出方法来办理夜校。一个乡村里，必定有几个很能干、很肯为公众服务的人，教师就请他们来帮忙。这个计划倘若实行以后，就可增加很多的良教师，在燕子矶试验这个方法，成效很好。现在我们要编一种农民千字课，专为乡民用的，每天化一小时的工夫，四个月以后，大都能读平民报，写普通的信。这样做去，乡村学校不但能给儿童教育，也可以教成人呢！

七、乡村中心幼稚园

在中国乡村里，幼稚园格外来得需要。农忙的时候，农妇异常忙碌，她要帮助种田，要做饭煮茶，还有其他的家事。在这时候，年长的儿童都可以帮助做事。六岁以下的孩子，真是她的累赘物了。倘若有一个地方替她看孩子，她们真是要感激不尽了。有的时候，在小学里的子女被叫回去陪弟妹；有时候做母亲的，拿了一条小凳子，抱着一个小孩子到小学里来，请教师替她看小孩子。她唯一的要求，只要求教师看顾这个孩子，不要让他走动。这是何等可怜呀！我们因此也可以知道乡村幼稚园是何等重要呀！

乡村幼稚园除了为幼稚园儿童造幸福以外，还可以节省农忙时农妇的精力，又可以直接帮助小学生减少缺课——因为有许多小学生的缺课是要在家里看管弟弟妹妹，所以乡村幼稚园的功效比城市幼稚园还要大。但是寻常幼稚园的办法，实在不能够移到乡下来。中国寻常城市幼稚园犯了三个大病——贵族的、外国的和浪费的病。倘若我们要办乡村幼稚园，非根本的把幼稚园变在平民的、中国的和省钱的不可。我们已经开始研究了，也已经有些把握了。去世不久的陆慎如①女士，曾经发愿为办乡村幼稚园努力。我们此后还是要本着她的牺牲精神，照着预定的计划做下去。

八、试验乡村师范学校

试验乡村师范设在晓庄，和第三中心小学邻近，距第一中心小学五里（一哩半）路，第二中心小学十里。我们所以创办这所学校的目的，是要养成有乡村领袖能力的教师，目的有三：

（一）养成农人的身手；

（二）养成科学的头脑；

（三）养成改造社会的精神。

这个学校的校训是"教学做合一"：教的法子根据学的法子，学的法子根据做的法子。例如农事是要在田里做的，就须在田里学，也就须在田里教。这是合一的方法，与寻常所用的分割方法不同。按寻常的方法，师范生先受了三年半的普通训练，到了最后半年开始实习，毕业以后方才是真的做教师。我们的学生，开始就教儿童，学生们就在真切的、负责的和有指导的环境之下做先生，所以他们不但要自己学习，并且要同时学习教人，他们是以教人者教己。我们深信某件事能够教人家了解，自己方才可以算得真切的了解。我们依据这个方法，很严格的指导每个师范生到各个中心小学里去负一星期的完全责任。

全部的课程包括了全部的生活：一切课程都是生活，一切生活都是课程。我们不知道什么是课内活动和课外活动的。全部活动——教学做——可以分为五个部分：

（一）中心小学活动教学做　这部分教学做占全数时值之半。寻常师范有附属小学实习的一科，这种办法，和师范学校缺少有机体的关系。小学乃是师范的中心，先须有很好的中心小学，才能有很好的师范学校。中心小学好比是母亲，也是发电机。

中心小学活动教学做可以分做六组：国语算术组，公民组，卫生组，自然组，园艺组，游戏娱乐组。每组各设研究指导员。师范生每人

---

① 陆慎如　筹办晓庄师范燕子矶幼稚园的指导员。

可以选择一组或两组做研究指导员的助手。每个指导员研究所得，必须将经过情形和学生讨论，指导他，观察他，帮助他。小学教学做指导员由校长聘请，对于该工作负完全支配之责任。

（二）分任院务教学做　全校的文书、会计、杂务、卫生等工作，都是指导员指导学生做的。全校只有一个粗工担任挑水，其余的工作都是学生和指导员分担的，甚至烧饭、炒菜也是自己做的。烧饭的工作，在乡村教师是很重要的，因为学生们倘若送到一所没有校工的新学校里去，那么就非自己动手做饭不可了。

（三）征服自然环境教学做　这项包括科学的农业、造林、基本手工、卫生和其他教学做。

（四）改造社会环境教学做　这项包括村自治、民众教育、合作组织、乡村调查和农民娱乐等教学做。这项教学做，从学校三里路四周着手做起。每一个小村有二位去担负责任。现在已经有了十二个小村在计划中了。我们无论什么事都是以做为教学的中心的。所以这件事就算是社会工作。乡村调查，我们不在教室里学的，乃是要到十二个小村里去实行调查的。又如合作社，也是要依照各种原则，实行去组织的，不是空讲的。其他的教学做都是如此的。

二人担任一个小村庄的方法，我们希望他们和这个村庄里的人民做极要好的朋友，做一条学校与村庄通电的电线。有了这根活电线，一切的改造工作，都可以极便利的进行了。

（五）学生自动的教学做　这部分活动都是学生自动计划和决定的。大部分是关于个人的事情。

此外，晓庄师范学校里还有几个特点：学生只用书，不读书。他们在图书室里看书，不在课室里上书。他们看到书的难处才去问指导员。他们为生活而用书，不为书籍而读书。这是特点之一。

指导员和学生都是农人的样子，有时赤着脚，穿了草鞋干。学生从入学考试的一天起，就必须做农事。我们深信，我们倘要想感化农人，必须自己先受农人感化。这是特点之二。

指导员和学生只有很少的区别，他们的界限实在是分不清楚的。每个人都是教做，也都是学做。"会做的教人，不会做的跟人学"，是我们的座右铭。

学生毕业时是没有文凭的，要到毕业以后，服务了半年，有了好的成绩，方才给他证书。学生与学校的关系，虽是离校以后，在社会上服务了，还是要很密切的。我们要设巡回指导员来维持学校与学生的永远关系。

九、试验幼稚师范院

在试验师范学校里，我们还要设幼稚师范院。该院以中心幼稚园活动为教学做的中心，招收乡村的女子学习。乡村小学老师的夫人、未婚妻或亲戚，尤为欢迎。该院有最显著的几个特点：

（一）可以培养许多幼稚教师，适应乡村间需要幼稚园的渴望；

（二）可以为乡村间受教育的女子们开一个新的职业之门；

（三）倘若乡村教师的夫人或未婚妻能受此种教育，将来夫妻同在一乡从事教育，可以有下列五点好处：

1. 乡村教师在乡间服务的幸福可以增进；

2. 夫妻同做教师，家庭的收入可以增加；

3. 因此乡村教师的服务期可以延长；

4. 乡村间有了女教育家，乡村妇女教育可以格外推广；

5. 这位教师的家庭，就可以组织成一个模范乡村家庭。

有了以上的种种理由和需要，所以幼稚师范院的开办，虽然有许多困难，我们还要设法使它实现的。

十、乡村教育研究部

乡村教育研究部，由试验师范研究指导员和名誉研究员组织而成，研究关于乡村教育的各种问题，以谋乡村教育实际问题的解决。大学校的学生可以来做研究员的助理，我们希望该研究部在最近期内可以充分发展，好做中国乡村教育之指针。

十一、其他事业

以上所说的中心学校、试验乡村师范和乡村教育研究部是中国乡村教育运动的主要工作。此外还有几种附带的事业，也来说明一下。

（一）招待参观　改进社为便利远道来校参观者起见，曾在少数优良学校里设备床位，以便参观者作长时期的观察。这个方法，可以使乡村教育运动扩大得更快、更远。

（二）乡村教育同志会　该会有会员千人，曾议决乡村教师信条十八条，发行两星期刊物一种，即《乡教丛讯》，现在销数有二千份。

（三）乡村学校辅导员　改进社请了一位办乡村学校著有成绩的教师，做乡村学校辅导员。乡村学校要想谋学校之改进，可以先派校长或教师到中心小学来实地观察，再由辅导员去考察该校的实际状况；然后他们合拟改进的方法，由校长和教师进行，辅导员则随时前去帮忙。

（四）乡村治疗所　晓庄创办一个乡村治疗所，医生除了看乡人疾病以外，并训练师范生简单的医药卫生常识与检查中心小学儿童的疾病。

（五）乡民武术会　晓庄附近的十二个乡村里的农人倘欲受武术训练，都可由师范学校武术指导员教以相当之武术。

（六）合作社　尧化门小学宋调公先生已经办了一所小规模的合作社，成绩很好。不久在晓庄也要创办一所。我们希望把范围逐渐扩大，训练农民自己组织。

十二、结论

以上所说各节，不过是中国乡村教育运动在南京——中国新都——的简要报告。以我们的能力所及，在广州、武昌、成都、北京、奉天、昆明各地，不久都要举办。我们最后的希望是各省各县都有这样的乡村教育做改造事业的中心。因为我们最后的目标是培养一百万个乡村教师，使全国一百万村庄都得到新生命，合起来造成中华民国的新生命。

《教育季刊》第 3 卷第 3 期（1927 年 9 月 27 日）

政治家与政客*
(1927 年 10 月)

　　昨天有一位同学对我说，他虽是终身要办乡村教育，但是若有机会，他很愿意干一度政客生活，以谋乡村教育之发展，如做县知事一类之职务。我说："我愿你做政治家，不愿你做政客。"其实他的本意是愿做政治家，不是愿意做政客的，因此，我们就把政治家和政客的分别详细的讨论了一番。我觉得这个问题是很重要的，所以要拿他来和大家谈谈。政治家的存心只是一个"诚"字，一伪就变为政客了。政治家的动机是为公众谋幸福的，有所私就变成政客了。政治家的进退以是非为依据，若随利害转移，就变为政客了。政治家的目光注射在久远，若贪近功，就变为政客了。政治家为目的而择手段，政客只管达他的目的而不择手段。政治家是"富贵不能淫，贫贱不能移，威武不能屈"；政客就不然，他的主张，随富贵而变，随贫贱而变，随威武而变。孔子说："政者正也。"政治家以"正"为家；政客是"正"之客，自外于"正"的人。政客只怕天下不乱，政治家一心只求天下之治平。政治家与政客起初之相差只在念头之一转，但是到了表现出来，简直有白的黑的一样的分明。我愿大家做一村的政治家，不愿大家做一村的政客。我们勉励吧！

《乡教丛讯》第 1 卷第 21 期（1927 年 11 月 1 日）

---

* 本篇系陶行知于 1927 年 10 月 26 日在晓庄试验乡村师范学校寅会上的演讲。

教学做合一*
(1927 年 11 月)

　　教学做合一是本校的校训，我们学校的基础就是立在这五个字上，再也没有一件事比明了这五个字还重要了。说来倒很奇怪，我在本校从来没有演讲过这个题目，同志们也从没有一个人对这五个字发生过疑问。大家都好像觉得这是我们晓庄的家常便饭，用不着多嘴饶舌了。可是我近来遇了两件事，使我觉得同志中实在还有不明了校训的意义的。一是看见一位指导员的教学做草案里面把活动分成三方面，叫做教的方面，学的方面，做的方面。这是教学做分家，不是教学做合一。二是看见一位同学在《乡教丛讯》① 上发表一篇关于晓庄小学的文章。在这篇文章里，他说："晓庄小学的课外作业就是农事教学做。"在教学做合一的学校的辞典里并没有"课外作业"。课外作业是生活与课程离婚的宣言，也就是教学做离婚的宣言。今年春天洪深② 先生创办电影演员养成所，招生广告上有采用"教""学""做"办法字样。当时我一见这张广告，就觉得洪先生没有十分了解教学做合一。倘使他真正了解，他必定要写"教学做"办法，决不会写作"教""学""做"办法。他的误解和我上述的两个误解是相类的。我接连受了这两次刺激，觉得非彻底的、源源本本的和大家讨论明白，怕要闹出绝大的误解。思想上发生误解则实际上必定要引起矛盾，所以把这个题目来演讲一次是万不可少的。我自回国以后，看见国内学校里先生只管教，学生只管受教的情形，就认定有改革之必要。这种情形以大学为最

---

　　* 本篇系陶行知于 1927 年 11 月 2 日在晓庄试验乡村师范学校寅会上的演讲。

　　① 《乡教丛讯》　半月刊，中华教育改进社乡村教师同志会会刊。后与晓庄师范合办。主要内容为宣传乡村教育。

　　② 洪深（1894—1955）　字浅哉，江苏常州人，戏剧家。

坏。导师叫做教授，大家以被称教授为荣。他的方法叫做教授法，他好像是拿知识来赈济人的。我当时主张以教学法来代替教授法，在南京高等师范学校校务会议席上辩论二小时，不能通过，我也因此不接受教育专修科主任名义。八年，应《时报·教育新思潮》[1] 主干蒋梦麟先生之征，撰《教学合一》一文，主张教的方法要根据学的方法。此时苏州师范学校首先赞成采用教学法。继而"五四"事起，南京高等师范同事无暇坚持，我就把全部课程中之教授法一律改为教学法。这是实现教学合一的起源。后来新学制颁布，我进一步主张：事怎样做就怎样学，怎样学就怎样教；教的法子要根据学的法子，学的法子要根据做的法子。这是民国十一年的事，教学做合一的理论已经成立了，但是教学做合一之名尚未出现。前年在南开大学演讲时，我仍用教学合一之题，张伯苓[2]先生拟改为学做合一，我于是豁然贯通，直称为教学做合一。去年撰《中国师范教育建设论》时，即将教学做合一之原理作有系统之叙述。我现在要把最近的思想组织起来作进一步之叙述。教学做是一件事，不是三件事。我们要在做上教，在做上学。在做上教的是先生；在做上学的是学生。从先生对学生的关系说，做便是教；从学生对先生的关系说，做便是学。先生拿做来教，乃是真教；学生拿做来学，方是实学。不在做上用工夫，教固不成为教，学也不成为学。从广义的教育观点看，先生与学生并没有严格的分别。实际上，如果破除成见，六十岁的老翁可以跟六岁的儿童学好些事情。会的教人，不会的跟人学，是我们不知不觉中天天有的现象。因此，教学做是合一的。因为一个活动对事说是做，对己说是学，对人说是教。比如种田这件事是要在田里做的，便须在田里学，在田里教。游水也是如此，游水是在水里做的事，便须在水里学，在水里教。再进一步说，关于种稻的讲解，不是为讲解而讲解，乃是为种稻而讲解；关于种稻而看书；不是为看书而看书，乃是为种稻而看书；想把种稻教得好，要讲什么话就讲什么话，要看什么书就看什么书。我们不能说种稻是做，看书是学，讲解是教。为种稻而讲解，讲解也是做；为种稻而看书，看书也是做。这是种稻的教学做合一。一

---

① 《时报·教育新思潮》　即《时报》副刊《教育周刊》上的"世界教育新思潮"栏。由蒋梦麟主编，陶行知为该专栏主要撰稿人之一。

② 张伯苓（1876—1951）　字寿春，祖籍山东，生于天津。时任南开大学校长，中华教育改进社董事。

切生活的教学做都要如此,方为一贯。否则教自教,学自学,连做也不是真做了。所以做是学的中心,也就是教的中心。"做"既占如此重要的位置,宝山县立师范学校竟把"教学做合一"改为"做学教合一"。这是格外有意思的。

《乡教丛讯》第 2 卷第 1 期(1928 年 1 月 15 日)

在劳力上劳心 *
（1927 年 11 月）

　　昨天我讲《教学做合一》的时候，曾经提及"做"是学之中心，可见做之重要。那么我们必须明白"做"是什么，才能明白教学做合一。盲行盲动是做吗？不是。胡思乱想是做吗？不是。只有手到心到才是真正的做。世界上有四种人：一种是劳心的人；一种是劳力的人；一种是劳心兼劳力的人；一种是在劳力上劳心的人。二元论的哲学把劳力的和劳心的人分成两个阶级：劳心的专门在心上做工夫，劳力的专门在苦力上讨生活；劳力的人只管闷起头来干，劳心的人只管闭起眼睛来想；劳力的人便成了无所用心，受人制裁；劳心的人便成了高等游民，愚弄无知；以致弄成"劳心者治人，劳力者治于人"的现象。不但如此，劳力而不劳心，则一切动作都是囿于故常，不能开创新的途径；劳心而不劳力，则一切思想难免玄之又玄，不能印证于经验。劳力与劳心分家，则一切进步发明都是不可能了。所以单单劳力，单单劳心，都不能算是真正之做。真正之做须是在劳力上劳心。在劳力上劳心是真的一元论。在这里我们应当连带讨论那似是而非的伪一元论。一次我和一位朋友讨论本校主张在劳力上劳心，我的朋友说："你们是劳力与劳心并重吗？"我说："我们是主张在劳力上劳心，不是主张劳力与劳心并重。"劳心与劳力并重虽似一元论，实在是以一人之身而分为两段：一段是劳心生活，一段是劳力生活，这种人的心与力都是劳而没有意识的。这种人的劳心或劳力都不能算是真正之做。真正之做只是在劳力上劳心，用心以制力。这样做的人要用心思去指挥力量，使能轻重得宜，以明对象变化的道理。这种人能以人力胜天工。世界上一切发明都是从他那里来的。他

---

　　* 本篇系陶行知于 1927 年 11 月 3 日在晓庄乡村师范学校寅会上的演讲。

能改造世界，叫世界变色。我们中国所讲的科学原理，古时有"致知在格物"一语，朱子①用"在即物而穷其理"来解释，似乎是没有毛病的了。但是王阳明跟着朱子的话进行便走入歧途。他叫钱友同格竹，格了三天，病了。他老先生便告奋勇，亲自出马去格竹——即竹而穷竹理，格了七天，格不出什么道理来，也就病了。他不怪他自己格得不对，反而说天下之物本无可格，所能格的，只有自己的身心。他于是从格物跳到格心，中国的科学兴趣的嫩芽便因此枯萎了。假使他老先生起初不是迷信朱子的呆板的即物穷理，而是运用心思指挥力量以求物之变化，那便不致于堕入迷途。在劳力上劳心，是一切发明之母。事事在劳力上劳心，便可得事物之真理。人人在劳力上劳心，便可无废人，便可无阶级。征服天然势力，创造大同社会，是立在同一的哲学基础上的。这个哲学的基础便是"在劳力上劳心"。我们必须把人间的劳心者、劳力者、劳心兼劳力者一齐化为在劳力上劳心的人，然后万物之真理都可一一探获，人间之阶级都可一一化除，而我们理想之极乐世界乃有实现之可能。这个担子是要教师挑的。惟独贯彻在劳力上劳心的教育，才能造就在劳力上劳心的人类；也惟独在劳力上劳心的人类，才能征服自然势力，创造大同社会。最后，我想打一个预防针，以免误解。一次有一位朋友告诉我说："你们在劳心上劳力的主张，我极端的赞成。"我说："如果是在劳心上劳力，我便极端不赞成了。我们的主张是'在劳力上劳心'，不是'在劳心上劳力'。"

《乡教丛讯》第 2 卷第 2 期（1928 年 1 月 31 日）

---

① 朱子 即南宋哲学家、教育家朱熹（1130—1200）。

以教人者教己 *
(1927 年 11 月)

　　"以教人者教己"是本校根本方法之一，我们也必须说得很明白，方知他效用之大。昨天邵先生①教纳税计算法就是"以教人者教己"的例证。邵先生因为要教大家计算纳税，所以就去搜集种种材料，并把这些材料融会贯通起来，然后和盘托出，教大家计算。他因为要教大家，所以先教自己。他是用教大家的材料教自己。他年年纳税，但是总没有明白其中的内幕，今年为什么就弄得这样彻底明白呢？因为要教你们，所以他自己便不得不格外明白了。他从教纳税上学得的益处怕比学生要多得多哩。近来韩先生②教武术，不是要一位同学发口令吗？这便是以教人者教己。这位同学发口令时便是以同学教同学。因为要他发口令，所以他对于这套武术的步骤就格外明了。他在发口令上学，便是以教人者教己。第三中心小学潘先生③是素来没有学过园艺的，但是第三中心小学有园艺一门功课，他必得教，既然要教园艺，他对于园艺便要格外学得清楚些。他拿园艺教小学生的时候便是拿园艺来教他自己。我们从昨天起开始交际教学做。第一次轮流到的便是孙从贞④女士，今天有客来，便须由她招待。来宾到校必定要问许多问题，孙女士必须一一答复。但她是一位新学生，对于学校的经过历史、现在状况及未来计划还没有充分明了。因为要答复来宾的问题，她必须预先把这些事情弄得十分明白，才不致给来宾问倒。她答复来宾的问题时，从广义的教育看

　＊　本篇系陶行知于 1927 年 11 月 5 日在晓庄乡村师范学校寅会上的演讲。
　①　邵先生　即晓庄师范农艺指导员邵仲香。
　②　韩先生　即晓庄师范拳术指导员韩凌森。
　③　潘先生　即无锡开原第一小学校长兼晓庄小学指导员潘一尘。
　④　孙从贞　晓庄师范第二期学生。

来，她便是在那儿教，来宾便是在那儿学。为了要答复来宾的问题，她自己就不得不先去弄得十分明白，这便是"以教人者教己"。我们平常看报，多半是随随便便的。假使我们要教小学生回家报告国家大事，那末，我们看报的时候，便不得不聚精会神了。我们这样看报，比起寻常的效率不知道要大得几多倍哩。这便是借着小孩讲国家大事来教自己明了国家大事。这便是"以教人者教己"。又比如"锄头舞"的歌词是我做的，对于这套歌词，诸位总以为我做了之后便是十分明了了，其实不然。我拿这歌词教燕子矶小学生时，方把他弄得十分明白。以前或可以说只有七八分明白，没有十分明白，自己做的歌词还要等到教人之后才能十分明白，由此可见"以教人者教己"的效力之宏。从这些例证上，我们可以归纳出一条最重要的学理，这学理就是"为学而学"不如"为教而学"之亲切。"为教而学"必须设身处地，努力使人明白；既要努力使人明白，自己便自然而然的格外明白了。

《乡教丛讯》第 2 卷第 3 期（1928 年 2 月 12 日）

艺友制师范教育答客问
——关于南京六校*招收艺友之解释
（1928年1月）

艺友制是什么？

艺是艺术，也可作手艺解。友就是朋友。凡用朋友之道教人学做艺术或手艺便是艺友制。

艺友制如何可以应用到师范教育上来？

师范教育的功用是培养教师。教师的生活是艺术生活。教师的职务也是一种手艺，应当亲自动手去干的。那些高谈阔论，妄自尊大，不屑与三百六十行为伍的都不是真教师。学做教师有两种途径：一是从师，二是访友。跟朋友操练比从师来得格外自然，格外有效力。所以要想做好教师，最好是和好教师做朋友。凡用朋友之道教人学做教师，便是艺友制师范教育。

艺友制是如何发现的？

发现艺友制之起因有二：一是由于感觉现行师范教育之缺憾，二是由于感觉各种行业施行艺徒制之实效。现行师范教育将学理与实习分为二事，简直是以大书呆子教小书呆子，所出的人才和普通中学不相上下。国内少数优良小学全凭天才做台柱，至于师范教育的贡献还是微乎其微。大多数受过师范训练的人，至今办不出一个可以令人佩服的学校，岂不是大可叹息的事吗？我们再看看木匠徒弟所做的桌椅，裁缝徒弟所做的衣服，漆匠徒弟所做的牌匾，不由人要觉得十分惭愧了。艺友制便是这种叹息惭愧的土壤里面发生出来的一根嫩苗。现在中国职业界有一个不好的趋势，这趋势便是以仿效学校为荣。所以有汽车学校、理

---

* 六校　即晓庄试验乡村师范、市立实验小学、鼓楼幼稚园、燕子矶小学、尧化门小学和燕子矶幼稚园。

发学校、洗衣学校，这种学校，那种学校，不一而足。谁知道一染上学校气，便是失败之母。我可以断定黎锦晖、黎明晖①办的中华歌舞团，比他们办的中华歌舞学校效力要大得多。三百六十行虽然不可跟学堂学，但是学堂实在应当跟着三百六十行学才好。我们这艺友制，便是要跟三百六十行学点乖，好去培植些真人才。

那么，艺友制是否要起而代替师范学校？

不是的。师范学校应当根本改造，不应当废除。现在各省归并师范的潮流，是欠深谋远虑的。不过我们主张的艺友制是要和师范学校相辅而行的，不是拿来替代师范学校的。

徒弟制既行之有效，何不爽爽快快的就称他为艺徒制的师范教育？

艺徒制虽是有效力，但也有缺点。徒是步行的意思，倘若师傅引着徒弟一同步行，当然是很好的。但是有许多师傅坐着汽车要徒弟跟着跑，那就不好了。平常工匠待艺徒如奴仆，秘诀心得又不肯轻传，以致事业不能进步，光阴多耗于没有价值之工作。所以艺徒的名词，最好不再沿用。换一个友字，则艺徒的好处一概吸收，坏处一概避免了。

艺友制究竟是使用什么方法？

艺友制的根本方法是教学做合一。事怎样做便怎样学，怎样学便怎样教。教的法子根据学的法子，学的法子根据做的法子。先行先知的在做上教，后行后知的在做上学。大家共教共学共做才是真正的艺友制，惟独艺友制才是彻底的教学做合一。

什么地方能行艺友制？

凡学校有一艺之长的教师便可招收艺友。从幼稚园以及到研究所，只要这个条件符合，都可试行艺友制。假使中国现有之二十万学校个个有把握，便个个可收艺友，个个可做训练教师之中心。每年训练一位，只要五年便可解决普及四年小学教育所要之师资问题。但是一百个学校当中至少有九十个是没有把握的，我们的责任是要使没有把握的学校变为有把握的学校，使有把握的学校个个都变做训练教师的一个小小的中心。

艺友制的理论，看来似乎是站得住，但是有没有地方实行过，结果好不好？

---

① 黎锦晖、黎明晖　黎氏兄弟二人，湖南湘潭人，著名作曲家、艺术家。曾合创中华歌舞团、明日歌舞剧社。

我们考察乡村学校后，觉得燕子矶小学、尧化门小学、开原小学的办法很可为他校取法，便于前年与这几个学校约设铺位，使远道来校参观的人可以留校长时期之研究。这便是艺友制之发端。后来江问渔①先生要在板浦创办小学，便派了他的侄儿江君希彭到燕子矶小学过了三个月的生活，很得实益，这是第一个具体的例子。去年秋季燕子矶幼稚园成立，丁夫人②和两位女毕业生随着张、徐③二指导学办乡村幼稚园，进步也很快。至此我们对于这种办法发生了极大的希望。我们深信这种办法不但是最有效力之教师培植法，并且是解除乡村教师寂寞和推广普及教育师资之重要途径。这时我们还找不到一个更适当的名词，只好迁就称他为徒弟制。但是总觉得徒弟制这个名词不能完全表出我们的真意，所以迟迟的不愿发表。今年一月五日早晨，忽然想出艺友制三字来代表这种办法，大家都欢喜得很。现在南京六校已经联合开始招收艺友，市教育局陈鹤琴④课长并拟在市立实验小学及幼稚园中试行。就已往结果观察，我们敢说只要有人负责指导，艺友制是值得一试的。

《民国日报》（1928 年 1 月 9 日、11 日）

---

① 江问渔 即江恒源（1885—1961），字问渔，号蕴愚，江苏灌云人。时为江苏省教育厅长。

② 丁夫人 燕子矶小学校长丁超的夫人。

③ 张、徐 指晓庄师范幼稚教育指导员张宗麟、徐世璧。

④ 陈鹤琴（1892—1982） 浙江上虞人，我国著名幼儿教育家。

如何使幼稚教育普及
（1928 年 2 月）

教人要从小教起。幼稚比如幼苗，必须培养得宜，方能发荣滋长，否则幼年受了损伤，即不夭折，也难成材。所以小学教育是建国之根本，幼稚教育尤为根本之根本。小学教育应当普及，幼稚教育也应当普及。如何使幼稚教育普及，是我们最关心的一个问题。依我看来，进行幼稚教育之普及要有三个步骤。

（一）改变我们的态度

一般人的态度总以小孩子的教育不关重要，早学一两年，或迟学一两年，没有多大关系。我们很漠视小孩子的需要、能力、兴味、情感，因此，便不知不觉的漠视了他们的教育，把他们付托给老妈子，付托给街上的伙伴。在这种心理之下，幼稚园是不会发达的。我们要想提倡幼稚园，必须根本化除这种漠视小孩子的态度。我们必须唤醒国人明白幼年的生活是最重要的生活，幼年的教育是最重要的教育。

关心幼稚的父母，明白幼稚教育之重要，并且愿意送子女进幼稚园。但是他们有一种牢不可破的成见也是要不得的。这成见就是不愿他们的子女与贫苦人家的子女为伍。他们以为自己的子女是好的，贫苦人家的子女是不好的。他们以为贫苦人家的子女进了幼稚园便要把他们的子女带坏了。因此，幼稚园便成了富贵人家和伪智识阶级的专利品。我们应当知道民国只有人中人，没有人上人，也就没有人下人。人中人是要从孩中孩造就出来的。教育者的使命是要运用好孩子化坏孩子，不应当把好孩子和坏孩子分开，更不应当以为富贵人家的孩子是好孩子，贫苦人家的孩子是坏孩子；尤其不可迁就富贵人家的意见，排斥贫苦人家的儿女。富贵人家及伪智识阶级的父母倘不愿把亲生子女做新中国被打倒之候补者，就应当把自己的子女和不幸的人家的子女放在一个幼稚园里去受陶冶。办理幼稚园的先生倘若不愿把幼稚园当作富贵太太们打麻将时用之临时托儿所，便应当把整个的幼稚园献给全社会的儿童。可是这样一来，幼稚园教师便须明白他们的使命：不是随随便便的放任，乃是要运用好孩子化坏孩子，运用坏孩子的好处化好孩子的坏处。

承认幼年生活教育之重要，是普及幼稚园之出发点；承认幼稚园为全社会幼稚的教育场所，是普及正当幼稚园的出发点。我们必须得到这两种态度，幼稚园才有普及的希望。

（二）改变幼稚园的办法

幼稚园的办法是费钱的，不想法节省，必不容易普及。最需要幼稚园的地方是乡村与女工区。女工区的幼稚园，还可由工厂担负经费，纵使用费太多，尚易筹措。乡间是民穷财尽，费钱较少之小学尚且不易普及，何况费钱加倍的幼稚园呢？所以在乡间推行幼稚园好比是牵只骆驼穿针眼。我们必须向着省钱的方针去谋根本改造，幼稚园才有下乡的希望，才有普及的希望。

（三）改变训练教师的制度

普及教育的最大难关是教师的训练。我们要想普及幼稚教育至少需要教师一百五十万人，这是一个最难的问题。因为不但是经费浩大，并且训练不得其法，受了办理幼稚园的训练，不一定去办幼稚园，或者是去办出一个不合国情的幼稚园，那就糟了。幼稚师范是要办的，但幼稚师范必须根本改造，才能培养新幼稚园之师资。纵然如此，我们也不能专靠正式幼稚师范去培养全部的师资。我们现在探得一条新途径，很能使我们乐观。试验乡村师范学校的幼稚师范院在燕子矶设了一所乡村幼稚园，叫做第二中心幼稚园。开办之初便收了三位徒弟，跟着幼稚教师徐先生①学办幼稚园，张宗麟先生任指导。前天他和我谈起，幼稚园的徒弟制似可推行到小学里去，并且可以解除乡村小学教员的一个大问题——生活寂寞。我说："这是的的确确的。徒弟制不但能解除生活寂寞，并且能促进普及教育之进行。"普及小学教育及幼稚教育非行徒弟制不可。倘以优良幼稚园为中心，每所每年训练两三位徒弟，那么，多办一所幼稚园，即是多加一所训练师资的地方，这是再好没有的办法。我看三百六十行，行行有徒弟，行行都普及。木匠到处都有，他是怎样办到这个地步的？徒弟制。裁缝匠、泥水匠、石匠、铁匠和三万万四千

---

① 徐先生　指晓庄师范幼稚教育指导员徐世璧。

万种田匠，哪一行不是这样普及的呢？老实说，教学做合一主义便是沥清过的徒弟制。徒弟制的流弊是：劳力而不劳心，师傅不肯完全传授，对于徒弟之虐待。假使我们能采徒弟制之精华而除去他的流弊，必定是很有成效的。若把这种办法应用到幼稚园里来，我是深信他能帮助幼稚教育普及的。我和陈鹤琴先生近来有一次很畅快的谈话。他主张拿鼓楼幼稚园来试一试。鼓楼幼稚园是最富研究性的，现在发了宏愿，要招收徒弟来做推广幼稚师资之试验，是再好没有的了。

以上所说的普及幼稚教育的三个步骤，不过是我个人所见到的，一定有许多遗漏的地方。关心幼稚幸福的同志，倘以别的好方法见教，那就感激不尽了。

《中国教育改造》自序*
(1928 年 4 月)

　　这部书代表我在中国教育里摸黑路所见着的几线光明。从"教授"写到"教学",从"教学"写到"教学做",人家怕要疑我前后思想矛盾。其实我的矛盾处,便是我的长进处。当选择旧稿时,我曾下了一个决心,凡是为外国教育制度拉东洋车的文字一概删除不留,所留的都是我所体验出来的。所以我所写的便是我所信的,也就是我所行的。

　　当吾母六十寿辰,我立志要将吾父母传给我最好的精神在中国教育上充分表现出来,作为我献与她的寿礼。她所最欢喜的是她的四个孙儿,她常呼他们为她的蟠桃。因此我便想到最好的寿礼,无过于把她爱蟠桃的心推广出去,使全国的蟠桃都得到他们所应得的爱护。自从这天以后,我便深刻的注意到小朋友们所受的教育。我踏进蟠桃园去看了一看,知道这蟠桃园已由玉皇大帝交给专好"升赏"的猴王看管了。玉皇大帝所以叫他看管的意思,只是怕他"后来闲中生事,不若与他一件事管了,庶免别生事端"。谁知他不当一件事做,往往在园里"耍了一会,吃了几个桃子,变做二寸长的一个人儿,在大树梢头浓叶之下睡着了"。再抬头看看,只有小桃、中桃,后树上的大桃,"止有几个毛蒂青皮的,原来熟的都是猴王吃了"。这不是中国儿童教育的缩影吗!我们要想彻底改造蟠桃园,不但是要请出如来法掌去收服猴王,还要"瑶池王母自栽培",才能使他"夭夭灼灼花盈树,颗颗株株果压枝"咧。纸上的教育改造能有多大效力!大家愿把整个的心捧出来献给小孩子,才能实现

---

　　* 《中国教育改造》系陶行知自编的第一部教育论文集,收入 1918—1928 年所撰教育论著 32 篇,约 9 万字,由上海亚东图书馆于 1928 年 4 月出版。此篇系陶行知自撰的《自序》,现在序文原题前面加上"《中国教育改造》"。

真正的改造。这部书最多不过是画了几条路线罢了。倘使遇不着有心改造的人，便与废纸何异？

陶知行　一七年清明日

《中国教育改造》（上海亚东图书馆 1928 年 4 月出版）

"伪知识"阶级
（1928 年 4 月）

　　自从俄国革命以来，"知识阶级"（Intelligentsia）这个名词忽然引起了世人之注意。在打倒知识阶级呼声之下，我们不得不问一问：什么是知识阶级？知识阶级是怎样造成的？应当不应当把他打倒？这些问题曾经盘旋于我们心中，继续不断的要求我们解答。近来的方向又转过来了，打倒知识阶级的呼声一变而为拥护知识阶级的呼声。我们又不得不问一问：什么是知识阶级？知识阶级是怎样造成的？应当不应当将他拥护？在这两种相反的呼声里面，我都曾平心静气的把这些问题研究了一番，我所得的答案是一致的。我现在要把我一年来对于这些问题考虑的结果写出来，与有同样兴趣的朋友们交换意见。

　　我们要想把知识阶级研究得明白，首先便须分别"知识"与"智能"。智能是生成的，知识是学来的。孟子说："由射于百步之外也：其至，尔力也；其中，非尔力也。"会射箭的人能百步穿杨。射到一百步的力量是生成的限度；到了一百步还能穿过杨树的一片叶子，那便是学来的技巧了。这就是智能与知识的分别。又比如言语：说话的能力是生成的，属于智慧；说中国话、日本话、柏林话、拉萨话，便是学成的，属于知识。人的禀赋各不相同，生成的智能至为不齐。有的是最聪明的，有的是最愚笨的。但从最愚笨的人到最聪明的人，种种差别都是渐渐的推上去的。假使我们把一千个人按着聪明的大小排列成行，我们就晓得最聪明的是少数，最愚笨的也是少数，而各人和靠近的人比起来都差不了几多。我们只觉得各个不同，并找不出聪明人和愚笨人中间有什么鸿沟。我们可以用一个最浅近的比方把这个道理说出来。人的长矮也是生成的。我们可以把一千个人依着他们的长矮顺序排列：从长子看到矮子，只见各人渐渐的一个比一个矮；从矮子看到长子，只见各人也是渐渐的一个比一个长。在寻常状态之下，我们找不出一大群的长子，叫做长子阶级；也找不出一大群的矮子，叫做矮子阶级。我们在上海的大马路上或是在燕子矶关帝庙会里仔细一望，就可以明白这个道理。从人之长矮推论到人之智愚，我们更可明白生成之智慧只有渐渐的差别，没有对全的阶级。智慧既无阶级，自然谈不到打倒、拥护的问题。

其次，我们要考察知识的本身。知识有真有伪。思想与行为结合而产生的知识是真知识。真知识的根是安在经验里的。从经验里发芽抽条开花结果的是真知灼见。真知灼见是跟着智慧走的。同处一个环境，同等的智慧可得同等的真知灼见。智慧是渐渐的相差，所以真知灼见也是渐渐相差。智能既无阶级，真知识也就没有阶级。俗语说："三百六十行，行行出状元。"真知识只有直行的类别，没有横截的阶级。各行的人有绝顶聪明的，也有绝不中用的。但在他们中间的人，智力上的差别和运用智力取得之真知识的差别都是渐渐的，都是没有阶级可言。倘使要把三百六十行的"上智"联合起来，称为知识阶级，再把三百六十行的"下愚"联合起来，称为无知识阶级，那就是一件很勉强很不自然的事了。

照这样说来，世界上不是没有知识阶级了吗？不，伪知识能成阶级！什么是伪知识？不是从经验里发生出来的知识便是伪知识。比如知道冰是冷的，火是热的是知识；小孩儿用手摸着冰便觉得冷，从摸着冰而得到"冰是冷的"的知识是真知识；小孩儿单用耳听见妈妈说冰是冷的而得到"冰是冷的"的知识是伪知识。小孩儿用身靠近火便觉得热，从靠近火而得到"火是热的"的知识是真知识；小孩子单用耳听妈妈说火是热的而得到"火是热的"的知识是伪知识。有人在这里便起疑问："如果样样知识都要从自己经验里得来，岂不是麻烦得很？人生经验有限，若以经验范围知识，那么所谓知识岂不是也很有限了吗？没有到过热带的人，就不能了解热带是热的吗？没有到过北冰洋的人，就不能了解北冰洋是冷的吗？"这些疑问是很重要的，我们必须把他们解答清楚，方能明了真知识与伪知识的分别。我只说真知识的根是要安在经验里，没有说样样知识都要从自己的经验上得来。假使我们抹煞别人经验里所发生的知识而不去运用，那真可算是世界第一个大呆子。我们的问题是要如何运用别人经验里所发生的知识使他成为我们的真知识，而不要成为我们的伪知识。比如接树：一种树枝可以接到别一种树枝上去使他格外发荣滋长，开更美丽之花，结更好吃之果。如果把别人从经验发生之知识接到我们从自己经验发生之知识之上去，那么，我们的知识必可格外扩充，生活必可格外丰富。我们要有自己的经验做根，以这经验所发生的知识做枝，然后别人的知识方才可以接得上去，别人的知识方才成为我们知识的一个有机体部分。这样一来，别人的知识在我们的经验里活着，我们的经验也就生长到别人知识里去开花结果。至此，别人的知识便成了我们的真知识。其实，他已经不是别人的知识而是自己的知识了。倘若对于某种知识，自己的经验上无根可找，那么无论如何勉强，也是接不活的。比如在厨房里烧过火的人，或是在火炉边烤过火的人，或是把手给火烫过的人，便可以懂得热带是热的；在冰房里呆过的人，或是在冰窖里呆过的人，或是做过雪罗汉的人，便可以懂得北冰洋是冷的。对于这些人，"热带是热的，北冰洋是冷的"虽从书本上看来，或别人演讲时听来，也是真知识。倘自己对于冷热的经验丝毫没有，那么，这些知识虽是学而时习之，背得熟透了，也是于他无关的伪知识。

知识的一部分是藏在文字里，我们的问题又成为："什么文字是真知识？什么文字是伪知识？"经验比如准备金，文字比如钞票。钞票是准备金的代表，好一比文字是经验的代表。银行要想正经生意必须根据准备金去发行钞票。钞票是不可滥发的。学者不愿自欺欺人，必须根据经验去发表文字。文字是不可滥写的。滥发钞票，钞票便不值钱；滥写文字，文字也不值钱。欧战后，德国马克①一落千丈，当时有句笑话，说是"请得一席客，汽车载马克。"这句话的意思是马克纸币价格跌的太低，寻常请一席酒要用汽车装马克去付账。这是德国不根据准备金而滥发纸币之过。滥发钞票，则虽名为钞票，几是假钞票。吾国文人写出了汗牛充栋的文字，青年学子把他们在脑袋子里都装满了，拿出来，换不得一肚饱。这些文字和德国纸马克是一样的不值钱，因为他们是在经验以外滥发的文字，是不值钱的伪知识。

我国先秦诸子如老子、孔子、孟子、庄子、墨子、杨子、荀子等都能凭着自己的经验发表文字，故有独到的议论。他们好比是根据自己的准备金发可靠的钞票。孔子很谦虚，只说"述而不作，信而好古"，自居为根据古人的准备金为古人清理钞票，他只承认删诗书，定礼乐，为取缔滥发钞票的工作。孟子虽是孔家的忠实行员，但心眼稍窄，只许孔

---

① 马克　原德国货币名称，Mark 的音译。

家一家银行存在，拚命的要打倒杨家、墨家的钞票。汉朝以后，学者多数靠着孔子的信用，继续不断的滥发钞票，甚至于又以所滥发的钞票做准备库，滥上加滥的发个不已，以至于汗牛充栋。韩文公①的脾气有些像孟子，他眼看佛家银行渐渐的兴旺，气愤不过，恨不得要拚命将他封闭，把佛家银行的行员杀得干干净净。他至今享了"文起八代之衰"的盛名。但据我看来，所谓"文起八代之衰"只是把孔家银行历代经理所滥发的钞票换些新票而已，他又乘换印新票的时候顺带滥发了些新钞票。程、朱、陆、王②纵有许多贡献及不同的地方，但是他们四个人大部分的工作还是根据孔、孟合办银行的招牌，和从前滥发的钞票去滥发钞票。他们此时正与佛家银行做点汇兑，所以又根据佛家银行的钞票，去滥发了些钞票。颜习斋③看不过眼，谨慎的守着孔家银行的准备库，一方面大声疾呼的要严格按着准备金额发行钞票，一方面要感化佛家银行行员使他无形解体。他是孔家银行里一位最忠实的行员，可是他所谨守的金库里面有许多金子已经上锈了。等到八股④发达到极点，朱注的"四书"⑤被拥护上天的时候，全国的人乃是以朱子所发的钞票当为准备金而大滥特滥的去发钞票了。至此，中国的知识真正濒于破产了。吴稚晖先生劝胡适之先生不要迷信整理国故，自有道理。但我觉得整理国故如同清理银行账目一样，是有他的位置的。我们希望整理国故的先生们经过很缜密的工作之后，能够给我们一本报告，使我们知道国故银行究有几多准备金，究能发行多少钞票，哪些钞票是滥发的。不过他们要谨慎些，千万不可一踏进银行门，也去滥发钞票。如果这样，那这笔帐更要胡涂了。总括一句：只有从经验里发生出来的文字才是真的文字知识，凡不是从经验里发生出来的文字都是伪的文字知识。伪的文字知识

---

① 韩文公　即唐代文学家、哲学家、教育家韩愈（768—824），字退之，卒谥文，世称韩文公。

② 程、朱、陆、王　程，即北宋哲学家、教育家程颢（1032—1085）、程颐（1033—1107）兄弟，世称"二程"；朱，即朱熹；陆，即南宋哲学家、教育家陆九渊（1139—1193）；王，即王守仁。

③ 颜习斋　即清初思想家、教育家颜元（1635—1704），字易直，又字浑然，号习斋。

④ 八股　通指八股文，明清科举考试所规定的文体，也称"时文"、"制艺"或"八比"。这种文体规定每篇文字应由破题、承题、起讲、入手、起股、中股、后股、束股八部分组成。

⑤ 朱注的"四书"　指朱熹所注的《四书章句集注》。"四书"是《大学》、《中庸》、《论语》、《孟子》的合称。朱熹撰《四书章句集注》后，"四书"之名始立。八股文的题目主要摘自"四书"，而且内容要根据《四书章句集注》的旨意撰就。

比没有准备金的钞票还要害人，还要不值钱。

伪的知识，伪的文字知识既是害人又不值钱，那么，他如何能够存在呢？产生伪知识的人，应当连饭都弄不到吃，他们又如何能成阶级呢？伪知识和伪钞票一样，必须得到特殊势力之保障拥护才能存在。"伪知识"阶级是特殊势力造成的，这特殊势力在中国便是皇帝。

创业的皇帝大都是天才。天才忌天才是很自然的一件事。天下最厉害的无过于天才得了真知识。如果政治的天才从经验上得了关于政治的真知灼见，谁的江山也坐不稳。做皇帝的人，特别是创业之主，是十分明了此中关系的，并且是一百分的不愿意把江山给人夺去。他要把江山当作子孙万世之业，必得要收拾这些天才。收拾的法子是使天才离开真知识去取伪知识。天才如何就他的范围，进他的圈套呢？说来倒很简单。皇帝引诱天才进伪知识的圈套有几个法子。一，照他的意旨在伪知识上用功，便有吃好饭的希望。俗话说："只有穷秀才，没有穷举人。"伪知识的工夫做得愈高愈深，便愈能解决吃饭问题。二，照他的意旨在伪知识上用功，便有做大官的希望。世上之安富尊荣，尽他享受。中了状元还可以做驸马爷，娶皇帝的女儿为妻。穿破布烂棉花去赴朝考的人，个个都有衣锦回乡的可能。三，照他的意旨在伪知识上用功，便有荣宗耀祖的希望。这样一来，全家全族的人都在那儿拿着鞭子代皇帝使劲赶他进圈套了。倘使他没有旅费，亲族必定要为他凑个会，或是借钱给他去应试。倘使他不去，又必定要用"不长进"一类的话来羞辱他，使他觉得不去应试是可耻的。全家全族的力量都做皇帝的后盾，把天才的儿孙象赶驴子样一个个的赶进皇帝的圈套，天下的天才乃没有能幸免的了。

"伪知识"阶级不是少数人可以组织成功的。有了皇帝做大批的收买，全社会做这大批生意的买办，个人为名利权位所诱而不能抵抗出卖，"伪知识"阶级乃完全告成。依皇帝的目光看来，这便是"天下英雄，尽入我彀中"。雄才大略的帝王个个有此野心，不过唐太宗①口快，无意中把他说破罢了。最可叹的是皇帝手段太辣：一方面是积极的推重

---

① 唐太宗　即李世民（599—649），唐高祖李渊的次子，后袭帝位。采用科举取士制度选拔人才，对复兴当时社会经济起到一定的作用，但其深层目的，在于使"天下英雄"尽入其"彀中"。彀中，本指箭射出去所能达到的有效范围，此处意指进入设好的圈套，或使之就范。

伪知识，所谓"满朝朱紫贵，尽是读书人"一类的话，连小孩都背熟了；一方面是消极的贱视伪知识以外的人，所谓"万般皆下品，惟有读书高"，又是从娘胎里就受迷的。所以不但政治天才入了彀，七十二行，行行的天才都入了他的圈套了。天才是遗传的，有其父必有其子。老子进了圈套，儿子、孙子都不得不进圈套。只要"书香之家"四个大字，便可把全家世世代代的天才圈入"伪知识"阶级。等到八股取士的制度开始，"伪知识"阶级的形成乃更进一步。以前帝王所收买的知识还夹了几分真，等到八股发明以后，全国士人三更灯火五更鸡去钻取的知识，乃是彻底不值钱的伪知识了。这种知识除了帝王别有用意之外，再也没有一人肯用钱买的了；就是帝王买去也是丝毫无用，也是一堆一堆的烧去不要的。帝王是醉翁之意不在酒，他哪里是收买伪知识，他只是用名利、权位的手段引诱全国天才进入"伪知识"的圈套，成为废人，不能与他的儿孙争雄罢了。

这些废人只是为"惜字炉"继续不断的制造燃料，他们对于知识的全体是毫无贡献的。从大的方面看，他们是居于必败之地。但从他们个人方面看，却也有幸而成的与不幸而败的之分别。他们成则为达官贵人，败则为土豪、劣绅、讼棍、刀笔吏、教书先生。最可痛心的，就是这些废人应考不中，只有做土豪、劣绅、讼棍、刀笔吏、教书先生的几条出路。他们没有真本领赚饭吃，只得拿假知识去抢饭吃，骗饭吃。土豪、劣绅、讼棍、刀笔吏之害人，我们是容易知道的；教书先生之害人更广、更深、更切。我们是不知道的。教书先生直接为父兄教子弟，间接就是代帝王训练"伪知识"阶级。他们的知识，出卖给别人吧，嫌他太假；出卖给皇帝吧，又嫌他假得不彻底。不得已，只好拿来哄骗小孩子。这样一来，非同小可，大书呆子教小书呆子，几几乎把全国中才以上的人都变成书呆子了，都勾引进伪知识阶级了。伪知识阶级的势力于是乎雄厚，于是乎牢不可破，于是乎继长增高，层出无穷。

皇帝与民争，用伪知识来消磨民间的天才，确是一个很妙的计策。等到民间的天才消磨已尽，忽然发生了国与国争，以伪知识的国与真知识的国抗衡，好一比是拿鸡蛋碰石头，那有不破碎的道理！鸦片之战，英法联军之战，甲午之战，没有一次幸免，皇帝及大臣才明白伪知识靠不住，于是废八股，兴学堂。这未始不是一个转机。但是政权都操在"伪知识"阶级手中，他们哪会培养真知识？他们走不得几步路，就把狐狸尾巴拖出来了。他们自作聪明的把外国的教育制度整个的抄了一个来。他们曾用眼睛、耳朵、笔从外国贩来了些与国情接不上的伪知识。他们把书院变成学堂,把山长改为堂长。① "四书"用不着了,一律换为各种科学的教科书。标本、仪器很好看,姑且拣那最好看的买他一套,在玻璃柜里陈列着,可以给客人参观参观。射箭很不时髦,要讲尚武精神,自须学习兵操。好,他们很信他们的木头枪真能捍国卫民咧!这就算是变法!这就算是维新!这就算是自强!一般社会对于这些换汤不换药的学堂却是大惊小怪,称他们为洋学堂,又称学堂里的学生为洋学生。办学的苦于得不到学生,于是除供饭食发零用外,还是依旧的按着学堂等级给功名:小学堂毕业给秀才;中学堂毕业给贡生;高等学堂毕业给举人;大学堂学生给进士;外国留学回来的,赴朝考及第给翰林点状元。社会就称他们为洋秀才、洋贡生、洋举人、洋进士、洋翰林、洋状元。后来废除功名,改称学士、硕士、博士等名目,社会莫名其妙了。得到这些头衔的人还是仍旧用旧功名翻译新功名,说是学士等于秀才,硕士等于举人,博士等于翰林,第一名的博士便是从前的状元。说的人自以为得意,听的人由羡慕而称道不止,其实这还不是穿洋装的老八股吗?穿洋装的老八股就是洋八股。老八股好比是根据本国钞票发行的钞票;洋八股好比是根据外国钞票去发行的钞票,他们都是没有准备金的假钞票。洋八股和老八股虽有新旧之不同,但同不是从经验里发生的真知识,同是不值钱的伪知识。从中国现在的情形看来,科学与玄学之争,只可说是洋八股与老八股之争。书本的科学,陈列的实验,岂能当科学实验之名。他和老八股是同样无用的东西。请看三十年来的科学,发明在哪里?制造在哪里?科学客倒遇见不少,真正的科学家在哪里?青年的学子:书本的科学是洋版的八股,在讲堂上高谈阔论的科学客,与蒙童馆里的冬烘先生②是同胞兄弟,别给他们骗走了啊!

所以中国是有"伪知识"阶级。构成中国之伪知识阶级有两种成分:一是老八股派,二是洋八股派。这个阶级既靠伪知识骗饭吃,不靠真本领赚饭吃,便没有存在的理由。

---

① 山长,元代书院设山长,讲学并总理院务。清乾隆时改名院长,清末仍名山长。堂长,清末创设各级各类学堂后,设堂长总理校务、教务。

② 冬烘先生 指思想迂腐、学识浅陋的教师。常用以称己昏昏,欲使人昭昭的懵懂劣师。

这个阶级在中国现状之下已经是山穷水尽了。收买伪知识的帝王已经消灭，再也找不出第二个特殊势力能养这许多无聊的人。但因为惰性关系，青年们还是整千整万的向着这条死路出发，他们的亲友仍旧是拿着鞭儿在后面使劲的赶。可怜得很，这些青年个个弄得焦头烂额，等到觉悟回来，不能抢饭的便须讨饭。伪知识阶级的末路已经是很明显了，还用得着打倒吗？又值得拥护吗？

但是一班狡猾的"伪知识"者找着一个护身符，这护身符便是"读书"两个字。他们向我们反驳说："书也不应当读了吗？"社会不明白他们葫芦里卖的是什么药，也就随声附和的说："是啊！书何能不读呢！"于是"读书不忘救国，救国不忘读书"，便成了保障伪知识阶级的盾牌。所以不把读书这两个字说破，伪知识阶级的微生物便能在里面苟延残喘。我们应当明白，书只是一种工具，和锯子、锄头是一样的性质，都是给人用的。我们与其说"读书"，不如说"用书"。书里有真知识和伪知识，读他一辈子，不能辨别他的真伪；可是用他一下，书的本来面目便显了出来，真的便用得出去，伪的便用不出去，也如同真的锯子才能锯木头，真的锄头才能锄泥土，假的锯子、锄头一用到木头、泥土上去就知道他不行了。所以提到书便应说"用书"，不应说"读书"，那"伪知识"阶级便没得地方躲了。与"读书"联成一气的有"读书人"一个名词。这个名词，更要不得。假使书是应当读的，便应使人人有书读。决不能单使一部分的人有书读，叫做读书人；又一部分的人无书读，叫做不读书人。比如饭是应当吃的，应使人人有饭吃。决不能使一部分的人有饭吃，叫做吃饭的人；又一部分的人无饭吃，叫做不吃饭的人。从另一方面看，只知道吃饭，不成饭桶了吗？只知道读书，不成为有脚可以走路的活书架子了吗？我们为避免堕入伪知识阶级的诡计起见，主张用书不主张读书。农人要用书，工人要用书，商人要用书，兵士要用书，医生要用书，律师要用书，画家要用书，教师要用书，音乐家要用书，戏剧家要用书，三百六十行，行行都要用书。行行都成了用书的人，真知识才愈益普及，愈能发现了。书是三百六十行的公物，不是读书人所能据为私有的。等到三百六十行都是用书人，读书的专利营业便完全打破，读书人除非改行，便不能混饭吃了。这个日子已经来到，大家还不觉悟，只有死路一条。凡受过中国新旧教育的人，都免不了有些"伪知识"的成分和倾向。为今之计，我们应当痛下四个决心：

一、从今以后，我们应当放弃一切固有的伪知识；

二、从今以后，我们应当拒绝承受一切新来的伪知识；

三、从今以后，我们应当制止自己不要再把伪知识传与后辈；

四、从今以后，我们应当陪着后起的青年共同努力去探真知识的泉源。

最后，我要郑重的说：二十世纪以后的世界，属于努力探获真知识的民族。凡是崇拜伪知识的民族，都要渐就衰弱以至于灭亡。三百六十行中决没有教书匠、读书人的地位，东西两半球上面也没有中华书呆国的立足点。我们个人与民族的生存都要以真知识为基础。伪知识是流沙，千万不可在他上面流连忘返。早一点觉悟，便是早一点离开死路，也就是早一点走向生路。这种生死关头，十分显明，绝无徘徊迟疑之余地。起个取真去伪的念头，是走向生路的第一步。明白伪知识的买主已经死了永不复生并且绝了种，是走向生路的第二步。以做"读书"人或"读书"先生为最可耻，是走向生路的第三步。凡事手到心到——在劳力上劳心，便是骑着千里驹在生路上飞跑了。

《中国教育改造》（上海亚东图书馆 1928 年 4 月出版）

小学目标案 *
（1928 年 5 月）

理由

中国学生，愈学愈弱，愈教愈懒。陷在迷信的环境而不能觉悟，遇了丑陋的事情而惯于苟安。在人中做人，又不会团结，以至造成"一个和尚挑水吃，两个和尚抬水吃，三个和尚没水吃"的怪现象！要想纠正这些堕落的趋向，必须明定小学教育目标，以为小学教育方法之指导，并树立一切教育的基础。

办法

（一）小学教育应培养手脑双全、志愿自立立人的儿童。其目标如下：

1. 康健的体力；

2. 劳动的身手；

3. 科学的头脑；

4. 艺术的兴趣；

5. 团体自治的精神。

（二）由中华民国大学院通令全国小学校，以资遵守。

1928 年 5 月 15—28 日全国教育会议期间提出

《全国教育会议报告·乙编成立案》（上海商务印书馆 1928 年 8 月出版）

---

* 本案系陶行知于 1928 年 5 月 19 日上午在全国教育会议普通教育组会议中所提。提案审查委员会结合郑沧海的提案，修正为《请定初等教育目标公布全国案》交大会，并于 5 月 26 日上午获通过。

减少校工以实现劳动教育案[*]
（1928 年 5 月）

理由

（一）劳动教育的目的，在谋手脑相长，以增进自立之能力，获得事物之真知及了解劳动者之甘苦。要想达到这个目的，非师生共同动手做事不可。

（二）现在一般学校里用的听差、斋夫^①、老妈子太多，把我们自己动手做事的机会剥削已尽，天天教我们受人服侍而不高兴服侍自己。他们教我们越学越懒，他们把我们化成双料少爷和双料小姐。

（三）斋夫、听差、老妈子多数都是年富力强可以生产的人，在学校里服侍少爷小姐惯了，渐渐的受了同化，成为游手好闲的懒人。我们应当解除他们这种无聊的职务，使他们可以从事生产的工作。

（四）减少用人，便是节省经费，便可移耗费的钱作有用的事。

办法

（一）凡是服侍教员、学生而妨碍师生自己动手做事的听差、斋夫、老妈子，一律于最短期间内解除职务，另谋生计。

（二）各级教育行政长官，对于各级学校关于此项之预算，应注意其有无减少。

（三）视学员到各校视察时，应注意此项校工是否已经减除。

我们深信上拟办法，为实现劳动教育必经之路，倘不认真做去，则

＊ 本案于 1928 年 5 月 28 日经全国教育会议大会议决交大学院备考。

① 斋夫　即管理校产、校务的校工。

劳动教育均要等于空谈。

1928 年 5 月 15—28 日全国教育会议期间提出

《全国教育会议报告·丙编（参考案）》（上海商务印书馆 1928 年 8 月出版）

介绍一件大事
——给大学生的一封信
（1928 年 8 月）

我最敬爱的同学：

人生为一大事来，做一大事去。我现在愿向诸位介绍一件大事。本来事业并无大小：大事小做，大事变成小事；小事大做，则小事变成大事。小人居高位，如在厅里挂画像，挂得愈高，愈见其小。我们试把一部《二十四史》①从头数，便知道有多少人是把大事小做了。巴士德②当初研究那人眼不见的微生物，便好象是一件很小的事情。但是等到痨病虫发现以后，因他得救的人足足可以装满一个南京城。这是小事大做的效果。

我所要介绍给诸位的也是一件小事，不过诸位要将他大做起来，也就可以变成一件大事。请看，三家村，五家店，当中办了一个小学校，在这个小学校里面当一个教员，初看起来是何等一件小事。有许多人简直当他为一件不得已而为之的职业。但是一个小学校，少则有一二十位学生，多则一二百。老百姓送他们进学校，便是不知不觉地把整个的家运交付给小学教员。小学教员教得好，则这一二十、一二百家的小孩子可以成家立业。否则，变成败家子，永远没有希望了。所以小而言之，一个小学生之好坏，关系全村之兴衰。国家设立小学，是要造就国民以谋全民幸福。因此，全民族的民运都操在小学教员手里。德国战胜法兰西，归功于小学教师，这是人所知道的。中国之所以受不平等条约的束缚和帝国主义之宰割，追到根源，也要算教书先生为罪魁。这也是我们所不能否认的。所以小学教师之好坏，简直可以影响到国家的存亡和世

---

① 《二十四史》 清乾隆时，《明史》定稿，诏刊出《廿二史》，又诏增《新唐书》，并从《永乐大典》中辑出薛居正的《旧五代史》，合称《二十四史》。

② 巴士德（Louis Pasteur，1822—1895） 法国细菌学家。亦译作巴士特。

运之治乱。我记得一个土地庙前写着一副对联说："庙小乾坤大；天高日月长。"小学校便有如此气魄。

这都是说小学虽小，是应当小题大做的。但是为何想到诸位头上来？说穿也很简单。要想小学办得好，先要造就好教师；要想造就好教师，先要造就办师范学校造就教师的教师。中国以农立国，住在乡村的人民占全人数百分之八十五，约计有三万〈万〉四千万。乡下学龄儿童以四年教育计算，约有三千四百万。每位教师教四十小学生，全国便要一百万小学教师，其中乡村教师就要占八十万人。用九年工夫训练这些乡村教师，便要二万八千位乡村师范指导员；用三年工夫训练他们，便要八万五千位乡村师范指导员。晓庄学校已经决定，自本年秋季开始乡村师范指导员之训练。我们很希望抱着兴味的大学生看清国家未来的需要，早日下乡来和我们共同挑起这个担子。晓庄学校对于诸位没有多大贡献，但在下列四件事情上，情愿尽心竭力帮助大家进修：

（一）生活农民化　我们做乡村工作的人，必先农民化，才能化农民。我们与农民共生活同甘苦，才能了解他们的困难，帮助他们解决。这是《大学》"新民"的道理，我们可以引导大家实行的。

（二）学术儿童化　乡村师范的职务，是训练小学教师；故他的指导员和普通中学的教师不同，必须明白儿童生活才能胜任。诸位所学的高深学问，必须向儿童需要折腰。儿童是诸位的总指导，我们只是儿童的助手。

（三）团体行动纪律化　我们民族最大的病根，是数千年传下来的无政府脾气！那凿井而饮、耕田而食的农民，连团体里都充满了这种脾气。要想铲除这个病根，非有严明的纪律，则一盘散沙之民族断难幸存，我们可以帮助大家，放弃个人的自由，以谋公共的幸福。

（四）建设工作下层化　种树栽花，要下面可以安根，上面可以出头，才有活的可能。人生如此，立国也如此。但有好些人只顾向上出头，忘了向下安根，所以枯死。我们应当明白，最下层的工作是最重要的工作。这种工作，又须彻底去干。一次，工人为我们凿井，没有挖到泉下就中止了，临行，要我写字送他。我就送他八个字："下层工作，务须彻底。"我们愿意同大家一齐下井，挖到活泉为止。

我们中国已经堕入老八股和洋八股的深渊里。抱着伪知识当宝贝的人，譬如在水里向着反光跑，愈跑愈近死路。惟有放弃虚光，才是走向生路。诸位如愿加入我们的团体，和我们共找生路，我们的诚恳请求是："出空脑袋里的伪知识。"我们又要报告我们并没有什么真知识奉送诸位。真知识是要自得的。但必须出空伪知识，才有获得真知识的可能。这是我们欢迎大家下乡时所要特别说明的。

陶知行

十七年八月十五日

《知行书信》（上海亚东图书馆 1929 年出版）

地方教育与乡村改造
（1929 年 2 月）

　　教育就是生活的改造。我们一提及教育便含了改造的意义。教育好比是火，火到的地方，必使这地方感受他的热，热到极点，便要起火。"一星之火，可以燎原"，教育有这样的力量。教育又好比是冰，冰到的地方，必使这地方感受他的冷，冷到极点，便要结冰。教育有力量可以使人"冷到心头冰到魂"。或是变热，或是变冷，都是变化。变化到极点，不是起火便是结冰。所以教育是教人化人。化人者也为人所化。教育总是互相感化的。互相感化，便是互相改造。

　　社会是个人结合所成的。改造了个人便改造了社会，改造了社会便也改造了个人。寻常人以为办学是一事，改造社会又是一事，他们说："办学已经够忙了，还有余力去改造社会吗？"他们不知道学校办的得法便是改造社会，没有功夫改造社会便是没有功夫办学，办学和改造社会是一件事，不是两件事。改造社会而不从办学入手，便不能改造人的内心；不能改造人的内心，便不是彻骨的改造社会。反过来说，办学而不包含社会改造的使命，便是没有目的，没有意义，没有生气。所以教育就是社会改造，教师就是社会改造的领导者。在教师的手里操着幼年人的命运，便操着民族和人类的命运。

　　寻常人又以为改造社会是要多数人干，决不是少数教师所能胜任的。尤其在穷乡僻壤中的小学有时只有一位教师，更觉得单身匹马不能有所作为。他们说："教师岂能独脚戏？"说这话的人忘记了他的四周都可以找着同志。孔子说："十室之邑，必有忠信。"又说："德不孤，必有邻。"这是孔子的经验谈。乡村虽小，必定可以找得着几位黄泥腿的领袖和我们合作。只须找着一两位，进行起来，便能事半功倍。不但如此，同志便在眼前，一个个学生都可以成为活龙活虎的小同志。只要教师们放下孤高的架子，改造乡村的忠实同志正多着咧。

寻常人又以为改造社会是劝人家干或替人家干。这两种方式都是表面的工作。劝人戒烟、戒赌，或是劝人爱人、爱国，都是自己用嘴说说，便要人家负实行的责任，当然是没有多大效验的。有些人见他没有多大效验，便改变方针，替人家干。这样一来，受替代的人便难免发生惭愧，如不惭愧，便要发生依赖。自己居于高尚的地位而令人惭愧，或自己处于赈济的地位而令人依赖，都不是好法子。替人家干还含有一个不稳固的因子，就是到了终局，难免人存政举，人亡政息。那么，社会改造究竟要采取什么方式？依我看来只有团结同志，共同去干，方能发生宏大久远的效力。真团体是要从扫除公敌、图谋公益、发挥公意上创造出来的。

寻常人最后还有一个误解，就是误认读书为教育。只要提到教育，便联想到读书认字。他们以为一切教育都从读书认字出发。他们只管劝人家识字读书，不顾到别的生活需要。识字读书是人生教育的一部分，谁也不能否认。但是样样教育都硬要从教书入手，走不得几步便走不通了。乡村里面十岁以上大多数的儿童教育，大多数的成人教育，都要从经济及娱乐两方面下工夫，读书认字只好附带在这里面去干。倘使一定要从读书认字出发，怕是多数人不能接受，那么，对于改造社会的影响，便是很有限了。

上面所说的几点，都证明地方教育及乡村改造的成败，是靠着人才为转移。所以培养乡村师资是地方教育之先决问题，也就是改造乡村的先决问题。不在培养人才上做工夫，一切都是空谈。现今各县对于乡村教育及乡村改造已有浓厚的兴趣，但是对于一县的乡村师范，每年只肯化数千元。固然也有多化的，但是寥若晨星。我们要想达到运用教育改造乡村的目的，必须出代价去培养教师，去培养教师的教师。江苏加征亩捐是个最好的机会，我以为在这义务教育萌芽时期，这笔钱应当多用于培养教师，少用在开办新校。教师得人，则学校活，学校活，则社会活。倘使有活的教师各办一所活的小学，作为改造各个乡村的中心，再以师范学校总其成，继续不断的领导各校各村前进，不出十年，必著成效。依我的愚见看来，这是地方教育根本之谋，也是改造乡村根本之谋。

生活即教育*
（1930 年 2 月）

今天我要讲的是"生活即教育"。中国从前有一个很流行的名词，我们也用得很多而且很熟的，就是"教育即生活"（Education of life）。教育即生活这句话，是从杜威（John Dewey）先生那里来的，我们在过去是常常用它，但是，从来没有问过这里边有什么用意。现在，我把它翻了半个筋斗，改为"生活即教育"。在这里，我们就要问："什么是生活？"有生命的东西，在一个环境里生生不已的就是生活。譬如一粒种子一样，它能在不见不闻的地方而发芽开花。从动的方面看起来，好象晓庄剧社①在舞台演戏一样。"生活即教育"这个演讲，从前我已经讲了两套，现在重提我们的老套。

第一套就是：

> 是生活就是教育，不是生活就不是教育；
>
> 是好生活就是好教育，是坏生活就是坏教育；
>
> 是认真的生活就是认真的教育，是马虎的生活就是马虎的教育；
>
> 是合理的生活就是合理的教育，是不合理的生活就是不合理的教育；
>
> 不是生活，就不是教育；
>
> 所谓之生活未必是生活，就未必是教育。

第二套是第二次讲的时候包括进去的，是按着我们此地的五个目标

---

* 本篇系陶行知于 1930 年 1 月 16 日至 2 月 7 日在晓庄学校主办的全国乡村教师讨论会上的演讲。记录者：戴自俺、孙铭勋。

① 晓庄剧社　晓庄师范师生组织的戏剧团体，成立于 1929 年初，陶行知任团长。

加进去的，就是：

> 是康健的生活，就是康健的教育；是不康健的生活，就是不康健的教育；
>
> 是劳动的生活，就是劳动的教育；是不劳动的生活，就是不劳动的教育；
>
> 是科学的生活，就是科学的教育；是不科学的生活，就是不科学的教育；
>
> 是艺术的生活，就是艺术的教育；是不艺术的生活，就是不艺术的教育；
>
> 是改造社会的生活，就是改造社会的教育；是不改造社会的生活，就是不改造社会的教育。

近来，我们有一个主张，是每一个机关，每一个人在十九年度里都要有一个计划。这样，在十九年里我们所过的生活，就是有计划的生活，也就是有计划的教育。于是，又加了这么一套：

> 是有计划的生活就是有计划的教育，是没有计划的生活，就是没有计划的教育。

我今天要说的就是：我们此地的教育，是生活教育，是供给人生需要的教育，不是作假的教育。人生需要什么，我们就教什么。人生需要面包，我们就得受面包教育；人生需要恋爱，我们就得过恋爱生活，也就是受恋爱教育。准此类推，照加上去：

> 是哪样的生活，就是哪样的教育。

与"生活即教育"有联带关系的就是"学校即社会"。"学校即社会"也就是跟着"教育即生活"而来的，现在我也把它翻了半个筋头，变成"社会即学校"。整个的社会活动，就是我们的教育范围，不消谈什么联络，而它的血脉是自然流通的。不要说"学校社会化"。譬如现在说要某人革命化，就是某人本来不革命，假使某人本来是革命的，还要它"化"什么呢？讲"学校社会化"，也是犯同样的毛病。"社会即学校"，我们的学校就是社会，还要什么"化"呢？现在我还有一个比方：学校即社会，就好象把一只活泼泼的小鸟从天空里捉来关在笼里一样。它要以一个小的学校去把社会上所有的一切东西都吸收进来，所以容易弄假。社会即学校则不然，他是要把笼中的小鸟放到天空中去，使它能任意翱翔，是要把学校的一切伸张到大自然界里去。要先能做到"社会即学校"，然后才能讲到"学校即社会"；要先能做到"生活即教育"，然后才能讲到"教育即生活"。要这样的学校才是学校，这样的教育才是教育。

杜威先生在美国为什么要主张教育即生活呢？我最近见着他的著作，他从俄国回来，他的主张又变了，已经不是教育即生活了。美国是一个资本主义的国家，他们是零零碎碎的实验，有好多教育家想达到的目的不能达到，想实现的不能实现。然而在俄国已经有人达到了，实现了。假使杜威先生是在晓庄，我想他也必主张"生活即教育"的。

杜威先生是没有到过晓庄来的。克伯屈先生是到过晓庄来的。克伯屈先生离了俄国而来中国，他说："在离莫斯科不远的地方，有一个人名夏弗斯基①的，他在那里办了一所学校，主张有许多与晓庄相同的地方。"我见了杜威先生的书，他说现在俄国的教育，很受这个地方的影响，很注重这个地方。他们也主张生活即教育，社会即学校。克伯屈先生问我们在文字上通过消息没有？我说没有。我又问他："夏弗斯基这个人是不是共产党？"他说不是。我又问他："他不是共产党，又怎么能在共产党政府之下办教育呢？"他说："因为他是要实现一种教育的理想，要想用教育的力量来解决民生问题，所以俄政府许可他试验，他在俄政府之下也能生存。"我又对他说："这一点倒又和我相合，我在国民党政府之下办教育，而我也不是一个国民党党员。"这是克伯屈先生参观晓庄后与我所谈的话。

现在我们这里的主张，已经终于到了实现的时期了，问题是在怎样实现。这一点，可以分作三个时期：

第一个时期是，生活是生活，教育是教育，两者是分离而没有关系的。

第二个时期是，教育即生活，两者沟通了，而学校社会化的议论也产生了。

第三个时期是，生活即教育，就是社会即学校了。这一期也可以说得是开倒车，而且一直开到最古时代去。因为太古的时代，社会就是学校，是无所谓社会自社会、学校自学校的。这一期也就是教育进步到最高度的时期。

其次，要讲生活即教育与社会即学校，有几方面是要开仗的，而

---

① 夏弗斯基（1878—1934）　通译沙茨基，苏联教育家。

且，是不痛快，是很烦恼，而与我们有极大的冲突的。

第一，在这个时期，是各种思潮在中国谋实现的时期，中国几千年来的传统教育所支配的许多传统思想都要在此时期谋取得它的地位。第二，是外来的各种文化，如德国以前是以文化为中心的。这种文化，胡适之先生曾说是一种 Jantademan 的文化，是充满着绅士气的。第二是英国的。

现在先说中国遗留下来的旧文化与我们的生活即教育是有冲突的。中国从前的旧文化，是上了脚镣手铐的。分析起来，就是天理与人欲，以天理压迫人欲，做的事无论怎样，总要以天理为第一要件。

他是以天理为一件事，人欲为一件事。人欲是不对的，是没有地位的。在生活即教育的原则之下，人欲是有地位的，我们不主张以天理来压迫人欲的。这里，我们还得与戴东原①先生的哲学打通一打通：他说，理不是欲外之理，不是高高的挂在天空的；欲并不是很坏的东西，而是要有条有理的。我们这里主张生活即教育，就是要用教育的力量，来达民之情，顺民之意，把天理与人欲打成一片，并且要和戴东原先生的哲学联合起来。

与此有联带关系的就是"礼教"。现在有许多人唱"礼教吃人"的论调，的确，礼教吃的人，骨可以堆成一个泰山，血可以合成一个鄱阳湖。我们晓得，礼是什么？以前有人说，礼是养生的，那是与生活即教育相通的。这种礼，我们不惟不打倒，并且表示欢迎。假若是害生之礼，那就是要把人加上脚镣手铐，那是与我们有冲突的，我们非打倒不可。因为生活即教育是要解放人类的。

再次，中国从前有一个很不好的观念，就是看不起小孩子。把小孩子看成小大人，以为大人能做的事小孩也能做，所以五六岁的小孩，就要他读《大学》、《中庸》。换句话说，就是小孩子没有地位。我们主张生活即教育，要是儿童的生活才是儿童的教育，要从成人的残酷里把儿童解放出来。

还有一点要补充进去的，就是书本教育。从前的书本教育，就是以书本为教育，学生只是读书，教师只是教书。在生活即教育的原则之下，书是有地位的，过什么生活就用什么书，书不过是一种工具罢了。书是不可以死读的，但是不能不用。从前有许多像这样的东西，是非推

---

① 戴东原 即戴震。

翻不可的，否则不能实现"生活即教育"。

现在外面传进来的思潮，也有许多与我们是冲突的。以文化做一个例吧，以文化做中心的教育，它的结果是造成洋八股。文化是人类创造出来的，固然是非常的宝贵，但它也不过是一种工具而已，不能拿做我们教育的中心。人为什么要用文化？是要满足我们人生的欲望，满足我们生活的需要。电灯是文化，我们用了它，可以把一切东西看得更明白。无线电是文化，我们用了它，可以更便利。千里镜是文化，我们用了它，可以钻进土星、木星里去……所以文化是生活的工具，它是有它的地位的。我们不惟不反对，并且表示欢迎。欢迎它来做什么呢？就是满足我们生活的需要。有些人把它弄错了，认它做一种送人的礼物，这是不对的。文化要以参加做基础，有了这参加的最低限度的基础，才能了解，才能加上去。生活即教育与以文化为中心的教育的不同，就是如此。

还有训育与生活即教育的理论怎么样？生活即教育与训育把训与教分家的关系怎样？生活即教育与社会即学校如何实现？小学里如何把它实现出来？假使诸位以为是行得通的，最好是每一个人拟一个方案来交给我，哪一部分可以实现，我们就拿那个地方当一个社会实现出来。

现在我举一个例说：去年因为天干，和平学园因为急于要水吃，就开了一个井。井是学校开的，但是献给全村公用，不久就发现了两个大问题：

（一）每天出水二百担，不敷全村之用。于是大家都起早取水，后到的取不到水。明天又比别人早，甚至于一夜到天亮，都有取夜水的。到天亮时，井里的水已将干了。群聚在井边候水，一勺一勺的取，费尽了气力，才打出一桶水。

（二）大家围着取水，争先恐后，有时甚至用武力解决。

这种现象，假使是学校即社会，就可以用学校的权力来解决，由学校出个命令，叫大家照着执行。社会即学校的办法就不然，他觉得这是与全校〔村〕人的生活有关系的，要全村的人来设法解决，于是就开了一个村民大会，一共到了六七十个人，共同来做一个吃水问题的教学做。到会的人，有老太婆，也有十二三岁的小孩子，公推了一位十几岁的小学生做主席。我和许多师范生，就组织了一个诸葛亮团，插在群众当中，保护这位阿斗皇帝。老太婆说的话顶多，但同时有许多人说话，大家听不清楚，而阿斗皇帝又对付不下来。这回，诸葛亮用得着了，他就起来指导。结果，共同议决了几件事：

（1）水井每天休息十小时，自下午七时至上午五时不许取水。违者罚洋一元,充修井之用。

(2) 每天取水,先到先取,后到后取。违者罚小洋六角,充修井之用。

(3) 公推刘君世厚为监察员,负执行处分之责。

(4) 公推雷老先生为开井委员长,筹款加开一井,茶馆、豆腐店应多出款,富户劝其多出,于最短期内,由村民团结的力量,将井开成。

这几个议案是由阿斗会议所通过的。这就是社会即学校的办法。由此,我有几个感触:

(一) 民众运动,要以对于民众有切身的问题为中心。否则,不能召集。

(二) 社会运动,非以社会即学校则不能彻底实行。而社会即学校,是有实现的可能的。

(三) 不要以为老太婆、小孩不可训练,只要有法子,只要能从他们切迫的问题着手。

(四) 公众的力量比学校发生的大,假使由学校发命令解决,则社会上了解的人少,而且感情将由此分离。

(五) 阿斗离了诸葛亮是不行的,和平门吃水问题,倘无相当指导,可以再过四五千年也不会解决。

(六) 做民众运动是要陪着民众干,不要替民众干。训政工作要想训练中华国民,非此不可。

这就是以小学所在地做学校的一个例,其余的例很多,不必多举。社会即学校要如何的实现,请大家一样一样的做个方案,二次开会的时候再谈。

这是证明"生活即教育"与"社会即学校"是相联的,是一个学理。

关于"生活即教育",我现在再来补充一套。我们是现代的人,要过现代的生活,就是要受现代的教育。不要过从前的生活。也不要过未来的生活。若是过从前的生活,就是落伍;若要过未来的生活,就要与人群隔离。以前有一部书叫做《明日之学校》,大家以为很时髦的,讲得很熟的。我希望乡村教师,要办今日之学校,不要办明日之学校。办今日之学校,使小学生过今日之生活,受今日之教育。

晓庄三岁敬告同志书
（1930 年 3 月）

今日是何日？
当念三年前。
愿从今日起，
更结万年缘。

三年前的今日，老山下的小庄①出了一桩奇事。他们是来扫墓吗？香烛在哪儿！强盗来分赃吗？如何这样客气！他们是开学哟。开学？学堂在哪儿！连燕子都不肯飞来的地方，忽然这样热闹！奇怪得很！

不错，我们是来开学。说得更切些，我们是来开工。还不如说，我们是在这儿来开始生活。"从野人生活出发，向极乐世界探寻"是我们今天所立的宏愿。学堂是有的，不过和别的学堂不同。他头上顶着青天，脚下踏着大地，东南西北是他的围墙，大千世界是他的课室，万物变化是他的教科书，太阳月亮照耀他工作，一切人，老的、壮的、少的、幼的、男的、女的都是他的先生，也都是他的学生。晓庄生来就是这样的一副气骨。

到了今天，已经是三周年了。说到可以看见的成绩，真是微乎其微。他所有的茅草屋，稍微有点财力的人，只要两个月就可以造得成功。一阵野火，半天便可以把他们烧得干干净净。至于每个同志之所有，除了一颗血红的心和一些破布烂棉花的行李之外，还有什么可说？然而晓庄毕竟有那野火烧不尽的东西。这些东西的价值，也许只等于穷人家在天寒地冻时之破布烂棉花，也许就是因为这些破布烂棉花的力

---

① 陶行知于 1927 年 3 月 15 日选定在老山小庄创办"晓庄试验乡村师范学校"，后将"老山"改为"劳山"，"小庄"改为"晓庄"，文中《劳山歌》表达了他的更名思想。

量，那血红的心才能继续不断的跳动，那怀抱着这血红的心的生命便能生生不已。我现在所高兴说的就是这些东西。

晓庄是从爱里产生出来的。没有爱便没有晓庄。因为他爱人类，所以他爱人类中最多数而最不幸之中华民族；因为他爱中华民族，所以他爱中华民族中最多数而最不幸之农人。他爱农人只是从农人出发，从最多数最不幸的出发，他的目光，没有一刻不注意到中华民族和人类的全体。在吉祥学园①里写了两句话："捧着一颗心来；不带半根草去。"晓庄是从这样的爱心里出来的。晓庄可毁，爱不可灭。晓庄一天有这爱，则晓庄一天不可毁。倘使这爱没有了，则虽称为晓庄，其实不是晓庄。爱之所在即晓庄之所在。一个乡村小学里的教师有了这爱，便是一个晓庄；一百万个乡村小学里的教师有了这爱，便是一百万个晓庄。虽是名字不叫晓庄，实在是真正的晓庄了。

晓庄三年来的历史，就是这颗爱心之历史——这颗爱心要求实现之历史。有了爱便不得不去找路线，寻方法，造工具，使这爱可以流露出去完成他的使命。流露的时候，遇着阻力便不得不奋斗——与土豪劣绅奋斗，与外力压迫奋斗，与传统教育奋斗，与农人封建思想奋斗，与自己带来之伪知识奋斗。这奋斗之历史，也就是这颗爱心之历史。晓庄没有爱便不能奋斗，不能破坏，不能建设，不能创造。个人没有爱，便没有意义，即使在晓庄，也不见得有贡献。所以晓庄和各个同志的总贡献——破坏与创造——如果有的话，都是从爱里流露出来的。晓庄生于爱，亦惟有凭着爱的力量才能生生不已咧。

我们最初拿到晓庄来试验的要算是教学做合一的理论了。当初的方式很简单。他的系统也就是在晓庄一面试验一面建设起来的。这个理论包括三方面：一是事怎样做便怎样学，怎样学便怎样教；二是对事说是做，对己说是学，对人说是教；三是教育不是教人，不是教人学，乃是教人学做事。无论哪方面，"做"成了学的中心即成了教的中心。要想教得好，学得好，就须做得好。要想做得好，就须"在劳力上劳心"，以收手脑相长之效。这样一来，我们便与两种传统思想短兵相接了。一是孟子的"劳心者治人，劳力者治于人"的二元论。这种二元论在中国的力量是很大的。他在教育上的影响是：教劳心者不劳力；不教劳力者

---

① 吉祥学园　原名晓庄师范吉祥庵中心小学，曾短期更名为吉祥学院，创办于1928年春，校址在吉祥庵。

劳心。结果把中华民族划成两个阶级，并使科学的种子长不出来。二是先知后行的谬论。阳明虽倡知行合一之说，无意中也流露出"知是行之始"之意见。东原更进一步的主张："重行必先重知。"这种主张在中国教育上的影响极深。"知是行之始"一变而为"读书是行之始"，再变而为"听讲是行之始"。"重行必先重知"也有同样的流弊。请看今日学校里的现象，哪一处不是这种谬论所形成。不入虎穴，焉得虎子。知识是要自己象开矿样去取来的。取便是行。中国学子被先知后行的学说所麻醉，习惯成了自然，平日不肯行，不敢行，终于不能行，也就一无所知。如果有所知，也不过是知人之所知，不是我之所谓知。教学做合一既以做为中心，便自然而然地把阳明、东原的见解颠倒过来，成为"行是知之始"，"重知必先重行"。我很诚恳的敬告全国的同志："有行的勇气，才有知的收获。"先知后行学说的土壤里，长不出科学的树，开不出科学的花，结不出科学的果。

教学做合一的理论最初是应用在培养师资上面的。我们主张培养小学教师要在小学里做，小学里学，小学里教。这小学是培养小学教师的中心，也就是师范学校的中心，不是他的附属品，故不称他为附属小学而称他为中心小学。培养幼稚园教师的幼稚园和培养中学教师的中学，都是中心学校而不是附属学校。现在实行的学园制即是艺友制，每学园有导师、艺友及中心学校，更进一步求教学做合一的主张之贯彻。现今师范教育之传统观念是先理论而后实习，把一件事分作两截，好一比早上烧饭晚上请客。除非让客人吃冷饭，便须把饭重新烧过。教学做合一的中心学校就是要把理论与实习合为一炉而冶之。

教学做合一不是别的，是生活法，是实现生活教育之方法。当初，生活教育戴着一顶"教育即生活"的帽子。自从教学做合一的理论试行以后，渐渐的觉得"教育即生活"的理论行不通了。一年前我们便提出一个"生活即教育"的理论来替代。从此生活教育的内容方法便脉脉贯通了。

"生活即教育"怎样讲？是生活即是教育。是好生活即是好教育，是坏生活即是坏教育；有目的的生活即是有目的的教育，无目的的生活即是无目的的教育；有计划的生活即是有计划的教育，无计划的生活即是无计划的教育；合理的生活即是合理的教育，不合理的生活即是不合理的教育；日常的生活即是日常的教育，进步的生活即是进步的教育。依照生活教育的五大目标说来：康健的生活即是康健的教育；劳动的生活即是劳动的教育；科学的生活即是科学的教育；艺术的生活即是艺术的教育；改造社会的生活即是改造社会的教育。反过来说，嘴里念的是劳动教育的书，耳朵听的是劳动教育的演讲，而平日所过的是双料少爷的生活。在传统教育的看法不妨算他是受劳动教育，但在生活教育的看法则断断乎不能算他是受劳动教育。生活教育是运用生活的力量来改造生活，他要运用有目的、有计划的生活来改造无目的、无计划的生活。

生活教育既以生活做中心，立刻就与几种传统思想冲突。第一种传统思想与生活教育冲突的是文化教育。他以文化为中心。德国战前之教育即是以文化为中心。中国主张此说的也不少。依生活教育的见解，一切文化只是生活的工具。文化既是生活的工具，哪能喧宾夺主而做教育的中心？第二种传统思想与生活教育冲突的是教、训分家。在现代中国学校里，教、训分家是普遍的现象。教育好象是教人读书，训育好象是训练人做人或是做事；教育好象是培养知识，训育好象是训练品行；教育又好象是指所谓之课内活动，训育则好象是指所谓之课外活动。所以普通学校里，有一位教务主任专管教育；又有一位训育主任专管训育。某行政机关拟以智仁勇为训育方针，那么，教育方针又是什么呢？生活教育的要求是：整个的生活要有整个的教育。每个活动都要有目标，有计划，有方法，有工具，有指导，有考核。智识与品行分不开，思想与行为分不开，课内与课外分不开，做人做事与读书分不开，即教育与训育分不开。生活教育之下只有纵的分任，决无横的割裂。某人指导团体自治，某人指导康健是可以的。这是纵的分任。若是团体自治的智识是功课以内归教务主任管，团体自治的行为是功课以外归训育主任管，这就是生活的横的割裂，决说不过去。第三种传统思想与生活教育冲突的是教育等于读书。生活教育指示我们说：过什么生活用什么工具。书只是生活工具之一，是要拿来活用的，不是拿来死读的。书既是用的，那么，过什么生活便用什么书。第四种传统思想与生活教育冲突的是学校自学校、社会自社会。从前学校门前挂着闲人莫入的虎头牌①以自绝于社会，不必说了，就是现在高谈学校社会化，或是社会学校化的地方也往往漠不相关。生活即教育的理论一来，他立刻要求拆墙，拆去学校与社会中间之围墙，使我们可以达到亲民亲物的境界。不但如此，他要

① 虎头牌 清末民初的学校，曾仿效衙门悬挂画着虎头的牌子，上书"学校重地，闲人莫入"八字。

求把整个的社会或整个的乡村当作学校。与"生活即教育"蝉联而来的就是"社会即学校"。第五种传统思想与生活教育冲突的就是漠视切身的政治经济问题。我们既承认"社会即学校",那么,社会的中心问题便成了学校的中心问题。这中心问题就是政治经济问题。我们最初定教育目标时对于政治经济即特别重视。赵院长①后来又作有力的宣言说:"生活教育是教人做工求知管政治。"江问渔先生近著《富教合一》和《政教合一》两篇文字使生活教育之内容更为明显。我也作《富教合一后论》、《政教合一后论》、《政富合一论》以尽量发挥三者之关系,终于构成政富教合一理论之系统。晓庄所办之自卫团、妇女工学处。现在向省政府建议设置之试验乡以及十九年度计划中之生产事业,都是想把政治、经济、教育打成一片,做个政富教合一的小试验。政富教合一的根本观念是要将政富教三件事合而为一。如何使他们合起来?要叫他们在"遂民之欲达民之情"上合起来。现在这三件事的中间有很大的鸿沟。他的根本原因不外三种:一是富人拿政治与教育作工具以遂富人之欲而达富人之情;二是政客拿富人之力与教育作工具以遂政客之欲而达政客之情;三是不肯拿教育给富人和政客做工具的教师们存了超然的态度,不知教人民运用富力和政治力以遂民之欲达民之情。我们要知道等到富力成为民的富力,政治力成为民的政治力,然后生活才算是民的生活,教育才算是民的教育。在教育的立场上说,我们所负的使命:(一)是教民造富;(二)是教民均富;(三)是教民用富;(四)是教民知富;(五)是教民拿民权以遂民生而保民族。我们要教人知道,不做工的不配吃饭,更不配坐汽车。我们要教人知道"朱门酒肉臭,路有冻死骨"是最大的罪孽。我们要教人知道富力如同肥料,堆得太多了要把花草的生命烧死。我们要教人民造富的社会,不造富的个人。从农业文明进到工业文明,我们要教农民做机器的主人,不做机器的奴隶。这种主张,不消说,不但和"先富后教",教育不管政治一类的传统思想冲突,凡是凭着特殊势力以压迫人民,致使民之欲不得遂、民之情不得达的,都是我们的公敌。

最后,晓庄是同志的结合,我不要忘记了叙述。晓庄的茅草屋一把野火可以烧得掉。晓庄的同志饿不散,冻不散,枪炮惊不散。我们是为

---

① 赵院长 即赵叔愚(1889—1928),名崇鼎,后以字行,北京人。1927 年参与创办晓庄试验乡村师范学校,任第一院院长,故有此称。

着一个共同的使命来的。这使命便是教导乡下阿斗做中华民国的主人。要想负得起这个使命，便不能没有特殊的修养。这是我们自己勉励的几条方针：

（一）自立与互助

"滴自己的汗，吃自己的饭，自己的事自己干。靠人靠天靠祖上，不算是好汉。"这首《自立歌》，晓庄的人是没有不会唱的了。我们所求的自立，便是这首歌所指示的。但是自立不是孤高，不是自扫门前雪。我们不但是一个人，并且是一个人中人。人与人的关系是建筑在互助的友谊上。凡是同志，都是朋友，便当互助。倘不互助，就不是朋友，便不是同志。我们唱一首互助歌罢："小小的村庄，小小的学堂，小小的学生，个个是好汉。好汉！好汉！帮人家的忙。"

（二）平等与责任

在晓庄，凡是同志一律平等。共同立法的时候，师生工友都只有一权。违法时处分也不因人而异。我们以为，在同一的团体里要人共同守法，必须共同立法。但同志的法律地位虽平等而责任则因职务而不同。职务按行政系统分配，各有各的职务，即各有各的责任。责任在指挥，当行指挥之权；责任在受指挥，应负受指挥之义务。

（三）自由与纪律

晓庄团体行动有一致遵守的纪律，五十岁以上及对本校学术有特殊贡献的人，得由本校赠与晓庄自由章，不受共同纪律之限制。但这些纪律的目的，无非也是增进团体生活的幸福，防止个人自由之冲突。晓庄毕竟不但是个"平等之乡"，而且是个"自由之园"。晓庄以同志的志愿为志愿，以同志的计划为计划，以同志的贡献为贡献。晓庄虽然希望每个同志对于共同的志愿、计划是要有些贡献，但是乡村教育的范围广漠无边，除非是身在乡下心在城里的人，总可以找出一两样符合自己的才能兴味。大部分的生活都是供大家自由的选择。学园的成立是由于园长选同志，同志选园长，格外合乎自由的意义。试验自由是各学园的础石。晓庄所要求于个人的只是每个人都要有计划，要按着自己的计划进行。至于什么计划，如何实现，都是个人的自由。在理想的社会里，凡是人的问题都可以自由的想，自由的谈，自由的试验。晓庄虽然没有达到这种境界，但愿意努力创造这样的一个社会。这里含蓄着进步的泉源，这里孕藏着人生的乐趣。乡下人的面包已经给人家夺去一半了，剩下这点不自由的自由是多么的尊贵哟！

（四）大同与大不同

这又是一对似乎矛盾而实相成的名词。我们试到一个花园里面去看一看：万紫千红，各有他的美丽；那构成花园的伟观的成分正是各种花草的大不同处。将这些大不同的花草分别栽种，使他们各得其所，及时发荣滋长，现出一种和谐的气象，令人一进门便感觉到生命的节奏：这便是大同之效。晓庄不是别的，只是一个"人园"，和花园有相类的意义。我们愿意在这里面的人都能各得其所，现出各人本来之美，以构成晓庄之美。如果要找一个人中模范教一切人都学成和他一样，无异于教桃花、榴花拜荷花做模范。我们当教师的实在需要园丁的智慧。晓庄不但是不要把个个学生造成一模一样，并且也不愿他们出去照样画葫芦。晓庄同志无论到什么地方去，如果只能办成晓庄一样的学校，便算本领没有学到家，便算失败。没有两个环境是相同的，怎能同样的办？晓庄同志要创造和晓庄大不同的学校才算是和晓庄同，才算是第一流的贡献，才算是有些成功。

同志们！记牢了！我们的使命是教导乡下阿斗做中华民国的主人。乡下阿斗没有出头之先，我们休想出头。乡下阿斗没有享福之先，我们休想享福。我们若是赶在农人前面去出头享福，只此一念便是变相的土豪劣绅。与农人同甘苦，共休戚，才能得到光明，探出生路。我们大家唱首《劳山歌》，为中华民国的主人努力吧！

> 老山劳；
> 小庄晓：
> 咱锄头，
> 起来了。
> 老山劳；
> 小庄晓：
> 新时代，
> 推动了。

《乡村教师》第 7 期（1930 年 3 月 15 日）

教育改进 *
(1930 年 7 月)

吾人不但须教育，而且须好教育。改进之意即在使坏者变好，好者变为更好。社会是动的，教育亦要动。吾人须使之继续不断的改，继续不断的进。

教育改进包含两方面：有关于教育方针之改进，亦有关于教育方法之改进。教育方针随思潮为转移：有因个人兴致而偶然变更者，亦有因社会大势所趋而不得不变更者。教育方法受方针之指挥约束，必须与方针联为一气。方针未定得准，方法不与方针一致，均与吾人以改进之机会。比如航海，必须先定准方向。方向不定准，无论方法如何敏捷，如何洽意，只是行错路，究不能达目的地。但空悬一方针，船身能否抵制风浪，水手是否干练勇敢，食料与燃料敷用几时，均未打算清楚，则虽有方针，亦难达到目的地。故方针不准，应当改进；方法不与方针一致，亦应改进。航海如此，办学亦应如此。

论到中国教育方针，自办新学①以来已经改变五六次。最初要吸收科学而又不忍置所谓国粹者于不顾，所以有"中学为体，西学为用"之主张，此种主张即是当时一种教育方针。光绪二十七年明定教育宗旨为忠君、尊孔、尚公、尚实、尚武。此种教育宗旨即表明其时之教育方针。民国元年，国体变更，教育方针因改为重在道德而以实利教育、军国民教育辅之，更以美感教育完成其道德。民国四年，申明教育宗旨，又改进为"注重道德、实利、尚武，并运之以实用"。民国八年，教育部组织教育调查会，该会建议"以养成健全人格，发展共和精神为教育

---

  * 本篇系陶行知为《教育大辞书》（朱经农主编，商务印书馆 1930 年 7 月出版）所撰辞条。陶行知为该辞书特约编辑之一。

  ① 新学 此处指中国近代所创办的各级各类新式教育机构。

宗旨"。所谓健全人格须包含："一、私德为立身之本，公德为服务社会国家之本。二、人生所必需之知识技能。三、强健活泼之体格。四、优美和乐之感情"。共和精神包含："一、发挥平民主义，俾人人知民治为立国之根本。二、养成公民自治习惯，俾人人能负国家社会之责任。"民国十一年第八届全国教育会联合会建议学制系统标准，即是关于教育方针之修正。嗣经教育部公布标准七条："一、适应社会进化之需要。二、发挥平民教育精神。三、谋个性之发展。四、注意国民经济力。五、注意生活教育。六、使教育易于普及。七、多留地方伸缩余地。"此二十余年中吾国教育方针，每隔四五年即修改一次，颇不稳定，论者辄讥为无方针之教育。其实中国方在过渡时代，又当各种思潮同时交流而至。方针不易固定。即以现在而论，吾人尚在歧路上考虑。吾意不出数年，中国教育方针必须再经一次变更，此次变更后或可较为稳定。中国教育方针已经走过几层歧路，以吾观之，尚有两层最为重要之歧路：第一层，国家主义与国际主义；第二层，物质文明、精神文明与吸收物质文明而保存精神自由，并免去机械的人生观。改革固须改革，究竟如何改革方能进步，实属根本问题。

至于教育方法之改进，所包括之方面更多。学制、组织、行政、教师之训练，教材之选择与编辑，教学法之研究，校舍教具之设备，经费之筹措等种种问题，悉包括在内。如须一一详述其近年改进之途径，非本文篇幅所许。就教育方法论，却有极显著之进步。如由主观的逐渐移至客观的，由盲从的移至批评的，由少数人参与的移至多数人参与的，由一时兴会所致的移至慎重考虑的，由普通人议论出来的移至专门家屡试屡验的，不由人要喜形于色。但此种趋势只属起点而已。盖今日中国之教育方法亦有两个缺点：一是方法不与方针一致，造就一人不能得一人之用；二是从外国贩来整套之理想与制度不能适合国情，不能消化，不能在人民生活上发现健全之效力。此均为吾人应绞脑筋、运身手、谋改进之急务。

以上论教育方针与方法均须改进，兹进论如何改进之道。

一、办教育者必须承认所办教育尚未尽善尽美，确有改进之可能。彼应持虚心的态度，彼应破一切成见、武断、知足。脑中积有痞块，决无改进希望。彼又应承认有问题必有解决，有困难必可胜过，只须自己努力，无一不可以改进。若听天由命，不了了之之人，决不能望其改进。彼或是被人改进，但如无人乐意为之改进，则彼之存在只属幸运而已。

二、改进教育者必须明白自己之问题，又必须明白他人解决同类问题之方法。于是调查、参观实为改进教育之入手办法。国内调查参观之发生效力者可以择要述之，民国三年黄炎培①之本国教育考察，民国十年孟禄等六人之实际教育调查，民国十二年中华教育改进社之全国教育统计调查，均为多区域、多问题之调查，影响亦甚普遍。又地方教育之调查，如民国七年南京高等师范学校之南京教育调查，民国十二年中华教育改进社之北京学校调查，只是地方教育调查之初步工作。一级教育之调查，如民国十二年中华教育改进社之小学教育调查，十四年俞子夷②之调查儿童对于各科好恶，于小学教育均有相当贡献。一门教育之调查，如民国八年九年中华职业教育社调查甲乙种实业学校之得失，十一年至十三年中华教育改进社之调查十省科学教育及十四年之中国图书馆调查，十三年江苏义务教育期成会及改进社之乡村小学考察，十五年江苏教育厅之乡村小学视察，均于教育改进影响甚大。国外教育考察，最早者为光绪二十八年吴汝纶③之日本教育考察。其《东游丛录》呈上管学大臣后，对于《钦定学堂章程》自有相当影响。嗣后派遣提学使赴日考察教育，使我国教育之日本化更进一步。美国教育考察，始于民国三年。是时黄炎培为江苏教育司长，派郭秉文、陈容④、俞子夷三人考察欧美教育，归国后乃有南京高等师范之产生。四年黄炎培游美，其所带之感想，可于彼所著《东西两大陆教育不同之根本谈》中见其大略。六年考察菲律宾教育，南北各三人，直接即产生中国之职业教育。其后袁希涛⑤组织欧美教育考察团。回国后，极力介绍欧美教育方法与理想。新学制之成立直接间接受此种调查参观之影响不少。调查、参观确已表现"改"之能力，但究竟属改进属改退，则一时颇不易定。

---

① 黄炎培（1878—1965） 字任之、韧之，上海人。中华职业教育社创始人、中华教育改进社董事。

② 俞子夷（1885—1970） 江苏吴县人。当时任南京高等师范附小主任。

③ 吴汝纶（1840—1903） 字挚甫，安徽桐城人。1901 年被荐为京师大学堂总教习，乃于 1902 年 7—10 月前往日本考察教育，以考察所得撰呈《东游丛录》。

④ 郭秉文、陈容 郭秉文，曾任南京高师和东南大学校长；陈容，曾任南京高师学监、代理校务。彼等出国考察欧美教育，事在 1914 年。

⑤ 袁希涛（1866—1930） 字观澜，江苏宝山人。曾任北洋政府教育部次长、江苏省教育会会长、中华教育改进社董事等职。

三、教育界共同之问题应同心协力共谋解决与改进。故教育会议乃必不可少之事。吾人要求精神之一致、经验之沟通，非有会议不可。前清之中央教育会，民国元年之临时教育会议，民国四年以来之全国省教育〈会〉联合会以及中华职业教育社、中华教育改进社、中华平民教育促进会等之年会，以及去年大学院之全国教育会议，均与形成全国教育思潮、方针及进行方案有密切之关系。现在国内省有省教育会，县有县教育会，市乡之组织完备者有市教育会及乡区教育会。学校与学校合组之各会议，影响较大者有中等教育协会，附属小学联合会。彼等于各自范围内，所经营之事业各有善良之效验。一门教育之会议，如民国十三年五月之乡村小学组织及课程讨论会，颇能引起乡村教育之兴味。一校之中，各科教员倘有讨论之组织，亦于改进各该科教学有所裨益。不但国内教育同志应有讨论之机会，国际教育同志亦应有交换意见之机会。十二年世界教育会议①在旧金山举行，我国派代表出席，即思运用教育方法，以培养国际之谅解，增进国际之同情，并提倡国际之公道。吾人相信如依此慎重作去，此种会议于改进全世界之教育当有裨益。

四、调查参观仅为取别人之所知以盖己之所不知，会议仅为会合各人之所知以成公众之所共知，吾人决不能藉此种方法以发现新理。不能发观新知，决不是在源头上谋改进。改进教育之原动力及发现新理之泉源，乃属试验学校之功能。我国现在足以当试验学校之名者甚少。以前东南大学附属小学及附属中学曾作道尔顿制及设计教学法之试验工作。最近北京艺文中学亦正在试验道尔顿制，鼓楼幼稚园之设乃欲试验幼稚教育者。中华教育改进社以试验学校为一切教育改进之大本，特于十四年十二月定一进行方针："本社今后对于教育之努力，应向适合本国国情及生活需要之方向进行。其入手方法为选择宗旨相同，并著有成绩之中学、小学、幼稚园，与之特约试验。合研究者之学术与实行者之经验为一体，务使用费少而收效宏；并将试验结果，随时介绍全国，俾多数学校，可以共向此途进展。"依此方针进行，该社已与燕子矶小学、尧化门小学、鼓楼幼稚园、南京安徽公学、北京艺文中学特约进行试验。该社于特约学校外尚须特设一试验乡村幼稚园及一试验乡村师范。不久

---

① 世界教育会议 亦称"万国教育会议"。由美国教育联合会发起，1923 年在美国旧金山召开，中国派有教育代表团出席。

可以实现。改进教育最有效力之方法无过于以学校化学校。

五、调查必须有工具，方能明白问题之所在；试验亦必须有工具，方能考核方法为实效。此种工具名曰测验①。比如医病，教育心理测验仿佛是听肺机、寒暑表、爱克斯光线，较之通常之听闻为可靠。民国十一年至十二年中华教育改进社聘麦柯②博士来华，偕同北京师大、东南大学教育科及其他大学教授二十余人编造测验二十余种，可算是第一次之尝试。此种测验当然未能谓为已十分完备，十分可靠。但吾人亦不能因此谓为无用。吾人应精益求精，使之渐达尽善尽美之境地。而教育事业之改进，亦可以由此而获得相当之助力。

六、教育之学术，非可独立存在。彼立于哲学、心理学、生物学、生理学、社会学、经济学，各种学术之基础之上。故谋此种种学术之进步即所以谋教育学术之改进。教育之事业亦非可独立存在者。彼与一国政制、风俗、职业以及天然环境均有息息相关之道。故谋政制、风俗、农、工、商、交通、水利等等之进步亦即所以谋教育之改进。吾人不能专在教育上谋改进，即以为可以完全达到吾人之目的。吾人当改进教育之时，务须注意教育以外尚有许多别种事情须同时改进也。

《教育大辞书》（上海商务印书馆 1930 年 7 月出版）

---

① 测验　此处指教育、心理测验，当时主要是通过各种量表进行智力测验。
② 麦柯　通译麦柯尔，美国教育心理学家，美国哥伦比亚大学统计及心理学教授。

中华民族之出路与中国教育之出路（节选）
（1931 年 7 月）

"中国教育出路"这个问题，给了我一个多月的不安。我起初以为化费两三天功夫便可以交卷，那知道拿起笔来，竟一个字也不能写。好一比是进了兴安岭的森林找不着路线。我二十年来的研究经验，好像都不能给我一点光明。想不通，如何写得出？可是，这块鱼骨头我是已经下了决心要从喉咙口吐出来的。我要就一个字不写；如果写的话，必是我思想里产生出来的和谐的系统。这个和谐的系统，我要建造在活的事实上。因此我一方面镇压自己的成见，一方面排除别人的断语。我所要追求的是充分的事实，等到事实汇齐之后，我便让它们引导我去下断语。如果我有错误，只是因为事实有错误。这个我随时愿意领教，并重新考虑订正。事实是我惟一的指针。我只愿听它的启示。在最近的两个星期来，我是想通了，我手边的事实是如此的告诉我。我现在愿意把我所探出的几条路线，献给我所敬爱的为中华民族与世界人类谋出路之朋友们，还请大家指教。

五年前的春天，我在南京。有一天下午，出南门办事，回到城门口，已是五时光景，挤不进去，待要转身，又退不出。我是挤在人山人海之中，寸步难移。仔细观察，知道是下乡的城里人要从这里进城，进城的乡下人也要从这里出城，两不相让，实在也无从让起，就在这里挤住了。从城门洞的这边钻进城门洞的那边，费了一小时，挤得我满头大汗！

这不是一幅中国教育出路的缩影吗？是的，有点像。他之要求大口出路与多口出路，简直是和南门走路的人的心理一样。但是也有一点儿不同，南京南门之拥挤只是几小时的痛苦，等到乡下人出了城，城里人进了城，各人回家与妻子儿女吃晚饭，便好像没有这回事了。如果您想一想，那从南门进出的人们不是几千人，而是继长增高、源源不绝的来到这个惟一的小洞里要求通过，您便可以得到中国教育出路的一个比较正确的影子。您别想他们当天晚上能够舒舒服服的在家里和家人团圆。

也许有几位飞腿，可以赶上前回家去过舒服生活，或是跑到城楼上去呼吸新鲜空气，看底下蚂蚁式的人群自相蹂躏。但这必定是极少数。大多数的人，必是拥挤在那儿求活不能，求死不得。他们是陷在人的流沙中而不能自拔。

所以一提到出路，必是指大众的出路，而不是指少数人的出路。印度久已亡国，而土王们依然是安富尊荣。朝鲜青年殉国的不下四五万，而李王眷属在日本还是樱花会、菊花宴，乐而忘愁。少数人的出路不必我们费神。我们所要找的是民族与人类整个的出路。

现代的中华民族是从农业文明走向工业文明。（略）那收容农村剩余人口最大的出路而又能培养这剩余人口使能发生更大之力量的，一是东三省之移民；二是新工业之振兴。但这两种出路之收容量，每年平均怕只在一百万人左右（移民七十余万，机器工厂四万，其他无从估计，假定为十余万）。人口生产率，乔启明①君根据四省十一乡村二万余人调查结果，寻得平均生产率为千分之四二·二。倘以通俗之四万万人计算，每年便要生一千六百八十万；倘以陈长蘅②君所估计之四万六千零五十一万计算，每年便要生二千万人。要把生出来的人数来通过这些出路，真好比缠索穿针眼（《圣经》骆驼穿针眼是译错了）。（略）用这增加率推算，每年增加人口四百四十万（依通俗之四万万计）至五百一十万（依陈长蘅君四万六千零五十一万计）。拿这个人口增加数和一百万的出路比较，简直是如同兔子和乌龟赛跑，除非是兔子在半路偷睡，乌龟哪能赶得上它。（略）刘大钧③君根据民国十七年农商部统计报告，找出中国已耕地面为一千八百二十六兆亩。如用每人十亩，七亩半、六亩、五亩、四亩三分来除，可得在各种状态上之人口约数。现列图表如下：

---

① 乔启明（1897—1970） 字映东，山西临猗人，曾任金陵大学教授、国民政府经济部农产促进委员会主任委员。

② 陈长蘅 研究农业经济的人口学家。

③ 刘大钧（1891—1962） 字季陶，号君谟，原籍江苏丹徒，生于淮安，曾任清华大学教授、重庆大学商学院院长等。

中国耕地人口状态表

已耕地面积	每人亩数	总人口	生活状态
1 826 兆亩÷	10.0 亩＝183 兆		此数以下可以创造文化，称为创造线
	7.5 亩＝243 兆		此数以下可以普及初等教育，以上便有文盲，称为教育线
	6.0 亩＝308 兆		此线以上无力换新衣，称为无衣线
	5.0 亩＝365 兆		此线以上食亦有缺，称为无食线
	4.3 亩＝425 兆		此线一到必有乱事，七人中死一人，称为大乱线

中国人口数与生活状态图

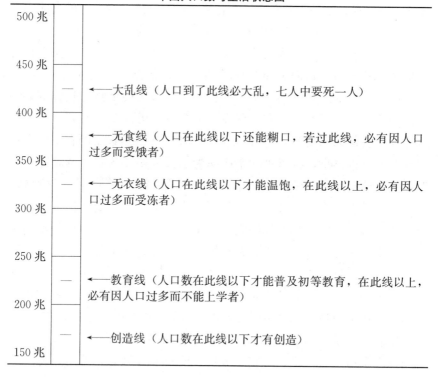

看了这张表，我们对于中华民族最根本之出路，是看得明白了。中华民族最根本之出路是什么？

少生小孩子

中华民族之最根本之出路，即中国教育之最根本之出路。故中国现代教育者之最大责任是：

教人少生小孩子

教中华民族从大乱线退到二百四十兆的教育线上来，使得个个饱食暖衣又能受最基本的教育；更好是退到一百八十兆的创造线上来，使有天才的分子不致为穷忙所埋没，得有余暇研究高深学问，以发现更有效之生产技术，而创造更富裕的社会。（略）

我们如何能退到教育线及创造线？

一夫一妻，在提高生产技术未著成效之前，只能生两个孩子。死了一个还可以再生一个，死了一个而不能再生，也有一个孩子传代，于是渐渐地可以退到二百四十兆或一百八十兆。教育在这人口总退却之进行中，有如下之任务：

（一）大声疾呼，唤起全民族，发一人口总退却之紧急命令，教男子满二十五、女子满二十岁始行结婚。结婚后服务五年，可生第一子。俟第一子入小学，可生第二子。以二子为限。子为男子女子之通称。一胎生二子或三子者，以一胎为限。

（二）中央研究院在开创时期内之第一重要工作是设避妊研究所。要发明一个铜子的避妊法，使全民族都够得上实行。

（三）避妊之普遍的宣传，应成为民众教育最大之职责。医院及注册的医生，对于国民避妊之询问，应免费指导。

（四）宣传结婚前配偶之科学的选择，以为改良人种之准备。

（五）女子常以多生为苦，必赞成这种合理之主张。那最大之阻碍，便是男子之兽性。故一方面由教育劝导，一方面用法律限制。生孩多于二人，宜处男子以危害民国之罪。

（六）宣传科学上男女有同等之遗传力，故有女即有后。

（七）大声疾呼，唤起全民族组织一永久人口升降委员会，随时调查耕种土地面积之消长，生产技术之进退，生活程度之高下，容纳人口出路之多少，以改定人口升降之比例，公布全国，共同遵守。

有人怀疑，人口减少国势怕要越加懦弱。我说：中国之弱，弱于人多；如果减少，便要发生很大的力量。譬如一个人家，财力只够教养两个孩子，如今生了四个，衣食不足，又不知礼义，自必酿成"吃饭打破锅，睡觉撕破窝"的现象。兄弟阋墙，外人乃能施行挑拨，以收渔翁之利，结果必是两败俱伤。如果只有两个孩子，那末教养得宜，自能发生相当力量。倘使学得本领，能够驾御机器，像美国工人，一个人便有三十个人的力量，两个人不是有六十个人的力量了吗？孩子太多，不能教育，互相争夺，相抵相消，力量几等于零。以一家推到全国，四万万人是毫无力量，二万万人倒可有六十万万人之力量咧！

外国人每每以种族自杀，来封住少生主义者之口。殊不知种族自杀，有消极与积极两种。消极自杀是不愿生育，但生得太多乃是积极的自杀。多生主义者的信徒，把中国人弄得田不够种，工不够做，饭不够吃，衣不够穿，求死不得，求生不能，这叫做种族之积极的自杀。我们提出少生主义乃是中庸之道，对于消极、积极的自杀政策，都是反对的。现今世界强国中，人口增进最慢的无过于法国。近一百年来，只增加了三分之一。它在大战中，居然也能抵抗增加二倍半之德国。现今各国失业的人，辄以百万计，而法国便无这种烦恼。

教人把人口从大乱线退到教育线和创造线上来，是教人不要多生，不是教人多杀。少生主义之信徒即是贵生主义之信徒。我们反对屠杀。我们反对死刑。暴虐者不得借口人多而惨加屠杀。我们必得在这里说明我们的本意，使大家对于我们的主张没有丝毫的误解。

假使我们顺利的把人口退到教育线与创造线，如果我们不变更人生观，还是无济于事。我们在教育线上若无求知欲，便依然不会运用科学结果以增进人生的幸福。我们在创造线上若无发明欲，便依然不会探入未知之境界，以开发科学之泉源。智识不是从玄想中跳出来的，必得在大自然里去追求。财富不是从天上落下来的，也必得在大自然里去探获。我们从前因为过庶，所以贫穷；因为贫穷，所以愚蠢；因为愚蠢，所以过庶。结果是愈庶愈穷，愈穷愈愚，愈愚愈庶。少生小孩子，可以打破过庶之害。接着来的问题，便是用智识去造财富，用财富去求智识，使人民愈富愈智，愈智愈富。新近依日本人估计，中国每人均摊财富只有一〇一元日金。这大概是指我们可以运用的财富而言，那些埋在地下没有开发的宝藏，当然还是无法运用，所以不算在内。同时，日本每人均摊财富为一七三一元，比中国人大十七倍多。美国每人均摊财富为六六〇七元，比中国人大六十五倍多。俄国虽穷，还在中国之上，每人均摊七五六元，差不多比中国人大七倍。所以中华民族的第二条出路是：

创造富的社会

中国教育的第二条出路是：

教人创造富的社会，不创造富的个人

资本主义的国家的教育，只是做了创造富翁的工具，以致贫富阶级因教育而愈隔愈远。我们只要创造富的社会。社会既富，则在社会里的个人自然而然的富了。在创造富的社会之过程中，教育之任务如下：

（一）教人创造富的社会，便是教人创造合理的工业文明，便是引导人民在合理的工业上出头。

（二）教人创造合理的工业文明，便是教人创造合理的机器文明，合理的机器文明，便是要人做机器的主人，不做机器的奴隶。

（三）科学是工业文明的母亲，我们要创造合理的工业文明，必须注重有驾御自然的力量的科学。

甲、任何教师必须擅长一门自然科学，没有自然科学训练的，不配做现代的教师。

乙、科学要从小教起。

丙、不做无学，不学无术。科学实验要在做上学，在做上教。读科学书籍，听科学讲演，而不亲手去做实验，便是洋八股而非真科学。

（四）农业对于富力之增加，有两种方式：一是使全国无荒废之地；二是把科学应用到农业上来，使地尽其利。最后，等到工业吸收了一大部分之农人，即可使农业变成工业化的农业。

（五）教后起青年运用双手与大脑去做新文明的创造者，不教他们袖起手来去做旧文明的安享者。

（六）教人同时打破"贫而乐"、"不劳而获"、"劳而不获"的人生观。这三种人生观，都是造富的心理上的最大障碍。

（七）教人重订人生价值标准。农业社会与向工业文明前进之农业社会是不同的。纯粹的农业社会的一切是静止的。向工业文明前进的农业社会的一切是变动的。我们要有动的道德，动的思想，动的法律，动的教育，动的人生观。有人说知识要新，道德要旧。这简直是应该扫除的一种迷信。旧道德只能配合旧知识。新知识必得要求新道德。

教育能够这样的办，便能产生法拉第与爱迪生，把发明与制造化在一炉而冶之。（略）

创造富的社会，头脑里要装着科学，手里要掌着马力，这样，大自然会变成我们的宝藏。我们如果能把空中的淡［氮］气造成肥料，石田变成土壤，人人就吃不了，用不了。到那时，这造富的工作才算有点成绩哩。

最后，这创造的力量与人口之自然增加率的关系也得讨论。生得多，死得多，创造力自然要减少，生命、金钱都在这上面耗费了。生要吃着，死要棺材，弄得人财两空。与其生而即死，何如不生？许士廉君算出来，中国人和印度人生一个孩子，比欧洲北部的人要费八部半的精神和财力。精神和财力都和死的孩子一起埋在泥里去了，还有多少余力来教养活的孩子，还有多少余力来创造文化呢？所以，要想有创造富的社会的精神，也得少生几个小孩子。

教人少生小孩子，是少数人干得起来的吗？少数人可以发起，但是要他发生力量必得全民族起来互助。全民族家家都实行节育，那末可以把人口退到教育线与创造线上来。教人创造富的社会也要靠这种互助。但是，如果工人们只是机器之奴隶，而不是机器的主人，那末劳资纠纷，永无宁期，还能造出富的社会吗？故必须有大平等的地位，才有互助之可言。这两件事的效力，一部分要靠政治的力量。政治立在民众的基础上，才能发生伟大的力量。大家觉得政治是自己的事，必是拼命的拥护，这力量必是不可思议的伟大。否则，寡人政治以治者资格压制被治之民众，民众非积极的对抗，则消极的不合作，必不能发挥出力量来。所以要想把少生小孩子与创造富的社会两件事做出来，必须整个民族在政治经济上有平等互助的精神。所以：

教人建设平等互助的世界，是我们第三条出路

不但我们民族的出路是平等的互助，即世界人类的出路，也在平等的互助。特别是这人口问题，必须由世界各国同心合力的来解决，才能有彻底的办法。现在各国的趋势是拼命的生孩子，生到不能容了，再打一次大战，死他一千万，伤他二千万。我们先看看全世界的人口和他的增加的状态吧！

我们要知道全世界的地面和任何一国一样，也是有限的。（略）世界上人口早已满了，再要增加便是降低文化，剥夺别人生存的机会。全世界的人们都要彻底觉悟，大家在一块儿商量一个少生小孩子的办法。

可是，这世界是掌握在愚人手里！法国妇人愿意少生而法国政客偏要鼓励多生：生五个小孩的母亲赏铜牌，生八个的赏银牌，生十个的赏金牌。这是一九二○年法国大总统的命令！大家庭的舟车来往还可以打特别折扣，真是有趣极了。意大利的男人不愿结婚，而意国政客非要他讨老婆不可。男子独身税，二十五岁至三十岁，须纳三十五利（一利合华币七角七分四厘）；三十六岁至五十岁五十利；五十一岁至六十五岁，二十五利。此外，还要纳所得税之独身附加税。六十岁以上的老头子，墨索里尼老板还要吃他的喜酒咧。这些政客为什么欢喜老百姓讨老婆呢？他们要老百姓生儿子当兵，打仗，夺面包吃。老百姓的太太们！你们今日怀里的小宝宝，便是将来战场上的候补死尸哟，少生几个吧！

你们不相信我的话吗？请看一看列强之杀人费吧！

列强十八年度之军事费（各国币）

国别	总岁出	海陆空军费	百分比
日本	1 736 兆圆	495 兆圆（海陆）	28.51
英国	823 兆镑	112 兆镑	13.7
美国	3 795 兆金元	773 兆金元（海陆）	20.26
法国	45 366 兆法郎	9 997 兆法郎	22.05
意国	19 466 兆利	4 648 兆利	23.91

《每日年鉴》与《日本帝国统计年鉴》

列强十八年之军事费（化为华币）
（华币以百万为单位）

国别	总岁出	军费	军费之百分比
日本	3 472 兆	990 兆	28.51%
英国	16 460 兆	2 240 兆	13.70%
美国	15 180 兆	2 322 兆	20.26%
法国	5 671 兆	1 249 兆	22.05%
意国	2 461 兆	581 兆	23.91%

这五个强国，每年预备杀人的费用，要占总费用自百分之一三·七至百分之二八·五，合计起来是七三八二兆华币。拿养人教人的钱来预备杀人，是多么的愚蠢啊！

这些糊涂的政客，总是以为自己可以把别人杀死，殊不知：

你杀我，

我杀你，

只是借别人的刀儿杀自己。

你看欧战的结果：

德国战死一百八十八万五千　法国战死　一百三十六万

英国战死七十四万三千　　　别国战死　六百万

这不是等于德国人借法国人的枪铳自己，英国人借德国人的炮轰自己吗？可是，劝人多生孩子的罪魁的政客，如德废皇等，一个也没有死。死的都是老百姓从前怀里的小宝宝。

欧洲大战，以前的大战，以后的大战，都是因为人生得太多，不够吃，无可奈何，走入武装劫粮之一途。

民族间的战争有两种结果：一是完全把人灭掉；一是双方各灭掉一部分。即使你能把人灭掉，你自己的民族愈生愈多，愈多愈争，也是一样的要弄得自相残杀。所以多生的结果必是多杀。谁也逃不出这个定律。既知道后来要弄得子孙自相残杀，何必不早些商量出一个两全的办法？少生可共荣；多生必俱亡。我愿全世界的老百姓一齐起来，共同提倡少生，别给政客们把你哄骗了。多生则相仇；少生自相友。或友或仇只在各民族念头之一转。

少生主义，是民族自救主义，是各民族相救主义。如果各民族都认定少生主义为自救救人的原则，国际间许多难解的事便迎刃而解了。譬如，现在世界上最坏的一件事，便是人口土地分配得太不均匀。少数国家因为要想多子多孙，所以把整个的大陆都封锁起来。如果大家承认这样多生，便是自造末日，少生乃是自救相救之道，那末，就用不着封锁了。（略）

全世界的农人应一致实行少生主义，因为孩子生得多，足以叫你们破产。如果大家都生得太多，必定要因争吃而打仗，那末你们的孩子们便成了炮子的活靶子。

全世界的工人们也应该一致实行少生主义，因人多起竞争，资本家便乘机降低工资，并可以叫各民族的工人不和。你们看，美国工人反对日工，日本工人反对华工，俄国工人去年反对德工，暗中都是因为这人口太多在那儿作怪。

全世界的青年也应该一致实行少生主义，因为你们一部分之烦恼，是从经济压迫而来，经济压迫是因为人浮于事，嘴多于面包。

民族主义的信徒也应该一致实行少生主义，因为人口过多则人民不能受科学教育，迫于生计，无暇创造。少一些，便能运用机器，发生几十倍大的力量。

社会改革家也应该一致实行少生主义，因为多生是战争的祸根，少生实为创造理想世界之不二法门。

全世界对于少生主义该互助使其实现，已毫无疑义。现在还有一件要紧的事要说，这就是经济制度改造上的互助。现在，全世界的经济状态简直是无政府的直审横冲。

亨利·福特在庆祝他的第二千万部汽车出厂的时候，在寻常看来，固值得自娱，但从整个的经济制度来看，他便是汽车出产过剩的罪魁。

美国每五人有一部汽车，汽车便变成分心务外的媒介。美国农家几乎每家有一部，他们把肥料的钱克扣下来买汽车，以为不如此便比别人低一个头。当日本农事推广员下乡劝人多多养蚕的时候，他必定以为他是做了一件爱国的事。殊不知丝厂倒闭，蚕户破产，他至少也有点责任。什么缘故呢？生产过剩！汽车过剩，福特笑而买者悔。蚕丝过剩，没人要而养蚕者亏本。您看，世界的物价哪一国不是下落。原因之一便是出产超过于购买力。

美英日卸卖物价指数（1913 年 1 月＝100）

年次	月	美	英	日
1929	6	132	135.2	174.5
1930	6	111.6	116.2	139.8
1931	4	94.2	96.4	124.1

生产过剩则物价降落，这是自然之理。但此外还有一个特殊原因，便是世界金货集中于少数国家之手。你看：

各国存金额（一九三〇年七月末）

日本	746 000 000 美金
美国	4 160 000 000 美金
意国	274 000 000 美金
法国	1 775 000 000 美金
德国	624 000 000 美金
英国	746 000 000 美金
俄国	233 000 000 美金
印度	128 000 000 美金
世界四十四国总额	10 716 000 000 美金

世界金货总额十分之四为美法两国所吸收。法国因接受德国赔款，简直是沉醉在金子里。各国以金为本位，故缺少金便买不起东西而物价降了。各国都买不起东西，那末，黄金之国的东西也难卖出去，大家都恐慌了。惟独我国之物价涨。我国以银为本位，金贵则银贱，故物价涨。是各国以物价降而受害，我国以物价涨而受害。这便是所谓之世界不景气。

这还没有完。资本家货物卸价太低，卖便折本，不卖又不能流转，便倡合理化运动，缩小范围，演成空前之失业大惨剧。合理化本来是个好名词，因为它没有把个"人"字放在心里，合理化便变成不合理化。

请看生产过剩、物价低落、金货集中及所谓合理化运动下之失业者数：

世界主要国失业者数（1931 年 2 月）

国　别	英	德	法	意	北美合众国
全部失业	2 073 578	4 971 843	59 915	765 325	74.1％平均雇佣数（1926 年＝100）
一时失业	623 844			27 110	
总数	2 697 422 人	4 971 843 人	59 915 人	792 435 人	

在这表上德国之失业者数达五百万人；美国实数未报，本年二月之雇佣数只等一九二六年之百分之七四·一。可是照人口比例算起来，德国的失业数之大，实是可惊。但是美国以世界最富之国，而竟有如许无工可做之人，亦足以促他们反省此种状态之不合理吧！

这种无政府的生产是不该久于存在了。无政府的小孩子的过剩生产与物品之过剩生产，必须归纳在一个和谐的系统里面。这和谐的系统，是要建立在全世界的平等的互助上。

我在上面所叙述的中国教育的三条出路是：

一、教人少生小孩子；

二、教人创造富的社会；

三、教人建立平等互助的世界。

这便是我所说的大口出路，多口出路。我们的责任不是像南京南门的过客，老在城门口呆挤。我们要用科学教育的斧头，把城门开得大些，多开几个洞。如果必需，或是把城墙连根折掉。这三条出路是一套连环的出路。少生几个孩子，便可以多做一些创造工作；多做一些创造工作，便可以多得一点平等的地位与人互助；而这种平等的互助，又可以叫你放心大胆去少生几个孩子。但是，即使世人尚未觉悟，没有看出互助即自助的道理，中华民族也得毅然采取少生主义，创造富的社会，并将这平等互助的原则身体力行出来，决不可因别人不觉悟而失望。我们向前走去，他们自然会跟来的。

《中华教育界》第 19 卷第 3 期（1931 年 7 月）

教学做合一下之教科书 *
（1931 年 8 月）

　　教学做合一是生活教育之方法之理论。这理论同时叙述生活教育之现象与过程。所以要想讨论这个理论对于教科书之要求，先须说明什么是生活教育，什么是教学做合一。

　　什么是生活教育

　　生活教育是以生活为中心之教育。它不是要求教育与生活联络。一提到联络，便含有彼此相处的意思。倘使我们主张教育与生活联络，便不啻承认教育与生活是两个个体，好象一个是张三，一个是李四，平日不相识，现在要互递名片结为朋友。联络的本意原想使教育与生活发生更密切的关系，不知道一把它们看作两个个体，便使它们格外疏远了。生活与教育是一个东西，不是两个东西。在生活教育的观点看来，它们是一个现象的两个名称，好比一个人的小名与学名。先生用学名喊他，妈妈用小名喊他，毕竟他是他，不是她。生活即教育，是生活便是教育；不是生活便不是教育。分开来说，过什么生活便是受什么教育：过康健的生活便是受康健的教育；过科学的生活便是受科学的教育；过劳动的生活便是受劳动的教育；过艺术的生活便是受艺术的教育；过社会革命的生活便是受社会革命的教育。从此类推，我们可以说：好生活是好教育，坏生活是坏教育；高尚的生活是高尚的教育，下流的生活是下流的教育；合理的生活是合理的教育，不合理的生活是不合理的教育，有目的的生活是有目的的教育，无目的的生活是无目的的教育。反过来说，平日过的是少爷小姐的生活，便念尽了汗牛充栋的劳动书，也不算是劳动教育；平日过的是奴隶牛马的生活，便把《民权初步》念得透

---

　　* 本篇在《中华教育界》上发表时署名：何日平。

熟，熟得倒过来背，也算不了民权教育。没有生活做中心的教育是死教育，没有生活做中心的学校是死学校，没有生活做中心的书本是死书本。在死教育、死学校、死书本里鬼混的人是死人——先生是先死，学生是学死！先死与学死所造成的国是死国，所造成的世界是死世界。

什么是教学做合一

教学做合一是生活现象之说明，即是教育现象之说明。在生活里，对事说是做，对己之长进说是学，对人之影响说是教。教学做只是一种生活之三方面，而不是三个各不相谋的过程。同时，教学做合一是生活法，也就是教育法。它的涵义是：教的方法根据学的方法；学的方法根据做的方法。事怎样做便怎样学，怎样学便怎样教。教与学都以做为中心。在做上教的是先生，在做上学的是学生。在这个定义下，先生与学生失去了通常的严格的区别，在做上相教相学倒成了人生普遍的现象。做既成了教学之中心，便有特殊说明之必要。我们怕人用"做"当招牌而安于盲行盲动，所以下了一个定义："做"是在劳力上劳心。因此，"做"含有下列三种特征。

（一）行动；

（二）思想；

（三）新价值之产生。

一面行，一面想，必然产生新价值。鲁滨孙在失望之岛上缺少一个放水的小缸。一天烧饭，他看见一块泥土被火烧得象石头样的硬。他想，一块碎土既有如此变化，那么用这土造成一个东西，或者也能如此变化。他要试试看。他动手用土造成三个小缸的样子，架起火来把它们烧得通红，渐渐的冷下去，便成了三只坚固而不漏水的小缸。这里有行动，有思想，有新价值之产生——泥土变成水缸。这是做。这是教学做合一之做。

做是发明，是创造，是实验，是建设，是生产，是破坏，是奋斗，是探寻出路。

是活人必定做。活一天，做一天；活到老，做到老。如果我们承认小孩子也是活人，便须让他们做。小孩子的做是小发明，小创造，小实验，小建设，小生产，小破坏，小奋斗，探寻小出路。小孩子的做是小做，不是假做。"假做"不是生活教育所能允许的。

我也不是主张狭义的"做"，抹煞一切文艺。迎春姊妹和宝玉在荇叶渚上了船，跟着贾母的撑向花溆去玩。宝玉说："这些破荷叶可恨！

怎么还不叫人来拔去？……"黛玉说："我最不喜欢李义山的诗，只喜欢他这一句：'留得残荷听雨声。'偏你们又不留着残荷了。"宝玉说："果然好句！以后咱们别叫拔去了。"这里也有行动，有思想，有新价值之产生——破荷叶变成天然的乐器！领悟得这一点，才不致于误会教学做合一之根本意义。既是这样，那么我们可以说：不做无学；不做无教；不能引导人做之教育，是假教育；不能引导人做之学校，是假学校；不能引导人做之书本，是假书本。在假教育、假学校、假书本里自骗骗人的人，是假人——先生是假先生，学生是假学生。假先生和假学生所造成的国是假国，所造成的世界是假世界。

生活教育与教学做合一对于书之根本态度

生活教育指示我们说：过什么生活用什么书。教学做合一指示我们说：做什么事用什么书。这两句话只是一句话的两样说法。我们对于书的根本态度是：书是一种工具，一种生活的工具，一种"做"的工具。工具是给人用的；书也是给人用的。我们对一本书的见面问是：您有什么用处（当然是广义的用处）？为读书而读书，为讲书而讲书，为听书而听书，为看书而看书，再不应该夺取我们宝贵的光阴。用书必有目的。遇到一本书，我们必须问：您能帮助我把这件事做得好些吗？您能帮助我过一过更丰富的生活吗？我们用书，有时要读，有时要讲，有时要听，有时要看；但是读、讲、听、看都有一贯的目的，这目的便是它们对于"用"的贡献。在《诗的学校》里有一首诗，描写我们对于书的总态度[1]：

> 用书如用刀，
> 不快便须磨。
> 呆磨不切菜，
> 何以见婆婆？

中国教科书之总批评

我们试把光绪年间出版的教科书和现在出版的教科书比较一下，可以看出一件惊人的事实，这事实便是三十年来，中国的教科书在枝节上虽有好些进步，但是在根本上是一点儿变化也没有。三十年前中国的教科书是以文字做中心，到现在中国的教科书还是以文字做中心。进步的地方：从前是一个一个字的认，现在是一句一句的认；从前是用文言文，现在是小学用白话文，中学参用白话文与文言文；从前所写的文字是依着忠君、尊孔、尚公、尚武、尚实的宗旨，现在所写的文字是依着三民主义的宗旨。但是教科书的根本意义毫未改变。现在和从前一样，教科书是认字的书，读文的书罢了。从农业文明渡到工业文明最重要的知识技能，无过于自然科学。没有真正可以驾驭自然势力的科学，则农业文明必然破产，工业文明建不起来，那是多么危险的事啊！但是把通行的小学常识与初中自然教科书拿来审查一番，您立刻发现它们只是科学的识字书，只是科学的论文书。这些书使您觉得读到胡子白也不能叫您得着丝毫驾驭自然的力量。这些教科书不教您在利用自然上认识自然。它们不教您试验，不教您创造，它们只能把您造成一个自然科学的书呆子。国民党以党义治国。党义，从国民党的观点看来，又是何等重大的一门功课呀！固然，党军既到南京之后，没有一家书店不赶着编辑党义教科书，党政府看了这些教科书也以为教育从此可以党化，小孩子个个都可以成为三民主义的信徒了。但是把这些书仔细看一看，不由您又要惊讶了，您立刻发现它们只是党义识字书，只是党义论文书。它们教您识民权的字，不教您拿民权；教您读民主的书，不教您干民主的事。在这些书里，您又可以看出编辑人引您开倒车，开到义和团时代以前。他们不教小朋友在家里、校里、村里、市里去干一点小建设、小生产以立建国之基础，却教小孩子去治国平天下，这不是像从前蒙童馆里的冬烘先生拿《大学》、《中庸》把小朋友当小鸭子硬填吗？照这样干法，我可以断定，小孩子决不会成为三民主义有力量的信徒。至多，他们可以成为三民主义的书呆子。

中国的教科书虽然以文字做中心，但是所用的文字不是第一流的文字。山德孙[1]先生在昂多学校里就不用教科书。他批评英国的教科书为最坏的书。中国初中以下的教科书不比英国的好。我读了中国出版的教科书之后，我的感想和山德孙先生差不多。我不能恭维中国初中以下的教科书是小孩子值得读的书。在我的《中国自然科学教科书之解剖》[2]一篇论文中，我将毫不避讳的罗列各家教科书之病菌，放在显微镜下，请大家自己去看。我现在只想举一个普通的例子来做个证明。诸位读了下面三节教科书，作何感想？

> 甲家书馆：大狗叫，小狗跳。叫一叫，跳两跳。
> 乙家书馆：小小猫，快快跑。小小猫，快快跑。
> 丙家书馆：小小猫，小小猫。快快跑，快快跑。

---

① 山德孙　通译桑德森。

若不是因为每个小学生必得有一本教科书，每本教科书必得有书馆编好由教育部审定，谁愿意买这种有字有音而没有意义的东西呀？请诸位再看刘姥姥赴贾母宴会在席上低着头引得大家哄堂大笑的几句话：

老刘，老刘，

食量大如牛，

吃个老母猪，

不抬头。

这样现成的好文学在以文字为中心的教科书中竟找不着一个地位，而"大狗叫，小狗跳"的无意义的文字，居然几百万部的推销出去。所以中国教科书虽以文字为中心，却没有把最好的文字收进去。这是编书人之过，不是文字中心之过。

中国的教科书，不但用不好的文字做中心，并且用零碎的文字做中心，每课教几个字，传授一点零碎的知识。学生读了一课，便以为完了，再也没有进一步追求之引导。我们读《水浒》、《红楼梦》、《鲁滨孙飘流记》一类小说的时候，读了第一节便想读第二节，甚至于从早晨读到夜晚，从夜晚读到天亮，要把它一口气读完了才觉得痛快。中国的教科书是以零碎文字做中心，没有这种力量。有人说，中国文人是蛀书虫。可是教科书连培养蛀书虫的力量也没有。蛀书虫为什么蛀书？因为书中有好吃的东西，使它吃了又要吃。吃教科书如同吃蜡，吃了一回，再不想吃第二回，连蛀书虫也养不成！可是，这也是编书人不会运用文字之过，不是文字中心之过。

文字中心之过在以文字当教育，以为文字之外别无教育。以文字做中心之教科书，实便于先生讲解，学生静听。于是讲书、听书、读书便等于正式教育而占领了几乎全部之时间。它使人坐而言，不使人起而行。教育好比是菜蔬，文字好比是纤维，生活好比是各种维他命（Vitamin）。以文字为中心而忽略生活的教科书，好比是有纤维而无维他命之菜蔬，吃了不能滋养体力。中国的教科书，是没有维他命的书。它是上海上等白米，吃了叫人害脚气病，寸步难行。它是中国小孩子的手铐，害得他们双手无能。它是死的、假的、静止的。它没有生命的力量。它是创造、建设、生产的最大的障碍物。它叫中国站在那儿望着农业文明破产而跳不到工业文明的对岸去。请看中国火车行了几十年而第一个火车头今年才造起来，这是中国科学八股无能之铁证！而这位制造中国第一个火车头之工程师，十分之九没有吃过上海白米式的科学教科书。或者也吃过，后来又吃了些糠秕，才把脚气病医好，造了这部特别难产的火车头。以文字做中心的教科书，在二十世纪里是产生不出力量。最多，如果用好的文字好好的编，也不过能够产生一些小小书呆子、小小蛀书虫。

假使再来一个秦始皇，把一切的教科书烧掉，世界上会失去什么？

大书呆子没有书教，小书呆子没有书读，书呆头儿出个条子："本校找不到教科书，暂时停课。"

于是，有的出去飘洋游历，也许会成达尔文；有的在火车上去卖报，做化学实验，也许会成爱迪生；有的带着小朋友们上山游玩，也许会成柯斯忒；有的回去放牛、砍柴、捞鱼、种田、缫丝，多赚几口饭儿吃。少几个吃饭不做事的书呆子，多几个生产者、建设者、创造者、发明者，大概是这位秦始皇第二的贡献吧。

生活教育与教学做合一之总要求

我们要活的书，不要死的书；要真的书，不要假的书；要动的书，不要静的书；要用的书，不要读的书。总起来说，我们要以生活为中心的教学做指导，不要以文字为中心的教科书。我要声明在先，我并不拘泥于文字之改变。倘使真的拿生活为中心使文字退到工具的地位，从死的、假的、静的、读的，一变而为活的、真的、动的、用的，那么就称它为教科书，我也不反对；倘使名字改为生活用书或教学做指导，还是以文字为中心，便利先生讲解，学生静听，而不引人去做，我也不能赞成。但是，如果能够做到名实相符，那就格外的好了。

生活用书或教学做指导，是怎样编法呢？最先须将一个现代社会的生活或该有的力量，一样一样的列举，归类组成一个整个的生活系统即组成一个用书系统。例如：

要培养的生活力	要用的书
（一）防备霍乱	（一）防备霍乱指导
（二）防备伤寒	（二）防备伤寒指导
（三）防备天花	（三）防备天花指导
（四）防备感冒	（四）防备感冒指导
（五）防备肺痨	（五）防备肺痨指导
（六）防备梅毒	（六）防备梅毒指导
（七）打篮球	（七）打篮球指导
（八）踢球	（八）踢球指导

（九）选择食物　　　　　　　（九）选择食物指导

（一〇）选择衣料　　　　　　（一〇）选择衣料指导

（一一）种菜　　　　　　　　（一一）种菜指导

（一二）种麦　　　　　　　　（一二）种麦指导

（一三）种树　　　　　　　　（一三）种树指导

（一四）养蚕　　　　　　　　（一四）养蚕指导

（一五）养鸡　　　　　　　　（一五）养鸡指导

（一六）养鱼　　　　　　　　（一六）养鱼指导

（一七）养鸟　　　　　　　　（一七）养鸟指导

（一八）纺纱　　　　　　　　（一八）纺纱指导

（一九）织布　　　　　　　　（一九）织布指导

（二〇）扫地　　　　　　　　（二〇）扫地指导

（二一）调换新鲜空气　　　　（二一）调换新鲜空气指导

（二二）用风车水　　　　　　（二二）用风车水指导

（二三）制造抽气唧筒　　　　（二三）制造抽气唧筒指导

（二四）制造气压表　　　　　（二四）制造气压表指导

（二五）用空气压力钻钢　　　（二五）用空气压力钻钢指导

（二六）用氮气做肥料　　　　（二六）用氮气做肥料指导

（二七）用太阳光烧饭　　　　（二七）用太阳光烧饭指导

（二八）用太阳光杀菌　　　　（二八）用太阳光杀菌指导

（二九）用太阳光照相　　　　（二九）用太阳光照相指导

（三〇）用水推磨　　　　　　（三〇）用水推磨指导

（三一）用水发电　　　　　　（三一）用水发电指导

（三二）用水化铁　　　　　　（三二）用水化铁指导

（三三）用磁石发电　　　　　（三三）用磁石发电指导

（三四）造罗盘　　　　　　　（三四）造罗盘指导

（三五）用电磁举铜铁　　　　（三五）用电磁举铜铁指导

（三六）用煤黑油取颜料　　　（三六）用煤黑油取原料指导

（三七）造汽车　　　　　　　（三七）造汽车指导

（三八）造蒸汽机　　　　　　（三八）造蒸汽机指导

（三九）用电发光　　　　　　（三九）用电发光指导

（四〇）用电推车　　　　　　（四〇）用电推车指导

（四一）用电谈话　　　　　　（四一）用电谈话指导

（四二）用电相见　　　　　　（四二）用电相见指导

（四三）用泥造瓷器	（四三）用泥造瓷器指导
（四四）造屋	（四四）造屋指导
（四五）造桥	（四五）造桥指导
（四六）造船	（四六）造船指导
（四七）造纸	（四七）造纸指导
（四八）造飞机	（四八）造飞机指导
（四九）用显微镜看细菌	（四九）用显微镜看细菌指导
（五〇）用望远镜看天象	（五〇）用望远镜看天象指导
（五一）编剧	（五一）编剧指导
（五二）演戏	（五二）演戏指导
（五三）布景	（五三）布景指导
（五四）唱歌	（五四）唱歌指导
（五五）画水彩画	（五五）画水彩画指导
（五六）画油画	（五六）画油画指导
（五七）写诗文	（五七）写诗文指导
（五八）雕刻	（五八）雕刻指导
（五九）弹琴	（五九）弹琴指导
（六〇）说话	（六〇）说话指导
（六一）恋爱	（六一）恋爱指导
（六二）治家	（六二）治家指导
（六三）生育	（六三）生育指导
（六四）限制教育	（六四）限制教育指导
（六五）团体自治	（六五）团体自治指导
（六六）掌民权	（六六）掌民权指导
（六七）师生创校	（六七）师生创校指导
（六八）创造富的社会	（六八）创造富的社会指导
（六九）人类互助	（六九）人类互助指导
（七〇）创造五生世界[3]	（七〇）创造五生世界指导

以上七十种生活力和教学做指导，不过是我个人随手所举的例子。把它们归起类来，（一）至（一〇）属于康健生活；（一一）至（二〇）属于劳动生活；（二一）至（五〇）属于科学生活；（五一）至（六〇）属于艺术生活；（六一）至（七〇）属于社会改造生活。我想这些例子不过是全部生活力之少数，内中之概括的还应该细分。如养鱼，便可分为养金鱼、养青鱼，制造相生水族池等等。统统算起来，重要的总在三

千种以上。我们姑且可以普通的说，我们有三千种生活力要培养，即有三千种教学做指导要编辑。这些生活力，有些是很小的小孩子便应当有，有些是很成熟的人才可以得；有些是学了就可以变换，有些是要继续不断的干；有些是一人能做，有些非多人合作不办；有些是现代人共同所需，有些是各有所好，听人选择。专家依性质、学力把它们一一编起来，并编一些建在具体经验上面融合贯通的理论，便造成整个的用书的系统，帮助着实现那丰富的现代生活。我们还要随着学术进步，继续修改扩充，使用书继长增高的进步，帮助着生活继长增高的向前向上进。

照这样看来，教学做合一的理论不是不要书；它要用的书的数目之大，比现在的教科书要多得多。它只是不要纯粹以文字做中心的教科书，因为这些书是木头刀，切不下菜来。过什么生活用什么书。做什么事用什么书。不用书，即用书而用得不够，用得不当，都非教学做合一的理论所允许的。

教学做指导编得对不对，好不好，可以下列三种标准判断它。

（一）看它有没有引导人动作的力量，看它有没有引导人干了一个动作又要干一个动作的力量。中国人的手中了旧文化的毒是已经瘫了，看它能否给他打一针，使一双废手变成一双开天辟地的手。我们要看它能否把双料少爷的长指甲剪掉，能否把双料小姐的手镯戒指脱掉，能否把活活泼泼的小孩们的传统的几十斤重的手铐卸掉，使八万万只无能的手都变成万能的手。

（二）看它有没有引导人思想的力量，看它有没有引导人想了又想的力量。中国文人的头脑做了几千年的字纸篓；中国农人女人的头脑做了几千年的真空管。我们现在要请大家的头脑出来做双手的司令官。我们要头脑出来监工。我们不但是要做，并且要做得好。如何可以做得好，做得比昨天好，这是头脑的天职。我们遇了一本书，便要问它是否给人的头脑全权，指导一切要做的事。

（三）看它有没有引导人产生新价值的力量，看它有没有引导人产生新益求新的新价值的力量。我在《乡村教师》上曾经写过十几首诗，描写一位乡村教师的生活，内中有一首是：

人生两个宝，
双手与大脑。
宁做鲁滨孙，

单刀辟荒岛。

中国教育之通病是教用脑的人不用手，不教用手的人用脑，所以一无所能。中国教育革命的对策是使手脑联盟，结果是手与脑的力量都可以大到不可思议。手脑联盟，则污秽的垃圾可以用来点灯烧饭，窒人的氮气可以用做养人的肥田粉，煤黑油里可以取出几千种的颜料，一粒种子可以长成几百粒谷，无饭大家饿的穷国可以变成有饭大家吃的富社会。只要头脑子命令双手拿起锄头、锯子、玻璃管、电动机去生产、建设、试验、创造，自然是别有天地了。

生活用书的体裁内容也不可一律，大致说起来，我有下列的建议：

（一）做的目标。

（二）做的材料。

（三）做的方法。

（四）做的工具。

（五）做的理论。

（六）从做这事引导人想到做那事。

（七）如做的事与时令有关便要有做的时令。

（八）如做的事与经济有关便要有做的预算。

（九）如做的事须有途径之指示便要有做的图。

（十）如做的事须多人合作便要有做的人的组织。

（十一）如做的事须多方参考便要有做的参考书籍。

（十二）如做的事与别的事有多方的关系便要有做的种种关系上的说明。

（十三）在做上学的人可引导他记载做的过程，做的结果，做上发生的问题与心得。

（十四）在做上教的人可引导他指示进行考核成绩。

这十四条不是像从前五段教授样要人家刻印板的遵守的。如果您能把它们一齐打破，天衣无缝的写成一本可用的书也未为不可，或者竟是更为可贵。《鲁滨孙飘流记》是一部小说，也是一部探险与开创的教学做指导。歌德①失恋，写《少年维特之烦恼》，创造一个维特去替死，那么歌德的恋爱史与《少年维特之烦恼》，当作一部恋爱指导用也很合宜。同样，《水浒》是一部打抱不平之指导。自然科学教学做指导，能

---

① 歌德（Johann Wolfgang Von Goethe，1749—1832）　德国诗人、剧作家、思想家。

写到法布尔①的几部顶好著作那样好，减少一些闲话，增加一点小孩子自己做的机会也就很好了。最要紧的是著书人独出心裁，若求一律，反而呆板了。

初进学校的学生，要他自用教学做指导，当然是不可能。但是他虽然认不得字，话语听得懂，先生不能教他吗？年长的同学不能助他吗？初年级的学生，多数的生活力不能从文字上去取得，若受文字的限制，生活便枯燥无味。故初年级的教学做指导，除说话（即国语）一门外，都可编为先生用书，先生在做上教时所用的书。那么，这个困难便没有了。即就说话一门说，也不必太拘于生字之多少。只要是小孩子爱说的话，便多几个字也不要紧。若是头一课只限于四五个字，编不成好听的话，那么，比十几个字还难认。认字与写字也不必同时兼顾。若认的字一定要写，那么，又只好限于几个字，而流于枯燥了。

我想要使这个用书的计划实现，必须有下列六种条件：

（一）各门专家中须有几位去接近小孩子，或竟毅然去当几年中小学教员，一面实验，一面编辑几部教学做指导。

（二）现在接近小孩子的中小学教师，须有许多位，各人开始研究一门科学，待研究有得，可以编辑几部教学做指导。

（三）现在教科书的编辑者有志编辑生活用书，如缺少某种准备、专科学术或儿童经验，亦宜设法补足，然后动手编辑。

（四）现在商务印书馆、中华书局、世界书局每年大部分收入是从小朋友那里来的，应该多下点本钱，搜罗各国儿童、成人用书（不是教科书）和工具，聘请上列三种人才，为小朋友多编几部可用的好书。

（五）教育行政当局，从中央以下直到校长，该给教员们以试验或选择书本之自由。现在行政方面之趋势是太一律，太呆板。若不改弦更张，实无创造之可能。

（六）全民族对于中国现代的无能的教育，该有觉悟；对于教学做合一之理论，该使之普遍实现，若再因循苟且，则可以救国之教育，将变成亡国之催命符。到了那时，虽悔也来不及了。如果大家从此下一个决心，在头脑指挥之下，把双手从长袖里伸出来，左手拿着科学，右手开着机器生产、建设、创造，必定能开辟出一个新天地来。荣枯、安危、存亡之故，只在念头之一转和双手之一动，用不着到远处去求啊！

———————————

① 法布尔（J. H. Fabre, 1823—1915）　法国昆虫学家。

【原注】

[1] 见小朋友书店出版之《师范生》第 2 期。

[2] 不久在《师范生》发表。

[3] 五生世界即少生、好生、贵生、厚生、共生之世界。我有专篇叙述建立五生世界之理论，不久在《师范生》上发表。

《中华教育界》第 19 卷第 4 期（1931 年 8 月）

长忙玩忘完
（1931 年 11 月）

　　这么多的长！部长、院长、会长、所长、校长、行长、董事长、委员长：一身都是长！

　　长多自然忙：会客忙，讲话忙，看信忙，签字忙，听电话忙，坐汽车忙，赴饭局忙，开会散会忙，有事不睬无事忙。

　　一天忙到晚，忙了必须玩：扑克玩玩，麻雀①玩玩，堂子②玩玩，跳舞厅里玩玩，西湖玩玩，庐山玩玩，上海玩玩……

　　好玩好玩，什么都忘！党也忘，国也忘，人民也忘，自己的前途也忘，还有那不该忘的九字也忘。"你不好，打倒你，我来做。"吴稚晖说："来而不做是忘九③。"

　　一切都快完！党也快完，国也快完，人民也快完，自己也快完，还是忙不完，希望着长不完，玩不完。

《申报·自由谈》（1931 年 11 月 2 日）

---

　　① 麻雀　即麻将牌。
　　② 堂子　即妓院。
　　③ 忘九　指忘掉了"做"字。一般所称"忘八"，指忘掉了"孝、悌、忠、信、礼、义、廉、耻"八字。

思想的母亲
（1931 年 11 月）

行动是思想的母亲，科学是从把戏中玩出来的。

杜威先生分析反省的思想之过程，列举了如下的步骤：（一）困难之感觉；（二）审定困难之所在；（三）设法解决；（四）在许多方法中选一最有效的试试看；（五）屡试屡验之后再下断语。这反省的思想之过程便是科学思想之过程。

我拿杜威先生的道理体验了十几年，觉得他所叙述的过程好比是一个单极的电路，通不出电流。他没有提及那思想的母亲。这位母亲便是行动。路走不通，才觉有困难。走不通而不觉得困难，这是庸人。连脚都没有动而心里却虚造出万千困难，这是妄人。走不通而发现困难，便想出种种法子来解决困难，不到解决不止，这是科学家。所以我要提出的修正是在困难之前加一行动之步骤，于是整个科学的生活之过程便成了：行动生困难，困难生疑问，疑问生假设，假设生试验，试验生断语，断语又生了行动，如此演进于无穷。懒得动手去做，哪里会有正确的思想产生，又何能算是科学生活？

《申报·自由谈》（1931 年 11 月 11 日）

新旧时代之学生
（1931 年 11 月）

旧时代之学生之生长的过程有三个阶段：

一是读死书；

二是死读书；

三是读书死。

新时代之学生也离不了书，所不同的，他是：

用活书，

活用书，

用书活。

什么是活书？活书是活的知识之宝库。花草是活书。树木是活书。飞禽、走兽、小虫、微生物是活书。山川湖海、风云雨雪、天体运行都是活书。活的人、活的问题、活的文化、活的武功、活的世界、活的宇宙、活的变化都是活的知识之宝库，便都是活的书。

活的书只可以活用而不可以死读。新时代的学生要用活书去生产，用活书去实验，用活书去建设，用活书去革命，用活书去树立一个比现在可爱可敬的社会。在活的社会里，众生都能各得其所，何况这个小小的我，当然也是跟着大众一块儿欣欣向荣的活起来了。

《申报·自由谈》（1931 年 11 月 26 日）

一个教师与家长的答复
——出头处要自由
（1931 年 12 月）

南京八日专电，载有戴传贤于本月七日给全国教育家及学生家长的一封公开信，上面写的是：

> 培植出一根树苗，要他长成端正的大树，要费几根大木头，四面撑住他。培植一个好青年，要牺牲几个成年人，四面去扶植他。树苗自由，不能成长；青年自由，不能成人。全国的教育家醒来，全国学生的父母兄弟姐妹醒来！救国先救国家命根的青年！救国先救教导青年的学校！

我虽然当不起教育家这个名词，但是一个当过十几年教师的人，总该跟着诸位教育家共听戴君之教益。我并且是几个小孩子的父亲，更该负起责任来发表我的见解。在戴君大声疾呼之下，我是醒了，想睡也睡不着了。我于是先把戴君的信介绍给孩子们看，然后对他们发表我的意见。谁是谁非，让他们自己判断吧。我对他们所说的话是：

"你们要知道种树吗？底下可以安根，上面可以出头，幼苗才能种得活。有水分、肥料、空气、阳光而无虫害，幼苗才能长成大树。园丁的责任在灌溉、施肥、除害虫，而不没收它的自由的空气与阳光，则幼苗自能欣欣向荣了。花园里给人玩赏的树木，四面是有死木头撑住，并有绳子把它们扎成种种曲线美。这些是树少爷，因为有树听差服侍它们；有的是树小姐，因为它们裹脚束腰，和人间不自尊的姑娘大同小异。树少爷、树小姐只是人的玩物，这中间找不出栋梁材。栋梁材是长在森林里，兴安岭的幼树可有树听差服侍？谁见过它们裹过脚束过腰？如果你想叫幼苗端端正正的长起来，也难也容易。小树生在大树中间，若大树端正，则小树须向上吸收阳光，自必端正，这不是很容易吗？若大树惯于折腰，罩在小树上，小树得不着阳光，想它端正便是万难。所以：出头处要自由！

"树苗要伸出头来呼吸自由的空气，感受自由的阳光，才能活，才能长，才能端正。假使我们在幼苗的出头处加以压力，那么除非是幼苗肯像乌龟样把头缩进壳里去，它的自然的生长力是会把压力冲破，如同小鸡啄破鸡蛋壳出世一样的不可制止。

"戴君认定你们青年是国家的命根，我也有此认识。你们也不可把自己小看了。不可做树少爷！不可做树小姐！不可给折腰的大树把你们笼罩住！与害虫奋斗！伸出头来向水分、肥料、空气、阳光进取！这样，你们才能把自己造成中国之栋梁之材，才可算是国家命根的青年。

"我既主张出头处要自由，那么'自由'的涵义是什么也得说明。自由是以自己的意志指挥自己的行动。个人自由是以个人自己的意志指挥个人自己的行动。团体自由是以团体自己的意志指挥团体自己的行动。自由这个名词是含有自主、自决、自动、自得种种意义，扩而大之，是要各得其所。自由人是奉头脑做总司令；他的反面是奴隶。他自己不愿做奴隶，也不要人做他的奴隶。放荡不是自由，因为放荡的人是做了私欲嗜好的奴隶而不能自拔。一个人若做了私欲嗜好的奴隶便失掉自由。青年放荡固然不能成人；成年人放荡也只算是成年，不能算是成人。成年人、青年、小孩子都该在一个道德标准下生活。双层标准、三层标准只是恕道不足的结果。青年不可以假借自由之美名去过放荡的生活；教师、家长也不可假借放荡之罪名去剥削青年、小孩子生长所必需之自由。根据以上所说，我所得的断语适与戴君相反。我的断语是：'失掉自由，不能成人。'"

《申报·自由谈》（1931 年 12 月 11—12 日）

字纸篓里的颂词
（1931 年 12 月）

中国无是非。世界无是非。如果有是非，便是：强者是，弱者非；富者是，穷者非；胜者是，败者非；走运者是，倒霉者非。该说公道话的人，不说公道话而说敷衍话，则是变为非，非反为是，而是非消灭了。

国民会议开幕时，蔡孑民先生写了一篇四言颂词，里面有两句是："济济一堂，农工商士。"[1] 我们按图索骥，会场里找不出一个靠自己种田吃饭的真农人，也找不出一个靠自己做工吃饭的真工人。该说公平话的蔡先生是和甘地先生敷衍法国人一样的令人失望。

假使五十年或一百年之后，有位小胡适，爱做考据工夫，误以德高望重的蔡先生的亲笔颂词作证据，岂不要弄假成真，变非为是？

倒底是非也不易埋没。字纸篓里有时会跑出史料来。下面便是当时报章登不出来，火炉〈里〉幸而没有烧完的一篇文字，现给发表一下，谁是谁非，听读者自判吧。

> 孙公遗教：天下为公。国民会议，乐与谁同？
> 吾观代表：士商亨通。农不像农，工不像工。
> 农工皆士；士亦农工。公仆当国，僭主人翁。
> 国之大本，忍付东风。异己信徒，亡命西东。
> 青青年少，伐若枯松。民入地狱，自造天官。
> 口谈革命，主义失踪。己不受训，训人谁从？
> 中山有灵，泪洒群雄。蔡子长者，后学所宗。
> 恕持异议，言出由衷。愿公登高，发聩振聋。
> 念头转处，画蛇成龙。云霓在望，草木重荣。
> 漫漫长夜，浩浩长空。亦孔之忧，吾望无穷。

【原注】

[1] 全文登载在二十年五月五日《时事新报》上，兹转载于后：

庆祝国议蔡元培亲颂词

新会任务，解决国是。遗教谆谆，瞬逾六祀。今幸统一，训政开始。

时会既成，召集于此。济济一堂，农工商士。消弭众歧，指示正轨。

力谋建设，公宏民祉。制定约法，以张民纪。讨论问题，得其神髓。

主义实现，辉煌国史。使命不辱，上慰总理。宪政可期，兆民咸喜。

《申报·自由谈》(1931 年 12 月 16 日)

从烧煤炉谈到教育
（1932 年 1 月）

我小时餐餐吃的是母亲弄的现成饭，有时也到厨房里去看看，好象现在流行的毕业参观一般，从来没有动过一次手，所以虚度了三十多年，简直不知道烧锅是怎么一回事。我看妈妈烧得很容易，便自以为真的很容易，一看就会，何必费事巴拉的动手去干呢？

始于以为一看就会，而终于半生不会，这奇事我是在三十五岁的时候察觉了。那年有一位穷朋友预备自己烧菜请我吃午饭。我自告奋勇去替他烧锅，这次我是惨败了。他把菜儿洗好切好，我的火还没有烧着，只好自避贤路，让他一手包办。他一忽儿就烧着了。我问他的秘诀，他说："烧锅要用烧过的炭作火引。"我听了这话忽然悟到里面含有重要的原理。从此运用先进学生去引导新进学生，便成了我这些年来的一种重要法门。

民国十六年，我开始烧过几次火。那时我们用的是茅草。茅草容易点着容易熄。它一点着，轰出一团火，便化成灰。我把茅草一把一把的送进锅灶里去，一忽儿也不能走开，走开，火就熄了。你得接二连三的把茅草送进去才能维持它的火焰。烧茅草火是多么浪费精神的一件事啊！

然而茅草火却有它的用处。我今年学会了烧煤炉。先用些茅草或纸团放在炉底，上面盖一撮浮炭。浮炭是烧过的松木炭。次把茅草点着。茅草变灰时，浮炭正是烧得通红。次将烟煤放在浮炭上。浮炭变灰时，烟煤正是放出烈焰。最后将无烟煤盖上。烟煤变灰时，无烟煤已是洋洋大火了。以后只须陆续将无烟煤加上，将煤灰取下，这满炉的烈火，便可烧它一辈子也不致消灭。

这燃煤的过程便好比是教育的过程：茅草烧浮炭，浮炭烧烟煤，烟煤烧无烟煤。这顺序不可弄乱，弄乱了便是违反自然，劳而无功。专靠茅草烧火固然不可，即用茅草直接去烧无烟煤也不行，茅草烧成灰也不能把无烟煤烧着。

中国有三种人：一种人是专用茅草放火；一种人是爱在茅草火上浇水；一种人是用茅草急急的去烧无烟煤。因此，中华民族的生命至今没有烧出不熄的火焰，至今没有放出太阳般的光明。

教育的使命是什么？不是放茅草火！不是灭茅草火！是要依着烧煤的过程点着生命之火焰，放出生命之光明。中国教育的使命，是要依着烧煤的过程，点着中华民族生命之火焰，放出中华民族生命之光明。世界教育之使命，也是要依着烧煤的过程，点着全人类生命之火焰，放出全人类生命之光明。

《申报·自由谈》（1932 年 1 月 9—10 日）

国难会议与名人会议
（1932 年 1 月）

国难会议之宗旨在解决国难，那是顾名思义可以推测而知的。但是职权没有公布，办法没有明文，当事的人还不能把它弄清楚，何况一般的人，那是更加模糊了。可是有一个东西是用黑的白的发表出来了，这东西是行政院公布的被聘会员的名单。

我们试拿这名单来研究一番吧。这些会员，无论他们过去的历史是怎样不同，现在的政见怎样相左，却有一个共同之点：他们都是名人，有名的人。姓名在报纸上白相过，在当局的荷包里温存过。这个国难会议的主要成分是名人，国难会议只可算是名人会议，至多只可以算是一个名人对国难之条陈会议，专家会议都说不到，因为内中有许多位不是专门家。

这名单的根本错误，不在所有而在所无——在不应无者尽无。中华民国的主人翁之绝大多数，谁也不能否认是农人与工人。我们在这名单中，可能找出一个靠自己动手种田吃饭的农人？或是一个靠自己动手做工吃饭的工人？国难当头，不把绝大多数的主人翁请出来亲自解决，何能打破这个难关？

有人说，被聘的会员个个可以放下屠刀，立地成佛，即人人可以代老百姓说话。近年来的政治就坏在这个"代"字：始而代老百姓说话，继而代老百姓吃饭，终而代老百姓当国；弄得老百姓始而有话无处说，继而有饭无法吃，终而有国无力保。代！我愿中华民国明日的字典里没有这个伤心的字！

我不能说国难会议被聘的会员是不是老百姓，但是绝大多数的农人工人是被抹煞了。

中国有国外之难，有国内之难。国外之难要集中发挥四万万民众的力量才能打得出去，国内之难要把四万万的民众请出来做主人翁，才能消弭公仆间小权私利之争。我们要同时解决这国内之难与国外之难，非把四万万民众拥护起来不为功。两百多位名人的力量对外是棉花拳，对内是车薪之一杯水。

我们现在所需要的是，一个权威超过一切之真正的国民大会，产生一个真正的国民政府，创造出一个名实相符的中华民国。他的职责不仅是过难救命罢了。

国难会议（名人的）看去是势在必开了。好，快开快散吧！你除了上些军事外交的普通（特殊的何能公开）条陈外，得一致要求真正的国民大会之迅速的召集。

这次国难会议之召集，总算是庶政公开之发动。但是我们决不能在这里面留恋。我们应该用全副的精神力量对着那"天下为公"的实质上去追求。

《申报·斋夫自由谈》（1932 年 1 月 28—29 日）

怎样选书
(1932 年 3 月)

书有两种：一种是吃的书；一种是用的书。吃的书当中，有的好比是白米饭，有的好比是点心，有的好比是零食，有的好比是药，有的好比是鸦片。

中国是吃的书多，用的书少。吃的书中是鸦片的书多，白米饭的书少。

我从前写了四句三字经，警告一般不劳而获的人。

> 不做事，
> 要吃饭。
> 什么人，
> 是混蛋！

吃饭不做事，尚且不可，何况吃鸦片而不做事！

一个过合理生活的人，三餐饭当然是要吃的，可是也不能忘记那八小时的工作。要想工作做得好，必须有用的书。用的书没有，如何去做？一个学校要想培养双手万能的学生，自然要多备用的书，少备吃的书，而吃的书中尤须肃清一切乌烟瘴气的书。

可是，现在中国学校里的情形，适得其反：只有吃的书，没有用的书，而吃的书中，多是一些缺少滋养料的零食与富有麻醉性的鸦片。在这些书里讨生活的学生们，自然愈吃愈瘦，愈吃愈穷，愈吃愈不象人。

我们要少选吃的书，多选用的书。我们对于书的态度之变更，是由于我们对于儿童的态度之变更。我们在《儿童生活》杂志上发表对于儿童的根本态度是：

> 儿童是新时代之创造者；不是旧时代之继承者。

> 儿童是创造产业的人；不是继承遗产的人。
>
> 儿童生活是创造，建设，生产；不是继承，享福，做少爷。
>
> 新时代的儿童是小工人。
>
> 这工人，是广义的工人，不是狭义的工人。

在劳力上劳心便是做工。这样做工的人都叫做工人。新时代的儿童，必须在劳力上劳心，又因他年纪小一些，所以称他为小工人。

小工人必是生产的小工人，建设的小工人，实验的小工人，创造的小工人，改革的小工人。

儿童的生活便是小工人生活，小生产生活，小建设生活，小实验生活，小创造生活，小改革生活。

儿童用书便是小工人生活之写实与指导。这里面所要包含的是一些小生产、小建设、小实验、小创造、小改革、小工人的人生观。

无论他是生产也好，建设也好，实验也好，创造也好，改革也好，他必须做工，他必须在劳力上劳心，他必须在用手时用脑。

这里所画的画，是小工人做工之画；所唱的歌，是小工人做工之歌；这里所问的问题，是小工人做工之问题；这里所答的解答，是小工人做工之解答；这里所用的数，是小工人做工之数；这里所写之文字，是小工人做工之文字；这里所介绍的工具，是小工人做工之工具；这里所说的故事，是小工人做工之故事；这里所讲的笑话，是小工人做工之笑话；这里所主张的人生观，是小工人认真做工之人生观。

儿童用书既是以指导儿童做工为主要目的，那么，一本书之好坏，可以拿下列三种标准判断他：

（一）我们要看这本书有没有引导人动作的力量，有没有引导人干了一个动作又干一个动作的力量。

（二）我们要看这本书有没有引导人思想的力量，有没有引导人想了又想的力量。

（三）我们要看这本书有没有引导人产生新价值的力量，有没有引导人产生新益求新的价值的力量。

《儿童科学指导（一）》（上海儿童书局 1932 年 3 月出版）

儿童科学教育 *
（1932 年 5 月）

在二十世纪科学昌明的时代，应当有一个科学的中国。然而科学的中国，谁来负起造就的责任？就是一班小学教师。造成科学的中国，责任大得很啦。小学教师们一定要说："我们负不起这种重大的责任。"别怕。我想，造成科学的中国，也只有小学教师可以负责。因为要建设科学的中国，第一步是要使得中国人个个都知道科学，要使个个人对于科学上发生兴趣。年龄稍大的成人们，对于科学引不起他们的兴趣来。只有在小孩子身上，施以一种科学教育，培养他们科学的兴趣，发展他们科学上的天才。只要在孩子们中培养出像爱迪生那样的几个科学杰出人才，便不难使中国立刻科学化。所以我说要造成科学的中国，责任是在小学教师。但是谈到科学教育，在施行上大家都觉有些难色，因为科学是一种很高深、很精微的学问，小学教师的本身，对于科学尚未登堂入室，而要负起科学教育的责任，谈何容易。殊不知科学并不是很难的东西，高深的科学，固然很难研究，但是浅显的科学，我们日常玩着的，人人都会做。我们用科学的教育训练小孩子，譬如叫小孩子爬树。你教人爬树，如果从小教起，到了长大，便会爬到树顶。如果教成年人学爬树，势必爬到皮破血流，非特爬不到顶，并且于他的手足伤害甚多。所以我们必先造就了科学的小孩子，方才有科学的中国。

造成科学的小孩子，向来教师是不注意的。检查过去的事实，父亲母亲倒或有一些帮助。如今我要讲两个故事，一是讲述一个造就科学小孩子的父亲，一是讲述一个造就科学小孩子的母亲。我们不是大家都知道一位大科学家富兰克林（Franklin）吗？富氏是证明天空的电，和我

---

* 本篇系陶行知于 1932 年 5 月 13 日在杭州师范学校的演讲，由杭州师范学校学生记录整理。演讲后，陶行知当即让他的次子陶晓光等分四桌演示科学实验。

们人工摩擦出来的电是一样的东西。天空的电，可以打死人，富氏于是制成避电针。他是在科学上一位很有贡献的学者。他的父亲是做肥皂和洋烛的，他自己能教小孩子。富氏入校读书不久，便去学手艺。他的父亲任凭他东去看看，西去做做，随意的、自由的去工作，去参观。他愿意做什么，便让他做什么，所以使他对于工厂中的化学和工作很有兴趣。富氏自传中谈起他四十岁然后从事于科学，然而富氏对于科学的兴趣，在很小时候，东看西玩的已经培养成了，这是他父亲的功绩。所以小学教师也须得率领儿童，常时到工厂、农场和其他相当的地方去玩玩。

去世不久的爱迪生氏，举世都承认他是一位大科学家。他关于电气上的发明，数目真可惊人。他有一个很好的母亲。他不过进了三个月的学校。在校时，校中的教师，都当他是一个十分顽劣的小孩，所以入校三个月，便把他开除了。爱迪生从此以后再没有进过学校。他的母亲知道自己的小孩子并非坏东西，反怪校中教师只会教历史、地理，不能适合自己孩子的需要。因为那个时候的爱迪生，十分爱玩科学的把戏，在学校的时候，也只爱玩这一套而不留心学业，所以遭受教师的厌恶。西洋人的家里，都有一个贮藏杂物的地窖，爱迪生即在他家中的地窖里玩他科学的把戏。他在地窖中藏着许多玻璃瓶，瓶里都是藏着化学品，有的药品而且是毒性猛烈的。爱迪生的母亲，起初亦不愿孩子玩那些毒药，要想加以制止，但是不可能，于是也任他去玩了。玩化学上的把戏，须要用钱买药品，爱氏在替他母亲出外买东西时，必定要揩一些油，藏几个钱来，去买药品。后来他做了报贩，在火车上卖报，他卖报赚下来的钱，大部分是去买化学药品的。他并且在火车上堆货包的车棚里，贮藏他的玩意儿，报纸卖完，便躲在车棚里玩他的把戏。有一回，车棚坏了，把他化学的瓶子打破，于是烈火熊熊，把破坏的车棚烧了起来。车上的警士跑来一看，知道是爱迪生出的岔子，于是猛力的向爱氏一个耳刮，把爱氏的耳朵打聋了。后来据他自己说，耳朵聋了以后，反而使他专心科学。

我希望中国的父亲，都学做富兰克林的父亲；中国的母亲，都学做爱迪生的母亲。任凭自己的小孩子去玩把戏，或许在其中可以走出一个爱迪生来。我更希望中国的男教师学做富兰克林的父亲，女教师学做爱迪生的母亲。所以说出这两个故事，作为我提倡科学教育的楔子。

再说我们提倡科学教育该怎样的来干呢？我们的教育向来有许多错

误，小时读书便成了小书呆子，做教师时便成了大书呆子。因此我们中国没有什么科学，没有什么爱迪生的产生。不但是中等教育完全是洋八股，就是小学也成了小书呆子的制造场。我们提倡科学，就是要提倡玩把戏，提倡玩科学的把戏。科学的小孩子是从玩科学的把戏中产生出来的。我们要小孩子玩科学的把戏，先要自己将把戏玩给他看。任小孩子自由的去玩，不能加以禁止。不能说玩把戏的孩子是坏蛋。

明朝时代，江苏宜兴有一位叫周处的①，他有些无赖的行为。当时宜兴的父老，称说地方有三害，一是南山猛虎，一是长桥蛟龙，一就是指周处。周处听到了这话，他便杀了猛虎，刺死蛟龙，自己亦改过自新，替地方上除掉三害。我们从事教育的人，也要学做周处，须得自己悔悟，改过自新，再不要教成书呆的小孩子，而要造就科学的小孩子，然则取怎样的态度呢？我可以略为申述我的意见：

（1）每个教师都变成小孩子，加入小孩子队里玩把戏。所谓把戏，并不是上海"大世界"游艺场所玩的把戏。像教师这样的尊严，说加入孩子队中玩把戏，似乎不妥当。然而科学把戏，和别的把戏不同。把戏上面加着科学二字，冠冕得多。教师应当和小孩子一起玩，而且应当引导小孩子一同玩。大世界的把戏是秘密的，科学的把戏是公开的。知道的就告诉学生，能做的就做给学生看，总须热忱的去干。

（2）我们对于科学的把戏，既是愿意和小孩子一起玩了，但是没有玩的本领那怎么办呢？不要紧，有法儿可想，我们可以找教师，请他教去。我以前曾经写了一首白话诗，诗的第一句说："宇宙为学校。"此话怎讲？就是想把我们的学校除墙去壁，拆掉藩篱，把学校和社会、和自然联合一起。这样一来，学校的范围广而且大。第二句："自然是吾师。"大自然便是我们的先生。第三、第四句说："众生皆同学，书呆不在兹。"这样一来，我们研究切磋的同学很多，学问也因此很广，先生亦复不少。怎样把我们书呆的壳子脱掉？在我个人，中了书呆子的毒很深，要返老还童的再去学习，固然困难，然而我极力还想剥去书呆的一层壳。如今我报告我的几桩经过的事情。有一回，我买了一只表送我的母亲，这表忽然坏了，便送到修钟表匠那里去修理。修表的人说："要一元六角修费。"我说："可以，不过我有一个条件，在拆开的时候，我

---

① 周处（240—299）　西晋义兴阳羡（今江苏宜兴）人，字子隐。作者此处说他为"明朝时代"人，系误记。

要带领我的小孩子来看你拆。"他于是答应了。修钟表匠约定在明天下午一时。到了那个时候,我带领了四五个人同去。看他修理,看他装。完结的时候,我向修钟表匠说,你们的工具和药水是到什么地方去买的?他以为我们也去开什么修理钟表店,未免抢了他的生意经,所以秘而不宣,随随便便回答我们说是外国来的。我想物件当然是外国来,但是中国店家,当然也有卖处。上海的钟表店,最大的有"亨达利"。我且到亨达利去问声,究竟有否出卖。谁知亨达利的楼上,多是卖修钟表器械和药水的场所。我便买了几样回来。当晚就到小押当里面去买到了一只表,化钱七角。拿回动手开拆,拆时不费多久,一下便拆开了,但是装可装不上去。直到晚上十二点钟,方才成功。于是大家欢天喜地,不亦乐乎。第二、第三天,大家学着做修表拆表的工作,学不多时,好而且快。有一位董先生,他是擅长绘画的,于是叫他拆一部画一部,经此一番工作,而装钟拆钟,全部告成。我们在这一桩事实中,可以说,社会各处都可求获一种技能。钟表店是我们的教室,钟表匠是我们的教师,一元六角便是我们所纳的学费;而我们同去学的儿子、父亲、朋友,都成了同学。回家学习,学习会的,便算对于这一课已经及格。在同道中间,只有我尚不及格,因为我小时手没有训练,书吃得太多,书呆程度太深了。如果我小时候的先生,他用这种方法教我,我不致如此啊!但是我们自己只要肯干,我们的先生很多,不要自己顾虑的。

我如今再举一个例子。南京的晓庄学校,自从停顿以后,校具都没有了。如今晓庄又开学了,几个小学校都已恢复,幼稚园的儿童已有八十多人。我写封信对主办的人说:"你们此刻的工作对象,譬如一张白纸,白纸可以随意作画。我希望你们不要乱画。第一笔切须谨慎。"从前孔夫子的讲学,讲堂里没有凳子及桌子;苏格拉底[①]率领弟子在树下讲学,把树根当作椅子。我说这两位先生,有些书呆气,既然没有椅子坐,为什么不自己制作起来呢?如今晓庄学校没有凳子,我们可以请一个木匠来做太先生,教教师和小孩子做凳,而且给以相当的工钱。做一工,或做一张椅子,便给他多少钱。这种工作十二三岁的小孩很会做。所以自己不会教,可以请太先生。有一天我在上海,走过静安寺路,看见一个女人,手提一花络,上面插着许多棕树叶做的好玩东西。这种东西,在小孩子眼光中看来,着实比洋囡囡好看,于是我便把她请到家

---

① 苏格拉底(Socrates,前469—前399) 古希腊哲学家。

里，做我们的教师，教了两小时，结果给我都学会了。做几个虾儿，几只蚱蜢，真是孩子们的好玩意儿。这样看起来，七十二行，行行都可做我们的教师。

自己愿意学了，先生有了，但是学校没有钱便怎样办呢？原来大家误会得很，以为施行科学的教育，一定要大大的花一笔钱，不知有些科学不十分花钱，有些教学简直一钱都不要花。我们在无钱的时候，可以做些无钱的科学，玩些不花钱的科学把戏。譬如教小孩子看天文，教小孩子看星宿。天文是一种科学，这种科学，你如果说要花钱，便千百万块钱也可花，因为造一个天文台，置些天文镜及其他仪器，那么百万千万块钱，用去也不嫌其多。说要不花钱的话，我们也可以研究天文，推求时刻和节气。我们两只眼睛，便是一对天文镜；用两根棒，便可做窥视星宿的器具。从前小孩子问他的老师说：“先生，这是什么星？”老师只摇着头说道：“不知。”如今教师懂得一些科学，知道一些天文，将天空的星宿指点给小孩子看，小孩子一定兴趣浓郁。所以教科学，有钱便做有钱的布置，无钱便做无钱的事业。还有我们可以利用现成的东西，玩我们科学的把戏，譬如一只杯子、一个面盆、一根玻璃管、一张白纸，可以玩二十套科学把戏。其他校中所有的仪器，可以充分利用，火柴废纸都可做玩科学把戏的工具。我们没有玻璃管，便可用芦柴管通个孔来替代。内地如果买不到软木塞，可以用湿棉花来做瓶塞，破布烂纸，都可利用。从不化钱的地方干去，这是很有兴趣的。如果推而广之，学校之外，也可给你去干，那是兴趣更浓了。所以我们没有钱，便拣着没有钱的先干。

我如今再可以举一个例子。上海有一个外国人，他专门研究上海所有的鸟，共历五年之久，如今他著成一本书，就署称《上海的鸟》。此书价格要四块美金。另有一外国人，研究中国南部的鸟，也著了一部书，买起来要化十二三元中国钱。居住在上海的中国人，以为上海人烟稠密，哪里有什么鸟。这是他们不留心研究的缘故。据这位外国人的研究，认为上海有四十九种鸟。我们别说上海了，就是内地的乡村，以为除了雀儿、燕子、老鹰、喜鹊四五种鸟之外，没有其他的鸟。这种见地狭窄得很。如果以宇宙为学校，则我们不必在教室中求知识，四处都可以找知识，四处都有相当的材料。要研究鸟类，真不必到什么博物院、动物园中去观察，随时随地都可研究。这位外国先生，他研究鸟的方法，就是在住宅旁边多种些树，树一长大，许多鸟儿便自己送来给他观察。到了冬天，他在树上筑几个窠，留鸟儿们来住宿，庭园里撒些谷类，留过往的鸟类吃点心。夏天置几个水盆，供给鸟儿洗澡。这些研究法，不必化钱，而所得者，都是很真切的知识。

惟在研究科学教育时，有一点要注意，要预防。小学中的教师，捉到一只蝶儿、蚱蜢，便用针一根，活活的钉在一块板上，把它处死，说是做标本。这我以为不对，因为我们观察生物，是要观察活的生物，要观察生物的自然活动。如今将活的生物剥制成死的标本，致将生物学成了死物学，生物陈列所变成僵尸陈列所。我近来曾写信和研究生物学的朋友讨论及此。我以为生物不应当把它处死做标本，只可待他死了以后，再用防腐剂保护它，看作朋友死亡了，保存遗躯留个纪念。把活的东西弄死，太嫌残忍，增长儿童残酷的心理，这是不行的。这种意见，我常与研究生物的朋友讨论，他们都说对，他们和我讨论的时候态度很诚恳，想不至于奚落我罢！上海科学社中养有白鼠，工人要拿几只回去，我不许。恐怕他拿了回去要弄死。我们教小孩子能仁慈，知道爱惜生物，这点是很紧要。达尔文研究生物学，他也不轻易杀害生物。中国老年人，多爱惜生物，放生戒杀，虽近迷信，也是仁者胸怀。中国的蛙，向来由政府禁止捕捉的，但是在英国，别说普通人的捕捉，便是生物实验室中想要解剖一只蛙，也要向政府去纳护照。这是很正当的。所以我们要教小孩子养生，不当教小孩子杀生。生物学是一种有兴味的科学，研究起来，也要有许多材料，但是少杀生是要注意的。

我还可以申述我得到的感触。我们知道蛙是从蝌蚪变成的，蝌蚪是粒状，象灵隐的念佛珠般大小。有一天，一个孩子从河边，淘到一群蝌蚪，移殖到天井中的一个小小池潭里，过了几天，蝌蚪生尾了，再过几天，蝌蚪生足了，小孩子观察得很快活。再过几天，蝌蚪挤得一片墨黑。但是不久，一个都没有了，这并不是成了蛙跳走了的，原来都死光了。这是因为蝌蚪长大了，还是蹲在小潭里，生活条件不适合，所以非死不可。如果我们抱着宇宙即学校的观念，那么野外的池塘，便是我们蛙的实验所，我们要看蝌蚪的变化，我们就时常到那个池塘里去看，为什么要把蝌蚪捉到家中来呢？我们任凭生物在大自然安居乐业，过它们的生活。要观察便率领小孩到自然界去观察。我们须把我们学校的范围扩展，海阔天空便是一个整个的学校。这样一来，所观察的也就比较真确可靠，生物学也不致成为死物学。不然，要讲蛙时，便捞取许多蝌蚪，养育在学校中所备的缸或瓶里，结果死得精光。我希望这样的科学教育不能提倡，否则科学教育提倡得愈利害，杀死的生物愈多，恐怕蝌蚪死尽，中国的蛙便绝迹了。

所以提倡科学教育，有一点很要注意。欧洲大战，人家都说是科学教育的结果。科学教育之提倡，徒使人类互相残杀。中国无科学，真是中国的长处。这是不信任科学，怀疑科学那一部分人的话。还有一部分人迷信科学，自己终日埋头的研究科学，然而忘了人类，所以拼命在科学上创造些杀人的利器。这实在错误之极。我们须知科学是一种工具，犹如一柄锋利的刀，刀可杀人，也可切菜；我们不能因为刀可杀人废弃不用，也不能专用刀去杀人，须要用刀来作切菜之用，做其有益人类的工作。科学是要谋大众幸福，解除大众苦痛。我们教小孩子科学，不要叫小孩子做少数富人的奴隶，要做大众的天使。不是徒供少数人的利用和享受，当使社会普遍的民众多受其实惠。应当用科学来养生，不当用科学来杀生。这是提倡科学教育最紧要的一点。

杭州师范学校编：《师范教育学术讲座演讲集（第一辑）》（1932 年 6 月 20 日自刊）

国难与教育*
（1932 年 8 月）

我们知道，教育的目的在于解决问题，所以不能解决问题的，不是真教育。不能解决国难问题的，尤其不是真教育。我们一定有了真教育，才能对付国难。教育是什么？教育就是力的表现，力的变化。实则整个宇宙，也就是一个力的表现，力的变化的过程。我们现在要解除国难，先要有力量，因为我们力量不充分，所以才不能对付国难。因此，我们要对付国难，就须以教育为手段，使我们的力量起了变化，把不能对付国难的力量，变成能够对付国难的力量，这才能达到目的。

力量发生了变化，其大小之比较，可分别如下：就是少数人的力，比不上多数人的力；空谈的力，比不上行动的力；散漫的力，比不上组织的力；被动的力，比不上自动的力；头脑的力，比不上手脑并用的力。

我国的传统教育和现行的教育，只能造成少数人的力，空谈的力，散漫的力，被动的力，头脑的力。我们从此要改造教育，使教育普及于大众；使受教育者都能实践力行，从行动上去求得真知识；并使大众组织起来，自动去做他们的事；而仅用脑的知识分子，要使他们变成兼用手的工人，仅用手的工人、农人等都变成兼用脑的知识分子。这才能把少数人的力，变成多数人的力；空谈的力，变成行动的力；散漫的力，变成组织的力；被动的力，变成自动的力；仅用脑和仅用手的力，变成脑手并用的力。于是我们就可以造成极伟大的民族力量，来解除一切国难。

孙铭勋、戴自俺编：《晓庄批判》（上海儿童书局 1933 年 3 月出版）

---

* 本篇系陶行知于 1932 年 8 月 30 日在上海沪江大学的演讲。记录者：持大。摘自《陶行知与中国新教育》（载《南华评论》）一文。该文作者在文中说明，陶行知的全篇演讲如详细记录下来，至少有五六千字，"只举出他的纲领，并没有记录他的解释"。现摘自孙铭勋、戴自俺所编《晓庄批判》。

目前中国教育的两条路线 *
——教劳心者劳力，教劳力者劳心
（1932 年 11 月）

　　中国有四千余年的历史，二千余年的文化，照理讲来应该站在时代的最前线。为什么现在不但不能和欧美各国并驾齐驱，而且还处处跟人不上？这个原因固很复杂，但是过去教育政策的失败，可以算是主因。

　　从前的教育是传统政策，单教劳心者，不教劳力者。《孟子》上有说："劳心者治人，劳力者治于人。"从这里就可以看得很透澈了。

　　一般的智识阶级，他们是劳心而不劳力，读书而不做工，所以形成了"书呆子"。教书的人是"教死书"，"死教书"，"教书死"；读书的人是"读死书"，"死读书"，"读书死"。充其量只是做一个活书橱，贩卖智识而已。除此之外，他们的一双手总是不肯拿来使用。我们常常可以看见一般老先生们的手，老是叉在袖内，现在的新学辈却因洋衣袖太狭叉不进去，所以换个方式叉在裤袋里，这可以十足地表现出来中国的智识阶级是不肯用他们的贵手来与农工合作的。现在有一段故事把它引来说说，更可以明白些：二千年前孔老夫子有一次跑到乡间，有个农家儿子要请教老夫子学农圃的事。老夫子答应得他好，你要学农圃的事，可以跟老农去学好了；我是教人读书的，不晓得农圃的事。由此可见一斑了。

　　农工阶级呢？他们是劳力而不劳心，做工而不读书，所以形成了"田呆子"。他们只知道"做死工"，"死做工"，"做工死"。除此之外，什么事情都可以不管，就使天翻地覆了，他们也只以为半天下雨，不知来由。他们受尽了剥削，还不知道什么道理，只是听天由命，叹几声命运的舛蹇而已。从前山东在张宗昌为督军时，连年饥馑，而张宗昌又极

　　────────────

　　* 本篇系陶行知在国立暨南大学教育学系的演讲。记录者：严格。原载福建教育厅所编印《教育周刊》第 137 期。

搜刮之能事，人民困厄，莫可言宣。但是当时的人民，反不知道这个原因究在哪里，只是晓得叩天求神来消除灾苦。试问哪里可以得到安慰？言之可悲而又可怜！

中国因为有了“书呆子”和“田呆子”，所以形成了一个“呆子”国家。读书的人除劳心以外，不去劳力；除读书以外，不去做工，以致不能生产。他们寄生在社会上，只是衣架饭囊，为社会国家蟊蠹，中国目前的坏，坏在哪里？可以说完全是坏在这一班人身上。作工的人除劳力以外，不去劳心，除做工以外，不去读书，以致不能自保其利益，而受他人的横搜直刮；要他们做国家的主人翁，那更是在做梦。

中国现在危机四伏，存亡一缕。做成这个的原因，就是这山穷水尽的传统教育。我们要挽回国家的危亡，必须打破传统的教育而寻生路。我觉得目前中国的教育只有两条路线可以走得通：

（1）教劳心者劳力——教读书的人做工；

（2）教劳力者劳心——教做工的人读书。

站在现在的时代前，劳心不劳力的固然不行，劳力不劳心的也是不行。中国比不上外国，原因即在乎此。现在英美法意日俄的教育都注意到教劳心的人劳力，教劳力的人劳心，尤以俄国为显现。中国的教育自然也应该走这两条路线——教读书的人做工，教作工的人读书。

中国读书的人不去生利，是一个极不好的现象。现在的教育者要把他们的头脑灌输成科学化，使他们为自己创造，为社会创造，为国家创造，为民族创造。更要把他们的一双手解放开来，使他们为自己生利，为社会生利，为国家生利，为民族生利，这才是对的。南通中学现在应了这个要求，招了六十个学生，先行试试脑手同训练。他们一星期上课，一星期作工，每日工作六小时，所做的工作为金工、土工、木工、竹工，甚至磨豆腐、包面包都来。实行了半年之后，考查他们的学业，程度和其它学生相等，不过教学差些。这六十个学生，既然能够作工，并且能赶得上他们的学业，这是他们已经把两手解放了。我希望他们学校当局推广之，都实行这种工读的设计，同时更希望全国学校都采用，尤其是对于高等教育更为必要。

中国作工的人，不去求知，这也是一个极大的缺憾。无论哪一个国家的工人比中国的工人程度总要胜过一筹，这是事实，无须我们置辩的。因此我国的工人也就只配作被支配的阶级，做被剥削的民众。若要拿“主人翁”的一等金交椅给他们坐，他们是无所措其手足。所以教作工的人读书，是最重要的，而且是刻不容缓的。

现在已经把用脑的人要用手，用手的人要用脑的理由说过了。希望我们负有教育责任的人，都要注意注意。现在还有一首诗拿来劝劝大家手脑并用：

> 人生两个宝，
>
> 双手与大脑。
>
> 用手不用脑，
>
> 快要被打倒；
>
> 用脑不用手，
>
> 饭也吃不饱；
>
> 手脑都会用，
>
> 才算是开天辟地的大好佬。

《教育周刊》第 137 期（1932 年 11 月 28 日）

创造的教育 *
（1933 年 3 月）

诸位同学：

我今天的讲题是"创造的教育"。

什么是创造的教育？先说明"创造"两个字的意义。我举两个例子来说吧。鲁滨孙漂流到荒岛上去，口渴了，白天他走到海边用手去捧水喝，到黑夜里就没有办法了。他偶而在灶的旁边，看见经火烧过的泥土，硬得如石子一样。他想到软的土经火烧了，就成坚固且硬的东西，于是他把土做成三个瓶子，放入火中去烧，烧碎了一个，其余的两个可以满满的盛着水。于是他口渴的问题完全解决了。我们把这件事分析起来，可以发现三点：他把手捧水喝，到黑夜发生了困难，是他的行动；发现泥土经过火烧变成坚固且硬的东西，也是他的行动；把泥土塑成了瓶，希望同烧过的土一样的坚固，是他的思想。结果，他瓶子盛水的计划成功了，是新价值的产生。由行动而发生思想，由思想产生新价值，这就是创造的过程。这个例子是"物质的创造"。再如《红楼梦》上刘姥姥游大观园，贾母请客，后来唤了二只船来，贾母同媳妇人等在前船先行，宝玉同姊妹们在后船后行。河内氽满着破残荷叶，宝玉的船划不快，追不上前船。宝玉心里非常忿怒，马上要铲光破荷叶。薛宝钗说："现在仆人们很忙碌，等他们空了，再叫他们铲除吧！"林黛玉说："我平生最不喜欢李义山的诗，只有一句还可以。"宝玉问她究竟是哪一句呢？黛玉说，"留得残荷听雨声"一句。宝玉一想，觉得破荷叶很有用处，就不再要铲荷叶了。这个例子中，船行到荷叶中去，是行动；破荷叶妨碍行船，是行动；林黛玉提出李义山的诗句，是思想；宝玉心中厌

---

* 本篇系陶行知在上海大夏大学的演讲。记录者：华炜生。

恶的破荷叶，一变而为可爱的天然乐器，是产生了新的价值。这种新观念的成立是心理的创造。

我现在再讲"行动"，关于教育上的行动。中国现在的教育是关门来干的，只有思想，没有行动的。教员们教死书，死教书，教书死；学生们读死书，死读书，读书死。所以那种教育是死的教育，不是行动的教育。我们知道王阳明先生是提倡"知行合一"说的，他说"知是行之始，行是知之成"。他的意思是先要脑袋里装满了学问，方才可以行动，所以大家都认为学校是求知的地方，社会是行动的地方。好象学校与社会是漠不相关的，以致造成一班只知而不行的书呆子。所以阳明先生的二句话，很可以代表中国数千年的传统教育的思想。现在我要把他的话翻半个筋斗。如果翻一个筋斗，岂非仍是还原吗？所以叫他翻半个筋斗，就是说："行是知之始，知是行之成。"例如爱迪生发明电灯，不是从前的人告诉他的，是玩把戏而偶然发现的。小孩子不敢碰洋灯泡，是他弄火烫痛的经验。至于妈妈告诉他火是烫人的，不过使小孩子格外清楚一些。所以要有知识，是要从行动中去求来，不行动而求到的知识，是靠不住的。有人告诉你这是白的，那是黑的，你不行动，就不能知道哪个是真，哪个是假。有行动的勇敢，才有真知识的收获。书本子的东西，不过告诉你别人得来的知识。有许多人著书，东抄西袭，这种抄袭成章的知识，不是自己知识的贡献。你能行动，行动才生困难，想法解决了困难，才是真知识的获得。我现在介绍杜威先生思想的反省（Reflectria of Thinking）中的五个步骤：（一）感觉困难；（二）审查困难所在；（三）设法去解决；（四）择一去尝试；（五）屡试屡验，得到结论。我的意思，要在"感觉困难"上边添一步："行动"。因为惟其行动，到行不通的时候，方才觉得困难，困难而求解决，于是有新价值的产生。所以我说行动是老子，思想是儿子，创造是孙子。你要有孙子，非先有老子、儿子不可，这是一贯下来的。但是我们知道，单独的行动，也是不能创造的。如中国农夫耕种的方法，几千年来，间有小小的改良外，其余的都是墨守陈规，毫无创造。还有许多书呆子，书尽管读得多，也不能创造。所以要创造，非你在用脑的时候，同时用手去实验；用手的时候，同时用脑去想不可。手和脑在一块儿干，是创造教育的开始；手脑双全，是创造教育的目的。孟子说："劳心者治人，劳力者治于人。"这是孟子当时的教育思想。时至今日，这种传统的思想已经起了一个极大的地震，渐渐的在那里崩溃了。我最近读了世界许多有名科学家的传记，觉得有发明的人，都是以头脑指挥他的行动，以行动的经验来充实他的头脑。中国的所谓学者，他们擅长的是高谈阔论，作空文章。而做劳工的人，又不读书，不肯用脑，所以一辈子在这种传统习尚下过生活，大科学家、大发明家哪里会产生？现在我们知道了，劳工教育啦，平民教育啦，都是时见时闻的。但是情势一变，"反动"、"嫌疑"等等名目都加上来，你就陷于四面碰壁的绝境。有许多教育界很有声望的、无阻无碍的人，他们又不愿去干，以致这种教育至今还尚在萌芽时代。

行动的教育，要从小的时候就干起。要解放小孩的自由，让他做有意思的活动，开展他们的天才。至于我们一辈，从小是受传统教育的熏陶，到现在觉悟起来，成为一个半路出家的和尚。和尚是半路出家，他往往会想起他的家来。例如不吃鸦片的人，一见鸦片就生厌恶，但吃过鸦片的人，虽然戒了，至少对它有相当的感情。我们小的时候，有天赋的行动本能，不过一切工作都被仆人们代做去了，被慈善的妈妈代做去了。稍长一些，我们到小学校去读书，有阎罗王般的教师坐在上面，不许我们动一动。中学和大学的课程是呆呆的订死在那里，你要动亦不得动。到现在始费尽九牛二虎之力，挣扎着改变久受束缚的人生，还不能回复自然的行动本能。但是我们不要灰心，时机也并不算晚，富兰克林四十几岁才发明了电［避电针］呢！不过行动的教育，应当从小就要干起，因为小孩子还没有斲丧他行动的本能，小小的孩子，就是将来小小的科学家。假使我们给小孩子自由行动，我相信千百孩子之中，一定有一个小孩是天才，是一个创造者、发明者。爱迪生小时候，是个很喜欢行动的小孩子。当时美国的教育，也同中国一样，小学教员是禁止小孩子活动的。爱迪生违反了教师的训条，就蒙到"坏蛋"的声名，不到三个月，爱迪生被"坏蛋"的空气逼走了。爱迪生的母亲不服气，她以为她的儿子并不是"坏蛋"，"蛋"并没有"坏"，她就教他先在地窖里研究化学，后来研究物理，结果成了一个闻名的科学家。所以爱迪生的成功，幸而有他的妈妈，否则老早就把他的天才牺牲了。牛顿生下来的时候，小到像小老鼠一只，体重只有三磅。看护妇去请医生的时候，很不高兴的说："这样小老鼠一般大的东西，等到医生来，早已一命归天了。"岂料小老鼠一般的东西，就是以后闻名的科学家，还活到八十多岁呢。据说牛顿小的时候，并不聪明。可见小孩子的时代，很难看得出哪一个是天才的儿童。

四月四号是世界儿童节，中华慈幼协会①请我编了四支儿童歌！

（一）小盘古

　　我是小盘古，
　　我不怕吃苦。
　　我要开辟新天地，
　　看我手中双斧。

（二）小孙文

　　我是小孙文，
　　我有革命精神。
　　我要打倒帝国主义，
　　像个球儿打滚。

（三）小牛顿

　　我是小牛顿，
　　让人说我笨。
　　我要用我的头脑，
　　向大自然追问。

（四）小工人

　　我是小工人，
　　我有双手万能。
　　我要造"富的社会"，
　　不造"富的个人"。

　　我们要打倒传统的教育，同时要提倡创造的教育。他的办法是怎样呢？我们知道，传统的教育，他们一个教室容纳四五十人。试问教师的力量有多么大？能够完全去推动全级学生？所以就发生了教育方法上的错误。我们现在的办法是教师教大徒弟，大徒弟再去教小徒弟，先生在上了几堂课以后，鉴别了几个较有天才、聪明的大徒弟。以后教师就专门去教大徒弟，所以他的精神容易去推动他们，学问也容易灌输到他们头脑中去。大徒弟再把他所得到的，分别的去教那些小徒弟。学生们很活动的去找寻知识，解释困难，贡献他所求得的知识，先生不过站在旁

---

　　① 中华慈幼协会　中国近代慈善团体，以完善幼儿保育为宗旨，由朱其慧筹创。

边的地位略加指点而已。我们认为这种教育，是行动的教育。有行动才能得到知识，有知识才能创造，有创造才有热烈的兴趣。所以我们主张"行动"是中国教育的开始，"创造"是中国教育的完成。我曾经参观过一个学校，这个学校是小孩子办的。我问他们说："你们是大小孩子教小小孩子吗？"有一个小孩子回答说："是的，不过有许多时候小小孩子也教大小孩子呢。"我说："你的话是对的，是真理，比我的意见更进一层。"现在中国传统教育下的智识阶级，根本就看不起小孩子，看不起农人、工人。但是试问他们的力量有多么大？倭奴侵占我们的东三省，你有力量赶走他吗？不可能！我们要启发小孩子，启发农人、工人，运用大多数人的力量，才能够去创造，才能救国雪耻。我来举一个例子，证明农人的力量并不弱。从前我办一个学校，在校的旁边凿了一口井，专门供给学校用水的。有一年大旱，乡村中旁的井水都汲干了，所以乡民都集中到校旁井内来汲。后来这口井也涸竭了，于是我们校里，因为水的恐慌开了一个会。当时有人主张，把井收回自用。我不以为然。我说："我们的学校，是以社会作学校的，不应该把社会圈出于学校之外。"假如这样，我们将来推广农事和民众教育就不容易办了。用水既是大众的事，还不如请大众共同来解决。于是请各村庄每家派一个代表，男的、女的、小孩子在十三岁以上的都可以，没有多少时候，礼堂上已挤满了代表。我们教员们，自觉居于孔明的地位，三个臭皮匠合做一个诸葛亮的地位，所以黄龙宝座的主席，推了一个十三岁的小孩子。我们略略讲了几条会场规则之后，就正式开会。那一天的会，非常有精彩，有力量，当时发言最多且最好者，要推老太婆！好！我们来听听一个老太婆的宏论。她说人是要睡觉的，井也是要睡觉呢！井不让它睡觉，一辈子就没有水吃。所以当时一致议决井要睡觉。自下午七时起至翌晨五时止，不得唤醒井，违者罚大洋壹元，作修井之用。当这个老太婆发言未完，另有一个老太婆，也想立起来发言，就有第三个老太婆牵牵她的衣襟，制止她的发言，说："不是方才方先生说过的吗？"你想他们非但能够自治，而且还能管理他人，所以当时会场发言的人非常多，秩序还是一丝不乱的。他们讨论了好久，还制成几条议案：第二条就是汲水的程序，先到者先汲，后到者后汲，违者罚大洋五角，作修井之用；第三条就是再开凿一井，把太平天国时留下淤塞的废井加以开凿，经费富者多捐，贫者少捐，茶店、豆腐店也多捐一些；其四，推举奉天刘君世厚为监察委员，掌理罚款，调解纠纷。结果，一个大钱都没有罚到，因为这是出于农人自动的议决，所以大家能遵守。你看农人的力量是多么大，他们的话多么的公正和有效。这种问题来的时候，岂是少数人所能干得了吗？不过他们的旁边，还是需有孔明在那里指示，否则恐怕到如今，并还没有开凿成功。所以创造的教育应该启发农人、工人、学生……使他们得真的知识，才是真的创造。

其次我要讲的：现在中国的教育组织，是不能创造的。我们可以分两种来说：第一种是，学校是学校，社会是社会。他们认为学校是求知的地方，社会是行动的地方；他们说读书不忘救国，救国不忘读书。日本人的炮弹已经飞到他们面前，还是"子曰，子曰"读他的书，这种教育是亡了中国还不够的。第二种，他们已经觉得学校是离不开社会的，所以他们主张"学校社会化"，他们想把社会的一切，都请到学校里来，所以学校里什么都有：公安局啦，卫生局啦，市政厅啦，什么都有。但是他们所做的与社会依旧是隔膜的。况且学校有多么大，能够包罗万象？他们的学校好像大的鸟笼，把鸟儿捉到笼里来养；又好像一只大缸，把鱼儿捉到缸里来养。结果鸟儿过不来鸟笼的生活，死了；鱼儿过不来鱼缸的生活，死了。所以这种似是而非的教育是不自然的、虚伪的和无力量的，也不是创造的教育。创造的教育是怎样呢？就是"以社会为学校"、"学校和社会打成一片"，彼此之间，很难识别的。社会含有学校的意味，学校含有社会的意味。我们要把学校的围墙拆去，那么才可与社会沟通。这种围墙不是真的围墙，是各人心中的心墙。各人把他的感情、态度从以前传统教育那边改变过来，解放起来。实则这种教育，只要有决心去干，是很容易办到的。例如大夏大学的附近有许多村庄，庄上的人，都是散漫的，无教育的。假使我们把学校与村庄沟通，大学生都负责去创造新村，村上的人，都接受到知识，形成活泼的有力量、有生命的村庄，再把全中国所有的村庄联合起来，构成一个有大生命的中国，民众的力量可以集中，国难也可共赴。这样做去，要普及教育，一年就可以成功。我们自近而后远，先小而后大，着手办去，把小孩子、农人、工人都培养起来，这才是创造教育的目的。中国现在的教育不是平等发展的，是畸形发展的，一方面有博士、硕士，一方面有一大群无知识的民众，迟滞的表示不出多大贡献。

现在我再要讲，创造的教育是以生活为教育，就是生活中才可求到教育。教育是从生活中得来的，虽然书也是求知之一种工具，但生活中随处是工具，都是教育。况且一个人有整个的生活，才可得整个的教育。举个例来说吧，有一个儿子，他是喜欢赌博的，他的母亲训斥他。不过他的母亲却悄悄地到邻舍去赌博了，他在窗内看见他的母亲赌博，于是也到别处去赌博了。这个孩子过的是赌博生活，受的是赌博教育，不期而然而成赌博的人生。某学校反对我"生活即教育"的主张，我去参观他们的学校，适逢吃饭的时候，他们的饭菜是有等级的，厨子巴结先生，先生的菜特别好，学生的菜，简直坏之不堪。他们请我在先生一桌吃饭，我愿意同学生一块儿吃。学生的饭菜坏到怎样呢？他们名为一碗肉，肉仅在碗面上有几小块，学生在未下箸的时候，目光炯炯地早已看准那最大的一块，一下箸，一碗饭还没有吃完，而菜已吃得精光了。这种饕餮的状态，无形中在饭堂里更造成了许多小军阀。这个学校，是不把吃饭问题归入教育范围之内的。有许多学校对于男女学生的恋爱，他们是讳莫如深，但恋爱问题，往往在学校里闹遍。现在生活的教育是怎样呢？我们知道恋爱、吃饭等问题都是非常重要的，所以，恋爱先生我怕你，请你进来；吃饭先生我怕你，请你进来，我们一块儿干吧！我们的教育非但要教，并且要学要做。教而不学，学而不做，叫做"忘三"。我们要能够做，做的最高境界就是创造。我们要能够学，学从生活中去学，只知学而不知做，就不是真的学。我们要能够教，教要教得其所，要有整个的教育，平等的行动的教育，不要像现在畸形的教育。有人说我的创造教育，不成其为学校，我做了一首诗："谁说非学校？就算非学校。依样画葫芦，简直太无聊。"

《教育建设》第 5 辑（1933 年 3 月）

生活教育
（1934 年 2 月）

　　生活教育这个名词是被误解了。它所以被误解的缘故，是因为有一种似是而非的理论混在里面，令人看不清楚。这理论告诉我们说：学校里的教育太枯燥了，必得把社会里的生活搬一些进来，才有意思。随着这个理论而来的几个口号是："学校社会化"，"教育生活化"，"学校即社会"，"教育即生活"。这好比一个笼子里面囚着几只小鸟，养鸟者顾念鸟儿寂寞，搬一两丫树枝进笼，以便鸟儿跳得好玩，或者再捉几只生物来，给鸟儿做陪伴。小鸟是比较的舒服了。然而鸟笼毕竟还是鸟笼，决不是鸟的世界。所可怪的是养鸟者偏偏爱说鸟笼是鸟世界，而对于真正的鸟世界的树林反而一概抹煞，不加承认。假使笼里的鸟，习惯成自然，也随声附和的说，这笼便是我的世界；又假使笼外的鸟，都鄙弃树林，而羡慕笼中生活，甚至以不得其门而入为憾，那么，这些鸟才算是和人一样的荒唐了。

　　我们现在要肃清这种误解。生活教育是生活所原有，生活所自营，生活所必需的教育（Life education means an education of life, by life and for life）。教育的根本意义是生活之变化。生活无时不变，即生活无时不含有教育的意义。因此，我们可以说："生活即教育"。到处是生活，即到处是教育；整个的社会是生活的场所，亦即教育之场所。因此，我们又可以说："社会即学校"。在这个理论指导之下，我们承认，过什么生活，便是受什么教育：过好的生活，便是受好的教育；过坏的生活，便是受坏的教育；过有目的的生活，便是受有目的的教育；过胡里胡涂的生活，便是受胡里胡涂的教育；过有组织的生活，便是受有组织的教育；过一盘散沙的生活，便是受一盘散沙的教育；过有计划的生活，便是受有计划的教育；过乱七八糟的生活，便是受乱七八糟的教育。换个说法，过的是少爷生活，虽天天读劳动的书籍，不算是受着劳动教育；过的是迷信生活，虽天天听科学的演讲，不算是受着科学教育；过的是随地吐痰的生活，虽天天写卫生的笔记，不算是受着卫生的教育；过的是开倒车的生活，虽天天谈革命的行动，不算是受着革命的教育。我们要想受什么教育，便须过什么生活。生活教育与生俱来，与生同去。出世便是破蒙，进棺材才算毕业。在社会的伟大学校里，人人可以做我们的先生，人人可以做我们的同学，人人可以做我们的学生。随手抓来都是活书，都是学问，都是本领。

自有人类以来，社会即是学校，生活即是教育。士大夫之所以不承认它，是因为他们有特殊的学校给他们的子弟受特殊的教育。从大众的立场上看，社会是大众惟一的学校，生活是大众惟一的教育。大众必须正式承认他，并且运用它来增加自己的智识，增加自己的力量，增加自己的信仰。

生活教育是下层建筑。何以呢？我们有吃饭的生活，便有吃饭的教育；有穿衣的生活，便有穿衣的教育；有男女的生活，便有男女的教育。它与装饰品之传统教育根本不同。它不是摩登女郎之金钢钻戒指，而是冰天雪地下的穷人的窝窝头和破棉袄。

生活与生活磨擦才能起教育的作用。我们把自己放在社会的生活里，即社会的磁力线里转动，便能通出教育的电流，射出光，放出热，发出力。

《生活教育》第 1 卷第 1 期（1934 年 2 月 16 日）

杀人的会考与创造的考成
（1934 年 6 月）

自从会考①的号令下了之后，中国传统教育界是展开了许多幕的滑稽的悲剧。

学生是学会考。教员是教人会考。学校是变了会考筹备处。会考所要的必须教。会考所不要的，不必教，甚而至于必不教。于是唱歌不教了，图画不教了，体操不教了，家事不教了，农艺不教了，工艺不教了，科学的实验不教了，所谓课内课外的活动都不教了，所要教的只是书，只是考的书，只是《会考指南》！教育等于读书，读书等于赶考。好玩吧，中国之传统教育！

拚命的赶啊！熄灯是从十时延到十一时了。你要想看压台戏当然是必须等到十一时以后。那时你可以在黄金世界里看到卓别麟的化身正在排演他们的拿手好戏。茅厕里开夜车是会把你的肚子笑痛，可是会考呆子会告诉你说："不闻臭中臭，难为人上人。"

赶了一考又一考。毕业考过了接着就是会考。会考过了接着就是升学考。一连三个考赶下来，是会把肉儿赶跑了，把血色赶跑了，甚至有些是把性命赶跑了。

不但如此，在学生们赶考的时候，同时是把家里的老牛赶跑了，把所要收复的东北赶跑了，把有意义的人生赶跑了，把一千万民众的教育赶跑了。[1]换句话说，是把中华民族的前途赶跑了。

奇怪得很！这样大规模的消灭民族生存力的教育行政不是出于信仰而是出于敷衍，不是出于理性而是出于武断。我所接谈过的主考官没有

---

① 会考　南京国民政府于 1932 年实行会考制度。该制规定：中学毕业考试合格的学生，还须经过省、市统一命题的会考；会考合格后，方能获得中学毕业证书。

一个相信会考。他们是不信会考而举行会考。

就表面的成绩看，广东会考是几乎全体及格，广西会考是几乎全体不及格。广东对呢？广西对呢？谁知道？浙江会考，绍兴中学第一次是背榜，到了第二次竟一跳而为第一。绍兴中学第一次的整个成绩果真坏吗？第二次的整个成绩果真好吗？真成绩之好坏是这样的容易调换吗？谁敢说？

这把会考的大刀是不可以胡里胡涂的乱舞了。考官们所自毁毁人的生活力已经是太多了。我们现在的要求是：

> 停止那毁灭生活力之文字的会考；
> 发动那培养生活力之创造的考成。

创造的考成所要考成的是生活的实质，不是纸上的空谈。在下面所举的几个例子当中，我们可以知道创造的考成是一个什么东西。

（一）校内师生及周围人民的身体强健了多少？有何证据？

（二）校内师生及周围人民对于手脑并用已经达到什么程度？有多少是获得了继续不断的求知欲？有何证据？

（三）校内师生及周围人民对于改造物质及社会环境已经达到什么程度？有何证据？

甲、荒山栽了多少树？

乙、水井开了几口？

丙、公路造了几丈？

丁、种植改良了多少？

戊、副业增加了多少？

己、生活符号普及了多少？文盲扫除了多少？

庚、少爷、小姐、书呆子有多少是成了为大众服务的人？

辛、团结抵抗强暴的力量增加了多少？

【原注】

[1] 中学生赶考旅费，可供普及一千万民众教育之用。

教育的新生
（1934 年 10 月）

　　宇宙是在动，世界是在动，人生是在动，教育怎能不动？并且是要动得不歇，一歇就灭！怎样动？向着那儿动？

　　我们要想寻得教育之动向，首先就要认识传统教育与生活教育之对立。一方面是生活教育向传统教育进攻；又一方面是传统教育向生活教育应战。在这空前的战场上徘徊的、缓冲的、时左时右的是改良教育。教育的动向就在这战场的前线上去找。

　　传统教育者是为办教育而办教育，教育与生活分离。改良一下，我们就遇着"教育生活化"和"教育即生活"的口号。生活教育者承认"生活即教育"。好生活就是好教育。坏生活就是坏教育。前进的生活就是前进的教育。倒退的生活就是倒退的教育。生活里起了变化，才算是起了教育的变化。我们主张以生活改造生活，真正的教育作用是使生活与生活磨擦。

　　为教育而办教育，在组织方面便是为学校而办学校。学校与社会中间是造了一道高墙。改良者主张半开门，使"学校社会化"。他们把社会里的东西，拣选几样，缩小一下搬进学校里去，"学校即社会"就成了一句时髦的格言。这样，一只小鸟笼是扩大而成为兆丰花园里的大鸟笼。但它总归是一只鸟笼，不是鸟世界。生活教育者主张把墙拆去。我们承认"社会即学校"。这种学校是以青天为顶，大地为底，二十八宿为围墙，人人都是先生都是学生都是同学。不运用社会的力量，便是无能的教育；不了解社会的需求，便是盲目的教育。倘使我们认定社会就是一个伟大无比的学校，就会自然而然的去运用社会的力量，以应济社会的需求。

　　为学校而办学校，它的方法必是注重在教训。给教训的是先生，受教训的是学生。改良一下，便成为教学——教学生学。先生教而不做，学生学而不做，有何用处？于是"教学做合一"之理论乃应运而起。事该怎样做便该怎样学，该怎样学便该怎样教。教而不做，不能算是教；学而不做，不能算是学。教与学都以做为中心，在做上教的是先生，在做上学的是学生。

教训藏在书里，先生是教死书，死教书，教书死；学生是读死书，死读书，读书死。改良家觉得不对，提倡半工半读。做的工与读的书无关，又多了一个死：做死工，死做工，做工死。工学团乃被迫而兴。工是做工，学是科学，团是集团，它的目的是"工以养生"，"学以明生"，"团以保生"。团不是一个机关，是力之凝结，力之集中，力之组织，力之共同发挥。

教死书、读死书便不许发问，这时期是没有问题。改良派嫌它呆板，便有讨论问题之提议。课堂里因为有了高谈阔论，觉得有些生气。但是坐而言不能起而行，有何益处？问题到了生活教育者的手里是必须解决了才放手。问题是在生活里发现，问题是在生活里研究，问题是在生活里解决。

没有问题是心力都不劳。书呆子不但不劳力而且不劳心。进一步是：教人劳心。改良的生产教育者是在提倡教少爷小姐生产，他们挂的招牌是教劳心者劳力。费了许多工具，玩了一会儿，得到一张文凭，少爷小姐们到底不去生产物品而去生产小孩。结果是加倍的消耗。生活教育者所主张的"在劳力上劳心"是要贯彻到底，不得中途而废。

心力都不劳，是必须接受现成知识方可。先在学校里把现成的知识装满了，才进到社会里去行动。王阳明先生所说的"知是行之始，行是知之成"，便是这种教育的写照。他说的"即知即行"和"知行合一"是代表进一步的思想。生活教育者根本推翻这个理论。我们所提出的是："行是知之始，知是行之成。"行动是老子，知识是儿子，创造是孙子。有行动之勇敢，才有真知的收获。

传授现成知识的结果是法古，黄金时代在已往。进一步是复兴的信念，可是要"复"则不能"兴"，要"兴"则不可"复"。比如地球运行是永远的前进，没有回头的可能。人只见春夏秋冬，周而复始，不知道它是跟着太阳以很大的速率向织女星飞跑，今年地球所走的路绝不是它去年所走的路。我们只能向前开辟创造，没有什么可复。时代的车轮是在我们手里，黄金时代是在前面，是在未来。努力创造啊！

现成的知识在最初是传家宝，连对子女都要守秘密。后来，普通的知识是当作商品卖。有钱、有闲、有脸的乃能得到这知识。那有特殊利害的知识仍为有权者所独占。生活教育者就要打破这知识的私有，天下为公是要建筑在普及教育上。

知识既是传家宝，最初得到这些宝贝的必是世家，必是士大夫。所以士之子常为士，士之子问了一问为农的道理便被骂为小人。在这种情形之下，教育只是为少数人所享受。改良者不满意，要把教育献给平民，便从士大夫的观点干起多数人的教育。近年来所举办的平民教育、民众教育，很少能跳出这个圈套。生活教育者是要教大众依着大众自己的志愿去干，不给智识分子玩把戏。真正觉悟的知识分子也不应该再耍这套猴子戏，教大众联合起来自己干，才是真正的大众教育。

知识既是传家宝，那么最初传这法宝的必是长辈。大人教小人是天经地义。后来大孩子做了先生的助手，班长、导生都是大孩教小孩的例子。但是小先生一出来，这些都天翻地覆了。我们亲眼看见：小孩不但教小孩，而且教大孩，教青年，教老人，教一切知识落伍的前辈。教小孩联合大众起来自己干，才是真正的儿童教育。小先生能解决普及女子初步教育的困难。小先生能叫中华民族返老还童。小先生实行"即知即传人"是粉碎了知识私有，以树起"天下为公"万古不拔的基础。

《新生》第 1 卷第 36 期（1934 年 10 月）

传统教育与生活教育有什么区别*
（1934 年 11 月）

前星期日来晚了，听说大家在此地讨论一个很有趣的问题，叫"吃人教育与生活教育有什么区别？"我不能参加讨论，没有发表意见。今天，又来晚了，现在我发表我的一点意见。

吃人教育与生活教育有什么区别？我的意思，不如说"传统教育与生活教育有什么区别？"所谓吃人教育，就是指传统教育而言的。现在，我们可以这样说：传统教育，是吃人的教育；生活教育，是打倒吃人的教育。

传统教育怎样是吃人的教育呢？他有两种吃法：

（一）教学生自己吃自己

他教学生读死书，死读书；他消灭学生的生活力，创造力；他不教学生动手，用脑。在课堂里，只许听教师讲，不许问。好一点的，在课堂里允许问了，但他不许他出到大社会里、大自然界里去活动。从小学到大学，十六年的教育一受下来，便等于一个吸了鸦片烟的烟虫：肩不能挑，手不能提，面黄肌瘦，弱不禁风。再加以要经过那些月考、学期考、毕业考、会考、升学考等考试，到了一个大学毕业出来，足也瘫了，手也瘫了，脑子也用坏了，身体的健康也没有了，大学毕业，就进棺材。这叫做读书死。这就是教学生自己吃自己。

（二）教学生吃别人

传统教育，他教人劳心而不劳力，他不教劳力者劳心。他更说："劳心者治人，劳力者治于人。"说得更明白一点，他就是教人升官发

---

* 本篇系陶行知于 1934 年 11 月 11 日在山海工学团讨论会上的发言。记录者：戴自俺、吴锦璋。摘自《山海工学团星期总集合讨论会记录》（载《生活教育》第 1 卷第 20 期）。

财。发谁的财呢？就是发农人、工人的财，因为只有农人、工人才是最大多数的生产者。他们吃农人、工人血汗，生产品使农人、工人自己不够吃，就叫做吃人的教育。

生活教育与传统教育则刚刚相反：

（一）他不教学生自己吃自己

他要教人做人，他要教人生活。健康是生活的出发点，它第一就注重健康。他反对杀人的各种考试，他只要创造的考成，也就是他不教人赶考赶人死。简单的说来，他是教人读活书，活读书，读书活。

（二）他也不教学生吃别人

他不教人升官发财，他只教中国的民众起来做主人，做自己的主人，做政府的主人，做机器的主人。他教人要在劳力上劳心。即使有人出来做官，他是要来服侍农人和工人，看看有吃农人或工人的人，他要帮助农人、工人把他干掉。做官并不坏，但只要能够服侍农人、工人就是好的。他更要教人做到"工以养生，学以明生，团以保生"。说得更清楚些是：教大众以大众的工作养活大众的生命；以大众的科学明了大众的生命；以大众的团体的力量保护大众的生命。

怎样作乡村小学校长和教师（节选）*
（1934 年 12 月）

作乡村小学校长和教师的，应当具备下列几个条件：

1. 要认定不是代替传统教育来麻醉大众和小孩子的；换句话说，是要为他们谋福利的。也就是要帮助小孩子，使之成为前进的小孩子；帮助大众，使之成为前进的大众。总之，作乡村小学校长和教师的，一定要将士大夫的头脑脱除才行。

2. 要有健康的体魄。这个用不着解释的。

3. 要有农人的身手。这个随时随地都可养成。比如你初次下乡，把韭菜当作麦子，自然会成笑话。那么，你首先应拜农人作先生；因为你必得拜农人作先生后，才能作农人的先生。

4. 要有科学的头脑。农村是迷信的，是无政府的。办法就是要用科学来改变他们迷信的头脑。可是不能走上来就拆土地庙。你若是拆了他们的土地庙，会引起他们的反感，他们也一定要来拆你的学堂的。我曾经费了几年的功夫，把土地庙变为反省院，专门关一班好赌博、好吃大烟的人。因为必得这样，才可以使他们的迷信观念逐渐改除。若只是在黑暗里同他们斗争，如同在黑屋子里同他们斗争一样，一辈子也不得光明的。所以非有盏明灯在手不可，就是这个道理。

5. 要有艺术的精神。房子要好看，必得要艺术化方行。不过这里所谓艺术，是要不花钱的艺术；换句话说，就是要天然美，决不是像女

* 本篇系《关于现代教育上的几个实际问题》之四："怎样作乡村小学校长和教师"。编者选入本卷时，即以小目为标题。《关于现代教育上的几个实际问题》系陶行知于 1934 年 12 月间在安徽大学教育学社谈讲会上的讲演。记录者：曾德培。记录者在文前写有："去年十二月间，本省教育厅曾经开了次地方教育会议。参与这次会议的，内面有几位教育专家，陶行知先生也是其中的一个⋯⋯本讲演稿，系去年陶先生应本校教育学社之请，在谈讲会上讲的⋯⋯本讲演稿因陶先生讲演后即离开安庆，未经核阅；如有错误之处，由记者负责。"

子要穿高跟鞋，也不是像上海女子要花四块钱去烫一次发。比如房屋里吃饭的地方，除掉不关猪外，当作会客的落地也未尝不可。不过，这里总有些东西；既然有些东西，我们就要把他摆了整整齐齐的，讲时髦一点，就是要有艺术的安排。因为是不花钱的，所以叫做不花钱的艺术。

6. 要有社会改进的精神。中国社会是无组织的。要想社会有组织，就必得把乡村里散漫的农民，使之组织起来，这个可从合作社、工学团入手，不过校长和教师要说真实话，同时还须告以现代世界真实的情形。可是，现在乡村小学教师，对于世界情形能够明了的很少，因此大学生在这里就不能不负一部分责任，就是要吸收世界知识，传布到乡村，以改进他们的头脑。比如暑假或寒假，都是很好的机会，可将所学的带些到乡村里去。

《教育新潮》第 4 卷第 1 期（1935 年 4 月）

中国普及教育方案商讨
(1935 年 1 月)

一、原则

（一）普及教育之要义

甲、整个民族现代化　不仅是学龄儿童及失学成人之普遍入学。

乙、整个生活现代化　不仅是普遍识字或文盲之普遍削除。

丙、整个寿命现代化　不仅是四个月、一年、二年、四年之义务教育。教育最重要的成就在使众人养成一种继续不断的共同求进的决心。我们要对众人养成的态度是：活到老；做到老；学到老。

（二）普及什么教育

普及工以养生、学以明生、团以保生之生活教育。工是做工，学是科学，团是集团。这三种生活缺少一样，便是残废的教育。

（三）认定中国是个穷国，必得用穷的方法去普及穷人所需要的粗菜淡饭的教育，不用浪费的方法去普及穷人所不需要的少爷、小姐、书呆子的教育。

（四）社会即学校　社会与学校打成一片。社会教育与学校教育打成一片。

（五）即知即传人　会的教人，不会的跟人学。不愿教人的不配受教育。

（六）小孩的力量伟大　信仰小孩子能做小先生。信仰小孩最好的先生是前进的小孩。认定中国是到了生死关头，好比黄河将要决口，小孩搬一块小石头来也是欢迎的。每一个人的力量都要号召来救命。每一个粗识字义或有一技之长的小孩都要号召做小先生。小先生经过十个月的试验有如下的优点：

甲、能解决女子初步教育问题；

乙、成人跟着小孩追求现代知识是变成老少年；

丙、知识不再当作商品买卖，知识为公是〈就〉成了实现天下为公之坚固基础；

丁、小先生好比是电线，将社会与学校通起电流，又好比是血管，将学校与社会通起血脉，于是社会变成学校了；

戊、小先生普及教育运动，增加了大先生事业上不少的兴趣。

（七）大众的力量伟大 大众最好的先生是前导的大众。所谓传递先生便是大众自己队伍里跑出来的老师。

（八）来者不拒；不能来者送上门去。

（九）化无用为有用。

（十）损有余以补不足。

（十一）勉求缴纳教育税与享受教育权之接近。

（十二）城乡同进。

（十三）劝导与强迫并行。

（十四）劝人抓住饭碗求进；不逼人丢掉饭碗上学。

（十五）强迫兴学，强迫教人，强迫求知，三管齐下。

（十六）不能同者不强其同。

（十七）抓住现成的集团生活，如家庭、店铺、工厂、机关、寺庙、民团、军队及现有学校做下层之教育场所。

（十八）运用最新的交通工具输送文化，使文化落后之地带一齐赶上时代前线来。

二、办法

（一）全国小学生总动员做小先生

甲、全国公私立小学校中之小学生据教育部最近统计有一千一百余万人。每位小学生在校外找到两位不能上学之小孩或成人做他的学生，向小学校长登记后即可称为小先生。在校外学生之所在地，负起他的"即知即传人"之使命。假使有三分之二之小学生做了小先生，我们便可增加一千五百万校外学生。

乙、依据凡有私塾统计之市县推算，全国至少有一千万私塾学生。

私塾改造后，假使有二分之一之私塾学生都成了小先生，每人教导两位，便可增加一千万校外学生。

丙、店铺里之有知识的学徒估计至少有一千五百万人。假使有一半做了小先生，每人在店铺中教导两个人，便可增加一千五百万位店铺学生。

丁、依据"即知即传人"之原则，小先生的学生立刻又可教导至少一人。甲乙丙三项小先生的学生总数可以达到四千万。假使这四千万之一半立刻做了小先生，每人至少教导一人，又是增加了二千万。

故全国小先生普及教育总动员令一下，便有六千万人可以向着现代化开步走。

（二）全国识字成人总动员做传递先生

甲、全国民众学校学生总数为九十四万四千二百八十九人。假使民众学校学生都成了传递先生，每人再教两位不能上学之人，便可增加二百万人受教育。

乙、家庭、店铺、工厂、工会、庙宇、教堂、会馆、公所、合作社、衙门、机关、民团、军队里的识字成人约计为八千万人。假使有半数每人教导二人，便有力量再去普及八千万人之教育。

丙、再依据"即知即传人"之原则，甲乙两项八千二百万识字成人之半数，每人再去教导一人，又可增加四千一百万人。

故全国识字成人总动员令一下，便有一万二千三百万人可以向着现代化开步走。

（三）全国智识分子总动员，辅导普及现代生活教育之推进

甲、研究所研究员、专门大学教授、副教授七千人，每人每年必须在假期中抽出至少十日出席全省普及教育辅导会议、全省教育行政人员讲习会及农村改造会议，并各就专长，依据普及现代生活教育之需要，准备最新材料向教育局长、督学及农村改造运动人员贡献。

乙、专门大学学生及中学教师共十万人，每人每年必须在假期中抽出至少十日出席县市普及教育辅导会议及小学教师讲习会，并各就专长，依据普及现代生活教育之需要，准备新材料向前进大众及教师贡献。

丙、中学学生及小学教师共一百万人，每人每年必须在假期中抽出至少十日出席乡区普及教育辅导会议、私塾改造会及小先生联合会，并各就特殊兴趣，依据普及现代生活教育之需要，准备材料向塾师及小先

生贡献。

丁、全国不在学界服务之留学生，每人每年必须抽出五日为普及现代生活教育努力。

（四）全国学校总改造

甲、全国学校采用工学团制。工是做工；学是科学；团是集团。工以养生，学以明生，团以保生。没有工做，没有科学，没有集团的力量以制裁个人的行动，都不能算是一个现代的学校。采取工学团制便能使全国学校现代化。

乙、依据本地生产性质，学校负有扶助生产大众普及生产工学团之责任。

丙、小学校改造，除采取工学团制外，全国小学应至少有下列之改革。

（子）每所小学将小学生教导校外学生之工作，列入正课，作为社会服务；

（丑）小学教师在各门功课中，宜随时加入小先生应用材料，并以指导考核小先生为职务之一；

（寅）写字一课改为抄课本，发给校外学生读。小学教师对于大字小字之批改，多半是敷衍了事，改为抄写普及教育所用之课本，则写者与批改者都觉得更有意义，同时是解决了缺少课本一部分之困难。

丁、私塾改造。

（子）从前改造私塾，多半是招集塾师加以短期讲习会之训练，并加以偶然之视察。因为塾师旧习太深，很难改变，故单招塾师训练，不易见效。现在主张每塾师随带能力较大之私塾学生二人，共同参加私塾改造讲习会，依据最近试验结果推测，收效谅能较大。

（丑）私塾最缺少者是公用之图书教具。若想从事改造，必须在这些事上加以补助。

（寅）私塾改造讲习会或每星期一二小时，连续数年，或在假期中集中训练，或二法并用，可看各地情形决定。

（五）文化荒岛总开辟

甲、中学校总动员下乡。中国中等学校大多数是挤在城里凑热闹。依据我们估计，全国五百五十四所中学，一千三百二十所初级中学，至少有五分之四即大约一千四百所是应当移下乡去。把城里的地皮、房子高价卖掉，在乡下买荒地（但不许圈农民生产之地），造房子，还有余钱干一区的普及教育运动。每中学可在乡下划一百方里为普及教育区。在区内每村办民众学校、小学校各一所。各村民众学校、小学校由中学生分组负责进行。每组若干人依需要而定。民众学校以每日一小时为标准。小学校或全日，或半日，或二小时，或一小时，依据各地情形而定，不拘一法。民众学校及小学校之学生仍依"即知即传人"之原则分布出去，教导不能上学之人。

乙、全国有师范学校八百四十六所。十分之九，即七百五十所是应该迁移下乡。每所师范学校应划一千六百方里为普及教育区。这块区域是东西南北各四十里，师范学校在中央，离最远之工作地不过二十余里。依照师范生人数分成几十几百队，每队二人同到一个村庄里去创办一个民众学校和一个小学校。这叫做基本培养。另外还有集中指导，巡回指导，在培养师资一段中再详细说明。

丙、中学、师范的脚迹所很少达到的地方，如西康、青海、宁夏、新疆、蒙古、西藏以及各省内文化落后民族所在地，都应以人民和政府之力量创办中学、师范，并在第五百人聚居地创立小学、民众学校各一所，至少能容四十人，以工学团之组织，依"即知即传人"之原则继续推进。

（六）师资培养

甲、每一所小学都成为小先生养成所。用传统的名词来说，每一所小学便是一所小师范。全国二十五万所小学便是二十五万所小先生养成所，共可造就一千一百万小先生。

乙、每一所私塾必须改造，使它也成为一所小先生养成所。估计全国私塾有五十万所，平均每所培养二十人，共可造就一千万小先生。

丙、每一所民众学校都成为传递先生养成所。全国有五万三千八百七十三所民众学校，共可造就一百万传递先生。

丁、每村或每街或每街之一段，必须设一高级民众学校，招收家中、铺中已有知识之成人，每天或每星期加以一小时之培养，以广播新知识于大众。

戊、师范学校之改造：

（子）师范学校采取培养工师之办法，包括个别、巡回、集合三种指导。比方招收艺友（即通常之师范生）二百人，首先，举行一个月之集合指导，大略得了几个追取知识之钥匙以后，即立刻分散，每两人组成一队，共一百队，放在一百个村庄里去工作。每队工作区域为十六方里即四里见方。这两人既到工作区，即物色当地农人及小孩至少二人为他们的艺友，共同进行工学团之创造。这一百队的工作总面积是一千六百方里，成了一个普及教育网，里面包含着一百个工学团，每个工学团五百人，共计是五万人之教育一举而普及。每队学生二人，对于日常工作各任半天，余半天自修必阅书籍，由指导员巡回指导。星期日不放假，举行严格之集合指导六小时（详细办法请参看《宝山观澜普及义务教育急成方案》）。

（丑）师范学校应加小先生指导法一门功课。

乙、招集青年识字民众或农人开办短期农村改造讲习会，教以小先生指导法、工学团原理、合作社组织法、国语、应用算术、乡村卫生、农艺新法、自然、社会等等，使其学成回乡，从事发动乡村改造工作，即为普及现代生活教育之工作。现在国内乡下不安，城里先生不敢下乡，倒不如多多培养本乡青年、识字农人自己负起普及教育之使命。

庚、每市、县须举行小学教师讲习会，每年至少十日；私塾改造讲习会，每年至少四十小时。

辛、每省须举行省普及教育辅导会议、教育行政人员讲习会，均每年一次。

壬、教育部召集全国普及教育辅导会议，每年一次。

癸、各专门大学、研究所分工培养普及现代生活教育所需之高等技术人才。

（七）材料工具之供给

甲、课本　课本用汉文和国语字母拼音文对照写。汉文和拼音文都以大众语为根据。但为适应各民族特殊需要及促进各民族普及教育起见，应编蒙藏苗瑶等民族特用课本，这课本应以各该民族之大众语为根据。运用小学生写大字的纸和时间抄写课本，以每生每年平均写十二册计算，一共可写三部；连私塾学生在内，二千一百万小学生便可写六千三百万部。小学生的学生也可以写，传递先生的学生也可以写，这样普遍的干起来，每年可得免费教科书一万万套也不为奇。

乙、报纸　报纸一律用大众语写，并且必须标点，违者邮局不许代寄。

丙、电影　设立中央科学电影制造局，以巨资研究制造科学影片、发电机、放映机，免费分送全国各县乡村、市镇放映。

丁、无线电收音机　设立中央无线收音机制造局，以巨资研究制造无线电收音机，免费分送全国各县乡村、市镇教育场所使用，并在适当地点分区建立大播音台，从事广播现代知识。

（八）现成设备之利用

甲、礼堂、庙宇、会馆、公所、散学后之学校，以及其他空闲房屋都运用来做教育场所。

乙、桌椅板凳亦以运用人民自己所有的为原则。

丙、天气温和晴朗的时候，应充分施行露天指导。

丁、充分利用日光指导，不必要时应避免运用灯光。教育普及之后，是有八千万家同时追求。八千万盏灯，每晚多点一小时，若用菜油，每年便要耗费八千万元。若用洋油，每年要耗费三万二千万元。可以省的时候，还是省了为是。

（九）流动式的教育

甲、市集、茶馆、码头、车站、戏园、电影院里都有流动的民众。在这些地方，每次我们都遇得着一大群的人，今天的一群不见得就是昨天的一群。也有茶迷戏迷是天天上同一的茶馆，进同一的戏园，而且还有一定的时候。我们也要抓住这些地方施以有意义的教育。车站上的展览，码头上的壁报，电影院的新知识的插片，茶馆里说书的革新，戏园里小丑说白的讽刺，市集上的公共演讲表演，都是流动教育的可以行的例子。

乙、流通图书馆　流通图书馆应普遍设立在学校里，供大众公阅。小先生和传递先生可以代他们的学生借书还书。这样，管理费可以减至最少，又可免除一般民众借书之害羞，而图书借还有人负责，亦不致失落。流通图书馆为大众自学之重要机关，必须努力普及。

丙、修学旅行　旅行为增长知识、扩大眼界之教育法。但现在之团体半价票仍使有志的工人、农人、小孩子望而生畏。有意义、有组织、有计划之修学旅行应该特别提倡，再行设法将国有车船价目减至最少，或竟酌免，以资鼓励。

（十）文化之特别快输送

甲、输送发电机、抽水机及其他农村所需用之机器，火车章程尚有许多不必需的麻烦，应该一扫而空。

乙、边境所需新书，每每要过一年半载才能收到，要人帮忙也非数月不可。我们应该发起购置普及教育飞机数架，专为输送文化及推进普及教育运动之用。

丙、无线电广播新知识。

丁、邮政局对于边疆视同外国，如西藏、新疆寄费之贵，几使现代中国文化不能通过，外国反易与它们接近，是急应革除此弊，使邮费一律，以谋内地与边疆文化之沟通。

（十一）有效之补助

甲、中央对文化落后之穷省、边疆，在人才、经费、材料上应予以实质之补助。

乙、各省对于文化落后之穷县，在人才、经费、材料上应予以实质之补助。

丙、各县对于文化落后之穷乡穷村，在人才、经费、材料上应予以实质之补助。

丁、省市县政府对于普及教育实验特别努力的机关，在人才、经费、材料上应予以实质之补助。

戊、政府应拨款补助劳苦大众智力较高之子女上进，俾能学尽其才，免为贫穷所埋没。

（十二）人民自动之努力

甲、设立中国普及教育助成会（另订简章）。

乙、设立省市县乡、边疆、华侨等普及教育促成会（另订简章）。

（十三）研究实验

设立中央普及教育研究所。其宗旨在发现最经济、最迅速、最能持久、最能令人进步之方法，以谋普及大众、儿童向上生活所需要之教育（另订简章）。本研究所应与卫生、农业、工业、交通、艺术、经济研究机关联合互助，探讨新知，培养最高学术人才，以统制全国智慧而为国计民生谋解决。

（十四）全国财力总动员以谋教育之普及

甲、确定教育税，务使足敷普及教育之用。在教育税未确定之前，各省财政当局不得借口取消苛捐杂税以减少教育经费而陷国民教育于停顿。否则即科以摧残教育动摇国本之罪。在教育费不敷用前，并须节省军政费以充普及教育之用。

乙、征收遗产税以充普及教育之用。后人对于先人之遗产，除教养费外，应将遗产余利公诸社会所有。先人对于子孙也只可负担教养费，若将巨产给后人不劳而获，自必养成他们吃喝嫖赌，弄得家破人亡。纵使政府不征收遗产税，有钱者为爱惜子孙起见，亦当在保留教养费条件之下，悉数捐为普及教育之用。

丙、指拨公有荒地为普及教育之用。

丁、指拨美、法、比、意、英各国庚款之一半为普及教育之用。其他一半为发展各研究所之用。

戊、行政专员或县长领导教育局长或督学到各市乡劝导各公所、公馆、祠堂、寺庙以原有财产兴学。没有公产或公产不足之处，则劝导出资兴学，坐候到筹定确实办法才离开。十余年前浙江省有一县长在半年之中兴办一百余校，即是用此办法。

己、劝导人民以婚、丧、做寿节省之款在普及教育上建立纪念。

庚、劝导人民捐图书文具，或百份，或千份，或万份，或十万份，或百万份。每份盖上捐者姓名以留纪念。

辛、扶助各种生产工学团之普遍的设立。每个生产工学团发展到一个时期，便能以自己的力量担负一部分的普及教育费（参看《宝山观澜普及义务教育急成方案》中之棉花工学团）。

壬、减少中等以上学校假期，并从分量门类上减少向上生活所不需要之功课，缩短中等以上学校毕业年限（医科除外），以节省之经费充普及教育及增加研究所之用。

（十五）妨害进步罪

婆婆不许媳妇读书，老板不许伙计上学，司务不许徒弟看报，工厂经理不许工人求知识，士大夫不许儿子教小孩子，这是小先生碰到的五个大钉子，也是妨害中华民国进步的大障碍。我们必定要扫除这种障碍才能前进。要想扫除这种障碍，下列数条法律实属必要：

甲、凡是中华国民及其子女，每人每天至少须有一小时上学或自修之权利。

乙、凡以特殊地位侵犯别人上学或自修权利者，处以一年以下有期徒刑或一千元以下罚金。

丙、凡对自愿教人的人施以阻止者，处三个月以下有期徒刑或一百元罚金。

（十六）初步文字教育之预令强迫

文字教育应预令强迫。预令强迫之作用在提醒一般不识字的民众自动的去请人教。以往的民众教育好象是求人来学。预令既下，民众对于知识的消极的拒绝，可以转变而为积极的追求。

民国二十四年一月一日下令预告全国民众限二十四年十二月三十一

日前读毕教育部指定几种《千字课》之一种。至四月一日、七月一日、十月一日下第二、第三、第四次预告令。第一次预告令下后，即令小学生、茶馆说书人、电影院广告与警察到处逢人宣传，劝其早些求学，不要临时抱佛脚；并说明二十五年一月一日即有识字警察手指《千字课》，站在城门口、车站、码头及交通孔道，临时抽验来往行人，检查他们的头脑如同检查行李一样，不识字的要罚愚民捐铜元一枚。预令里还要说及二十五年一月一日以后，家里、店里、工厂里、任何机关里，如有无故不识字的人，按人数每人每月罚银一元。由家长、店主、工厂经理、机关主持人缴纳。识字成人或学生对其负责，而不识字之亲友不肯施教者，罚守知奴捐银一角并公布之。

（十七）考成

甲、初步文字教育之考成标准为学龄以上之人民百分之九十会读《千字课》，百分之九十五会用汉字签自己的姓名并会写中华民国。第二步之文字教育及普及其他教育之考成标准另订之。

乙、每所小学、私塾至少要有二分之一的小学做小先生。超过四分之三的小学生做小先生者，传令嘉奖其校长、负责之教师及最出力之小先生。不及二分之一者，校长受警告，不及三分之一者校长撤职，负责之老师同。

丙、民众学校之传递先生与学生总数比例之考成与小学同。

丁、省教育厅长、县长、教育局长、乡长、教育委员之考成，亦以各管公私立小学校、私塾、民众学校之学生总数与小先生总数加传递先生总数之比例为根据，其算法亦与小学同。

戊、各省、各特别市、各县、各市、各乡、各校之开始考成日期由上级主管官厅预令发布。但此项预令至迟不得延过民国二十四年六月一日。考核各省成绩之日期由教育部预令颁布。但此项预令须于民国二十四年四月一日前颁布。

己、寻常教师所教学生，以及小先生、传递先生所教学生，均须依部颁表格登记由校长掌管，并作详明统计具报教育局，教育局转报教育厅，教育厅报告教育部，每学期一次。再由上级教育行政长官抽查，以凭考核。

（十八）中央普及教育二十四年度预算

甲、中央文化落后地带普及教育补助费　　二〇，〇〇〇，〇〇〇

乙、中央科学电影制造局经费　　　　　　四，〇〇〇，〇〇〇

丙、中央无线电收音机研究制造局经费　一，〇〇〇，〇〇〇

丁、中央普及教育研究所　　　　　　　五〇〇，〇〇〇

戊、中央普及教育辅导会议　　　　　　　一〇，〇〇〇

总计　　　　　　　　　　　　二五，五一〇，〇〇〇

文化细胞 *
(1935 年 5 月)

　　一般人只要一提到教育便联想到学校，一提到普及教育便联想到普设学校。他们好象觉得学校是惟一的教育场所，如果要想普及教育便非普设学校不可，倘使没有钱普及四年的学校教育，他们便退一步主张普及一年的学校教育，甚至于退到四个月、两个月、一个月的学校教育。万一不能普及全天的教育，他们想半天、二小时、一小时也是好的，但必须在学校里办。仔细把它考虑一下，这种意见只是一种守旧的迷信。我们若不跳出学校的圈套，则普及现代教育在中国是不可能。我不说学校没有用，但学校之外，我们必须创造一种下层文化的组织，适合大多数人的生活，便利大多数人继续不断的长进，才是有了永久的基础。

　　我建议要创造一种文化细胞。每一家，每一店铺，每一工厂，每一机关，每一集团组成一个文化细胞。这种细胞里的分子有两种：一是识字的，一是不识字的。我们叫每一个细胞里的识字分子教导不识字分子，说得正确些，我们要叫识字分子取得现代知识精神，连文字一同教给不识字的分子。这样一来，每个文化细胞里的分子都能继续不断的长进。任何文化细胞里倘若识字分子过剩，可以分几个出去，帮助缺少识字分子的细胞。这种文化细胞在山海工学团范围以内叫做工学队，为工学团最下层之组织单位。俞塘①称它为生活教育团，安徽省会称它为普及教育团。有人建议称它为自学团或共学团。名字不同，无关重要，但他们有一点相同，便是感到专靠学校来普及教育在中国是很勉强，不易做到；即使做到了，也是一种短命教育，没有久远的长进。所以要在学

---

　　* 本篇在《晨报·普及教育》周刊上发表时，题为《文化细胞之创造》。
　　① 俞塘　指当时上海县的俞塘民众教育馆。

校之外创出一种较为自然之组织来救济，不但要谋教育之普及，并要谋所普及之教育得以继长增高。他们用得着学校的地方，不妨先开一个学校。铺中、家中连一个识字的人也没有的地方，不妨叫每家每铺先派一人每天来校学半小时或一小时，再依即知即传之原则，把各个文化细胞成立起来。

普及教育动员令一下，有暇进学校的，尽可进学校；无暇进学校的，在自己家里、店里、工厂里及任何集团里创起文化细胞来共谋长进。文化细胞成立后，必须向负责学校或教育行政机关注册。凡在文化细胞里自谋长进的，可以不进学校；凡在学校里求学的，必须常川回到他的文化细胞里来尽义务教人。

学校是文化的旅馆，只能暂住而不可以久留。自学团、共学团、普及教育团、生活教育团或工学团下之工学队，才是文化之活细胞。

《生活教育》第 2 卷第 5 期（1935 年 5 月 1 日）

连环的矛盾
（1936 年 1 月）

五四以前，中国一般的学生只是读死书，死读书，读书死。那时的前进领袖提出了一个口号，叫做什么"读书不忘救国"。这个口号把学生从课堂里带到社会里来了。虽然它把读书和救国分为两件事，根本是不大合理，但在当时，这个不大合理的口号却也有了一些推进社会运动的力量。喊出这口号的五四元勋，现在大半都是官运亨通，有些是做了教育官，直接负了管理学生的责任。现在中国已经到了生死关头，正是这张支票应该兑现的时候了。学生们受了这许多年的"读书不忘救国"的教训，现在又是实实在在的出来救国了。论理，教育官应当很高兴的说一句："孺子可教。"比如农夫，种瓜得瓜，种豆得豆，哪能不欢喜？教育官从前教的是"学生救国"，现在得到的是"救国学生"，正应该摸摸胡子喝两三杯喜酒，哪里知道他们是坐也坐不安，睡也睡不安，又造出一个什么"救国不忘读书"的口号，恨不得把一个个学生再关进学校里去读死书，死读书，读书死。可是已经知道救国责任的学生是不容易随便摆布了。他们已经知道救国与读书并不是两件独立的东西。他们已经知道如果要读书，是要读可以救国的书，而且是要把这些书里的真理拿出来实行救国。他们并且已经知道还有许许多多救国的真理，在书里找不着，而是要在实际生活里去体验出来。因此，"救国不忘读书"的口号不能安定受虎包围的野牛群。学生回校之后，教育官还不放心，又在疑难中发明了对付学生的新手段。这新手段便是"提前放假"。这明明是对学生说："你们不必救国了。你们也不必读书了。大家一起去玩玩吧。"但是学校的围墙是已经冲破了。整个的社会是不知不觉的成了一个伟大无比的学校，整个的民族解放运动是无形无影的成了一个伟大无比的课程。若要彻底的放假，似乎是要把整个的社会封锁起来，才能达到目的。这似乎也有些人正在考虑。

生活教育之特质
（1936 年 3 月）

　　您如果看过《狸猫换太子》那出戏，一定还记得那里面有一件最有趣的事情，就是出现了两个包龙图：一个是真的，还有一个是假的。我们仔细想想，是越想越觉得有趣味了。世界上无论什么事，都好像是有两个包龙图。就拿教育来说罢，您立刻可以看出两种不同的教育：一种叫做传统教育；另一种叫做生活教育。又拿生活教育来说吧，您又可以发现两种不同的说法：一种主张"教育即生活"；另一种是主张"生活即教育"。我现在想把生活教育的特质指出来，目的不但要使大家知道生活教育与传统教育之不同，并且要使大家知道把假的生活教育和真的生活教育分别出来。

　　（一）**生活的**　生活教育的第一个特点是生活的。传统的学校要收学费，要有闲空工夫去学，要有名人阔老介绍才能进去。有钱、有闲、有面子、才有书念，那么无钱、无闲、无面子的人又怎么办呢？听天由命吗？等待黄金时代从天空落下来吗？不！我们要从生活的斗争里钻出真理来。我们钻进去越深，越觉得生活的变化便是教育的变化。生活与生活一磨擦便立刻起教育的作用。磨擦者与被磨擦者都起了变化，便都受了教育。有人说：这是"生活"与"教育"的对立，便是"生活"与"教育"的磨擦。我以为教育只是生活反映出来的影子，不能有磨擦的作用。比如一块石头从山上滚下来，碰着一块石头，就立刻发出火花，倘若它只碰着一个石头的影子，那是不会发出火花的。说得正确些，是受过某种教育的生活与没有受过某种教育的生活，磨擦起来，便发出生活的火花，即教育的火花，发出生活的变化，即教育的变化。

　　（二）**行动的**　生活与生活磨擦，便包含了行动的主导地位。如果行动不在生活中取得主导的地位，那么，传统教育者就可以拿"读书的生活便是读书的教育"来做他们掩护的盾牌了。行动既是主导的生活，那末，只有"为行动而读书，在行动上读书"才可说得通。我们还得追本推源的问：书是从哪里来的？书里的真知识是从哪里来的？我们是毫不迟疑的回答说："行是知之始"，"即行即知"，书和书中的知识都是著书人从行动中得来的。我要声明著书人和注书人、抄书人是有分别。人类和个人的知识的妈妈都是行动。行动产生理论，发展理论。行动所产生发展的理论，还是为的要指导行动，引着整个生活冲入更高的境界。为了争取生活之满足与存在，这行动必需是有理论、有组织、有计划的战斗的行动。

（三）**大众的** 少爷小姐有的是钱，大可以为读书而读书，这叫做小众教育。大众只可以在生活里找教育，为生活而教育。当大众没有解放之前，生活斗争是大众唯一的教育。并且孤立的去干生活教育是不可能的，大众要联合起来才有生活可过；即要联合起来，才有教育可受。从真正的生活教育看来，大众都是先生，大众都是同学，大众都是学生。教学做合一，即知即传是大众的生活法，即是大众的教育法。总说一句，生活教育是大众的教育，大众自己办的教育，大众为生活解放而办的教育。

（四）**前进的** 有人说．生活既是教育，那么，自古以来便有生活即有教育，又何必要我们去办教育呢？他这句话，分析是对的，断语是错的。我们承认自古以来便有生活即有教育。但同在一社会，有的人是过着前进的生活，有的人是过着落后的生活。我们要用前进的生活来引导落后的生活，要大家一起来过前进的生活，受前进的教育。前进的意识要通过生活才算是教人真正的向前去。

（五）**世界的** 课堂里既不许生活进去，又收不下广大的大众，又不许人动一动，又只许人向后退不许人向前进，那末，我们只好承认社会是我们的唯一的学校了。马路、弄堂、乡村、工厂、店铺、监牢、战场，凡是生活的场所，都是我们教育自己的场所，那末，我们所失掉的是鸟笼，而所得的倒是伟大无比的森林了。为着要过有意义的生活，我们的生活力是必然的冲开校门，冲开村门，冲开城门，冲开国门，冲开无论什么自私自利的人所造的铁门。所以，整个的中华民国和整个的世界，才是我们真正的学校咧。

（六）**有历史联系的** 这里应该从两方面来说。第一，人类从几千年生活斗争中所得到而留下来的宝贵的历史教训，我们必须用选择的态度来接受。但是我们要留心，千万不可为读历史而读历史。我们必须把历史的教训，和个人或集团的生活联系起来。历史教训必须通过现生活，从现生活中滤下来，才有指导生活的作用。这样经生活滤过的历史教训，可以使我们的生活倍上加倍的丰富起来。倘使一个人停留在自我或少数同伴的生活上，而拒绝广大人类的历史教训，那便是懒惰不长进，跌在狭义的经验论的泥沟里，甘心情愿的做一只小泥鳅。第二，中国已经到了生死关头，争取大众解放的生活教育，自有它应负的历史的使命。为着要争取大众解放，它必须要争取中华民族之解放；为着要争取中华民族之解放，它必须教育大众联合起来解决国难。因此，推进大众文化以保卫中华民国领土主权之完整，而争取中华民族之自由平等，是成了每一个生活教育同志当前所不可推却的天职了。

《生活教育》第 3 卷第 2 期（1936 年 3 月 16 日）

儿童节对全国教师谈话[*]
（1936 年 4 月）

儿童的教师应该怎样干？我拿这个问题问过自己，问过朋友，问过好多小学教师。现在中华民国已经到了生死关头，我们做教师的人应当怎样做才能帮助解决国难而不致加重国难？我常以这个问题问人，现在人也常以这个问题问我了。这里是我的答复：

第一，追求真理。小孩是长进得很快，教师必须不断的长进，才能教小孩。一个不长进的人是不配教人，不能教人，也不高兴教人。小孩快赶上你了！你快要落伍了！"后生可畏"不是一句客气话，而是一位教师受了小孩蓬蓬勃勃的长进的压迫之后，对于自己及一切教师所提出来的警告。只有不断的追求真理才能免掉这样的恐怖。也只有免掉这种恐怖才能教小孩，否则便要因为怕小孩而摧残小孩了。如果我把"小孩"调换为"青年"，那么，情形是格外的严重了。我得声明，真理离开行动好一比是交际花手上的金钢钻戒指。我们所要追求的是行动的真理，真理的行动（Truth in Action）。这种真理不是坐在沙发上衔着雪茄烟所能喷得出来的。行动的真理必须在真理的行动中才能追求得到。你不钻进老虎洞，怎能捉得小老虎？

第二，讲真理。让真理赤裸裸的出来和小孩子见面。不要给他穿上天使的衣服，也不要给他戴上魔鬼的假面具。你不可以为着饭碗，为着美人，为着生命，而把"真理"监禁起来或者把他枪毙掉。教师只能说真话。说假话便是骗子，怎么能做教师呢？

---

* 本篇在收入作者自编《中国大众教育问题》（上海大众文化社 1936 年 8 月出版）一书时，不仅题目改为《怎样做大众的教师》，而且删去了文章开篇"儿童的教师应该怎样干？我拿这个问题……问过好多小学教师"一段，同时在"第一，追求真理"部分中，"小孩"两字均被改为"大众"。

第三，驳假话。说假话的人太多了。教师要有勇气站起来驳假话。真理是太阳，歪曲的理论是黑云。教师要吹一口气把这些黑云吹掉，那真理的太阳就自然而然的给人看见了。

第四，跟学生学。你要教你的学生教你怎样去教他。如果你不肯向你的学生虚心请教，你便不知道他的环境，不知道他的能力，不知道他的需要；那么，你就有天大的本事也不能教导他。他要吃白米饭，你倒老是弄些面条给他吃，事情是会两不讨好。不但为着学生而且为着你自己，你也得跟你的学生学。你只须承认小孩有教你的能力，你不久就会发现小孩能教你的事情多着咧。只须你甘心情愿跟你的学生做学生，他们便能把你的"思想的青春"留住，他们能为你保险，使你永远不落伍。

第五，教你的学生做先生。你跟学生学，是教学生做你的先生。如果停止在这里，结果怕要弄到师生合做守知奴，于大众毫无关系。你必得进一步教你的学生去教别人。你必须教你的学生把真理公开给大众。你得教你的学生拿着真理的火把指点大众前进。

第六，和学生、大众站在一条战线上。教师不和学生站在一条战线上便不成为教师。这是怎样说呢？因为他要到西方去，你却教他往东走；反过来，他要到东方去，你却教他往西走。这种牛头不对马嘴的教育怎能行得通呢？有些教师不惜使用强迫手段要学生朝着教师指定的路线走，结果是造成师生对垒，变成势不两立。在势不两立的局面下还能叫学生接受他的指导吗？不但如此，先生学生虽是打成一片，如果他们联合行动的目标与大众所希望的不符，还只是小众的勾结，将为时代所不容。因此做教师的人必须和学生、大众站在一条战线上为真理作战，才算是前进的教育。现在中国第一件大事，是保障中华民国领土主权之完整与争取中华民族劳苦大众之自由平等。教师和学生、大众都要针对着这个大目标，才能站在一条战线上来。教师和学生、大众站在这一条战线上来奋斗，才算是实行着真正解决国难的教育。你若把你的生命放在学生的生命里，把你和你的学生的生命放在大众的生命里，这才算是尽了教师的天职。

我们如果能把上面这六点做到，便不愧为现代的教师了。这样的教师，我相信，对于民族解放、大众解放、人类解放是有贡献了。

《生活教育》第 3 卷第 3 期（1936 年 4 月 1 日）

怎样才能粉碎日本的大陆政策*
（1936 年 4 月）

　　前些时候，行知在上海听见好些朋友讲及和在报上看到关于广东方面的英勇的救国运动，觉得非常钦佩。这回行知代表上海文化界救国会到广东来，第一个任务就要对诸位表示慰劳的意思。今天承邹校长①命来讲演，兄弟觉得是很大胆，可是大家心目中有一个共同的问题，这个问题需要我们讨论出一个办法来。今天兄弟就想把那个共同的问题提出来和诸位讨论，但是这个问题可用种种题目来说，兄弟现在采取"日本的大陆政策"这个题目，就是：我们怎样才能粉碎日本的大陆政策？

　　所谓大陆政策，我们可在伪满的教科书中找得说明，他们是这样讲法的："满洲定而华北定，华北定而支那定，支那定而东亚定，东亚定而世界大同。"他们就是这么一套。

　　从近年的事实看来，我们已了然知道他的大陆政策就是要把中国一口吞下去。他拿去了我们辽宁的铁，拿去了我们吉林的森林，现在又想拿去我们山西的煤炭、华北的棉、福建的根据地……我们不要以为，他只是想拿了中国的富源，做一个富家翁，安享现成福就算了；〈他〉还要我们四万万同胞当他们［的］奴隶，还要我们进一步做他侵略的炮灰。所谓"中国定而东亚定，东亚定而世界大同"，他是想做世界的霸

---

　　* 本篇系陶行知于 1930 年 4 月 30 日下午在广州中山大学礼堂（即"平山堂"）所作的学术演讲。据《救亡情报》第 3 期刊载的《广州中大同学来信》："我们邀请了上海文化界救国会会员陶行知先生来讲演，题目是《粉碎大陆政策》，听讲一千多人，占全校半数以上。"广州《民国日报》5 月 8 日报道这次讲演云："开讲之前三十分钟，礼堂就聚满了人，开讲时就拥得水泄不通了。陶先生投出了三颗炸弹粉碎大陆政策。演词浅显，引譬精警，几乎妇孺皆喻；博得许多掌声。"

　　① 邹校长　即邹鲁（1885—1954），字海滨，广东大埔人，曾任国民党中央执行委员会常务委员兼青年部部长等职。时为广东中山大学校长。

王。所以，大陆政策就是要灭亡中国的一个政策！凡是不愿做亡国奴的，凡是不愿意做日本人的炮灰的，现在就要联合起来，把他这种大陆政策粉碎！

兄弟这一次到南方来，不禁回想到十年前的一件事：十年前，兄弟有一次乘坐一艘日本船去香港，船行到汕头的时候，我们一班中国的客人（客人当中，尤以三等仓的客人最多）和一些船上的中国水手，合起来大概是二百人左右，在船头围拢起来开一个小小的国民大会。当时有一些日本的客人也在旁看着，还有日本人的船主也带了翻译立在甲板上看着底下开会。我们开会在谈到日本帝国主义者怎样压迫我们，和我们应当怎样去对付他。到最后，我们二百多人齐声喊口号，声音如同打雷。我们喊的口号是：打倒日本帝国主义！打倒日本帝国主义！打倒日本帝国主义！在日本人的船里，高喊打倒日本帝国主义，这是十年前的情形。

这次到香港，情形便大不相同。我到香港时，有人告诉我，香港学校中的教员若是讲及"九·一八"或是"一·二八"这类事件，被视学员看到或听到，立刻就要被革职。回想起十年前那次的情形，真叫人发生今昔之感。

我们要粉碎日本的大陆政策，一定要有十年前在日本船上开会的那种精神。那种精神是什么？就是大众起来抗日的精神。要粉碎日本的大陆政策，第一件事就是要大众起来抗日！

有些人在那儿做梦，以为只要靠了少数的当国者，就能够抗拒敌人，把中国复兴起来。这是没有的事！又有许多学者也正在那里做梦，以为写两篇《告日本国民书》，就可以把国难去掉。还有一两位先生，我知道他们这几天正准备到日本去游说日本的朝野，我看他们将来终归要失望。他们都是书呆子，都是在做梦。

要抗日救国，第一步就要把全国大众联合起来，并且是要不分区域地联合起来。我们不能说东四省①不是广东，华北问题不是广东问题，我们广东人管不着。我们认定东西省问题是中国问题，华北问题是中国问题，我们全国的大众应该联合起来，这种联合是没有地域性的。

有些人又说，既然是不分区域的联合，那么我们全国的文化界联合

---

① 东四省　指当时东北地区所划设的黑龙江、吉林、辽宁、热河四省。其中热河省于1956 年分拆并入河北、辽宁两省及内蒙古自治区。

起来就行了。这句话我承认它有一半是对的，全国的文化界自然是要联合起来，但是这还不够，还要其他的民众都联合起来才行。有人一谈到农民要起来救国，他们就有点害怕。一谈到工人要起来救国，他们也有点害怕。害怕农民、工人，就不必谈救国！要救国定要农民、工人、文化界、学生以至兵士一齐大联合起来才行！我们要认定，这种民族革命的斗争是我们神圣的天职，我们不可以逃避，逃避的就是汉奸！

又有人说，我们诚然要对日抗战，可是我们要准备一下才能实行抗战，你们不能责备我不抗日。我们要问：讲这句话的是什么人？如果他手上是有枪杆子，有飞机大炮的，他的责任是保卫国土，敌人来了就要和敌人开火。敌人来了，他说他要准备一下，这不是骗人的话?！我们老百姓纳了许多税，请你老人家带许多的兵守卫国土，我国失了东四省一大块，他说还要准备一下，冀察①失了一大块，说还要准备一下，究竟要准备到什么时候？上海有些我们的同胞，替这种准备的论调辩护说：我们被割掉了鼻子不要紧，再被割掉了耳朵也不要紧，只要我们的脑勺子还在就行，我们能够准备一下，将来有人要割我们的脑勺的时候，我们就能立刻把他打倒。这些话不是很可笑的吗？可是他们竟是很严肃地说，仿佛他们这样子才是救国，而你们那样子则是害国。这种准备论，不消说，我们东四省的失掉和华北的沦亡就是牺牲在这种论调底下。我们再不能相信这种论调的了。

在五中全会②开会的时候，有许多人说，现在是要打仗了。现在四面八方都拉夫，甚至连和尚都要拉去挑担子了，南京开的五中全会就是为的想法打东洋鬼子。这自然不是假的。但是一种民族解放的斗争，决不是空口说准备，或是做一种花样，叫人看到我们是在"打脸子"就行了，要实实在在去干。日本人到了那块地方，那块地方就和他开火，全国就立刻响应，这才是真正的抗战。这是我们的神圣不可侵犯的天职。如果我们不把这责任担负起来，就什么都完了。打个比喻：有害的微生物若是进了我们的血管里，血管里的白血球一和它们接触就和它们斗，死了一千来一千，死了一万来一万，不顾死生的继续和它们搏斗。因为白血球的作用，就好比是我们身体上的军队，是用来和有害的微生物作战的。白血球不能遇到了微生物，说要准备一下才来作战，要是那样，

---

① 冀察　指当时华北地区的河北、察哈尔两省。其中察省于 1952 年分拆并入河北、山西两省。

② 五中全会　指国民党于 1935 年 11 月 12 日—22 日召开的第五次全国代表大会。

就会小病变成大病，大病变成跷［翘］辫子。拿这个比喻来说，武力抵抗是我国唯一的出路！我们的身体上没有一个要准备的白血球！我拿了这个例子和一位朋友说，这位朋友就拿汪精卫先生背上没有取出的子弹做例，说是若果这颗弹在骨头，也可不必一定要把它取出来，硬要取出来，恐怕于身体上反为有害。这种说法颇有点妙，道理不能说没有。我对他说，这颗子弹如果真的动也不动，那么不取出来也勉强可以，如果它还是在动，还是有跷［翘］辫子的危险，那就非取出不可。现在日本可不是子弹，它是有害的微生物。要是子弹，也是一个动的子弹。这个动的子弹，我们非把它取出来不可，否则就不行，这条生命会呜呼哀哉。所以就这些例子来说，我们做中国国民的神圣的天职，只有和日本帝国主义拼命抵抗！这是粉碎日本大陆政策的第一颗炸弹。

第二个炸弹是什么？我们要知道，日本的老百姓是和我们一样的受苦的。日本军阀对于老百姓压迫很凶，日本六千多万的老百姓，为了供给侵略的费用而要负担一百万万的公债。我们中国人要卖孩子，日本的老百姓也是在那里卖孩子，他们老百姓也要病了才能吃到白米饭，树皮、草根当柴烧，晚上无家可归，露天睡在火车路轨［箱］底下的不知多少。就在东京这有名的都市，我也亲眼看到几千几百的这样的穷苦的人。我前次到日本东京，日本招待我们的官吏，专带我们去看好的地方，指点着很表面的事实，说是他们能够多么的照顾到老百姓。可是日本的穷朋友都对我们说：你们看日本的老百姓看得生厌了，我给你们看别的更好的东西，他们带我们这里那里去看，看了简直叫人忍不住眼泪，全和中国的老百姓是一个样子。

为什么日本的穷苦的老百姓不起来反抗他们的军阀？因为军阀告诉他们：你看我们不费一兵一卒，东四省就拿过来了，只是两块钱一个人的收买了一班人，冀察也弄到了手，是这样的便当，你们老百姓要是爱国的，也不好意思不负担一点军费。这么说来，岂不是我们中国人倒害了日本的老百姓受苦吗？假使我国当时起来抵抗，东四省就不会失掉，东北就不会陷于今日的地位。我们试看现在意大利侵略阿国①，几个月来花了五万万多的里拉，只占了阿国的六分之一的土地，意大利的人民已经起来讲话了。如果我们当时在辽宁就抵抗，使日军花了不少的钱，

---

① 阿国　全称阿比西尼亚，今译埃塞俄比亚。1935年10月3日，墨索里尼下令30万意军入侵该国。

牺牲了不少的生命，还不能占据辽宁一省，日本的老百姓一定会起来责备政府了。试看淞沪之役，十九路军抵抗了几个月，日本军队中已经有不肯打仗的。如果中国和他打上一年半年，日本的军人，就要罢战，老百姓就要起来罢工，而反抗日本的侵略者。到日本的老百姓也起来反抗日本的侵略者，日本的大陆政策就要被粉碎！所以我们第二个炸弹就是：太平洋各国民众来一个反抗侵略战争的运动。

自然，太平洋反抗侵略战争的运动，主要的力量是在日本的老百姓，因为他们受侵略战争的痛苦最大。我们发动了这种运动，他们必定起来做我们的声援。但是这第二颗炸弹是要等第一颗炸弹爆发了，它才能爆发。这好比是一个新式的开花弹，外头的一层开了，第二层才能开，跟着第三层才能够开，于是才能轰然一声全爆开。所以我们要先发出第一颗炸弹——大众起来对日抗战。

第三颗炸弹就是太平洋的集体安全制。大家都知道，现在欧洲正有集体安全的运动，这是一种反抗侵略者的运动。如小协约国的互助公约①、法苏的互助公约②，就是这种表现。这种公约的用意，就是在共同防止侵略者的压迫，如果当事国有受侵略者的压迫时，其他国家要起来帮忙，合力打退侵略者。这是由政府方面发动的。我们太平洋沿岸的国家也可来实行这种集体安全制，以抵抗日本的大陆政策。在这一方面我们当然不能有什么奢望，因为各国政府相互间有许多矛盾的地方。这种集体安全制有哪几国可赞成，哪几国不赞成；不赞成的国家的民众，能赞成这种制度的程度又怎样，都是很成问题的。我们虽不能有怎样希望，但是我们也不能够把它一笔勾销，完全不理，所以不妨把它当作第三颗炸弹看。

这三类炸弹原是互相联络，很有关系的。中国人神圣的天职是民族革命的斗争，而太平洋的反抗侵略者运动，和太平洋沿岸国家的集体安全，对于我们的民族解放都是很有帮助的，对于日本的大陆政策都是能够加以阻止的。可是现在还有一种歪曲的理论通行着，这是从日本来的，是所谓"自力更生"的论调。日本侵略者说：你们中国人要靠自己的力量才能恢复国势，靠外国人是不行的，靠国联也是不行的；如果靠外国人，也只有靠日本人才行，如果你们不愿靠日本人，那么只有靠自

① 小协约国的互助公约 原称小协约国组织公约，为捷克斯洛伐克、罗马尼亚、南斯拉夫三国在法国支持下为防范德国侵犯而于 1933 年 2 月签订。

② 法苏的互助公约 即 1935 年 5 月由法国同苏联签订的同盟条约。

己。这便是日本人要骗我们所提出的自力更生的论调。一些日本留学生受了日本人的骗，以为这种说法很不错，回国后，就大倡这种论调，自欺欺人。不错的，要救中国，非我们起来拼命不可，这个谁不承认？我就首先承认。但是只是靠自己才能救国家，很难令人相信。打个比喻：有一班人走入山林里，碰着了老虎，其中有几位不幸被虎咬倒了，眼看他们鼻子被老虎一口咬掉了，耳朵也被一口咬掉了，其他的人想过去拯救，而他们却说不必用拯救，他可以"自力更生"。这不是很笑话吗？我们自己固然要拼命拯救自己，但是如果有人愿意来帮助我们，我们怎么不表示欢迎？

我们不会忘记中山先生临终说的一句话："唤起民众及联合世界上以平等待我之民族，共同奋斗。"这便是我刚才所说的三颗炸弹，能粉碎日本大陆政策的三个炸弹。

《石牌生活周刊》1936 年 5 月 4 日

大众教育问题*
（1936 年 5 月）

一、为什么需要大众教育？

简单说来，因为大众失了教育，所以需要大众教育。中国的教育只有少数人，有钱的人、有闲的人、有面子的人才得受教育。这少数人的教育，可以说是小众教育。而掌握国家大权的人，也就是这些小众。掌握国家的大权，照理要保护国家，但事实上东北丢了，热河丢了，冀东丢了，华北丢了，土地一块一块的丢了，丢了二十二个江苏那么大了，而福建也动摇了①。少数人受了教育，不能保护国家，把国土地一块一块的丢了。想把国家大事依靠此种人，说来只有"靠不住"三个字，也只有书呆子才想靠他们，现在只有大众才能救国。

---

* 本篇系陶行知于 1936 年 5 月 1 日在中山大学大礼堂应中大法学院邀请所作的演讲。记录者：陈孝禅。演讲于广东中山大学法学院大礼堂。据陈孝禅记述的演讲有关情形："1936 年 5 月 1 日下午三时半，陶行知开始讲演；这天下午，细雨迷蒙，颇有黄昏暗淡之感，听众不很多，约一百几十人，男的女的，忖他们的心，灼热、光明。""陶先生，个子颇小，白土布学生装，还带一把折扇，态度很从容，一口南京国语，一个教育家的典型"；陶先生讲完第一个问题时，听众掌声雷动；陶先生讲了第二个问题时，听众又是一番热烈的掌声，表示完全赞同，他那"极度紧张的词锋，至此停顿顷刻，看他的样子，还是一团兴致"；讲到怎样去干大众教育这个核心问题时，"陶先生更酣抖精神，不但提出向来的主张，而且提供新的意见。怎样去干大众教育呢？他在黑板上写有四项纲领：一、社会即学校；二、即知即传；三、新文字；四、救国的实际行动"。陶先生讲完了，"是又一阵掌声"。"再次，陶先生又很肯定地答复听众所提出的几个问题，又是一阵掌声。""今天的讲演，给我们以特别的收获。"

① 福建也动摇了　系指 1933 年 11 月，李济深、蒋光鼐、蔡廷锴等公开反蒋，在福建组织"中华共和国人民革命政府"一事。亦指 1935 年 12 月 19 日，蒋介石派福建省主席陈仪偕厦门市长王固盘赴台，"庆祝"日本占领台湾四十周年大典的可耻事件。

我们要大众起来救国，但是大众识字的只有十分之二，他们不知道国家的危险，吃了苦不知道苦从哪里来；受了灾难，也不知道怎么有这许许多多的灾难。他们只晓得吃苦受灾是命运不好，说咱们的老命不行，这是我们祖宗的风水弄错了。

他们受了痛苦，不会去追求痛苦的原因；受了灾难，不会去根究灾难是谁给予的。民族国家的危险，正需要大众来挽救，他们有力量救国，而没有人去启发，没有人去领导。他们不知道困难的根本原因，在于日本帝国主义的侵略；他们不知道灾难的线索在什么地方；他们不知道痛苦的根本原因在什么地方。我们要教大众知道他们所受层出不穷的痛苦，不在于命运不行，也不在于风水弄错，而在于日本帝国主义的侵略，我们要教大众会运用他们的力量，我们要教大众怎样去推翻日本帝国主义，这才是大众教育。我们提倡大众教育，推行大众教育。因为小众拿政权在手，带兵百万，仍是不能救国；救国的问题，只得由大众来解决。我们要使大众知道，国难的根本原因在于日本帝国主义的侵略，而想出挽救的办法来。

二、什么是大众教育？

大众教育和小众教育有什么区别？

第一、大众教育是大众的，不是小众的；

第二、大众教育是大众自己办的，不是小众代办的；

第三、大众教育是大众谋大众的幸福，大众除大众的痛苦，不是小众谋小众的幸福，小众除小众的痛苦。

大众教育的定义是："大众教育是大众自己的教育，大众自己办的教育，为大众谋幸福的教育（Mass education means education of the mass，by the mass and for the mass）。"

在此，我们要仔细分别大众教育和所谓平民教育、民众教育不同之点。大人先生所倡办的平民教育或民众教育，一点儿也无补于事的，我们只要把大众教育的定义弄清楚，自然会明白平民教育或民众教育乃是小众的，小众代办的，为小众谋幸福的。这是大众教育和平民教育或民众教育根本的区别，除此之外，还有许多不同之处。

分析说来，第一，大众教育要对大众说老实话，不要含混，不要欺骗。平民教育或民众教育，便不是这样。譬如说，我看见某平民课本，开宗明义说:"人人有衣穿,人人有饭吃,人人有工做。"这是欺人之谈。你说"人人有饭吃",昨晚隔邻张三全家挨饿了;你说"人人有工做",李四自从工厂辞退回家,没有工做已经许久了。这还说什么"人人有饭吃",说什么"人人有工做",这不是明明白白的骗子吗?我们办大众教育,要说老实话,不要欺骗才行。再如,大众教育也是要农村建设的。不错,农村建设要有组织,也要有礼貌,不过这只是农村建设的一端。要有组织就先要有目的。比如中山大学是一种组织,此种组织,已经有了目的。因此,才不会今天组织了,明天就散伙了。农村建设也是一样道理,既然要建设,就应该有一个中心,没有一个中心,不但要落空,而且会吃亏的。举一个例来说,农村建设之中,有一个叫做"公路建设"的口号。好了,要开公路,于是乎清丈土地,圈定土地,填筑土地;公路造成了,汽车来了,洋货也源源输入了。我曾做一首诗:"圈去农人地,农人哭啼啼,造成汽车路,汽车大王笑嘻嘻。"帝国主义的政治、经济、文化的侵略,也深入农村,于是乎农村更加破产。办这样的教育,要来建设农村,真是南辕北辙!我们办大众教育,要有深远的计划才行。

第二,大众教育也是要生产建设的,一般人提出生产教育,我并不反对;但他们以生产教育做唯一的目的,我就要反对了。比方说,生产主义者,他们以为一亩小麦,要是多收两斗,照这个比率计算起来,全国小麦的生产不是洋洋可观吗?他们以为一亩棉花要是多收五十斤,照这个比率计算起来,全国棉花的生产不也是洋洋可观吗?生产,生产,生产主义的平民教育,就是鼓励农民去增加棉花的生产。日本帝国主义的计划,不是也在华北鼓励农民增加棉花的生产吗?棉花种的越多,帝国主义也越欢迎,棉花原料也越不愁没有地方供给。单教人去生产而不去计较后来的得失,正是帝国主义的口吻。我以为,大众教育教大众生产之外,还要教大众觉悟,大众的生产(Mass must conscious of mass production),才不会偏在后头。这样教人生产,才靠得住。

我们要教人,不但要教人知其然,而且要教人知其所以然。这一回上海的普及教育①,也只教人知其然,自然是不够的。此次我到广东来,在船上,我就想出几条原则来,教人怎样去知其所以然。这〈几〉

---

① 普及教育 指1935年7月开始的上海市识字教育运动。当时组成以上海市市长吴铁城为委员长、市教育局长潘公展为副委员长的"识字教育委员会",计划对16—30岁的青壮年男女实行强迫教育,以600字为最低标准,拟于一年内消灭全市青壮年文盲。

条原则是要大众觉悟的。

（一）知道事情是这样；

（二）知道事情为什么这样；

（三）知道事情怎样就这样；

（四）知道事情怎样会成这样；

（五）知道事情为什么由这样变那样；

（六）知道事情怎样由那样变成这样；

（七）把一切的事情和别的事情联合起来看；

（八）在行动之中追求一切的真理，把真理来指导提高一切的行动。

我们要彻底理解一个事情，要知其然，知其所以然，那么就要依照这八个原则，不然，我们只知其然，教人知其然，这是愚民政策。

举例来说，我们知道生物学、社会学都有发展性，这是学过生物学和社会学的人周知的事。民族解放运动也有发展性，第一、知道中国是如此的一个半殖民地；第二、知道中国为什么会沦为半殖民地；第三、知道中国怎样沦为半殖民地；第四、知道中国怎样会成为独立平等的国家；第五、知道中国为什么要由半殖民地进为独立平等的国家；第六、知道中国怎样就由半殖民地进为独立平等的国家；第七、中国民族解放运动要和资本主义国家人民反抗帝国主义运动，社会主义反抗帝国主义运动，弱小民族反抗帝国主义运动，联合起来，考虑得失，要否大家连成一条共同战线；第八、中国民族解放运动，要从实际行动得到经验，以行动做主要的领导。

大众教育，也要照这个程序和民族解放运动联系起来，务使大众个个做民族解放运动的斗士，就这样去教大众读书，才不会陷入"读死书，死读书，读书死"的泥淖之中。大众解放，中国才解放；中国要解放，就得求大众的解放。如果不是这样，中国是没得救的。

这是大众教育。

分析下来，还有许多话可说。

大众教育是针对现实，小众教育是逃避现实。小众教育象古庙的和尚，古庙的修道，他们不愿跟现实接触的。华北的情形，最易看出来，日本的飞机，盘旋于古城之上，于是学者搬家，古物搬家，仪器搬家，只有古城搬不了家，这是逃走教育。高等教育尤甚，迁校啦，迁图书啦，逃走，逃走，搬走了事！否则做汉奸，投降！只有我们的大众搬不了家，不能逃走，只得死守古城。因为他们即使想逃走，没有地方给他们逃走，没有旅费给他们逃走。而我们大众的教育也就没有跑掉，已经跑掉的不是大众的教育。真正的大众教育要和现实打成一片，现实也是大众的教育，永远跑不掉的。

再如，定县也挂起大众教育的招牌，所谓平民教育或民众教育，可是大人先生教育逃走了。国难没有来，他们还在那里；国难的消息传到领袖的耳朵，领袖、专家就想逃走。他们也知道要逃走，师出无名是不可以的，于是想来想去，想出县单位的试验提高到省单位的试验的法子。这样一来，领袖们、专家们便逃到广西了，逃到四川去了，而用不着顾虑舆论的指责了。他们还在报上发表声明，说这一回的搬家不过是由县单位试验提到省单位试验。真的由县单位提到省单位，是事业的扩充，我很喜欢能够这样的。河北省是定县的所在地，也是国防的最前线，危险万分，在这里才真正是试验省单位，才真正做救国的工作，为什么不提到河北省做省单位试验而提到广西去，提到四川去，还不是逃走吗？几百万元给他们花掉了，几十几农民给他们抛弃了！大众不能逃避现实，他们要保护自己的生命、自己的田庄、自己的财产，教育要居于领导的地位才对，而现在定县的教育领袖跑了，这是绝大错误！真的大众教育要从现实中找出题材，针对着现实，这也可说是大众教育和小众教育不同的地方。

三、怎样去干大众教育？

（一）社会即学校。办大众教育第一个难关，没有房子怎么办？办大众教育当然不能希望有这样考究的房子，店铺、家庭、茶馆、蓬户、庙宇、晒台、茅厕坑、监牢、坟墓，都是教育场所。上海的日本工厂，压迫中国工人，无微不至，工人的谈话，也在禁止之列。但是工人救国的会谈，也不因此而终止，他们装大便，到茅厕坑去，你能说茅厕坑不是学校吗？如果你犯了罪，如爱国罪之类，给宪兵、警察抓到监牢去，在监牢学会了许多东西，难道监牢不是学校吗？你到黄花岗七十二烈士墓去，你的见识，你的回思，你的感慨，算是上了一课。我到上海无名英雄墓①去，也上了一课，坟墓不是我们最好的课堂吗？

---

① 无名英雄墓　指上海宝山县庙行的"一·二八"无名英雄墓。1936 年 1 月 28 日，上海各界举行"一·二八"四周年纪念会。陶行知与近万名参加者在会后参加了游行，徒步 45 里至无名英雄墓前，悼念死难烈士。

我们若愁没有房子开学校，对有钱、有空房子的人商借一间半间房子办学校。哼，免开尊口！社会就是学校，我们在亭子间、工厂、码头、田头、茶馆、庙宇，处处都可以受教育。先生来了，我们读书吧。穷人慷慨，他们的牛棚、蓬户，无妨借来做课堂，即使没有，山上、树林不也是绝好的学校吗？我们办大众教育，只要明白社会即学校的道理，处处都走得通。

（二）即知即传。有了地方开学校，没有先生还是不行。先生不是没有，月薪三百块钱，穷人哪里负担得起？三十块钱不行，二毛钱，还是不行。然则先生哪里来呢？我的办法："即知即传"。知道一条真理，负责传遍天下；知道两条真理，负责传遍天下；我传你，你传他，他传他，传到码头、工厂去，传到农村去。一人教十人、二十人、三十人，你教我，我教他，他教他，一村之中，总有一二个人合农人的口胃吧。一人教十人、二十人、三十人，做个传道者。譬如从前办小学，只知道教学生，其实小孩也可以做先生的，所以现在办小学，要教小孩子做学生，也要教小孩子做小先生。

小孩子做小先生，古已有之。私塾先生有了学生代课、代管理，他便可安心去打麻将，睡午觉，临去只要吩咐一声："你们好好地读书，不要闹，不然，我回来就要打屁股了。"就没有事了。这正像资本家的剥削制度，在小孩子身上揩油。

小孩子做小先生，确是一个很有效果的办法。中国有九千万小孩子，如果大众教育起了作用，我们就有不领薪水、不自私自利的小先生九千万人。这样一来，先生教书也进步了，因为要教孩子去做先生，做先生不能不知得多，不能不知得透，也不能不知得新；不多、不透、不新，学生就不高兴，也不能传人。现在我们有一千一百万小学生，训练起来，也即有一千一百万小先生。现在只差八千万。小先生教大众，先进的大众也做先生。如此继续不断由学生而先生，先生的问题就解决了。

（三）新文字。有学校，有先生，没有工具，还是不行。我们办大众教育，要利用新文字工具。什么叫新文字，原来是拼音字，即是"拉丁化"文字。"拉丁化"我们不敢说了，为的怕人家误会。所以叫上海话新文字也行，叫广州话新文字也行。怕人家误会的原因有二：第一，乡下人不说外国话，你要叫他们学"拉丁化"，他们只听到"拉丁化"三个字就不愿学了。第二，"拉丁化"是从俄国来的。俄国来的东西都是赤化，他们就怕学了赤化了。其实俄国输入的东西，未必完全赤化，上海某文豪，就把"拉丁化"有赤化的危险来责难。我说："你的汽车所用的汽油，不是俄国光华公司的吗？如果从俄国来的东西就是赤化，那么你的汽车所用的汽油，也就是赤化了。"某文豪哑然失笑，给我问倒了。原来新文字是从海参崴的华侨传入来的。海参崴华侨的知识分子，用新文字推行华侨的识字教育，收效卓著，因此就有人介绍到中国来。一般人对于华侨只晓得要华侨的袁头①，旁的东西，一律拒绝，难道这是公平的吗？可以销俄国的汽油，难道不能推销旅俄华侨的新文字吗？

我们要了解新文字的好处，我们得先知道国语罗马字的不行。旁的不说，只要知道国语罗马字的二个难关：第一，国语罗马字用北平话做标准音，中国的方言复杂万分，国语一时很难推行，换句话说，国语在短时间内不易希望普及。你看乡下人一辈子不出门一步，一辈子不上北平，一辈子没有和国语相接触，所以即使学会，也没有什么用处，倒不如规规矩矩去学汉字。像我学北平标准语，学了五年，还是二不像。所以用国语罗马字做普及教育的工具简直是幻想。第二，国语罗马字要分平、上、去、入四声，在字的上下左右加点，标明是平声，还是上声、去声、入声，弄得天昏地黑。我们学来，已经感到很困难，何况一般大众呢？

新文字没有这两个难关。广州有广州话新文字，上海有上海话新文字。新文字全不勉强广州人定要去学别种方言。广州人自从一岁以后，已经学会了广州方言，只要学会拼音，就可以阅读新文字、理解新文字，这是文字上的大解放。新文字用连词的办法，不用平、上、去、入四声，它不会把"叫"字弄错做"吊"（diao lan dung）字。da dao 一词，"打倒"、"打稻"、"大刀"，三个意思不同，若是把一句话连起来就行，打倒（da dao）走狗，农人打稻子（da dao z）、关公的大刀（da dao），决不会弄错的了。

新文字不但没有国语罗马字的两个难关，而且有易学的好处。大众聪明的，一天学会；笨的，一月也学会；我们念过 ABCDE 的，很快就学会。大家说广东话，学广东话新文字，只须两个钟头。我们要做先生的人，要教学生；学生又做先生，再去教学生，所以我们更要赶快学

---

① 袁头　通称"袁大头"，是袁世凯篡权后发行铸有自己头像的银币的俗称。

会。现在，广州话新文字方案共有四种，将来由专家审定，采取一种方案做广州话新文字的标准，凡说广州话的大众，如广州、香港、中山、澳门等地方，都可以用来做工具。上海的大众，采用上海话新文字做读书识字的工具，大家都可以读书阅报，明白道理，运用力量来救国了。大众有了识字的工具，初级教科书一分钱，铅笔一分钱，拍纸簿一分钱，中高级教科书一分钱，高级教科书一分钱，大众花了五分钱，就可以读书阅报，运用大众的力量来救国。

新文字的来历上面已经说过，新文字运用的发展，我也得提一提。大家知道在上海救国有罪的，所以有些爱国志士，为逃避检查者的耳目，他们就利用这种新文字。那班检查者，横看不是英文，直看也莫名其妙，常常掩饰过去。又有些青年男女，利用新文字写情书，也无非怕人检查，结果也很有效。我们提倡新文字，倒不是此意，简单说来，只要大众用来做救国的工具。

（四）救国的实际行动。① 昨天也说了一些。我们认定教大众救国的知识，起来做救国的实际行动就得了。

上面四项的主张，已经包括大众教育的主要部分。我们有了理论，有了计划，有了组织，我们起来做救国的实际行动。大家必定已经知道，天津人民自治运动的"喜剧"，其实都是二毛钱白面的力量推动出来，而天津市长，也居然接见这班东西，这是汉奸教育，二毛钱的汉奸教育。② 我们的大众教育只要五分钱，培养一个民族解放的斗士，不说二毛钱，就是二百块钱，二万块钱也收买不去。彻底干，达到中华民族解放，中国自由平等才肯罢手，这才有意思。

《民国日报·教育周刊》（1936 年 5 月 8 日）

---

① 此处小标题根据本篇前面星号注中陈孝禅所记文字说明所加。

② 指 1935 年 11 月 25 日，日本策动汉奸并利用小恩小惠笼络一些贪利之人，向国民政府天津当局"请愿"要求"自治"的事件。

我们的态度 *
(1936 年 5 月)

　　我们这个刊物，经过长时间的筹备，居然在这多难的五月出世了。

　　在这个年头，要办一种刊物，说几句自己心上所要说的话，本不甚容易，但是我们的态度是坦白的，我们的心地是纯洁的，我们既决定要说自己所要说的话，那我们也只有坦白地、纯洁地不管一切地说话了。

　　现在谨先将我们两个基本主张贡献于读者：

　　（一）我们坚决地主张教育目标的大众化

　　我们所主张的大众教育，包含有两种意义；其一，过去的教育是少数的、独占的教育。这种少数独占的现象，不但是一种社会的病态，而且与需要大众为民族生存而斗争的现局相矛盾。教育的大众化，不仅站在大众的立场，是我们应有的权利；即从民族立场观察，亦是我们应有的责任。所以我们主张，将少数的独占的教育归还于大众。其次，通常的教育，每专指学校内的教育而言，并且以为教育的任务只在教人识字读书。但是，我们所理解的大众教育，却并不是这样的。我们以为，教育并不是被以砖墙或篱笆围着的学校所限定，而且教育的主要目的，也并不在于教人识字读书——固然识字原是重要的手段——而是在教人，在行动中解决他自身与他所属的社会的困难。所以，我们主张的大众教育，是要冲破学校的围墙而以整个社会为教育的场所，而且由文字、知识的教育，扩大为超文本的行动的教育。

　　（二）我们坚决主张教育理论的现实化

　　这里所谓理论，决不是空想的，而是要从现实的、综合的观察中发

---

　　* 本篇系《大众教育》的发刊词，原文发表时无署名。《大众教育》，由陶行知、郭一岑合办。陶负责组稿、编审等事务，郭负责刊印、经营等事务。发刊词等重要文论，当由陶行知起草或审定，且本篇文意也完全符合生活教育的基本原理。

现事件的联系。过去的教育，正犯了两种相反的错误：一种是离开现实的空想的理论，如所谓人格教育、文化教育是；另一种是根本缺乏综合理论的实验主义的教育观。他们都只是枝枝节节地做些头痛医头、脚痛医脚的工作，看不见或看不清教育与现实的各方面的联系。这两种错误见解，更递地在中国教育领域内散播了不少的毒素。现在，我们对于这些错误是要不客气地给予清算的。

教育是一种行动，而行动需要理论的指导；没有理论的行动，那是盲动。并且行动之能否成功，要看理论之是否正确。因为不正确的或歪曲的理论，是要导行动陷于错误的泥潭的。即以国难教育为例，假使不了解什么是国难，不了解教育的本质，或不了解国难与教育的联系，则在教育的实施上，必然地要陷于错误的。我们看现在各地所实施的国难教育之不伦不类，即由于没有正确的理论指导之故。所以，正确的教育理论是教育行动上所不可须臾或离的。

总之，我们今后的努力，一方面要竭力将教育建筑在大众的基础上面，而另一方面要竭力建树一种正确的、合于现实需要的教育理论，以为教育行动的指导。然而我们的力量是有限的，希望同情于我们的教育工作者以及受教育的大众，多多帮助我们。这个刊物原是属于大众的。朋友们！在这民族危机已经压到头顶上的今日，让我们在教育领域的工作中，来尽一部分民族解放运动的责任吧！

《大众教育》创刊号（1936年5月10日）

中国的出路 *
（1936 年 5 月）

　　行知这一次到广西来，自己觉得到了真正自由平等的中国来了。我们在上海平津一带，甚至于连"抗日救国"这四个字都不好说，要说就要秘密的说，不然就要给帝国主义者或汉奸的政府逮捕暗杀——压迫到十八层地狱中去。到广西才算是爬出地面来了。一［这］会儿从地底爬出地面，看见了光明的太阳，呼吸些新鲜空气，你想想看是多么的愉快呢！不过，被压迫在地底下，也不是永远没有希望的——抗日救国的情绪犹如一颗种子，深深地被压迫在地底下，它总可以慢慢地吸收营养水分，到了相当时期，它自然破壳而出，发芽高长。诸位看看这些树，从前不是被压迫在地下的一些种子么？我们现在就是被压迫在地中的一些抗日救国的种子，总有一天会冲地而出，完成我们的任务的！诸君都是中华民族革命的战士，所以今天特别提出"中国的出路"这条总目和诸位谈谈。这个题目分为四段：（1）揭开日本大陆政策的内幕。（2）撕毁汉奸政府的假面具。（3）各地民众抗日救国运动悲壮热烈的情形。（4）中国唯一真正的出路。

　　一、揭开日本大陆政策的内幕

　　日本的大陆政策，很明显的可以在伪满洲国教科书上看出来："满洲定，而华北定；华北定，而支那定；支那定，而东亚定；东亚定，而

　　* 本篇系陶行知于 1936 年 5 月 16 日在南宁市中学的演讲。记录者：莫邪。在南宁《民国日报》发表时，文末附有记录者的话："这篇记录交到我手里的时候，陶先生已经离开了广西，不能请他亲自订正，那我只好冒昧地代劳了。陶先生这次南来所负的使命是'连接抗日救国的战线'。所以他在各处的讲演，都不出这个题目。我因为奉命陪伴他，可以听的也不只一次。因此，就记忆之所及，将记录略加订正。错误的地方想不能免的，这个责任当然由我负，不关陶先生的事。此外我要多一句嘴，就是，我听陶先生讲这个题目，虽然有好几次，可是及到我看这纪录时，仍然是大大地感动。真诚的人讲真诚的事，未有不动人的！"

世界大同。"这几句话很明显的表现出日本一颗贪得无厌的野心，不但夺取了东北四省，还要夺取华北，并吞全中国，覆灭全世界。近来我们提倡一种与帝国主义算账的算术，这种算术，是教育部所审定的教科书里所没有的。各位试算算看，自"九·一八"以后，我们被日本帝国主义侵占了或已经划入势力范围的土地有多大？据上海的小学生所得的结果，是等于二十二个江苏省。请各位同学也来算一算，究竟等于几个广西？

最近日本已经改变了他们侵略的方法，这方法叫做"以华制华"的政策。即是利用军阀、政客、地痞、流氓以宰制中国的大众，所以也可以说就是汉奸的亡国运动。前次的华北自治活动，便是日本人发两毛钱一个所收买的流氓，每人发给一件号［马］褂，叫他们穿在身上，上面写着"要求自治"四字。这一群流氓，受人的指使，一直走到天津的市政府，大家闹着"我们要自治"。其实他们这般人，目的只在两毛钱。同时日本人还看破了军阀的心理。军阀的心理是什么？就是"保存实力"四个字。因此他们便多方面去游说军阀，不要和日本人打仗，叫他们保存实力。并且他们还煽动内乱，以收各个击破之效。这是日本人最巧妙、最毒辣的方法。

"九·一八"以来所失之土地中，有两个宝贝：一是辽宁的铁，一是华北的煤。这两个宝贝是发展民族工业不可少的。现在失掉了，我们的工业就不能发展，我们的工厂就为日本鬼打碎，以后只能永远靠着种田过日子，做他的农奴，供给他们的原料，做他们的殖民地。所以我们之收复失地，又可以说：是收回华北的煤、辽宁的铁，来发展我们的民族工业。

其次，我要报告东四省及华北一带暴力压迫下同胞们流离颠沛的惨状。农民最重要的家伙就是土地，日本人用最低的价值买去。比方说，值得一百元的田地，他只付你三十元，便强迫地要去。试问，农民卖了田地靠什么为生，不是白白饿死么？有一个富于抵抗性的农夫，不肯出卖他的田地，于是就被日本人缚在马腿上，叫马拖着跑，幸得这个农人很强壮，给马拖了二十里后，解下来还能够站起来，仍旧是倔强的不肯卖。几个蛮横无理的日本人就跳过来把他打倒在地下，一脚踹在他头上，把眼珠踏出了。这是如何悲惨的事呢！这农人的照相，我们那儿有。

大家知道，东三省有一个抚顺煤矿，那儿有一位工友亲自对我说：

"没有一个军队的弟兄的体格比得上抚顺煤矿的工人的。可是那儿的工友们一年要死四分之一，四年便要完全地更换一批！别的矿区工人伤的多，死的少，而抚顺工人每伤必死，这是什么缘故呢？因为这些工人多半是山东来的，离家很远，他们死了之后，其抚恤金无人领取，因此日本人的打算，与其让工人生，不如让工人死，因为如果伤了的工人替他慢慢的医治，一定须要很多的治疗费，倒不如给他死去省些钱！"

上海日本纱厂的工人生活，也是被压迫着过牛马的生活，两个人不能在一起说话，如果说了就挨打！不准读书，甚至连《三民主义》、《千字课》或《老少通》都不可以有！搜了出来就要打屁股，打了才开除！若是找得出一本《大众生活》，那还了得？！便说是共产党，即刻送到捕房去坐牢。日本工厂做工的时间特别的长，每天十足至少十三小时，星期日十八小时，这多做的五小时是无工钱的。有一个在十九路军当过兵的工人梅锡[世]钧，他衣袋里带着一张军服小照，有一次被日本人检查出了，厉声的问他："你当过兵的吗？""是的！当过兵！""当过兵还来做工？妈的！"就一拳打过来。那位姓梅的工人是学过拳的，接着一拳就打倒日本人。另外一个日本鬼过来，又被他一腿打倒在地上。于是他们就吹起警笛，召集五六个日本人来把这位姓梅的工友打倒吐血，扔在门口，由他家里的人抬回去，不到几天便死了。这是如何悲惨的一回事呵？！我们要知道，这并不是梅某一个人的事，是四万万同胞的事！梅锡[世]钧是代表四万万人而抵抗，以一个人抵抗五六个人的进攻。我希望人人都有这种英勇的精神，那么我们一定可以把已往的失地一律收回来的！

凡是在日本势力下的工人、学生，完全不许读中国历史。"九·一八"、"一·二八"的历史更不用说了，整个事实抹掉去。在天津等地的知识分子，若是高谈抗日，不久这个人就要失踪，过几天就有一袋袋的麻包抬上汽车，运到海轮上去，由海轮运到海中一个个地投入海里（据海员们说）。这些麻包是什么东西？知识分子失踪到哪里去了？在天津的日本军队，在街上行走的时候，如果有人碰着他一下，就是一刺刀。听闻说，在福州也有这类的事。他们不但欺负普通人，同时欺负军队。当于学忠在天津做主席的时候，日本的军队竟然在省府卫士的刺刀上擦火柴，点火吸烟，其辱国欺人、凌辱我同胞之情形如此！这种是什么生活？这就是日本大陆政策势力所到之地人民所过的亡国生活！

二、撕毁汉奸政府的假面具

南京政府不抵抗，把美好的国土一片片的丧失，一面还厚颜与敌人杯酒言欢，高谈亲善，无耻何极！对国人始终说假话，不承认不抵抗，而美其名曰准备抵抗！最初说准备二十年，十年生聚十年教训。记得"九·一八"后，有许多学生跑到南京去质问军事领袖，领袖说："你们不要急，看我三年内把东三省拿回来！如拿不回来砍我的头！"学生们被他哄了一下就回去了。现在已经四年了，东三省还在日本手中，这位领袖的头仍然还在肩上。

五中全会行将开幕时，南京政府黉夜进兵，拉夫挑担，好像立刻抵抗的样子，于是把各方面的代表都哄来了，西南的代表都被骗参加了。若果不装模作样，我恐怕西南的代表不会参加的。当时有位小先生写封信给我，说他村里那个守庙的和尚都被拉去挑担了，闻说是抗日。我在信上说："你且不要急，等和尚回来再说。"果然，五中全会开完了，和尚也回来了，抵抗在哪里?！这是南京政府抗日的把戏。可是，你南京政府不抵抗也罢了，不要压迫老百姓，不许他们也不抵抗！不要把抗日救国的人当着罪犯来枪杀！

三、各地民众抗日救国运动悲壮热烈的情形

十二月九日，北平发生了一个空前的民族解放运动，有人说这个运动和五四运动相同。我以为不同（曾在《十二月运动与五四运动》一文中指出）！有六点不同。现在我只提出一点来说，五四运动时，学生只知道打卖国贼，不知道危险，一团高兴干出来的事。十二月运动则不同，事先看清楚了危险，明知道头上有飞机，前面有刺刀、机关枪，脑子里有"五卅"的经验，凶多吉少，是不待说的，可是他们竟能赤手空拳，准备以自己的生命血肉争取中华民国的生命。这是一个何等伟大悲壮的〈运动〉！汉奸政府的责任，就是阻止这种救国运动，所以布置了四道抵抗救国者的防线：第一道是拿木头棍子的警察，第二道是水龙，第三道是刺刀，第四道是机关枪。学生们四个人一排，女生先冲，遇着警察就高呼："中国人不打中国人，请武装同志加入！"警察们听了，木头棍子都失了效用，第一道防线就很容易的冲过去。第二道防线是水龙，离得太远，学生们喊的声音听不到，自来水只管冲过来，在那天寒地冻的北方，冲过来的每滴水都变成了冰，又冷又滑；但是大家仍然英勇的前进，走不动时，便爬着走，爬到第三防线。第三道防线的兵士都恐慌起来，一恐慌就刺刀乱下，替帝国主义杀害自己的同胞！有一个十三岁的女孩被踢倒在地上，刺刀正要刺下时，给一个外国女记者看见了，大为不忍，于是扑倒在这女孩身上，对警察说："你们的刺刀应该向日本人刺！这个女孩是中国最英勇的一个抵抗者！"警察听了很惭愧的走开了。学生们奋不顾身以血肉拼命夺取中华民族的自由平等，唤起全国民众共同走上民族革命的战线。十二月十六日学生民众轰轰烈烈的抗日救国运动，影响了全国，十二月十八日天津也响应了。各位知道天津是日本军队的势力范围，救国运动是不易举行的。日本兵尚且可以在省府卫兵的刺刀上擦火柴吃烟，其凶恶横暴之状可想而知！可是救国运动究竟是不能遏止的！事前有一个学生提议说："凡是愿意牺牲血肉生命冲入日本租界去的请签字！"不期然而签字者百人。大家只有出去没有回来的决心！刚出校门就有同学高声喊着："你们就忍着看这一百人为救国而牺牲么？"于是顷刻之间便齐集了数百人，走到别个学校，别个学校的同学也加入，一会儿就聚集了四千人，大家都准备冲入日本租界去和日本人拼命！日本人得了这个消息怕得了不得，立刻关起铁门，布满铁丝网，装上电流。大家冲不进去，便站在大门外大呼："打倒日本帝国主义！"声如雷动！日本鬼躲在铁门里潜伏得如乌龟藏在壳里，不敢动弹。那天准备牺牲的四千条生命一个都没有牺牲，然而目的却达到了！结果日本兵再也不敢在街上横行无忌。可见要民众起来才可以救国！接着便是上海的文化界、工人、农民、妇女、小先生都纷纷起来参加救国运动。现在也想提出两件来报告：是上海的学生运动，由复旦大学领导，有一次要想跑到南京去质问当局："要准备多少日子才敢抵抗？"南京政府听到了这个消息，便慌忙起来，立刻拍电叫校长劝阻。校长说得嘴都干了，没有效！学生说："校长叫我们爱国可以！叫我们不做救国运动不行！"于是聪明的南京政府又想出第二个办法，预备了许多棍棒，来一个打一个，来一双打一双，来一千打一千，来一万打一万！叫保安队拿着等在火车站里。但是，那些保安队都是东北的爱国同胞，他们说："我们要打回老家去，学生，我们不打！"棍子没有人拿。第二步计划又行不通！学生仍然要去。去就去，把火车开到几十里外再停止，看你怎么去。汉奸究竟多聪明，学生们也就不愚，派了两个学机械工程的学生坐在车头看他开车，果然不一会那个汉奸停了车下来，一溜烟走了。汉奸们高兴得很，谁知一会儿火车竟继续开动起来。那还了得，学生也会开车了！立刻打电话给前站把铁轨拆去。这一节学生们事前也曾想到，于是把后面的铁轨拆下来接上前面去，火车又向前迈进了。南京得到了这个消息，不得了（南京政府怕学生甚过怕日本人），立刻派谷正伦领兵三千前来抵抗！抵抗谁？抵抗救国的学生！徒手的学生当然抵敌不住三千大兵，可是目的已经算是达到了。学生们的领袖说："我们不必问南京政府抵抗不抵抗了，南京政府是不抵抗的，南京政府的兵只是用来抵抗救国的学生！回来罢！"

其次，说到上海日本纱厂工人为梅锡〔世〕钧同志报仇的故事。日本工厂里的工人，是不许两个人一起说话的，大家要想为梅锡〔世〕钧报仇，没有地方聚谈怎行？幸而纱厂中还有一片干净土，这片干净土是什么地方？那便是毛〔茅〕厕。于是五个人就聚集在毛〔茅〕厕中商量："梅锡〔世〕钧死了，我们应不应替他报仇？""应该！""如何报仇？""罢工！""好！"五个人走出毛〔茅〕厕，来到工作场，喊一声罢工，四千工人便一齐罢了工。并且把日本人赶了出去！这是我们英勇的民族精神表现的地方。我们要知道抗日，不是没有办法、没有力量的。只怪汉奸政府不善处置，一味的把大事化为小事，小事化为无事，于是就诬指为共党所为，以致把这英勇的民族运动压制下去！过了两天，连梅锡〔世〕钧的家人都被政府藏了起来，马马虎虎的过去了。总之，梅锡〔世〕钧之死，是为民族而死，不是一个人的死，将来这个思想普及全国之后，我想总有一天会爆发出伟大的民族救国运动的。这个运动就好像一粒种子被压在地下，现在南京、上海等地的救国运动，都是在地底下活动，只有在广西，可以在地面上活动。我们要把全国的抗日救国战线连结起来，共同努力奋斗！这次南下，在广州遇着一位旧朋友，我问他，你来这里干什么？他说为粤汉路接线。我心里暗说，这回我南来也是接线，我接的是抗日救国的战线！

四、中国唯一真正的出路，这就是用武力抗战

第一，从科学方面说：自卫抗战是宇宙间的天经地义！国家犹如身体一样，军队就是白血球，白血球遇到了微菌，就拼个你死我活，不是微菌被杀，就是白血球牺牲。我们的军队也是应该以卫国杀贼为天职。如果我们的白血球遇着了微菌也如中央政府一样的"准备抵抗"，恐怕我们的生命也早已呜呼哀哉了。所谓"准备抵抗"，那只有汉奸政府才发出这种无耻的言论。

第二，我们要认清楚东四省是全中国的东四省，不是东四省的四省；华北是全中国人的华北，不是华北的华北；福建是全中华民族的福建，不是局部的问题。所以，一个地方有事，就要全国急起解决之，不

能诿之地方交涉！

第三，我们要联络起来抗日的阵线。把所有要抵抗的人联络起来。有兵权的人联络起来，中国人不打中国人。如果有人不愿抵抗的，就是汉奸，就应该打倒！打汉奸不是打中国人，是打日本帝国主义的走狗！

第四，近来有人提倡自力更生。我以为，这犹如几个人走上山遇着了老虎，譬如我被老虎扑倒了，老虎对我说："你应该自力更生啊！"我也胡涂得很，我对那几位朋友说："你们不要来救我，我自力更生啊！"这个语调是日本人欺骗愚惑我们的，竟然也有许多大人先生盲从的喊起来。这是不对的。中国拼命抗战是天经地义，若有人愿意帮助，那是更好的事，为什么拒绝呢？不是很傻么？所以，我们应该联合世界上以平等待我之民族，共同奋斗，这是孙先生给我们的教训。其次，抗日要大众起来奋斗才行，少数人是不够的，要大众起来，就首先要唤起大众，组织大众，武装大众才行。这次南下，在广州第一次和胡展堂①先生谈话。我问："中国如何救？"他说："要救中国就要抗日！"我问："如何抗日？"他说："大众起来！"我说："如何起来？"他兴奋极了，说："民众自然有办法起来，民众的办法就是我的办法！"这是一句真心话。我希望全国民众都知道这句话；大家起来！要民众起来才有办法，胡先生对于这一点是认识得很清楚的。

再有一点意思对学生诸君说——"学生"两个字的解释——所谓学生，即是学习人生之道。现在人生之道是什么？即是中华民族生存之道。若是国家灭亡了，我们也就无法生存。所以，现代学生唯一的责任如何救国。学校的功课应该立刻更改，务与救亡工作互相关切。课余则努力宣传，唤起大众。这个责任应该由学生负起的。在校的可以写信宣传，有暇可以在街上作口头宣传，务使人人都知道救国的真义，人人都成为民族争生存的战士。这次到广西来，所得益处不少。贵省太平天国民族革命的精神，黑旗军抗敌争存的精神，四集团军北伐扫除封建余孽的精神②，广西努力建设的精神，在在都充满着这种精神！我希望，我们能本着此精神以收复领土！复兴民族！务使中华民族能达到自由平等

---

① 胡展堂 即胡汉民（1879—1936），原名衍鸿，字展堂，广东番禺人。国民党元老，历任国民党中央政治会议主席、国民政府立法院院长等要职。"九·一八"事变后，主张抗日。在此次与陶行知面晤后不久即去世。

② 因为前述太平天国起义、刘永福的黑旗军抗法以及以李宗仁为总司令的国民革命军第四集团军北伐，均由广西出发，所以陶行知提到抗日"精神"时有此说。

的地位！

末了，这次到贵省来，看见诸位民族战士勇往励进的努力，使我十分佩服！我希望，总有一天，在北方看见各位肃清国内汉奸，收复东北四省。这个光荣的日子我想一定有的，大家期待着罢！

《民国日报》（南宁）1936 年 5 月 20—30 日

文化解放
（1936 年 6 月）

一、什么是文化？

文化是什么？初看起来是一个很容易答复的问题，但是仔细想一下，却有些困难。我们看到一本书，大家都可以承认它是属于文化方面的东西，但是遇着一把石斧的时候，我们的意见就要分歧了。有的人承认它是古代文化的遗产；有的人就不免要把它划进别的部门里面去。如果我们承认它是文化的遗产，那末一切生产工具都可以包括在文化的范围里面去了。石斧既是属于文化，那么，锄头乃至机器都可以算为文化了。这样一来，文化范围可就广大了。除了大自然之外，凡是人类所创造的一切都是文化了。凡是可以用来生产、战斗、交通、享乐、治理、思想的工具以及这些工具所引起的变化都可以当作文化看待了。这是一个顶宽的看法，也是一种顶简单的看法。照这样看法，文化是与大自然相对起来。世界上的一切可以分成两大类：一类是没有加上人工的，叫做自然；另一类是人工所创造的，叫做文化。但是在这个广大的定义之下，研究讨论的工作是不易进行。因此我们要从这广大的事物里抽出一部分来，特别叫它为"文化"。这部分便是记录思想、传达思想、发展思想、改变思想的符号、工具和行动。照这样看法，在文化里面是包含了书籍、报纸、戏剧、电影、学校教育、社会教育、民众运动、高深学术研究等等。在本质方面看，文化工作是反映着人类经济政治的思想。这个定义是与一般人普通所想的接近。

二、对谁解放？

大众是文化的创造者。最初连语言文字都是从劳动中产生出来的。从哼呀哼呀的呼声里发现了语言，这是不可否认的事实。在树皮上画游猎的路线是文字起源之一。石斧、石刀、种地、造房子不是什么圣人发明的，乃是许多劳苦大众一点一点的积起来的贡献。近代工人对于发明上千千万万的贡献都给科学家偷了去，写在自己的帐上。文化是大众所创造的，文化是被小众所独占。现在应该将文化从小众的手里解放出来。创造文化的大众应该享受创造的结果。文化是无疑的要对大众解放，使整个文化成为大众的文化。现在的文化解放运动可以说是大众文化运动。

三、认识上的解放

文化有什么功用，我们必得把它认识清楚，才能谈它的解放。有些人把文化当作装饰品看待，以为大众用不着这个东西。我承认现在所谓"文化"当中有一部分是好比金刚钻戒指。但是有一部分是思想斗争的武器，这武器必定要解放出来，给大众抓住，然后民族大众的解放才有很快的发展。其次，有些人以为大众文化是要等到大众政治实现以后才有可能。我承认大众文化的普及是要等到整个政治变成大众的政治。但是，大众的政治决不是凭空从天上掉下来的，它是要靠着大众继续不断的奋斗才能实现。这奋斗是要运用文化的武器以转变大众的思想，才能保证胜利。另外，特别是从事文化工作的人，太夸大文化的工作，或把文化看作一个孤立的东西。他们相信文化万能，或者是为文化而文化。这样会叫文化工作脱离了现实而变成一个没有作用的东西。殊不知文化所要记录、传达、发展、改变的思想乃是人类生活中心的思想，即是政治经济的思想。文化脱离了政治经济便成了不可思议。我们认识了文化是政治经济斗争的武器，就没有这个毛病了。最后，还有一种人以为文化的工作是纯粹的头脑工作。他们把它看成一个静的东西，可以静坐而得，静坐而传。他们忽略了行动与思想的关系，他们没有认识文化运动作用。我们如果认识文化是民族大众解放的斗争的武器，这个静止文化的错解也就消灭了。我们对于文化的功用至少要有这点认识，然后才能把它从错误歪曲的观念里解放出来。也唯有把文化从错误歪曲的观念里解放出来，文化才能发生真正的作用。

四、工具的解放

中国的思想符号主要的是汉字。读书人要化一两千块钱，学它十年二十年，才可以读点古书。平常的人化它百把块钱一两年只是一撇一直的象稻草一样吃到肚里去不能消化，俗语叫做不通，读书没有读通。这难写难认的汉字只好留给那少数有钱有闲的少爷小姐去学，无钱无闲的大众和苦孩子必得另找出路。这出路就是近年提倡的易写易认的新文字。大众只须一个月每天费一小时就会写新文字的信，看新文字的报，读新文字的书，那是多么便利啊！大众文字的解放是大众文化解放的钥匙。

五、方法的解放

传达文化之方法，依我看来，有三点最要解放。第一点，灌注的教授法最要不得。他把接受文化的人当作天津鸭儿填。民族大众解放运动最需要的不是灌注的演讲而是对于时事之讨论。这种相互之自由讨论，如果有前进书籍杂志作参考最能启发人的思想。学生和大众应该普遍的从灌注的教授法里解放出来，跑到这种自由讨论的空场上呼吸些新鲜空气，晒一晒太阳光。第二点，是知识封锁也要不得。从前的观念是学问自己受用，学校变成守知奴的制造厂。我们应该把自己从这知识私有卑鄙习惯里解放出来，我们对于真理应该即知即传，不肯教人的人不配受教育。从前写文章的人，是写得愈深愈觉得得意；现在呢，连白话文都得解放成大众文，使得大众易于了解。这的确对于传播文化是有很大的作用。觉悟的知识分子都得把自己的作风解放出来使得大众易懂。第三点，要不得的是教而不做，学而不做。我们要在行动上来推进大众文化。我们要从静的方法解放出来，使大众加入真正的行动以追求行动的真理。

六、组织上的解放

文化的组织是被小众捏得死死的。学校里的训育管理变成官僚化。学生只是被治而失去了自治。我们要把文化从模范监牢里解放出来，使它跑进大社会里去。社会即学校。文化的场所多着哩。茶馆、酒楼、戏院、破庙、茅棚、灶披、晒台，甚至于茅厕，在今日都成了大众的课堂。整个民族解放运动成了大众的课程。平常的课程如果是和民族解放运动配合起来，就不得不起质的变化。例如算学吧，那是看作一门纯粹的学科，然而把整个中国失掉的领土富源算一算，便立刻从平常的课程跳入非常的课程里面来了。在新的组织里，教师、学生和大众是站在一条民族自救的大路上，从前教师与学生间、学生与大众间的围墙都要打通，这样大众的文化才能充分传达、发展。

七、时间的解放

有些传统的学校，名为认真，实际是再坏无比。他们把无所谓的功课排得满满的，把时间挤得滴水不漏，使得学生对于民族前途和别的大问题一点也不能想，并且周考、月考、学期考、毕业考、会考弄得大家忙个不了，再也没有一点空闲去传达文化，唤起大众。说得不客气些，这就是汉奸教育、奴化教育、亡国教育。另一方面，大众一天做十二小时工，甚至于有的要做十六小时的工。他们是没有空闲接受文化。时间是文化战的最大关键。我们必须争取时间来推进大众文化，时间解放是大众文化解放的焦点。

八、新文化创造的解放

新文化之创造是社会进步之特征，同时，也是帮助社会更进一步的一种推动力。新兴的文化多少总是于大众有益的文化。所以新文化的创造是受着前进者之欢呼，同时是遭着落伍者之妒忌。前进的书籍、杂志、戏剧、电影种种是在热烈的欢迎里遇着最惨酷的虐待。明明是一部最好的电影，他会给你东剪一条，西剪一条，剪得使你失去了原来的生命。好比人家生了一个小孩，假如管户口册的人要批评你这孩子哪里生得对，哪里生得不对，你一定是要觉得他做得太过分了；又假如他不但是随嘴乱说，并且手里还拿了一把剪子，看到孩子耳朵长得太长，便毫不客气的剪掉一点，看到孩子鼻子长得太高又毫不客气的剪掉一点，你该觉得这是一个什么人啊！你能忍心的坐在旁边让他剪吗？这样的刽子手是等在文化界的门口，一看见新的作品出来就给它几剪。从这把剪子的虎口里把新文化解放出来，是整个文化界不可推诿的责任。

九、怎样取得文化解放

中国从前有一样东西叫做裹脚布，把姑娘的脚紧紧的裹，裹得肉烂骨头断，裹成一双三寸金莲，好嫁一个好人家。我想和这裹脚布相配的还有一样东西，叫做裹头布，把中国的小孩、青年、大众的头脑壳，紧紧的裹，裹得呆头呆脑，裹成一个三寸金头，好做一个文化奴隶。这裹头布便是加在大众头上的一切文化的压迫。不愿做文化奴隶的人联合起来，争取大众文化之解放！前进的知识分子在推进大众文化上固然能起重要的作用，但是大众文化运动决不能由少数知识分子代办。大众文化是大众的文化，是大众为自己推动的文化，是大众为自己谋幸福、除痛苦而推动的文化。大众文化的解放是要大众运用集体的力量来争取的。它决不是小众可以送来的礼物。并且民族解放、大众解放、文化解放是一个分不开的运动。必得要联起来看，联起来想，联起来干，才会看得清楚，想得透彻，干得成功。

生活教育目前的任务 *
（1938 年 12 月）

这几天在桂林的同志们，得有机会，聚在一块，检讨生活教育之理论与实践，各人都有一些收获。我从前为一位朋友题过三句话：检讨过去，把握现在，创造将来。我们为什么要检讨，把握？一切都为创造。我们要常常检讨，紧紧把握，天天创造，积小创造而为大创造。

生活教育之定义在晓庄开校前九年，我已提出，包含三部分：一是生活之教育；二是以生活影响生活之教育；三是为着应济生活需要而办之教育。用英文译出来，比较简单：Life education means an education of life，by life and for life. 关于第一部分和第三部分，洞若①同志说得很清楚，对于第二部分我想补充几句。"以生活影响生活"是怎样讲呢？我们要拿好的生活来改造坏的生活，拿前进的生活来引导落后的生活，针对着现在说，我们要拿抗战的生活来克服妥协的生活。

在抗战建国这一伟大时代中，生活教育者有什么任务，有什么贡献，我想简单的说一说。

我们有四种任务：一、力求长进，把自己的集团变成抗战建国的真力量；二、影响整个教育界共同求进，帮助整个教育界都变成抗战建国的真力量；三、参加在普及抗战建国的生活教育的大运动里面帮助全民族都变成抗战建国的真力量；四、参加在普及反侵略的生活教育的大运动里面帮助全人类都变成反侵略的真力量。

我们的理论，在战时，更显出它的优点。现在说它的可能的贡献：

---

* 本篇系陶行知于 1938 年 12 月 15 日在桂林召开的生活教育社成立大会上的讲话。

① 洞若 即王洞若，晓庄乡村试验师范学校学生。曾为《战时教育》杂志党组织负责人，育才学校研究部主任。

一、我们认识教育只是民族、大众、人类解放之工具。当日本帝国主义危害我们生存的关头，生活教育者每上一课自必要问：这一课对于抗战能有多少帮助？为教育而办教育的人是不容易发出这样的疑问。

二、我们认识生活之变化才是教育之变化，便自然而然的要求真正的抗战教育，必须通过抗战生活。抗战演讲、宣传，若不通过抗战生活，我们不会承认它是真正的抗战教育。

三、我们认识社会即学校，便不会专在后方流连。我们立刻会联想到前方，联想到敌人的后方。即使在后方办学校也必然的要想，如何把教育的力量输送到前方和沦陷区域里面去。

四、我们认识人民集中的地方便是教育应到的地方，便毫不迟疑的注意到伤兵医院、难民收容所、壮丁训练处、防空壕与山洞里的教育而想去解决它。

五、我们认识集团的生活的力量大于个人的生活的力量，即认识集团的教育力量大于个人的教育力量，便毫不迟疑的帮助我们的学生团结起来，让他们自己管自己，从前的工学团和战时的集体主义的自我教育都是要贯彻这个意思。

六、我们认识"生活影响生活"以及人人都能即知即传，故不但顾到成人青年而且顾到老年人与小孩子，整个民族不分男女老少都必然的要他们在炮火中发出力量来。义勇军之母赵洪文国老太太①及台儿庄的小孩唱歌感化小汉奸为小战士，都是印证生活教育理论颠扑不灭的铁证。

七、我们认识教学做合一及在劳力上劳心为最有效之生活法亦即最有效之教育法，便自然以行动为中心而不致陷落在虚空里面。如果抗战建国是要真正的干出来，那么生活教育的理论便要求为干而看，为干而谈，为干而玩，为干而想。

八、我们认识到处可以生活即到处可以办教育。当平时学校被炸，先生散了，学生散了，学校也跟着散了。生活教育者的学校是炸不散的，如果可以炸散，除非是先生学生一起炸死。只要有几个存在，不久归起队又是一个学校了。孩子剧团、新安旅行团便是炸不散的学校。平常的学校只要采取生活教育这一点点办法，那千千万万倒闭的学校都可

---

① 义勇军之母赵洪文国老太太　著名义勇军领袖赵侗之母。她到处宣传抗日，为军队募筹衣物、药品、经费，人称"游击队之母"。陶行知曾写有《敬送赵老太太》赞诗（诗见后文《全面抗战与全面教育》内所引）。

以复活了。这几次的集会使我们大家对于生活教育理论有了更亲切的了解，更热烈的信仰。这了解与信仰是会发生不可思议的力量。我相信生活教育必定能够发出伟大的力量帮助打倒日本帝国主义，帮助创造一个自由平等的新中国，并且帮助创造一个和平互助的新世界。

《战时教育》第 3 卷第 10 期（1939 年 1 月 10 日）

我从广西带来的礼物
（1939 年 1 月）

我这次到广西，喝过几杯最美的葡萄酒，这便制一国的也比不上他。但是我所带来的不是葡萄酒，而是比葡萄酒还要好的礼物。这礼物便是广西的新精神和这种新精神所能发挥出来的能量。

我未到广西去之前，见着广西两位领袖，知道了两件事。

在第五战区内 XX 司令部，正当十架日机飞过之后，我问李宗仁司令长官：广西出了多少兵？他说四十万。我当时算了一算说，广西只有一千三百万人口，已经出了四十万兵，假如各省都像广西，照全国四万万五千万人口推算起来，我们该有一千四百万兵保卫国家，不但是武汉不必放弃，而且南京也未必失守。李司令长官说，我也这样想。

白副参谋总长崇禧，在东湖疗〈养〉医院里扶病接见我两次，都是讨论全面战术。这是他对于第二期抗战所创的特殊名词。他说：全面战术是游击战、运动战、阵地战的综合战术。他提出两句扼要的情义：（一）积小胜为大胜；（二）拿空间换时间。我承他指教之后，也提出全面教育来商榷，他也以为必须有全面教育，才能配合全面抗战的需要，以争取全面的胜利。

我是十一月廿一日到桂林，十二月二十三离开龙州，在广西境内，我所要报告的是这卅二天的印象。在这个时期内有中国大时机的衡山会议。我在桂省，亲眼看见衡山会议前的广西和衡山会议后的广西。我亲眼看见广西在这大转机中活跃起来。

衡山会议之后，蒋委员长以及重要的将领，先后都到了桂林，白崇禧将军先到。桂林十一月底已经是很冷，白将军是带了冬天的太阳来。他首先把蒋委员长在衡山作出的几条方针，如政治重于军事，民众重于士兵，后方重于前方，游击战重于阵地战，告诉我们。我们当时是多末为中华民国庆幸啊！军事委员会政治部副部长周恩来先生来了。他把衡山决定的游击区的军事政治文化一元化的方案告诉我，并说：照这个方案实行出去，可以免去一切磨擦，足以击破伪政权，而给日军一个致命的打击。后来第九战区司令长官兼军事委员会政治部长陈诚将军也来了。他和我见面就说：现在我们有了标准了。政治部成绩好坏，就看军队好坏，而军队好坏就看老百姓舆论如何而定。老百姓说某某军队好，那是真的好；老百姓说某某军队坏，那是真的坏。其次又告诉我政治部的新口号：宣传即教育；服务即宣传。对！为老百姓服务才是真正的宣传。这样一来，那些宣传八股是用不着了。

广西是在这些新的思想的和谐中，大步阔步的迈进。广西是要雷厉风行的把这些思想，变成力量来保卫大西南，以保卫大中华。在这个大转机当中，我们首先看见是广西政治趋向民主化。广西最下层的组织，村、街民大会，那是早已有了，现在正忙着成立乡、镇民代表会，和县临时参议会。等到县临时参议会成立以后，即循序而成立省参议。这件大事是在黄旭初主席领导之下奋勇进行，民政厅长雷殷先生曾对我说：国无民则不国，民无组织则有民等于无民。我们要救国，一定要将人民组织起来。不但是广西要人民的组织，全国的人民，都要快快的组织起来。我们可以说，广西的政治机构，是向着民主化前进。

广西的政治运动，是很灵敏的。十一月三十日大轰炸后，两小时内便把救助难民的办法，遍贴在四城，于何处可住，何处可领拨款，都公布出来了。有亲戚的可投亲戚去暂住。如果亲戚拒绝，则被难者可以控告亲戚。互助救急不是抽象的道德，而是法定的行为。避空袭时遇着老幼在道，青年人有让路、帮助负担之义务。这也要成为不成文法。

疏散人口，最近是成了一种要政。政府把路线定好，沿途设立饮食住宿，以便行路。有人怀疑，特跟去看了几处，果然如告示所说，这才由怀疑而转为钦佩。

说到军事，广州失守的时候，广西是有些空虚。白将军到来，一面移调生力军，一面训练新兵，一面普遍的组织游击队，到我离开的时候，广西已经是很稳固了。我从桂林经过荔浦、榴江、柳州、芦墟、南宁、龙州，而到镇南关，每天天才天亮都看见或是听见壮丁出操。最近他们都是操练怎样打游击。据说截至我离开龙州之时为止，可以打游击的战士是有了五十万以上，而且人数是继续不断的增加。这些正在操练的战士，是老等着日本军队来，有些是等得不耐烦，要组团到广东去帮打，日本军阀不怕鼻子碰破，可以到广西来试一试。

再说到教育，邱昌渭厅长告诉我，每县的县立初中，要跟着县政府走。万一将来某某县城沦陷，县政府搬到乡下，那末这个学校，也得跟着县政府下乡。这是一种跟县政府走的学校，县政府不许搬出县境，则学校也不许搬出县境。这种学校，每县一个，便是造就每县干部人才，为游击队和老百姓共患难的人才。

其次是十八岁以上的学生，要集中训练，以增加抗战建国的力量，那些志愿从军，可以自告奋勇，加入学生军团。现在学生军团，已经成立了 X 个军团。

广西最普遍的，是国民基础学校。每一个角落头的乡村里，都有一个冠冕堂皇的学校。这种学校，日里教小孩，晚上教成人。我到芦墟住了一晚，吃过晚饭，就去参观当地国民基础学校。走进去，看见两个课堂，坐满了妇女学生。我仔细的数了一数，有廿二个妇女，是抱着小孩一起来上学。这分明是家里没有人带小孩，所以必得抱着或背着小孩来读书。这种精神，是极值得钦佩的。

广西的小学校长是三位一体。村、街小学校长，同时是村、街长和民团后备队队长。中心学校每乡每镇一所，校长同是乡、镇长，民团后备大队长。一个人兼三职，叫做三位一体。他们的薪水，是中心校长每月法币十五元，村街学校校长每月法币十元。我到榴江，遇着一位外江的朋友，批评这个制度。我说，据我一路看来，这制度本身很好，不但适合广西情形，而且适合全国抗战的需要。因为第一，它是一头政治，没有磨擦；第二，省钱。别的省份也可以斟酌仿行。他说：每月十元钱怎能请到干才？我说：第八路军办事人，每月每人一律五元钱，军队公推朱德将军吃肉，他才有肉吃。照薪水数目算来，广西小学校长该能请到朱德将军一流的人来担任。汉口未放弃前白崇禧将军也曾对我说过：中国现在还不能打胜仗，只是因为我们还是穿好的，吃好的。要到我们都穿了打补钉的衣服，吃饭连糠也不容易弄到手，你我都像叫化子一样，那才是我们打胜仗的时候了。

东北有位赵老太，广西有位曾大娘，都是值得效法的。黄任之先生曾和我说过曾大娘的故事。这次到广西，打听一下，果然名不虚传。广西不单是有组织，教育比较普及，而且老百姓自发的爱国的精神，更值得钦佩，曾大娘便是这样好的老百姓的代表。她是修仁县人，儿子抽签未中，不能当兵上前线上，他老人家特地亲自带了儿子到县长那儿去投效。中国的老太太，只须学到曾大娘，则中国的兵源，便取之无尽、用之无穷了。还有广西的小孩，也值得恭维，三四年前风卷云翻的广西小先生运动是不必说了，省会的战时儿童服务团，我是亲自看它创造起来的。中山纪念学校的小孩唱歌团，是特别有精神。当日人飞机来的时候，勇敢的小孩不愿躲在洞里，他们攀上山去，侦察汉奸。看见地面上汉奸用镜子一类的东西返光指示方向，他们就立刻飞跑下山报告学生军，一同去把汉奸捉着。广西小孩捉汉奸，的确，我看见二次。

广西的经济是农村经济，省有农业管理处，统管全省之农业设施。全省分六区，区设督导员，最下为县农业管理处，推广人才六百余人，用全力在日人不能到的地方，大量增〈加〉生产。不说别的，只说一样。桐油为广西出口最大宗。他们整个的计划是每年每县种三千，每乡种二千，每村种一千，桐树三年即能结子。他们是动员全省在县、在乡、在村的老百姓一起来干。

这里回汉两族，也是精诚团结。十一月廿七日桂林成立中国回民救国协会广西分会。唐柯三校长和马松亭教长，约我去演讲，我看那种合作抗日的精神，真使我为中华民族庆贺。本来回教教义，是以和平为目的，以反侵略为手段。这是与中国抗战的国策是一样的。白将军自己是回教信徒，又是抗战主将，所以在广西回汉的团结的精神，更为和谐，我当时送的祝词是：

> 信徒四千五百万，同胞不分回〈与〉汉，
> 创造中华大民族，一心一德打胜仗。

广西对于文人的态度，也值得谈谈。有些人以为广西对文人，似乎太冷淡。这也有缘故，一是因为误解，一是因为外来的文人，有些是发生问题。一位军界的朋友对我说："你看，那些知识分子，博士啰，学士啰，没有打仗，便拼命鼓吹打仗，现在打起仗来，他们便从上海游到南京，从南京游到汉口，从汉口游到重庆、游到贵阳、游到桂林，吃不得苦，只好又游回上海。法学博士法子多，立法当作把戏耍，使得自己不必当兵，又使儿子不必当兵，死的只是农人，这是太不公平。"他这番话是真话，但是夹了一点误解。那些游来游去的文人，是不是就是鼓吹抗战的文人，这是应当分辨的。可是广西对于游来游去的文人，实在是看得太多，有些讨厌了。特别的是女文人或是文女人：捲着头发，穿着高跟鞋，把嘴唇涂得血红，脸儿擦得雪白。这样的女性是不是于广西有益，对于广西的乡下姑娘，是不是可以把他们带好了，我们外江老的

文人也得反省一下。广西不但是有点怀疑外省游来游去的文人，并且对于本省高谈阔论、空嘴说白话的智识份子，也不见得优待。一次一些学生跑到乡下去演讲，老百姓对他们说，年纪青青的怎么不去打仗，倒有空闲给我攀谈。我的儿子是春天就去打日本鬼了。你们为什〈么〉还不去啊？

我们外江人到广西去的责任，倘使不能对广西有些贡献，也应当把广西的好的东西学一点来。我们也决不能因为广西对于游来游去的文人冷淡，便说广西不注重文化。我知道，外来的技术人才，是特别的重视，薪水比省主席还多。他们对于孩子剧团、新安旅行团和金山领导的上海救亡剧团第二队，是多末兴高采烈的欢迎啊！

整个的广西，是献给中华民族了。他把四十万兵献了出来，把兵工厂献了出来，把一千多万〈两〉白银献了出来，把几十万乃至几百万的游击队都要献出来。我们跟着广西这样的把自己献给中华民族，那我们是一定可以在蒋委员长领导之下，把日本〈帝〉国主义打出去，而且还可以把一个自由平等的中华民国创造起来！

这是我从广西带来的礼物，我也想从各地带点好的礼物去送广西。

二八年〈一月〉十四夜

《申报》1939 年 1 月 16 日—17 日（连载）

全面抗战与全面教育（节选）[*]
（1939 年 1 月）

......

所谓全面教育，就是"教育战"。我们的抗战是全面抗战，我们的教育也跟着全面抗战的开展而成为全面教育。但假使只为教育而教育，也即是为教书而教书，为读书而读书，这是不正当的，我们可以不必讲它。抗战与教育有什么关系呢？教育应该配合抗战，教育在现在就是战时教育。

有一位校长说："我没有学过战时教育，所以不会办战时教育。"但他又不肯下台让晓得的人来办。于是我便写了一首小诗，发挥我的感慨："遍地发瘟，妈妈病倒在床。叫他倒口开水，他说功课忙。叫他请医生，他说功课忙。叫他买一服药，他说功课忙。等到妈妈死了，他写讣文忙、写祭文忙，称孤哀子忙。"

这班为教育而教育的人们，在平时是这样，在战时也要来这样，那真是不可思议的！我们不能坐视中华民族的妈妈病死，必定要起来服侍她。全面教育可分做几点讲。

第一，从空间来说：不能只办后方教育，要把教育扩大到敌人的后方，扩大到全中国、全世界去。

第二，从教育的对象说：不只着重青年教育，而且要顾到老年人和小孩子的教育。老太太不是没有用的，你看赵老太太，现在她是游击队的母亲。我曾写了一首诗送她说："日本出妖怪，中国出老太。老太捉妖怪，妖怪都吓坏。"谅大家必有看过的吧！青年固然有用，小孩子也很有用。我在第五战区时，曾听李宗仁将军告诉我台儿庄一个故事：当

---

* 本篇系陶行知于 1939 年 1 月间在香港中华业余学校的演讲。记录人：李柏丝、叶翼如、汤儒乡、陈烈。此处节选系全篇最后一部分。

台儿庄形势紧张的时候，有一群小孩子组织歌咏队，在村上唱歌，等到听众多了，他们乘机来演讲，宣传救中国必先除汉奸的意义。不料听众中恰有一个姓黄的小孩子，他是给敌人利用来打探我们军情的小汉奸。小汉奸听了这些话马上觉悟悔过，自动起来向大家招认，承认他是个小汉奸，并且发誓从此不再做小汉奸而要做个小战士。大家就要求他用做汉奸的手段去做"反汉奸"的工作，去打探敌人的消息。结局他是如命而行，探出敌人的火药库而带我们的军队去炸毁。小孩唱歌演说的力量，可以把个小汉奸变成一个小战士，这些都是老太太和小孩子所表现的力量和功绩。所以我们的教育不能以老太婆老而不顾及，小孩子小而看不起他，须知当此全面抗战的时候，青年壮丁固然有用，老太和小孩也有他的用处啊！

第三，要顾到随战事的进展而产生的特殊生活。譬如因抗战而有了伤兵，我们就要有伤兵的教育；因抗战而有了难民，我们就要有难民的教育。我们对伤兵要用教育的方法来启发伤兵，使他们后方可以鼓励民气，在前方可以鼓励士气。对难民亦是这样，在难民的收容所中组织工学团，增加难民的生产力量，坚定他们的抗战意识，把逃难的一群变为冲锋的一群。

第四，全面教育还要跟着老百姓跑。百姓跑到东，我们教到东；百姓跑到西，我们教到西；百姓跑到树林，我们教到树林；百姓跑到山洞，我们教到山洞。所谓跟着教，并不是跟着逃走。跟他们做什么？教他们！教育是要跟着老太太、老太公走，跟着青年走，跟着小孩子走。所谓教育不是只教他们识几个字，或印印讲义就算了，帮助人就是教育。全面教育扩大到无论什么地方，是跟着老百姓的教育，那么知识分子就应该开展他们的教育到那儿去。所谓跟"老百姓去"并不是"逃走"！而是跟着他们，走进他们的生活中去教育他，使他改逃跑为冲锋，走回来抗战。只是逃跑，那是"逃走教育"，不是全面教育。

在后方的云南、贵州办教育是要紧的，到山东、河北办教育亦是要紧的，但也不一定在敌人炮火下办教育。若到山东、河北去只是为教育而教育，这又有什么用处呢？

教育不要呆板，要灵活的运用。只要使他们发生一种力量到达前线去，增加抗战的力量，要很快的发生效力，真正发生效力。

第五，教育的行为是服务，而服务的行为也就是教育。譬如在逃难的时候帮助老太婆不使跌倒，帮助小孩子不使踏伤，这都是教育，以身作则的实践教育。

第六，要顾到高深的研究，也要顾到目前需要的实用技术。譬如有人说一个医生，非五年七年不能养成，但现在前线上兵士最普遍的疾病是疟疾与痢疾和因血管破伤流血过多以至于毙命！这种医疟、痢、扎血管止血的医生，那就不需要五年七年了。如果认真学习，几个月便可毕业，到前线去服务救人。我们可用轮流服务、轮流研究的法子来调剂。若硬说一律需要五年七年而后有医生可应世，那是我们所不敢附和的。所以在后方办教育我们并不反对，所谓全面教育并不是一定要硬撑在炮火之下来办教育，在云南、贵州，甚至任何地方办教育都可以。不过教的工作在后方，而教育的力量却要达到前方，达到敌人的后方。教育的目的不是为教育而教育，乃是为抗战而教育。因此，所授的课程和方法，必须变更，以求切于抗战建国之用。

以上六点，就是我对于全面教育的一些意见。此外，还有一点要请大家格外注意的，就是：全面教育是要真干而不可假干；要穷干而不可浪费的干；要合干而不可分裂的干；是要快干而不可慢慢的干；是大规模干而不可小干的教育。

今天时间很长了，我的话就讲到这里。但我的全面教育还有一段，留待另定一个时间，来和诸位谈"生活教育"时再说。

载《生活教育十二周年纪念刊》
（生活教育社留沪社友 1939 年 3 月 15 日编印）

评加强教育党化
（1939 年 3 月）

　　党义教育或党化教育这一名词，已经久被人们所淡忘了！最近以来，在报章杂志和一部分教育界人士的言语之间，又有人主张恢复党义教育，或在课程内加上三民主义一课。

　　这种建议，原是未可厚非的。因为三民主义是抗战建国的政治基础，要抗战必胜，建国必成，不但有需于全国人民对三民主义的深切了解，尤需于全国人士能起来实行三民主义。不过，过去十余年来，党义教育之所以失败，是很值得我们猛省的。国民党第三届中央执行委员会第一五七次常务委员会所通过的《三民主义教育实施原则》，是凡初等、中等、高等、师范、社会、蒙藏、华侨等教育如何实施三民主义教育，均详列大纲；而于课程、训育、设备等，也均有详细的厘定，不可谓不周。政府复编纂党义教科书，检定党义教师等等。可是推行十余年之结果，尽人皆知，无庸讳言，是完全失败了。其原因，不外高廷梓先生在《中央周刊》上《论过去党义教育的检讨与今后党德的实行》一文中所说："十年来本党主义尚未能普及到全体国民的缘故，实在是党德之未充分的表现与实行。"这是很确实的，党在民众中间行动与表现，就是一种教育，如果党员不"以身作则"，不以"人民之利害为利害"，不以"人民之视听为视听"，徒贪个人之私利，其所宣扬的党义教育，必适得其反。

　　还有一个原因，就是《中央日报》社论上所指出的："许多误解党化教育的人，以为教育权教育机关尽握在党员的手中，就算达到党化教育的目的了！"其结果，所谓党化教育，变成争权夺利！

　　我们现在要将三民主义教育普及全国人民，必须痛改前非。而于实行之时，尤其注意三事：

一、推行三民主义教育，不只是设三民主义一课，必须也把一切教育都以促进民族独立、民权普遍、民生乐利为旨归，而把三民主义的革命精神，渗透到整个教育领域去。

二、三民主义教育的实施，不在死读三民主义，而在实践。是凡抗战建国的具体工作，如兵役宣传，慰劳伤兵，推行战时民教和动员民众，组织民众等工作，都是一种最好的教育。

三、推行三民主义教育，尤须努力团结全国各党各派。在国家民族危在旦夕之秋，决不能再容我们有强制式的统治与形式的统一，造成貌合神离、分崩离析的险恶现象！否则，不特在教育的意义上，其结果适得其反，而且会加深国家民族的危机。

《战时教育》第 4 卷第 2 期（1939 年 3 月 10 日）

告生活教育社同志书
——为生活教育运动十二周年纪念而作（节选）
（1939 年 3 月）

我所敬爱的同志们：

三月十五日①是一个值得纪念的日子。每年到了这个日子，大家都有许多意见想交换。我回国以来，忙于建立新事业，只有少数同志曾经通信，而且也因为时间关系，没有畅快的写。在这半年当中也曾走过不少的地方，但是会见的同志究竟不多。现在想乘这十二周纪念的日子，把心里想说的话，尽量的说出来，希望大家指教；并希望大家也将别后的一切尽量告诉我，使我对于各人的工作有更深切的了解。让我们就在这种了解中建立我们共同的信念，以发挥我们的力量。

......

我们在这十二年当中干了些什么事？三件事，还没有做完。一是反洋化教育，二是反传统教育，三是在半殖民地半封建的国家建立争取自由平等之教育理论与方法。

（一）反洋化教育的用意并不是反对外来的知识

我们对于外洋输入的真知识是竭诚的欢迎。但是办学校一定要盖洋楼、说洋话、用洋书才算是真正的学校，那可不敢赞同。有些洋化教育家没有抽水的洋马桶是几乎拉不出屎。尤其是没有工业的生产而他们要工业的享受和花费。中国是个穷国，哪能禁得起这样的浪费。在这一方面浪费，在另一方面的教育便没有钱办了，结果是成了少数人的教育。

---

① 三月十五日　为晓庄乡村试验师范学校的立校纪念日，亦为生活教育运动纪念日。

（二）反传统教育也不是反对固有的优点

我们对于中国固有之美德是竭诚的拥护。但是"满朝朱紫贵，尽是读书人"的升官教育，以及"为教书而教书，为读书而读书"的超然教育，我们都是反对的。至于一般老百姓"出钱给人读死书，自己一个大字也不识"的现象尤其不能缄默。

（三）建立争取自由平等的教育原理方法

我们之所以反对洋化教育和传统教育，是要开辟出一条大路，让这半殖民地争取自由平等的教育可以出来。三民主义是我们的工作的最高指导。从一个半殖民地半封建的国家变成一个自由、平等的民有、民治、民享①的国家，是要军事、政治、经济、教育几方面配合得好才能达到目的。教育方面必定要具备几种条件才能负起这样伟大的使命。（1）教育必须是战斗的。教育不是玩具，不是装饰品，不是升官发财的媒介。教育是一种武器，是民族、人类解放的武器。（2）教育必须是生活的。一切教育必须通过生活才有效，抗战建国的生活才算是抗战建国的教育。（3）教育必须是科学的。这种教育是没有地方能抄袭得来的。我们必须运用科学的方法，根据客观情形继续不断的把它研究出来，而且，这种教育的内容也必须包含并着重自然科学与社会科学，否则不能前进。（4）教育必须是大众的。把一个半殖民地半封建的国家变成一个独立国，绝不是少数人所能办得成功。我们必须教育大众一同起来负担这个伟大的使命。但是希望老百姓都得到这教育，必须有三个条件：一要省钱，使无钱的老百姓可以受到教育；二要省时间，使没有空闲的老百姓也能求学；三要通俗，使没有受过教育的老百姓也能了解而感到兴趣。这样一来，若不运用"即知即传"的原则，便不能达到老百姓都受教育的目的。而且老百姓所受的教育是要集体的施行，集体才是力量；个别的教，还是一盘散沙，不能发挥出充分的力量。（5）教育必须是计划的。我们要有一个动的计划，使人力、财力都有一个缓急轻重的总分配。从半殖民地半封建到自由平等之境要有一个继续展开的教育计划，逐步的引导我们前进。

在这十二年当中，应客观环境的需要，我们是发动了四个教育运动：即乡村教育、普及教育、国难教育、战时教育。这四个运动只是一

---

① 民有、民治、民享 19世纪60年代美国总统林肯对所谓全民政治的简要解释：一切权力为人民所共有，一切权力由人民来治理，一切权力归人民所享用。

个运动的四个阶段，这一个运动便是生活教育运动，也可以说是从半殖民地半封建渡到自由平等的国家的教育运动。

现在要问：我们今后应该做什么？怎样做？

（一）继续已往的工作

伟大的抗日战争已经把洋化教育、传统教育弄得站不住脚。新的教师在茅草棚和山洞里没有黑板粉笔也能办教育。这是多么可喜的现象啊！但是教死书、死教书、教书死的教书匠，和读死书，死读书、读书死的蛀书虫还是很多；守知奴也没有完全变化过来；文化买办还在恋栈；学校内外的洋八股、老八股、文八股、武八股、宣传八股还没有肃清；文化痞块是长在都市；乡下是害了文化贫血症；缺课的要拚命的补，补课之后就得吃补药；穷苦的天才是被埋没，到现在还有人反对战时需要的战时教育，他们是藏在百年大计、基本学术的盾牌之下，时常发出违背民族生存之歪曲言论。我们要争取抗战的胜利，建国的成功，是必须把这些毛病改正过来。我们对于这些病症是不应该消极的批评，而是要积极的帮助改正。

（二）负起当前的任务

我们当前的任务是展开全面教育，以配合全面抗战而争取全面的最后胜利。我们要把教育展开到前方，展开到边疆，展开到敌后方，展开到华侨的所在地，展开到全世界凡是有敌人斗争的地方去。别人不愿意去而应该去的地方，我们都得分道扬镳的去。我们要把三民主义送去，把抗战建国纲领送去，把蒋委员长告全国国民书及驳斥近卫声明的训词送去，把蒋委员长对全国教育会议的训词送去，送到每一个人的心里，还要在每一个人的生活里行动上表现出来，去粉碎敌人挑拨离间的阴谋，破坏敌人所造的伪政权，揭开敌人灭亡我们民族的野心，消灭敌人可能得到的一切外援。增高敌人压迫下的民众反战的情绪，化除集团间因夙怨政见误会所引起之磨擦，启发整个民族对于抗战建国之了解，加强整个民族对于抗战建国之团结，坚定整个民族对于抗战必胜、建国必成的信念。我们不应该把别人的力量小看了，连老太太、孩子们都是同阵的战士。我们也不应该把自己的力量小看了，当一个小学教员不仅是三四十个学生的导师，倘使培养学生即知即传，就很容易的影响三四百人。他的地位的重要是好比一个作战的连长或营长。当一个小学校长，不仅是一两百学生的导师，而是一两百户、一两千人的导师。他的地位的重要是好比一个作战的团长。当一个县教育局长，不仅是几百个学校、万把学生的导师，而是一个几十万民众的导师。他的地位是好比一个集团军总司令，甚至是一个战区的司令长官。但是倘使你小看了自己的岗位，小看了别人的力量，小看了生活教育的即知即传、工学团等等原理，你便成了一只孤鸦，一个光棍，由渺小而悲观、徘徊、妥协，敌人一来是不堪设想。有许多人是把大事小做了。最重要的是我们要认清我们任务之重大。此外随身要带的还有两样东西：一是针线，二是灯笼。一件衣服破过了，是可以越破越撕，越撕越破，到后来是可以撕成粉碎。唯一的办法是遇着破绽便立刻用针线把它缝好。当这民族的生死关头，是不容有丝毫的裂痕，一遇破裂就把我们的针线拿出来。灯笼是照着人认清路线向前走，不只是照着自己而且是照着同行的人向前走，走入自由平等之境。

（三）加强我们的力量

为着要继续已往的工作和负起当前的任务，我们必须增加自己的力量，否则是不能胜任的。第一，学术便是力量。我们要提高学术的研究。晓庄研究所之建立便是希望对于抗战建国的重要而被忽略的问题，加以研究，以求解决而帮助增加抗战建国之力量。此外，我希望我们每一个同志都要抓着一个问题，继续不断、百折不回的去研究它，不得到解决不止；同时，对于中国、对于敌国、对于世界，也要努力取得正确的认识。我们所教的小孩的集团也要时时刻刻的求进。第二，组织便是力量。生活教育社已经成立，这是一个喜讯。季平[1]同志说得好，生活教育社是一个教育界的大家庭。它是教育思想者的团体，又是教育运动者之团体，又是教育工作者之团体，又是培养教师的团体，又是一般人学习生活和知能的团体，又是一个共同生活体。他又说：它是应该大众化的，大家共同生活；它应该是工厂化的，大家分工合作；它应该是学校化的，大家互教共学。我对这些话都同意，只是培养教师的团体要改为教师进修的团体，并且互教共学之下要加即知即传。传统学校化是不够的，我们必须即知即传才能跳出自己的小篱笆。其实，整个生活教育社应该是一个大的工学团：办教育是我们的工，研究问题是我们的学，共同过有组织的生活是我们的团。我们既要根据三民主义教导民众小孩，那末，我们自己的组织就必须民主化。不但总社要民主化的组织，

---

[1] 季平　即刘季平。晓庄试验乡村师范学校学生，中共地下党组织负责人。当时为武汉抗战教育研究会常务理事，《战时教育》杂志负责人之一。

而且分社、共学服务团的组织都得民主化。第三，行动便是力量。我们要在抗战建国的行动上发挥我们的力量而且增加我们的力量。蒋委员长说得好："战时生活就是现代生活。现在时代，无论个人或社会若不实行战时生活，就不能存在，就要被人淘汰灭亡。"这是多末正确的真理啊。依我们的说法：战时生活便是战时教育，我们要以行动的战时生活来增加我们的力量。

增加我们的力量是为着要在三民主义最高原则即蒋委员长领导之下帮助争取最后之胜利。让我们大家把整个生命献出来，帮助打倒日本帝国主义，并创造我们的独立、平等、幸福的中华民国。

1939 年 3 月 15 日写

《战时教育》第 4 卷第 3 期（1939 年 3 月 25 日）

育才学校教育纲要草案
(1939 年 6 月)

一、育才学校之性质及其内容

（1）育才学校根据中华民国教育宗旨及抗战建国需要，用生活教育之原理与方法，培养难童中之优秀儿童，使成为抗战建国之人才。

（2）育才学校办的是建国教育，但同时是抗战教育。有人离开抗战教育而提出建国教育，挂建国教育之名，行平时教育之实。我们的看法不同，今天的建国教育必须是抗战教育，而今天真正把握中国抗战全面需要的抗战教育，必然是建国教育。育才学校从某些人的眼光看来，是"建国教育"（因为他们以为它只是培养未来的人才）；但我们认为这并不保证它就是建国教育。保证它是建国教育的是在于它同时就是抗战教育。今天育才学校的儿童必须过战时生活，必须为抗战服务，必须在抗战洪炉中锻炼。否则，我们便没有理由希望他们成为未来的建国人才。育才学校的教育，不是挂名的建国教育，而是抗战与建国的统一教育：抗战建国教育。

（3）育才学校办的是人才教育，分音乐、戏剧、绘画、文学、社会、自然等组。但和传统的人才教育办法有所不同。传统的人才教育，一般地是先准备普通的基本教育，然后受专门的高等教育。我们的办法是不作这样严格的时间上的划分，我们选拔具有特殊才能的儿童，在开始时便同时注意其一般基础教育与特殊基础教育。前者所以使儿童获得一般知能及优良的生活习惯与态度；后者所以给予具特殊才能之儿童以特殊营养，使其特殊才能得以发展而不致枯萎，并培养其获得专门知能之基础。表面上看来，这是一般基础教育与专科基础教育之过早的区分，但根据我们的办法，这是及早防止一般基础学习及专科基础学习之裂痕。我们要及早培养儿童对于世界和人生一元的看法。倘若幼年的达尔文对于生物浓厚的爱好是发展伟大的进化论者达尔文的条件之一，那末今天提早发展儿童之个别优异倾向，实在有其理由。倘若中国近年来文化工作之脱离广泛社会实际生活，和技术专家之缺少正确的认识可以作为殷鉴，那末，今天便在一般基础教育与特殊教育中予以统一，防止那样的分裂倾向，实在有其必要。

（4）育才学校办的是知情意合一的教育。中国数十年的新教育是知识贩卖的教育，有心人曾慨然提倡感情教育，知情意并重的教育。这种主张，基本上是不错的，但遗憾的是没认清知识教育与感情教育并不对立，同时知情意三者并非从割裂的训练中可以获取。书本教育也许可以使儿童迅速获得许多知识，神经质的教师也许可以使儿童迅速地获得丰富的感情，专制的训练也许可以使一个人获得独断的意志，但我们何所取于这样的知识？何所取于这样的感情？何所取于这样的意志？知情意的教育是整个的，统一的。知的教育不是灌输儿童死的知识，而是同时引起儿童的社会兴趣与行动的意志。感情教育不是培养儿童脆弱的感情，而是调节并启发儿童应有的感情，主要的是追求真理的感情；在感情之调节与启发中使儿童了解其意义与方法，便同时是知的教育；使养成追求真理的感情并能努力与奉行，便同时是意志教育。意志教育不是发扬个人盲目的意志，而是培养合于社会及历史发展的意志。合理的意志之培养和正确的知识教育不能分开，坚强的意志之获得和一定情况下的情绪激发与冷淡无从割裂。现在我们要求在统一的教育中培养儿童的知情意，启发其自觉，使其人格获得完备的发展。

（5）育才学校办的是智仁勇合一的教育。智仁勇三者是中国重要的精神遗产，过去它被认为"天下之达德"，今天依然不失为个人完满发展之重要的指标。尤其是目前抗战建国时期，我们需要智仁勇兼修的个人。不智而仁是懦夫之仁；不智而勇是匹夫之勇；不仁而智是狡黠之智；不仁而勇是小器之勇；不勇而智是清谈之智；不勇而仁是口头之仁。中国童子军①以智仁勇为其训练之目标，是非常有意义的。育才学校不仅是以智仁勇为其局部训练之目标，而是通过全部生活与课程以达到智仁勇之鹄的。我们要求每一个学生个性上滋润着智慧的心。了解社

---

① 中国童子军 1912年在武昌文华大学创立。南京国民政府成立后，初设中国童子军司令部，后设中国童子军总会，领导全国童子军的军事训练，并在初中设童子军课程，推行童子军管理。

会与大众的热诚，服务社会与大众自我牺牲的精神。

（6）育才学校是一个具有试验性质的学校。第一，抗战以来，中国破天荒产生了儿童公育的事业，而育才学校是其中特殊的一种。我们希望将具有特殊才能的儿童之公育，予以充分的试验。第二，育才学校以生活教育原理与方法作为一种指导方针，我很希望将这一指导方针予以充分试验，我们深信这种试验会给予生活教育理论一些新的发展。

（7）育才学校全盘教育基础建筑在集体生活上。这里不是一个旧的教育场所，而是一个新的生活场所。这里的问题，不仅在于给儿童以什么样的教育，同时更在于如何使儿童接受那样的教育；这里的问题，不仅在于我们应有一个教育理想与计划，而在于如何通过集体生活达到那样一个理想与计划。所谓集体生活是全盘教育的基础有三个意义：

第一，集体生活是儿童之自我向社会化道路发展的重要推动力；为儿童心理正常发展所必需。一个不能获得这种正常发展的儿童，可能终其身只是一个悲剧。第二，集体生活可以逐渐培养一个人的集体精神。这是克服个人主义、英雄主义及悲观懦性思想的有效药剂，中华民族正处于历史上空前未有的抗战建国关头，这种集体精神应溶化在每个人的血液里。第三，集体生活是用众人的力量集体地创造合理的生活、进步的生活和丰富的生活；以这种丰富、进步而又合理的生活之血液来滋养儿童，以集体生活之不断的自新创造的过程来教育儿童。具体言之，集体生活之作用是在使儿童团结起来做追求真理的小学生，团结起来做即知即传的小先生，团结起来做手脑并用的小工人，团结起来做反抗侵略的小战士。

（8）育才学校的集体生活必须保持合理、进步与丰富，而欲保持它的合理、进步与丰富，则有两个重要的条件：（一）与社会发展的联系，与整个世界的沟通。（二）在集体之下，发展民主，看重个性。

（9）育才学校的集体生活包含着如下几种生活：（一）劳动生活；（二）健康生活；（三）政治生活；（四）文化生活。在传统教育中有所谓劳动教育而忽略劳动生活，有所谓健康教育而忽略健康生活，有所谓政治教育而忽略政治生活，在各种各样的课堂中，讲授文化生活而忽略真正的文化生活。育才学校的生活与教育是统一的，它认定劳动生活即是劳动教育，用劳动生活来教育，给劳动生活以教育；它认定健康生活即是健康教育，用健康生活来教育，给健康生活以教育；它认定政治生活即是政治教育，用政治生活来教育，给政治生活以教育；它认定文化生活即是文化教育，用文化生活来教育，给文化生活以教育。

（10）育才学校的集体生活虽然在性质上分为劳动生活、健康生活、政治生活和文化生活，但在生活之集体性这一点上，决定了我们的劳动生活、文化生活往往同时就是政治生活。质言之，劳动生活、健康生活、文化生活之解释、动员、组织的过程都是政治生活，也都是政治教育。因此育才学校的集体生活，在其总的意义上来说便是一种政治生活。也就是说育才学校的政治教育笼罩着整个集体生活。

（11）育才学校的生活是有计划的，此种有计划的集体生活之集体性决定了全部的集体生活，同时就是政治生活。同样地育才学校的集体之教育性决定了全部的集体生活，同时就是文化生活。质言之，劳动生活、健康生活、政治生活在集体讨论与检查中所有语言文字表达能力之锻炼以及思考推理之应用等等，便同时是文化生活。劳动生活、健康生活、政治生活对于学生精神和品格上之陶冶及锻炼，便同时是文化教育。因此，育才学校的集体生活在其总的意义说来，同时又是文化教育。

（12）育才学校之集体生活在其总的意义上说来，一方面是政治教育，另一方面又是文化教育。此二者与集体生活是互为影响的。集体生活愈丰富，则政治教育愈充实；政治教育愈充实，则集体生活之政治认识的水平愈提高。同样地，集体生活愈丰富，则文化教育愈充实；文化教育愈充实，则集体生活之文化水平愈提高。

（13）育才学校之政治教育、文化教育在集体生活有其总的意义，要求我们确定这两方面的指导方针：（一）今天吾人正处在历史上空前未有的民族解放战争中，纵贯在整个抗战中之最根本问题是全国精诚团结，服从三民主义之领导，这是全国人民的共同要求，毫无疑义地，育才学校之政治教育应以精诚团结，服从抗战，实行三民主义为最高原则。（二）人类历史上的文化遗产浩如瀚海，欲浩如瀚海之文化遗产全部为儿童所接受，匪特不可能，抑且与教育原理不相合。因此，育才学校今日而言文化教育，就其内容而言，必须确定以下诸点：（一）压缩地反应人类历史上重要而有代表性的文化遗产。（二）着眼哲学科学（社会与自然）与艺术之历史的发展及其在社会实践的意义。（三）着重人类进化史及中国历史的认识。

（14）最后，育才学校一般基础教育之是否可以获得成功，特种基础教育是否可以获得较多的学习时间，都要看儿童们是否能迅速地获得文化之工具来决定，这是一个教育上基本建设的问题。一个儿童不能够用适当语言文字清楚地表现他的思想，我们可以说，这个儿童所受的是不完备的教育。所谓文化的工具的教育，包含着这样几项：（一）语言，（二）文字，（三）图画，（四）数学，（五）逻辑。广义地说来，这五项东西同是表达思想的工具。只有这种工具获得了才可以求高深的学问，才可以治繁复的事。传统教育也是非常看重这种工具的，但它有两个根本缺点：第一，偏狭。将读、写、算看做最重要的工具；第二，错误。一味在读、写、算本身上来学习读、写、算。今天我们提出文化的工具教育，并且强调其重要，绝不是将它置于一般基础教育之上，终日来学习语言文字数学逻辑。倘若这样的话，这正是犯了三 R（The three R's)① 教育的错误。我们认为工具教育，应该从丰富的集体生活中来吸取培养它自己的血液，用语言文字图画来表达集体生活，用集体生活中统计的事项来作写计算的材料，用集体生活中之事实、论争发展儿童客观的逻辑，代替儿童之虚幻的逻辑。

然而，在另一方面也有一种错误的倾向：那就是设计教学法②者，根本忽视工具教育之特性。他们将语文和算术的学习不断联结于各个不甚关联的单元活动上，充满了牵强附会和人工造作。依照我们的办法，一方面是用这些工具来表达集体生活事项，一方面又将语文中之优秀作品以及计数活动之练习给组成一种文化生活，从事学习。儿童获得这种文化的生产工具以后，他便能自动地吸收广泛的知识。

二、育才学校生活、学习与工作制度

（1）育才学校的生活、学习、工作基本上是打成一片的，其中一般活动皆属于一骨干组织的集团生活之组织下。这一个组织统一了生活与学习的组织，统一了集体生活与日常社会服务组织。这一组织系统概略如下：（一）设育才学校儿童生活团；（二）音乐、戏剧、文学、社会、绘画、自然、工艺、农艺等组各编为一中队，中队下设若干分队；（三）各组同一般教育水准之儿童编为一学级，使共受普通教育；（四）各组之各不同分队的儿童按年龄大小与工作经验之配合，混合组成若干社会服务队，专司附近村落社会服务（详细情形，可参考"育才

---

① 三 R（The three R's） 英语单词 read、recite、review 的缩写，意为阅读、背诵、温习。

② 设计教学法 为美国哥伦比亚大学教授克伯屈所创。该教学制度实行由学生自行决定学习目的和内容，从自行设计和学习活动中获取有关的知识与能力。

学校公约草案"）。

（2）学习活动中之一般学习包含一般生活组织中。

（3）工作与服务之一般的组织亦包含在一般生活组织中，但育才学校为了在抗战洪炉中锻炼儿童，同时为了抗战工作之需要，得相机随时组织战时工作队；倘若在一般生活组织中，有较为固定的生活、工作与学习已经使儿童获得较为刻板的习惯，那末战时工作队便是有意打破这种刻板的习惯，予儿童以一种应有的训练。

（4）以上各项组织尽了纵横交错之作用，使全校儿童能彼此相接触，但在这各组织中，分队是平日生活、工作、学习的基本组织。

（5）育才学校主张教训合一，同时育才学校坚决地反对体罚。体罚是权威制度的残余，在时代的意义上说它已成为死去的东西；它非但不足以使儿童改善行为，相反地，它是将儿童挤下黑暗的深渊。育才教师最大的责任便是引起儿童对于纪律自觉地需要，自觉地遵守；引起儿童对于学习自觉地需要，自动地追求。

（6）育才学校集体生活之组织的原则是民主集中制。民主集中制的运用，一方面可以健全当前的集体生活，另一方面是要培养儿童参与未来民主政治之基础。

（7）育才学校着重分队晚会，凡集体生活中之问题，时事及当天指导员所教的东西务需予以充分的讨论，这除了增加儿童对于学科了解而外，同时更增进了儿童语言表达的能力。

（8）育才学校着重自我批评。自我批评是发展民主的有效手段，自我批评是促进自觉性启发的利器。

（9）育才学校着重总结能力之培养。总结需要包含学习中各种问题，自我批评及讨论中不相同的意见等，这一方面是扩大了儿童的能力，一方面是练习了逻辑。

（10）育才学校要养成儿童之自我教育精神。除跟教师学外，还跟伙伴学，跟民众学，走向图书馆去学，走向社会与自然界去学。他可以热烈地参加集团生活，但同时又可以冷静地思考问题。

为了加强养成儿童之自我教育精神，育才学校每日给予儿童相当时间，作为自由思索与自由活动的机会。

（11）育才学校之总的教育过程为：（一）以儿童为行动的主体，在教师之知的领导下，所进行的行与知之不断联锁的过程；（二）以儿童为行动的主体，同时以儿童自身之知为领导，所发展之行与知不断联锁的过程；（三）育才教育目的之一，便是从第一种过程慢慢地发展至第二种过程。

（12）育才学校之一般"教学做"的过程，有三种形式：（一）以工作或问题为中心的教学做过程；（二）以事物之历史发展为中心的教学做过程；（三）各学科各系统的学习与研究的教学做过程。这三个过程，育才学校参合互用。

（13）育才学校教师与学生基本上是在集体生活上共学，不但是学生受先生的教育，先生也在受学生的教育。这里我们要反对两种不正确的倾向：一种是将教与学的界限完全泯除，否定了教师领导作用的错误倾向；另一种是只管教，不问学生兴趣，不注意学生所提出的问题之错误倾向。前一种倾向必然是无计划，随着生活打滚；后一种倾向必然是盲目地灌输，学生给弄成填鸭。

优秀的教育工作者一方面是他根据客观情形订出教育计划，但另一方面是知道如何通过生活与实践，实现这个计划，并且在某种情形下知道修改他的计划，同时发展他的计划。

1939 年 6 月写

《行知教育论文选集》（延安新教育学会 1943 年 4 月编印）

育才学校创办旨趣*
(1939 年 7 月)

我们在普及教育运动实践中，常常发现老百姓中有许多穷苦孩子有特殊才能，因为没有得到培养的机会而枯萎了。这是一件非常可惜的事情，这是民族的损失，人类的憾事，时时在我的心中，提醒我中国有这样一个缺陷要补足。

抗战后，从国外归来，路过长沙、汉口时，看到难童中也有一些有特殊才能的小孩，尤其在汉口临时保育院①所发现的使人更高兴。那时我正和音乐家任光先生去参观，难童中有一位害癫痫的小朋友，但他是一位有音乐才能的孩子，不但指挥唱歌有他与众不同的能力，而他也很聪敏，任光先生给他的指示，他便随即学会。

又有一次，我在重庆临时保育院参观，院长告诉我一件令人愤愤不平的事。他说近来有不少的阔人及教授们来挑选难童去做干儿子，麻子不要，癫痫不要，缺唇不要，不管有无才能，唯有面孔漂亮，身材秀美，才能中选。而且当着孩子的面说，使他们蒙上难堪的侮辱，以至在他们生命中，烙上一个不可磨灭的印象。

以上三个印象，在我的脑子里各各独立存在了很久。有一天，忽然这三个意思凝合起来了：几年来普及教育中的遗憾须求得补偿，选干儿子的做法，应变为培养国家民族人才幼苗的办法，不管他有什么缺憾，只要有特殊才能，我们都应该加以特殊之培养，于是我便发生创办育才

---

* 本篇系陶行知于 1939 年 7 月 20 日创办育才学校时的讲话。记录者：陆维特。

① 临时保育院 抗日战争时期，为了抢救在战火中失去亲人的苦难儿童，中国妇女界成立了中国战时儿童保育会，下设保育院负责收容和教养难童。这种战时收养儿童的保育机构初为临时性质，后取消"临时"二字，直到抗战结束才逐步解散。

学校的动机。当时就做了一个计划，由张仲仁（一麟）① 先生领导创立董事会，并且得到赈委会许俊人（世英）② 先生之同意而实现，这是去年一月间的事。

创办育才的主要意思在于培养人才之幼苗，使得有特殊才能者的幼苗不致枯萎，而且能够发展，就必须给与适当的阳光、空气、水份和养料，并扫除害虫。我们爱护和培养他们正如园丁一样，日夜辛勤的工作着，希望他们一天天的生长繁荣。我们拿爱迪生的幼年来说吧，他小时在学校求学，因为喜欢动手动脚，常常将毒药带到学校里来玩，先生不理解他。觉得厌恶，便以"坏蛋"之罪名，把仅学了三个月的爱迪生赶出学校。然而他的母亲却不以为然，她说她家的蛋没有坏，她便和她的儿子约好，历史地理由她教他，化学药品由自己保管，将各种瓶子做记号，并且放在地下室里。他欣然的接受了母亲的意见，于是这里那里的找东西，高高兴兴的玩起来。结果，就由化学以至电学，成为世界有名的大发明家。虽然那三个月的学校教育是他一生仅有的形式教育，但是由于他母亲的深切的理解他，终能有此造就。像爱迪生母亲那样了解儿童的精神，是值得我们学习的。假如他的附近有化学家、电学家的帮助，设备方面又有使用之便利，则可减少他许多困难。我们这里便想学做爱迪生的母亲，而又想给小朋友这些特殊的便利。

我们这里的教师们，要有爱迪生母亲那样了解儿童及帮助儿童从事特殊的修养，但在这民族解放战争中，单为帮助个人是不够也是不对的，必须要在集体生活中来学习，要为整个民族利益来造就人才。因此，我们要引导学生们团起来做追求真理的小学生；团起来做自觉觉人的小先生；团起来做手脑双挥的小工人；团起来做反抗侵略的小战士。

真的集体生活必须有共同目的，共同认识，共同参加。而这共同目的，共同认识和共同参加，不可由单个的团体孤立的建树起来。否则，又会变成孤立的生活，孤立的教育，而不能充分发挥集体精神。孟子说："先立乎其大者，则其小者不能夺也。"我们中国现在最大的事是什么？团结整个的中华民族，以打倒日本帝国主义而创造一个自由、平等、幸福的中华民国。我们的小集体要成了这个大集体的单位才不孤立，才有效力，才有意义。与这个大集体配合起来，然后我们的共同立

---

① 张仲仁，字一麟，江苏吴县人，为难童学校董事会董事长，和平期成会发起人之一。

② 许俊人，即许世英，安徽人。当时为国民政府赈济委员会主任。为了募集育才学校经费，陶行知聘他为育才学校董事。

法，共同遵守，共同实行，才不致成为乌托邦的幻想。

我们的学生要过这样的集体生活，在集体生活中，按照他的特殊才能，给与某种特殊教育，如音乐、戏剧、文学、绘画、社会、自然等。以上均各设组以进行教育，但是小朋友确有聪明，而一时不能发现他的特长，或是各方面都有才能的，我们将要设普通组以教育之。又若进了某一组，中途发现他并不适合那一组，而对另一组更适合，便可以转组。总之，我们要从活生生的可变动的法则来理解这一切。

但是，育才学校有三个不是，须得在此说明。

一、不是培养小专家。有人以为我们要揠苗助长，不顾他的年龄和接受力及其发展的规律，硬要把他养成小专家或小老头子。这种看法是片面的，因为那样的办法也是我们极反对的。我们只是要使他在幼年时期得到营养，让他健全而有效地向前发展。因此，在特殊功课以外，还须给予普通功课，使他获得一般知能，懂得一般做人的道理，同时培养他的特殊才能，根据他的兴趣能力引导他将来能成为专才。

二、不是培养他做人上人。有人误会以为我们要在这里造就一些人出来升官发财，跨在他人之上，这是不对的。我们的孩子们都从老百姓中来，他们还是要回到老百姓中去，以他们所学得的东西贡献给老百姓，为老百姓造福利；他们都是受着国家民族的教养，要以他们学得的东西贡献给整个国家民族，为整个国家民族谋幸福；他们是在世界中呼吸，要以他们学得的东西帮助改造世界，为整个人类谋利益。

三、我们不是丢掉普及教育，而来干这特殊的教育。其实我们不但没有丢掉普及教育，而且正在帮助发展它。现在中国处在伟大的抗战建国中，必须用教育来动员全国民众觉悟起来，在三民主义抗战建国纲领之下，担当这重大的工作，所以普及教育，实为今天所亟需。是继续不断的要协助政府，研究普及教育之最有效之方法，以提高整个民族的意识及文化水平。育才学校之创立，只是生活教育运动中的一件新发展的工作，它是丰富了普及教育原定的计划，决不是专为这特殊教育而产生特殊教育，也不是丢掉普及教育而来做特殊教育。

《战时教育》第 6 卷第 1 期（1940 年 8 月 1 日）[①]

---

① 此期《战时教育》，为"育才学校专号"，期刊尾注出版日期为（1940 年）10 月 1 日。

我的民众教育观
（1939 年 12 月）

民众教育是什么？民众教育是民众的教育，民众自己办的教育，为民众的最高利益而办的教育。换句话说：民众教育是给民众以教育，由民众来教育，为民众而教育。给民众以教育是用教育来动员民众。无论是征兵、征工、募捐、募寒衣，及一切需要民众做的事，强迫不如说服，命令不如志愿，被动不如自动。说服是教育的方法，志愿是教育的成果，自动是教育所启发的力量。所以教育是动员民众最可靠、最有效的武器。由民众来教育是用民众来动员教育。中国对教育是动员了四五十年，到如今中国教育还没有普遍的动起来。这是什么缘故呢？先生少，学生多。小众的力量不够大，推不动大众的教育。但是民众接受了智识即刻传递给别人，那就容易推动了。前进的民众来教育落后的民众，一起起来动员教育，那末教育就不能不普遍的动起来了。为民众而教育是为民众最高的利益而教育。民众最高的利益是什么呢？中国民众最高的利益，不消说得，是打倒日本帝国主义，建立一个自由平等幸福的中华民国，并和全世界反侵略之战友共同来创造一个合理公道互助的世界。所以由民众来动员教育，用教育来动员民众，以争取这最高之利益和最后之胜利，才可算是真正的民众教育。

民众教育之发展大概有三个阶段：第一个阶段是要民众；第二个阶段是要教育民众；第三个阶段是民众要教育。要民众是民众教育之基本条件。否则民众且不要，何况乎民众教育。可是单凭我们的主观或是小众的利益而办的民众教育，民众不一定接受，一直等到我们发现民众所以不接受这样"教育"的缘故，并且改变我们的方针、内容、方法，使所办民众教育适合民众的口味，然后民众才要教育。也要等候它办到民众未得它之先是如饥如渴的想念，既得它之后是向前向上的奋发，那时候民众教育才算是办得有几分谱子了。

中国已往的民众教育是害了三种病。一是偏枯病。它或是由于有意的放弃，或是由于无意的忽略，以致大部分的民众是不知、不能、不可、不敢跑进民众教育的圈里来。例如老年人、女人、工人、农人、流浪儿，绝大多数是被摈于民众教育之外。我没有篇幅给我一一举例，只谈一谈老年人吧，假使全国的老太太都能有机会受一点象岫岩县的赵老太太、修仁县的曾大娘、歇马乡的刘太太的教育，那末对于她们的从军的儿子是有多么大的鼓励啊！假使有一点真的教育配献给她们，那末，经过她们的广播，又是有何等扩大的影响啊！然而一般民众教育者则忽视老人之重要，而口口声声的说，我们要赶快培养青年民众，老人家快要进棺材了，有什么用呢？因此，民众教育对于老年人则害了偏枯症，同样，它对于妇女、农人、工人、流浪儿都害了偏枯的症候。二是守株待兔病。民众教育者是坐在民众教育馆里等待民众来：来一个，教一个；来两个，教一双；很少自动的到老百姓的队伍里去找学生。那愿意把教育送上门去的更是凤毛麟角了。民众教育还有一个特有的病。那就是尾巴病。民众教育在已往是成了教育之尾巴，排列是尾巴，经费是尾巴尖。社会既以尾巴看待民众教育，民众教育亦不知不觉的以尾巴自居。反过来说，民众教育抬头，也可见民众之抬头。

前几天，蒋委员长巡视湘北，遇见民众教育馆，必去观看，可见民众教育之被最高当局重视。

民众教育是一件大事，不可小看，更不可小做。大县一二百万人。小县也一二十万人。一位民众教育馆长假使用民众来动员教育并用教育来动员民众，他和他的同志便能影响而唤起少则一二十万多则一二百万民众。个个知道为中华民国奋斗，愿意为中华民国奋斗，能够为中华民国奋斗，则中华民国自然会活到万万年了。大家要想民众教育抬头，要想中华民国抬头，是必得认清民众教育是一件大事并且要把它当做一件大事来实践。

民众教育馆的馆字引起了我的注意。馆字从官从舍；官舍是官住的地方，好象是一个衙门。民众教育馆有变成一个衙门的危险，但要想把民众教育当作一件大事做，切不可以在衙门里做老爷。官舍还有一个意思，就是看管房子。办民众教育倘变成只看管民教馆的房子，那也嫌不够。我有意把馆字换个馆字。民众教育馆好一比是一个民众餐馆，前者管民众的文化粮食，后者管民众的身体粮食。民众餐馆要想生意好必须价廉物美招待周到不需久候，民众教育馆要想做得开，在几方面都要跟民众餐馆学学才好。但是馆子也有毛病，官食可作老爷吃饭讲。倘使办民众教育的老爷只顾着自己的饭碗，而不把精神粮食输送给老百姓，那便是大事小做了。

《战时教育》第 5 第卷 4 期（1939 年 12 月 25 日）

生活教育运动十三周年纪念告同志书
（1940 年 3 月）

我所敬爱的同志们：

从十二周年纪念到现在，有几件比较重要的事，想先向各位报告：（一）晓庄研究所已经建立起来，而且已有好几个研究报告，印成学术研究专刊以与教育及科学界人士交换意见。（二）育才学校已于去年七月二十日开学。现已成立音乐组、戏剧组、文学组、社会科学组、绘画组、自然科学组。工艺组及农艺组，希望于今年下半年成立。现在已选拔到校之学生有一百二十余名，要陆续增加到五百名。全校教育以集体生活为基础，并努力使抗战教育与建国教育合一起来。（三）新安施行团在伤兵难民及保卫大西南的工作上成绩都很好。他们也建立了适合儿童之集体主义之自我教育。这次敌人进攻西南，一部分团员应政治部之号召，组织了南路工作队。最近才从宾阳突围而出。（四）云和、英山及山西省之数县以县为范围，试用生活教育理论进行战时教育，学生比平时增加数倍，可见生活教育理论对于战时有特殊之效用。（五）本社社友五百余人在江南一带工作，据最近报告，在过去一年中已经殉国者有四十余人。这些同志的壮烈牺牲是树立了我们的表率。我们应当踏着他们的脚迹，负起他们遗下来而未完成的任务。

在去年的告同志书里我曾提出三个口号：一，学术即力量；二，组织即力量；三，行动即力量。年年今日，我们每一个人，或每一个集体或整个的社，都得对这三种力量清算一下，并继续不断的在这三方面增长我们的力量，以为民族与人类服务。

我提起笔来想写的真是千言万语，但时间不许可，今天特别想说的就是今日中国教育最需要而最忽略的一点——觉悟之启发。启发自觉是包含在我们立社的宗旨里面。社的宗旨是要"探讨最合理、最有效之新教育原理与方法，促进自觉性之启发，创造力之培养，教育之普及，及生活之提高"。但是，我们对于启发自觉性并没有充分讨论过。战时教育运动开始的时候，本社提出"集体主义的自我教育"。这自我二字若作自觉解是更正确。集体教育要通过"自觉"才成为有效的教育，即集体的自觉教育和自觉的集体教育。

中山先生讲三民主义首先就说这个道理。他讲："大凡人类对于一件事，研究当中的道理，最先发生思想；思想贯通以后，便起信仰；有了信仰，就生出力量"。这思想贯通便是觉悟。对于觉悟的本人说便是自觉，有了觉悟才起信仰而生出力量。但觉悟又从何而来？从研究而来。研究是追求真理，即是求知之行。那末觉悟是从行而来，从"求知之行"而来。

蒋委员长在行之哲学里面特别指出，行与自觉的关系。他说："凡是真正的行，他必定是有目的、有轨迹、有步调、有系统，而且'反之于心而安'的自觉。"

中国古代教育是一贯的注重觉悟。"大学之道，在明明德。"明德即真理。第一个明字便是明白和阐明。明白是自觉，阐明是觉他。这个道理和"先知觉后知"、"先觉觉后觉"是相通的。并且觉悟是智仁勇三达德之康庄大道。"仁者不忧，智者不惑，勇者不惧。"因为不惑，才能不忧，不惧，不惑便是思想贯通而觉悟了。《中庸》[①] 说"不诚无物"。无论是"自诚明"或是"自明诚"，都离不了诚。不诚便没有觉悟。诚心追求真理才能自觉觉他。要负起自觉觉他的任务必定要忠实于真理。比如一个人必定要忠于追求抗战建国的真理才能在抗战建国上自觉觉他，才能对抗战建国生出信仰并发挥出力量来。

人人都可以觉悟而往往到老还不觉悟，反而妨碍别人觉悟，除这是由于成见、武断、私心、偶像崇拜、公式主义、教条主义，或是由自己闭了觉悟之门，或是由外力封锁了觉悟之路，客观的真理反映不到头脑里去，或是能到头脑而不能正确的反映出来。以致自己不肯觉悟、不能觉悟甚至不愿别人觉悟。

当伽利略[②]用风琴管自制望远镜发现了木星的四个月亮，他诚恳地去请佛罗棱萨大学教授来参观。这些教授不但是不愿来看，而且武断他们用不着看。他们说：人有七窍，天有七明（金、木、水、火、土、

---

① 《中庸》 儒家经典之一，原为《礼记》中的一篇。宋代朱熹撰《四书章句集注》后与《大学》、《论语》、《孟子》合称为"四书"。

② 伽利略（Galileo Galilei，1564—1642） 意大利物理学家、天文学家。

日、月），哪能再来四个月亮？他们不但拒绝伽利略的邀请参观并且设法陷害，说伽利略谣言惑众，违背教规大逆不道。伽利略于是饱受折磨。但真理毕竟不能埋没，伽利略之发现，实是千古不朽，那些不肯觉悟的教授当年固然威风十足，现在可有一点贡献遗留下来呢？所以一个教育者的重要任务是把自己和学生的成见、武断、私心、偶像心理、公式主义、教条主义从头脑里肃清出去，并把客观环境与头脑之间的门户开得好好的，使得真理可以清楚而正确的反映出来，这种反映的收成，便是从大彻大悟中形成信仰而生出力量。

最近教育部颁布十六字的训育方针：自治治事，自信通道，自养养人，自卫卫国。我想倘使把自觉觉他的意思贯彻进去，则不但教育内容更加丰富，而且更能发挥出管教养卫的力量。有自觉的纪律则自治治事更可严谨。有自觉的信心则自信通道更可坚定。自觉的做工是斯大汉诺夫运动①的灵魂，不但生产激增而且做工的人个个兴高采烈，只觉做工之乐不觉做工之苦。自觉去当兵则知为中国死，愿为中国死，与敌人拼命时必可以一当十、以一当百的去打倒日本帝国主义而收复已失的河山。

现在要粉碎敌人"以华制华"的阴谋，自必扩大反汪运动，以毁灭这"以华制华"的工具。但是，想把这个运动做得比以前更有效，也得要把它变成自觉的反汪运动，使得民族正气，充塞天地，连跟他跑的人都反正过来，自必势穷力竭，终归消灭。

民主的宪政是保证精诚团结抗战建国的根本大计。我们必须把宪政运动和国民教育民众教育联起来，使大家对于制宪有共同了解、共同参加、共同信仰。这种共同的了解、参加、信仰，必能发出伟大的力量来保证精诚团结和由精诚团结而来的最后胜利。换句话说：制宪也要启发人民的自觉。

生活决定教育。教育要通过自觉的生活才能踏进更高的境界。通过自觉的集体生活的教育更能发挥伟大的力量以从事于集体之创造。

这次所提出的这点关于"启发自觉"的意见，只是供大家讨论参考，关于启发自觉之方法，希望大家来一个集体探讨。

《战时教育》第 5 卷第 10 期（1940 年 3 月 25 日）

---

① 斯大汉诺夫运动 通译"斯达汉诺夫运动"。指苏联在第二个五年计划期间开展的运用新技术和改善劳动组织以迅速提高劳动生产率的群众运动。为苏联社会主义竞赛的具体形式之一，因顿涅茨矿区采煤工人斯达汉诺夫（Алексей Григорьевич Стаханов）而得名。

新武训
（1940年6月）

　　武训之所以成为普及教育之义人，是因为他抱着兴义学①之宗旨，用整个生命来贯彻它：有钱的不肯出钱办学，他便向他下跪，跪到答应出钱办学才起来；有学问的不肯认真教人，他便向他下跪，跪到答应认真教人才起来；青年小朋友不肯用功求学，他也向他下跪，跪到答应用功求学才起来。他自己则挑水做夜工自食其力，丝毫不动用讨来的钱。所以他名为乞丐，实在不是乞丐。现在学生仍旧有不用功的，先生仍旧有不认真的，富人小康之家仍旧有不肯出钱兴学的。让我们大家跟武训先生学吧！学他自食其力，学他贯彻宗旨，学他注意后辈之长进，学他看重先生之负责任，学他苦口婆心劝人有力出力、有钱出钱共兴义学。今日大敌当前，如果武训复生，他所要兴办的不可能是旧日之义学，而一定是抗战建国之义学。倘使刻板去学武训，那又是武训之罪人了，我们所要学的是武训的真精神配合新时代之需要，普及新义学，以增加抗战建国之力量。这便是我们的责任。怎样叫做新时代的需要呢？中国不能等待数十年出一位武训。我们大家要合起来做集体的武训，孳生千千万万的新武训来扶助贫苦的小朋友，取得求学机会。我更希望有财富的，有学问的，有青春的都做起新武训来，督促自己慷慨出钱，督促自己认真教人，督促自己努力求学，毋须别人来苦劝。这样教育不但容易普及，而真正自由、平等、幸福的新中国也可以创造成功了。

《战时教育》第6卷第4、5合期（1940年6月1日）

---

　　① 义学　亦称义塾，中国旧时私塾之一种。其经费来源主要靠捐赠的校产出租后所得的租金来维持，对就学者实行免费。

育才二周岁之前夜
（1941 年 6 月）

育才是中国抗战中所产生的一所试验学校，应该是要在磨难里成长为一个英勇的文化作战集团。它的怀胎是在武汉快要失守之前，而诞生则在南岳会议以后，正当国内肃清巨奸之污血，国际唤起正义的声援，我们的整个民族是树立了必胜的信念，而在历史过程中酝酿着一个蓬蓬勃勃的大转机。这时抗战文化是开放着千紫万红的鲜花。那空前的难童公育运动，也奠定了一个相当规模的初基。育才学校便是这难童公育运动之进一步的合乎客观需要的发展。这一切回想起来，令人不胜黄金时代之感。

但是向前看啊！不可近视懈怠而被目前的磨难俘虏而去。前面有着更大的黄金时代。

说到目前的磨难可算是严重。但是也给了我们空前的机会来创造。敌人的扩大封锁与加紧进攻，要更大的团结力量去克服。世界战争，自从德军开始进攻苏联，把我们的友邦都卷入旋涡了。这也可使我们格外警觉，靠着更大的团结力量来自力更生，同时也可使我们与友邦发生更亲切之合作，并由于我们的努力使英美与苏联的关系加强，四国配合作战，以铲除人类之公敌而创造幸福之世界。目前的文化界无可讳言的是因烦闷而离去了一批工作者。文化之园里还存在着"无奈朝来寒雨晚来风"之慨。从张文白①部长第二次招待文化界的演说词里，我们知道他似乎有惜春之意。这春暮的气象，大家多少有些同感，但是夏天之莲，秋天之菊，冬天之梅，四季常青之松柏，只要园丁负责，不给茅草乱长，哪一样不可以及时欣欣向荣呢？而且春，无论如何也会回到人间。

---

① 张文白 即张治中（1890—1969），字文白，安徽巢县人。

向前看啊！前面有着更大的黄金时代待创造。

育才是在这样的气氛里生长着。它是抱着这样的态度过日子。它快两岁了，长成了一个什么样儿呢？

跟武训学，最近几个月我们是过着别有滋味的日子，终日与米赛跑，老是跑在米的后面。到了四月，草街子①米价涨到每老斗五十三元，比开办的时候涨了二十五倍。这时所有的存款都垫到伙食上去了。向本地朋友借来的四十石谷也吃完了，向银行借来的三万元也化光了。怎么办？从前武训先生以一位"乞丐"而创办了三所学校，我们连一所学校也不能维持，岂不愧死？于是我们在四月六日下了决心要跟武训学，我们要做一个"集体的新武训"，我们相信只要我们所办的是民族与人类所需要的教育，总有一天得到"政府"社会之了解帮助，从磨难中生长起来。首先是育才学生们之响应。他们来信说："我们愿做新武训的学生，不愿做旧武训的学生。"他们的意思是说：我们自动求学，用不着武训向他们下跪才用功。同样，教师们也给了认真教课的保证。有了认真教课的教师和自动求学的学生，新武训是比较容易做了——只需讨饭兴学，对付经济问题。这经济问题固然严重得很！到我写这篇文章的时候，二百张嘴天天所吃的已是每老斗一百一十元的米了，超出开办时五十倍——但是本着立校颠扑不灭的教育理论，抱着武训先生牺牲自我之精神，并信赖着中华民族重视教育、爱护真理之无可限量之热诚，我们知道就是比现在更困苦，也必定不是饥饿所能把我们拆散的。中华民族需要我们，世界人类需要我们。磨难只能给我们以锻炼，使我们更强壮的长起来。

初步人才教育之路，育才在过去两年中只是做了一点探路的工作。育才在两周岁之前夜，对于初步人才教育，探到了什么路？怎样在这路上试探？有限得很，只可约略的谈谈：

甲、集体生活　集体生活不仅仅是大家聚在一块过日常生活。我们要想丰富集体生活在教育上之意义，必须使它包含三种要素：（一）为集体自治；（二）为集体探讨；（三）为集体创造。

（一）集体自治的主要目的，是要使大家在实行集体自治上来学习集体自治。集体自治在育才是采用民主集中制。我们在民主与集中之间摇摆了一些时候，我们主观上是要实行民主集中，使全校的公意得以充

---

① 草街子　四川省合川县之一乡镇名。

分的发表，并使此发表之公意有效而迅速的实现起来。但是实际上，我们初期似乎过于民主，发生过平均、平行等毛病；后来，要想纠正这些毛病，权力过于集中，整齐严肃是其好处，被动呆板是其弱点。现在仍回到立校之原意，要贯彻民主集中制之真精神，一方面培养自动的力量，一方面培养自觉的纪律，一方面树立宣导这力量及发挥这纪律有效而有条理的机构，使他们向着有目的生活奔赴，如百川之朝海。如果有一方面做得不够或有所偏，多少便会失去民主集中之效用。

（二）集体探讨之目的，在以集体之努力，追求真理。探讨之路有五，即行动、观察、看书、谈论、思考，称之为五路探讨，也可称之为五步探讨。这与《中庸》所说之博学、审问、慎思、明辨、笃行相仿佛，不过次序有些变动，博学相当于观察与看书。审问似乎属于思考又属于谈论。慎思、明辨纯属于思考。笃行相当于行动。人类与个人最初都由行动而获得真知，故以行动始，以思考终，再以有思考之行动始，以更高一级融会贯通之思考终，再由此而跃入真理之高峰。说到应用，凡是不必按班级学习之功课，都可采用集体探讨之方式，如社会科学、自然科学、艺术之一大部分，只需文化锁匙略会运用，即可开始从事于集体探讨。例如集体探讨中国抗战或某一战役，教师可于一星期前公布探讨纲目，提示参考图书，并指点探讨之路。地图及数字，须预为择要公布。首先我们要在参加抗战行动上来了解抗战。我们在慰问抗属、制寒衣、义卖、宣传兵役等等行动上来理解它的性质及发展。敌机凌空，轰炸残酷，汉奸挑拨，奸商囤积居奇，军民同赴国难，以及种种战利品随时随地广为观察。有关中国抗战及该战区之地图、书籍、报章杂志，须广为搜集，按程度分别陈列以备阅览。然后依规定日期，由教师或请专家主讲，由学生参加讨论，当时扼要记录，事后用心整理，并加以批评检讨，以期达到融会贯通之境界。等到融会贯通以后之抗战行动，是跃入更深的必胜信念，并能发出更大的参加力量。这整个过程，我们称之为集体探讨。牛顿养猫，猫生小猫，他在大猫洞旁边开一小洞使小猫可以自由出入。但小猫只是跟随大猫走大洞，小洞等于虚设。集体探讨只是开了一个文化大洞，小孩自然跟着大孩一同进出罢了。

（三）集体创造的目的，在运用有思考的行动来产生新价值。我们虽不能无中生有，但是变更物质的地位，配合组织使价值起质的变化而便利于我们的运用。这也构成普通功课之一部分，使学生在集体创造上学习创造。我们以前开辟操场、劳动路及普式庚林①并改造课室，已经有了些经验。这次从六月二十到七月二十定为集体创造月，开始作有计划之进行，分举如下：

1. 创造健康之堡垒；

2. 创造艺术之环境；

3. 创造生产之园地；

4. 创造学问之气候。

（子）创造健康之堡垒：我们的集体生活首重健康。创造健康之堡垒，目的在与疾病作战。善战者不战而退敌人之师，故一分预防胜于十个医生。健康之堡垒有三道防线：第一道防线，是制造扑灭病菌绝除病菌及携带病菌者之工具，如苍蝇拍、捕鼠器、纱罩、蚊帐、烧水锅炉、消毒器械，并采用其他科学方法，与侵犯之病菌及病菌携带体作战。第二道防线，为实施环境卫生，如水井、厕所、厨房、饭厅、阴沟死水、仓库、家畜栏、垃圾堆，都要经常的施以适当的处理，使病菌无法孳生蔓延。第三道防线，是赤裸裸的靠着身体的力量与病菌肉搏。这道防线所包含的是营养、运动、防疫针、生理卫生之认识。至于治疗乃是三道防线都被攻破肉搏又告失败，只好抬入后方医院救治。故治疗不是作战之防线，乃是医伤之处所。最好是努力于三道防线上健康堡垒之创造，使治疗所等于虚设。我们是要朝这方向进行，很希望在集体创造月里立下一个基础，以后继续使它逐渐完成。但是既与病菌作战，无论如何周到，难免没有受伤官兵，故治疗所工作也不敢疏忽，而是要使它有效的执行它的任务。

（丑）创造艺术之环境：我们要教整个的环境表示出艺术的精神，使形式与内容一致起来。这不是要把古庙装成一座新屋，老太婆敷粉、擦胭脂、涂嘴唇是怪难看的。但是阵有阵容，校有校容，有其内必形诸外，我们首要重艺术化的校容。甲午②之前，中国海军也算是世界第四位，一度开到日本大示威。一位有见识的日本官在岸上看了一看说：这可取而代之。人问其故。他说："大炮为一舰之主，我看见他们在大炮上晒裤子，所以知道它的末路快到了。"这种眼光多么锐利啊！他是从

---

① 普式庚林　亦作普希金林。是育才文学组师生在古圣寺前凤凰山山坡上举行诗歌朗诵等教学活动的一片松林，以俄国著名诗人、现实主义文学的奠基人普希金（1799—1837）命名。

② 甲午　指 1894 年中日甲午战争。

舰容——大炮上的裤子——看清逊清海军军纪了。我们所要的校容不是
浪费的盛装，而是内心的艺术感所求的朴素的表现。我们的校容要井然
有条，秩然有序，凛然有不可侵犯之威仪。什么东西应该摆在什么地方
或只许摆在那个地方，应该怎样摆也只有那样摆，而不许它不得其所。
无论什么东西，一经成群，就得排队：草鞋排队、斗笠排队、扫帚排
队、畚箕排队、锄头排队、文具排队、手巾排队、脸盆排队、桌排队、
椅排队、凳排队、床排队、被排队、书排队——一切排起队伍来！物也
排队；人也排队。静要排队；动要排队。排队而进；排队而出。排队之
前，排队之时，排队之后，通身以朴素之艺术精神贯彻之，便成了抗战
建国中应有之校容。捣乱这校容的有少爷、小姐、名士派、浪漫派、个
人主义、自由主义之遗孽，我们是努力的感化而克服着。

（寅）创造生产之园地：我们要渡过经济难关，是要开源节流，标
本兼治。治标的办法，是在节约捐款。根本之计，则在从事有效之生
产，以十年树木之手段，贯彻百年树人之大计。现在正进行着"寸土运
动"①，先使大家知道"一寸黄土一寸金"之义，而后用集体的力量使
地尽其力。进行这工作时候，有数件事颇令人兴奋。晚饭钟已经敲了，
我见一位小同学身边放着十根辣椒苗，左近实在没有空地了，只剩下一
个小水凹。他把水疏通流到别处去，拾了几块石头连泥做了个小堤，再
拿好土把凹地填平，将辣椒苗栽完了才洗手回校吃晚饭。这时，又看见
一位同学远远的还在工作，待我走去和他谈谈，他说："我今天要挖好
五百个凹，使山芋秧种完了才放手。"他的技术虽然还有许多地方不能
令人满意，但是我们有一些小农人精神，是足以完成我们小范围中的寸
土运动的任务。在我们当中，也有一些人懒得动手，或把生产当作玩艺
儿干。我希望在创造劳动的洪炉里，他们渐渐的会克服自己的弱点，把
自己造成手脑双挥的小工人。

（卯）创造学问之气候：气候是生物生长之必要条件。我们要学问
长进，必须创造追求真理所必需的气候。平常所谓气候是空气与热之变
化所致，学问之气候也可说是追求真理之热忱与其所需之一定文化养料
及其丰富之配合所构成。追求真理之热忱其限度固为先天所赋予，而各
人是否得尽其限，则有赖于集体或彼此之鼓励。但所赖以追求真理之文

---

① 寸土运动　为了克服经济困难，育才学校校长陶行知号召全体师生利用校园内外的
空地，开荒生产，种植粮食蔬菜。

化养料之配合则有待于创造。具体的说，我们除了培养求知之热忱以及大自然大社会之博观约取外，必须有自然科学馆、社会科学馆、艺术馆、图书馆之建立。对于文化养料搜集得愈丰富，配合得愈适宜，则其有助于学问之长进亦愈大。这些，在我们这样的学校，除了集体创造外，便无法实现。从五月二十七日起，我们是分工合作的来采办这些文化食粮。首先是图书馆之彻底改造，简直是等于创造一个新的图书馆，竟以集体的力量而完成了奠基的任务。图书馆之改造证明了集体力量之雄厚，并为一切集体创造树立了一个可以达到的水准，而且于无意中起了模范作用。我们有两个肚，需要两种食粮、两个厨房、两个大司务。自从米价涨上天，精神食粮偏枯，大家好象变成一个大肚小头的动物，其实精神肚子吃不饱，饭桶肚子又何尝吃得饱？为了免掉这种偏枯，我们除了吃"点心"外还要吃"点脑"——还要吃"文化点心"。我们下决心规定"点脑"费或文化点心费，不得小于米价二十分之一，免得头脑长得太小，太不象样。

乙、文化钥匙　活的人才教育，不是灌输知识，而是将开发文化宝库的钥匙，尽我们知道的交给学生。文化钥匙主要的四把：即国文、数学、外国文、科学方法。国文、数学、外国文三样，在初期按程度分班级上课最为经济。数学对于艺术部门之学生，只须达到足够处理其日常生活程度以后，即可任其自由选择。知识之前哨，丰富之学术多在外国，人才幼苗一经发现即须学习外国文。至少一门，与国文同时并进，愈早愈好，风、雨、寒、暑不使间断。若中途发现其不堪深造，则外国文即须停止，以免浪费时间。科学方法不必全部采用班级上课，一部分要使其在行动上获得方为有效。这科学方法似宜包含治学、治事各方面。从前有一个故事提到有一位道人用手一指，点石为金，一位徒弟在旁呆看，道人说："你把金子搬去可以致富。"徒弟摇摇头。道人问他为何不要金子，徒弟说："我看中你那个指头。"世上有多少〈人〉被金子迷惑而忘了点金的指头，文化钥匙虽可分班度人，但要在开锁上指点。如当作死书呆读，上起锈来，又失掉钥匙的效用了。

丙、特殊学习　这是育才立校之一特点，我们设了音乐、戏剧、文学、社会、自然、绘画六组，依据智慧测验和特殊测验，选拔难童加入最适合其才能兴趣之一组学习，以期因材施教，务使各得其所。我们的目的，在使人才幼苗得到及时之培养而免于延误枯萎。特殊才干之幼苗，一经发现，即从小教起，不但是合于世界学问家之幼年史实，即我们这短短两年的试验，也证明了路线之正确。将来，倘能照预定计划加设工艺组和农艺组，更为容易见效而适合需要。一位来校视察的朋友，看见这办法合理而主张普遍推行。这是需要慎重考虑的。我想每省先设一所以资试验，却是有益而无害。将来随办学人才之增加，则每一行政督察专员区设立一所，亦属可行。

丁、自动力之培养　生活、工作、学习倘使都能自动，则教育之收效定能事半功倍。所以我们特别注意自动力之培养，使它贯彻于全部的生活工作学习之中。自动是自觉的行动，而不是自发的行动。自发的行动是自然而然的原始行动，可以不学而能。自觉的行动，需要适当的培养而后可以实现。故自动不与培养对立，相反的自动有待于正确的培养。怎样才算是正确的培养呢？在自动上培养自动，才是正确的培养。若目的为了自动，而却用了被动的方法，那只能产生被动而不能产生自动。有人好象是无须培养便能自动，那是因他会自觉的锻炼了自己培养了自己，其实他是运用了更高的培养，即自我的培养。我们的音乐指导委员会，委员都在重庆，每月有一位下乡指导数日。当他不在乡下的时候，学生竟能自动的完成每一个月的学习进程，这是很令人高兴的一件事。最近改造图书馆，一开始便着手培养十几位幼年管理员，在改造图书馆上培养他们管理图书馆。现在整个图书馆都由他们主持了，而且有了优越的成绩。二周年纪念要发出将近三百封信，我们把握住这个机会培养了二十几位幼年的秘书。写得不及格的摔进字纸篓里，顶多摔进去三次便及格了。这写信之及格不就等于一门书法考试及格了吗？所不同的是三百封信出去了，等于一位书记五十天的成绩。而且书法考试及格写信未必适用；但是写信已经合用，书法必定及格。现在要完成幼年会计、幼年护士之培养，并开始幼年生产干事、幼年烹饪干事之培养。我们的根本方针，是要在自动上培养自动力。每人学治一事，不使重复而均劳逸。寻常治学之人与治事之人常常相轻，现在治学之人学治一事，则治事亦治学了。再因一般治事之人，为治事而治事，不免流于事务主义。倘从小即养成其为治学而治事之态度，则两受其益了。

两个问题之再考虑。

（一）普修课与特修课之关系。育才初办的时候，假定普修课与特修课之时间各占二分之一。普修课依部章所定内容进程实施。特修课则因无前例，则根据各组学术性质而定其课程。后来，因研究结果而改订时间，使普修课约占三分之二，特修课约占三分之一，并给各组以伸缩机会，再依各组进程需要逐年酌量增加特修课之时间。我们时常遇到的问题是：你们学生几年毕业？我们回答问题不像普通学校那样简单。特修课我们是希望学生一直学上去，到学成了才告一段落；普修课则大约和别的学校同年限毕业。接着就是第二个问题：你们花了三分之一的时间在特修课上面，又如何能同别的学校同年限毕业？因为有四个条件能使它成为可能：(1) 我们这里几乎是个全年学校或四季学校。在寒假生活和暑假生活里，名字虽是不同，但多少还得天天上些课。比较起来，我们全年上课是可能多十几个星期。(2) 特修课之一部分，在学力上是可移转到普修课上面去。(3) 如果集体探讨及集体创造，特别是学问气候之创造，有效的实现起来，学生潜修其中，自然而然的是随时随地的吸收很多，相当于普修课之内容。(4) 为着要预防及纠正特修课教育之狭隘性格，我们多方引导学生在各组之立场与观点，尽量对于普修课各部门找出他们与本组学术之关联。担任普修课之导师，随时尽可能扼要指出他的功课与特修课之联系；同时，担任特修课之导师乃至比较深造的学生，提出各该组当前学习之精华，使之深入浅出，公诸全校，以丰富全校之普修课内容。这样，普修课与特修课之鸿沟打通，乃能达到一般的特殊与特殊的一般之境界。

(二) 集体检讨可能之流弊。集体生活必须有自我检讨而后能克服自身之弱点，发扬本身之优点。这种检讨晚会之原意，是要教工作做得好些，学问求得正确些，生活过得丰富而合理些，进一步是要时常提醒我们所过的生活，所求的学问，所做的工作，是否合乎抗战建国之需要，及如何使我们的生活、学习、工作更能配合抗战建国之大计。它要提醒我们是否为着近处而忘记远处，为着小我而忘了大我。这样，晚会才能开得有教育意义，才能教人有参加之乐而无参加之苦。但是检讨晚会有一个危险，就是一不小心，它往往会变成集体裁判，为着一点小事而浪费多数人之时间，久而久之，会在同学之间结下难解之私仇，被检讨之人是弱者吞声屈服，强者怀恨报复，既伤团体和气，亦无益于个人，甚至乐园变成苦海，实误用集体检讨有以致之。古人说："杀鸡焉用牛刀。"何况拿牛刀杀虱？若是老用来杀鸡杀虱，则到了杀牛的时候，怕要杀不动了。集体检讨是一个团体最锋利的公器，不可小用，小用则钝。纠正之方在民主立法：有司执法，网开一面，庶有自新之路；十目所视，不容秽垢藏匿之所；而根本之图，是先立乎其大者，则其小者不能夺。改弦更张，为时不久，但和气有加无已，进一步可以达到同志同学均在友谊上合一起来之境界，是其有助于全校之精诚团结，可以预卜了。

迎接维系努！婆罗门教①有三个大神：一是创造之神，名叫百乐妈；一是破坏之神，名叫洗伐；一是保存之神，名叫维系努（Vishnu）。我们生活教育运动，包含育才学校，仔细检讨，便发觉我们缺少保存之神。让我们欢迎维系努加入我们的集团吧。我们不为保存而保存，是为着更高的创造而保存。正如印度故事所说，让更真、更善、更美的创造，从维系努手中之莲花里生出来吧。

《战时教育》第6卷第6、7、8合期（1941年6月1日）

---

① 婆罗门教　印度古代宗教之一。相传约前七世纪形成，以崇拜婆罗贺摩（梵文）而得名。公元前八、九世纪间改称印度教。

每天四问*
(1942 年 7 月)

　　今天是本校三周〈年〉纪念，我有一些意见提出来和大家谈谈，作为先生、同学和工友们的参考。

　　本校从去年的二周纪念到今年的三周纪念，能在这样艰难困苦中支持了一年，几乎是一个奇迹。这一个奇迹，不是一个人的力量所能够做得出来的，而是全体先生、同学、工友共同坚持，共同进步，共同创造，以及社会关心我们人士的尽力赞助所得来的。

　　本校在这一年中，好象是我们先生、同学、工友二百人坐在一只船上，放在嘉陵江中漂流，大的漏洞危险虽然没有，但是小的漏洞是出了一些，这些小漏洞也可以变成大漏洞，使我们的船沉没下去的！然而我们的船没有因为这些小漏洞沉没，竟因为我们这些同船的人，一见有小漏洞，即想尽方法用力去堵塞，有时用手去堵，有时用脚去堵，甚至有时用头、用全身的力量去堵，终于把这只船上这些小漏洞堵塞住，而平稳地渡过这一年，达到了目的地。这是一个奇迹，一个共同努力、共同创造的奇迹。

　　"一切为纪念"，刚才主席说的这一个口号，当然提出的意义是有他

<hr />

　　* 本篇系陶行知于 1942 年 7 月 20 日在育才学校三周年纪念晚会上的演讲。记录者：方与严。方在 1947 年 7 月 25 日育才学校校庆会上介绍此文时说："这是陶校长在育才学校三周年纪念的晚会上的讲演词。我当时坐在台下听讲，把它默记着，第二天即把它默写下来，送给陶校长改正。他一直忙着，搁置了四年还没动笔修改。去年七月，七周年校庆后五日，陶校长在沪病逝的消息传来，全校震悼。我刚出院不久，即奉派来上海，继续筹备迁校事宜。临行时，在陶校长房内看见了这篇记录原稿，顺便带在手边。现在八周年校庆来到，不能再听到陶校长的殷勤致词了，这是一个难以形容的怆痛！但是温习遗教，发扬遗教，是我们大家的责任。'每天四问'，是我们每天做人做事的警钟，也是一切有血性、有志气、有正义感的人，做人做事的宝筏，能把我们的人生渡上更高境界的宝筏！将以此来纪念育才学校八周年的成长，以及将来之发扬光大，并以此来祝颂中华民族共同登上光辉灿烂的历史更高境界。"

的作用的。大家用力对着这一个目的来创造，是很好的。但是我对于这一个口号有点骇怕，骇怕费钱太多，骇怕费力太多，以致筋疲力尽，恐怕得不偿失。所以我主张明年四周纪念，要改变方针。我们的成绩，要从明天起，即开始筹备，日积月累，"水到渠成"的成绩。不要再在短期内来多费钱和多费力量，只要到了明年七月一日，开始把平日的成绩装潢一下，便有很丰富的成绩，再不像今年和去年这样忙了。大家也可以很从容、很清闲而有余裕的过着四周年纪念。

现在我提出四个问题，叫做"每天四问"：

第一问：我的身体有没有进步？

第二问：我的学问有没有进步？

第三问：我的工作有没有进步？

第四问：我的道德有没有进步？

第一问："我的身体有没有进步？"

首先，我们每天应该要问的是："自己的身体有没有进步？有，进步了多少？"为什么要这样问？因为"健康第一"。没有了身体，一切都完了！不禁使我想到了去年二周纪念前九日邹秉权同学之死！与今年三周纪念前九日魏国光同学之死！二人之死的日子是恰恰一周年，不过时间上相差八九个钟点罢了。因这两位同学的死，使我联想到，我们必须继续建立"健康堡垒"。要建立健康堡垒，必须注意几点：

（一）"科学的观察与诊断"。……科学是教我们仔细观察与分析，譬如邹秉权、魏国光两同学之死，尤其是魏国光同学这一次的死，不能不说是我们先生、同学的科学的观察力不够。魏国光同学患的是"蛔虫"症候，他在学校寝室内吐过蛔虫，有同房的同学见到没有报告，先生也没有仔细查看，到了医院又在痰盂中吐过蛔虫，又没有留心注意到，这就是科学重证据的"敏感"，而成为一种不科学的"钝感"了！医生又复大意，则在这种钝感之下据之而误断为"盲肠炎"。虽然他腹痛的部位是盲肠炎的部位，但既称为"炎"，就必得发"热"；今既无热，就可以断定不是盲肠炎了。何以需要开刀割治？！其实魏国光同学的病症是蛔虫积结在肠胃内作怪，不能下达，而向上冲吐了出来！如果，把这吐过蛔虫的证据提出来，医生一定不致遽断为盲肠炎，而开刀，而发炎，而致命！因为魏国光同学之死，我们必须提高"科学的警觉性"。以后遇病，必要拿出科学上铁一般的证据来，才不致有错误的诊断，而损害了身体。否则，都有追踪邹秉权、魏国光两同学之死的危险！所以提高科学的警觉性，是保卫生命的起码条件。最重要还是要用科学的卫生方法，好好的调节自己的身体，不使生病！科学能教我们好好的生活，生存！我们今后应该多提高科学的知能，向着科学努力，努力建立科学的健康堡垒，以保证我们大家的健康和生命。

（二）"饮食的调节与改进"。……我这次去重庆，因事到南岸，会到杨耿光（杰）[①] 先生。杨先生是我们这一年来，经济助力最多最出力的一位热心赞助者。顺便谈到儿童和青年的营养问题，杨先生提到德国对于儿童和青年的营养问题，是无微不至的。德国有一位大学教授，对于自己儿子的营养，说过这样一段话："我为什么有这样好的身体，可以担任这样繁重的事情？就是我的父母把我从小起的营养就调节配备得好，所以身体建筑得像钢骨水泥做的一样。身体建筑最好的材料是牛肉，所以我决定每天要给我的儿子吃半斤牛肉，一直到二十五岁，就能够把他的身体建筑成为钢骨水泥做成的一样，可以和我一样担任繁重的大事了。"纳粹德国政府，对于全国儿童及青年身体健康的营养，是无微不至，我们今天关于营养的问题提到德国，并不是要像纳粹德国一样，把儿童和青年的身体培养得坚实强健，然后逼送他们到前线上去当侵略者的炮灰！但是这种注重新生一代的儿童和青年营养问题的办法，是值得注意的。苏联是社会主义的国家，对于儿童和青年的营养问题，也是无微不至的，所以它在一切建设上，在抵抗侵略上，到处都表现着活跃的民族青春的活力。其他许多国家政令中亦多注意到儿童和青年的营养问题。我们在今天提出营养问题来，就是为着现在和将来人人能够出任艰巨。悬此为的，以备改进我们的膳食，为国家民族而珍重着每一个人的身体的健康。

（三）"预防疲劳的休息"。……"饱食终日，无所用心"，固然不对，但是过分的用功，过分的紧张劳苦工作，也于一个人身体的健康有妨害。妨害着脑力的贫弱，妨害着体力的匮乏，甚至于大病，不但耽误了学习和工作，而且减损及于全生命的期限！所以我在去年早已提出"预防疲劳的休息"问题，今天重新提出。希望大家时时提示警觉，预防疲劳，不致使身体过分疲劳。天天能在兴致勃勃中工作学习，健康必然在愉快中进步了。至于已经有人过分疲劳了，要快快作"恢复疲劳的

---

① 杨耿光（1888—1949） 名杰，字耿光，云南省大理县人。毕业于日本陆军大学，参加同盟会。1916 年参加讨袁"护国"之役。1949 年被邀为中国人民政治协商会议第一届全体会议代表。未及赴会即在香港遭国民党特务暗杀。

休息"。适当的休息，是健身的主要秘诀之一，万不可忽略。忽略健康的人，就是等于在与自己的生命开玩笑。

（四）"用卫生教育代替医生"。……卫生的首要在预防疾病。卫生教育就在于教人预防疾病，减少疾病。卫生教育做得好，虽不能说可以做到百分之百不生病的效果，但至少是可以减少百分之九十的病痛。其余在预防意料之外而发生的只有百分之十的病痛，可是已经是占着很少成分，足以见出卫生教育效力之大了。以现在学校的经济状况说来，是难以支出两三千块钱来请一个医生。我们的学校是穷学校，中国的村庄是穷村庄。我们学校是二百人，若以五口之家计算，是等于一个四十户人家的村庄。若以这个比例来计算，全中国约有一百万个村庄，每村需要请一个医生，便需要有一百万个医生。现在中国的人力和经济力都不允许这样做，不能够这样做，所以我们学校也就决定不这样做，决定不请医生。我们要以决心推进卫生教育的效力来代替医生，以保证健康的胜利。以卫生教育代替医生，在两月前，我已有信来学校，提出十几条具体事实来，希望照行，现在想来，还是不够，需要补充。待补充之后，提交校务会议商决进行。但是今天在此先提出来告诉大家，希望大家多多准备意见，贡献意见。在建立"科学的健康堡垒"上多尽一份力量，便是在卫生教育施行上多一份力量，卫生教育胜利上多一份保证。大家都成为建立"科学的健康堡垒"的主要的成员之一，健将之一，共同来保证"健康第一"的胜利。

第二问："我的学问有没有进步？"

其次，我们每天应该问的，是"自己的学问有没有进步？有，进步了多少？'为什么要这样问？因为"学问是一切前进的活力的源泉"。学问怎样能够进步？重要在有方法的研究。现在我想到有五个字，可以帮助我们学问易于进步。哪五个字呢？

第一个，是"一"字。一是"专一"的一。荀子说："好一则博。"这句话是很有精义的。因为有了一个专一的问题做中心，从事研究，便可旁搜广引，自然而然的广博起来了。我看世界名人学者对于治学的解释，尚少如此精约的，治学必须"专一"的"一"，这是天经地义的了。"专一"在英文为 Concentration，我们对于一件事物能够专心一意的研究下去，必然能够有一旦豁然贯通之时。所以我希望有能力研究的先生和同学，必须择定一个题目从事研究，即使是一个很小的问题，也可以研究出很深刻、很渊博的大道理来。于人于己都可得到切实的益处，而且可能有大的贡献。

第二个，是"集"字。集是"搜集"的集。集照篆字的写法，是这样"𦾔"，好象许多钩钩一样。我们研究学问有了中心题目，便要多多搜集材料，象"集"的篆写一样，用许多钩钩到处去钩，上下古今，左右中外的钩，前前后后，四面八方的钩，钩集在一起来，好细细研究。集字在英文为 Collection，我们有了丰富的材料，便可以源源本本的彻头彻尾的来研究它一个明明白白，才能够真正理解这个问题的症结所在，才能够"迎刃而解"，才能够收得"水到渠成"的效力。所以我希望大家对于每一个问题，都必须多多搜集材料，以便精深的精益求精的研究。在研究上发生力量，在研究上加强创造力量，集体创造，共同创造，在创造上建立起我们事业的新生命，树立起我们事业的新生机，稳定我们事业的新基础。

第三个，是"钻"字。钻是钻进去的钻，就是深入的意思。钻是要费很大的力量，才能够钻得进去，深入到里面去，看得清清楚楚，取得了最宝贵的宝贝。做学问虽不能象钻东西那么钻，但是能够用最好的方法，也可以很快钻进去。我在×国，参观一个金矿，他们开采的机器，是运用大气的压力来发生动力的。我见到他们开采的速度，是比现代所称的"电化"的电力，还不知要增加若干倍咧。我们做学问也是一样，如果我们能够在学术气氛中的大气压力下，发生动力去钻，一定能够深入到里面去，探获学问的根源奥妙与诀窍，而必有很好的收获。"钻"字在英文为 Penetration，所以我希望大家对于一个问题拿定了，便要尽力向里面钻，钻出一大套道理来，使我们学术气氛有着飞跃的进步。

第四个，是"剖"字。剖是"解剖"的剖，就是"分析"的意思。有些材料钻进去还不够，必须解剖出来看它的真伪，是有用的还是有毒素的？以便取舍，消化运用。"剖"字在英文为 Analyzation，所以我希望大家对于每一个问题搜集得来的材料，除了钻进、深入之外，必须更加着意做一番解剖的工夫，分析入微，如同在解剖刀下，在显微镜下，看得明明白白，分析得清清楚楚，真的、有用的、没有毒素的就拿来运用；如果是假的、有毒素的就舍去抛掉不用。如此，鉴别材料，慎选材料，自然因应适宜了。

第五个，是"韧"字。韧是坚韧，即是鲁迅先生所主张的"韧性战斗"的韧。做学问是一种长期的战斗工作，所以必须有韧性战斗的精神，才能够在长期战斗中，战胜许许多多困难，化除种种障碍，开辟出一条新的道路，走入新的境界。"韧"字在英文中尚难找得一个适当的字来翻译，勉强可以译为 Toughness，所以我希望大家在做学问上，要用韧性战斗的精神，历久不衰的，始终不懈的坚持下去，终可达到"柳暗花明又一村"的境界。

我想我们每一个人，能把"一""集""钻""剖""韧"五个字做到了，在做学问上一定有豁然贯通之日，于己于人于社会都有贡献。

第三问："我的工作有没有进步？"

再次，我们每天要问，"自己担任的工作有没有进步？有，进步了多少？"为什么要这样问？因为工作的好坏影响我们的生活、学习都是很大的。我对于工作也提出几点意见，以供大家参考。

第一点最要紧的，是要"站岗位"。各人所负的责任不同，各人有各人的岗位，各人应该站在各人自己的岗位上，守牢自己的岗位，在本岗位上努力，把本岗位的职务做得好，这是尽责任的第一步。我最近在想，人人应该有"站岗位"的教育。站牢在自己的工作岗位上，教育自己知责任，明责任，负责任——教育着自己进步。

第二点最要紧的，是要"敏捷正确"。人常说，做事要"敏捷"，这是对的。但我觉得做事只是做到敏捷还不够，敏捷是敏捷了，因敏捷而做错了怎么办？所以敏捷之下必须加上"正确"二字，工作敏捷而正确才有效力。一件工作在别人做起来需要四小时，你只要二小时或三小时就做好了，而且做得很正确，这才算是工作的效力。工作怎样能够做得敏捷正确呢？这就要靠熟练与精细。粗心大意，是最易弄错弄坏事情的。做事要像做算术的演算草一样，要演得快演得正确。

第三点最要紧的，是要"做好为止"。有些人做事，有起头无煞尾，做东丢西，做西丢东，忙过不了，不是一事无成，就是半途而废。我们做事要按照计划，依限完成，就必须毅力坚持，一直到做好为止。

第四问："我的道德有没有进步？"

最后，我们每天要问的，是"自己的道德有没有进步？有，进步了多少？"为什么要这样问？因为道德是做人的根本。根本一坏，纵然使你有一些学问和本领，也无甚用处。并且，没有道德的人，学问和本领愈大，就能为非作恶愈大，所以我在不久以前，就提出"人格防"来，要我们大家"建筑人格长城"。建筑人格长城的基础，就是道德。现在分"公德"和"私德"两方面来说。

先说"公德"。一个集体能不能稳固，是否可以兴盛起来？就要看每一个集体的组成分子，能不能顾到公德，卫护公德，来衡量它。如果一个集体的组成分子，人人以公德为前提，注意着每一个行动，则这一个集体，必然是日益稳固，日益兴盛起来。否则，多数人只顾个人私利，不顾集体利益，则这个集体的基础必然动摇，并且一定是要衰败下去！要不然，就只有把这些不顾公德的分子清除出这个集体，这个集体才有转向新生机的希望。所以我们在每一个行动上，都要问一问是否妨碍了公德？是否有助于公德？妨碍公德的，没有做的即打定决心不做，已经开始做的，立刻停止不做。若是有助于公德的，大家齐心全力来助他成功。

再说"私德"。私德不讲究的人，每每就是成为妨害公德的人，所以一个人私德更是要紧，私德更是公德的根本。私德最重要的是"廉洁"，一切坏心术坏行为，都由不廉洁而起。所以我在讲"建筑人格长城"的时候，提到了杨震的"四知"①，甘地②的漏夜"还金"，华盛顿③的勇敢承认错误，和冯焕章④先生所讲的平老静"还金镯"的故事，这些，都是我们大家私德上的好榜样。我们每一个人都可以效法这些榜样，把自己的私德建立起来，建筑起"人格长城"来。由私德的健全，而扩大公德的效用，来为集体谋利益，则我们的学校必然的到了四周年，是有一种高贵的品德成绩表现出来。

我今天所讲的"每天四问"，提供大家作为进德修业的参考。如果灵活的运用行到做到，明年今日四周纪念的时候，必然可以见出每一个人身体健康上有着大的进步，学问进修上有着大的进步，工作效能上有着大的进步，道德品格上有着大的进步。显出"水到渠成"的进步，而有着大大的进步。

《育才学校》（教育书店 1951 年 4 月出版）

---

① "四知" 汉代学者杨震当大官时，昌邑令王密深夜怀金 10 斤送他。他坚辞不受。王说："暮夜无知者。"杨答："天知，地知，我知，子知。何谓无知？"

② 甘地（Mohandas Karamchand Gandhi 1869—1948） 印度民族运动领袖，在印度被尊为"圣雄"（Mahatma）。

③ 华盛顿（1732—1799） 美国第一任总统（1789—1799），美利坚合众国奠基人。

④ 冯焕章（1882—1948） 即冯玉祥，安徽巢县人。

育才十字诀
（1942 年 12 月）

　　一次在报上看见一首木偶十字诀，把一个木头菩萨描写得维妙维肖，可算是民众或通俗文艺的杰作。记得第一个字写的是"一窍不通"，的确是精采得很。当时我就想给育才学校之创学旨趣，披上一件"民族形式"之外套，几经修改，完成了这育才十字诀：

　　　一个大脑。　　二只壮手。　　三圈连环。　　　四把锁匙。
　　　五路探讨。　　六组学习。　　七（集）体创造。　　八位顾问。
　　　九九难关。　　十（誓）必克服。

　　因为这个十字诀稍微有点新的内容。又因为措辞不够通俗，还需要简单的解释才可以显出里面的精义。

　　一个大脑　人类的头脑在动物中并不算最大，但他的脑髓与脊髓之比例是超过一切动物。这是思想之物质基础。三民主义一开始就说："大凡人类对于一件事，研究当中的道理，最先发生思想，思想贯通以后便起信仰，有了信仰就生出力量。"思想贯通是信仰与力量之泉源；研究又是思想贯通之泉源；都是要顺应这大脑之天然条理进行，才能奏效。

　　二只壮手　人类自脊梁骨硬了起来，前脚便被解放而成为一双可以自由活动的手。手执行头脑的命令，打猎、捉鱼、务农、做工、战斗而健壮起来，同时是改造着发展着那对它发号施令的头脑，我们要重生原始健壮的双手来向前创造。

　　三圈连环　这是我们的校徽，圈有三种德性：一是虚心，代表学习；二是不断，代表工作；三是精诚团结，代表最后胜利。第一个圈表示全校一体，第二个圈表示全国一体，第三个圈表示宇宙一体。而且学校、国家、宇宙是互相联系，息息相关，决不可能把它们彼此孤立起来意识。

四把钥匙 文化钥匙要使学生得到最重要的四把。一是国文；二是一个外国语；三是数学；四是科学方法——治学治事之科学方法。与其把学生当作天津鸭儿填入一些零碎知识，不如给他们几把钥匙，使他们可以自动的去开发文化的金库和宇宙之宝藏。

五路探讨 探讨真理，我们提出五条路：（一）体验；（二）看书；（三）求师；（四）访友；（五）思考。这与《中庸》上所讲的博学、审问、慎思、明辨、笃行可以比起来看。体验相当于笃行；看书、求师、访友相当于博学；思考相当于审问、慎思、明辨。我们的治学次序是依据"行是知之始"及自动的原则排列，可以说是把传统的道理颠倒过来。

六组学习 育才除普遍功课依照择定课程标准进行外，用四分之一的时间让学生各依性之所近学习一门特修课。特修课分为下列六组：（一）文学组；（二）音乐组；（三）戏剧组；（四）绘画组；（五）自然组；（六）社会组。

七（集）体创造 我们希望以集体力量纠正个人主义，以创造的工作来纠正空话与幻想。在共同努力创造学校上来学习，共同努力创造新中国、新世界。

八位顾问 吉辅灵有一首小诗题为六个裁缝：即（一）什么事，（二）什么人，（三）什么缘故，（四）什么方法，（五）什么时间，（六）什么地方。我们为着要改造一般书生的笼统的静止的头脑，加了两位：（七）什么数目，（八）什么动向。这八贤是我们治学治事不用报酬的常年顾问。

九九难关 人生是患难与欢乐所织成。追求真理的人以与患难搏斗为乐，唐僧向西天取经，遭遇八十一难，不知者以为他是自寻苦吃，其实他是抱着一个宏愿要完成，看破生死，乐而忘苦。总之，人生与患难有不解之缘。患难给有志者以战斗之情绪与战胜之智慧。

十（誓）必克服 有了战斗之情绪与战胜之智慧，还必须有战斗到底之意志，才能克服大难，以至于成。一个人到了富贵不能淫，贫贱不能移，威武不能屈的境界，是永远不会被患难压倒。那时，他成亦成，败亦成，而不是世俗所谓之成败了。

三十一年十二月四日

《育才学校》（教育书店 1951 年 4 月出版）

创造宣言 *
(1943 年 10 月)

创造主未完成之工作，让我们接过来，继续创造。

宗教家创造出神来供自己崇拜。最高的造出上帝，其次造出英雄之神，再其次造出财神、土地公、土地婆来供自己崇拜，省事者把别人创造的现成之神来崇拜。

恋爱无上主义者造出爱人来崇拜。笨人借恋爱之名把爱人造成丑恶无耻的荡妇来糟蹋，糟蹋爱人者不是奉行恋爱无上主义，而是奉行万恶无底主义的魔鬼，因为他把爱人造成魔鬼婆。

美术家如罗丹①，是一面造石像，一面崇拜自己的创造。

教育者不是造神，不是造石像，不是造爱人。他们所要创造的是真善美的活人。真善美的活人是我们的神，是我们的石像，是我们的爱人。教师的成功是创造出值得自己崇拜的人。先生之最大的快乐，是创造出值得自己崇拜的学生。说得正确些，先生创造学生，学生也创造先生，学生先生合作而创造出值得彼此崇拜之活人。倘若创造出丑恶的活人，不但是所塑之像失败，亦是合作塑像者之失败。倘若活人之塑像是由于集体的创造，而不是个人的创造，那么这成功、失败也是属于集体而不是仅仅属于个人。在一个集体当中，每一个活人之塑像，是这个人来一刀，那个人来一刀，有时是万刀齐发。倘使刀法不合于交响曲之节奏，那便处处是伤痕，而难以成为真善美之活塑像。在刀法之交响中，投入一丝一毫的杂声，都是中伤整个的和谐。

---

* 本篇在《新华日报》发表前曾于 10 月 15 日下午向育才学校指导会宣读，16 日早晨在朝会上又向全校学生宣读。

① 罗丹（Auguste Rodin，1840—1917） 法国雕塑家。14 岁开始学画，其创作对欧洲雕塑的发展有较大的影响。

　　教育者也要创造值得自己崇拜之创造理论和创造技术。活人的塑像和大理石的塑像有一点不同，刀法如果用得不对，可以万像同毁；刀法如果用得对，则一笔下去，万龙点睛。

　　有人说：环境太平凡了，不能创造。平凡无过于一张白纸，八大山人①挥毫画他几笔，便成为一幅名贵的杰作。平凡也无过于一块石头，到了飞帝亚斯②、米开朗基③的手里，可以成为不朽的塑像。

　　有人说：生活太单调了，不能创造。单调无过于坐监牢，但是就在监牢中，产生了《易经》之卦辞，产生了《正气歌》④，产生了苏联的国歌⑤，产生了《尼赫鲁自传》。单调又无过于沙漠了，而雷塞布（Lesseps）⑥竟能在沙漠中造成苏彝士运河⑦，把地中海与红海贯通起来。单调又无过于开肉包铺子，而竟在这里面，产生了平凡而伟大的平老静⑧。

　　可见平凡单调，只是懒惰者之遁辞。既已不平凡不单调了，又何须乎创造。我们是要在平凡上造出不平凡；在单调上造出不单调。

　　有人说：年纪太小，不能创造。见着幼年研究生之名而哈哈大笑。但是当你把莫扎尔特⑨、爱迪生及冲破父亲数学层层封锁之帕斯加尔（Pascal）⑩的幼年研究生活翻给他看，他又只好哑口无言了。

---

　　①　八大山人　明末清初画家、书法家朱耷（约1626—约1705）的别号。此四字竖着连写，形同"哭笑"二字。

　　②　飞帝亚斯（Phidias，约公元前448—432）　通译菲狄亚斯，古希腊雕刻家。

　　③　米开朗基（Michelangelo Buonarroti，1475—1564）　通译米开朗琪罗，意大利文艺复兴时著名雕塑家、画家、建筑师和诗人。

　　④　《正气歌》　南宋名臣文天祥抗元失败被俘，在狱中所作，表现了宁死不降的气节，为世所传颂。

　　⑤　苏联的国歌　这里指国际歌。苏联曾于1917—1944年间以国际歌作为国歌。

　　⑥　雷塞布（Ferdinand Marie de Lesseps，1805—1894）　法国外交家、企业家。1854年从埃及取得开凿苏伊士运河权。1858年成立"苏伊士运河公司"。1859年起，该公司利用数十万埃及劳动力开凿运河，至1869年竣工。

　　⑦　苏彝士运河　通译苏伊士运河。

　　⑧　平老静　河北保定开肉铺的老头。为人诚实守信，故买卖兴隆。陶行知曾有诗称赞他。

　　⑨　莫扎尔特（Wolfgang Amadeus Mozart，1756—1791）　通译为莫扎特，奥地利著名作曲家。

　　⑩　帕斯加尔（Blaise Pascal，1623—1662）　通译帕斯卡，法国数学家、物理学家、哲学家和散文家。

有人说：我是太无能了，不能创造。但是鲁钝的曾参①传了孔子的道统。不识字的慧能②，传了黄梅③的教义。慧能说："下下人有上上智。"我们岂可以自暴自弃呀！可见无能也是借口。蚕吃桑叶，尚能吐丝，难道我们天天吃白米饭，除造粪之外，便一无贡献吗？

有人说：山穷水尽，走投无路，陷入绝境，等死而已，不能创造。但是遭遇八十一难之玄奘，毕竟取得佛经；粮水断绝，众叛亲离之哥仑布④，毕竟发现了美洲；冻饿病三重压迫下之莫扎尔特，毕竟写出了《安魂曲》。绝望是懦夫的幻想。歌德⑤说：没有勇气一切都完。是的，生路是要勇气探出来，走出来，造出来的。这只是一半真理。当英雄无用武之地，他除了大无畏之斧，还得有智能之剑，金刚之信念与意志，才能开出一条生路。古语说，穷则变，变则通，要有智慧才知道怎样变得通，要有大无畏之精神及金刚之信念与意志才变得过来。

所以，处处是创造之地，天天是创造之时，人人是创造之人。让我们至少走两步退一步，向着创造之路迈进吧。

象屋檐水一样，一点一滴，滴穿阶沿石。点滴的创造固不如整体的创造，但不要轻视点滴的创造而不为，呆望着大创造从天而降。

东山的樵夫把东山的茅草割光了，每上泰山割茅草，泰山给他的第一个印象是：茅草没有东山多，泰山上的"经石硲"、"无字碑"；"六贤祠"、"玉皇顶"；大自然雕刻的奇峰、怪石、瀑布，豢养的飞禽、走兽、小虫，和几千年来农人为后代种植的大树，于他无用，都等于没有看见。至于那种登泰山而小天下之境界，也因急于割茅草而看不出来。他每次上山拉一堆屎，下山撒一泡尿，挑一担茅草回家。尿与屎是他对泰山的贡献，茅草是他从泰山上得到的收获。茅草是平凡之草，而泰山所可给他的又只有这平凡之草，而且没有东山多，所以他断定泰山是一座平凡之山，而且从割草的观点看，比东山还平凡，便说了一声："泰山没有东山好。"茅草中有一棵好象是先知先觉的树苗，听他说"泰山没

---

① 曾参（前505—前436）　春秋末鲁国南武城（今山东费县）人。孔子弟子，后被统治者称为"宗圣"。

② 慧能（638—713）　唐高僧，佛教禅宗的南宗开创者，俗姓卢。传说原为樵夫，后决心学佛，投禅宗五祖弘忍门下，继承其衣钵，成为禅宗第六祖。

③ 黄梅　指佛教禅宗五世祖弘忍，居黄梅山东禅院，故称黄梅。

④ 哥仑布（Chirstopher Columbus，1451—1506）　通译哥伦布，意大利航海家。1492年起，几次率船队横渡大西洋，开辟了欧洲通向美洲的新航道。

⑤ 歌德（Johann Wolfgang Von Goethe，1749—1832）　德国著名诗人、剧作家。

有东山好"，想到自己老是站在寸土之中，终年被茅草包围着，陡然觉得平凡、单调、烦闷、动摇，幻想换换环境。一根树苗如此想，二根树苗如此想，三根树苗如此想，久而久之成趋向，便接二连三的，一天一天的，听到树苗对樵夫说："老人家，你愿意带我到东山去玩一玩么?"樵夫总是随手一拔，把它们一根一根的和茅草捆在一起，挑到东山给他的老太婆烧锅去了。我们只能在樵夫的茅草房的烟囱里偶尔看见冒出几缕黑烟，谁能分得出哪一缕是树苗的，哪一缕是茅草的化身?

割草的也可以一变而成为种树的老农，如果他肯迎接创造之神住在他的心里。我承认就是东山樵夫也有些微的创造作用——为泰山剃头理发，只是我们希望不要把我们的鼻子或眉毛剃掉。

创造之神! 你回来呀! 你所栽培的树苗是有了幻想，樵夫拿着雪亮的镰刀天天来，甚至常常来到树苗的美梦里。你不能放弃你的责任。只要你肯回来，我们愿意把一切——我们的汗，我们的血，我们的心，我们的生命——都献给你。当你看见满山的树苗在你监护之下，得到我们的汗、血、心、生命的灌溉，一根一根的都长成参天的大树，你不高兴吗? 创造之神! 你回来呀! 只有你回来，才能保证参天大树之长成。

罗丹说："恶是枯干。"汗干了，血干了，热情干了，僵了，死了，死人才无意于创造。只要有一滴汗，一滴血，一滴热情，便是创造之神所爱住的行宫，就能开创造之花，结创造之果，繁殖创造之森林。

三十二年十月十三日写于凤凰山

《新华日报》(重庆，1943 年 11 月 25 日)

育才三方针
（1944 年 1 月）

（一）迷　根据孩子们不断的迷在某种特殊活动的天性，透过特殊的环境、设备和方法，我们培养并引导他们成长，踏进未知之门。

（二）悟　根据孩子们一般的智力，透过启发性的普通教育，我们培养和指导他们对特殊活动取得更深的了解，对人生各方面的关系和宇宙人类的历史发展取得更广的认识。

（三）爱　根据孩子们愿意帮助别人的倾向，透过集体生活，我们培养和引导他们对民族、人类发生更高的自觉的爱。

向着创造生活前进

《育才学校手册》（时代印刷出版社 1944 年 1 月出版）

育才十二要
（1944年1月）

一、要诚实无欺；

二、要谦和有礼；

三、要自觉纪律；

四、要手脑并用；

五、要整洁卫生；

六、要正确敏捷；

七、要力求进步；

八、要负责做事；

九、要自助助人；

十、要勇于为公；

十一、要坚韧沉着；

十二、要有始有终。

《育才学校手册》（时代印刷出版社1944年1月出版）

育才二十三常能
（1944 年 1 月）

初级十六常能

（一）会当书记　包括写小楷，管卷宗，写社交信，做会议记录等（在国语课和社交活动时及集体活动中学习）。

（二）会说国语　包括会话、讲解、演说等（在国语课、演说会、讨论会、早会、晚会、一切集会与人接谈时，随时留心细听，学习善国语的先生同学的发音、语调。如需要时，可请善国语者进行集体指导，或个别指导）。

（三）会参加开会　包括发言、提议、选举、做主席等（在公民课或社会课及一切集会中学习）。

（四）会应对进退　包括招待宾客——谈话、引导参观、招待茶饭，送信接洽事情等（在平时须留心学校情形，熟悉学校行政组织大概，当会宾客时，才能应对合度，彬彬有礼。在任招待前有准备，在别人应对进退时可以观摩，在自己实践时，必须在慎重其事中学习）。

（五）会做小先生　包括帮助工友、同学以及学校附近农友等（在"文化为公"、"知识为公"、"即知即传"的号召下，自动的以一技一艺之长去帮助人长进中学习）。

（六）会管账目　包括个人账目、集体账目，会记账，会报账，会管现金出纳等（抱着有账即记，公私分明的原则，在记载个人日用账目及集体账目中学习）。

（七）会管图书　包括编目、晒书、修补、陈列、借书等（在每个人自己桌屉中的图书，必须日常整理，不得散乱。在各小组的图书架上，在图书库里观摩和工作中学习）。

（八）会查字典　包括中文字典和外文字典等（在小学四年级以上，在国语课、外语课，课前准备工作中学习）。

（九）会烧饭菜　包括小锅饭、小锅面、小锅菜十味以上。并会做泡菜、咸菜、糖果、果子酱、腊肉等（在聚餐、野餐、助厨时学习）。

（十）会洗补衣服　包括洗衣、补衣等（在十二岁以上，必须学会洗补衣服、晒晾、折浆，规定每星期洗衣一次，衣服破了即须缝补，会者教不会者，不会者必须跟会者学）。

（十一）会种园　包括种菜、种花、种树等（规定小学生每人至少种菜半分，中学生至少种一分。在生产活动中学习）。

（十二）会布置　包括装饰、陈列、粉刷、洒扫等（在美术课、手工课，参加布置生活室、会客室、课室、寝室、会场中学习）。

（十三）会修理　包括简单木工、竹工、泥水工、油漆工工具等（在修理中学习）。

（十四）会游泳　包括仰游、俯游等（在夏令必须参加游泳学习，在平时可定期去温泉学习）。

（十五）会急救　包括医治小毛病、救溺、救触电、救中煤毒等（请卫生室及校外医工指导，在分配卫生工作及旅行、急救中学习）。

（十六）会唱歌　包括独唱、合唱等（在唱歌课、参加合唱团中练习）。

高级七常能

（一）会开汽车　（检查目力及手腕灵敏，懂得汽车构造，请专家指教）。

（二）会打字　（学毕高中英文，请专家指教）。

（三）会速记　（文字通顺，并请专家指教）。

（四）会接电　（学毕电学，并请专家指教）。

（五）会担任翻译　（在实习外国语课，极力争取会话练习，外宾至时，及与外宾做朋友中学习，交谈中学习）。

（六）会临时讲演　（在平时各种演讲会、欢迎会、送别会及指定代表出席参加各社团纪念会中学习）。

（七）会领导工作　（在指定集体工作中负责领导，在集团选举出负责领导工作中学习，以完成上级或集团付托之使命）。

《育才学校手册》（时代印刷出版社 1944 年 1 月出版）

青年教育与思想问题 *
（1944 年 6 月）

（一）民主政治下的教育，应当具备下列条件：

甲、天下为公，教育为公，不以教育为一党一派及任何小集团谋利益；乙、尊师重道，不以侦探作教员，不使教员兼侦探；丙、使师生之间没有隔阂；丁、使学生打开眼睛看事实；戊、关于政治社会经济问题，学生有阅读自由，讨论自由，批评自由；己、学校内团体生活，要有民主的组织，使学生在民主生活中学习更进步之民主；庚、动员广大民众，在真正民主的组织生活中学习真正的民主。

（二）三民主义一开始就说："大凡人类对于一件事，研究其中的道理，首先是发生思想，思想贯通以后方生信仰，有了信仰方生力量。"我首先指出，"思想统制"与"思想贯通"是不能相容的。其次可以分两方面说，那不得已而受统制的人是越弄越没有追求真理的兴趣，结果不是思想统一而是思想消灭，统一于愚，那不甘心受统制的人，一部分倒会突破千磨万击，而发展出更高的思想与更大的智慧。

（三）领导一二人，可用豆油灯；领导一二十人，可用火把；领导一国之众及全世界就要太阳，至少要月亮那样大的光明。统而言之，无论领导多少人，总是要拿着真理之光，照着人向那正确的道路走去。如果领导的人把火熄了，或把跟随的人的眼睛闭了看不见光，或者甚至把他们的嘴也封起来了，连路上遇着危险也不能喊，那领导的人们不但是费力不讨好，而且大家在半途上难免会出岔子。

《新华日报·青年生活》第 84 期（1944 年 6 月 25 日）

---

* 本篇刊载于《新华时报》（重庆）第 84 期之《青年教育与思想问题特辑》。现有题目系据内容拟定。

创造的儿童教育[*]
（1944 年 9 月）

创造的儿童教育，不是说教育可以创造儿童。儿童的创造力是千千万万祖先，至少经过五十万年与环境适应斗争所获得而传下来之才能之精华。发挥或阻碍，加强或削弱，培养或摧残这创造力的是环境。教育是要在儿童自身的基础上，过滤并运用环境的影响，以培养加强发挥这创造力，使他长得更有力量，以贡献于民族与人类。教育不能创造什么，但他能启发解放儿童创造力以从事于创造之工作。

我们晓得特别是中国小孩，是在苦海中成长。我们应该把儿童苦海创造成一个儿童乐园。这个乐园不是由成人创造出来交给小孩子，也不是要小孩子自己单身匹马去创造。我们造一个乐园交给小孩子，也许不久就会变为苦海；单由小孩子自己去创造，也许就创造出一个苦海。所以应该成人加入小孩子的队伍里去，陪着小孩子一起创造。

一、把我们摆在儿童队伍里，成为孩子当中的一员

我们加入到儿童队伍里去成为一员，不是敷衍的，不是假冒的，而是要真诚的，在情感方面和小孩子站在一条战线上。我曾经写过一首小诗，描写过我们在小孩队中应有和不应有的态度：

> 儿童园内无老翁，
> 老翁个个变儿童。
> 变儿童，
> 莫学孙悟空！
> 他在狮驼洞，
> 也曾变过小钻风；

---

* 本篇系陶行知于 1944 年 9 月 20 日下午在儿童福利工作人员会议上的专题演讲。

小钻风，

脸儿模样般般像，

拖着一条尾巴两股红。

我们要加入儿童队伍里，第一步要做到不失其赤子之心，做成小孩子队伍里的一分子。

二、认识小孩子有力量

我们加入儿童生活中，便发现小孩子有力量，不但有力量，而且有创造力。我们要钻进小孩子队伍里才能有这个新认识与新发现。

从前当晓庄学校停办的时候，晓庄的教师和师范生不能回晓庄小学任职，私塾先生又被小孩拒绝，农人不好勉强聘请，不得已，小孩自己组织起来，推举同学做校长当教员，自己教，自己学，自己办，并自称自动学校，这是中国破天荒的小创造。我听见了这个消息以后，就写了一首诗去恭贺他们：

有个学校真奇怪：

大孩自动教小孩。

七十二行皆先生，

先生不在学如在。

写好之后，交给几位小学生，请他们指教，他们说尽善尽美，于是用快信寄去。

第三天，他们回一封信，向我道谢之外，说这首诗有一个字要改，大孩教小孩，难道小孩不能教大孩吗？大孩能够自动，难道小孩不能自动吗？而且大孩教小孩有什么奇怪呀？这一串炸弹把个大字炸得粉碎，我马上把他改为"小孩自动教小孩"，这样一来，是更好了。黄泥腿的农村小孩改留学生的诗，又是破天荒的证明，证明小孩有创造力。

又有一次我到南通州去推广"小先生"，写了一篇一分钟演讲词，内中有一段："读了书，不教人。甚么人？不是人。"我讲过后有一个小孩子马上来说，陶先生，你的演讲最好把"不是人"改为"木头人"，"木头人"比"不是人"更好了。因为"不是人"三个字不具体，桌子不是人，椅子也不是人，而"木头人"是给了我们一个具体的印象。这也证明小孩子有创造力。我们要真正承认小孩子有创造力，才可以不被成见所蒙蔽。小孩子多少都有其创造的能力。

三、解放儿童的创造力

我们发现了儿童有创造力，认识了儿童有创造力，就须进一步把儿童的创造力解放出来。

（一）解放小孩子的头脑。儿童的创造力被固有的迷信、成见、曲解、幻想层层裹头布包缠了起来。我们要发展儿童的创造力，先要把儿童的头脑从迷信、成见、曲解、幻想中解放出来。迷信要不得，成见要不得，曲解要不得，幻想更要不得，幻想是反对现实的。这种种要不得的包头布，要把他一块一块撕下来，如同中国女子勇敢的撕下了裹脚布一样。

自从有了裹脚布，从前中国妇女是被人今天裹，明天裹，今年裹，明年裹，骨髓裹断，肉裹烂，裹成一双三寸金莲。

自从有了裹头布，中国的儿童、青年成人也是被人今天裹，明天裹，今年裹，明年裹，似乎非把个个人都裹成一个三寸金头不可。如果中华民族不想以三寸金头出现于国际舞台，唱三花脸，就要把裹头布一齐解开，使中华民族的创造力可以突围而出。三民主义开宗明义就说：大凡人类对于一件事，研究其中的道理，首先发生思想，思想贯通，以后才生信仰，有了信仰，才生力量。思想贯通，便等于头脑解放。唯独从头脑里解放出来的创造力，才能打退日本鬼，建立新中国。

（二）解放小孩子的双手。人类自从腰骨竖起，前脚变成一双可以自由活动的手，进步便一天千里，超越一切动物。自从这个划时代的解放以后，人类乃能创造工具、武器、文字，并用以从事于更高之创造。假使人类把双手束缚起来，就不能执行头脑的命令。我们要在头脑指挥之下用手使用机器制造，使用武器打仗，使用仪器从事发明。中国对于小孩子一直是不许动手，动手要打手心，往往因此摧残了儿童的创造力。一个朋友的太太，因为小孩子把她的一个新买来的金表拆坏了，在大怒之下，把小孩子结结实实打了一顿。后来她到我家里来说："今天我做了一件极痛快的事，我的小孩子把金表拆坏了，我给了他一顿打。"我对她说恐怕中国的爱迪生被你枪毙掉了。我和她仔细一谈，她方恍然大悟，她的小孩子这种行动原是有出息的可能，就向我们请教补救的办法。我说："你可以把孩子和金表一块送到钟表铺，请钟表师傅修理，他要多少钱，你就给多少钱，但附带的条件是要你的小孩子在旁边看他如何修理。这样修表铺成了课堂，修表匠成了先生，令郎成了速成学生，修理费成了学费，你的孩子好奇心就可得到满足，或者他还可以学会修理咧。"小孩子的双手是要这样解放出来。中国在这方面最为落后，直到现在才开始讨论解放双手。在爱迪生时代，美国学校的先生也是非常的顽固，因为爱迪生喜欢玩化学药品，不到三个月就把他开除！幸而他有一位贤明的母亲，了解他，把家里的地下室让给他做实验。爱迪生得到了母亲的了解，才一步步的把自己造成发明之王。那时美国小学的先生不免也阻碍学生的创造力的发展。我们希望护育员或先生跟爱迪生的母亲学，让小孩子有动手的机会。

（三）解放小孩子的嘴。小孩子有问题要准许他们问。从问题的解答里，可以增进他们的知识。孔子入太庙，每事问。我从前写过一首诗，是发挥这个道理："发明千千万，起点是一问。禽兽不如人，过在不会问。智者问得巧，愚者问得笨。人力胜天工，只在每事问。"但中国一般是习惯不许多说话，小孩子得到言论自由，特别是问的自由，才能充分发挥他的创造力。

（四）解放小孩子的空间。从前的学校完全是一只鸟笼，改良的学校是放大的鸟笼。要把小孩子从鸟笼中解放出来，放大的鸟笼比鸟笼大些，有一棵树，有假山，有猴子陪着玩，但仍然是个放大的模范鸟笼，不是鸟的家乡，不是鸟的世界。鸟的世界是森林，是海阔天空。现在鸟笼式的学校，培养小孩用的是干腌菜的教科书。我们小孩子的精神营养非常贫乏，这还不如填鸭，填鸭用的还是滋养料，让鸭儿长得肥胖的。我们要解放小孩子的空间，让他们去接触大自然中的花草，树木，青山，绿水，日月，星辰以及大社会中之士，农，工，商，三教九流；自由的对宇宙发问，与万物为友，并且向中外古今三百六十行学习。创造需要广博的基础。解放了空间，才能搜集丰富的资料，扩大认识的眼界，以发挥其内在之创造力。

（五）解放儿童的时间。现在一般学校把儿童的时间排得太紧。一个茶杯要有空位方可盛水。现在中学校有月考、学期考、毕业考、会考、升学考，一连考几个学校。有的只好在鬼门关去看榜。连小学的儿童都要受着双重夹攻。日间由先生督课，晚上由家长督课，为的都是准备赶考，拚命赶考，还有多少时间去接受大自然和大社会的宝贵知识呢？赶考和赶路一样。赶路的人把路旁风景赶掉了，把一路应该做的有意义的事赶掉了。除非请医生，救人，路是不宜赶的。考试没有这样的重要，更不宜赶。赶考首先赶走了脸上的血色，赶走了健康，赶走了对父母之关怀，赶走了对民族、人类的责任，甚至于连抗战之本身责任都赶走了。最要不得的，还是赶考把时间赶跑了。我个人反对过分的考试制度的存在。一般学校把儿童全部时间占据，使儿童失去学习人生的机会，养成无意创造的倾向，到成人时，即使有时间，也不知道怎样下手去发挥他的创造力了。创造的儿童教育，首先要为儿童争取时间之解放。

四、培养创造力

把小孩子的头脑、双手、嘴、空间、时间都解放出来，我们就要对小孩子的创造力予以适当之培养。

（一）需要充分的营养。小孩的体力与心理都需要适当的营养。有了适当的营养，才能发生高度的创造力，否则创造力就会被削弱，甚而至于夭折。

（二）需要建立下层的良好习惯，以解放上层的性能，俾能从事于高级的思虑追求。否则必定要困于日用破碎，而不能够向上飞跃。

（三）需要因材施教。松树和牡丹花所需要的肥料不同，你用松树的肥料培养牡丹，牡丹会瘦死；反之，你用牡丹的肥料培养松树，松树受不了，会被烧死。培养儿童的创造力要同园丁一样，首先要认识他们，发现他们的特点，而予以适宜之肥料、水分、太阳光，并须除害虫，这样，他们才能欣欣向荣，否则不能免于枯萎。

最后，我要提醒大家注意创造力最能发挥的条件是民主。当然，在不民主的环境下，创造力也有表现。那仅是限于少数，而且不能充分发挥其天才。但如果要大量开发创造力，大量开发人矿中之创造力，只有民主才能办到，只有民主的目的、民主的方法才能完成这样的大事。美国杜威先生（不是候选总统之杜威；而是哲学家、教育家之杜威）最近给我信说："现在世界是联系得这样密切，如果民主的目的与方法不能在全世界每一个角落里都普遍的树立起来，我怕它们在美国也难持久繁荣。"民主应用在教育上有三个最要点：

（一）教育机会均等，即是教育为公，文化为公。我们要求贫富的机会均等，男女的机会均等，老幼的机会均等，各民族各阶层的机会均等。

（二）宽容和了解。教育者要象爱迪生母亲那样宽容爱迪生，在爱迪生被开除回家的时候，把地下室让给他去做实验。我们要象利波老板宽容法拉第[①]，法拉第在利波的铺子里作徒弟，订书订得最慢，但是利波了解他是一面钉书一面读书，终于让法拉第在电学上造成辉煌的

————————

① 法拉第（Michael Faraday，1791—1867） 英国物理学家、化学家。

功绩。

（三）在民主生活中学民主。专制生活中可以培养奴才和奴隶，但不能培养人民做主人。民主生活并非乱杂得没有纪律。民主要有自觉的纪律，人民只可以在民主的自觉纪律中学习做主人翁。在民主动员号召之下，每一个人之创造力都得到机会出头，而且每一个人的创造力都能充分解放出来。只有民主才能解放最大多数人的创造力，并且使最大多数人之创造力发挥到最高峰。

《大公报》（重庆，1944 年 12 月 16 日）

创造的社会教育 *
（1945 年 1 月）

　　"创造"与"改造"或"翻造"不同。

　　大清帝国的教育与中华民国的教育的区别：大清时代，人才〈教育〉即奴才教育，国民教育即奴隶教育。今天，时代不同了，因此，我们办理教育——社会教育，要用新的眼光和新的精神。这就是说，今天我们的"大学之道"，不是"在明明德，在新（亲）民，在止于至善"；而是："在明大德，在亲大众，在止于大众之幸福。"

　　所谓"大德"，就是"大公无私"。

　　所谓"亲民"者也，只是过去知识分子的优越感，好像是给老百姓洗把澡，洗后又远远地离开了他们。文化天使哪里会有工夫常常来替老百姓洗澡呢？（哄堂大笑!）因此，我们是主张"亲大众"的，要文化天使思凡，思凡后即下凡。换言之，即要"文化、精神、学术下凡"。

　　要亲大众，必须实行文化下凡四部曲：一、钻进老百姓的队伍中去，与老百姓站在一条战线上，同甘苦，共患难；二、熟悉老百姓，要说出老百姓心中所要说的话；三、教老百姓；四、与老百姓共同创造。

　　"大众之幸福"，包括"福、禄、寿、喜"四个字。一、"福"——老百姓需要和平、安全、乐业，不让少数人专有福气。二、"禄"——吃得饱，穿得暖，不啼饥号寒。三、"寿"——卫生，健康……四、"喜"——要和科学、学术等等结婚，皆大欢喜。一切均是自愿的，不

---

　　* 本篇系陶行知于 1945 年 1 月 28 日在四川璧山县国立社会教育学院的演讲。记录者：邹大彤。邹在陶行知逝世三周年之际抄送生活教育社，并于抄文前加注云："此系旧日记中片断，当时随听随写，事后未予整理，以致中途脱略之处，无法补正。所幸全文俱在，固无损于先生之真知灼见也。"另陶行知在 1945 年 1 月 27 日的日记中记有《创造的社会教育》提纲，可与本篇互为参照。

是压迫的；也不是"埋头苦干"，要是埋着头，一干就干得不高兴，而是挺着胸膛，高高兴兴、快快乐乐地做去。

要"止于大众之幸福"，就必须解放老百姓的创造力。创造力是我们千千万万的祖宗在至少五十万年以来与环境不断奋斗的结果。"北京人"在周口店的发现者是一位工人，可惜却做了"无名英雄"。因此，我们要解放老百姓的创造力。要：

一、解放老百姓的双手。所谓思想、语言、文字等等，都是由双手劳动、工作而发展起来的。

二、解放老百姓的双眼。不要戴有色眼镜，近视的可配上远视的镜子（鼓掌）。

三、解放老百姓的嘴。防民之口，甚于防川（大鼓掌）。所谓"舆论"者，就是大众的意见，抬滑竿的（舆者）意见。

四、解放老百姓的头脑。内在的要除去听天由命、迷信、成见和幻想等等；外在的要除去那些"裹脚布"、"缠头布"（鼓掌）。我自入川以来，看到裹头布甚为流行。拿布来裹头固然要不得，可是还不打紧；而非布的（非物质的）裹头布呢，大概是传自意大利或者是日耳曼的①（鼓掌，哄堂大笑），却一天紧过一天，如果人人都是"三寸金头"立在国际之间，似乎是太不体面的事吧（大鼓掌）！

五、解放我们的空间。我国年来在各地设了许多民众教育舘，就"舘"字解释，将民众教育——社会教育关在一间房子里，不是"官舍"，便是"舍"中坐了一个"官"而已。如果将"舘"字写成"馆"，那也不过成了所谓"文化食堂"、"精神食堂"而已。我们办教育，应该力争做到让所有的老百姓都能各教所知，各学所好，各尽所能，为社会服务而将教育送到大自然、大社会、大森林中去。

六、解放我们的时间。赶考和赶路是同样要不得的。我们应该慢慢地走，然后才能吸收沿途中所接触的事物，所欣赏的风景。不致像学生赶考一样，结果是面黄肌瘦，腰驼背曲，恢复了我们老祖宗五十万年前伛偻状况的老样子，四肢伏地。

真正的创造的社会教育，是要培养老百姓的创造力。由于时间关系，已无法详讲，只提四点供参考：一、在普及教育中提高老百姓的水

---

① 此句意指意大利墨索里尼或德国希特勒的法西斯专制传来中国。

平；二……①三、因材施教；四、要有深刻的讲解。

最后，还应着重指出：专制时代的创造是顺乎皇帝的意旨的，是仅限于少数人的。而今天，民主时代的创造，是给每个人以同等的创造的机会，是动员整个民族力量以创造民众的福禄寿喜的。民主的程度愈高，则创造愈开放、愈好。

《陶行知全集》第 4 卷

（四川教育出版社 1991 年出版）摘自"邹大彤笔记"

---

① 原记录者在此注有："笔者遗漏。"

实施民主教育的提纲[*]
（1945 年 5 月）

今天只是提出一些问题作为日后讨论的提纲，希望大家予以修正补充和指教。

一、旧民主与新民主

旧民主，是少数资产阶级作主，为少数人服务。新民主，是人民大众作主，为人民大众服务。

二、创造的民主与庸俗的民主

庸俗的民主是形式主义、平均主义，只是在形式上做到如投票等等。创造的民主是动员全体的创造力，使每个人的创造力得到均等的机会，充分的发挥，并且发挥到最高峰，所以创造的民主必然与我以前所讲的民主的创造有关联。民主的创造是要使多数人的创造力能够发挥。在专制时代，少数人也能创造，但多数人的创造的天才被埋没，或因穷困忙碌而不能发挥，即使发挥也会受千磨万折，受到极大的阻碍。民主的创造为大多数人的创造，承认每一个人都有得到创造的机会，这是与专制的创造不同的地方。

三、民主运用到教育方面来

民主运用到教育方面，有双重意义：第一，民主的教育是民有、民治、民享的教育。"民有"的意义，是教育属于老百姓自己的。"民治"的意义，是教育由老百姓自己办的。例如从前山海工学团^①时代，宜兴

---

* 本篇系陶行知的一次讲话，记录者：微林、元直。在《战时教育》上发表时，第一段标题"旧民主与新民主"下有"（遵检）"字样。

① 山海工学团　陶行知于 1932 年 10 月 1 日在上海大场地区主持创办。1937 年 8 月 13 日日军占领上海后停办。

有一个西桥工学团①，是老百姓自己办的。农民自己的孩子把附近几个村子的教育办起来，校董是老百姓，校长也是老百姓。又如晓庄学校封闭后，晓庄学生不能回晓庄办教育，而老百姓又不要私塾，所以小孩子自己办了一个佘儿岗自动小学。又如陕北方面提倡的民办小学，也都是这意思。"民享"的意义，是教育为老百姓的需要而办的，并非如统治者为了使老百姓能看布告，便于管理，就使老百姓认识几个字。由此可见，有民有、民治、民享的政治，才有民有、民治、民享的教育。

第二，民主的教育必须办到各尽所能，各学所需，各教所知。各尽所能，就是使老百姓的能力都能发挥。各学所需，因为经济条件没有具备，所以办不到。但各教所知是可以做到的。在民主政治下，特别是中国有许多人没有受教育，需要多少教员才能把各地教育办起来？如一人能教四十人，二百万教师才能教八千万小孩。这些教师是师范所不能训练出来的，所以还必须每人各教所知。各尽所能，各学所需，各教所知三点都办到了，民有、民治、民享的教育也就成功了。

四、教育的对象或教育的目的

"文化为公"、"教育为公"是教育的目的，但又不妨因材施教。国民教育，与人才教育略有不同。国民教育，是人人应当免费受教育；但如有特殊才能的，也应加以特殊的教育，使其才能能充分发挥，这就是人才教育。但人才教育并不是教他们升官发财，而是要他们将学得的东西贡献给大众，所以这也是"文化为公"。

男女也应有平等受教育的机会。目前有些地方，例如南充男女界限分得很严，男女学生不能互相说话，这种地方，女子教育一定不发达。

无论贫富，也应该有均等受教育的机会。前次社会组在草街乡调查失学儿童，占学龄的儿童百分之七十四。能来中心小学读书的儿童，大多是小地主的孩子，佃农恐怕很少。民主教育要使穷人也有受教育的机会。

无论老少，也应该受教育。生活教育很早就提出活到老，学到老。最近听说回教也是如此。生活教育运动中最老的学生为八十三岁之王老太太，她说："我也快进棺材了，还读什么书？"但经她的孙儿、曾孙的鼓舞，她的热情也燃炽起来了。因为她的缘故，她的媳妇也得读书了。

----

① 西桥工学团　即西桥儿童工学团，为陶行知于 1933 年底派出陆静山和侣朋在江苏宜兴协助小先生承国英所创办。

　　还有资格的问题：现在是有资格就能上进，没有资格就该赶出大门外。但民主教育是只问能力，不问资格的。本来资格是有能力的证明，既有直接的证明，又何须资格。只要证明是有能力的就可以上进。

　　民族教育现在也成了一个问题。过去把少数民族取名为边民，不承认他们为民族。我们对于回族、苗族等小民族的教育，强迫他们学汉文，还要用汉人教师去教他们。但民主教育是让他们学习他们自己的文字，没有文字的，就帮助他们制造文字，让他们自己办学校训练各民族的人才来教育他们自己的人民。过去蒙古人受教育时，是雇人来上课的。这种教育又有什么用？

　　还有一点，无论什么阶级，都要有受教育的机会。受教育的机会被剥夺最多的是农工及子弟。农工阶级忙碌一天，还陷入吃不饱饿不死的状态，当然更谈不到受教育。民主教育是要力求农工劳苦阶级有机会受教育。

　　总结起来，"教育为公"就是机会均等：入学时求学的机会均等，长进的机会均等，离校时复学的机会均等，失学时补习机会均等，而且老百姓有办学、管教育的机会。

　　五、民主教育的方法

　　民主的教育方法，要使学生自动，而且要启发学生使能自觉，要客观，要科学，不限于一种，要多种多样，因材施教，要生活与教育联系起来。并且在中国要会用穷办法，没钱买教科书，用尽种种办法来找代用品，招牌可以作课本，树枝可以作笔，桌面可以当纸张。八路军行军时，带着一套文化工具，即是一支木笔，行军停下来时，就在地面上画字认字。新民主主义既是要农工领导，就必须用穷办法使老百姓受教育。单是草街子，如每人买一支铅笔，就要化去四十万元，因此只有不用铅笔另想穷办法，才能做到教育为公。

　　另外还有一个办法，学生不能来上课的可以送去教，"来者不拒，不能来者送上门去"，看牛的送到牛背上去，拾柴的送到柴山上去。这样"教育为公"才有办法。最后，我们必须重提要着重创造。让学生自动的时候，不是让他们乱动，而是要他们走上创造之路，手脑并用，在劳力上劳心。这需要六大解放：（一）解放眼睛——不要带上封建的有色眼镜，使眼睛能看事实。（二）解放双手。（三）解放头脑——使头脑从迷信、成见、命定、法西斯细菌中解放出来。（四）解放嘴——儿童应当有言论自由，有话直接和先生说，并且高兴心甘情愿和先生说，首先让先生知道儿童们一切的痛苦。（五）解放空间——不要把学生关在笼中，在民主教育中的学校应当大得多，要把大自然、大社会作他们的世界。空间放大了，才能各学所需；扩大了空间，才能各教所知；扩大了空间，才能各尽所能。（六）解放时间——育才是以此标榜，然而并未完全做到。师生工友都应当有一点空闲的时间，可以从容消化所学，从容思考所学，并且干较有意义的工作。

六、民主的教师

民主的教师，必须具有：（一）虚心。（二）宽容。（三）与学生共甘苦。（四）跟民众学习。（五）跟小孩子学习——这听来是很奇怪的，其实先生必须跟小孩子学，他才能了解小孩子的需要，和小孩子共甘苦，并不是说完全跟小孩子学，而是说只有跟小孩子学，才能完成做民主教师的资格，否则即是专制教师。现在民主国家的领袖，都是跟老百姓学，否则即成专制魔王。（六）消极方面，肃清形式、教条、先生架子、师生的严格界限。

七、民主教育的教材

民主教育的教材应从丰富中求精华，教科书以外求课外的东西，并且要从学校以外到大自然、大社会中求得活的教材。

八、民主教育的课程

（一）内容。现在人民所以大部分在贫穷中过生活，因为贫富不均，所以了解社会是很重要的。另外科学不发达，不能造富，所以应该有科学的生产，科学的劳动。抗战如不能胜利，整个中国就完了！因此教育要拿出一切力量来争取胜利，要启发民众，用一切力量来为抗战为反攻而努力。

（二）课程组织。组织应敷成多轨，即普及与提高并重，使老百姓都能受教育，并且有特殊才干的也能发挥。

（三）课程要有系统，但也要有弹性，要在课程上争取时间的解放。

九、民主教育的学制

民主教育的学制，包含三原则：单轨出发。学制在世界上各国分成几种，如德国的学制是双轨制，穷苦的人民受国民教育，再受职业教育。有钱的人，则由中学而直升大学。民主教育开始是单轨，不分贫富以单轨出发，以后依才能分成多轨，各人所走路线虽不同，但都将力量贡献给抗战，贡献给国家，这叫多轨同归。并且还要换轨便利，让他们在才干改变时有调换轨道的便利。

旧时的学校，学生忙于赶考。赶考是缩小学生时间的一原因，并且使学生没有时间思考。民主教育也是要考的，但不要赶考，而是考成。也不鼓励个人的等第，只注意集体的成绩。而成绩也不以分数定高下。

民主也不是绝对的自由。民主有民主的纪律，与专制纪律不同。专制纪律是盲从。民主纪律是自觉的，集体的，不但要人服从纪律，还要人懂得为什么。

此外应当广泛的设立托儿所，农村的，工厂的，公务员的，可以将妇女从家庭中解放出来。在大学，要做到下列几点：（一）入学考试不应过分着［看］重文凭，应增加同等学力的录取比例；（二）研究学术自由，读书自由，讨论自由；（三）增设补习大学及夜大学。这应该跟日本学，在日本夜大学很多。我们要帮助工厂里的技术工人，合作农场中的技术农人，得到受大学教育的机会。至于留学政策，凡是在中国可以学到的应在中国学，请外国教授来中国教。如设备不可能在中国设置的科学，才能派大学毕业有研究能力的研究生出外留学。

十、民主教育的行政

（一）鼓励人民办学校，当然人民自己所办的，并不能像美国私立学校那样宣传某种宗教的偏见，而是为民主服务。

（二）鼓励学生自己管自己的事。

（三）肃清官僚气的查案，以及摆资格的作风。视察员及督学有三个作用：（1）鼓励老百姓办学；（2）考察学校是否合乎民主道理；（3）不是去查案，而是积极指导学校如何办得好。老百姓的学校，大概粗糙简陋，所以视学员到时，不是带来恐怖，而是带来春风。

民主的校长，也有四种任务：（1）培养在职的教师，教师是从各处来的，校长应负有责任使教师进步；（2）通过教员使学生进步，并且有丰富的进步；（3）在学校中提拔为老百姓服务的人，如小先生之类；（4）应当将校门打开，运用社会的力量，使学校进步，动员学校的力量，帮助社会进步。他应当有"社会即学校"的观点，整个社会是学校，学校不过是一课堂，这样，才能尽校长的责任。并且对于大的社会，才能有民主的贡献。而学校本身就可以成为民主的温床，培养出人才的幼苗。

十一、民主的民众教育

有人民的地方，就是民主教育到的地方。家庭、店铺、茶馆、轮船码头，都是课堂。甚至防空洞中，也可以进行教育。博物馆、图书馆、电影院，都是进行有系统的教育地方。应当请专家讲演，深入浅出。没有专家的地方，也应有好的办法，使老百姓无师自通。

十二、民主教育的文字

要老百姓认二千个字，好比要他们画二千幅画。有人说汉字太难，应当打倒；有人主张，不用拉丁化，而用注音字母。我主张汉字、新文字、注音字母三管齐下。（一）认得汉字的人，照估计有八千万人，假使最低估计有五百万人可能教汉字，这是一股很大的力量，我们不但不用推倒他，而要运用他。（二）运用新文字教老百姓，我们在上海试过，教起来非常方便。一个月就可以使老百姓看懂信件，学过英文的人，三个钟头就可以学会。（三）醉心注意字母也好，就用注意字母来帮助老百姓。我希望文字也像政党似的来一个民主联合，汉字好比是板车、木［牛］车，注意字母好比是汽车，新文字好比是飞机。各种文字的提倡人联合起来，做到多样的统一。

《战时教育》第 9 卷第 2 期（1945 年 5 月）

民主教育
（1945 年 11 月）

　　民主教育是教人做主人，做自己的主人，做国家的主人，做世界的主人。把林肯总统的话引伸到教育方面来说：民主教育是民有、民治、民享之教育。说得通俗些，民主教育是人民的教育，人民办的教育，为人民自己的幸福而办的教育。现在把这样教育的内容和方法，扼要的提出几点，供给从事举办民主教育的朋友参考。

　　（一）教育为公，以达到天下为公。全民教育以实现全民政治。积极方面，我们要求教育机会均等。对人说，无论男、女、老、少、贫、富、阶级、信仰；以地方说，无论远近城乡，都应有同等机会享受教育之权利。消极方面，我们反对党化教育，反对党有党办党享的教育，因为党化教育是把国家的公器变做一党一派的工具。

　　（二）教人民肃清法西斯细菌，以实现真正的民主。

　　（三）启发觉悟性。教人民进行自觉的学习，遵守自觉的纪律，从事自觉的工作与奋斗。

　　（四）培养创造力，以实现创造的民主和民主的创造。解放眼睛，敲碎有色眼镜，教大家看事实。解放头脑，撕掉精神的裹头布，使大家想得通。解放双手，剪去指甲，摔掉无形的手套，使大家可以执行头脑的命令，动手向前开辟。解放嘴，使大家可以享受言论自由，摆龙门阵，谈天、谈心、谈出真理来。解放空间，把人民与小孩从文化鸟笼里解放出来，飞进大自然、大社会去寻觅丰富的食粮。解放时间，把人民与小孩从劳碌中解放出来，使大家有点空闲，想想问题，谈谈国家，看看书，干点于老百姓有益的事，还要有空玩玩，才算是有点做人的味道。有了这六大解放，创造力才可以尽量发挥出来。

　　（五）各尽所能，各学所需，各教所知；使大家各得其所。

（六）在民主的生活中学习民主。在争取民主的生活中学习争取民主。在创造民主的新中国的生活中学习创造民主的新中国。

（七）尽量采用简笔汉字、拉丁字母，双管齐下，以减少识字困难，使人民特别是边民易于接受教育。

（八）充分运用无线电及其他近代交通工具，以缩短距离，使边远地方之人民小孩，可以加速的享受教育。

（九）民主教育应该是整个生活的教育。他应该要工以养生，学以明生，团以保生。他应该是健康、科学、艺术、劳动与民主织成之和谐的生活，即和谐的教育。

（十）承认中国是从农业文明开始渡到工业文明，经济是极端贫穷。我们必须发现穷办法，看重穷办法，运用穷办法，以办成丰富的教育。开始的时候，唯独这样办才能使绝大多数之劳苦大众及其小孩得以享受教育；否则只有少数少爷小姐享受教育，不能算是真正的民主教育。

《民主教育》创刊号（1945 年 11 月 1 日）

社会大学运动
（1946 年 1 月）

    社会大学有两种：一是有形的社会大学；二是无形的社会大学。社会大学运动是要把有形的社会大学普及出去，并且要给无形的社会大学一个正式的承认，使每一个人都承认这无形的社会大学之存在，随时随地随事进行学习。

    无形的社会大学，是只有社会而没有"大学"之名。它是以青天为顶，大地为底，二十八宿为围墙，人类都是同学。依"会的教人，不会的跟人学"之原则说来，人类都是先生，而且都是学生。新世界之创造，是我们的主要的功课。无形的社会大学，虽无社会大学之名，实实在在它是一个最伟大的大学，最自由的大学，最合乎穷人需要的大学。我们穷人一无所有，有则只有这样一个社会大学。这无形的社会大学既然是我们的，我们就应该承认它，认识它，把它当作我们自己的宝贝，运用它来教育我们自己，使自己和同伴近邻养成好学的习惯，活到老，学到老，进步到老。把这个意思打进每一个人的心里，是社会大学运动的第一个任务。

    当黄齐生先生参加中华职业教育社的一个会议的时候，他在名单上列为第一名。有些青年干部不服气质问主席说，黄先生是哪个大学毕业的？江问渔先生回答："黄先生是社会大学毕业生。"大家才没有话说。江先生所说的社会大学，便是我所指的无形的社会大学。黄齐生先生既因这无形的社会大学而有所成就，让我们大家都紧紧的把握着这个大学来进行学问，追求真理，以为老百姓服务。

    有形的社会大学是夜大学，早晨大学，函授大学，新闻大学，旅行大学，电播大学。

    重庆开办的社会大学，是夜大学，纯粹由职业青年自动创办的。有些地方的职业青年，早晨要到九点钟才上工。早晨可以进行二三小时的学习，便可以开办早晨大学，以应这种青年之需要。

可能进夜大学、早晨大学的青年，依我估计中国足足有四百万人。每年高中毕业生有十一万人，能考取正式大学者只有一万多人，那末每年就是九万多人不得其门而入。人生从十六岁到四十岁，至少应该努力学习。这样算来便有二百一十六万人，除去死亡害病十六万，应有二百万高中毕业生，要求社会大学予以进修的机会。

此外还有大学一年级、二年级、三年级删下来，而不得不找工作养活自己的青年。还有受过大学四年教育的人，而觉得时代已经变动需要再学习。还有大群的自学青年，倘使得到社会大学的便利，进步可能更为迅速。只要能听讲而又能记笔记，便有入学资格。这样估计起来，至少再加二百万人。因此，我估计中国全国有四百万职业青年需要社会大学帮助他们进修。我们应该在全国展开社会大学运动，在各大都市建立夜大学和早晨大学，来应济这广大的需要。正统大学能附设夜大学、早晨大学固然可以，但是单独设立尤有必要。它可以由职业青年、进步学者或热心社会人士分头或合力发起组织。一切要简而易行，不要让自己的幻想野心把办法弄得太困难，而阻碍了发展与普及。普及与发展夜大学、早晨大学，是社会大学运动的第二个任务。

至于函授大学，电播大学，是要集中的办。旅行大学，包括海陆空三方面。新闻大学，是以好报为中心，辅以好杂志，并助以经常的座谈会。把这几种事业有效的办起来，是社会大学运动的第三个任务。

社会大学，无论有形的、无形的，要有一个共同的大学之道。孔子的大学之道是："在明明德，在新民，在止于至善。"现在时代不同了，我们提议修改几个字，成为：

大学之道：在明民德，在亲民，在止于人民之幸福。

社会大学之道，首先要明白人民的大德。人民的大德有四：（一）是觉悟。人民要觉悟中华民国是一个大公司，个个国民都是老板：男的是男老板，女的是女老板，大的是大老板，小孩是小老板。（二）是联合。做老板要有力量，力量从联合而来。不联合没有力量，凶恶的伙计是不会理睬我们的！所以要联合，四万万五千万人要联合起来做老板才行。（三）是解放。有了力量便需进行解放。我们要联合起来，在进行解放的斗争中增长我们的力量。我们要学习争取六大解放：（1）头脑解放，（2）双手解放，（3）眼睛解放，（4）嘴解放，（5）空间解放，

（6）时间解放。（四）是创造。解放出来的力量要好好的用，用在创造上，创造新自己，创造新中国，创造新世界。

社会大学之道，要亲近老百姓。我们认为亲民的道理，比新民的道理来得切实。我们要钻进老百姓的队伍里去和老百姓亲近，变成老百姓的亲人，并且要做到老百姓承认我们的确是他们的亲人。

社会大学之道，是要为人民造幸福。一切的学问，都要努力向着人民的幸福瞄准。所谓人民的幸福，用老百姓自己的话说便是福禄寿喜。照着人民所愿望的福禄寿喜四大幸福进行，我们的学习才于人民有益，才配称为社会大学。也只有社会大学与人民幸福打成一片，而后社会大学运动才成为人人应该参加的富有意义的大运动。

1946 年 1 月写

《教师生活》第 6 期（1946 年 7 月 16 日）

领导者再教育
（1946 年 3 月）

　　平常人对于教育有一种不够正确的了解，以为只有成人教育小孩，上司教育下属，老板教育徒弟，知识分子教育文盲。其实，反过来的教育的行动影响作用，不但是可能而且是普遍习见的现象，不过很少的人承认它罢了；至于承认它而又能运用它来互相教育，使学问交流起来，以丰富彼此之经验，纠正彼此之看法，推动彼此之进步，那是更少了。但是一个民主的国家，实在是要看重这种互相教育之现象，并扩大学问交流的效果，加速度的走向共同创造之大道。

　　中国人受了二千年之专制政治之压迫，几乎每个人一当了权便会仗权凌人。好像受了婆婆压迫的媳妇，一旦自己做了婆婆便会更加压迫她的媳妇。在中国几乎每一个有权的人都是一个独裁，有大权的是大独裁，有小权的是小独裁。自主席以至于保甲长都免不了有独裁的作风。就是我这个区区的校长也不是例外，常常不知不觉的独断独行，违反了民主的精神。一经别人提醒，才豁然大悟。在一个民主国家里面，做一个独裁校长是千不该万不该的事情。但江山易改，本性难移，过不了多少时候，病又复发了。那只有再接再厉的多方想法以克服这与民主精神不兼容的作风。

　　民主的时代已经来到。民主是一种新的生活方式。我们对于民主的生活还不习惯。但春天已来，我们必须脱去棉衣，穿上春装。我们必须在民主的新生活中学习民主。不但老百姓要学习民主，大大小小的领袖们都得学习民主。领袖们是已经毕过业了，还要学习吗？不错，还要学习，只有进了棺材才不要学习。他们虽然有些学问，但是他们从来没有学过民主，所以还要学习，还要学习民主。他们虽然受过教育，但是没有受过民主教育，所以还要再受教育，再受民主教育，把受过不合民主的教育从生活中肃清掉。

这种再教育应该怎样进行呢？

第一，自己觉得需要再教育。自己觉得既往的习惯不足以应付民主的需求。自己承认在民主的社会里做领袖和在专制的社会里做领袖是有了根本之不同，那么在本人的生活上也必须起根本的变化才能适应客观之变化。从前白健生①先生有一次和我闲谈"以不变应万变"的道理。我提议在不字下面加一横，意思是"以丕变应万变"，丕变即是大变，我们要在生活上起大的变化才能应付民主政治所起的大变化。民主政治所起的变化是很大的。例如承认个人之尊严，便不能随便侵犯别人的基本自由；采用协商批评之方法，便须放弃"我即是"，"朕即真理"；要使人了解你，同时又要使你了解人，便须放弃"民可使由之，不可使知之"，又必须虚心下问，集思广益；实行共同创造，便须放弃少数人包办之倾向。我们若深刻的感觉到旧习惯不足以应付这种大变化，而又不愿被淘汰，那就一定觉得有再受教育之必要了。

第二，多方学习。自己既已感觉到有再受教育之必要，那就好办了。地位无论大小，只要对于民主的生活感觉到如饥似渴之需要，那不啻是走了一半的路程了。学习方法虽多，总靠自己虚心。随时随地愿听逆耳之言，和颜悦色地欢迎干部和别人的批评，有事先商量而后行都很需要。民主先贤的传记著作如林肯、哲斐孙②、汤佩恩的都能给我们有力的指示。国外民主国之游历，国内民主政治比较进步的地方的参观都能帮助我们进步。但是最重要的是在"做"上学，在实行民主上，在发挥民主作风上，学习民主。

第三，我们最伟大的老师。我们最伟大的老师是老百姓。我们最要紧的是跟老百姓学习。我们要叫老百姓教导我们如何为他们服务。我们要钻进老百姓的队伍里去和老百姓共患难，彻底知道老百姓所要除的是什么痛苦，所要造的是什么幸福。

我前些日子写的一首小诗，可供领导人自我再教育之参考：

> 民之所好好之，
> 民之所恶恶之；

---

① 白健生　即白崇禧（1893—1966），字健生，广西桂林人。
② 哲斐孙（Thomas Jefferson，1743—1826）　通译杰斐逊，美国总统（1801—1809）。独立战争时期资产阶级民主派主要代表之一，曾参与起草《独立宣言》。

为人民领导者，

拜人民为老师。

领导者再教育之三部曲是：第一部，跟老百姓学习；第二部，教老百姓进步；第三部，引导老百姓共同创造。也只有肯跟老百姓学习的人，才能做老百姓的真正领导者。

《民主》（星期刊）第 24 期（1946 年 3 月 9 日）

生活教育分三阶段[*]
（1946 年 4 月）

此来任务，取为清理生活教育。

生活教育，可分为三个阶段：（1）扫除文盲。我们不仅扫除"文字盲"，而且要扫除"文化盲"。（2）推行"工学团"。工是工作，学是科学，团是团体生活。我们要"工以养生，学以明生，团以保生"。（3）创办"社会大学"。这个大学非常简单，只须具备三个条件：（甲）有研究之学者担任教师；（乙）有高中毕业程度志愿选修之青年为学生；（丙）教师与学生，须有共同目标，就是新的"大学之道"。意思是这样的："大学之道，在明'民'德，在'亲'民，在致［止］于'民众福利'。"所谓"民众福利"，土俗的说一句，就是"福禄寿喜"。天下太平，有书读，或是有钱读，就是福；大家有饭吃，就是禄；不论氏族或民族，能一代代延续传下去，就是寿；生育婚嫁以及其他可喜可贺之事，就是喜。喜的反面是"愁"。我们要百姓喜，不要使百姓愁。社会大学就是要做到百姓都能获得"福禄寿喜"的福利。

《申报》1946 年 4 月 21 日

---

* 本篇系陶行知于 1946 年 4 月 20 日下午在上海冠生园举办的招待记者茶话会上的谈话。据 1946 年 4 月 21 日《申报》载"本报讯"："新自陪都抵沪之社会教育家陶行知氏，昨日下午三时，假本市同孚路一六六号冠生园，招待记者举行茶会，当〈即〉发表谈话如下：（见上文）。"附带说明：《申报》于此段文字，印刷十分模糊，编者或有错识之处。特此说明，请读者诸君见谅！

小学教师与民主运动
（1946 年 4 月）

我这次到上海，在一个小宴会上，听了几句令人深思的话。我的朋友说：抗战八年来，五位教师之中，有一位逃难去了，一位做生意去了，一位变节了，一位死了，只剩了一位仍旧还在这里做教师，我们是多么寂寞啊！我说剩下的这一位，头上是裹着裹头布，嘴上是上了封条，肚子是饿瘪了，被迫得只有干腌菜喂后一代。我们接着谈论胜利后的他们：逃难的难得回乡；做生意的倒胜利霉；变节的无法带罪立功；死者不可复生；站在岗位上的，头上的裹头布仍旧裹着，嘴上的封条仍旧封得很紧，肚子饿得更瘪了，除了干腌菜还没有别的精神粮食给学生吃。这谈话指示我们，如果我们要为民主奋斗，我们得加强自己，改变自己，武装自己，而且要为教育招兵，为民主募马。

首先我们自己需要再教育，再受民主教育。中华民国虽然成立了三十五年，我们只上了很少的民主功课。细算起来，民国初立的几个月，推翻袁世凯的几个月，五四运动后的一两年，推翻复辟后的几个月，五卅惨案以及北伐前后的一二年，一二·九年抗战开始后一年，算是断断续续的上了几课，但是一曝十寒，胜不过二千年传下来的专制毒，和这十余年来的有系统的、反民主的、变相的法西斯蒂训政。特别是我们做教师的人，需要再教育来肃清一切不民主甚至反民主的习惯与态度，并且积极的树立真正的民主作风。校长对于我们，我们对于学生，多少都存在着一些要不得的独裁作风。中国现在，自主席以至于校长教师，有意无意的，难免是一个独裁。因为大家都是在专制的气氛中长大，为独裁作风所熏陶，没有学习过民主作风。我们所要学习的民主作风，至少应该包含这些：

（一）民为贵。人民第一，一切为人民。

（二）天下为公。文化为公。不存心包办，或征为私有。

（三）虚心学习，集思广益，以建立自己的主张。

（四）自己要说话，也让别人说话，最好是大家商量。自己要做事，也让别人做事，最好是大家合作。自己要吃饭，也让别人吃饭，最好是大家有饭吃。自己要安全，也让别人安全，最好是大家平安。自己要长进，也让别人长进，最好是大家共同长进。

（五）民主未得到之前，联合起来以争取民主为己任；人民基本自由得到之后，依据民主原则共同创造，创造新自己，创造新家庭，新学校，新中国，新世界。

这是一种全新的生活方式，我们必须天天在实际的生活中学习，学习，再学习，才能习惯成自然，造成民主的作风。

个人学习不如集体学习，偶尔学习不如经常学习。为着进行经常的集体学习，最好是联合起来组织社会大学、星期研究会以实施共同之进修。这些新的学习组织，在重庆已经施行有效，应该在各地举办起来，以应好学的教师与好学的青年的需要。孔子说："学而不厌，诲人不倦。"我看出这两句话有因果的关系。惟其学而不厌才能诲人不倦；如果天天卖旧货，索然无味，要想教师生活不感觉到疲倦是很困难了。所以我们做教师的人，必须天天学习，天天进行再教育，才能有教学之乐而无教学之苦。自己在民主作风上精进不已，才能以身作则，宏收教化流行之效。我们在民主作风之外，要学习的东西很多，应该按着自己的兴趣，才能和工作岗位的需要继续不断的学习，活到老，学到老。但是最重要的不能忘了社会科学。每一位现代的教师，必须把基本的政治问题、经济问题、世界大势、社会的历史的发展和正确思想方法弄清楚，最好是要参加教师进修的组织，如社会大学、星期研究会，凭着集体的力量督促自己长进。在没有社会大学或星期研究会的地方，小学教师们应该主动发动起创办。这是如同吃饭一样的急不容缓，不可等待。

我们进行自我再教育，不能没有先生，我们要三顾茅庐，请出第一流的教授来帮助我们进行各项学习。第一流的教授具有两种要素：一、有真知灼见；二、肯说真话，敢驳假话，不说谎话。我们必须拿着这两个尺度来衡量我们的先生。合于此者是吾师，立志求之，终身敬之。

在各位大师之中，我要介绍两位最伟大的老师。

一位就是老百姓。我们要跟老百姓学习，学习人民的语言，人民的情感，人民的美德。努力发现老百姓的问题、困苦和他们心中所希望达到的目的，并认识他们就是中华民国真正的主人，要他们告诉我们怎样为他们服务才算满意。我愿把我写的一首小诗献给每一位小学教师，共同勉励：

> 民之所好好之，
> 民之所恶恶之。
> 教人民进步者，
> 拜人民为老师。

还有一位最伟大的先生要介绍，那就是小孩子——我们所教的小学生。我们要跟小孩子学习，不愿向小孩学习的人，不配做小孩的先生。一个人不懂小孩的心理，小孩的问题，小孩的困难，小孩的愿望，小孩的脾气，如何能救小孩？如何能知道小孩的力量？而让他们发挥出小小的创造力？

唯独肯拜人民与小孩为老师的人，才能把自己造成民主的教师，也只有肯拜人民与小孩为老师的，那民主作风才自然而然的获得了。

其次，就是运用民主作风教学生，并与同事共同过民主生活，以造成民主的学校。教育方法要采用自动的方法，启发的方法，手脑并用的方法，教学做合一的方法，并且要使学生注重全面教育以克服片面教育，注重养成终身好学之习惯，以克服短命教育。在现状下，尤须进行六大解放，把学习的基本自由还给学生：一、解放他的头脑，使他能想；二、解放他的双手，使他能干；三、解放他的眼睛，使他能看；四、解放他的嘴，使他能谈；五、解放他的空间，使他能到大自然大社会里去取得更丰富的学问；六、解放他的时间，不把他的功课表填满，不逼迫他赶考，不和家长联合起来在功课上夹攻，要给他一些空闲时间消化所学，并且学一点他自己渴望要学的学问，干一点他自己高兴干的事情，还要把工友当做平等的人和他们平等合作。只有校长、教师、学生、工友团结起来共同努力，才能造成一个民主的学校。

再其次，要教学生为民主的小先生。我们不把小孩单单当作学生教。最重要的教育是"给的教育"，教小孩拿出小小的力量来为社会服务。人生以服务为目的，不是毕业后才服务。在校时，就要在服务上学习服务。学生最好的服务是做小先生，拿学得的知识教给人。中华民国是一个公司，四万万五千万人联合起来做老板。男人是男老板；女人是女老板；大人是大老板；小孩是小老板；大家都是中华民国的老板；大家都是中华民国的主人。拿这种浅显而重要的意思由学生一面学，一面教给不能进学校的老百姓，他们变成了民主的小先生。一位先生教四十位学生，照老法子，他只是四十个学生的先生。如今把这四十个学生变成小先生，每位小先生平均帮助五个人，便能帮助二百人，连原来的四十人，便是一位二百四十人的先生，力量与贡献大得多了。这样，学校变成了发电机，学生变成了四十根电线，通到每一个家庭里去，使四十家，乃至二百四十家都发出民主的光辉来，这不能算是小学教师的重要任务吗？

再其次，要教民众自己成为民主的干部。小学教师应该是民主的酵母，使凡与他接触的人都发起酵来，发起民主的酵来。农人，工人，商人，军人，官吏，学生家属，只要一接触便或多或少，起一点变化，顶少要对民主运动减少一点阻碍，顶好是一经提醒便成了民主的斗士，乃至成为民主的干部，大家起来创造一个名符其实的中华民国。去年中秋，当我亲眼在四川看见一位老农拿出插在腰背后的旱烟管来，指挥他的七位学生，一连合唱了八个歌曲，我好像是看见了新中国的前途。这样可贵的，从人民中产生出来的民主干部，将来是要几十万几百万的产生出来。发现他们，培养他们，是小学教师不可放弃的天职。

最后，争取民主以保障生存权利与教学自由。小学教师值得几文钱？是我这次到上海来看见从前乃英先生写的一首感动人的歌曲：

> 小学教师值几钱？五元钱一天，教一天，算一天。请假一天扣工钱。不管你喊哑喉咙，不管你绞尽脑汁，不管你坐弯背腰，不管你饿瘪肚皮，预支不可以。小学教师值几钱？要求提高待遇，还没有这种福气。

这首歌的末一句，我提议修改为"争民主奋斗到底"。提高待遇，只有民主才有保障。现在的尊师运动，必须包含争取民主，才能将一时救急的办法，变成经常安定的办法。如不争取民主，使真正的民主政治，民主经济，民主文化全盘兑现，我们必定是一辈子陷在"吃不饱来饿不死"的地狱里。所以为着提高生活的待遇，我们必须参加在整个国家民主斗争里面去，实现天下为公，有我们自己的一份在内。

教师的职务是"千教万教，教人求真"，学生的职务是"千学万学，学做真人"。这教人求真和学做真人的教学自由，也只有真正的民主实现了才有可能。在不民主的政治下，说真话做真事的人是会打破饭碗，关进集中营，甚至于失掉生命。因此这教学自由，也是要在整个的人民基本自由中全盘解决。让我们和人民站在一条战线上，争取真正民主的实现。共同创造一个独立、自由、平等、进步、幸福的新中国。

1946 年 4 月写

《教师生活》第 4 期（1946 年 5 月 10 日）

再谈民主教育 *
（1946 年 5 月）

我今天讲的题目是"民主教育"。

我们现在的教育，不是以不变应万变的时候，而是以丕变应万变的时期。中华民国的教育，应与大清帝国不同。从前是一个人的主人教育与四万万人的奴隶教育，和文武百官的奴才教育，而今要四万万人民的主人教育、文武百官的人才教育。但是，现在的奴隶教育太多，主人教育太少。"中华民国"的招牌，顾名思义，奴隶教育应除尽；整个社会需要的是，全民组织起来的民主教育，没有一个人可以失去民主教育的机会。

在这万变的社会中，我们还要保住一种好学、求进步的精神。我们从小曾学过民主，所以上自握权的人，下至保甲长、校长，都不免因袭旧的独裁作风；我们以往所学的，现在都不足以再来教学生，我们需要自我再教育。自我再教育，就是我们再受民主教育。

民主的教育，包括四点：

一、民为贵——大家说"教育第一"，其实更重要的是"人民第一"，只有重视人民的教育才能第一。

二、"天下为公"——教育为公，文化为公，不可由任何人据为己有。

三、建立民主的主张——应该集思广益，虚心学习，用民主方法，从各阶层多方面结合而成的主张。

四、自己要说话——也让别人说话，最好是大家商量。自己要做事，也让别人做事，最好是大家合作。自己要吃饭，也让别人吃饭，最

---

* 本篇讲演的记录者：陈嬗忧。

好是大家有饭吃。自己要安全，也让别人安全，最好是大家平安。自己要长进，也让别人长进，最好大家共同长进。

这些都是我们以前所没有学过的，不但要再学习，而且要将所学贡献给人民，为人民大众而服务。

进行自我再教育，不能没有先生，配做我们的先生的人，要具有两种资格：

一、有真知灼见而无偏见。

二、敢说真话，不说诳话。

此外，我们应该拜两种素来没有想到过的老师：

一、我们应该跟我们的学生学习，不拜儿童做先生，就做不好先生。我可以举一个例：当晓庄师范被封的时候，我们的教员不能去上课，小孩们没有了先生，他们不接受被派来的老先生，于是大家想出了温书的办法！他们聚在一个庙里，一块儿温书，自称为自动学校，而且举了一个十五岁的孩子胡同炳做校长。我那时在上海，听了这消息很高兴，就做了一首诗给他们："有个学校真奇怪，大孩自动教小孩，七十二行皆先生，先生不在学如在。"我把诗给几个大学生看，大家都认为很好，于是我就快信寄到晓庄去。三天之后，胡同炳来信了，他说诗应该修改。"大孩自动"，难道小孩不能自动吗？你说"大孩教小孩"，我们这里小孩也教大孩。你说有个学校真奇怪，大孩教小孩，有什么奇怪呢？这三大炮，把我那个"大"字炸得粉碎，从此我便依他的建议，改作"小孩自动教小孩。"诸位看看，不是更好么？还有一个例：南通张孝若的女儿，才十三岁，一次我在那里表〔讲〕演，一分钟讲四个题目的讲演：一、做工——只吃饭，不做工，什么人？寄生虫。二、读书——吃饱饭，不读书，什么人？老母猪。三、教人——读死书，不教人，什么人？不是人。四、打到〔倒〕帝国主义——这题目，现在已改作"怕民主"了。——教死书，怕民主，什么人？小老鼠。

那位张小姐听完站起来说，第三题的不是人，不好。茶杯不是人，桌子也不是人，不是人的东西太多了，她想改作"木头人"。我接受了，诸位看，不是比原来的好多了吗？

所以我要学生做先生，了解学生，才能教学生，而且常和学生在一起，可以青春不老。

二、还有一位最伟大老师，就是老百姓。老百姓知道的，比我们知道的多，我们应和他们作知识上的交流，十九年前我在晓庄时，许多东南大学的学生，常常来玩，有一天，一个大学生说："农友，你种这许多韭菜，卖得完吗？"那农人说："先生，这是麦子!"我在旁边看见那大学生，装满了知识学问的大头脑，似乎缩小了一些。

还有一点，我们应向老百姓学的，他们教我们用手。我们知识分子，常常不会用手。从前我们学校开荒考试，男生先考挑粪，女生先考倒马桶，若是考得不高兴。就不必再考别的。农人的刻苦勤俭，都是我们应学习的美德。这次抗战，农人出力最多，虽然胜利的果实，他们没有享到。要了解农人的痛苦、需要和他们心中的愿望，去学习，才能帮助他们，并为他们服务。办民众学校，若只凭他们所想的去办，学生是必定每天减少，终至跑光了。我有一首诗："民之所好好之，民之所恶恶之，教人民进步者，拜人民为师。"我们不能将他们当鸭子填，更何况我们所填给他们的东西，一点也不滋补，他们怎能欢迎？我们都有小独裁的作风，若没有人民的力量，仅仅自己有决心还是做不了的，总之，我们要虚心向人民学习。

三、要建立组织——一个社会大学，大家天天在一起，一同求进步。应该受社会大学教育的，是职业青年与教员。上海有四万人需要受这种教育。

进［办］社会大学，亦［不］应有普通大学的种种困难与限制，只需三个条件：

（一）有学问的教师；（二）能听讲做笔记，而好学不倦的学生；（三）还要有一个大学之道，即师生共同走的路线。如孔子的"大学之道"和苏格拉底之"自明"，都是例子。

重庆的社会大学，是学生自己发起，自己筹款，自己举校长，自己开教授名单，也有一个大学之道，是修改儒家之大学之道的：

（一）在明民德（而非明德）——民德有四：（1）觉悟（非"民可使由之，不可使知之"）——要使学生知道自己是中国的老板。（2）联合——联合起来做老板。（3）解放——头、手、嘴、眼、时、空六大解放。（4）创造——要创造新的自己，新的中国，新的社会。

（二）在亲民（而非新民），亲民有三部曲：（1）钻进百姓队伍与老百姓亲近。（2）成为他们的亲人。（3）要老百姓承认你的确是他们的亲人。还有一个三部曲：（1）为人民服务。（2）跟老百姓学习。（3）和老百姓共同创造。

（三）止于人民之幸福——与人民共同造福除苦。所谓幸福有四：

（1）福——安居乐业，有自由，有读书机会。（2）禄——丰衣足食。（3）寿——健康有保障，生病有医药。（4）喜——要有结婚，生儿育女，经济能力，都能如愿以偿。

希望大家创造社会大学，以进行有系统之自我学习，武装自己，以争取民主，而不断地为老百姓服务。

《文汇报·教育阵地》第 2 期（1946 年 5 月 25 日）

教师自动进修 *
——和小学教师谈话之三
（1946 年 6 月）

近来上海小学教师有一个极重要的运动，这运动是自动求学、自动进修、自动追求进步。

有些人一做了教师，便专门教人而忘记自己也是一个永久不会毕业的学生，因此很容易停止长进，甚而至于未老先衰。只有好学才是终身进步之保险，也就是长青不老之保证。

孔子说："学而不厌，诲人不倦。"有些人做了几年教师便有倦意，原因固然很多，但主要的还是因为不好学，天天开留声机、唱旧片子，所以难免觉得疲倦起来。惟独学而不厌的人，才可以诲人不倦。要想做教师的人把岗位站得长久，必须使他们有机会一面教一面学；教到老，学到老。当然，一位进步的教师，一定是越教越要学，越学越快乐。

但在不民主的社会里，教育官不但不鼓励教师进修，而且见着教师看书、看报、同学生、座谈，还要怀疑他别有作用。所以教师们要想得到充分的进修自由、研究自由，必得和老百姓站在一条战线争取民主的实现。在民主没有实现以前，教育官不会顾到我们真正需要的进修。那么，我们自己组织起来，依地域、学科进行学习，是再好没有的一件事。我想，教师的进修应该包括下列几种要素：

（一）社会科学。如政治问题、经济问题以及世界史、本国史，必须弄清楚；

（二）教育本身的理论与技术，必须精益求精；

---

* 本篇系陶行知对上海"小学教师联合会"（1946 年 5 月由上海的小学教师组织起来）每星期天举行一次的"晨会"所作系列演讲之第三讲。陶行知在此以系列讲座形式所作的演讲共有四次：之一为"第一件大事"，之二为"谈接收主权"，之三为"教师自动进修"，之四为"谈扫除文盲"。

（三）每星期有两晚或三晚的系统讲习，可分区、分科举行；

（四）星期日早晨的讲演大会，务必连续不断的举行；

（五）程度较高者宜从事专题研究，每人在一个专题上连续不断探讨，到本题解决或有系统详尽之报告……才告一段落；

（六）寒暑假运用旅行修学；

（七）联合组织一教师流通图书馆，以便利大家参考。

好学是传染的。如果教师们以集体力量鼓励彼此进修，影响所及，决不会让上海专美，将见全国闻风兴起。各地教师自动组织起来，学习再学习，其结果不但是能造成好学之教师、好学之学生，而且一人传十，十人染百，将会造成一个好学之民族，那么，中华民国亿万年之进步，亦于此得到有力的保证了。

《时事新报·教师生活》（周刊）第 16 期（1946 年 6 月 6 日）

生活教育的提要[*]
(1946 年 6 月)

(一) 从学校到社会

学校教育的范围小，不能尽"生活教育的能事"；"学校社会化"亦是削足适履，包括不下去。只有将整个社会变成学校，主张"社会即学校"，整个的社会范围，即是整个的教育范围；那么，教育的对象丰富，教育的意义也就丰富，取之不尽、用之不竭了。

(二) 从书本到生活

从前是读死书，死读书，读书死！舍书本外无教育，所以造成许许多多"书呆子"。现在要从整个生活出发，过整个的生活，受整个的教育。过做工生活，即是受做工教育。过种田生活，即是受种田动教育。过康健生活，即是受康健教育。过劳动生活，即是受劳动教育。过科学生活，即是受科学教育。过艺术生活，即是受艺术教育。过社会革命生活，即是受社会革命教育……否则，读种田的书，算不得受种田的教育；读劳动的书，算不得受劳动的教育，读康健的书，算不得受康健的教育……

(三) 从教到做

从前是先生教，学生学。教而不做，不是真教；学而不做，不是真学。故教而不做，不是先生；学而不做，不是学生。在做上教，才是真教；在做上学，才是真学。真教，才是先生；真学，才是学生。这就是

---

[*] 本篇系陶行知所拟，摘自方与严《教人民起来做主人》一文。该文在转述此段文字之前作出交代："行知先生在不久之前，对于生活教育的提要是（见正文）"。现题目正是依此交代文字拟定。根据陶行知其时正在上海组织成立生活教育社上海分社等活动情况，编者判定此"提要"当拟于 1946 年 5—6 月间。

我们主张的"教学做合一"。

（四）从被动到自动

不能自动即是被动。被动是要受到人家的牵制，愈被动愈受牵制。牵制愈多，则民族性愈弱，国势愈危。个人能自动，则个人人格自尊。全国国民人人能自动，则国势自强，则国体自尊，莫之敢侮了。

（五）从士大夫到大众

以前教育是属于少数人的，是士大夫教育，教人升官发财的教育，没有力量的教育；甚且变成害人的教育，刮地皮的教育，吸大众膏血的教育。现在要把教育普及于大众，要把教育做水，把散沙的民族性凝合起来，团结成为伟大的中华民族力量！

（六）从轻视儿童到信仰儿童

从前的儿童，是大人的附属品、玩物、私有财产，一切没有儿童的地位。现在要信仰儿童有能力，是一个小思想家、小创造家、小建设家，只要能因势利导，他们——儿童个个都是思想自由的天使、创造的天使、建设的天使！

（七）从平面三角到立体几何

以前的教育，是从口里出来，耳朵里进去；或从眼睛里进去，又从口里出来。荀子说："小人之学也四寸。"口耳眼之间距离各约四寸，可以算它是平面三角的教育。现在是要立体几何的教育呢！因为"生活即教育"，是有的生活要手脑联盟起来干，有的要用脚一起干，有的要运用全身的力量来干，才干得好，才干得出色。

生活教育社编：《陶行知先生纪念集》（1947 年自刊）

致育才学校全体师生
（1946 年 7 月）

绿芷、博禹、意林、微林、公泽、永扬、冷云、蒋路、启刚、让能、再为、彭松、百令、淑怡诸位同志①：

七月十三日的信刚才收到，至为感谢。下关事件发生后，也接到你们的慰问信。大家，尤其是我，从这些信里，得到了无上的鼓励，使我知道我努力的方向没有错，也不是孤军奋斗。我今天也知道，我向援华会提议增加预算和增加薪金的建议已经通过，每月薪金加二万元，合计五万元。究自何月起，容我问明再行奉闻。自四月份起，最好聚起来做点有益的生产，每月可以多得营养，这只是一点有胜于无的补助，希望它能给大家一点小小的安慰。从重庆来的报告都使我兴奋。由于各位同志、同学、同工的集体合作，育才是比我在渝时办得精神好，我在此向大家致敬。

公朴去了，昨今两天有两方面的朋友向我报告不好的消息。如果消息确实，我会很快地结束我的生命。深信我的生命的结束，不会是育才和生活教育社之结束。我提议为民主死了一个，就要加紧感召一万个人来顶补，这样死了一百个就是一百万人，死了一千个就有一千万个人。死了一万个就有一万万人肯得为民主牺牲，而中华民族才活得下去。此地我们现在第一要事是感召一万位民主战士来补偿李公朴之不可补偿之损失。只有这样才是真正的追悼。平时要以"仁者不忧，智者不惑，勇者不惧，达者不恋"的精神培养学生和我们自己。有事则以"富贵不能

---

① 这是陶行知生前所写的最后一封亲笔信，信首所列诸位均为育才学校教职员。写了这封信后的第九天，即 1946 年 7 月 25 日凌晨，陶行知因劳累过度、刺激过深，突发脑溢血逝世于上海，终年 55 岁。

淫，贫贱不能移，威武不能屈，美人不能动"① 相勉励。前几天，女青年会有沪江大学约我演讲《新中国之新教育》，我提出五项修养：一为博爱而学习，二为独立而学习，三为民主而学习，四为和平而学习，五为科学创造而学习。这些也希望大家共勉并指教。

我这封信是写给全体的。只因为诸位写了信给我，也就是同时给了诸位的回信。肖生、竹因以及其他没有写信的朋友，都希望使他们知道这信的内容，麻烦之处，容当后谢。

敬颂

康健！

陶行知

卅五、七、十六

方与严编：《育才学校》（教育书店 1951 年 4 月出版）

---

① 此四句中，前三句见《孟子·滕文公下》，后一句为陶行知所加。

教育生活漫忆[*]
（1946 年）

我开始感觉民主教育的必要而予以实践以来，已经有了十九年。回想起来，这是一段压迫和艰难的历史。现在，中国因团结和苦斗粉碎了日本法西斯侵略者的野心。在某种意义上，中国真正的民主教育，可以说到最近才渐入轨道。

在日本，大部分的日本人差不多都识字，可是以前的日本却有重要的东西缺乏着——就是民主的成分。缺少了民主的成分，就是日本不幸的根源啊。总之，中日两国真正的民主教育的发展是有待于今日的。当新的民主教育开始时——日本不仅识字者多，由于此次战败的法西斯势力也已打倒，所以有利于日本的地方不少。可是中国呢？民主教育和识字运动仍需要并行兼施。中国民主教育前途的难关较日本多呢。

日本，它已经有相当的基础，所以只要确定一个新的方针就可以，要紧的是确定了之后不要动摇。

晓庄学校时代

我对于"普及教育"和"民主教育"问题，开始注意是在民国七八年的时候，民国十六年才有了一个组织。

当初我们展开的是"乡村教育"运动，民国十六年在南京和平门外，创设了晓庄学校，目的是号召全国造成一百万个乡村教师，使他们从事普及乡村教育的工作。

民国八年，我作关于"生活教育"的演讲，并确定意为：（一）生

---

* 本篇系陶行知与上海日文《改造日报》记者小野三郎的谈话记录。记录者：小野三郎。题目依内容而拟。

活的教育；（二）为生活而教育；（三）为生活的提高、进步而教育。十六年对于"生活教育"更进一步地定义成为：（一）人民的教育；（二）人民教育人民；（三）人民为自己生活的提高、进步所希求的教育三项。因为中国人口的四分之三都住在农村，经营农业，所以普及"人民的教育"的运动也就和乡村教育运动没有什么不同。

由于民国十六年以来的教育运动的经验，我们发现了若干道理。

第一，我们觉悟到过去的教师仅停滞在狭义的教育范围内是不够的，因为教师也有体力——有手也有脚，具有足够的劳动能力；同时农民也不应该只是默默地劳动，应该有思想的必要。总之，我们觉悟到了思想和生活的具体的关联性。

我们发现了手和脑若能打成一片，农民和工人始能成为革命的农民和革命的工人。而教育者获得了头脑和手脚的同盟，始能成为一个有创造能力的学者。

第二，我们觉悟到教学的本质是学习，而"学习"也就是实践，学而后能教人。这一点，就是说教学做合一。

所谓"做"是包涵广泛意味的生活实践的意思。而学习或是教学，不是片段而是一个整体，要教学必须先有手和脑的结合，与思想和生活的合一，换句话说，不单是要"劳力"，同时也要"劳心"。

在这样意义的教育运动的实践中，感到学校教育的狭隘性是当然的。因此遂发现了第三个道理，就是为要真正地教育，必须做到"社会即是学校"这一点。整个乡村是我们的学校；扩大之，整个中国是我们的学校；更扩大之，整个世界乃至于宇宙都是我们的学校。

这样说来，单靠一个学校推动教育工作是不可能的。在整个教育过程中的学校，好象是整个房子当中的客厅。对教育——即教学范围的观念，这么一扩大，学校自然也很广大了，教师也多，功课也繁，至于学生的范围也就更多了。因而教育的效果也就更实在了。

总而言之，我们创办晓庄学校的目的，当初在于知识分子和农民之间的接触和结合，可是后来这两者的关系发生了很大的变化。根据我们的道路可以这样说：由（一）生活即是教育，发展到（二）教学做合一，然后更发展到（三）社会即学校。

革新教育运动和民主运动有什么关系呢？农民和工人在这过程当中渐渐地认教育家为最可亲的友人，在这一点上有非常重要的意义的。

我人在晓庄学校里所施行的教育，因种种的关系终难以推广和实现，学校也就不得已而停办了。不过这却更坚定了我们的"社会即学校"的信念，更为了"打入整个社会"而继续努力了。

工学团的创始和小先生运动

"一·二八"战事爆发，我除了积极地参加对于日本帝国主义的反侵略斗争外，深深地感到普及教育的使命更加重要。因之，更发现了另一个新的原因，这是我特别地要告诉你的。

中国原是个穷国，所以教育也要采用"穷办法"。我是顾到这点才展开小先生运动的。可是这小先生运动不是忽然地想起来的，乃是在民国十一年提倡"平民教育"的时候，我有五十七岁的母亲，她有一个愿望，要学"平民千字课"。我和我的妹妹每天忙于推广我们的运动，连给母亲教千字课的时间也没有，结果我就教才六岁的孩子小桃教他的祖母读千字课，因为小桃在那个时候已经读熟了千字课第一册。这大胆的尝试居然成功了，祖母和她的孙子，或戏玩或读书，兴趣愈来愈好，一个月后竟读完了第一册。当我的母亲读书的第十六天，我到张家口旅行，用千字课中的文字给他写一封信，母亲接到了，竟很容易地念完了。回想当时，觉到那件事的本质里面包含着重大的意义。

"一·二八"战争以后，小先生运动却成了全国性的运动而发展下去了。

我们在上海郊外的大场镇，提出了"工以养生，学以明生，团以保生"的口号，经营着山海工学团。可是我们决没有偏重于劳作技术的传播，却以受教育的人投入民间，把整个社会当做学校，以提高整个社会的教养水平为目标，而传播者就是小先生。在大场镇附近有二十五个村庄，一直到沦陷为止，那些小先生们都为了普及教育的工作而在奋斗。当时，在上海特别市区、俞塘、高桥、旧公共租界、旧法租界以及山海工学团里，已有了一万多的小先生在活动。

工学团具体的教育方法，是由每一个教师担任指导四十个学生，教育他们怎样在校外教穷人和穷孩子们认识文字。这就是把学校当作发电机，学生当作电线，两者打成一片点亮电灯（即大众教育）的运动。换句话说，就是把社会和学校完全有机地予以统一的。

由小先生在"即知即传"的口号下传播给农民、劳工、妇女们，他们马上就当"传递先生"再传给别人去。

在以前是以教育发动民众，后来则由农民、工人、妇女自动地发动教育。

工学团打入城市——发展到社会大学

"九一八"，日本法西斯再接再厉地伸出它的魔手的时候起，一向在农村里工作的我们，才发展到大都市。我们的工学团也就在上海的北新泾、杨树浦、静安寺、曹家渡、浦东等地开辟了工作的据点，组织了不同的工学团，有儿童工学团，也有报贩的工学团，也有妇女的工学团等等各色各样的，它们都是半工半学，学了以后再传给别人的。

我们的最后目的是：

> 培养求学的嗜好，造成好学的民族。
> 培养教人的嗜好，造成诲人不倦的民族。

我们的学校（社会即是学校）并无年龄上的限制，是永远学而不倦，好学以至于死为目标的最高学府，是社会大学，是人民的大学。

生活教育社编：《陶行知先生纪念集》（1947年自刊）

附录一 《陶行知全集》未录英文 *

金陵大学学生陶文濬的信仰见证 **

近四年来，我的内心一直在进行激烈的斗争。耶稣基督和撒旦交替占获着我，但最终耶稣基督得胜了。从此往后，我是耶稣基督的追随者。

我信耶稣并不是想从中捞取个人什么好处，如果说有什么事是我所鄙视的，那就是总在问"我可以从中得到什么"的人。在读过康奈尔大学詹克斯（Jenks）教授的著作《耶稣的社会原则》（*Social Principles of Jesus*）后，我开始信仰耶稣。我无法详细指出耶稣的哪些教导是重要的，但我必须承认，促使我追随耶稣的原因是祂有关"爱人如己"的教诲。上述著作清晰地表述和论证了这一原则。

此外，通过学习历史，我留意到许多伟人与耶稣基督间的关系，并且发现，大部分哲学家和科学家都是耶稣基督的坚定信仰者和追随者，

---

* 此处附录陶行知六篇英文文字，湘版和川版《陶行知全集》均未收入。考虑到"The Testimony（in part）of Tao Wen Tsing, College Student, University of Nanking, December 21, 1912."文件所叙内容，关涉陶行知早年的信仰及其思想变化，故而编者冒昧将陶行知本人所撰一段文字译成中文转载于此。其他五篇文字，因其内容于陶行知个人思想体系而言，意义和地位均非显要，故而保持英文原状附录于后，以供读者和陶研工作者参考。

** 英文原件收入"亚洲基督教大学联合董事会"（简称"亚联董"）的"金陵大学档案·教职员及学生的基督教面貌（1912—1923）"。此件原件现为耶鲁大学神学院图书馆收藏，复印件系香港中文大学研究院宗教与神学学部何荣汉博士提供。后面五篇英文原文复印件亦由何博士提供，特以说明并致谢。

而那些没有追随的人是因为缺乏对耶稣基督及其教导和教会的了解。

今天，哪个国家是地球上最伟大的共和国？你当然会说，是美国。美国从何而来？我认为，华盛顿是其创立者，林肯是其拯救者。他们是什么样的人呢？两者都将自己和国家的命运交给了耶稣基督。他们正如耶稣所作的那样热爱自己的国家和人民，因为他们都是耶稣的追随者。

中华民国从何而来？你可以回答说来自改革家和革命家。但你的认识还未追寻到本源。孙文博士虽然对建国功不可没，但他来自何处？他的自由和平等原则来自何处？这些都是多年以来传教士①在他心中扎下的根。他是谁？他是耶稣基督的追随者，来中国的直接目的就是宣告耶稣如何拯救世界。

以中国的教育体系而论，它的中心在哪儿？在"广州基督教学院"②、圣约翰大学、金陵大学、文华大学、天津大学、燕京大学、北京的清华学堂以及其他类似的学府，它们都是耶稣基督的精神和教会在中国的硕果。除去今天中国这些起源于耶稣基督的教育，中国会走向何方？只能陷入极度的无知深渊。

这里，我们的老师离乡背井，远渡重洋来教导我们。他们教我们哲学、历史、数学、科学，我们接受了它们。然而他们教给我们宗教——世界迄今为止最高尚的宗教，即耶稣基督的宗教，我们却抵触它。如果我们也同样抵制学习哲学和历史，这无疑是巨大的遗憾。这些学科以及其他知识毕竟都是在不断变化的东西，如果老师教给我们永恒的宗教基本原则，而我们却抵制的话，那就只会更加遗憾了。

亲爱的同学们，我衷心地祈望你们皈依耶稣基督。

1912 年 12 月 21 日

---

① 原稿此处留空，可能是该传教士的中文姓名或其他有关信息，但作者在英文原稿打印完成后并未添上。

② 广东基督教学院（Canton Christian College）即岭南大学最初英文名称。

MORAL AND RELIGIOUS INSTRUCTION IN CHINA[*]

The problem of moral and religious instruction is an old one; it is as old as human society. It was the Greek genius that first embodied it in a philosophical presentation: "Can virtue be taught?" asked Socrates. To this Protagoras answered that it could be taught, while Socrates held to the reverse position; but at last both confused themselves with self-contradictions and left the whole matter in the cloud. However, to a modern educator this is no longer a puzzle. The chief problem of the modern educator is not "Can virtue be taught?" but "How can it be taught?" It is the purpose of this paper to present some ideas as to how morality and religion are taught in China, and how they may be better taught in the light of modern pedagogy.

Practice of Religious and Moral Instruction in China

Roughly speaking, there are at present two systems of schools in China: government schools and missionary schools.

1. Government Schools.

In the curriculum of government schools we find moral instruction given in the lower primary schools up through the intermediate schools, but not any that I know of beyond this. The lower primary, called the "citizens schools," cover four years; the higher primary, three years; and the intermediate, four years.

In the lower and higher primary schools, two kinds of moral subjects are taught. They are, first, personal conduct, and second, classical study.

With reference to moral instruction, the Ministerial Ordinance of January 8, 1916[1] prescribed its aims and methods quite in detail. Under the head of personal conduct, the subjects taught are: filial piety, brotherhood, loyalty, trustworthiness, love, righteous courage, politeness, industry,

---

* 英文原文连载于 1916 年 11 月《留美青年》(北美中国基督徒留学生协会出版的英文杂志) 第 3 卷第 1 期和 1917 年 1 月《留美青年》第 3 卷第 2 期 (*Liu Mei Tsing Nien*, Vol. 3, No 1, November 1916 and Vol. 3, No. 2, January 1917), 作者署名陶文濬 (W. T. TAO)。

and cleanliness. To these the duties towards society and the state are gradually added from time to time. From the Ordinance we notice that attention is called to the practical aspects of these subjects. They are urged to be taught with a purpose of fostering the ideal of progress and the spirit of patriotism.

The moral instruction for girls in elementary schools consists of good words and deeds which are proper for girls to study. Besides, rituals are practiced. Emphasis put on chastity, modesty, and above all, self-independence, which is a new word in the history of Chinese feminine education.

The teaching of personal conduct covers two hours a week from the lower primary up through the higher primary, and one hour a week in the intermediate school. [2]

Now we come to classical studies. Somebody will maintain that the study of the classics belongs to religious instruction, on the ground that it is the study of Confucian doctrines. But in the last analysis the Confucian doctrines are purely a system of ethics— a system of human relationships, which is more or less universally adopted in China. This system of ethics is not denominational, because we find, as we shall see later, this very thing taught in nearly all missionary schools.

In the lower primary, the study of classics consists of *Mencius*, which covers four years. *Analects* takes its place in the higher primary. These courses, as described in the Ministerial Ordinance, are given with the purpose of showing the right way —principles of the sages-and of promoting the spirit of patriotism. It is very interesting to observe that the ordinance tries to make a distinction between the "right principles of the sages" and "personal conduct. " This is most likely due to the existence of two tendencies, i. e. , the tendency to preserve classical virtues and the modern tendency to emphasize the practical.

The study of the classics begins at the third year of the lower primary and is carried on up through the higher primary. Throughout, the weekly amount of time devoted to this study is three hours. In the intermediate school advanced studies in classics are continued; as it is mixed up with literature and other subjects, I am not able to assign to it a definite amount of time for each week.

Combining the amount of time spent in the instruction in personal conduct and in classical studies we find that the time devoted to moral instruction is two hours per week in the first two years, and five hours a week from the third year on up through the seventh year, and one hour or more per week in the intermediate school.

Comparison with Foreign Systems: One way of realizing the Greek Motto "Know Thyself" is through comparison with others. In the light of the educational practice in other countries we shall come to know better our own. Let us now take a bird's eye view of the moral and religious instruction in England, Germany, the United States, and France, and see in what position China stands.

At the outset I wish to say that which is taught in England is commonly called religion and not morality. Scripture is a term which is used in the curriculum. In the English regular primary schools or Board schools, undenominational religion or Bible study forms part of the curriculum.[3] Besides, we find sectarian teachings taught in schools belonging to the Church of England, the Roman Catholic Church, and the Wesleyan Church. These church schools are, equally with the Board schools, supported and controlled by the state. The only difference between them is that the Board schools depend upon local rates, while denominational schools depend upon charity, for further funds. In fact, the influence of the latter type seems to be much greater than that of the Board schools. It is reported that thirty-one out of forty-four training colleges of teachers belong to Established Church.

As to time allotment for special instruction in Scripture, it is usually two and a half hours a week throughout the Board and grammar schools. This, however, cannot be taken as the typical example because it is very hard to find a curriculum which really represents the English system. Besides the regular instruction in the Scripture there are church services. In all public schools the chapel service is that of the Church of England.

As in England, it is religion that is taught in the German schools. [4] In Germany we find two kinds of elementary schools, each covering eight years, and five kinds of secondary schools, three of which cover nine years. It is very interesting to notice that almost every public school in Germany is denominational, i. e. , either Protestant, Catholic, Jewish, or Mixed. The local control of the school is largely in the hands of the local clergy, so that although all schools are public, the hold of the mother church upon them is still firm. The teachers are also distinctly religious. They receive religious instruction in the normal schools from three to four hours a week for three years. Each school has its teachers of the favored faith, and text books on religious instruction are prepared by them. In districts which are sparsely populated, children of different faiths receive secular instruction together. These are called Mixed schools. In such a school when students of the same faith reach the number of ten or fifteen, they can demand a teacher belonging to their own denomination.

In Germany it is found that in all kinds of elementary schools, religious instruction occupies four hours a week, and in the secondary schools, three hours a week in the first year, beyond which two hours a week throughout.

The situation in both Germany and England is unique. Very little similarity exists between these two systems and ours. One is distinctly religious and the other is distinctly moral or ethical. As far as time allotments are concerned, Table Ⅰ shows that the Chinese system is stronger, at least, in elementary schools. Further, the Chinese system is continuous; i. e. , the elementary school leads into the secondary school, while in both Germany and England the secondary curriculum meets half way with the elementary.

Opposed to the religious character of the Anglo-German type of public education, the public primary schools and high schools in the United States are secular and undenominational. [5] Thirty states of the Union prohibit support to denominational schools. [6] Twelve states have constitutional provisions against sectarian text books and sectarian control over public schools. Mississippi is the only state stipulating in her constitution that the Bible shall not be excluded from her public schools, and only nine states have statutory provision for this cause. The laws of Massachusetts, Pennsylvania and that of North Dakota permit only ten minutes' daily reading of Bible without comment.

As to moral instruction, twenty-one states have made legal provision for it. But the prevailing type of American public school is without any formal instruction in religion or morality. The former is taken care of by the church, while the latter is given in connection with other subjects.

Table I

Representing the number of hours per week devoted to religious or moral instruction in The Elementary and Secondary Schools in England, Germany, France, the United States and China.

This table is constructed from the materials furnished in Paul Monroe's *Secondary Education*, pp. 80, 85, 97, 98, 109 — 110, A. C. Perry's *Outline of School Administration*, pp. 15, 42, 379 and the *Chinese Government Educational Bulletin*.

As in the United States, the French public primary schools are secular; but unlike the former, they lay great stress upon formal moral instruction.[7] Only lay teachers are allowed to teach in the public schools. As a result in Catholic France, there arise the sectarian private schools, but again, unlike those in the United States, these schools are subjected to state inspection on matters relating to morality, laws, and the constitution, but receive no support from the State. The secondary schools in France are also secular. However, the ministers are allowed to attend, outside of the usual classroom hour, for the purpose of giving religious instruction to those who desire it.

Now, both in France and the United States we find some features similar to the Chinese system. As in the United States, the Chinese course of study is continuous, i. e. , the elementary curriculum leads to the secondary curriculum without any break or overlapping. As in both the United States and France, the governmental schools are essentially

Name of Country	Type of Schools	Subject Matter	\<br\>Approximate Age												
			6, 7	8	9	10	11	12	13	14	15	16	17	18	19
		School Year	1	2	3	4	5	6	7	8	9	10	11	12	13
England	Elementary	Scriptures	2.5	2.5	2.5	2.5	2.5	2.5	2.5	2.5					
	Secondary	Scriptures						2.75	2.5	2.5	2.5	2.5	2.5	2.5	
Germany	Elementary	Religion	4	4	4	4	4	4	4	4					
	Secondary	Religion					3	2	2	2	2	2	2	2	2
The United States	Elementary	Not Formal Inst.	0	0	0	0	0	0	0	0					
	Secondary	Not Formal Inst.									0	0	0	0	
France	Elementary	Moral	2.5	2.5	2.5	2.5	2.5	2.5	1	1	1				
	Secondary	Moral		In	F.	G.	H.	0	0	0	0*				
China	Elementary	Per. Cond. & Classics	2	2	5	5	5	5	5						
	Secondary	Ethics and Classics								1	1	1	1		

* In the first three years of the French secondary school, Moral Instruction is given in connection with FRENCH Language (F), Geography (G), and History (H).

Per. Cond. stands for Personal Conduct.

secular and are free from religious restriction. Although it is alleged that the worship of Confucius is conducted in the school, from its very nature such a worship is but a tribute of honor and love paid to a national sage, and is not very different from the celebration of Washington's or Lincoln's birthday. The non-sectarian nature of the Confucian ethics is further proved by the fact that even in missionary schools, these doctrines are invariably taught. Thus we can readily see that whether Confucianism ought to be taught in its original form in the elementary schools or not must be looked upon as pedagogical rather than a religious question. Admitting that this point of view is the true fact, then of the two countries compared the Chinese system is more like the French, because as in French and not in the United States, the prevailing tendency is a formal instruction in morality.

2. Religious and Moral Instruction in Missionary Schools in China.

In the treatment of this topic, attempt is made to divide it into three parts, namely: (I) Primary Schools, (II) Secondary Schools, (III) Colleges. A statement must be made to the effect that the conclusions reached in the following discussion are incidentally drawn from past personal impressions, but are mainly based on the information contained in the curricula and catalogues of different missionary institutions and are thus not free from the shortcomings which are inherent in such a study. Further, a few of the curricula which have been studied, such as the Central China Educational Union, Soochow University, and Hangchow University curricula, are not quite up to date. The readers must beware of possible improvements in these institutions since their dates of publication and make due discount accordingly.

Missionary Primary Schools[8] Two curricula out of five, the Standard Course of Study of the Union Educational Movement in the province of Chili, and the Central China Educational Union Curriculum, are selected to represent the central tendency of religious and moral instruction in missionary primary schools.

Table II

Comparison of time allotment for moral and religious instruction in Missionary Elementary Curricula with that of the Diocese of Pittsburgh, chosen as a representative curriculum in American denominational elementary education, and with the Chinese Government Elementary Curriculum. Chr. Stands for Christian literature other than Bible; B, Bible; C, Classics; P, Personal Conduct; m, Memory Work; and T, Total No. of hours.

Types of Curriculum \ Grades	First year	Second year	Third year	Fourth year	Fifth year	Sixth year	Seventh year	Eighth year
Chili Missionary Standard Course of Study, no date.	Chr. & B 3 T 3	B(m) 3 P T 3	B(m) 3 C(m) P T 3	B(m) 3 C(m) P T 3	B(m) 3 C(m) 5 T 8	B(m) 3 C(m) 5 T 8	B 3 C 5 T 8	B 3 C T 3
Central China Christian Educational Union Curriculum, 1913.	Chr. 5 C(m) 5 T 10	Chr. 5 C(m) 5 T 10	B 4 C (m) 4 T 8	B 3 C 4 T 7	B 3 C 5 T 8	B 3 C 5 T 8	B 3 C 5 T 8	B 3 C 5 T 8
Curriculum of the Diocese of Pittsburgh	B 4	B 4	B 4	B 4	B 3.5	B 3.5	B 2.5	B 2.5
Chinese Government Elementary Curriculum, 1916.	P 2	P 2	P 2 C 3 T 5	P 2 C 3 T 5	P 2 C 3 T 5	P 2 C 3 T 5	P 2 C 3 T 5	

Both the Chili and the Central China Curricula cover eight years. Although the Chili Curriculum does not specify a definite amount of time given to moral instruction in some grades, yet from that in the fifth, sixth and seventh grades we are pretty safe in saying that it is quite the same as the Central China Curriculum.

The chief fact about these curricula is the existence of a dualistic feature, i. e. , Christian religion and Confucian ethics are taught at the same time to the same children and not infrequently by the same teachers.

The second fact is the amount of moral and religious instruction loaded upon the child. In the Chili Curriculum we notice that during the first two years religious and moral instruction occupies ten hours a week. From the third year on we have eight hours a week throughout, except in the fourth year, which alone devotes only seven hours. By comparison we can readily see how much more time is allotted for moral and religious instruction than in either the curriculum of the Chinese Government schools or that of the Diocese of Pittsburgh, which may be taken as representative of sectarian primary schools in the United States.

The third fact is the drudgery of memory work. In the Chili Curriculum we notice that the work of memorizing the Bible and the Chinese Classics is carried up through the sixth year. The Central China Curriculum does not specify memory work after the third year, but during the first three years when motor activity is most needed, the child is also subjected to the formal memorization of *Analects*. The work of memory is not in itself bad; if learning is of great use, we must know how to retain it. In the matter of morality and religion, it is the concepts gained from experience, and not precept ground from books, that most need to be retained and developed. The former will be taken care of by experience itself, while the latter will eventually be lost in spite of the process of formal memorization. However, we must not be too harsh in our criticisms. We will all know what may be the result when new wine is put into the old bottle. As the missionaries get into contact with our traditional methods, their untrained teachers and educators are apt to fall into the temptation to copy and imitate.

Secondary Schools[9] Under moral and religious instruction in the missionary secondary schools only college preparatory schools are presented here for discussion. These institutions usually have a course for four years. Among the leading university preparatories, Soochow and Foochow rank highest in the amount of time allotment, three hours a week being devoted to religious instruction. Next come Hangchow, Nanking, West China Union, Shanghai Baptist, St. John's, which have two hours per week for religious instruction. Boone University Preparatory is most liberal; it spends only one hour a week in such a course. Compared with the denominational Academy of St. Olaf University in America, most of the missionary university preparatories, except Soochow and Foochow, are a little lighter in time allotment.

In the preparatory schools of Boone, Nanking, Foochow, West China Union, and St. John's, the provision for the study of Chinese ethics is absent at least in name. In some of these institutions the Classics are studied as literature. The preparatory schools of Soochow, Hangchow, and Shanghai Baptist, still continue the dualistic feature, as can be readily seen from Table III.

Table III

Time allotments for religious and moral instruction in Missionary Secondary Schools compared. Figures represent the number of hours per week through the year.

Year \ Name of Institution	First Year	Second Year	Third Year	Fourth Year
Boone University Preparatory 1915—16*	Religion 1	Religion 1	Religion 1	Religion 1
Hangchow University Preparatory 1912*	Religion 2 Chinese Classics 3	Religion 2 Chinese Classics 3	Religion 2 Chinese Classics 3	Religion 2 Chinese Classics 3
Soochow University Preparatory 1912*	Religion 3 Chinese Ethics 1	Religion 3 Chinese Ethics 1	Religion 3 Chinese Ethics 1	Religion 3 Chinese Ethics 1
Academy of St. Olaf Univ. in the United States 1915—16*	Religion 2	Religion 2	Religion 2	Religion 2

* Dates of publication of the Catalogues of these institutions.

Missionary Colleges[10] In such institutions as West China Union University, Canton Christian College, St. John's University, and the University of Nanking, other allied subjects of religion have been introduced to replace the instruction in creeds and beliefs of a particular denomination. Although they are closely connected with religion, yet such courses as the philosophy of theism, comparative religion, science and philosophy of religion, religion and the nation, history of the social influences of the Church, and education in religion and morals are not what we ordinarily call religious instruction. They are essentially the philosophical, sociological, and pedagogical studies. Therefore the colleges which have gradually substituted these vitalized subjects naturally form a more liberal group by themselves. This group includes West China Union University, Canton Christian College, St. John's University, University of Nanking and Shanghai Baptist College. A study of the catalogues of these institutions through a number of years points to the conclusion that they seem to have a tendency to follow the course along which the American nonsectarian private universities have evolved from the original sectarian institutions.

The conservative group consists of Hangchow University and Soochow University. In these institutions no attempt has been made to introduce subjects other than the traditional curriculum of religious instruction. The subjects taught are usually *The Gospels*, *Acts*, *The Prophets*, and so on, but not beyond the two Testaments. However, in order to be fait, it must be stated again that the catalogues of these two institutions accessible to this paper were published in 1912 and possible improvements since that date are very conceivable. Nevertheless, so far as the conditions in 1912 are concerned, the authenticity of data justifies this classification. In subject matter, even the very conservative denominational universities, Georgetown and St. Olaf in the United States, are more liberal than they are. Soochow averages higher even in time allotment for religious instruction than St. Olaf, if not higher than Georgetown.

Table IV

Comparison of the subject matter of and time allotments for moral and religious instruction in Missionary Colleges.

Name of Institution	Freshman Year		Sophomore Year		Junior Year		Senior Year	
	Subject	Hrs.	Subject	Hrs.	Subject	Hrs.	Subject	Hrs.
West China Union University	Comparative Religion	1	Science and Religion	1	Religion and Nation	1		
Canton Chr. College	Christian Ethics	1	Philosophy of Theism	1	Evidences of Christianity	1		
St. John's University	Life of St. Paul	1	Evidences of Christianity	1	Comparative Religion	1	St. John and Ethics	1
University of Nanking	Life of Christ	2.5	Old Testament History	2.5	Social Influence of Church	2.5	Education of Morals and Religion	2.5
Shanghai Baptist College	Old Testament History	2	Life of Christ	2	Ethics and Christianity	2	Comp. Religion and Chr. Progress	2
Boone University	Acts of the Apostles	1	Pauline Theology	1	Early Prophets	2	Hebrew History and Life of Christ	2
Foochow Uni.		2		2		2		2
Hangchow University	Pentateuch Classics	2 3	Old Testament Classics	2 3	Life of Christ Classics	2 3	Epistles Classics	2 3
Soochow Uni.	Gospels	3	Acts	3	Prophets	2	Psalms	2
Georgetown Uni. In U.S.	Evidences and Lectures	2	Evidences and Lectures	2	Evidences and Lectures	2	Evidences Ethics	2 5
St. Olaf Uni. In U.S.	Old and New Testaments	2	Church History	2	Bible	2	Evidences	2

Note. The dates of the publication of the college catalogues used in the construction of this table are as follows: West China Union University, 1915—16; Canton Christian College, 1915; St. John's University, 1914—15; University of Nanking, 1915—16; Shanghai Baptist College, 1916; Boone University, 1915—16; Foochow College, 1915; Hangchow College, 1912; Soochow University, 1912; St. Olaf University, 1915—16.

The only institutions left unclassified are Foochow Uni. and Boone University. No information has been obtained in regard to the nature of the subject matter of religious instruction in Foochow Uni. With respect to the amount of time devoted to religious instruction, Boone University is one of the liberal type, but in the matter of subjects taught it can hardly be classified as such.

We can still trace the dualistic tendency of teaching Christian religion and Confucian ethics in the curriculum of Hangchow University. Here we find side by side with the instruction in religion three hours a week devoted to the study of Classics as ethics. This feature is by no means peculiar to Hangchow, and may be found in other colleges.

Theories of Education in Morals and Religion

1. The Psychological Basis for Moral and Religious Education

Both religious and moral education are governed by the same laws of psychological life and have the same psychological basis. At the very beginning of human life we inherit a number of well-defined tendencies to act in a certain situation and toward a certain direction. These well-defined tendencies constitute what we call the original nature of man. And all the forces that act upon it after conception are considered environmental forces. Prof. Thorndike[11] maintains that character—what a man is and does—is a result of the continuous interaction between the original tendencies and environmental forces. This starts our theory of Situation—Response—connection. This means that there is a spontaneous connection between a specific original tendency and a specific situation. For instance, in the situation of the presence of a bowl of rice and I am hungry, my original response toward the rice is to take and eat it. Now suppose one of the elements changes, say I am not hungry, then my attitude toward the rice will be different because of the change in the situation.

Character is simply the accumulated habitual connection formed in a similar manner. The problem of moral and religious education is thus the formation of the desired connections between a certain situation and a certain original tendency or group of tendencies in response. The worth or value of any one original tendency lies in its functioning in the situation; in the realm of morality and religion it depends on how the tendency works out in the social environment. As the social environment advances in civilization, some of man's original tendencies, such as the sexual impulse, which are universal and essential to human life, and yet if allowed their own development is not suitable to present social conditions, need to be modified; other original tendencies, such as anger instincts, etc. , are for most of the time even harmful to the individual and to society, and need to be discouraged; finally, we have all sorts of beneficial instincts, such as the instinct of gregariousness, cooperativeness, etc. , which need to be strengthened and enriched. Thus the duty of the school towards the student's character formation is to modify, redirect, discourage, strengthen, enrich, and develop the respective instincts so that the possessor can adapt himself to the social environment in a harmonious and progressive manner.

Now, in order to perform this task intelligently, three laws need to be recognized. [12]

First, we have the law of readiness. When the child's attitude is one of readiness to act, if it has the opportunity to do so it gets satisfaction. On the other hand, when the child is not ready to act, if it is compelled to act, or when it is ready to act but is not allowed to, in both cases the child is dissatisfied or annoyed. Therefore one fundamental principle of educational method is to appeal to the interest of the taught. This doctrine of interest is especially important when we come to the matter of religion or inner belief. Any outside compulsion against the child's mind set will surely cause repulsive reactions.

Next, we come to the law of use and disuse. When a modifiable connection is made between a situation and a response, that connection's strength, other things being equal, is increased, and, when it is not made, decreased. Take smoking, for instance; the moment our lips touch a cigar a connection is made. The more often we smoke the stronger will be the connection between us and the cigar, until finally the bond becomes so strong that it can hardly be broken. On the other hand, the method of breaking any bad habit is to make no more connections.

Finally comes the law of effect. When a modifiable connection between a situation and a response is made and is accompanied or followed by satisfaction, that connection's strength is increased, and when the connection is accompanied or followed by an annoyingness it is decreased. This is the most important law for moral education. It is but the temporary and immediate satisfaction which a vice gives to a man's original nature that makes a man its slave. With the law of effect, we can attach a satisfying state of affairs to those connections which are good for society and the individual and attach annoyingness to those which are undesirable. This will be the most effective means for moral improvement. However, the three laws are correlative. Apart from the law of readiness, men may invent all sorts of emulations and punishment against the mind set and "interest in the process" of the child, which is the most condemnable thing in school practice.

2. The Sociological Basis.

The operation of the psychological laws will be made clearer as we go along in the discussion of the sociological basis. Character, after all, can only be formed by active participation in social life. The child does not know what is meant by honesty, cleanliness, or faith unless he has some experience to begin with. We do not know how to swim by simply learning some movements on land. If we want to succeed in swimming, we have to learn it in the water. So it is the case with conduct. If we want to know how to behave well in society we have to participate in it, to participate in it in order to acquire the meanings of the virtues, to participate in it in order to acquire judgment so that we may know how to act in a new situation through the experience of the past. In a word, the school, the whole school should be a miniature society where moral and spiritual ideals must be at work, and where the child can share in the important phases of social life. [13] Inasmuch as we spend most of our time in teaching virtues and beliefs according to books and words and rarely provide such active participation in social life, we must admit that the present methods are far from being adequate. When a six-year-old child begins to study *Mencius* or Paul he may appear to understand something, but in fact it is but skin deep. Suin Tze, in criticizing formal instruction, says: "The common people's education comes into the ears and goes out through the mouth, and therefore it is only four inches deep— the distance between the ears and the mouth."[14] We may safely say that ideas about morality do not guarantee the conduct we desire, and any instruction based on this ideo-motor theory[15] will surely find disappointment. One reason why we find little or no conflict existing between the instruction in Christian religion and Confucian ethics in missionary schools is because the formal instruction in both religion and morality without actual participation is without much effect on conduct.

Furthermore, the child whose character we try to build up is a developing being. He grows in society. His experience is in a state of "continuous reconstruction". His interest and attitude change from time to time. According to Baldwin[16] the child first distinguishes external things from his bodily self, then it differentiates the external things into persons and inanimate objects, and at the third stage it attempts to perform and imitate the former's actions. Through imitation the child comes to know and feel himself in the mind of others, and thus furnishes the opportunity for others to influence his own action.

In the exertion of such an influence we must also recognize the four stages of the development of conduct.[17] First, we have the stage of instinctive behavior, at which the child's conduct is modified only by the influence of pains and pleasures. Which for is the stage at which the operation of the instinctive impulses is modified by the influence of rewards and punishments, administered more or less systematically by the social environment. Third, we come to the stage where conduct is controlled in the main by the anticipation of social praise and blame. Finally, there is the highest stage of moral development, at which conduct is regulated by an ideal that enables a man to act in a way that seems to him right regardless of the praise or blame of his immediate social environment. This fourth stage suggests to me "the

Good Shepherd. "[18] It reads: "I am the good shepherd…and I lay down my life for the sheep… Therefore does my Father love me because I lay down my life, that I might take it again. " Up to this place nothing sounds very extraordinary, but watch that which follows: "No man takes it from me, but I lay it down of myself. I have power to lay it down and I have power to take it again. " It is such high moral power that we must take as our final goal of development. Those who take the responsibility of shaping the child's conduct must keep in mind the progression from the first to this highest stage. They must administer their influences and adapt materials in such a way as to enable the child to progress continuously onward and upward until this last stage is reached, when conduct sometime is the only language intelligible to the child.

3. The Pragmatic Basis. [19]

Closely connected with the sociological theory of moral and religious education there is the pragmatic aspect of the question. According to this point of view, there is a unity between knowledge and conduct, in learning and doing. As knowledge is the concept and guidance of conduct, so conduct is knowledge personified. Knowledge apart from conduct is empty knowledge, while conduct apart from knowledge is blind action. The two are one and the one cannot be gained without going through the other. Accordingly, all the courses in the curriculum and all classrooms and administrative methods must have the end of character formation in view, just because all knowledge is related to conduct. So all subject matter and methods as a result of accumulative effects must be able to contribute their share in the creation of a wholesome personality. Take the study of history, for instance. The study of history is the study of social causation and effect in the light of past experience, so that the present conduct can be adjusted and future conduct guided. Inasmuch as it has to do with human relations, the teaching of history involves moral ends, and inasmuch as it relates to the adaptation to a spiritual ideal it is religious. Similar things can be said on other subjects. Therefore if right materials are used and proper methods applied all the school subjects in totality will and must culminate in the collective effect of character formation. The attempt to provide certain subjects for the training of the mind and other subjects for the training of good behavior is at the bottom wrong in principle, because it is based on the separation of knowledge from conduct. The systems of moral and religious instruction in both the governmental schools and the missionary schools are not free from this criticism. The only remedy is to change the methods and materials of instruction and administration, so that the moral and religious elements can be incorporated into the whole school system. The methods applied should be guided by psychological laws, the materials used should be directed toward social needs and the process of incorporation should be pragmatic.

In the case of missionary schools I must not leave the impression that the world can spare the Bible. According to the point of view just stated, it can be studied as a history of the growth of human faith, and the life of Christ can be studied as a culmination of personality in the terms of which we are able to take a glance at God Himself. But in all cases, the psychological nature of the child must be recognized; social significance must be attached and opportunity for actual participation must be provided. The child, according to its stage of development, must be led to get into contact with all sorts of social needs —the poor, the sick, and the suffering, He must be led to feel what Christ has felt and to do what Christ has done for mankind. In a word, he must be put in the social hot-bed of love, service, and sacrifice, and educated to love, to serve, and to sacrifice on his own initiative.

W. T. TAO

NOTES

1. *Chinese Government Educational Bulletin*, Vol. 2. No. 12. P. 27.

2. See Table I.

3. R. E. Hughes. *The Making of Citizens*, pp. 30, 58, 194, 201, 307.

4. Ibid. pp. 66, 67, 95, 100, 178, 192, 201, 235.

5. Ibid. pp. 193, 237, 260.

6. A. W. Weber. *State Control of Instruction*, p. 85.

7. R. E. Hughes. *The Making of Citizens*. pp. 106, 107, 121, 192, 193, 213, 227.

8. See Table II.

9. See Table III.

10. See Table IV.

11. E. L. Thorndike. *The Original Nature of Man*, p. 2.

12. Ibid. *The Psychology of Learning*. pp. 1 - 5.

13. John Dewey. *Democracy and Education*, pp. 414 - 417.

14. Suin Tze. *On Education*, p. 2.

15. E. L. Thorndike. *The Original Nature of Man*, pp. 280 - 293.

16 J. M. Baldwin. *Social and Ethical Interpretation*, Ch. 1.

17. W. Macdougall. *Social Psychology*, Chs. VII and VIII.

18. *New Testament*, John. 10th Chapter, 14, 15, 17 and 18.

19. *The Philosophy of Wang Yang-Ming*, Translated by F. G. Henke; John Dewey. *Democracy and Education*, pp. 385 - 401, pp. 410 - 414.

MR. H. CHI'S NEW CONTRIBUTION *

It has not been long since we witnessed Mr. Chi's ingenious invention of the Chinese typewriter; again, we are preparing to welcome the advent of his *New Chinese Dictionary*. Through his invention of the typewriter, Mr. Chi had availed himself with an insight of the nature of Chinese characters. This intimate acquaintance suggested to him the possibilities of simplifying the arrangement of the Chinese dictionary. As a byproduct of the typewriter, the new device of the Chinese dictionary was framed up by the end of last May. Having been privileged with a perusal of the manuscript before its publication and deeply impressed by the advantages of the new work, the writer wishes to take this opportunity to tell the public some stories about the new dictionary, either as a message of comfort to those who have become tired of the old dictionary or as a stimulus of encouragement to those who take interest in scientific investigation.

The old *Kang-shi Dictionary* has certainly made a great progress beyond other types of dictionaries in the fact that it has based its arrangement of vocabularies upon the order of the number of strokes of their radicals. It works alright when we have only words of one undebatable radical to find. The difficulties arise when we meet words of two, three or more radicals. The *Kang-shi Dictionary* only takes one radical into account, and classifies each word under one radical and one radical only. Thus it is not infrequent that a word cannot be found until three or four radicals have been tried. Sometimes, it even takes an hour to locate a single word. It not only wastes time and energy, but also

---

* 英文原文载于 1916 年 12 月《中国学生月刊》(赴美中国留学生联合会出版的英文杂志) 第 12 卷第 2 期 (*The Chinese Student's Monthy*,Vol. 12,No. 2,Dec. 1916),作者署名陶文濬 (Wen Tsing Tao)。英文原文于标题下原注为:The new device of the dictionary has already been brought to China by Dr. C. Chu for publication. With a view of facilitating circulation,the dictionary has been made as a free offer to the Commercial Press to that effect. Both the dictionary and Mr. Chi's Index System,another by-product of the typewriter,will be published soon.

discourages students from making further appeal to dictionary.

Therefore the first problem of simplification is how to enable a man to hit upon the right radical at once. This Mr. Chi has succeeded by using two methods. First, the definite prefixes and suffixes with which words can be found under a definite radical, and their exceptions are classified into groups according to their kinds. These are part of the author's keynotes with which every reader should be familiar. (See illustration No. 1)[①] . With a knowledge of these prefixes and suffixes and their exceptions, words composed of them can be found readily under their proper radicals. Besides those words with definite prefix or suffix, all other irregular words which are composed of more than one radical are classified under each of all the radicals which compose the word. This means that any word can be found under any radical that is a part of the word. It enables us to locate the word without going through trial and error. All words in the dictionary can be found with approximately equal ease. This plan is not cumbersome because it needs only nine hundred repetitions of words to accomplish the purpose.

The internal arrangement of the dictionary furnishesus another merit. The arbitrary division of the old dictionary into sections according to Tsi, Chiu, Ying, Mou, etc. and the random locating of the radical and the word in the book rather than by index are eliminated. In place of the old cumbersome arrangement, the new dictionary is first divided into seventeen strokes of radicals, ranging from one to seventeen. For instance, all words with radicals of two strokes are put in section two, of three strokes, in section three, etc. Second, on the outer side of the dictionary seventeen side-figures (1-17) , are indexed, designating at a glance where to find the radicals of a certain number of strokes. Third, on the front page of the seventeen sections, all radicals of the same number of strokes are printed. At the upper corner of each of these radicals, figures are indexed to show the page where words with any one of these radicals can be found. (see illustration No. 2) . Fourth,

---

① 图 1 及下文图 2，均略。

the arrangement of the pages is continuous and the trouble of locating the page is eliminated. With these arrangements what the finder has to do is to count the strokes of the radicals, look at the side index corresponding to the number of strokes of the radical, open the book, locate the radical on the front page of the section, read the index at the upper corner of the radical and find the page accordingly, count the remaining strokes of the word besides radical, and locate the word according to the number of the remaining strokes. An experiment has been made by Mr. Chi and the writer to determine the approximate efficiency of the new system. The result shows that the rate of finding English words is about fourteen words per five minutes, that of finding Chinese regular words by the new method is about ten words per five minutes, while by the old method the rate of finding Chinese regular words is five words per five minutes, or one word per minute.

Put it into a nutshell, so far as the regular words are concerned, the efficiency of the new dictionary is one time greater, and in case of irregular words, it is tremendously greater than that of the old dictionary. It enables us to find any word in the dictionary within half a minute.

Besides these chief merits there are some minor points that need to be considered. The number of words in the dictionary is seven thousand; adding nine hundred repetitions it makes the total of seven thousand and nine hundred. The selection of these words is based on the *Source of Familiar Quotations*. Brief synonyms and clear definitions are cited. In order to avoid confusion, only important classical phrases are quoted. So far as pronunciation is concerned, the Tsieh-yin of the common words are eliminated but those of the less common words are still retained. In addition, every word is accompanied by a romanized pronunciation of the mandarin language. For the time being, as no satisfactory standard pronunciation has been made, Mr. Chi is obliged to adopt the method of Romanization contained in the *Chinese Students' Dictionary*, which is based mainly on Wade's system. Such are the features of *Chi' s New Chinese Dictionary*. With the help of this dictionary, I am sure every student's work will be greatly facilitated.

CHINA IN TRANSITION*

New China is the product of two civilizations— the Oriental and the Occidental. The union of these two forces has given color and shape to the present status of China，and it will determine and mold her future destiny and possibilities. It has not been long since Mr. Kipling wrote，

"O' the East is East，and the West is West，and never the twain shall meet/Till earth and sky stand presently at God's great Judgment seat. "

Today Mr. Kipling will be surprised to know that the East and the West have indeed found a meeting place in China.

In certain fields of activity，the meeting of the two civilizations takes the form of volcanic explosion or formidable conflict. It results in the supremacy of the one over the other or in the substitution of the one for the other. It involves both victory and submission. In other fields，it assumes the form of a union. Sometimes it is like the union of oxygen and hydrogen，sudden and jarring. At other times it may be compared with caress，courtship，or matrimonial contract. The process is essentially careful selection，adaptation，compromise，or reconciliation. It works like yeast，gradual but effective. The product is sweet and delightful.

Since the day of direct contact，the two civilizations have never ceased to conflict and unite. They react upon one another，and each is thereby modified by the other. As a result，life begins to have a richer content and much more variety. A cross-section of Chinese present-day life will perhaps reveal a lateral surface of the main characteristics of many centuries. In China we find nearly every city is surrounded by a medieval wall；there we find the great desire for a new life，hostile to the restrictive and pedantic scheme of scholasticism，which is the heart of the Renaissance; there we find the strong tendency to observe，compare，and criticize spiritual faith，which is the soul of the

---

* 英文原文载于 1917 年 3 月《留美青年》第 3 卷第 3 期（*Liu Mei Tsing Nien*，Vol. 3，No. 3，March 1917），作者署名陶文濬（Wen Tsing Tao）。

Reformation; there we find the starting tide of the eighteenth century industrial revolution, and there we cannot fail to find the outburst of nationalism and national consciousness, which characterizes the nineteenth and twentieth centuries. It is a surprise to a great many of us when we find an inland farmer, sitting in a modern railway train, smoking a bamboo pipe with a fire made from a piece of flint and iron, inquiring, with an attitude of curiosity, about the woman suffrage movement in America, or talking enthusiastically about a boycott against foreign goods, in order to satisfy his patriotic conviction. So it is not quite true that "China is the European Middle Ages made visible," as Prof. Ross[3] has led us to believe. Much more than that: the present day China is the European Middle Ages, Renaissance, Reformation, the seventeenth century, eighteenth century, nineteenth century and twentieth century made visible. There we find a dynamic picture of the transition and mingling of centuries of civilization. If we like, we may call it a spectrum of civilization, through which civilizations of different continents and centuries are brought to sharp, vivid, and beautiful contrasts.

This phenomenon reveals itself in every branch of life — in the home, in the school, in the church, in society, and in the state — but it may be best illustrated in the changes of ideals.

The Chinese old ideals of life are essentially of the Roman type. We come pretty near to the understanding of the Chinese old ideals if we just think of them in the terms of the Roman. The Chinese and the Romans seem to have reached independently the same conclusions in regard to life ideals. Their conception of life looks for a golden age in the past, and therefore it is conservative; it conceives society as an ordered institution, and therefore it is static; it emphasizes the rule of authority, and therefore it demands obedience. On the other hand, modern civilization which has its main flow from ancient Greece, has its Utopia in the future; it has a dynamic conception of society, and it encourages freedom and liberty. As a consequence of the mingling of the two civilizations, we find that in the present day Chinese world of ideals there exist, side by side, conservatism and radicalism, order and progress, authority and freedom.

Doubtless there are many persons who hold to either extreme, and battle furiously against each other. It must also be admitted that there is a pendulum of tremendous force swinging back and forth between the two extremes. These conditions we take as a matter of course, which cannot be avoided in a stage of transition.

However, there is a very fortunate fact to be mentioned, i. e., the group between the two extremes has become more and more numerous, and has become more and more powerful. This group of men recognizes the value of both the old and the new. Whatever is good must be preserved and assimilated, and whatever is not good must be cast away, no matter whether it comes from the old or the new. To them, the past is the foundation of the present and the future, while the future must be the goal of the past and the present; to them, no progress is possible without order, while order exists only for the insurance of progress; to them, authority is the guardian of freedom, and freedom is the end to which authority is a means. In a word, they find that there is a right place for every one of the apparently conflicting ideals—a right place for German efficiency as well as for American liberty. It is this group of men who have effectively overthrown the extreme conservatives and have constantly checked the wild fanaticism of the radicals; it is this group of men who are leading New China out of this critical stage of transition and are now nursing her for a great future. Blessed are those whose loyalty, wisdom, and courage the nation can rely upon to stand the test of the day.

WEN TSING TAO

CREATIVE EDUCATION *

The Primary School is the foundation of all education. The conception of the educational process has changed greatly through the years.

I. School and Society

At first the school and society were entirely separate, more recently society was brought into the school. This was like bringing a beautiful bird into a cage so as to enjoy it and watch it.

Lately we have begun to take the school into society. The school is poor; it uses society as its school room and becomes rich. By taking the school into society, using the community as the school room, the educational process becomes: first, Rich; second, Natural; third, Real; fourth, Economical; fifth, In Harmony with the Progress of Society.

It does not go ahead too fast, nor lag behind. To invite a vocational teacher to come to the school is very expensive; to go to the industries of the community to learn gets better results and these results are all real and practical.

II. Education and Life

In the first stage of man's life education and life were one and the same, but as the need for formal schools arose they became separated.

Later, it was said, "Education is life." Education tried to bring as much of life as possible into the school.

I believe that life is education. The kind of education you receive depends on the kind of life you live. Hygiene text books and living hygienically are two things. Therefore we will get our education while

---

* 英文原文载于 1933 年 7 月《教育评论》第 25 卷第 3 期 (*Education Review*, Vol. 25, No. 3, July 1933), 作者署名陶文濬 (W. T. Tao)。原文标题下有一段说明性文字: *Notes from an address delivered to the International Educational Association of Shanghai, and to the Council on Primary Education of he China Christian Educational Association, reported by Clara Pearl Dyer and Isabelle Lewis Main.*

we are living.

III. Education and Method

For many years, education was giving knowledge to the student; later education was teaching the student to learn; still more recently, education is teaching the student how to work. This brings about a unity, in teaching, learning, acting. The method of acting determines the method of learning; the method of learning determines the method of teaching.

Creative education is the result of this method. Creative education means a transfusion of energy in the creation of a new order. It will imply that the whole of society is a school —not a room and 42 benches.

There are five steps in Dewey's reflective thinking:

1. The feeling of difficulty.

2. The location of difficulty.

3. The proposed solution.

4. The selection of one solution for trial.

5. After repeated trials, verify the results.

This philosophy came to China fifteen years ago, and was received with joy. Chinese scholars welcomed reflective thinking, so people just sat and thought. They recognized the difficulties and thought about them. They were difficulties felt through books and lectures. These difficulties were manufactured in our heads. I propose to add one step before the feeling of difficulties. The first step should be action. Then the other five may follow and they will lead to more action. So education should begin with action. Then difficulties will be real, not felt simply through book knowledge, lectures, facts and figures, but experienced through action and followed by reflective thinking.

I would give a new name to the whole: "Reflective action." Action will connect ideas and motor fibers and the electric current will come through. Reflective activity implies action of both brain and hands. We no longer have a class in society for hands, another class with head. All are hands and head.

IV. Education and the Masses

In early education, ears and mouth only were used. The result was about inches of education, the distance between the ear and the mouth.

Later, eyes, ears and mouth were used. Chinese education is now in this triangular stage.

In the new education, hands and brain are connected. Action and thinking must progress together. Coolies use only action; intellectuals use only brains; both lead to defeat. Using both together leads to progress and invention.

There are two approaches to this universal education. (a) Teach farmers and workers to use their heads. (b) Teach scholars and students to use their hands. The electrical lamps that shine upon us were built by thinking and experiment, step by step. They are the results of applied thinking. Reflective activity always brings invention. If brains and hands come together, there will be built a new civilization. By bringing both hands and head, a new world will be created.

Two treasures with us lifelong remain,
　　A pair of free hands and a great brain;
He who doesn't use his hands
　　Belongs to the dethroned King's bands.
He who doesn't use his brain
　　Has to endure hunger and pain.
He who uses both brain and hand
　　Can set up Heaven's kingdom on Satan's land.

Ⅴ. Education and the Student

We have to begin this process in childhood. My children do this better than I do. Take the children out of the amah's hands. Cast out of them all fears. Then children will be little workers and teachers, the directors of work. Each will have a share in creation and be a creator.

The new school is not just a school; neither is it a factory. It is a place for collective living, a community. It is shop, school, and life. The school doesn't depend upon buildings, expensive equipment, wide play-ground. Every occupation uses sciences, hands and brain. Let the children use occupation as their school, and learn by working as workers and thinkers and creators.

We cannot create a new China and hand it down to future generations. We must educate the children and give them from the beginning their part in the creation of a new world.

It is the doer not the enjoyer who gets the education. Those who do must learn to enjoy; those who enjoy must learn to do.

These are some of the proposals which I make to Chinese education.

THE LITTLE TEACHER AND THE
LITERACY MOVEMENT[*]

The recent statistics of the Ministry of Education show that China has now ten million children in school, only one-eighth of what ought to be. Yet with the endeavor of the literacy movement in the past decade or so, there at least ought to be some forty million children who are able to read and write now. It is true that there are many factors involved, but the fact still remains that the method used in the whole movement is inefficient and needs reconsideration. As a result of thinking and experimenting for the last two years, I find the "little teacher" to be a way out. If used on a nation-wide scale, the whole country would be educated in two years' time. As an illustration, let me give the following three instances.

(1) Some ten years ago, when I was working zealously for the literacy movement, my mother thought of learning to read too. My child of six was the only one that had the time to help her. As a result, my mother was able to read sixteen characters. Based on those sixteen characters, I sent her a letter, and she was able to understand what I wrote. A child of six could help his old grandmother— is not this a proof of the "little teacher's" ability? I think this is not only true of China, but also of children in the Western countries.

(2) After the close of the Hsiao Chuan Normal School, a number of children realizing the need of education, started organizing a school themselves. The children conduct all the management and the teaching, and it is of such a success that it has been registered. When I sent them a poem, which most of my friends thought to be unalterable, congratulating them on their success, they made a very nice suggestion which led to my changing of one of the characters in the poem. Is not

---

* 英文原文载于 1934 年 7 月《教育评论》第 26 卷第 3 期（*Education Review*，Vol. 26, No. 3，July 1934），作者署名陶文濬（W. T. Tao）。此文系作者于 1934 年 4 月 16 日上午在中华基督教教育会小学教育委员会上的讲话记录。

this a further proof of the ability of the "little teacher"?

(3) Then a third proof happened last fall. Some seven children in one of the schools at Hwai-an started on their own excursions to various parts of Kiangsu province. There was no one to lead them. They did their own planning, and earned their way through by giving talks in the various schools they visited. They were even able to save enough money to buy a number of books. Both the trip and the talks were a success.

The "little teachers" though young are able to achieve a great deal. But in order to ensure success, school teachers ought to help. These things need special mention here. (1) To start the work, villagers or city folks ought to be gathered together and told the need of education. This may be in the nature of a party or a social gathering or anything that serves the purpose. (2) Once the work is actually started, teachers ought to help in methods of teaching. (3) There is the supervision work to be done. The best way is to make the teaching of others a part of the pupils' regular work. They are required to hand in the work they are doing, to fill in reports, etc. This, by no means, increases the teacher's work. He can attend less meetings, drop out some of the useless tasks, such as correcting character-writing or the too-monotonous diaries written by children who have no variation in their everyday work. For the child, to be able to help two of the less fortunate children or adults, means not only that he will be more acquainted with his own work, but that he is also learning to serve others— the spirit of service.

Any facility that helps, like radio, a letter or a movie show, ought to be turned to the service of the movement.

There are now several places which have the experiment on a large scale: (1) The Shou Hai Kung Sheo Twan, (2) The Pao Shan District, and (3) The Tsui-Ping District, Shanghai. In the latter place, the organization is in the form of a military legion— five to a group, one child is to lead four others, these five groups again form a larger unit, and so on up, when the generalissimo of the complete unit is made the head of more than fifteen thousand people.

As all of you are working in the Christian elementary field，I hope you will endorse this plan of mine，and help push forward the movement. ①

---

① 原文结尾处有一段话：Dr. Tao's talk was followed by a vote of thanks and a period of discussion which ended the morning session.（陶博士的谈话得到一致感谢，经过一段讨论后结束上午的会议。）

附录二　学校调查的主旨性质和施行 *

原著者　施吹耳（Gearge D. Strayer）①

译者　黄溥②

美国教育发达的特点，在学校调查（School Surveys）。凡各大城市，无不举行学校调查；近来我国教育巨子，也谋极力的推行。此篇本为美国教育会考验学校实力股股长施吹耳的报告。以其正为我国教育界所需要，故译之，以向［飨］留心教育发达的诸君子。

译者识

这篇要讨论的问题有六：

（1）什么是学校调查；

（2）调查应当在什么时候，什么光景施行；

（3）调查应当是什么人做的；

---

* 本文刊载于《新教育》第 3 卷第 4 期（1921 年 4 月）。其时陶行知为《新教育》重要编辑之一。该文是目前可见的唯一一篇登载在中国刊物上的施吹耳教授的文字，是故编者将其采辑于此，作为附录，以供研究者参考（另可参考编者所著《事业的起手处　理论的思想源》（载《生活教育》2012 年第 1 期）一文有关说明）。

① 施吹耳（Gearge D. Strayer） 系陶行知求学哥伦比亚大学师范院时的导师。其正式身份除为哥伦比亚大学教授外，据"译者识"可知，他还兼为"美国教育会考验学校实力股股长"。所谓"考验学校实力"，应是中国人所说的考察调研学校的办学实力。

② 黄溥 字秋浦，湖南宁乡人，1896 年 8 月出生，先后就读于遵道小学、益智中学、雅礼学堂—雅礼大学，大学毕业后在湖南商业专科学校担任英文教师，一年后即 1918 年前往美国斯坦福大学留学，1919 年获文科学士学位，1920 年获斯坦福大学教育学硕士学位。其硕士学位（毕业）论文为《中国的新教育团体》（"The New Educational Organization of China"）。1921 年归国后担任湖南醴陵遵道中学校长。七年后即 1927 年第二次赴美留学于哥伦比亚大学师范学院，1930 年获哥大博士学位。归国后先后担任过湖南长沙雅礼中学校长、私立武昌华中大学教育学院院长兼教育系主任。在华中大学期间，曾多次担任副校长和代理校长之职，解放后仍留在华中大学工作直到去世。1921 年翻译施吹耳文章并送《新教育》刊发，正值黄浦第一次留美归国后不久，不难看出该文是他本人自美国带回的材料。

（4）有实力的调查，所用的方法是什么；

（5）调查的报告，应当在什么样光景刊布；

（6）什么结果，我们可以希望从调查上得来。

（1）什么是学校调查。

学校调查，可以说是个公共教育的考察；使公众懂得为全体或一部分公款所开办的各种教育机关的组织、管理、监察、经费、物具、课程、教员部、教授法、学生团，和学生在学校或已出学校所得成绩的效果。这种考察，必须断定他的教育宗旨；且使学校组织的成绩，与他现在所利用或将来可利用的、维持的来源，不至失落关系。学校调查，不要与寻常所用的学校视察混乱了。

学校视察，是证明方法的有用无用，个人的胜任不胜任，及学校办法的疏忽不疏忽。其所注重的，在失败与不行的一方面；因此视察的态度，不是属于正面；他的注意，全射在已过去的事体。且视察，总难免为被察的反对及拒绝。若是论到调查，那就不同；调查是专使实在所开办的学校的组织，能完全表白于公众。调查也有时要论及个人的失责不失责；然他的第一注意的地方，是看学校对于社会尽了一定的职务没有。他内里含着一种极大的学校内外人士共作的精神。这种学校调查与学校视察的区别，不徒显在字义上，也就显在行事的动机上。故最近科学的结局，与最远教育的利益，皆为这不同处所预定。

（2）调查应当在什么时候，什么光景施行。

大概在一个稍大的学校统系，最好的方法，是使教育监督处从董事部拨一笔款项，开设一个统计报告，及特别度量的机关。由此机关，可以随时参阅学校办理的实效；对于普通所做的报告及观测，可以增加紧要的论料和定断。但是在特别的时候，与在较小的学校统系，这种办法就不行。所以我们必须利用别样的方法。

设有特别问题发生，必需一种熟练的知识，为教育监督及学校职员所难供给的；如测绘建筑的图样，修正计算法，添加精工的科目，及修改和增加，种种的问题，当使公众晓得；顶好是聘用专家。这种专家，可以在特别事件上，随时指导教育监督及董事部。

教育监督或学校行政上普通职员，对于学校各种事务有疑惑的地方，应当聘用适当的人，以增补寻常学校的观测，并证实或更改所商议的条件。这些适当的人所组成的调查股，当为公众认为学校临时扩充的监察部员。设有特别事件发生，这种增补的职务，可用以评断各样的争端。社会与教育界上的人，应当公认这等的请教，并不是侦察教育监督、董事部和教员部的实效，乃是公认教育为一最大最繁的事业；凡从事教育的人，皆有彼此补助的地方，虽然各人进行的方法不必皆同。

学校行政上常遇有偶然发现的事体，所以监察部员的增加不必长久。上面所述临时增加的办法，甚为切当。且这些临时发生的事体，常需一种阔大的观察，为寻常监察职员所难供给的；至若教员，也常需调查所能供给的一种机会，以扩展他的意念，并试验各类方法，这些试验为调停学校复杂情形所不可少的。

教育监督，常赖普通教育界的补助，使公众留意他所看出来学校的缺乏。这些缺乏，为一般普通人士所难认出的；譬如他若没有外界共作的补助，他要需用的款项就不容易得到；故教育监督总宜有力量，邀请外界的帮助，以谋公众的益处。

最后，公众对于学校职员的实力，不能无疑惑的地方；设公众的评论，一旦成为风尚，则学校统系的实效，必容易受摧损。为教育监督的，就当欢迎有人来调查。这种调查，可以助他消灭无稽的评论，或可助公众提出改良的方法。

(3) 调查应当是什么人做的。

从以上所讨论的看来，最便利做学校调查的人，莫若学校的职员。设公民有意要调查，他们就可请平日在董事部内的代表办理；若是不行，就当临时聘用专家，以谋得一个透彻的考察。教育监督，当学校利益受影响的时候，应该有力量，随时邀请公正专门的顾问。不论学校调查由何处发起，或教育监督处，或董事部，或一部分热心公益的公民；他的主旨，当是保存和推广社会儿童及青年的利益。要达到这种主旨，必须从校内或校外，聘用特别专家，能以科学的方法研究学校的统系，并能以平日所得教育界上的经验，提议一种真实和可行的改革。

(4) 有实力的调查所用的方法是什么。

学校调查的目的，自然是讨论学校组织内凡关于可受准确物体上参考的事项，譬如研究学校理财的办法，细察学校的物具，议定学生莅学的规程，并强迫教育实行的问题，拟算每级学生升迁的定额，证实课堂所容学生的数目，斟酌特别生徒与有欠缺的学生的办法，审量训练教员的方法，及教员的资格、任用和辞退等类的事项。其余所当细心考究的事体还多，如教员的薪金，任期的长短，任内增进的办法；监察部员的组织、功用及彼等在课室辅助的实效；教员教授的实力；课程的完备；每班教授的法则，和从各方面看来的变动；以及度量学生于各种普通科目上的成绩。再后，须考察学校统系内所有记录事实的条规；这些事实和关于利用事实的条陈，皆为研究教育问题所不可少。

无论什么学校的考察，必须尽他实在的能力，以观测、度量及报告，凡关于利便和阻碍学校进行的各种公众生活上的光景，不论是政治的、实业的、社会的、教育的；考察的人，须得注重学校统系的成绩。对于学校进行的趋势，尤当格外的留心；因为度量不论什么学校的实效，总宜根据他在一定期限内，所已有的变动、发展、进步及增长等。

(5) 调查的报告应当在什么样光景刊布。

凡关于学校情形的报告，应当细心策划，使学校职员和一般公民，不至误会学校事务要点上的普通及特别的方法。譬如考察一个学校的体育，见得学生的体力并不发达，而他们在游戏场中的举动和社交都可钦佩。这两种事实，皆须表白清楚，才可使人不至误会。总之，度量或报告应当有一定的题目所报告的结局。不要拿来补证校内和校外别种的事体。

调查的报告，是为通知学校职员的一种文件；别的用处，须看学校职员和董事部所聘专家订立的合同如何。调查进行的时候，若两方面无同意，则调查的事件就不宜宣布。调查完毕后，报告内在刊布时，要有更改，须得做调查的人的同意才可。

(6) 什么结果，我们可以希望从调查上得来。

我们可以希望从有以上所讲的界限，和得专门学问家所主领的，学校调查，得着对于公共学校的成功和失败，一种正当的重视。

从这种调查，还可希望储蓄一种教育界所宝重的论料。这些论料，可以供给我们关于教育实验的变更上科学的结论。且调查若真为有高等科学才能与完美学识的人所做的，我们就可得着许多推举的条件。

这些条件，若依着去做，定能增加公共教育的实效不少。

附译：学校调查简单的纲要

上篇所述，不过是学校调查的大旨：若求实在进行的程序，非得一种简单的纲要不可。此篇为美国教育部于一九一六年分布各城市学校的公件。其注意，在使无力聘请调查专家的，各城市教育监督能够自己按法调查。我国现今教育调查的专家不多，且教育经费也不足，能得此篇所拟自己调查的方法行于各学校，则我国教育前途不无进益。纲要中，第一段为学校调查本部，第二段为一简切的地方调查，所包含的皆为社会与职业上有关于学校的事件。

学校调查。

一、学校的实力。

1. 学校吸留学生力量如何。

（1）儿童从十四岁到十八岁，在学校的数目，顶不在学校的百分之几。

（2）儿童从六岁到十四岁，在学校的数目，顶不在学校的百分之几。

（3）学生数目在强迫教育年限以上和以下的比例，前五年内这个比例如何变更。

（4）以每百个新进的学生计算，退学的多少。在每年龄与每年级，退学的多少。和往他处求学，及别种原因，退学的多少。

（5）初等小学第一年级学生，在高等小学毕业的为百分之几，在中学毕业的为百分之几。

（6）中学学生，在中学毕业的为百分之几。

（7）中学毕业生，进大学的为百分之几，在大学的为百分之几。

（8）学校课程，是否适合社会儿童的需要。

（9）学生莅学的恒常，与莅学员的职务。

（10）学校对于吸留学生上，前五年内的进步何如。

2. 两等小学的进步。

（1）每级学生，在适当年龄的为百分之几。

（2）每级学生，在过高年龄的为百分之几。

（3）每级学生，在过低年龄的为百分之几。

（4）每级学生，不能升级的为百分之几。

（5）在各种学科上，学生不及格的为百分之几。

（6）学校课程，须得几年才能完毕。

（7）降级的学生，在已及格与未及格的学科上，所用的工夫怎样。

（8）不及格的种种缘故，如课程不宜，教授不良，莅学无常，升降法的泥拘，及因父母迁移常更换学校等。

（9）如何减少学生在学科上的迟缓。

（10）学校前五年内，对于减少学生在学科上的迟缓如何。

3. 学校的各种教授尤以音乐、美术、文学、手工及家务学等为最，对于学生家庭和动作的反感如何。

4. 下列各类学生现做什么事业。

（1）前五年或十年内从中学毕业的。

（2）从高等小学毕业的。

（3）未从小学毕业的。

（4）未从中学毕业的。

5. 以标准的度量，所得学生在各科的能力如何。

6. 课室参观的教授法的强点与弱点，凡教育监督在调查学校时，应当决定参观教授的标准。

7. 如何以改良课程与教授的方法，省用学生的光阴。

8. 学校对于指引学生选择职业，所做的是什么。

9. 特别生徒与不能用本国语的学生的安置。

二、学校行政与监察。

1. 办两等小学与中学的经费。

2. 为中学学科，每生所用的经费。

3. 各种学科，以教授所费每元分配所量得的价值。

4. 城市实在的财力，以维持学校每元计算的，与他城市的比较。

5. 经费核算法，是否依照全国教育会所提举的条例。

6. 学校的记录和报告，如何使学生的册籍又简单又完全。

7. 备办和分发物器的省俭方法。

8. 校长与监察员，在监察上有效力的地方。教育监督于学校统系内，最得力处在哪里。

三、学校教员。

1. 普通学识的预备。

2. 专门学识的预备。

3. 在学校教授上的经验。

4. 教员自己增进的方法，与教育监督和校长可能辅助的地方。

5. 每年教员辞去的为百分之几，和辞去的缘因。

6. 薪资的条规，是否使教员趋向进益。薪资的多寡，与他城市比较如何。

四、学校建筑。

1. 通热与通气的安置。

2. 光亮。

3. 坐位。

4. 装具。

5. 是否适于地方公众的用处。

6. 看管屋宇的役务如何。

7. 凡建筑的事项有可公认的标准，如通热通气等，须与这些标准比较。

五、学校卫生。

1. 学校卫生的景况，是否按一定的标准。

2. 学校对于学生的健康所负的责任。

3. 学校医生的视察和学校看护的服务。

地方调查。

一、地方的人民。

1. 种族。

2. 人民的生活。

（1）地方职业上必须的练习。

（2）学校所供给的练习。

（3）学校如何对付职业上的缺乏。

3. 社交与娱乐。

（1）年少的儿童。

（2）中学男女学生。

（3）不在学校的男女青年。

（4）成年。

（5）地方对于各种娱乐，如戏园、公共跳舞处、活动电影等，所用的经费，较之学校所用的经费如何。

（6）学校怎样供给地方上社交与娱乐的需要，还有未尽力的地方没有。

二、地方的发达。

1. 前十年内户口的增加。

2. 十年后所计算的增加。

3. 地方向何方发达。

4. 如何预备将来的缺乏，如重新建筑与设立游戏场等。

三、地方共作的机关。

1. 教会。

2. 家庭。

3. 各种会社。

4. 制造厂与商务场等。

5. 如何能使这些机关与学校有一个紧切的共作。

陶行知年谱简编

1891 年　出生

10 月 18 日（农历 9 月 16 日）　生于安徽省歙县（今属安徽黄山市）城郊黄潭源村。乳名和尚，学名文濬，谱名世昌。父，陶长生，字位朝。母，曹翠仂。其祖父允禄公娶有一妻一妾，陶父位朝公乃其祖之妾所生；其祖正室另生有三子：位商、位农、位工。

1896 年　五岁

开始随父识字。妹，陶文渼出生。

1897 年　六岁

歙县旸村塾师方庶咸秀才因其聪明好学，免费为之开蒙。

1899 年　八岁

外祖父母喜其聪慧，刻意培养，入休宁县万安镇吴尔宽经馆读书。

是年　父位朝公受聘休宁县万安镇"册书"（掌管当地田赋资料）一职。

1904 年　十三岁

回歙县，先到程郎斋秀才处学"四书"，后到贡生王藻处求教儒学。

1906 年　十五岁

秋　入歙县基督教中华内地会所办的崇一学堂，开始接受西学（新学）知识。该教会教育机构创于 1900 年，初为小学，是年提升为中学。

堂长（校长）为内地会英籍传教士唐进贤（Mr. G. W. Gibbs，吉布斯），为当时仅有的西学教员。

1908 年 十七岁

崇一学堂因堂长唐进贤返英而停办。

秋 赴杭州入广济医学堂学习医学，因该校歧视非基督徒学生，数天后愤而退学。在苏州等处"流落"一段时日后回到歙县，专心自修英语。

1909 年 十八岁

得唐进贤的指点和帮助，考入南京汇文书院成美馆，习文科。

1910 年 十九岁

2月 因汇文书院与基督教长老会所办的宏育书院合并，更名金陵大学，即由汇文书院直接升入金陵大学文科。

1911 年 二十岁

开始研究王学，信仰知行合一理论，并把名字"文濬"改为"知行"。

是年 南京战乱，金陵大学停课半年，回徽州歙县任县议会秘书。

1912 年 二十一岁

5月24日 邀请苏州东吴大学学生来南京联合举行运动会，以售票所得充"国民捐"，以帮助解决黄兴领导的南京留守机关的财政困难。

倡议金陵大学的演说会（文艺会）增加汉语演说，原来该校举行文艺会时，演说只用英语。

1913 年 二十二岁

1月 倡办由金陵大学学生主持的学报《金陵光》中文版，完成筹组工作。

2月 《金陵光》中文版（第4卷第1期）出版，任中文编辑，发表《〈金陵光〉出版之宣言》（《增刊中文版之缘启》）、《一夫多妻制之恶果》等文章，署名陶知行。

夏　全校考试，总分名列第一，获江苏省教育司奖励。在金陵大学校长包文博士（Dr. Bowen）及亨克博士（Dr. Henke）的指导下，又深受詹克教授（Prof. Jenke）的《基督教的社会意义》一书的影响，成为一个信仰基督教义的信徒。

9月　任《金陵光》主笔。发表《伪君子篇》，针砭时弊："天下非小人为患，伪君子为之患耳。"并自我分析："我之大病根，在喜誉恶毁，名之所在，心即怦然动，伪言行即不时因之而起。"

是年　著名基督教活动家艾迪应基督教青年会之邀来金陵大学演讲《中华民国之将来》，担任翻译。

同年　在金陵大学文艺晚会上参加题为"中国能否建立民国"的辩论，获胜。

1914年　二十三岁

年初　在《金陵光》第4卷第8期上发表新年社论《民国三年之希望》，"希望民国精神、形式，同从兹更始，永永留存，渐渐发育，直至万万载"，祝祷中华民国国运长治久安。

6月20日　参加金陵大学毕业游艺会，用法文演讲。

6月22日　以第一名的成绩毕业于金陵大学文科。在毕业典礼上，宣读毕业论文《共和精义》，由应邀出席的黄炎培授予文凭，并面赠所编《金陵光》。

毕业后与其妹陶文渼的同学汪纯宜结婚。全家从歙县迁居南京。

秋　在金陵大学校长包文及亲友帮助下，赴美国留学。先在上海集中准备若干时日，后于8月15日在上海招商局码头乘"中国号"邮船离开祖国。

9月7日　抵旧金山。当月15日，入伊利诺伊大学攻读市政学。

1915年　二十四岁

春　父位朝公逝世。

4月　长子陶宏（小名桃红）出生。

5月　《中国进入美国物产大宗之研究》一文发表于《安徽公报》第40期。

6月中下旬　参加基尼法（Geneva Lake）湖畔美中基督教学生联合会举办的夏季会议。

夏　获伊利诺伊大学政治学硕士学位。

9月　入哥伦比亚大学师范学院专攻教育行政，修研领域有教育行政、比较教育、教育哲学、教育史、教育社会学等。该院指导教授有：孟禄、施吹耳、克伯屈、杜威等教授。与胡适同学，指导教师施吹耳（Gearge D. Strayer）。

1916 年　二十五岁

2月　经孟禄博士（Dr. Monroe）推荐，获得"利文斯顿奖学金"（Livingston Scholarships）。致函当时的哥伦比亚大学师范学院院长J. E. 罗素（J. E. Russell）表示感谢，并简介本人生活经历和今后打算。

1917 年　二十六岁

夏　获哥伦比亚大学师范学院都市学务总监资格凭（证书）。

7月26日　哥伦比亚大学师范学院院长孟禄博士致函该校学位评议委员会主席伍德布里奇博士（Dr. Fredrick J. E. Woodbridge），建议为其取得博士学位安排一场考试，待回国后搜集有关资料再完成博士论文。

8月2日　参加哥大博士学位评议委员会为其初试。试后回国。

9月　应聘任南京高等师范学校教育学专任教员，主讲教育学、教育行政、教育统计等课程，介绍各科新观点，主张课堂教学与社会实际结合。

12月　加入教育社团中华职业教育社，为"特别社员"。

1918　二十七岁

3月　因南京高师原教务主任郭秉文代理校长而代理教务主任。

春末　支持南京高师学生建立教育研究会，被推选为该会指导员。在成立大会上演讲《教育研究法》。

4月　《试验主义之教育方法》一文在《金陵光》第9卷第4期上发表。

5月　南京高师成立教育专修科，被聘为该科主任。

在学校校务会议上主张将"教授法"改为"教学法"，辩论后未获通过，故不接受教育专修科主任名义。

6月24日　次子陶晓光（小桃）出生。

11月3日　以中华职业教育社评议员和特约撰述员身份，在《教育与职业》上发表《生利主义之职业教育》一文，明确指出生活与教育不能分离的关系。

1919年　二十八岁

年初　与刘伯明等组织南京学界联合会筹备会。

1月　参加由北京大学、南京高师、暨南学校、江苏省教育会、中华职业教育社共组的新教育共进社，并任该社《新教育》月刊的南京高师编辑代表及该刊专任师范教育审稿。

2月14日　在《新教育》第1卷第1期发表《试验主义与新教育》。批判"依赖天工"、"沿袭陈法"、"率任己意"、"仪型他国"、"偶尔尝试"五种教育旧习，提倡以创新精神进行教育试验。

2月24日　应《时报·世界教育新思潮》主编蒋梦麟之约，撰《教学合一》一文，提出对教学改革的思想。

4月21日　《第一流的教育家》一文在《时报·世界教育新思潮》第9期发表，提出创造精神的教育思想。蒋梦麟称之为"教育界的福音"。

4月30日　与胡适、蒋梦麟等代表各团体在上海欢迎杜威博士来华讲学。

5月中旬　将南京高师全部课程的"教授法"改为"教学法"，不久为全国教育界所采用。

5月下旬　因陈容辞去南京高师学监主任兼代理校务，而暂时代理校务。

7月22日　在浙江第一师范学校毕业生讲习会上演讲《新教育》，记录稿载9月《教育潮》第1卷第4期。

10月4日　任南京高师教务主任。后在教务会议上提出《改良课程案》，计划将本校课程改为"选科制"。

12月7日　在校务会议上提出《规定女子旁听办法案》。

是年　三子陶刚出生。

1920年　二十九岁

年初　陪同杜威讲学并担任翻译。

4月21日　在南京高师第十一次校务会议上报告"招收新生问题"，强调"不论男女，均可录取"，并规定了录取女生的名额。

4月　主持接待杜威到南京高师讲授"教育哲学"、"试验伦理学"、"哲学史"等课程。

6月2日　在南京高师第十四次校务会议上提出《南京高等师范学校招收特别生办法》，并获通过。

夏　在南京高师举办第一次暑期学校，以提高教育行政人员及中小学教师科研及工作水平。为全国高等学校开办暑期学校之始。

9月　促成南京高师首次招收女生。

11月25日　在南京高师教育研究会上谈"教育厅长之产出问题"，记录稿载次年3月《教育汇刊》第2卷第1集。

1921年　三十岁

3月　在《教育汇刊》第2卷第1集发表《地方教育行政为一种专门事业》。

7月　欢送杜威回国。

夏　与范源濂、蔡元培、张伯苓、严修、袁希涛等在北京组织"实际教育调查社"，推范为社长，蔡为副社长，决定聘请美国教育家孟禄来华调查科学教育实际情况，并讲学。

9月5日　与黄炎培、郭秉文到上海码头，欢迎孟禄来华作科学教育之调查与讲学。随后陪同孟禄在上海、南京、苏州、杭州、广州等地调查、讲演，并任口译。

11月　被推为第七届全国教育联合会"中国新学制"起草委员之一。

11月中旬　《新教育》杂志主干（主编）蒋梦麟赴美，接手该刊4卷1期的实际主编工作。

12月初　被聘为《新教育》杂志主干。着手整顿该刊组织机构、筹划增添内容。

12月中旬　在北京支持新教育共进社、《新教育》杂志社、实际教育调查社合并成立中华教育改进社，并与马叙伦等为起草社章委员。

12月23日　出席实际教育调查社为孟禄举行的饯别会。会上，中华教育改进社宣布正式成立。

1922年　三十一岁

1月　在上海送孟禄回国。

2月8日　中华教育改进社在上海召开董事会。受聘为中华教育改进社主任干事。

3月　《对于参与国际教育运动的意见》一文发表于《新教育》第4卷第3期。批评政府不注意国际教育会议，指出教育外交的重要性。

4月12日　中华教育改进社总事务所在北京正式成立。主持所内日常事务。

4月　与胡适、凌冰合作编辑的《孟禄的中国教育讨论》发表于《新教育》第4卷第4期。

5月13日　与蔡元培、李大钊、胡适等17人联名发表《我们的政治主张》。

7月3—8日　中华教育改进社第一届年会在济南召开。负责年会组织工作，并在社务报告中提出要学习武训办学精神。

9月6日　代表中华教育改进社向教育部提出有关学制问题的8条议案。

9月10日　在南京邀集东南大学、南京高师教授多人与美国教育心理学家麦柯尔讨论智力与教育测验计划的进行。

9月23日　在欢迎美国科学家推士和教育心理学家麦柯尔的大会上，报告改进社社务。

12月6日　南京高师确定并入东南大学。拟定任东南大学教授、教育科主任和教育系主任。

12月23日　在北京举行的改进社成立周年纪念会上，报告该社办事精神、学术研究、社员情况、经费来源等，向社会公开，使社会了解，争取多方面的赞助。

12月27日　参加改进社女子教育委员会北京部委员会议，反对清华学校和教育当局停止派女生留学的决定。

是年　被聘为《教育大辞书》特约编辑。主持制定改进社（民国）十二年度计划。

1923年　三十二岁

2月　为改进社参加万国教育会议作准备，撰写《中华教育改进社之历史组织及事业》（英文），拟作资料携往。

3月4日　改进社在天津召开京、津董事会，被推为出席万国教育会议的代表。

4月　与改进社职员薛鸿志共同整理全国教育调查资料，合撰《中国教育之统计》（英文），列为该社丛刊出版。

5月　与朱其慧、黄炎培、袁观澜等发起成立中华平民教育促进会筹备会，并担任筹备干事。

6月　因准备改进社第二届年会，未能赴美参加万国教育会议。与朱经农合编《平民千字课本》。

南京高师举行毕业典礼，校长郭秉文宣布高师正式归并东南大学，并陈述其理由。夏间招生时仅招大学预科，南京高师停止招生。

7月28日　致函东南大学代理校长刘伯明，请辞教育科主任、教育系主任之职。8月底，东南大学准其辞职。

夏　全家迁至北京居住。

8月20—25日　中华教育改进社第二届年会在北京清华学校举行。与熊希龄联名致欢迎词，并报告社务以及该届年会筹备情形，提《地方教育行政机关应编教育概况统计案》。

8月26日　与朱其慧、晏阳初、朱经农、黄炎培等发起成立的中华平民教育促进会召开成立大会，被推为董事会执行书记。

秋　安徽旅宁同乡会、同学会创立南京安徽公学，被校董事会公推任校长，姚文采任副校长。

在南京致函朱其慧，建议聘请晏阳初为中华平民教育促进会总会主任干事。

10月4—16日　在南京推行平民教育。其间将从长子、次子读《平民千字课》时悟出的"连环教学法"，向中华平民教育促进会董事会报告，以求推广借以推动平民教育。

10月18日—11月初　在安庆推行平民教育。其间出席安徽省平民教育促进会董事会。

11月上旬　在南昌推行平民教育。

11月13—27日　在武汉三镇推行平民教育。

为专心致意于中华教育改进社工作及促进平民教育运动，回绝北京教育部关于武昌高等师范学校（武汉大学前身）校长的聘任。

12月上旬　回北京后组织了十余处平民读书处。

12月12日　南京高师口字房失火。放在办公室内的博士论文《中国教育哲学与新教育》文稿被焚毁。

1924 年　三十三岁

1 月 7 日　由北京前往张家口。自是在察哈尔地界推行平民教育。在为蒙古族学生演讲平民教育的欢迎会上，得一蒙古名：麦勒根亚布达拉图。

3 月 2 日　在北京举行的专题演讲会上，报告提倡平民读书处的办法和经验。

3 月 26—29 日　在河南推行平民教育。

4 月 20 日　以中华教育改进社名义致函东南大学，奉商在该校设立改进社事务分所。

5 月　筹备出版《平民周刊》。并发起筹备平民文学委员会，编辑出版平民文学书刊。

6 月 29 日　主编的《平民周刊》创刊于上海。得《申报》总经理史量才的赞助，《平民周刊》为《申报》副刊之一，随报发行。

7 月 3—9 日　改进社第三届年会在南京举行。在会上谈对《请求力谋收回教育权案》的修改意见，记录稿载《中华教育界》第 14 卷第 1 期。自当年 3 月起筹办的全国教育展览在年会期间正式展出。

7 月 10 日　举行改进社董事会。被公推连任改进社主任干事。并在董事会上被推为出席下届世界教育会议的代表。

7 月　作《半周岁的燕子矶国民学校——一个用钱最少的活学校》，发表于 8 月 4 日《申报·教育与人生》第 24 期。

8 月 9 日　以笔名"韵秋"为《平民周刊》撰文，申明我们应当拿自己的思想来凑农民的实际，"不要拿他们前途来供我们牺牲"。

10 月　作《平民教育概论》，发表于《中华教育界》第 14 卷第 4 期。

12 月 13 日　四子陶城出生。

是年　作英文论著《中国》，后被收入《哥伦比亚大学师范学校国际教育研究所教育年鉴》（1925 年纽约麦克米兰公司出版）。

年底　主持制定改进社下年度方针，强调"适合本国国情，满足生活需要"。

1925 年　三十四岁

6 月　英文论著 Education In China 1924（《民国十三年中国教育状况》）在商务印书馆出版。

7月28日　被聘为中华教育文化基金董事会干部执行秘书,掌握美国庚款退款分配工作。

8月17—23日　改进社第四届年会在太原山西大学举行,负责年会组织工作。并在社务报告中特别强调,本社现在所办理的事业,"一为科学教育,一为乡村教育"。

8月　邀请美国"道尔顿制"创始人柏克·赫司特参加改进社本届年会。在改进社年会期间,与朱其慧、王伯秋提议发起筹备"中华女子教育促进会"。

9月　在北京同教育界知名人士发起筹办《新教育评论》。

11月中旬　参观吕镜楼教课,随后针对小学教员漠视科学教育,疾呼"科学教育应当从儿童时代下手"。

12月4日　负责编辑的《新教育评论》创刊发行,为该刊撰发刊词《本刊之使命》。

12月6日　参加由北京师范大学教育系发起成立的"乡村教育研究会"成立大会。在演讲时主张,先试办小学,再试办乡村师范学校以为改良乡村生活之中心。

12月11日　在《新教育评论》第1卷第2期发表书评《陈(鹤琴)著之〈家庭教育〉——愿与天下父母共读之》和《女师大与女大问题之讨论》。

冬　在南开大学作题为《教学合一》的演讲,张伯苓校长建议改为"学做合一"。受此启发而将"教学合一"发展为"教学做合一"。

1926年　三十五岁

1月8日　在《新教育评论》第1卷第6期发表《师范教育下乡运动》。

春　被推为中华教育改进社"国家教育改革委员会"委员及"促成宪法中制定教育专章委员会"委员。

2月26—28日　在北京出席中华教育文化基金董事会首次常会。

7月9日—8月7日　主持与马叙伦、曹云祥、高仁山、凌冰等联名发起并由中华教育改进社与清华大学合办的第二届科学教员研究会。

10月3日　在南京安徽公学召开燕子矶试验乡村幼稚园董事会,被推为副董事长。

10月5日　偕改进社乡村教育研究员赵叔愚、邵仲香参观江宁县立师范学校,深为该校坚持面向农村的办学精神所感动,盛赞该校为天将明之师范学校。

10 月 29 日　《创设乡村幼稚园宣言书》发表于《新教育评论》第 2 卷第 22 期，提出用科学的方法来"建设一个省钱的、平民的、适合国情的乡村幼稚园"。

11 月 12 日　《幼稚园之新大陆》发表于《新教育评论》第 2 卷第 24 期，提出幼稚园之新大陆为工厂与农村。

11 月 21 日　在南京明陵小学召开中华教育改进社特约乡村试验学校第一次研究会暨乡村教育研究会成立大会。

12 月 3 日　以中华教育改进社名义发表《改造全国乡村教育宣言书》，明确提出"为我们三万万四千万农民服务"，"筹集一百万元基金，征集一百万位同志，提倡一百万所学校，改造一百万个乡村"。开始为乡村教育事业筹集资金。

12 月 12 日　在上海邀集改进社在沪社员，召开乡村教育讨论会。演讲《中国乡村教育之根本改造》，拟定推行乡村教育计划。

12 月 17 日　发表《试验乡村师范学校第一院简章草案》，筹备创设试验乡村师范学校。

12 月 25 日　在南京尧化门小学召开中华教育改进社特约乡村教育第二次研究会，举行立志乡村教育的宣誓典礼。誓词题为《我们的信条》。会上提议组织"乡村教育同志会"。

12 月 27 日　通宵撰成《试验乡村师范学校答客问》。

12 月 31 日　江苏教育厅复函，准允改进社设立试验乡村师范学校（第一院）。

1927 年　三十六岁

1 月 1 日　主编的改进社乡村教育同志会会刊《乡教丛讯》创刊。

1 月 2 日　与赵叔愚、丁超等赴南京北郊黑墨营勘察乡村师范校址。初步确定后，立下界牌。

1 月 15 日　在无锡开原第一小学参加改进社特约乡校教师研究会第三次会议，讨论乡村教育实际问题。

1 月中旬　决定成立试验乡村师范学校，校址在南京神策门外老山脚下的小庄。

1 月 28 日　《试验乡村师范学校招生》广告在《新教育评论》上刊出，声明"小名士、书呆子、文凭迷最好不来"。

2月5日　主持乡村师范立础礼，同时举行城乡平民团拜，宣布改"小庄"为"晓庄"，取日出而作之意。是日立春。

2月10日　在上海召开试验乡村师范学校董事会，被推为董事会书记兼学校校长。袁观澜为董事长，赵叔愚为乡师第一院院长兼研究部主任。

3月11日　主持乡村师范招考工作。前来应试者除口试、笔试外，每人还需开垦荒地两分。

3月15日　南京试验乡村师范（即晓庄师范）正式开学。第一期学生13人。

3月下旬　带领晓庄师范学生参加救护、收容难民工作，组织晓庄师范和安徽公学师生成立慰劳队，欢迎北伐军。

6月3日　在晓师寅会上，提出"行是知之始，知是行之成"的认识论观点。

6月16日　参加晓庄小学迁址后补行的开学典礼。

6月　晓庄开学后三个月，第一期学生13人从燕子矶搬到黑墨营。向学生谈到晓庄精神时，强调"捧着一颗心来，不带半根草去"的奉献精神。

晓师礼堂"犁宫"落成后，亲笔书写对联"和马牛羊鸡犬豕做朋友；对稻粱菽麦黍稷下工夫"于犁宫大门两侧。

夏　受杭州市教育局的聘请，前往指导拟定的西湖中心小学计划书。

9月初　晓庄师范第二期招生。招有女生2人，赞扬她们是中国历史上第一批到乡下去的女学生。

9月　为迎接在加拿大召开的世界教育会议，为中国代表起草了向大会报告的专题之一——《中国乡村教育运动之一斑》。报告以晓庄事业为代表，向世界教育同仁介绍中国乡村教育已成为"远东一种伟大之现象"。

10月1日　浙江省立乡村师范（湘湖师范）开学。先后推荐操震球、方与严为第一、二任校长，又介绍程本海、董纯才、王琳、李楚材等任指导员。

11月2日　在晓师寅会上演讲《教学做合一》。叙述从"教学合一"到"教学做合一"思想的发展，指出："教学做是一件事，不是三件事。我们要在做上教，在做上学。在做上教的是先生，在做上学的是学生。"

11月3日　在寅会上演讲《在劳力上劳心》，认为"劳力与劳心分家，则一切进步发明都是不可能"。

11月11日　参加中国第一个乡村幼儿园——晓庄师范南京燕子矶中心幼稚园的开学典礼。

11月15日　在晓师寅会上演讲《以教人者教己》。

11月　亲自到湘湖师范指导师生讨论"教学做合一"和"生活教育"。

12月　冯玉祥电约任河南教育厅长，坚辞不就。回电说："晓庄事业，我要用整个身子干下去。"应冯玉祥再三邀请，与许士骐同赴开封、郑州等地实际考察，襄助冯氏及教育厅长凌冰制定普及军人识字教育计划。

是年　先后在晓师寅会上发表了一系列重要演讲，奠定了生活教育理论的基础。

1928年　三十七岁

1月5日　将培养师资的"徒弟制"改定为"艺友制"。

1月9日　《艺友制师范教育答客问》同时在《民国日报》、《申报》上发表，阐明用朋友之道教人学做教师的艺友制教育理论。

3月15日　主持纪念晓庄创校周年，发表《一年来之感想》，提出将晓庄师范改名为晓庄学校。

4月1日　浙江召开设立乡村师范的第二次筹备会议，受蒋梦麟邀请，共同筹划创办浙江乡村师范。

4月4日　为自编的第一部教育论文集《中国教育改造》作序。

4月　主持晓庄指导会议，决定充实生物学研究的设备，拨给专款加强晓庄科学建设。成立晓庄科学社及晓庄生物室，先后有秉志教授等指导生物室工作。

5月15—28日　参加大学院召集的第一次全国教育会议，提出《整顿师范教育制度案》、《注重幼稚教育案》、《设立教育研究所案》、《改革乡村教育案》等提案十余件。

5月27日　全国教育会议代表参观晓庄师范及燕子矶中心小学。在欢迎会上致谢辞。

7月　晓庄第一期学生结业，发表临别赠言，号召毕业生离校后应以发扬晓庄精神相勉励。

8月1日　将晓庄试验乡村师范学校正式改名为晓庄学校。

8月15日　在致全国大学生一封信中，指出人生意义在于："为一大事来，做一大事去。"

10月1日　湘湖师范开学，应该校师生之请，专程到校指导工作。

是年　在晓庄盖茅草房子，取名"五柳村"，将全家从北京迁来晓庄生活。

1929年　三十八岁

年初　聘请贵州老教育家黄齐生先生来校讲文史课程。

1月下旬　组织晓庄剧社，任剧社社长，创作剧本，与学生同台演出。

春　派晓庄学生李友梅、吴庭荣、蓝九盛到江苏淮安创办新安小学。

6月6日　新安小学开学。兼任校长，后派汪达之专任。妹文渼病逝。

夏　为解决农村孩子升中学问题，创办老山中学。

辞去安徽中学校长职。

10月15日　接待美国哥伦比亚大学师范学院克伯屈教授参观晓庄学校，并拍了影片带往美国。

12月4日　由于领导晓庄科学社在生物研究方面取得了优异成绩，获上海圣约翰大学授予的科学博士（现称为理学博士）荣誉学位。

12月17日　乡村教育先锋团举行大会，决定出版《乡村教师》周刊。

12月24日　被推为《乡村教师》周刊编辑委员会主席。

1930年　三十九岁

1月16日—2月7日　在晓庄主持召开全国乡村教师讨论会，邀请各地乡村教师和地方教育行政人员130余人参加，研究乡村教育问题。在会上系统简述"生活即教育"、"社会即学校"、"教学做合一"的理论。

2月1日　《乡村教师》周刊创刊。发表《乡村教师宣言》，指出乡村教师的力量可以推动历史车轮向前转动。"乡村教育运动只是一出历史剧，全世界的乡村教师同是这一出戏中的演员。"

3月15日　《晓庄三岁敬告同志书》发表于《乡村教师》第7期。

3月15日至17日　主持晓庄学校成立三周年纪念活动。

4月1日　支持晓庄各中心小学师生200余人的栖霞山旅游斗争，要求当局"拟定小学生免费旅行条例"，为儿童考察、游览创造条件。

4月5日　针对南京英商和记洋行华工被殴事件，同情和支持晓庄师生参加全市学生示威游行。

4月7日　蒋介石密令停办晓庄学校。与师生及附近农民组成"晓庄护校委员会"，以示抗议。

4月8日　教育部派人接管晓庄学校。

4月12日　晓庄学校被国民党武装军警强行解散，当时及以后被捕者30余人。遭国民政府以"勾结叛逆，阴谋不轨"等罪名通缉。被迫离开南京走避上海，匿居在上海静安寺路友人程霖生家中整理书稿出版。

5月　隐居苏州河北里弄内，翻译世界名著，以所得稿费资助晓庄同志。在极端困难的情况下，汇款给新安小学的同志，并勉励他们要"捧着一颗心来，不带半根草去"。

夏　在上海公共租界梦渊旅馆召集避难师友，检讨晓庄四年来工作，辩论中国革命问题。赞成同志们提出的晓庄师范是"站在教育岗位反帝反封建"。

10月中旬　因特务追捕日迫，在内山书店经理内山完造的帮助下东渡日本避难。

在日本期间常设法到文教机关参观，访问结识进步朋友，进出于东京上野帝国图书馆等处，阅读大量书籍。

国际知名人士杜威、爱因斯坦、甘地、罗素、罗曼·罗兰等联名致电蒋介石，要求撤销通缉令。

1931年　四十岁

1月16日　在日本上桃山谒明治陵，观察到一工人对天皇的态度冷漠。

3月15日　晓庄校庆日，在日本卧病多日，写诗《久病初愈》。

3月中下旬　自日本潜回上海，匿居北四川路，为商务印书馆翻译世界名著。受史量才聘，为《申报》总管理处顾问，对革新《申报》提出诸多建议。

4 月 协助晓庄在沪同志创办小朋友书店。出版《儿童生活》、《师范生》，用笔名"时雨"撰稿。

7 月 用笔名"何日平"在《中华教育界》第 9 卷第 3 期发表《中华民族之出路与中国教育之出路》。指出中华民族与中国教育的三大出路为："教人少生小孩子；教人创造富的社会；教人建立平等互助的世界。"

夏 在史量才资助下，与丁柱中、高士其、戴伯韬等共创自然学园，提倡"科学下嫁"运动。

8 月 《教学做合一下之教科书》发表于《中华教育界》第 19 卷第 4 期。

9 月 2 日 以笔名"不除庭草斋夫"在《申报》副刊《自由谈》上辟"不除庭草斋夫谈荟"专栏，发表时评和杂感。

秋 作诗《三代》："行动是老子。知识是儿子。创造是孙子。"

11 月 11 日 发表《思想的母亲》，指出"行动是思想的母亲"。

1932 年 四十一岁

1 月 25 日 国民政府指令行政院"转行将陶行知通缉案撤销，并将该学校（指晓庄学校）全部发还"。

1 月 28 日 在《申报·斋夫自由谈》上发表《国难会议与名人会议》。指出行政院公布的国难会议被聘会员名单都是名人，国难会议只可算是名人会议。名单的根本错误不在所有而在所无——在不应无者尽无："中华民国的主人翁之绝大多数是农民与工人。"

4 月 30 日 1931 年 9 月 2 日起至 1932 年 1 月 31 日止，《斋夫自由谈》一共写了 104 篇。全部刊登在《申报》的《自由谈》栏目，分刊120 天。今由该报汇集成册，取名《斋夫自由谈》，于本日出版。封面为马相伯题署书名。

5 月 19 日 晓庄学校被军警进占，马侣贤等 6 名教师被强令限期离开晓庄。

5 月 21 日 在《申报·教育消息》上发表《古庙敲钟录》。用小说体裁宣扬自己的教育主张，把生活教育的理论与实践形象地反映出来，更易为人接受和理解。

6 月 23 日 创办的儿童科学通讯学校正式开学。

6月　拟定《乡村工学团试验初步计划说明书》，筹备创立"将工场、学校、社会打成一片"的工学团，并以不建新校舍为原则，尽量利用庙宇、公共场所或租用民房办学。

8月30日　在上海沪江大学演讲《国难与教育》，提出："不能解决问题的，不是真教育；不能解决国难问题的，尤其不是真教育。"

9月4日　南京佘儿岗儿童自动学校成立，农民做校董，古庙做教室，胡同炳、陈银森等10人任"小先生"，教82名小学生。写诗祝贺："有个学校真奇怪，小孩自动教小孩。七十二行皆先生，先生不在学如在。"

9月15日　时值中秋节，亲往大场察看创办工学团的地点。

10月1日　出席大场孟家木桥山海工学团成立大会。主张"工以养生，学以明生，团以保生"，开始推行普及教育运动。

10月　自编《教学做合一讨论集》由儿童书局出版。

秋　应光华大学廖茂如之请，为该校开设乡村教育讲座。

1933年　四十二岁

1月1日　参加庆祝元旦及山海工学团建团三周月纪念活动，并在会上表演了科学把戏。

1月28日　中国教育学会在上海举行成立大会，被选为理事。会议讨论了中国教育改革方案。

2月　春节期间发起读书会，借上海静安寺路同乡友人程霖生家，请共产党密友讲解马克思主义。

接待新安小学儿童旅行团来上海旅行修学。

3月14日　马克思逝世50周年。与蔡元培、章乃器、李公朴、陈望道等学术界100余人发起纪念会。

3月15日　召开晓庄在沪校友座谈会，纪念晓庄6周年校庆。一致赞成将《锄头舞歌》加一节"光棍的锄头不中用呀，联合机器来革命呀"，以示工农联合。

3月　《古庙敲钟录》结集成册，自题书名，由儿童书局印行出版。

6月30日　在上海参加中国教育学会第二次理事会，被推为第八议题专题研究员，以便年会时报告。

7月　自编《知行诗歌集》出版。

夏 指导张劲夫（张世德）等组织推广良种"斯字棉"和条播技术。

9月28日 组成中国普及教育助成会。与马相伯、沈钧儒等拟定普及教育研究大纲，"宗旨在发现最经济、最迅速、最能持久、最能令人进步之方法，为谋普及大众儿童向上生活所需要之教育，以助成中华民国与大同世界之创造"。

10月1日 陪同马莱率领的国际反战大同盟代表团参加山海工学团成立周年纪念活动。

10月24日 新安旅行团7个小朋友抵沪。热情关怀，并为他们拟定参观计划。

11月19日 在上海参加中国教育学会第三次理事会，被推为第二议题教育图书馆筹备委员。

11月26日 母亲曹翠仂病故。

是年 推动江浙各地有条件的学校创办儿童工学团，推行小先生制。主编《山海工学团丛书》。

1934年 四十三岁

1月28日 儿童工学团举会"一·二八"两周年纪念会；同时举行儿童自动工学团小先生普及教育队授旗及宣誓典礼，"小先生制"正式诞生。

1月 主编《晓庄丛书》，其中包括同陈鹤琴、张宗麟合著的《幼稚教育论文集》、《幼稚教育论文续集》。

2月16日 主编《生活教育》半月创刊。在创刊号上发表《生活教育》一文，提出生活教育的定义。

4月1日 免费专门招收劳工子女的劳工幼儿团正式成立。

6月1日 《杀人的会考与创造的考成》发表于《生活教育》第1卷第8期。对当时会考制度进行尖锐的批评，提出"停止那毁灭生活力之文字的会考，发动那培养生活力之创造的考成"。

7月16日 在《生活教育》1卷11期上发表《行知行》一文，说明改名"行知"的理论与实际意义，正式改名为陶行知。

9月1日 《女子教育总解决》发表于《生活教育》第1卷第14期。首先分析女子教育阻力，接着提出利用小先生制解决女子教育问题。

9月18日，在山海工学团参加纪念"九·一八"三周年大会。

9月　与马相伯、潘公展等人发起成立"中国普及教育助成会"。

10月10日　应《新生》周刊编辑杜重远的约请，特撰《教育的新生》一文，批评传统教育者为办教育而教育、改良者主张半开门办教育，并以士大夫的观点举行平民教育的错误。

11月13日　《申报》总经理史量才遭暗杀后，辞去总管理处顾问，自然学团与自然科学通讯学校也因此停办。

冬　应安徽教育厅约请，赴安庆吴樾街大戏院演讲《攻破普及教育之难关》。

是年　编印《老少通千字课》（1－4册）；主编《小先生丛书》，"小先生制"迅速推广到全国19个省市。

1935年　四十四岁

1月21日　将自著的童话寓言《乌鸦》题字赠送给日本东京池袋儿童之村生活学校，向日本介绍生活教育、山海工学团和小先生制。

2月12日　主编的中国普及教育助成会筹备会周刊《普及教育》在上海《晨报》创刊。

3月1日　《攻破普及教育之难关》开始连载于《生活教育》第2卷第1期，4月1日载完。提出普及教育不能靠老法子，必须充分发挥小先生的作用，攻破"先生关"、"娘子关"等27关。

3月上旬　到南京、九江、汉口推行小先生制。8日，亲临汉口市立第三小学普及教育先锋团，指导怎样做小先生，并制订"全国小先生通讯简则"。

3月10日　与李公朴等发起、推行手头字运动，并公布手头字第一期字汇表。

4月26日　主编的《民众学校教科书》由世界书局出版。

7月2日　参加中华儿童教育社全体理事会。

10月10日　资助电影器材，"新安旅行团"从江苏淮安出发，赴全国各地宣传抗日救国。

11月　《怎样做小先生》由商务印书馆出版，系统阐述做小先生的意义、方法、教材及教学手段等问题。提出"继续不断地学，才能继续不断地教"，"教你的学生也做小先生"等主张。

12月12日　与宋庆龄、何香凝、马相伯、沈钧儒、胡愈之、周建人、邹韬奋、李公朴等 300 名知名人士，联署发表《上海文化界救国运动宣言》，提出"停止内战，一致抗日，维护领土主权完整"等抗日救国主张。

12 月 27 日　发表第二次救国运动宣言，主张"停止一切内战，释放一切政治犯，共赴国难"。上海文化界救国会成立，当选为执行委员兼教育委员会主任委员。

12 月　为普及教育编写的《老少通千字课》（共 4 册）由商务印书馆出版。

是年　参加创立中国新文字研究会，起草《中国新文字宣言》，提倡用拉丁化新文字以利普及大众教育。

1936 年　四十五岁

1 月 6 日　与王洞若起草的《上海文化界救国会国难教育方案》在国难教育社成立大会上通过。随之在《大众生活》第 1 卷第 8 期及《生活教育》第 2 卷第 22 期发表。指出国难教育的目标为推行大众文化，争取中华民族之自由平等，保卫中华民国领土与主权之完整，认为只有民族解放的实际行动才是救国教育。

1 月 28 日　"一·二八"四周年纪念会，与沈钧儒等率领上海各界爱国人士近万人参加游行示威，被随之成立的"上海各界救国联合会"选为理事。

2 月 23 日　国难教育社成立，被选为理事长。开展国难教育运动。

3 月 16 日　《生活教育之特质》一文发表于《生活教育》第 3 卷第 2 期。指出生活教育六大特质及其所负的使命。

3 月　与蔡元培、郭沫若、柳亚子等 604 人联名发表《我们对于推行新文字的意见》，主张汉字拼音化。

春　美国进步作家、记者史沫特莱到山海工学团参观访问，担任翻译。史沫特莱对其教育思想与实际精神表示钦佩。

4 月 23 日　夫人汪纯宜在沪病逝。当日下午离开上海赴两广。

4 月 30 日　受中山大学校长邹鲁之邀，在广州中山大学讲演《怎样才能粉碎日本的大陆政策》，听众多达千人。

5 月 1 日　在广州中山大学法学院讲演《大众教育问题》，阐释了何谓"大众教育"，强调只有大众才能救国。

5 月 5 日　应李宗仁邀请，一同离开广州前往广西观光和讲演。

5月10日　与大夏大学教授郭一岑主编的《大众教育》创刊号出版，在创刊号上发表《大众教育与民族解放运动》和《我们对于推行新文字的意见》。

5月30日　接见香港《工商日报》记者访问，就国难教育、学生救亡等问题，发表极其敏锐的见解。

5月31日　与沈钧儒、宋庆龄、何香凝、邹韬奋等以及各地救亡团体代表，在上海成立全国各界救国联合会，被选为常务委员和执行委员。

7月7日　受全国各界救国联合会委托，乘出席世界教育会议之便前往欧美亚非各国宣传抗日救国，发动侨胞共赴国难。

7月11日　离港赴英，出席世界新教育会议第七届集会。

7月14日　抵新加坡。在侨胞欢迎会上演讲《新中国与新教育》，呼吁华侨联合起来，抗日救国。

7月25日　与沈钧儒、章乃器、邹韬奋四人签名的《团结御侮的几个基本条件与最低要求》发表，赞同和支持中国共产党关于建立抗日民族统一战线的主张，要求国民党联合红军抗日。

8月7日　抵伦敦，在世界新教育青年会上作题为《推行"小先生制"》普及教育的报告。

8月7—14日　有50多国1500多名代表参加的世界新教育会议第七届会议在英国伦敦召开。与南开大学教授张彭春等代表中国方面出席。会议期间专题报告中国救亡运动与小先生普及大众教育运动实践情况。

8月22日　参加巴黎中国学生会，妇女救国会欢迎会。

8月底—9月初　与钱俊瑞（代表国际反法西斯侵略委员会副主任宋庆龄）、陆璀（全国学联代表）在瑞士日内瓦出席世界青年和平大会。

9月2—7日　参加在比利时布鲁塞尔召开的世界和平大会（或世界反侵略大会）第一次会议，被推举为中国代表团主席和中国执行委员。

9月12日　与钱俊瑞、陆璀一起在巴黎受到中国学生会和华侨救国会的热烈欢迎。在欢迎会演讲《怎样才可以救中国》。

9月18日　参加巴黎中国学生会举行的纪念"九·一八"五周年大会并发言。

9月20日　与钱俊瑞、陆璀共同发起并召集旅居欧洲各国侨胞在巴黎举行全欧华侨抗日救国大会。会上讲解《团结御侮的几个基本条件与最低要求之再度说明》，并即席创作和朗诵《中华民族大团结》一诗，呼吁大众一起联合起来，方能创造新中国。

10月30日　在伦敦拜谒马克思墓，写诗赞颂："光明照万世，宏论醒天下。二四七四八，小坟葬伟大。"

11月9日　以"国民外交使节"身份抵纽约，继续宣传抗日救国。

11月中旬　先后会见鲁夫、克伯屈、杜威等；访谈中国学生抗日会、衣联、华侨学校等。

11月23日　因国内发生救国会"七君子之狱"而再次遭通缉。

11月24—29日　在哥伦比亚大学演讲；参加东南大学同学会宴会，访问各团体。

12月1—11日　先后会见孟禄、杜威、克伯屈等。

1937年　四十六岁

1月6日　在女青年会国际研究所讲演远东问题。

2月上旬　在美策动杜威、爱因斯坦、孟禄等知名人士，发起营救"七君子"。由是杜威等致电中国政府，表示对此事严重关切。

7月19日　自美国西雅图前往加拿大。从11月9日抵纽约到此日期间，先后在纽约、波士顿、费城、底特律、克利夫兰、布法罗、波特兰、俄勒冈、西雅图等美国城市进行学术讲演，宣传中国抗日活动等。

"七七"事变后，因国内"战时教育运动"开始而指导筹备出版《战时教育》。

7月21日　离开加拿大返归美国。在加国主要在靠近美国西海岸几座城市活动。

7月30日　是日下午在洛杉矶见杨虎城将军；晚间会见诺尔曼·白求恩大夫。

8月4日　抵旧金山，在美加州大学暑期学校演讲。

8月20日　倡议成立旅美华侨统一义捐救国会，并出席成立大会。

8月27日　由美前往墨西哥。

8月30日至9月24日　在墨西哥向南美国家代表介绍中国政治形势和教育情况，会见墨西哥卡德拉斯和教育家、华侨团体、侨胞领袖等，并发表演说。

9月26日　离墨西哥重新抵美。此次主要活动地点有休斯敦、新奥尔良、芝加哥、布卢明顿、华盛顿、迈阿密、圣保罗、纽约、克利夫兰、布法罗等地。其间于 10 月 22 日在芝加哥再次会见白求恩大夫。

11 月 17 日　再去加拿大。相继在阿伦敦、多伦多、渥太华、蒙特利尔等城活动。曾在多伦多出席加拿大国会及维多利亚剧院集会。

11 月 25 日　重返美国。

12 月 6 日　草拟杜威宣言，并代杜威发电与甘地、罗曼·罗兰、罗素、爱因斯坦四先生，征求联名，谴责日本侵略中国。

12 月 23 日　会见妇女国际和平自由大会代表路威兹、查尔斯等。

是年　用在美国、加拿大做国民外交宣传演讲等活动所得的钱，购买医药器材，通过宋庆龄转给白求恩，支援抗日根据地军民的抗日战争。

1938 年　四十七岁

1 月 11 日　第三次进入加拿大。在加国南部五大湖周边的威兰德、圣凯瑟林、汉密尔顿、温泽、多伦多、圭尔夫、柯兰克明、蒂斯明、萨德伯里、亚瑟港、威廉堡、温尼伯、布兰登等地活动。

2 月 1 日　经圣保罗到芝加哥。

2 月 3 日　在纽约乘"贝伦加里"号轮往英国赴国际和平大会执委会议。

2 月 10 日　在伦敦与中共代表吴玉章一起出席世界反侵略大会，并再次瞻仰马克思墓。

2 月 17 日　前往爱尔兰。

2 月 23 日　抵荷兰鹿特丹。

2 月 25 日　抵比利时布鲁塞尔。在布鲁塞尔访问华侨抗敌后援会。

3 月 2 日　离开法国再往美国。

3 月 15 日　第四次进入加拿大。应邀先后到加拿大沿铁路线 17 个城市演讲。

4 月 25 日　抵美国西雅图。

5 月 4 日　在洛杉矶发表演说：日本在中国杀死 100 万人时，有 50 多万人是美国提供给日本军火帮助杀死的。引起美国各方震动，促进禁运和抵制日货。

5 月 30 日　会见日本反战同盟鹿地垣、池田幸子等人。

6 月 12 日　出席华侨致公堂茶会，向各团体辞行。

6月15日　最终完成美洲之行离开纽约。

6月24日　与李信慧第三次瞻仰马克思墓。写诗祝贺《鲁迅全集》出版。

6月28日　在意大利罗马访抗日会。

7月14日　与李信慧、张纪等参加巴黎爱国抗日救国大游行。

7月21日　在希腊雅典，访苏格拉底石牢，在石牢中坐5分钟，写诗道："这位老人家，为何也坐牢？喜欢说真话，假人都烦恼。"随后去埃及。

7月24—26日　在开罗会见埃及爱资哈尔大学中国留学生、爱大校长麦拉额；出席回民学生集会并演讲。

8月10日　抵印度加尔各答。随后访问印度大诗人泰戈尔。

8月14日　拜访印度圣雄甘地，介绍中国大众教育运动及小先生制。

8月18日　到达科伦坡。出席华侨工会欢迎会。

8月31日　与邓颖超一起参加香港文化界人士举行的欢迎会，并介绍遍游欧美及亚非诸国情形。

9月中上旬　在港期间，向报界和各界人士发表谈话时陈述"回国三愿"：一是创办晓庄学院，培养高级抗战建国人才；二是创办难童学校，收容教养在战争中流离失所的人才幼苗；三是在港创办中华业余补习学校。

9月27日　离港经广州前往武汉。

10月1日　与邓颖超、任光等同船抵达武汉。

10月4日　出席汉口临时儿童保育院欢迎大会并演说；受蒋介石约见，谈两年来在亚、非、欧、美宣传抗日的情况，并申述回国三愿，蒋介石当面表示赞同。

10月5日　拜会周恩来，听周恩来介绍陕北军民在毛泽东领导下坚持抗战和生产自救，受到很大的鼓舞。

10月6—7日　分别访白崇禧、李宗仁，提出"全面战术，宜有全面教育与之配合"；对李约请赴任安徽教育厅长之事婉言谢绝。

10月9日　会访教育部长陈立夫。重申创办晓庄学院及推行小先生制以助成普及教育，陈当面表示赞同。

10月12日、14日　先后两次受宋美龄宴请。

10月28日—11月6日　以国民参政员身份，在重庆出席国民参政会第二次会议。

11 月 1 日　香港"中华业余补习学校"开学。任董事长，吴涵真、方与严分任正副校长。

11 月 21 日　抵桂林，筹组生活教育社。

11 月　创立中国战时教育协会并起草战时教育方案。

12 月 15 日　生活教育社在桂林正式成立。当选为理事长；总结生活教育运动 12 年的历史经验、教训，号召全社同志今后要负担起四大任务：力求自己长进，把团体变成抗战建国的真力量；影响整个教育界共同进步；普及抗战建国的生活教育运动；普及反侵略的生活教育运动。

12 月 29 日　在香港接受《星岛日报》记者访问。

1939 年　四十八岁

1 月初　在香港检查中华业余补习学校进展情况，并做演讲《全面抗战与全面教育》。

1 月 7 日　在香港九龙德明中学对学生演讲《抗战现况及学生应负之责任》。

1 月 8 日　参加晓庄学院董事会召开的会议。决定将晓庄学院董事会改为育才学校董事会。

1 月底　与吴树琴一道离港绕越南经昆明赶赴重庆，准备参加第三次国民参政会。

2 月 26 日　由重庆到北碚。拟将筹组中的晓庄研究所选址北碚；着手筹办育才学校，并开始为该校寻觅校址。

2 月　在重庆参加国民参政会第三次会议。

3 月 15 日　出席在重庆召开的生活教育社 12 周年纪念会，报告 12 年间生活教育运动的发展情形，提出今后的任务。

3 月 23 日　确定育才学校以北碚古圣寺为校址。

5 月 8 日　将"私立育才学校"校牌挂在古圣寺庙门上。

6 月 2 日　北碚区署下达应准育才学校立案的批复，后于当年 8 月 31 日备文呈请四川省政府为育才学校立案。

6 月 15 日　在北碚温泉北泉小学主持召开育才学校第一次筹备会议。

7 月 20 日　育才学校借北碚温泉北泉小学校舍开学。后于 8 月上旬迁至合川县草街子乡凤凰山上的古圣寺正式上课。学生由最初 30 余人增至到 71 人，分文学、音乐、戏剧、绘画、社会、自然科学 6 个组。后来开设了舞蹈组。

8 月 1 日　《育才学校创办旨趣》发表于《战时教育》第 6 卷第 1 期，叙述了创办育才学校的动机与育才学校的教育方针，主要在于培养难童中有特殊才能的好幼苗。

9 月 9 日　接受《新华日报》记者采访，认为"精诚团结是民族存亡的关头"。

9 月　在重庆参加国民参政会第四次会议。

11 月下旬　同沈钧儒、黄炎培、章伯钧等在重庆发起组织"统一建国同志会"。

12 月 25 日　《我的民众教育观》一文发表于《战时教育》第 5 卷第 4 期。叙述民众教育的概念及民众教育发展的三个阶段。

12 月 31 日　与吴树琴结婚，住一废弃旧碉堡内，生活简朴，自种蔬菜。

是年　《中国大众教育运动》（英文）一书出版。

1940 年　四十九岁

1 月 3 日　出席沈钧儒、郭沫若、邹韬奋、李公朴、史良等举办的茶话会，以作结婚庆贺。美国记者安娜·路易斯·斯特朗亦到会祝贺。

1 月 25 日　《游击区教育》一文发表于《战时教育》第 5 卷第 6 期。论述游击区教育的目的在于用"教育"手段，增加游击的力量，粉碎敌人"以华制华"之阴谋。"教育"的手段要跟着"游击"而千变万化，决不可把正常的教育方式，刻板地搬到游击区去。

1 月　将结婚收到的贺礼捐助给香港的反汪工友。

2 月 10 日　在保育院院长会议上演讲《战时儿童保育问题》。

3 月 15 日　出席生活教育社 13 周年纪念会，报告社务并指明生活教育运动的方向。

3 月 25 日　《生活教育运动十三周年纪念告同志书》发表于《战时教育》第 5 卷第 10 期。进一步指出："生活决定教育。教育要通过自觉的生活才能踏进更高的境界，通过自觉的集体生活的教育更能发挥伟大的力量，以从事于集体之创造。"

4 月上旬　参加国民参政会第一届第五次会议。提出：政府应规定教育为人民之义务和权利。

6月23日　访问李德全，见其力行冯玉祥提倡的"寸土运动"，深受启发，随即在育才学校推广。

6月　育才学校学生已增至168人，其中男女生各为84人，内有自费生32人中，并有3名朝鲜儿童。

7月　地方恶势力借开古圣寺中心小学之名闹起了育才校舍的"校产"纠纷。自后直到1942年春季，一直为消弭这场"人祸"而奔走疏通，并聘请史良列名育才学校的法律顾问。

9月17日　大韩民国临时政府的直辖武装队伍"韩国光复军总司令部"在中国重庆正式成立。与周恩来、孙科等参加典礼仪式并在来宾题名簿上题名。

10月11日　将9月25—26日周恩来、邓颖超夫妇参观育才学校并为学生健康捐款一事函告马侣贤。

11月4日　请德国医生到育才学校为学生检查身体。

12月23日　以"文化团体和努力国事信望久著之人员"连任国民参政会第二届参政员。

12月26日　在重庆主持育才学校音乐组演出的音乐晚会，致辞并报告倡办育才学校之动机。周恩来、邓颖超、冯玉祥、张治中、何应钦、叶剑英等及文化界人士应邀出席。

1941年　五十岁

1月21日　自己存放在香港中华业余补习学校的乡村教育运动、普及教育运动、国难教育运动、科学教育运动的资料被该校工人当废纸卖掉。认为"这是今天最伤心的事，真是值得我们哀悼的"。

3月　为克服学校艺术教师不足，倡导成立育才"见习团"，走出学校到重庆各艺术团体向各方面专家学习。

4月6日　为克服育才办学的经济困难，提出"跟武训学"的口号，要求大家做"集体的新武训"，艰苦办学，并确定4月6日为"育才兴学节"。

6月　撰就《育才二周岁之前夜》，总结育才办学经验，探讨培养人才幼苗的基本办法。

7月11日　与郭沫若、茅盾、沈钧儒、田汉、胡愈之、邹韬奋等264人签名的《中国文化界致苏联科学院会员书》于本日发表于《新华日报》，表示与全世界一起反对法西斯强盗，维持人类的正义，争取世界的和平。

8 月 1 日　在朝会上总结了从 6 月 20 日到 7 月 21 日的"集体创造月"的经验教训，并宣布育才学校"创造年"开始。

9 月　试验"育才幼年研究生制"，招收 27 名少年研究生进行专门培养，以充分发挥学生的学习潜力，推动全校学习风气。

10 月 10 日　与张澜、沈钧儒、胡愈之等发起组织民主政团同盟。

10 月 19 日　参加第二届国民参政会第二次会议，提出《设立中央儿童学园以倡导幼年社会教育案》等案。

12 月　太平洋战争爆发，不久香港沦陷，东南亚华侨及港九同胞对育才的经济支援中断，重庆物价飞涨，育才有断炊之危，终日为募集经费奔忙，与米价赛跑。

冬　约请历史学家翦伯赞到育才学校讲学三周。此外，吴玉章、田汉、茅盾、邓初民、周谷城、姚雪垠、秦邦宪等亦先后到育才学校讲过课。

1942 年　五十一岁

1 月 5 日　为育才学校筹募经费，定日内在重庆分别举行绘画展览、话剧公演及音乐演奏。

1—2 月　组织育才师生举行戏剧公演、绘画展览、音乐会，向社会汇报办学和创作成果，借以募集经费。

3 月 15 日　在生活教育社 15 周年纪念会茶会上，阐述生活教育的特点，并提及生活教育一向有而一直未曾公开的两位朋友——贫穷和患难。

7 月 20 日　在育才学校建校三周年纪念晚会上，演讲《每天四问》。即每天要问一问自己在身体、学问、工作、道德四个方面有没有进步，进步了多少？要求大家加强自我修养，自觉要求自己每天在德智体诸方面全面发展。

11 月 7 日　为庆祝苏联十月革命二十五周年，在《新华日报》发表诗歌《苏联革命二十五周年纪念献词》和《向斯大林格勒战士致敬》。

12 月 4 日　向全校师生演讲《育才十字诀》，阐述培养人才的原则与方法。

12 月 25 日　在育才学校纪念牛顿诞生 300 周年、伽利略逝世 300

周年大会上，号召大家"学牛顿深思，学伽翁实做"。

1943 年 五十二岁

1 月 11 日 参加《新华日报》五周年纪念会，并写诗祝贺。

2 月 11 日 致函陶宏："人生最大目的还是博爱，一切学术也都是要更有效的达到这个目的。"

3 月 生活教育社改选，连任理事长；接受周恩来所送南泥湾大生产图片一组和毛线衣一件，带领育才师生学习"南泥湾"精神，自力更生，战胜困难，开荒 30 亩，建立育才第一个农场。

5 月 3 日 在朝会上作题为《反对三寸金头》讲话，严厉批评当局限制人民的言论、思想、结社及出版自由。

7 月 20 日 育才学校四周年纪念，写《创造年献诗》。"行以求知知更行"，将"行知行"思想发展到更高境界。

9 月 为广东百侯中学复校十周年祝词及百侯中学校歌中写进"千教万教，救人求真；千学万学，学做真人"。

10 月 13 日 作《创造宣言》，并于 16 日育才朝会上宣读。指出教育者要创造的是真善美的活人；教师的成功是创造出使你自己崇拜的人。

11 月 28 日 作《育才学校校歌》（又名《凤凰上歌》）。

12 月 总结"幼年研究生制"和"见习团"的经验，决定继续试行下去。

1944 年 五十三岁

1 月 编著《育才学校手册》，并由时代印刷出版社出版。其时育才学校有任课导师 34 人，其中有留学经历者 4 人。

3 月 动员育才全体师生去光铁坡农场开荒生产以自救。

4 月 育才学校重庆办事处在管家巷 28 号成立。

5 月 派员前往重庆难童收容所、保育院等单位选拔学生。

6 月下旬 撰写《从五周年看五十周年》一文作为育才学校五周年纪念。在未完的文稿中简要地总结了五年的工作，提出了适应新时代需要的学习任务，强调全校师生团结成一个巨人，学习科学帮助创造科学的新中国，学习民主帮助创造民主的新中国。

9 月 18 日 怀念生死与共的患难战友邹韬奋，一天内写成《追思韬奋先生》、《韬奋先生挽歌》、《怀念邹韬奋先生》等。

9月26日　与宋庆龄、于右任、孙科、冯玉祥、郭沫若、柳亚子、马寅初等72人联名发起"邹韬奋先生追悼大会启事",发表于《新华日报》。

10月1日至12日　中国民主同盟在重庆召开第一次全国代表大会,当选为中央执行委员、中央常务委员,并任民主教育委员会主任。

12月5日　在育才学校武训先生诞辰纪念会上,阐述武训精神。次日,《新华日报》(重庆)以《谈武训精神》为题刊出,强调要以武训"三无""四有"精神去"继续为穷人的教育事业奋斗"。

12月16日　《创造的儿童教育》一文发表于本日《大公报》(重庆)。指出教育是要在儿童自身的基础上,过滤并运用环境的影响,以培养加强发挥其创造力,而培养儿童的创造力,就要解放孩子的头脑、双手、嘴、空间和时间。

冬　鼓励并帮助育才戏剧组学生张本治创作四川方言剧《嘟格办》,并于写成后在重庆公演。

是年　与沙千里、周竹安筹建大孚出版公司。

1945年　五十四岁

1月5日　在招收音乐组学生时,采取对复杂音乐感受力的测验,选拔有音乐特才的幼儿进行专业教育。

3月15日　育才同学会成立。出席并发表讲话,号召同学们加强团结。

春　派人请来自延安的陈波儿到育才学校教秧歌舞。

4月2日　为农村儿童征求节日礼品的公开信发表于《新华日报》。

4月4日　《民主的儿童节》发表于《新华日报》,认为儿童的生活是社会的一面镜子。指出儿童节是全国儿童的儿童节,绝不是少数儿童的儿童节;民主的儿童节之先决条件是政治经济的民主,真正爱护小孩的朋友,必须是民主的战士。

5月　《实施民主教育的提纲》在《战时教育》第9卷第2期上发表。该文对旧民主与新民主、庸俗的民主与创造的民主进行区分,论述了民主教育的意义、目的、方法、教师、课程及学制等问题。

协助中国民主同盟主编《民主》星期刊。

7月20日　参加育才学校六周年校庆活动,接受美国援华会所赠的儿童读物，并与贵宾一起将读物分发给育才小朋友。

其时育才学校教职员已有 61 人，其中在国外获有学位的教师 9 人。

9 月 9 日　与冯亦代、倪斐君共同筹办，由美国援华会资助的国际难童学校（又称培才小学）开学。该校招收难童学生百余人，为育才的兄弟学校。由徐进、胡晓风任教。育才学校社会组还与胡晓风、潘冷云等合办青年训练班。

9 月　多次会见来重庆谈判的毛泽东。

10 月 1—12 日　民盟在重庆召开临时全国代表大会。出席会议并被推为民盟中央常务委员、教育委员会主任委员。

10 月 11 日　送毛泽东返延安并在机场合影。

10 月 18 日　发表英文论著《全民教育》，提出"民主第一"、"全民教育"、"全面教育"、"终身教育"等指导原则。

10 月 31 日　适应和平建国需要，主持的《战时教育》改名为《民主教育》。

11 月 1 日　在《民主教育》创刊号上发表《民主教育》、《民主》两文。前文指出民主教育是教人做主人，做自己的主人，做国家的主人，做世界的主人。后文提出真民主包含政治民主、经济民主、社会民主、国际民主，它的意义和内容还在发展。

12 月 9 日　参加重庆各界追悼昆明"一二·一"死难烈士大会。临行前写下遗嘱，愿为民主献身。

12 月 22 日　着手筹办重庆社会大学。

是年　任大孚出版公司总编辑。

1946 年　五十五岁

1 月 1 日　发表诗作《新年的希望》，该诗分《和平年》、《民主年》、《联合政府年》三首。《大众的艺术》亦于本日发表。

在育才教育实践中提出生活教育运动的四大方针（即民主的、大众的、科学的、创造的）后，更加鲜明地指出艺术应该走的道路。

1 月 2 日　撰写《社会大学运动》一文，提倡开展社会大学运动，并指明"大学之道：在明民德，在亲民，在止于人民之幸福"。

1 月 3 日　与冯玉祥、郭沫若、周恩来、柳亚子、茅盾、叶圣陶等50 余人联名发起"冼星海先生纪念演奏会启事"。

1 月 15 日　与李公朴、史良等创办的重庆社会大学（夜大学）开学。任校长，李公朴任副校长。开学典礼讲话时，阐明社会大学的宗旨、原则、教学内容、教学方法、发展计划等。

2月1日　与李公朴等组织民主协进会，在重庆沧白堂举行民主讲座，邀请政协代表参加。

民盟机关报《民主报》创刊，与郭沫若、邓初民同为社论委员会委员。

2月10日　重庆各界近万人在较场口举行庆祝政治协商会议成功大会。与郭沫若、李公朴等20人为大会主席团。"较场口惨案"发生后，即带领育才师生上街游行，抗议示威。

3月8日　请邓颖超给育才师生进行革命传统教育。

3月9日　《领导者再教育》一文发表于《民主》星期刊第24期。首述领袖们要学习民主，最后提出领导者再教育之三部曲，即跟老百姓学习、教老百姓进步、引导老百姓共同创造。

4月12日　由重庆飞抵南京，筹备将育才学校迁沪及筹办上海社会大学。因空运太忙，11日晚在白市驿机场住了一宿；到南京后落脚在南京莲子营60号姚文采家。

4月14日　前往晓庄，沿途受到农民和儿童的鸣鞭欢迎。

4月18日　抵上海。接受《联合晚报》记者采访。认为上海的尊师运动极好，极合时宜，应该普遍到全国各地。

4月21日　对上海一千多名小学教师演讲《小学教师与民主运动》。

4月23日　约见山海工学团当年的小先生沈增善、农友孟根根等20人，商讨恢复山海工学团。

5月6日　参加中华职业教育社成立29周年纪念，并介绍英美职业教育情况。

5月8日　和陆定一接受民盟在沪领导人黄炎培、马叙伦等宴请。

5月10日　到南京梅园新村听周恩来介绍当前形势和发展前途，谈自己的育才迁校设想。

5月22日　应沪江大学之请，演讲《社会大学之道》。

5月26日　应圣约翰大学之请，演讲《社会大学之理论与实践》。

6月8日　与马叙伦、周建人、马寅初、许广平、茅盾等164人致书蒋介石、马歇尔、中共代表团及各党派与社会贤达，反对内战，呼吁和平。

6月14日　约见行将离沪返回解放区的柳湜，请他介绍解放区的教育情况。

6 月 23 日　在上海北站十万群众欢送赴京请愿代表大会上，担任大会主席，发表演说，要求和平，反对内战，上海"和平运动"联合会在大会上宣告成立。

6 月 25 日　代表上海 54 个团体向外国记者发表谈话，抗议当局制造的"下关事件"，并要求美军立即撤离中国。

6 月　筹办生活教育社上海分社暑期进修班。

7 月 12 日　在沪江大学演讲《中国之新教育》，提出五项修养：为博爱而学习，为独立而学习，为民主而学习，为和平而学习，为科学创造而学习。

7 月中旬　民主战士李公朴、闻一多先后被害。获悉被国民党特务列为黑名单上的第三名，自知身处危境，乃加倍努力，并整理书稿，在回答翦伯赞劝言提防"无声手枪"时，说"我等着第三枪"，准备就义。

7 月 16 日　给育才学校师生写最后一封信。

7 月 21 日　写下了最后一首诗《祭邹韬奋先生文》，次日参加邹韬奋逝世二周年暨遗体安葬大会。

7 月 24 日　连夜整理历年诗稿。

7 月 25 日　突发脑溢血，于 12 时 30 分逝世于上海。终年 55 岁。

8 月 11 日　延安各界代表二千余人，为其举行追悼大会。毛泽东题写悼词："痛悼伟大的人民教育家陶行知先生。"

9 月 23 日　重庆各界在沧白堂为其举行追悼大会，到会的文化教育界代表及各界人士二千余人。

10 月 27 日　上海各界在震旦大学礼堂为其举行追悼大会，到会有工人、农民、学生、文化界及外国友人五千余人。宋庆龄题词："万世师表。"何香凝题词："行知先生精神不死。"

12 月 4 日　遗体安葬在南京劳山下晓庄。全国 53 个人民团体代表及二千余人参加了葬礼。自此，与其父母、前妻、妹妹一起长眠于晓庄劳山之麓。

12 月 9 日　美国教育界名流和中国留美人士三百余人，在纽约为其举行追悼大会。杜威和冯玉祥担任大会名誉主席。杜威、克伯屈等介绍其生平，此外，新加坡、菲律宾、马来西亚等地的华侨及香港同胞也都举行了追悼会。

中国近代思想家文库

图书在版编目（CIP）数据

中国近代思想家文库. 陶行知卷/余子侠编. —北京：中国人民大学出版社，2015.1
ISBN 978-7-300-20702-5

Ⅰ. ①中… Ⅱ. ①余… Ⅲ. ①思想史-研究-中国-近代 ②陶行知（1891～1946）-思想评论 Ⅳ. ①B250.5

中国版本图书馆 CIP 数据核字（2015）第 018159 号

中国近代思想家文库

陶行知卷

余子侠 编

Tao Xingzhi Juan

出版发行	中国人民大学出版社	
社　址	北京中关村大街 31 号	**邮政编码**　100080
电　话	010 - 62511242（总编室）	010 - 62511770（质管部）
	010 - 82501766（邮购部）	010 - 62514148（门市部）
	010 - 62515195（发行公司）	010 - 62515275（盗版举报）
网　址	http://www.crup.com.cn	
经　销	新华书店	
印　刷	涿州市星河印刷有限公司	
开　本	720 mm×1000 mm　1/16	**版　次**　2015 年 6 月第 1 版
印　张	37.5　插页 1	**印　次**　2025 年 4 月第 2 次印刷
字　数	602 000	**定　价**　134.00 元